2010

浙江公安
年鉴

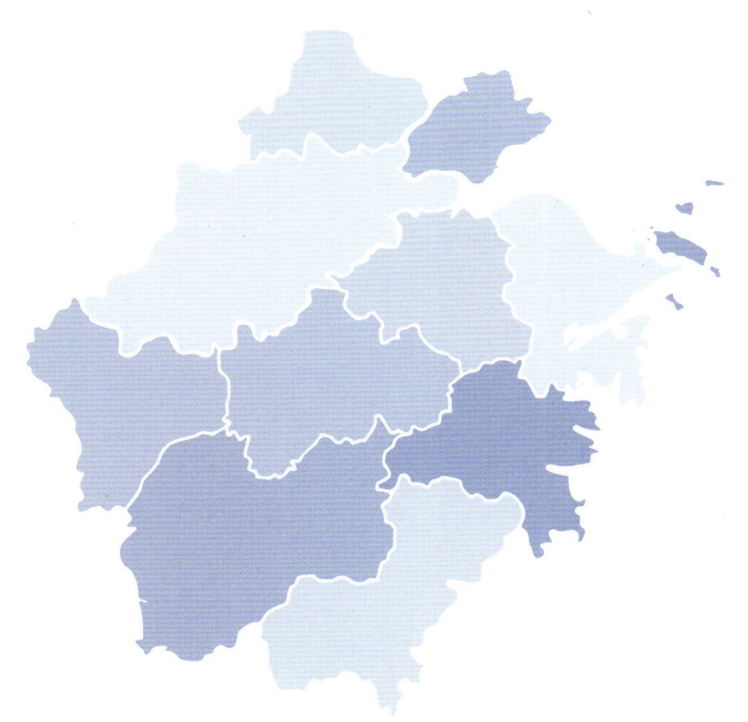

浙江公安史志编纂委员会
浙江人民出版社

图书在版编目（CIP）数据

浙江公安年鉴．2010 / 浙江公安史志编纂委员会编．—杭州：浙江人民出版社，2010.9
ISBN 978-7-213-04376-5

Ⅰ．①浙… Ⅱ．①浙… Ⅲ．①公安－工作－浙江省－2010－年鉴 Ⅳ．①D631-54

中国版本图书馆CIP数据核字(2010)第178219号

书　名	浙江公安年鉴（2010）
作　者	浙江公安史志编纂委员会　编
出版发行	浙江人民出版社
	杭州市体育场路347号
	市场部电话：(0571) 85061682　85176516
责任编辑	吴晓红
责任校对	朱晓阳　鞠　朗　杨　帆　姚建国
封面设计	褚潮歌
电脑制版	浙江新华图文制作有限公司
印　刷	浙江新华数码印务有限公司
开　本	889mm×1194mm　1/16
印　张	19
字　数	62.5万
插　页	25
版　次	2010年9月第1版・第1次印刷
书　号	ISBN 978-7-213-04376-5
定　价	168.00元

编辑说明

壹 《浙江公安年鉴》是在浙江省公安厅党委领导下，由浙江公安史志编纂委员会（《浙江公安年鉴》编纂委员会）组织编纂，按年发布浙江省公安工作和队伍建设成就与面貌的资料性工具书。它全面系统地反映浙江省公安机关在维护全省政治稳定和治安安定等方面做出的工作业绩和体现的精神风貌，具有为现实服务和为后人存史的双重作用。

贰 本年鉴以邓小平理论、“三个代表”重要思想、科学发展观和人民警察核心价值观为指导，坚持党的基本路线、方针和政策，坚持解放思想、实事求是、与时俱进，追求年鉴的综合性、资料性、知识性和时效性。

叁 本年鉴从2004年起逐年编纂出版，2010卷为第七卷。本卷年鉴着重记述和收载2009年度全省公安机关践行厅党委提出的“最大政治”和“最大政绩”两个最大理念，紧紧围绕国庆60周年安保工作等中心任务，较好完成“五个突破五个提升”的工作目标，扎实推进“三项建设”等方面做出的工作业绩。叙事时限为2009年1月1日～12月31日，叙事区划及专业范畴为浙江省行政范围和全省公安工作。其中厅领导的任职情况截止至本书出版时，其他领导的任职情况截止时间为2009年年底。

肆 本年鉴采用分类编辑法编辑，由卷首、百科、卷尾三个基本单元和类目、分目、条目三个层次构成。卷首部分设专文、彩图、特载、大事记4个类目；与上年卷相比，本卷年鉴百科部分在编排上作了较大调整，突出公安主业，细分“组织机构”、“特色中心工作”、“防范打击犯罪”、“公安行政管理”、“行业公安”、“警务保障”、“队伍建设”、“市、县（市、区）公安”、“人物”、“典型案例”10个大类，并新增“公安专业术语解释”；卷尾部分设发文目录（部分）和索引2个类目。

伍 作为资料性工具书，本年鉴内容资料的选题、选材和编排，条目的内容要素和记述程序等，都按照既定的体例加以规范。本年鉴所涉及统计数据，原则上采用厅属各部门和各市公安局提供的数据；全省综合性数据，一般以省厅办公室统计科核准数字为依据；专业术语以有关法律文书和专业权威部门规定为准。

陆 虽经努力，但书中难免有疏漏讹误和不当之处，敬请公安、方志等专家、学者和广大读者批评指正。

柒 本年鉴在公安系统内部发行，免费赠阅。所载录资料未经许可，不得随意公开引用。

本年鉴在策划、组稿、编辑、校对过程中，得到有关领导机关、浙江省公安厅各部门和全省各市及有关县（市、区）公安局的大力支持，谨表达衷心感谢。

浙江公安史志编纂委员会办公室

2010年8月

本《年鉴》出现的主要公安专业术语解释

一、“两个最大”理念

2007年7月4～6日，省委常委、政法委书记、省公安厅厅长王辉忠在全省各市公安局长会议上提出“两个最大”理念，即：保稳定促发展创和谐是公安机关最大政治，多侦破一起案件、多化解一件矛盾、多消除一个隐患和少发生一起案（事）件、少伤亡一个人、少造成一点损失是公安机关最大政绩。

二、“三基”工程建设

2005年，公安部党委决定把2006年作为全国公安机关的“基层基础年”，组织全国公安机关抓基层，打基础，苦练基本功（简称“三基”），并提出该项工作要坚持不懈、一抓三年。

三、三项建设

“三项建设”，是公安部党委在2008年全国公安厅局长会议上提出的2009年全国公安机关的重要工作，即加强公安信息化建设、加强执法规范化建设、构建和谐警民关系建设。“三项建设”是公安部党委在深入总结公安机关“三基”工程建设经验基础上，为推动公安事业长远发展作出的一项重大战略决策，是公安机关坚持以人为本，积极回应人民群众对公安工作新期待的最新、最有力举措。

四、五个突破、五个提升

2009年1月7日，省委常委、政法委书记、省公安厅厅长王辉忠在全省公安工作会议上提出，2009年全省公安机关要着力在五个方面取得新突破、实现新提升。即在解决影响社会政治和治安稳定的重点难点问题上取得新突破，进一步提升对维稳领域的控制力；在推进城乡警务一体化建设上取得新突破，进一步提升对经济社会发展特别是农村改革发展的服务力；在深化公安信息化实战应用上取得新突破，进一步提升情报信息对现实斗争的支撑力；在推进执法规范化建设上取得新突破，进一步提升公安执法的公信力；在构建和谐警民关系上取得新突破，进一步提升公安机关及民警的亲和力。

五、五个坚决防止

坚决防止严重影响社会稳定的重大群体性事件；坚决防止严重影响群众安全感的重特大刑事案件；坚决防止群死群伤的爆炸、火灾、交通等重大事故；坚决防止社会丑恶现象泛滥蔓延；坚决防止局部治安问题成为炒作热点。

六、“两个零”警务策略

2010年1月，省委常委、政法委书记、省公安厅厅长王辉忠在全省公安工作会议上提出，公安机关对群众急需急盼的事情要做到“零懈怠”，对群众深恶痛绝的事情要做到“零容忍”，即“两个零”警务策略。

七、三项重点工作

2009年12月18日，中共中央政治局常委、中央政法委书记周永康在全国政法工作电视电话会议上提出要深入推进社会矛盾化解、社会管理创新、公正廉洁执法三项重点工作。

八、三懂四会

2009年9月，国务委员、公安部部长孟建柱在全国公安厅局长座谈会上要求民警做到：懂群众心理、懂群众语言、懂沟通技巧，会化解矛盾、会调处纠纷、会主动服务、会宣传发动。

九、“环沪护城河”

围绕确保2010年上海世博会安全，在上海周边地区按照“以面保点、属地负责”等原则开展各项安全管理和治安防控等工作。

王辉忠

中共浙江省委常委、政法委员会书记，
省公安厅党委书记、厅长，副总警监

回顾与展望

2009年，是公安机关面临困难极大、挑战极多、维稳任务极重的一年，也是公安工作取得显著成效的一年。全省公安机关在省委、省政府和公安部的正确领导下，以国庆安保为中心，沉着应对金融危机蔓延、敏感节点密集、重大舆情危机频发的严峻考验，全力维护社会政治稳定和治安安定，较好完成“五个突破五个提升”的工作任务，圆满实现“五个坚决防止”的国庆安保目标，以实际行动向党和人民提交了一份年度高分答卷。

2010年，是全面完成“十一五”规划目标任务的最后一年，也是全省加快经济转型升级的重要一年。全省公安机关和广大公安民警要坚持以邓小平理论和“三个代表”重要思想为指导，深入贯彻落实科学发展观，按照党的十七届四中全会、全国和全省政法工作会议、公安部“合肥会议”及全省公安工作会议的部署要求，紧紧抓住影响社会和谐稳定的源头性、根本性、基础性问题，扎实践行“两个最大”理念，坚持“零容忍”导向，全力做好以世博安保为重点的维稳工作，积极推进社会矛盾化解、社会管理创新、公正廉洁执法三项重点工作，全面深化“三基”工程建设和“三项建设”，进一步增强群众安全感和满意度，努力为我省经济社会发展创造更加和谐稳定的社会环境。

要完成好2010年的工作任务，全省公安机关要重点把握以下四个总要求：一是围绕世博安保中心，切实增强责任意识，以比奥运安保和国庆安保更高的标准、更严的要求、更实的措施打赢“家门口”的这场硬仗。二是坚持“零容忍”导向，充分表现公安机关体恤民情、顺应民意、嫉恶如仇的积极姿态，对治安问题打早、打小、打苗头，对安全隐患抓源头、抓严管、抓常态，对执法瑕疵问题早修补、早堵塞、早解决，对违法违纪问题不回避、不护短、不手软，第一时间修复第一块“破窗”，积极改善治安环境和治警环境。三是强化挤压犯罪手段，通过严密社会治安防控体系，让负案在逃人员不敢在我省避风藏匿，让职业犯罪分子不敢在我省作奸犯科，让高危犯罪群体不敢在我省轻举妄动，促进社会面治安的整体好转。四是抓牢“三项建设”主线，将其作为深入推进社会矛盾化解、社会管理创新、公正廉洁执法三项重点工作的抓手，作为“三基”工程建设的延续和深化，作为事关公安工作长远发展的重要举措，不断创新思路和方法，进一步加快推进步伐，为更好地从源头上、机制上维护社会和谐稳定提供保障。

做好上海世博会“环沪护城河”安保工作，是2010年全省公安工作的重中之重，所有工作都要围绕这个中心来摆布和运转。这项工作也是对全省公安机关能力和水平的一场“大考”，公安机关的基层基础工作水平、队伍的综合作战能力将在这场“大考”中经受最严格的考验。这项工作只能以成败论英雄，任何侥幸、任何疏漏都有可能酿成大错。全省各级公安机关和广大民警充分认识做好世博安保工作面临的严峻复杂形势和做好这项工作的极端重要性，克服与己无关和“不设防”的思想，切实按照省厅党委提出的打好情报战、整体战、阵地战、应急战、谋略战、持久战的要求，坚持主动进攻、先发制敌，坚决把敌对势力颠覆渗透破坏活动处置在预谋阶段；坚持全面设防、严密侦控，坚决把暴力恐怖活动粉碎在行动之前；坚持深入排摸、重点稳控，坚决把网上网下的不稳定因素化解在萌芽状态；坚持露头就打、重拳出击，坚决把突出治安问题解决在形成气候和乱点之前；坚持严密防范、强势挤压，坚决把违法犯罪活动空间压缩到最小限度；坚持关口前移、常态严管，坚决把各类隐患消除在事故之前。

全省公安机关要把深化“三项建设”与加强“三基”工程建设、深入推进三项重点工作等紧密结合起来，紧紧抓住影响社会和谐稳定和公安自身建设的源头性、根本性、基础性问题，不断把“三项建设”向纵深推进，全面提高全省公安机关保稳定、促发展、创和谐的能力和水平。一是抓机遇、争前列。充分认清当前全省“三项建设”面临的“前有标兵、后有追兵”竞争态势，充分利用好“三项建设”现有的基础性、保障性机遇和挑战性、竞争性机遇，在进一步巩固和扩大既有工作优势的同时，下大决心解决弱项和不足，确保我省“三项建设”走在前列。二是抓细节、出精品。坚持在抓细节上下功夫，如在重点人员动态管控方面抓牢基础信息化、信息基础化细节，在提升视频监控效能方面抓牢视频监控技战法实战应用细节，在推进执法规范化建设方面抓牢杜绝执法不作为、乱作为及执法瑕疵问题细节，在加强经费装备保障和提高使用效益方面抓牢投入产出比细节，真正把各个建设项目做精做细做实。三是抓创新、求突破。积极探索“以证管人、以房管人、以业管人”的流动人口服务管理新模式，不断创新信息化深度应用方式、密切警民关系的新载体以及重点人教育转化工作等机制，努力提升全省“三项建设”水平。四是抓项目、定责任。利用三年时间，通过立项目、计时限、分步骤、定责任的项目化管理方式，重点加强若干项事关全省公安工作长远发展的重大项目建设。五是抓典型、促推广。认真总结、提炼、推广基层的好做法、好经验，并在更大范围内反哺于基层、服务于基层，全面均衡有序地推进全省“三项建设”向纵深发展。

要不断加强人民警察核心价值观教育，以与时俱进的精神推进队伍建设。核心价值观的学习教育不是一项阶段性任务，必须伴随每个民警的职业生涯，贯穿公安队伍建设的整个过程，融入公安业务工作的各个方面，在潜移默化中强化民警的职业认同感、归属感和自豪感。要把核心价值观教育作为当前和今后一个时期推进队伍建设的重要抓手，进一步加强思想政治建设，完善大教育大培训体系，深化干部人事制度改革，加强公安宣传和涉警舆情引导工作，推进公正廉洁执法，教育广大民警坚定信念、牢记职责、认清使命，努力造就一支“忠诚、为民、公正、廉洁、奉献”的公安队伍。

新的起点，新的征程。在省委、省政府和公安部的坚强领导下，在广大人民群众的配合支持下，经过全省各级公安机关和全体民警的共同努力，我们一定能够完成党和人民赋予的神圣使命，开创“平安浙江”和公安工作的新局面，为促进我省经济社会又好又快发展作出新的更大的贡献！

省公安厅党委成员

(2010年8月)

王辉忠

浙江省委常委、政法委书记，
省公安厅党委书记、厅长，副总警监

张景华

厅党委副书记、副厅长，一级警监

柯良栋

厅党委委员、副厅长，杭州市委常委、
市公安局局长，一级警监

华乃强

厅党委委员、政治部主任，二级警监

陈重天

厅党委委员、副厅长，一级警监

华远平

厅党委委员、纪委书记、督察长，
二级警监

董晓伟
厅党委委员、副厅长，二级警监

郑兴军
厅党委委员、副厅长，一级警监

凌秋来
厅党委委员、副厅长，二级警监

徐定安
厅党委委员、副厅长，二级警监

王　冰
厅党委委员、副厅长，武警大校

石小忠
厅党委委员、办公室主任，三级警监

亲切关怀

① 11月10日，中共中央政治局常委、中央政法委书记周永康在杭州亲切接见参加浙江公安工作汇报会的代表

② 11月9～10日，国务委员、公安部部长孟建柱在国务院副秘书长汪永清、公安部副部长黄明陪同下视察浙江公安工作

③ 11月24日，公安部党委副书记、副部长刘京在嘉兴视察世博会“环沪护城河”卡口建设情况

④ 3月31日，公安部部长助理（现任副部长）陈智敏在宁波调研

2

③

④

亲切关怀

① 9月25日，省委书记、省人大常委会主任赵洪祝，省委常委、省委秘书长李强等在省公安厅视察并与厅领导班子成员合影

② 6月11~12日，省委副书记、省长吕祖善在舟山市公安边防支队所辖长涂、花鸟、嵊山等边防派出所辖区考察调研

③ 7月14日，省政协主席周国富在省公安厅视察工作

④ 2月18日，省委副书记夏宝龙在衢州市公安局视察工作

②

④

亲切关怀

①

②

④

⑤

⑦ 9月26日，副省长王建满在舟山市公安边防支队长涂边防派出所辖区考察

⑧ 5月7日，副省长郑继伟在杭州口岸检查工作

⑨ 2月，省政协副主席盛昌黎在杭州市公安局下城分局检查工作

⑦

⑧

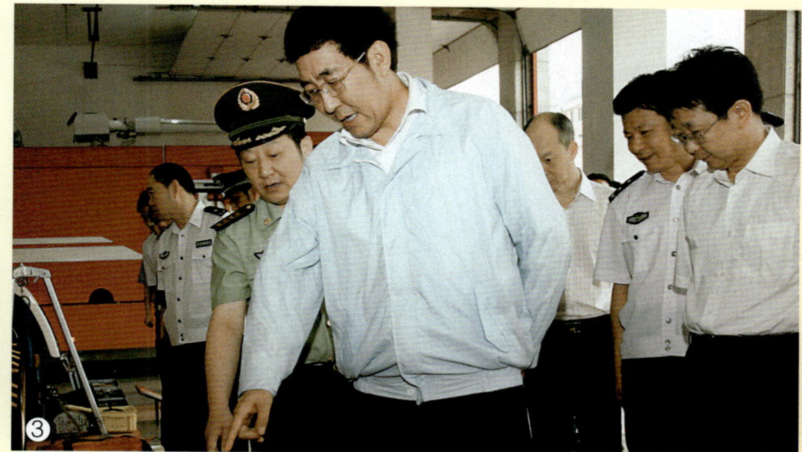

① 7月8日，省委常委、省纪委书记任泽民在义乌市公安局视察工作

② 3月6日，省委常委、常务副省长陈敏尔在宁波市公安边防支队郭巨边防派出所调研

③ 9月30日，省委常委、宁波市委书记、市人大常委会主任巴音朝鲁在宁波市公安消防支队江东大队视察工作

④ 11月16～18日，省委常委、副省长葛慧君在温州乐清、永嘉等地调研禁毒和外来人口管理工作

⑤ 7月16日，副省长金德水在杭州上塘高架道路上慰问执勤民警

⑥ 5月18日，副省长龚正在杭州边检站检查工作

国庆安保

① 9月16日，省委常委、政法委书记、省公安厅厅长王辉忠在杭州机场检查国庆安保工作

② 9月10日，厅党委副书记、副厅长张景华在温州检查国庆安保工作

③ 9月10日，省公安厅副厅长、杭州市委常委、市公安局局长柯良栋在杭州检查国庆安保工作

④ 9月3～4日，董晓伟副厅长在天台县公安局检查国庆安保工作

⑤ 9月15日，郑兴军副厅长在衢州检查国庆安保工作

警察
030001
②

警察

郑兴军
王伟业
吴松巍
⑤

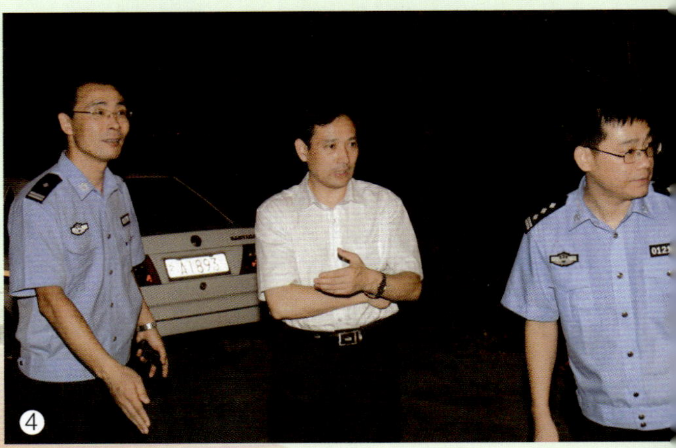

① 9月9～10日，凌秋来副厅长在宁波市检查国庆安保工作
② 9月10～11日，厅党委委员、政治部主任华乃强在浦江县检查国庆安保工作
③ 9月10日，陈重天副厅长在绍兴县检查国庆安保工作
④ 9月10日，厅党委委员、纪委书记、督察长华远平在建德市检查国庆安保工作
⑤ 9月10日，徐定安副厅长在嘉兴市检查国庆安保工作
⑥ 5月21～23日，厅党委委员、办公室主任石小忠在台州检查打击整治"两抢"犯罪大会战工作
⑦ 9月26日，做好浙江省庆祝中华人民共和国成立60周年大型文艺巡游安全保卫工作

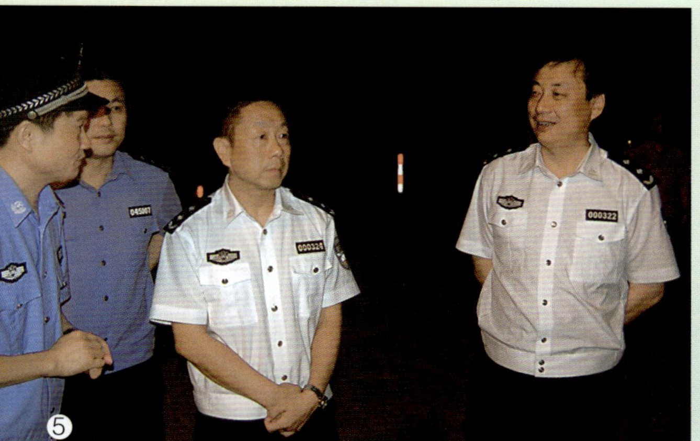

上海、浙江世博“环沪护城河”
安保工作对接会
二00九年九月十一日

④

全省公安机关人民警察核心价值观学习教育活动
动员部署电视电话会议

⑤

① 1月7~8日，全省公安工作会议在杭州召开。会议期间表彰了全省优秀公安基层单位、优秀人民警察和全省公安机关“三基”工程建设先进集体、个人

② 7月7~8日，全省各市公安局长会议在绍兴县召开

③ 8月7日，省厅召开全省公安机关贯彻落实严重道路交通违法行为五条常态严管措施电视电话会议

④ 9月11日，在嘉兴召开上海、浙江世博“环沪护城河”安保工作对接会

⑤ 10月21日，全省公安机关人民警察核心价值观学习教育活动动员部署电视电话会议在湖州召开

⑥ 10月9日，厅党委副书记、副厅长张景华主持召开新闻通报会，宣布全省公安机关将停用公安专段民用号牌

① 8月11日，省委常委、政法委书记、省公安厅厅长王辉忠在杭州市公安局余杭分局考察信息化建设情况

② 10月24日，厅党委副书记、副厅长张景华在宁波市巡视公安机关中级主办警官资格考试

③ 8月28日，公安部法制局领导在杭州市公安局拱墅分局小河派出所调研执法规范化建设工作

④ 3月20日，全省公交车视频监控系统建设现场会在宁波召开

⑤ 9月14～15日，全省社会治安动态视频监控系统建设与应用现场会在台州路桥召开

⑥ 11月10日，省公安厅交通管理局与中国广播电视协会交通宣传委员会在杭州联合举行“走近浙江数字交警”异地采访活动启动仪式

监控系统
会

“走近浙江数字交警”异地采访活动
主办：中国广播电视协会交通宣传委员会
浙江省公安厅交通管理局

①

2

4

5

① 1月8～9日，省委常委、政法委书记、省公安厅厅长王辉忠代表省委慰问仙居城区中心敬老院的老人

② 1月11～12日，厅党委副书记、副厅长张景华在松阳县走访慰问因公牺牲民警俞志斌亲属

③ 1月19日，厅党委委员、政治部主任华乃强在龙游走访慰问汤国华烈士亲属

④ 1月1日，嘉兴市公安局特警支队民警看望社会福利院孤残儿童

⑤ 1月4日，绍兴市公安民警走访外籍客商

⑥ 2月11日，衢州市公安局衢江分局上方派出所民警下乡走访群众

⑦ 2月13日，台州市公安局椒江分局交警大队开展“交通安全进企业”宣传教育活动

③

061926
061083
⑥

070488
⑦

防范打击

2008年12月至2009年12月，全省公安机关开展打击跨境赌博专项整治行动。其间，全省共侦破跨境赌博刑事案件90余起，解救被境外赌场非法扣押人质160余人，摧毁犯罪团伙40余个，抓获犯罪嫌疑人136名，另有31人被依法刑事拘留并上网追逃，3起公安部、6起省厅挂牌督办跨境赌博案件均成功告破。

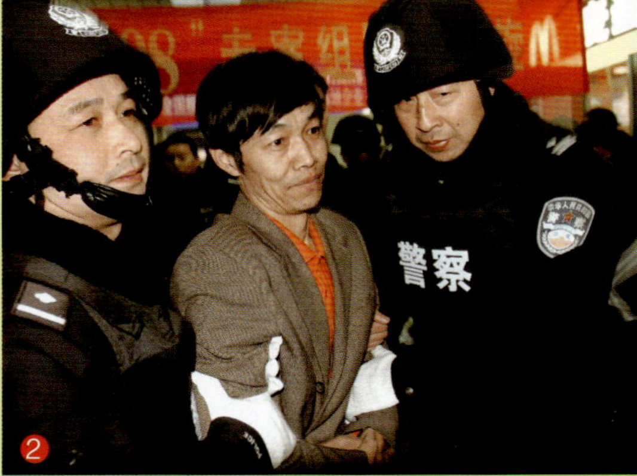

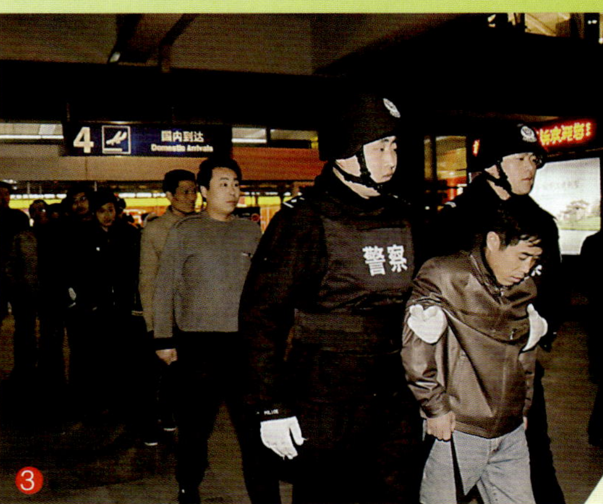

① 1月21日，浙江工作组民警在中缅果敢国门边境口岸上等待交接跨境赌博犯罪嫌疑人和被扣押的人质
② 1月23日，浙江工作组民警押解刚刚空降至杭州的犯罪嫌疑人
③ 1月23日，浙江工作组民警从云南押回5名组织跨境赌博的违法犯罪嫌疑人

① 9月4日，杭州市余杭区公安民警在"9·4"特大抢劫杀人案现场勘查
② 9月8日，杭州市公安民警将"9·4"特大抢劫杀人案犯罪嫌疑人王西杰、王保涛从河北省邢台市押解回杭

① 7月2日下午，徐定安副厅长在嵊州指导嵊州“5·30”特大杀人案侦破工作

② 6月28日，嵊州警方审讯“5·30”特大杀人案犯罪嫌疑人

① 8月12日，公安部在杭州召集浙江、广东、福建等公安机关召开“6·28”电信诈骗专案协调会

② 9月1日，公安民警抓获“6·28”电信诈骗案犯罪嫌疑人

① 11月17日，温州警方成功处置鹿城“11·16”持枪劫持人质案现场

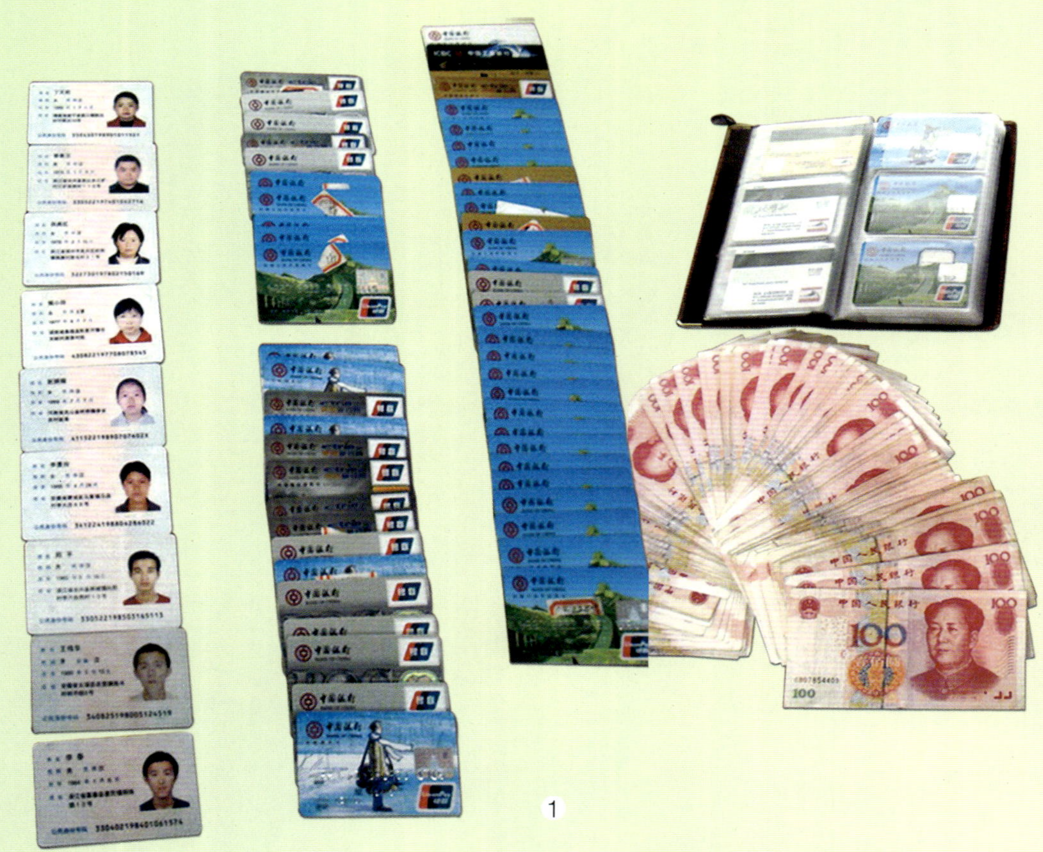

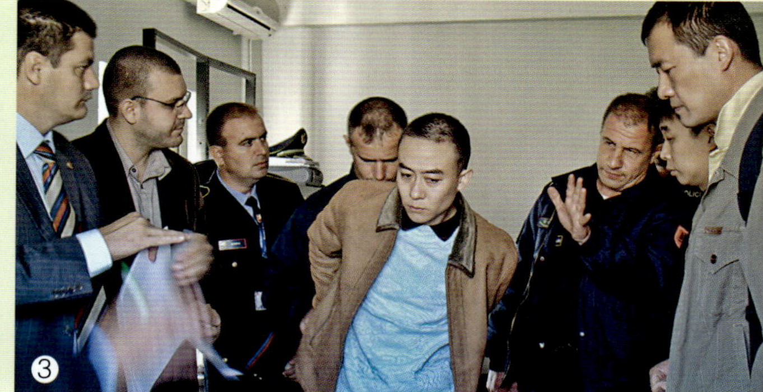

① 湖州市公安局侦办2009年“8·07”特大信用卡诈骗案中缴获的钱物

② 5月23日，省公安厅组织杭州、湖州、嘉兴、绍兴、金华、衢州六市公安机关成功侦破“5·8”特大制售假发票团伙案。图为民警在搬运缴获的假发票

③ 10月10～15日，浙江公安民警在阿尔巴尼亚执行引渡“5·22”金融诈骗案犯罪嫌疑人沈某任务

④ 10月15日，嘉兴警方破获一起短信诈骗案。图为民警在群发短信作案现场清点缴获的作案工具

⑤ 12月31日，衢州市公安局柯城分局民警押解“12·24”珠宝店抢劫案犯罪嫌疑人指认犯罪现场

⑥ 6月3日，永康市公安局民警抓获涉嫌制造、销售假冒“九阳”牌豆浆机注册商标案犯罪嫌疑人

⑦ 5月17日，金华市公安局将省厅督办的“4·9”特大网上传播淫秽物品案犯罪嫌疑人押解回金华

⑧ 4月1日，永嘉县公安局侦破省厅挂牌“2·5”特大制贩毒案件。图为民警查获藏匿于轿车后备箱的毒品

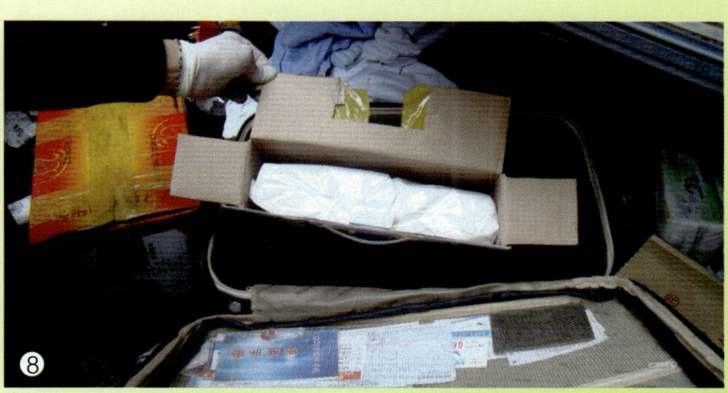

浙江省全民普及反假货币知识
大型宣传活动
普及反假货币知识　共筑反假货币防护墙
浙江省公安厅

②

POLICE
POLICE
POLICE

③

④

⑤

⑥

① 9月7日，温州市公安机关民警在路面进行武装巡逻

② 6月15日，省公安厅等单位在杭州吴山广场举行全民普及反假币知识大型宣传活动

③ 9月3日，浙江援疆特警在新疆乌鲁木齐市执行维稳任务

④ 2月15日，杭州市公安局江干分局民警在指导群众如何识别假币和防范假币诈骗

⑤ 5月14日，湖州市公安局南浔分局开展校园禁毒宣传活动

⑥ 7月8日，海宁市民警抢救跌入泥潭的老人

⑦ 9月6日，嘉兴市新社区民警为志愿参加小区义务巡逻队的意大利籍居民马丁戴上“新区治安巡逻”红袖标

⑧ 9月16日，宁波市公安局巡特警在公交车上进行检查

⑦ 9月11日，绍兴市区首个社区交通管理服务站挂牌成立

⑧ 6月10日，省公安厅高速公路交警总队嘉兴支队四大队民警利用“移动警务车”为司机服务

⑨ 9月，青田县公安局民警为社区治安巡逻员介绍治安重点部位

⑩ 1月11日，义乌市公安局交警举行“安全迎春运”启动仪式暨平安回家万人签名活动

⑪ 6月15日，磐安县公安局盘山派出所举行破获系列盗牛案返赃仪式

⑫ 云和县公安局民警为山区群众优先办理户籍证明

⑬ 9月24日，温州市公安局鹿城分局中山派出所巡逻民警在向群众宣传安全防范技能

⑦

① 8月8日，温州市公安边防官兵在台风来临之前转移群众

② 10月19日，嘉兴市公安消防官兵成功处置“10·19”嘉兴化工厂火灾事故

③ 10月28日，江山市发生一起特大交通事故，公安民警和消防人员紧急开展救援工作

④ 8月13日，临安市清凉峰镇发生山体滑坡事故，杭州市公安消防官兵进行救援

⑤ 8月9日12时许，温州市公安局领导在平阳县昆阳镇沙岗村现场指导处置泥石流冲毁民房事故

⑥ 8月6日，台州市路桥公安边防大队官兵帮助农民抢收稻谷

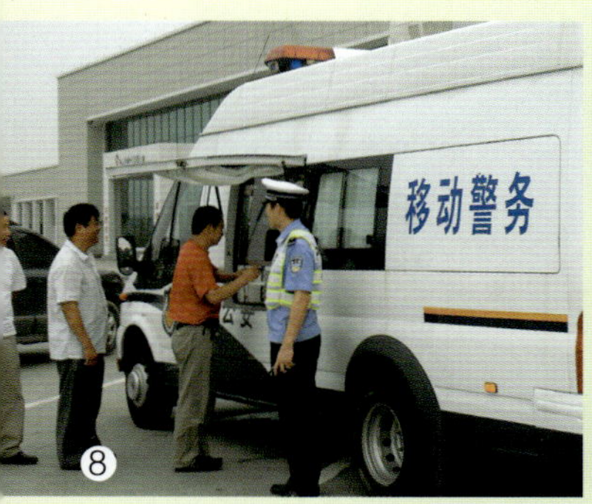

警务交流

① 11月4日，省委常委、政法委书记、省公安厅厅长王辉忠在匈牙利国家警察培训中心考察

② 12月，董晓伟副厅长率团访问美国、加拿大、古巴

③ 12月，凌秋来副厅长率团访问俄罗斯、匈牙利

④ 8月，陈重天副厅长率团访问西班牙、塞尔维亚

⑤ 11月27日，省委常委、政法委书记、省公安厅厅长王辉忠会见新加坡警察总监、国际刑警组织主席邱文晖

⑥ 6月10日，省委常委、政法委书记、省公安厅厅长王辉忠会见巴基斯坦内政部部长马立克

⑦ 5月，省公安厅副厅长、杭州市委常委、市公安局局长柯良栋会见澳门特别行政区保安司代表团成员

⑧ 6月24日，董晓伟副厅长会见德国联邦药品医疗品研究所易制毒化学品处处长罗安妮

⑨ 5月，凌秋来副厅长会见澳门特别行政区治安警察局代表团成员

⑩ 7月21日，陈重天副厅长会见西澳大利亚州警察厅代表团成员

⑪ 11月7日，徐定安副厅长会见缅甸内政部副部长蓬瑞

3

4

7

10

11

① 9月2日、21日，厅党委副书记、副厅长张景华在南京、上海考察警务航空工作

② 6月15～17日，董晓伟副厅长在江苏考察监管工作

③ 6月10～12日，凌秋来副厅长在河北考察“环京护城河”安保工作

④ 7月28日～8月8日，厅党委委员、纪委书记、督察长华远平在西藏那曲地区考察

⑤ 8月20～29日，徐定安副厅长在青海、西藏考察

⑥ 3月11日，上海市市长助理、市公安局局长张学兵在义乌市考察境外人员管理工作

⑦ 9月7日，江苏省公安厅副厅长王琦在浙江考察打防控和刑侦、技侦部门协同作战工作

⑧ 12月3日，辽宁省公安厅代表团在浙江考察交流

行慰问那曲地区公安处
合万元整

① 4月13～14日，省委常委、政法委书记、省公安厅厅长王辉忠在舟山调研指导学习实践科学发展观活动

② 1月7日，省委常委、政法委书记、省公安厅厅长王辉忠与全国二级英模占立明亲切握手

③ 2月19日，省公安厅在嘉善县召开学习实践科学发展观活动试点单位经验交流会

④ 3月17～18日，全省公安机关反腐倡廉建设会议在杭州召开

① 9月25日，省委常委、政法委书记、省公安厅厅长王辉忠等领导在杭州吴山广场观看全省公安系统庆祝中华人民共和国成立60周年文艺晚会

② 7月26日，中央电视台、公安部在嘉兴南湖联合举办庆祝中华人民共和国成立60周年公安专场“爱国歌曲大家唱”文艺演出

③ 9月21日，台州市公安局举行全市公安机关庆祝中华人民共和国成立60周年文艺汇演

④ 象山县公安局编撰的画册《光辉岁月——象山公安风云六十年》

⑤ 省公安厅编撰的《浙江公安60年》

④

⑤

（责任编辑：胡　军　周建英）

数据统计

2009年末全省人口比例图

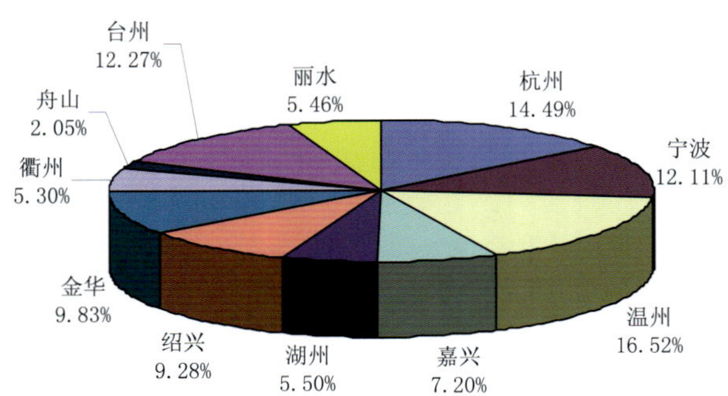

2009年刑事案件立破案分布图

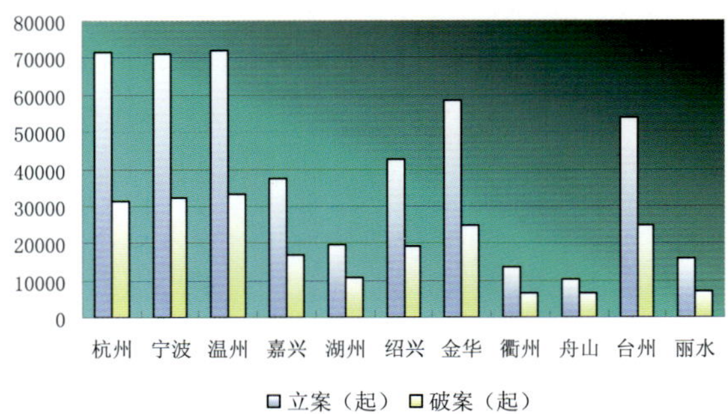

2009年接处警情况分布图

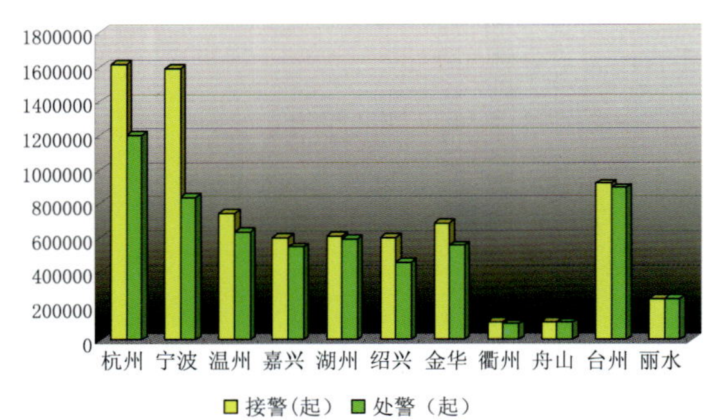

2009年全省刑事案件分类比例图

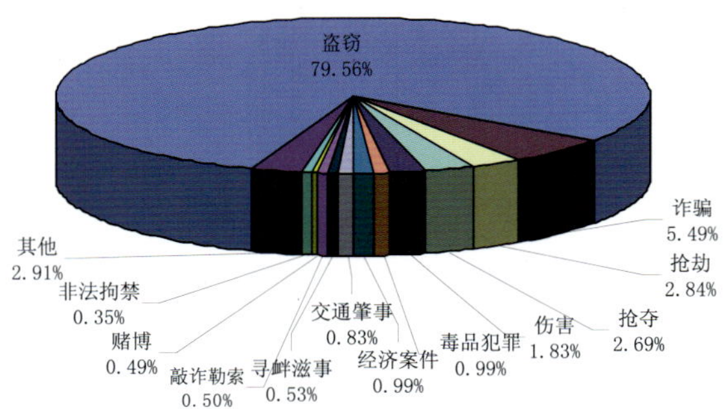

2009年全省侵财犯罪案件分处所比例图

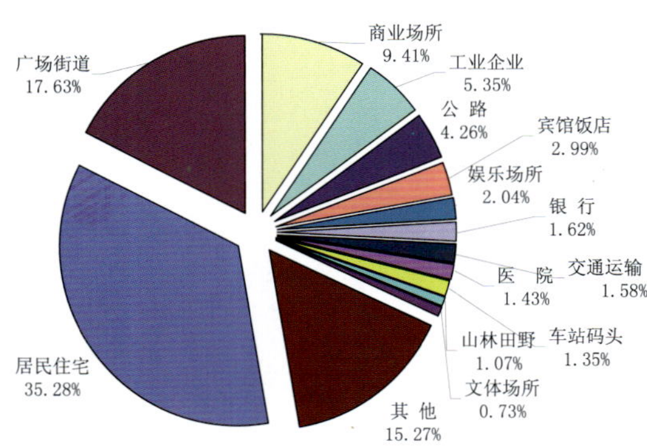

2009年全省各市逮捕人员比例图

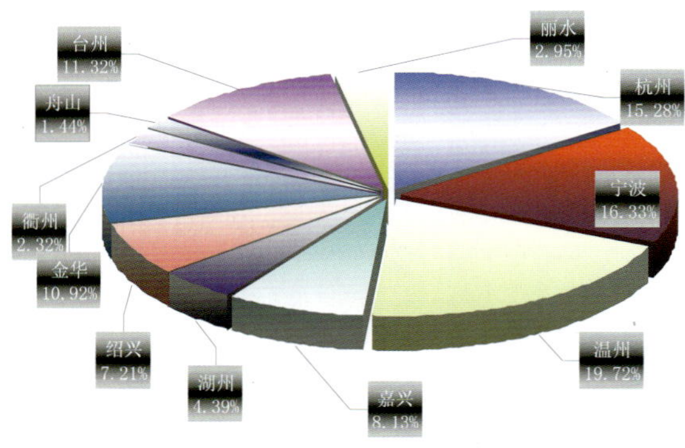

2009年全省各市交通事故统计图

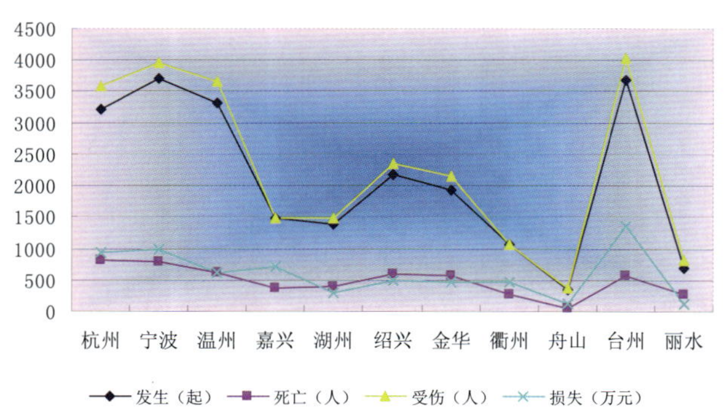

2009年全省各市火灾起数与损失情况统计图

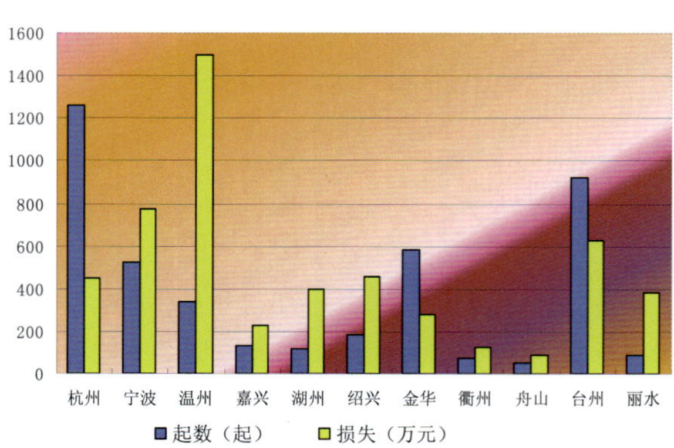

（省公安厅办公室统计科供稿）

目 录

特 载

大 事 记

组 织 机 构

特色中心工作

打击防范犯罪

公安行政管理

行 业 公 安

警务保障

队伍建设

市、县(市、区)公安

人物

典型案例

发文目录(部分)

索引

特　载

国务委员、公安部部长孟建柱在浙江省座谈调研时的谈话要点

（2009年11月10日）

我这次到浙江来，主要是与浙江省各市的公安局长座谈交流，就进一步贯彻落实全国公安厅局长座谈会精神，切实做好新形势下的维护社会稳定工作进行调研。两天来，听了浙江省领导同志介绍浙江省的经济社会发展情况，印象非常深刻。浙江虽然人多地少、资源匮乏，但浙江人民凭着敢为天下先的创新精神，创造了浙江省经济发展的奇迹，经济社会发展都走在了全国前列。我在江西工作期间，曾多次带领代表团来浙江考察学习。在江西省的党代会上，我们还通过了两个决议，号召学习浙江经济社会发展的先进经验。昨天下午和今天上午，我们又听取了浙江省公安机关8个市县公安局的工作汇报，并和同志们进行了互动交流，深受启发。结合这次座谈讨论，我谈三点想法，供你们参考。

一、浙江省公安机关求真务实、勇于实践，创造了不少好经验、好做法

我感到，浙江公安队伍的精神状态很好，工作作风扎实，创新意识很强，公安工作的整体水平走在了全国前列，创造了不少好的经验、做法。**比如**，义乌市公安机关在外来人口多的情况下，采取传统人防和现代技防相结合的办法，大力推进社会治安监控系统和巡防网络建设，构建了符合义乌特色的立体复合型治安动态防控体系，控制发案能力和社会管理能力得到了明显加强。**又如**，杭州市刑侦部门的网上作战、富阳市公安机关的信息化深度应用都很有特色。特别是富阳市公安机关注重信息的采集和应用，初步形成了情报信息主导的打击、防范、控制等工作机制，真正把信息技术、信息资源转化为实战能力，使基础工作信息化、信息工作基础化逐步向信息工作实战化方向发展。**再如**，杭州市公安局坚持以实战、实用、实效为原则，初步摸索出了一条通过案（事）例加强教育训练工作的新路子，公安队伍的职业素养和专业能力有了明显提高。**还比如**，嘉兴市公安机关统筹推进城乡警务一体化，积极构建常态化纠纷调处体系、动态化治安防控体系、多元化服务管理体系，使广大人民群众共享到了统筹城乡发展的成果；宁波和台州市公安机关从不同的侧面来推进执法规范化建设，转变了执法理念，完善了执法机制，规范了执法行为，提高了办案质量和执法效果，等等，这些举

措都很有创意，效果都不错。

我感到，浙江公安工作之所以能够取得这样的成绩，之所以在经济快速发展的过程中保持了社会大局的稳定，一方面是浙江经济比较发达，城乡差别相对较小，老百姓富裕程度比较高，社会中等收入阶层比重大，社会稳定的基础比较好，公安工作得到了各级党委、政府的高度重视；另一方面是与浙江公安机关围绕中心、服务大局的意识比较强，基层基础工作比较扎实，广大公安民警特别是基层民警积极作为、敢于创新、勇于实践密不可分的。借此机会，我代表公安部党委向战斗在维护国家安全和社会稳定第一线的浙江广大公安民警表示崇高的敬意和亲切的慰问，同时，我相信在浙江省委、省政府的正确领导下，在浙江省公安厅党委的直接指挥下，浙江公安工作一定能够迈出新步伐、再上新台阶。

二、深刻认识、准确把握当前维稳形势，积极应对各种风险和挑战

在不久前公安部召开的全国公安厅局长座谈会上，部党委深刻分析了当前面临的维稳形势，总的判断是，挑战前所未有，维稳形势依然严峻，加强社会建设和管理的任务十分繁重。

改革开放30年来，我们取得了举世瞩目的成就，综合国力大幅跃升，人民生活水平显著提高。我国仅用几十年的时间就走过了西方发达国家一二百年走过的历程，从某种意义上讲，西方国家两代人甚至几代人做的事，我们一代人就把它完成了，这也就意味着西方国家在不同历史发展阶段渐次出现的各种社会问题，在中国几乎都可能同时出现。特别是在经济全球化、社会信息化的时代背景下，影响国家安全和社会稳定的不确定因素明显增多，难以预料的挑战和风险明显加大。**比如**，随着工业化、城镇化、市场化的深入发展，我国经济结构、社会结构、城乡结构发生了重大变化，整个社会的开放性、流动性大大增强，人流、物流、资金流、信息流加快流动，社会管理面临许多新情况、新问题，复杂程度明显提高，管理难度明显加大。当前全国共有2亿多流动人口，其中农民工有1.4亿人；大多数城市流动人口犯罪占犯罪总人数的比例均在50%以上，一些沿海城市甚至高达70%以上，浙江的一些地方比例更高。而反观我们的社会管理工作，确实存在许多薄弱环节，甚至留有不少空白点，特别是在城乡接合部、“城中村”、中小旅馆、出租房屋等场所还存在大量的管理盲点、难点。刚才，张景华同志谈到，现在一些“城中村”基本上是外来人员居住，如果服务缺失、管理不到位，很容易滋生黑恶势力，等等，这些苗头都要引起我们高度重视、深入研究，痛下决心予以解决。

小平同志早在1993年就讲过一句非常深刻的话：“过去我们讲先发展起来。现在看，发展起来以后的问题不比不发展时少。”实践充分证明，小平同志这个判断是很有远见的。作为我们从事公安工作的同志，一定要清醒认识到当前我国正处于经济转轨、社会转型的重要历史时期，人民内部矛盾凸显、刑事犯罪高发和对敌斗争复杂的基本态势没有改变。特别是在全面建设小康社会的历史进程中，我国经济社会发展呈现出明显的阶段性特征，可以预料和难以预料的风险和挑战可能加大，问题和困难肯定不会少。居安思危、警钟长鸣，是一个政党、一个团队清醒成熟的标志。我们既要看到已经取得的成绩，看到已经探索创造的经验，又要看到我们在思想理念、工作机制、能力素质上还存在着一些亟待加强的薄弱环节，看到我们的工作还有许多不符合、不适应的突出问题。正是基于这样的考虑，我们在“合肥会议”上把进一步加强和改进当前公安工作的立足点放在“总结经验、改进不足”这八个字上。希望浙江省公安机关深刻认识、准确把握世界发展大势和时代发展要求，深刻认识、准确把握我国的基本国情和发展的阶段性特征，深刻认识、准确把握新形势新任务对公安工作提出的新要求新挑战，深刻认识、准确把握公安工作存在的突出问题和薄弱环节，进一步增强政治意识、大局意识、忧患意识和责任意识，综合采取各种有效措施，全面提升维护国家安全和社会稳定的能力和水平，进一步增强人民群众的安全感和满意度。

三、进一步解放思想、与时俱进、开拓创新，积极探索符合时代发展要求、具有浙江特色的公安工作新路子

我这次来浙江，要交给大家一个任务，就是希望浙江省公安机关坚持解放思想、与时俱进，永不自满、永不懈怠，勇于实践、勇于创新，不断研究探索符合时代发展要求、具有浙江特色的公安工作新路子。之所以把这个课题交给浙江公安机关，主要是因为浙江的经济社会发展走在了全国前头，改革开放和发展社会主义市场经济过程中的问题也可能暴露在前头；你们前进过程中遇到的困难和问题，其他省份、其他地区将来也很有可能遇到。从这个意义上讲，浙江省公安机关要勇于担当先行者、探路者的角色，对你们来说，这既是挑战，也是机遇。

公安机关有个好传统，就是注重实干，广大民警顽强拼搏、连续作战，许多同志吃苦耐劳、埋头苦干，平时加班加点，舍小家顾大家，有的甚至不惜牺牲自己宝贵的生命。但也要看到，总体上我们研究问题的能力还不高，研究问题的氛围还不够浓厚，任务重、事情多是一个原因，但关键还是认识问题。面对新形势、新任务对公安工作提出的新要求、新挑战，我们要不断地加强学习，善于在工作中学习，学会在研究状态下工作。**首先**，要坚持解放思想。我国改革开放30年来之所以取得如此辉煌的成就，最根本、也是最重要的一条经验，就是我们党端正了思想路线，坚持解放思想，实事求是，一切从实际出发。浙江省经济社会发展的历程也充分说明了这一点。上世纪80年代初，有很多人不敢来温州，怕沾资本主义的边，但浙江省的一些老领导、老同志顶住巨大的政治压力闯出来了。可以设想，如果没有解放思想，就不可能有今天浙江这么好的局面。面对当前错综复杂的维稳形势和艰巨繁重的公安保卫任务，要在新的历史起点上推动公安工作的发展进步，破解公安工作中遇到的一些难题，同样必须坚持解放思想。要有广阔的视野、开阔的思路，善于"跳出公安看公安"，善于将公安工作置于党和国家工作大局之中来思考、来谋划。同时，要积极学习借鉴国外警察及香港警方的一些好做法，推动理念、思路和机制创新，使之为我所有、为我所用。只要我们把一切优良的传统、先进的经验和各地好的做法加以融会贯通，就一定能够拿出我们有效的应对之策。**其次**，要创新工作机制。当前，无论是维护社会稳定工作还是在社会管理工作中，我们都遇到了许多前所未有的新情况、新问题。要有效破解这些难题，就必须转变思想理念，创新工作机制。要通过机制的调整和完善，确立明确的工作导向，从根本上解决制约公安工作的"瓶颈"问题。这次座谈会上，有的同志说到我在安徽调研时提出的"吃苦的人吃香，实干的人实惠，有为的人有位"三句话，在基层民警中引起了强烈反响。这"三句话"本身就来源于基层，体现了基层民警的所思、所想、所盼。我们把它推而广之，提到全国的层面来强调。同时，还要看到，要真正把基层基础工作加强起来，还必须按照"合肥会议"的要求，从完善工作机制入手，从政策、制度上探索建立"人往基层走、钱往基层流、干部从基层出"的工作导向，确保基层有人干事、有条件办事。当前，要着力解决基层民警特别是那些工作多年的老民警职级和待遇过低的问题，目前我们正在积极协调中央有关部门在做这方面的工作。**第三**，要善于总结提炼。要充分尊重基层的首创精神，鼓励、支持基层公安机关大胆进行改革和探索，并及时总结推广基层成功经验，努力在实践中开辟新路。浙江的工作扎实、务实，要注意加强总结、提炼，从感性认识上升为理性认识。总结不仅仅是能说会道，关键是要从遵循公安工作规律的角度来进行提炼并指导实践，使公安工作更加符合时代和社会发展的要求。

我相信，只要我们坚持解放思想、与时俱进，勇于创新、积极探索，浙江省公安机关一定能走出一条符合时代发展要求、具有浙江特色的公安工作新路子。希望我下次来的时候，你们能够创造出更多的好经验、好做法。

中共浙江省委书记、省人大常委会主任赵洪祝在省公安厅调研时强调全力维护社会稳定　服务人民服务发展

2009年9月25日下午，中共浙江省委书记、省人大常委会主任赵洪祝在省委常委、政法委书记、公安厅厅长王辉忠，省委常委、秘书长李强等陪同下，在省公安厅调研并看望、慰问在维护稳定一线工作的公安民警。赵洪祝一行来到省公安厅机关有关部门和处室，实地察看公安民警的工作状况，代表省委向长期战斗在维护国家安全和社会稳定第一线的全省广大公安民警、武警官兵、保卫干部和治安积极分子表示慰问和感谢。他还听取了省公安厅党委的工作情况汇报。

赵洪祝在讲话中强调，全省各级公安机关要把学习贯彻党的十七届四中全会精神与做好公安工作和国庆安保工作紧密结合起来，加强和改进新形势下公安机关党的建设，进一步提高公安机关和公安队伍履行职责的能力和水平，全力维护国家安全和社会稳定，全力保障人民安居乐业，全力服务经济社会发展，为完成今年我省经济社会发展预期目标任务、维护全省社会和谐稳定大局作出应有的贡献。赵洪祝在对省公安厅和全省公安工作表示肯定后指出，当前，我省经济运行呈现出"企稳回升、总体向好"的良好态势，各项事业全面进步，社会大局和谐稳定。但也要清醒地看到，我省经济发展的基础还不稳固，还有一些不确定的因素，维护社会和谐稳定的任务也十分艰巨，特别是面临着做好国庆安保工作的繁重任务。我们要认真学习贯彻党的十七届四中全会精神，更加自觉、更加主动地落实稳定是硬任

务、是第一责任的要求，把困难想得更多一些，把各项措施做得更到位一些，为庆祝新中国成立60周年营造欢乐祥和的社会氛围。

赵洪祝强调，我省各级公安机关要切实增强政权意识、政治意识，善于从政治上观察、分析和处理问题，善于从加强党的执政能力和政权建设的高度来认识公安队伍担负的重要职责和发挥的特殊作用，做中国特色社会主义事业的建设者、捍卫者。要坚持立警为公、执法为民，既要破"大案"，又要管"小案"；既要重打击，又要重防范；既要抓专项整治，又要抓常态管理；既要严格管理，又要热情服务，把工作成效更多地、更直接地体现在维护社会稳定、促进社会和谐、推动科学发展、惠及人民群众上，努力做人民群众的贴心人。要大力加强公安机关执法规范化建设，不断提高公安机关执法公信力。要坚持固本强基、重心下移，全面夯实公安工作基层基础。要切实加大政治建警、科技强警、从严治警、从优待警力度，着力建设一支高素质公安队伍。

王辉忠厅长在全省公安工作会议上强调要坚定信心奋勇拼搏 全力维护社会稳定 积极促进科学发展

2009年1月7～8日，全省公安工作会议在杭州召开，这次会议的主题是：深入学习实践科学发展观，认真贯彻落实党的十七届三中全会、省委十二届四次全会以及最近召开的全国、全省政法工作会议和全国公安厅局长会议精神，紧紧围绕省委"两创"总战略和"保增长、抓转型、重民生、促稳定"的经济工作主线，进一步深入践行"两个最大"理念，坚定信心、奋勇拼搏，全力维护社会稳定，积极促进科学发展。

1月7日，中共浙江省委常委、政法委书记、省公安厅厅长王辉忠代表厅党委向大会作报告。王辉忠的报告共分8个部分：2008年全省公安工作回顾；当前面临的严峻形势；2009年全省公安工作的目标和要求；坚决整治影响稳定的重点难点问题；统筹推进城乡警务一体化；着力提高公安信息化深度应用水平和实战效益；深入推进执法规范化建设；努力构建和谐警民关系。

王辉忠指出，2008年，是我国我省发展进程中很不平常、很不平凡的一年，公安机关面临的形势之复杂、担负的任务之繁重、面对的执法要求之高前所未有。面对各种重大挑战和考验，全省公安机关在省委、省政府和公安部的正确领导下，紧紧围绕"力争三个不发生、确保三个零增长、打赢三场攻坚战"目标，深入践行"两个最大"理念，全警动员、全力以赴，战胜了一个又一个困难，打赢了一场又一场硬仗，在我省公安工作历史上写下了浓墨重彩的一笔。据统计部门抽样调查，去年全省群众的安全感为95.65%，与2007年基本持平；群众对社会治安的认可度达到98.24%，知情群众对公安队伍的满意度达到96.71%，同比分别提高0.34个和1.65个百分点。

王辉忠在分析当前面临的严峻形势的基础上提

的重点难点问题，要充分借鉴奥运安保工作的成功经验，以新中国成立60周年大庆安保为中心，以整治影响社会政治稳定和治安平稳的突出问题为重点，充分依靠党委、政府，广泛动员各方力量，积极采取多种手段，下好“先手棋”、打好主动仗。（一）以不发生重大现实危害为目标，大力加强隐蔽战线对敌斗争。始终坚持把维护国家安全和政治稳定放在首位，高度重视、坚决打击境内外敌对势力、敌对分子。（二）以学习运用“枫桥经验”为抓手，积极预防、妥善处理人民内部矛盾及由此引发的群体性事件。（三）以打黑除恶为重点，严厉打击严重影响群众安全感的刑事犯罪活动。（四）以促进经济平稳较快发展为己任，依法查处突出的经济犯罪活动。

出，2009年，全省公安机关要高举中国特色社会主义伟大旗帜，坚持以邓小平理论和“三个代表”重要思想为指导，深入学习实践科学发展观，紧紧围绕“保增长、抓转型、重民生、促稳定”的经济工作主线，牢固树立正确的稳定观、政绩观、统筹观和群众观，扎实践行“两个最大”理念，全力维护社会稳定，积极促进科学发展，着力在以下五个方面取得新突破、实现新提升，即：在解决影响社会政治和治安稳定的重点难点问题上取得新突破，进一步提升对维稳领域的控制力；在推进城乡警务一体化建设上取得新突破，进一步提升对经济社会发展特别是农村改革发展的服务力；在深化公安信息化实战应用上取得新突破，进一步提升情报信息对现实斗争的支撑力；在推进执法规范化建设上取得新突破，进一步提升公安执法的公信力；在构建和谐警民关系上取得新突破，进一步提升公安机关及民警的亲和力。要通过努力，今年在全省继续保持刑事发案和交通事故、火灾三项指数“零增长”，严防发生危害国家安全和政治稳定的重大政治事件、暴力恐怖事件，严防发生影响社会大局稳定的重大群体性事件，严防发生社会反映强烈的黑恶势力犯罪和恶性刑事案件，严防发生重大安全生产和治安灾害事故，严防发生影响恶劣的队伍重大违法违纪问题。

王辉忠强调，当前，摆在全党上下的一项重要政治任务，是组织开展好深入学习实践科学发展观活动。各地要以此为契机，坚定不移地以科学发展观统领公安工作全局，切实把科学发展观贯穿于公安工作的全过程，体现在公安队伍建设的各个方面，落实到公安执法与管理工作的各个环节。

王辉忠要求全省公安机关要坚决整治影响稳定

王辉忠在报告中要求各地公安机关要把推进城乡警务一体化、公共安全服务均等化作为城乡经济社会发展一体化和公共服务均等化建设的重要组成部分，统筹调配警务资源，合理摆布工作重心，全面落实各项措施。（一）统筹城乡治安防控体系建设。要借鉴一些地方开展实效大防范的做法，充分发挥党的政治优势、社会主义的制度优势、公安工作的群众优势，有效整合各类社会治安资源，在城市不断严密社区群防、街面巡逻、重点部位监控、卡点堵截“四张网”，在农村大力推行民警“驻村联户”、农村警务联勤联动、村庄治安小区化管理等警务模式，进一步健全完善城乡社会治安防控体系，最大限度地挤压违法犯罪空间。（二）统筹城乡公安行政管理与服务工作。要主动顺应扩权强县发展趋势，按照“纵向放权、横向委托、降低成本”的要求，进一步明确公安机关职能定位，规范上下级事权划分，理顺警种职责权限，并积极推动110社会联动工作，防止公安行政管理与服务工作缺位、越位、错位。要加快户籍管理制度改革进程，积极探索建立城乡统一的户籍管理制度。（三）统筹城乡公安基层基础建设。要在总结“三基”工程建设经验的基础上，主动适应城乡经济社会发展一体化要求，深入实施以分级制为抓手的城乡社区警务战略。

王辉忠强调，要着力提高公安信息化深度应用水平和实战效益，把推进公安信息化作为深化“三基”工程建设的有效载体，按照“整合现有资源，规范项目建设，实现高度共享，提升应用效益”的要求，努力实现发展思路从以往依靠技术推动为主向依靠应用需求引领为主转变，信息资源从只注重量的扩张向高度重视量质并重转变，实战应用从只注重战术研究向战术与战略研判相结合、普及应用与专业应用相结合转变，切实形成“资源充沛、共享充分、应用充足、效能显著”的信息化工作格局，不断提升公安机关的感知力、管控力、侦缉力和服务力。（一）进一步完善信息化工作体制，积极构建大情报信息体系。要把构建公安大情报信息体系作为推动我省公安信息化水平迈上新台阶的重要抓手，加快建立以指挥中心为龙头、以业务警种和部门为支撑，以专业研判为核心、以全警应用为基础，技术建设与机制建设并行、研判与行动并举，条块结合、上下衔接的大情报信息体系。（二）强力推进系统整合，最大限度地实现信息共享。按照“可视化、自动化、智能化”的发展方向，进一步整合相关信息应用系统，抓紧完善能够实现一站式查询、一站式比对、智能化分析和集中报警、分类处警的信息综合应用平台，并在此基础上建设情报工作平台，对情报信息工作相关业务实施管理。（三）不断提升信息质量，大力推进普及应用与专业应用相结合的信息化实战应用。要始终按照“信息基础化、基础信息化”的要求，坚持标准，规范操作，下大力气抓好信息采录工作。要按照普及应用抓全警、深度应用抓专业的思路，既充分发挥人多势众的优势，大力推动全警应用，广泛普及“五查一联系”等网上排查、网上串并、网上查证、网上缉控等工作模式；又充分发挥指挥中心与业务警种情报信息专业力量的骨干作用，不断创新信息应用技战法，大胆探索实践互联网信息、手机信息等方面的深度应用，并努力提高综合应用、应急应用、社会应用能力。要按照“实战、实用、实效”原则，高度重视情报信息研判结果的转化，及时跟进具体的警务动作，使之有效转化为基层的勤务活动，转化为现实战斗力。要切实抓好研判结果的跟踪、反馈、绩效评估等工作，及时发现和纠正执行过程中的偏差，促进信息流与业务流的有机统一。

王辉忠强调，要把推进执法规范化作为深化“三基”工程建设的重点内容，准确把握社会主义法治的本质要求、立法精神和当前执法环境发生的深刻变化，进一步端正执法思想，牢固树立正确的执法理念，深入推进执法规范化建设，不断提高公安机关的执法公信力。（一）深化执法岗位资格认证工作，不断提升执法主体的素质和能力。（二）完善各项执法制度，切实从程序上、实体上对民警执法活动作出规范。（三）改进执法方式，注重从言行举止、方式方法上规范民警执法行为。（四）强化执法监督制约，严格执法过错责任追究。要进一步完善案件审核把关工作，特别是对命案，一定要切实把好证据关、事实关、法律关。对于以刑事和解方式结案以及在侦查破案、深挖犯罪过程中认定有立功情节的，必须严格审查把关。

王辉忠强调，构建和谐的警民关系，是我们党的根本宗旨对公安工作的本质要求，也是新形势下做好维护社会稳定和加强服务管理工作的根本保证。全省各级公安机关特别是领导同志要站在巩固党的执政基础、提高党的执政能力的高度，深刻认识构建和谐警民关系的特殊重要性，把它作为深化“三基”工程建设的强大支撑，摆上重要位置抓紧抓好。要充分认识公安机关和民警在构建和谐警民关系中的主导地位，在全力维护稳定和谐、积极改进服务管理和严格公正文明廉洁执法的同时，坚持从加强队伍职业化建设入手，推动和谐警民关系建设。（一）大力加强思想政治工作，永葆忠诚本色。要坚持不懈地加强党的基本理论、基本路线、基本纲领、基本经验教育，有针对性地加强宗旨意识、社会主义法治理念、职业道德和群众观念、群众路线教育，使广大民警始终把党的事业至上、人民利益至上、宪法法律至上作为永恒追求，永葆忠于党、忠于祖国、忠于人民、忠于法律的政治本色。（二）认真开展爱民实践活动，做好群众工作。要切实把群众工作作为一项重要基础性工作和基层公安民警的重要基本功来抓，把做群众工作的能力纳入“大教育、大培训”工作体系，加大对一些政策性、制度性、规范性文件的教育培训力度，着力提高民警懂群众心理、懂群众语言、懂沟通技巧，会化解矛盾、会调处纠纷、会主动服务、会宣传发动的“三懂四会”能力。（三）切实加强舆论引导工作，搞好公共关系。同时，要进一步畅通警民互动渠道，坚持和完善“警民恳谈·问计于民”制度。（四）继续深化和谐警营建设，展现良好风貌。要把增强队伍的内聚力作为实现警民和谐的前提和保障，认真做好民警人文关怀这篇文章，营造和谐的警营环境。

王辉忠厅长在省公安厅直属机关庆祝新中国成立60周年大会上的讲话

（2009 年 9 月 23 日）

再过一个星期，我们将迎来新中国60华诞。

今天我们厅直机关全体民警在这里欢聚一堂，隆重庆祝新中国成立60周年，共同回顾共和国和浙江公安走过的60年光辉历程及取得的巨大成就，展望伟大祖国和浙江公安事业阔步前行的光明前景。

从1949年建国至今，我国社会主义建设事业已经整整走过了60个年头。新中国成立时，我们面对的是一个社会经济濒临崩溃、满目疮痍、受人欺凌的旧中国。从新中国成立起，以毛泽东、邓小平、江泽民同志为核心的党的三代领导集体和十六大以来以胡锦涛同志为总书记的党中央，领导全党全国各族人民进行社会主义革命、建设和改革。60年来，浙江与祖国同呼吸、共命运，经历了科学社会主义在中国的探索和实践，在"一穷二白"的基础上，走出了一条具有时代特征、中国特色、浙江特点的创业富民、创新强省的发展路子，经济社会发展实现了从资源小省向经济大省、从计划经济向市场经济、从农业社会向工业社会、从封闭型经济向开放型经济、从基本温饱向总体小康的五大历史性跨越，浙江大地发生了翻天覆地的变化。

伴随着共和国60年的光辉历程，浙江公安也同样走过了一条极不寻常的发展道路、经历了极不平凡的奋斗历程。60年来，全省公安机关在省委、省政府和公安部的正确领导下，在历届省厅党委的带领下，忠实履行宪法和法律赋予的神圣职责，有效应对各种困难和挑战，并不断推进公安改革和自身建设，走出了一条具有时代特征、浙江特色的公安发展之路。

新中国成立60年，是浙江公安围绕中心、服务大局的60年。60年来，浙江公安把对党忠诚作为警魂，始终坚持把公安工作置于党的绝对领导之下，坚决贯彻执行党的路线、方针、政策，在思想上、政治上、行动上与党中央保持高度一致。从建国初期的剿匪肃特，到处置89政治风波，再到近年来在隐蔽战线与境内外敌对势力和法轮功等邪教组织的斗争，浙江公安始终旗帜鲜明、立场坚定、态度坚决。60年来，浙江公安坚持把公安工作融入全党全国工作大局，在大局下思考、在大局下谋划、在大局下行动，主动服从服务于发展这一执政兴国的第一要务，为推动我省经济社会又好又快发展作出了积极努力。

新中国成立60年，是浙江公安恪尽职守、维护稳定的60年。稳定是发展的前提，没有稳定就没有浙江今天的发展成就。60年来，浙江公安恪守维稳天职，正确处理两类不同性质的矛盾，综合采取打击、管控、防范、排查、调处等各项措施，有效维护了社会稳定。特别是不断坚持和发展新时期"枫桥经验"，认真做好矛盾纠纷的排查、调查、化解工作，积极预防和妥善处置了各类群体性事件。60年来，浙江公安始终高举严打利剑，剑锋直指杀人、绑架、投毒、抢劫等严重刑事犯罪和面广量大的侵财型犯罪，有力打击了犯罪分子的嚣张气焰。1996年以来，我省公安机关的破案绝对数一直位居全国前列，民警人均破案数已连续11年居全国首位，追逃数也一直在全国处于领先位置。

新中国成立60年，是浙江公安执法为民、心系群众的60年。坚持专门工作与群众路线相结合，是浙江公安工作的传统优势和特色。60年来，浙江公安坚持相信群众、依靠群众、联系群众这一专群结合的工作路线不动摇，深入实施城乡社区警务战略，积极推行民情日记、"警民恳谈·问计于民"、大走访等工作机制，进一步融洽了警民关系，促进了警民和谐。坚持执法为民、以人为本，在不同历史时期，根据经济社会发展和人民群众的不同需要，及时推出了一系列便民利民措施，受到了社会各界和人民群众的热烈欢迎。

新中国成立60年，是浙江公安锐意改革、创新发展的60年。改革创新是浙江公安事业破解难题、实现跨越的不竭动力。60年来特别是进入新世纪后，浙江公安坚持以创新求发展，以改革求突破，全面构建以警务信息化为龙头的现代警务机制，积极探索实践公安工作内涵式、集约式发展之路，极大释放和提升了警务工作效能。打防控主干应用系统的整合、"基础信息化、信息基础化"思路的提出、"24小时不断人、24小时不眨眼"人机互动巡防机制的推开、执法办案平台的启用、勤务制度改革的实施、重点对象教育转化的推广、接处警着装携装等“三项规范”的执行以及公安组织管理体制的理顺等，这些在全国颇有影响的公安工作思路和警务创新举措充分彰显了浙江公安重探索、重创新、重实干的务实工作作风。

新中国成立60年，是浙江公安内强素质、外树形象的60年。60年来，浙江公安始终坚持依法治警、从严治警方针，切实加强队伍的教育、监督、管理，积极推进队伍的正规化、职业化建设，大力整肃警风警纪，公安民警违纪率和涉警信访量均呈逐年下降态势。近年来，我省群众对公安队伍的满意度逐年提高并一直位居全国前列，广大群众对浙江公安队伍的建设成效亮了高分。同时，60年来，“忠诚可靠、秉公执法、务实创新、无私无畏、甘于奉献”的浙江警察精神在一代又一代的民警队伍中薪火相传，并成为推动浙江公安事业发展的重要精神支柱。

回顾60年浙江公安工作的光辉历程，我们豪情满怀；展望浙江公安事业新的征程，我们信心百倍。希望全省6万民警高举中国特色社会主义伟大旗帜，进一步解放思想、改革创新，不断传承和发展浙江公安的优良传统，积极回应人民群众的新期待、不断满足人民群众的新要求；希望厅直机关各单位、各部门、各警种把回顾总结60年浙江公安工作的发展历程和实践经验与当前学习贯彻党的十七届四中全会精神有机结合起来，真正做到用党的十七届四中全会精神武装头脑、指导实践、推动工作，真正做到用60年公安工作实践所探索积累的经验和启示丰富我们的智慧、开拓我们的思路、完善我们的机制，努力推动浙江公安工作在新的历史起点上取得新发展、实现新跨越、创造新辉煌！

牢固树立人民警察核心价值观 做党的忠诚卫士和人民群众的贴心人

王辉忠

构建和培育人民警察核心价值观，是公安部党委在深入开展学习实践科学发展观活动中提出的一个重大课题。今年3月份，公安部在全国公安机关部署组织开展了人民警察核心价值观讨论活动，全省公安机关紧紧围绕这一活动要求，紧密结合开展学习实践科学发展观活动和浙江公安实际，在组织广大民警参与讨论、提炼贴近公安工作和队伍建设实际的人民警察核心价值观表述的基础上，坚持边凝练、边培育，边弘扬、边践行，积极引导广大民警树立正确的理想信念和价值取向，扎实推进公安思想政治工作，不断促进广大民警打牢共同的理想信念和思想道德基础，有力服务了各项公安工作的开展。

一、深刻认识构建和培育人民警察核心价值观的重要意义

胡锦涛同志在党的十七大明确提出“要建设社会主义核心价值体系，增强社会主义的吸引力和凝聚力”，并要求“切实把社会主义核心价值体系融入国民教育和精神文明建设全过程，转化为人民的自觉追求”。在党的十七届四中全会上，党中央进一步提出了建设马克思主义学习型政党和开展社会主义核心价值体系学习教育的要求。核心价值观是在社会发展进程中形成的积极的、主流的思想精神支柱与行为价值导向，它是一个国家、社会得以生存和发展的灵魂。同样，人民警察核心价值观也是人民警察在长期的警务实践中所形成的、具有警察职业特色的价值关系的基本观点和理念，是反映人民警察与党、国家和人民的关系以及民警相互间关系最基本、最核心的价值观念，它是公安机关履行使命的精神支柱，也是全体民警奋发向上的精神力量和团结和谐的精神纽带。特别是在当前价值多元化、各种思潮相互激荡和经济体制深刻变革、社会结构深刻变动、利益格局深刻调整、思想观念深刻变化的特殊背景下，构建和培育具有时代特征、公安特色的人民警察核心价值观，对进一步改进和加强全省公安队伍建设、促进公安工作又好又快发展具有十分重要的现实意义。

（一）构建和培育人民警察核心价值观，是进一步坚定全省公安机关正确政治方向的必然要求。马克思主义认为，军队、警察是国家机器的重要组成部分，任何时候都是服务于阶级实现自身利益、政党实现政治任务的暴力工具，超阶级、超政治的军队和警察是不存在的。回顾我省公安机关走过的60多年奋斗历程，我们之所以能够始终坚持党的绝对领导、保持强大的政治优势、具有旺盛的战斗力，根本原因，就是我们始终高度重视民警理想信念和世界观、人生观、价值观的培育与锻造，始终把党的政治理念作为广大民警的政治信仰和精神支柱来遵循，始终保持人民警察的性质和本色。在新时期、新形势、新任务下，构建和培育居于核心、统率和支配性地位的人民警察核心价值观，可以有效统领全警的意志，凝聚全警的警心，从根本上打牢广大民警高举旗帜、听党指挥、履行使命的思想政治基础，从思想上、政治上、组织上确保公安队伍始终成为党绝对领导下的队伍，确保公安工作和队伍建设的科学发展。

（二）构建和培育人民警察核心价值观，是激励全省公安机关全面履行职责任务的客观要求。人民警察核心价值观是广大民警履行职责的思想基础和动力源泉。在经济全球化、社会信息化的时代背景下，影响国家安全和社会稳定的不确定因素明显增多，难以预料的挑战和风险明显加大，确保公安机关高标准、高质量地履行好党和人民赋予的使命，不断适应人民群众的新期待、新要求，切实担负起社会主义和谐社会的建设者、捍卫者的职责，必须通过构建和培育人民警察核心价值观，确立民警与履行政治和社会责任相适应的价值观念、目标追求，并进一步坚定中国特色社会主义信念，自觉服务中国特色社会主义发展大局，把捍卫政权和维护国家安全放在首位。只有这样，才能进一步凝聚警心士气，不断升华民警忠诚使命、献身使命、不辱使命的思想境界，为有效履行职责打牢思想基础，提供强大精神动力。

（三）构建和培育人民警察核心价值观，是引领广大民警在价值取向、职业操守上不断提升和进步的重要途径。人民警察核心价值观影响着人民警察的个体价值取向。我们不否认在当前个体价值观日趋多元化、复杂化甚至功利化的社会环境中，民警的思想观念、道德意识、价值取向也越来越呈现多元化和层次性。从上半年开展的全省公安民警网上思想状况调查看，有18.20%的民警在世界观问题上觉得“虚无缥缈，说不清楚”；有14.59%的民警在人生观的看法上觉得“人生无常，得过且过”；有52.22%的民警表示对警察职业的认同感在逐年下降；有24.64%的民警表示不够安心警察职业。这些数据，对一支纪律部队来讲是十分危险的信号，也警示我们加强人民警察核心价值观建设的必要性和紧迫性。通过构建和培育人民警察核心价值观，加强理性指导和正面灌输，并发挥核心价值观潜移默化的“规范”和“强化”作用，可以使我们把广大民警的思想和行为引导、统一到正确的方向上来，使民警心怀共同的抱负、使命和追求，最大限度激发广大民警的归属感、荣誉感、成就感，促进队伍战斗力的提升。

（四）构建和培育人民警察核心价值观，是新形势下加强全省公安思想政治工作的重要基础工程。思想政治工作是一切工作的生命线，思想政治工作说到底就是做人的工作，核心是解决理想信念、价值追求的问题。只有使广大民警牢固树立人民警察核心价值观，思想政治工作才能更好地发挥培养人、提高人的作用，思想政治建设的基础也才会更加扎实。应当充分肯定，近年来全省公安思想政治工作是卓有成效的，队伍的正规化、职业化水平也不断提高。但也不容否认，在一些地方、一些警种，仍然存在思想政治工作目标不明确、内容不规范、方法不科学、效果不明显的问题。究其原因，就是缺乏一个能够统得住、抓得实，指向性和规范性都比较强的有效载体。而通过构建和培育人民警察核心价值观，正是可以弥补这一缺陷和不足，为我们提供抓好公安思想政治工作的有效载体，特别是通过发挥人民警察核心价值观的恒定指向作用，指导每一位民警进行正确的价值衡量、判断和选择，从而把民警的意志和力量引导到正确的人生追求上来。

二、正确把握人民警察核心价值观的内容表述与内在关系

核心价值观是对核心价值体系的进一步理念化凝练，同样，人民警察核心价值观也要从警察核心价值体系中凝练出人民警察的精气神。因此在凝练之时，我们必须在总体上把握与社会主义核心价值体系相适应，既体现社会主义核心价值体系的共性要求，又反映人民警察的特殊使命任务和职业特点；既体现公安机关的优良传统，又着眼新形势新任务赋予公安机关的时代要求。具体来说，它必须以社会主义核心价值体系为指导和依托，包括“坚持党对公安工作绝对领导”的政治观，“立警为公、执法为民”的宗旨观，以“严格执法、热情服务”为基本行为准则的职业道德观，以及“忠诚可靠、秉公执法、务实创新、无私无畏、甘于奉献”为主要内容的浙江警察精神等构成的基本内容。根据这样的指导思想，今年上半年，省厅结合全省公安民警思想状况调查，就新形势下应当确立什么样的人民警察核心价值观组织全省民警进行了广泛讨论，并在充分征求专家学者意见的基础上，最终凝练出新时期我省人民警察核心价值观是“忠诚、为民、公正、廉洁、奉献”。

所谓“忠诚”，就是必须正确对待信仰，坚定理想信念，要求公安民警永葆忠于党、忠于祖国、忠于人民、忠于法律的政治本色。这是人民警察的基本政治品质，也是人民警察核心价值观的灵魂，它由坚定的理想信念、严明的组织纪律和高尚的人生观价值观所构成。

所谓“为民”，就是必须正确对待宗旨，坚持以人为本，要求公安民警时刻牢记并实践全心全意为人民服务的宗旨，坚持立警为公、执法为民。这是人民警察使命和责任的根本归宿，也是人民警察核心价值观的根本出发点和落脚点，它由正确的民本理念、深厚的爱民情结构成。

所谓“公正”，就是必须正确对待权力，维护执法公信力，要求公安民警依法履行职责，秉公执法办事，维护公平正义。这是人民警察的基本行为准则和执法思想核心，也是决定人民警察核心价值观的法律精神，它由精湛的法律素养、良好的个人修养所构成。

所谓“廉洁”，就是必须正确对待利益，恪守廉洁从警，要求公安民警时刻注意拒腐防变，在利益面前要防止心态失衡，在家人面前不能因爱生害，在社交上不能滥交朋友，在生活情趣上健康向上，在对待监督上不能忘乎所以。这是从警的基本要求，也是人民警察核心价值观的内在要求，它由正确的权力观、利益观所构成。

所谓“奉献”，就是必须正确对待付出，把警察职业作为人生事业来追求，要求公安民警具备无私奉献精神。这是人民警察职业道德的本质特征与最高境界，也是人民警察核心价值观的具体体现。

可以说，“忠诚、为民、公正、廉洁、奉献”这五者是一个相互作用、相互促进、辩证统一的整体，有着严密的逻辑关系，以此为主要内容的我省人民警察核心价值观既体现了公安机关的政治属性、把握了警察职业的特殊要求，也基本符合了时代的发展需要。

三、培育和践行人民警察核心价值观应重点抓住的几个环节

人民警察核心价值观作为一种价值观念，要发挥它的现实功能和指导作用，需要我们从理论和实践两方面进行系统构建，以促使民警的“认知”和“行为”相统一。即通过在全警之中广泛开展人民警察核心价值观学习教育活动，使广大民警进一步牢固树立大局意识、政治意识、忧患意识、群众意识和法治意识，进一步强化对核心价值观的政治认同、职业认同、思想认同和感情认同，实现从概念到理念的转变。在此基础上，又通过引导每一位民警的自觉践行，使理念实现到自觉运用、到工作实践的转变，从而提升整个公安队伍的吸引力、凝聚力、战斗力，为忠实履行公安职能、促进社会和谐稳定提供强有力的思想和组织保证。

一是要强化理论灌输。俗话说：知之而后行。只有知道了是什么，然后才有理解和认同，最终才能明白该怎么做。理论武装在任何时候都是行动的起始。各级公安机关要加强人民警察核心价值观的宣传教育，特别是要通过组织民警系统学习党的十七届四中全会精神、胡锦涛等中央领导有关社会主义核心价值观的重要论述、公安部关于人民警察核心价值观表述初步意见的说明以及《中共中央关于进一步加强和改进新形势下党的建设若干重大问题的决定》、《社会主义核心价值体系学习读本》等材料，使广大民警切实深化对人民警察核心价值观内涵的认知和认同。同时，还要结合警营文化建设，通过组织开展讨论交流、热点辨析、征文演讲等活动，不断搞浓学习教育的氛围，使民警对核心价值观的表述入眼、入耳、入脑、入心。

二是要解决突出问题。学习教育的目的不是为了坐而论道，而是在于学习之后要拿措施、见行动、得实效。因此，在学习教育的基础上，各级公安机关都要切实按照培育和实践人民警察核心价值观的要求，认真组织全体民警立足各自的思想、工作和生活实际分层次开展查摆剖析，找准自己在理想信念、价值取向、职业操守、日常行为中存在的不符合人民警察核心价值观的行为和现象，并逐条明确整改方向，拿出整改措施。同时，各级公安机关、各个部门、各个警种也要结合自身实际，通过采取征求基层意见以及召开民警座谈会、辖区干部群众意见征询会、警风警纪监督员恳谈会等形式，广泛征求各方面意见和建议，及时了解掌握自身存在的突出问题，并在此基础上，深刻分析形成问题的主客观原因，进一步理清改进的思路和措施。

三是要结合岗位践行。培育和践行人民警察核心价值观不是一时一事的，而是伴随着每个民警的职业生涯。同时，经过一段时间的学习体验、修养实践，每个民警就会从内心对核心价值观产生认同感，从而使自己的价值判断和行为模式自觉不自觉地参照核心价值观来行为处事。因此，我们要把培育工作贯穿到民警日常工作生活之中，渗透到队伍建设的方方面面。要坚持从点滴做起，时时处处严格要求，加强思想品德修养，持之以恒，日积月累。要把本职岗位作为践行人民警察核心价值观的基本平台，引导民警从点滴养成抓起，从具体工作做起，不断强化爱岗敬业、尽责奉献的事业追求。要以警察教育训练为牵引，把核心价值观的要求贯穿到教育训练的全过程，帮助民警牢固确立爱岗敬业、献身使命的价值观念。同时，还要以执行重大任务为契机，引导民警自觉在抢险救灾、反恐维稳等警务活动中摔打磨砺，不断强化政治信念、宗旨意识和战斗作风。

四是要注重领导示范。培育人民警察核心价值观，关键是各级领导干部要发挥示范作用，至关重要的是领导干部自身怎么做。在人民警察核心价值观学习教育及培育践行过程中，各级公安机关领导干部要做到“三个带头”，既带头学又亲自抓，既带头讲又带头做，既带头研究又创新发展，坚持躬身实践、亲力亲为，充分发挥积极的导向、示范和激励作用，真正使各级领导机关和领导干部成为人民警察核心价值观价值的示范者、引导者。

五是要强化机制建设。核心价值观的形成不可能靠移植、只能靠培育，而且是一个长期的培育过程，必须牢固树立长期抓、经常抓、反复抓的思想，同时更要注重发挥机制制度的强制性、规范性作用。各级公安机关要积极探索培育人民警察核心价值观的长效机制，研究建立教育引导、实践锤炼、环境熏陶、奖惩激励、目标责任等机制，形成完整的制度规范。当前重点是抓好两方面的工作：一方面要坚持把核心价值观主题教育体现到各项经常性教育和深入学习实践科学发展观活动之中，使之成为理论学习的主题、政治教育的主线；另一方面，要坚持把培育践行引入到公安工作和队伍建设的各个方面、各个环节，并把核心价值观实践培育纳入公安机关的绩效考核当中，把教育成效与单位和个人切身利益挂钩，保证教育活动制度化、常态化。

六是要真心关爱民警。核心价值观要真正内化为民警的思想，很重要的一个前提是民警对组织要有认同。去年以来，面对复杂的执法环境、紧张的工作压力和超负荷的工作强度，面对抗震救灾、奥运安保、国庆 60 周年安保等保卫任务，广大民警特别是基层一线民警顽强拼搏、连续作战，工作十分辛苦。接下来，又要马上投入到上海世博会“环沪护城河”工作当中。全省公安机关要抓住开展核心价值观学习教育活动的有利时机，进一步抓好从优待警各项措施的落实，真正做到关心体恤民警，尊重爱护民警，积极帮助民警解决工作、生活中遇到的实际问题和困难，激励他们以饱满的热情、旺盛的斗志，更好地投入到各项工作中去。特别是要注重人文关怀和心理疏导，科学调整勤务模式，合理安排民警的工作、学习和生活，开展有益的警营文化活动，为民警开辟释放个性、交流思想、调整身心的渠道。

省公安厅党委副书记、副厅长张景华在温州、湖州调研时的讲话摘要

（2009 年 9 月、10 月　根据记录整理）

一、关于维护社会治安稳定

维护社会治安稳定，任何时候都应坚持以问题为牵引，以信息为主导，抓住重点，全力作为。每个事件的发生都有一个生成、发展、爆发的过程，一旦小的治安问题不及时解决，就会成为乱点、形成气候，严重影响群众的安全感和对公安机关的满意度，同时解决起来也要花费大量警务资源。因此，派出所长和社区民警要关注辖区治安热点问题，提高对突出治安问题的感知力和敏锐性，整“小”防“大”，防止问题变成难题，难题变成死结。当前，各地要把打黑除恶放在重要位置来抓，黑恶势力直接关联着一个地方的社会治安状况和群众的安全感，黑恶不除，治安难平，要坚持主动进攻的策略，抓早抓小，露头就打，绝不能让其形成气候。要高度重视对易藏污纳垢的“城中村”、城乡接合部的治安乱点整治，一旦发现有黑恶势力存在，就要集中优势警力进驻整治，彻底铲除黑恶势力滋生土壤，挤压灰色势力生存空间，防止那些平时游手好闲的群体向犯罪生力军方向发展。对“两抢”犯罪，也要始终紧抓不放，假如一个地方“两抢”犯罪多发频发，一般来说都会有固定的犯罪团伙在作案，要加大专案经营力度，及时打掉。

要进一步加强社会治安防控体系建设。一方面，要继续深化农村和社区警务建设，哪里治安状况复杂、群众对公共安全服务需求多，社区警务室就建在哪里。社区警务的精髓是社区民警要有一颗为社区居民热情服务的心，不能建了警务室就算完事，要变“建点式”为“走动式”，把社区民警下得去、蹲得住、融得进、管到位、服务好作为社区警务的追求，做到公共安全宣传到位、矛盾纠纷调处到位、基础信息搜集到位、人防物防技防到位、服务社区居民到位。要发动和指导社区群众、企业单位像落实“卫生门前三包”一样认真做好自我安全防范工作。王法金指导群众花 10 元钱每家每户安了一个简易报警器，花钱虽少但效果很好，有的时候往往是最简单的办法反而最有效，关键是民警动不动脑筋、花不花心思去做，只要把工作做细做精做实了，就必定有效果。案多人少是我们长期面临的困难，但民力无穷，各地要始终把有效组织和发动群众参与治安工作作为大课题来研究、来解决，努力促进治安工作社会化。

平台。需要明确的是，“大情报”平台必须由省厅统一进行开发，市局层面主要负责功能个性化拓展，只有上下对接、左右衔接，才能实现更大范围和程度的信息共享。情报信息工作呈金字塔形结构，研判主要在上层，省、市两级综合情报部门要在大量占有情报信息的基础上，加强战术、战略的风险评估和预警预测。研判结果还有一个谁来接盘的问题，也就是行动的问题。我们讲，研判出线索和情报是软打击，而在情报的主导下民警在现场抓到犯罪分子，才是硬打击。所以，“大情报”体系建设也要高度关注工作流程设计，配套实施警务机制变革，通过健全完善各种工作机制，包括问责制度，确保在情报信息的精确制导下，把民警推向街面、社区和现场，并监督民警把一个个规定动作做到位，这样才能提高执行力、行动力，才能真正实现“大情报、小行动”。

在进一步深化信息警务战略过程中，各地要正确认识和把握信息警务与传统警务的关系，两者之间没有替代性，只有互补性。公安学科是一门实践学科，发挥人的主观能动性始终是最关键、最根本的，要坚决防止出现看电脑的民警越来越多，而走进现场、走近群众的民警越来越少，以及民警传统的侦查技能、群众工作能力越来越弱化的现象，“传统＋科技”、“人脑＋电脑”必须始终坚持好、实践好，不能有丝毫偏离。

另一方面，要高度重视做好犯罪挤压工作。从犯罪转移规律看，犯罪活动都是从打击防范的强势区域流向打防控相对薄弱的“洼地”。当前，我省外来人口数量大特别是存在着一大批职业犯罪分子。我们只有通过盯住人，才能防住事；只有管住、控住那些不放心的人，才能预防和减少各类案件的发生。要进一步加强定点清查工作，对外来人员集中聚居点、“城中村”、城乡接合部等地要经常清查检查，并坚持点线面结合，车巡、步巡、自行车巡结合，加强街面巡逻防控，通过积极作为来有效改变犯罪环境。

二、关于信息警务和“大情报”体系建设

信息警务是一场警务革命，是对传统警务工作的重要补充，也是公安机关核心战斗力和现代警务机制的支撑与基础，对其他警务工作起着极强的牵引作用，必须作为各级公安机关的“一把手”工程来抓。省、市、县三级公安机关有着不同的建设目标，每个层级定位要清晰，目标要明确，着力点要找准。作为县级公安机关，重点是要抓好信息采集与实战应用。其中，采集内容要由实战需求来决定，不求全部占有，但求为我所用，实现海量采集向有用采集转变。在数据库建设上要坚持错位建设的思路，凡是能够逻辑集中的，就没有必要物理集中；凡是周边地方已建的，本地就没有必要重复建。在实战应用上，要实现以往的单兵应用向全警有组织应用转变，由原来松散型应用向集约型应用转变。要坚持“管用的就是最好”的理念，把专业应用的成效始终定位在公安机关战斗力提高之上，也就是看感知力、侦缉力、管控力、服务力是否得到提升。

当前，各级公安机关“大情报”体系建设进展顺利，省厅也正在全力研发全省公安机关的“大情报”

三、关于执法规范化建设

加强执法规范化建设，首先要明确抓哪些关键环节和工作着力点。执法规范化建设不能单纯为规范而规范，而应围绕提高执法质量进行规范。执法质量最终还是归因民警的政治素质，必须切实打牢广大民警“立警为公、执法为民”的思想根基，保持“四个忠于”的政治本色。要继续大力加强执法主体建设，特别是要认真研究执法资格如何与民警的荣誉、待遇和职级等相挂钩的问题。要紧紧围绕制度缺陷和执法问题来设计执法制度，例如，执法培训就要改变以往普遍培训和针对性不强的问题，采取“倒逼培训”和“补差培训”的方法，谁办错案谁培训、谁造成有责信访案件谁培训，同时要分清是责任心问题、还是能力水平问题，如果是责任心问题，就要“打板子”和问责;如果是能力水平问题,就要补差教育,采用案例教学的方法,教他怎么做。另外,还要大力加强执法监督工作。监督的前提是公开,要采取倒逼的方法推进行政执法公开工作,通过依法、公开行政,实现法律效果与社会效果相统一。

现在基层有一种说法,认为活干得越多,出错越多。我不同意这个观点。不干活才是最大的错。有些民警干活也很多,像杭州的蒋定军、湖州的王法金、高速公路的占立明,为什么他们干得很多却没有出错,反而老百姓交口称赞,这里面就是责任心、良心与能力、水平的问题。还有一个不好的现象也必须纠正,就是一些民警职务一提拔就不办案了,连提个中队副职也不办了。如果提拔后不办案,都让新民警去办,那队伍的执法质量怎么提高?省厅规定的中层领导办案数量那是最低标准,每个所队长都有办案的义务,而且要多办案、办疑难案。今后所队长晋升职务时,也要像学校老师评定职称考核课时数一样,有个办案数量考核。

四、关于公安队伍建设

任何工作都是靠人完成的,要努力在队伍中倡导“将职业当作事业来追求”的理念,以此聚集警心、振奋精神。抓队伍建设,不能只局限于研究方法问题,而应首先解决如何看的问题,怎么看决定了怎么抓,我们不能把一些苗头性问题当成习惯,不能用一个倾向掩盖另一个倾向,道理不明、是非不清,队伍必定要出问题。当前,社会价值日趋多元化,各种思潮相互激荡,在这样的特殊背景下,构建和培育具有时代特征、公安特色的人民警察核心价值观,对进一步改进和加强全省公安队伍建设、促进公安工作又好又快发展具有十分重要的现实意义。客观地讲,民警是“政治人”、“法律人”,同时也是“经济人”,做思想政治工作,既要讲小道理,小道理能够解决个别问题,但更要讲大道理,大道理才能统一思想。“阳光工资”实施后,确实对队伍稳定带来了影响,厅党委对此高度重视,正在想方设法做力所能及的工作,但是我们更应在队伍中倡导和培育“忠诚、为民、公正、廉洁、奉献”的人民警察核心价值观,只有真正把民警的思想问题解决了,大家的工作才会有激情、有干劲,主观能动性才会发挥到极致。

培育和践行人民警察核心价值观,首先要解决民警对核心价值观的认同问题,只有思想认同了,才会有执行力和落实力。价值认同,一定意义上说,不能靠移植,只能靠培育。一方面,要强化理论灌输和理论武装,使民警对核心价值观的表述和内涵真正入眼、入耳、入脑、入心;另一方面,要充分发挥各级领导干部示范带头作用和人格魅力的感召力。领导的行为就是无形的影响力,对队伍风气的形成起着决定性作用。俗话说,领导迈什么步,士兵走什么路;牧羊人驯不出虎,而驯虎人能将羊驯成虎。同时,要坚持正确的用人导向,党委的重要政治责任就是将合适的人放到合适的岗位上去,领导干部的职业道德之一也是公正用人。

用对一名干部,可以鼓舞一片心;用错一个干部,则将伤害一群人。抓队伍还要坚持情理并重,严是爱、宽是害,从严治警任何时候都不能放松。要坚持“零容忍”,对队伍中存在的各类问题要抓早抓小抓苗头,努力将其解决在违纪层面,防止任其发展到违法层面。在坚持从严治警的同时,也要尊重基层和民警的多元需求,满足其合理的愿望和期待,切实将从优待警措施落到实处。

五、关于正确应对涉警舆情

各级公安机关和广大民警要始终做到严格、公正、文明执法,这样才能减少媒体炒作的由头。要明白“禁止就是宣传”的道理,对已经出现的负面炒作,不能一味删除、封堵,往往是你越删别人越好奇,传播得越快越广,正确的做法应是快速认错、果断纠错、抢先发布,核心要领就是“快”。而且我们要始终关注事件本身,及时发布事实真相,千万不要去和媒体对抗或辩论。

六、关于后勤保障建设

新时期公安后勤工作要有所作为,必须找准重点,在关键环节上下功夫。一是要抓标准。无论是公用经费还是装备建设,都要有一个科学的、门类齐全的、可持续发展的标准,而且必须确保这个标准得到严格执行,不能随意突破。二是要抓规范。要严格执行预算,特别是要确保省厅下拨的专款得到专用,不能被挤占或冲抵。三是要抓弱项。要每年理出一批装备建设的弱项,通过集中财力加强建设,争取每年有所突破。四是要抓管理。例如,在装备建设上,要在采购、保管、使用、更新等各个环节健全规章制度,确保有章可循。五是要抓效益。资金使用必须讲究效益,钱花了后要及时评估。同样,装备建设也要讲究效益,它的效益就在于使用频率。

2009年浙江省公安机关“三项建设”情况综述

2009年，浙江省公安机关根据公安部“南京会议”的精神，结合浙江公安工作实际，在进一步深化“三基”工程建设的基础上，扎实推进信息化、执法规范化和和谐警民关系建设等“三项建设”，取得了明显的成绩。

一、关于信息化建设情况

2009年，全省公安机关根据公安部的总体部署，按照“整合现有资源，规范项目建设，实现高度共享，提升应用效益”的要求，在发展思路上更加注重依靠应用需求引领，在信息资源上更加注重量质并重，在实战应用上更加注重战术研究向战术与战略研判相结合、普及应用与专业应用相结合，积极推动全省公安信息化建设向纵深发展。

(一)大力加强组织领导。省厅及11个市公安局均成立了信息化工作领导小组，由“一把手”领导任组长，下设“信息办”，真正使信息化工作成为各级公安机关的“一把手”工程。同时，出台了《浙江省公安厅关于进一步推进公安信息化若干意见》，对全省公安信息建设作出全面规范和部署。

(二)积极推进系统整合与信息共享工作。省厅完成打防控信息主干应用系统优化方案，并制定出台全省公安机关信息共享暂行规定和信息共享目录，将部、厅、市级信息整合到信息资源库中供全警共享，同时对信息的共享要求、共享级别、共享方式、共享内容、共享纪律作了明确规定。

(三)稳步推进社会信息共享工作。目前，省、市两级已获取包括企业与个人征信信息、国税地税信息、空港口岸信息、社保医保信息、电力与自来水信息等各类社会信息。

(四)全力建设“大情报”工作体系。成立了由厅指挥中心、刑侦、治安、信通等部门有关人员组成的情报平台建设小组，加快情报平台的需求调研和方案设计，目前省厅警用地理信息基础应用平台已进入招标程序，并初步完成信息资源综合应用平台“一站式”查询服务和“一站式”比对的升级、改造。同时，省市县三级专业情报工作队伍已粗具雏形，并初步编制了《浙江省公安机关信息采集目录》、《浙江省公安机关综合情报部门工作指导意见》、《重点人员动态管控省、市、县三级公安机关联动应用机制》、《重要事件预警防范省、市、县公安机关三级联动应用机制》、《重点人员管控机制》、《社区民警信息采集机制》、《省、市、县三级情报工作联动应用考核机制》等制度规范。

(五)开展打防控信息主干应用系统三期建设工作。按照“实战、实用、实效”要求，制定了《打防控信息主干应用系统优化思路》和《打防控信息主干应用系统优化方案》，优化系统环境配置，建设打防控系统应用库，“瘦身”系统和数据项，实现与监管、禁毒、110等相关信息系统的基本信息衔接。

二、关于执法规范化建设情况

2009年1月，省厅印发了《关于进一步推进执法规范化建设若干问题的意见》，又配套制定了全省公安机关推进执法规范化建设工作方案，进一步细化今后三年全省公安机关执法规范化建设的重点工作任务，并层层分解责任，明确工作要求。各地也将执法规范化建设摆上重要战略位置，成立由主要领导任组长的领导小组，制定推进计划，明确工作目标，实行项目化管理，扎实有序地开展建设。

(一)执法培训力度进一步加大。全省以推行岗位执法资格等级化认证工作为抓手，切实加强执法教育培训工作，推进执法主体能力建设。组织全省公安机关领导干部开展集中专题轮训，由厅党委成员及专家学者承担授课任务。各地也以开设“执法讲堂”、“网上考场”等形式强化全警的法制培训。在宁波、衢州两地开展执法岗位民警分级化管理试点工作，将执法民警分为初级、中级、高级三个等级，实行动态调整，并与政治、经济等待遇挂钩。省厅出台规范协警管理规范性文件，并组织开展全省非执法主体清理整顿工作。

(二)执法制度进一步完善。对涉及公安工作的9件地方性法规进行清理，对87件规范性文件逐件提出修改意见。联合省检法部门制定了《关于贯彻实施〈中华人民共和国消防法〉若干问题的意见》，《关于办理抢劫、抢夺犯罪案件适用法律的指导意见》。另外，还制定出台了《浙江省县级公安机关中层领导办案制度》、《浙江省强制隔离戒毒人员严重疾病认定标准(试行)》、《浙江省强制隔离戒毒诊断评估工作暂行规定》、《浙江省道路交通安全违法行为异地处罚暂行规定》、《浙江省轻微交通违法行为查处工作规范》等一系列执法规范性文件。

(三)执法信息化水平进一步提高。省厅加快推进第三期执法办案平台建设步伐，笔录系统和法制办公平台已建成并在全省正式投入使用，已有1000多份报表和监督信息输入平台，省、市、县三级公安法制部门日常使用的18张业务报表和日常执法监督信息全部实现网上实时报送。网上个案考评和网上执法档案模块的主体框架已搭建完成。下发了《浙江省公安机关刑事、行政案件电子化卷宗参照标准》（试行），统一规范电子化卷宗的制作和归档工作。

（四）执法监督体系进一步严密。在对全省2008年度执法质量考评情况通报点评基础上，对11个单位下发了《执法建议书》，对53件有问题的案件进行了责任倒查追究，共追究民警67人，包括4名局领导、15名科所队中层领导，其中纪律处分6人。全面修改全省公安机关执法质量考评办法，调整考评重点和体系，新增了信访事项考评项目。下发《浙江省公安厅关于进一步加强命案质量审核工作的通知》。建立健全民警违法违纪查处、犯罪嫌疑人非正常死亡等日常考评基础台账，按季度核对相关数据。开展为期5个月的看守所执法专项检查活动，全省共纠正各类安全执法问题304个。

三、关于和谐警民关系建设

2009年，全省公安机关认真贯彻落实《浙江省公安厅关于进一步加强和谐警民关系建设的意见》，从转变观念、完善机制、搭建平台、提升能力、整顿队伍等方面着手，积极消除警民关系中的不和谐因素，不断累积警民关系中的和谐因素。

（一）广泛开展爱民实践活动。以开展深入学习实践科学发展观活动和“公安民警大走访”爱民实践活动为平台，广泛开展各种爱民实践活动。其间，全省公安机关共有12万人（次）参与走访，走访各类机关单位4.57万家、群众53万人（次）。同时，各地认真落实省厅服务经济转型、帮扶企业方便群众25项措施，并因地制宜推出一批便民利民惠民措施，据不完全统计，大走访期间各地开展主题爱民实践活动8720次，帮助群众解决实际困难7900余件，为困难群众捐款550万元，赠送物品价值238万元。

（二）加强民警做群众工作能力锻炼。全省公安机关加快构建完善大教育、大培训工作体系，把群众工作能力培训作为落实“三个必训”制度的重要内容，按照“三懂四会”的要求，切实加强民警在群众工作知识、群众工作方法和群众工作技巧等方面的基本功训练。省厅制订了《2009～2011年全省公安民警训练工作规划》，并编纂《公安机关“三懂四会”群众工作能力实训教程》。分五期对市公安局领导班子成员、县级公安局政委、省厅处职干部共370名领导干部开展集中轮训，并邀请王法金等优秀民警为全警讲授做群众工作的技巧。

（三）加强涉警舆情引导。在全省县级以上公安机关全部建立实体化运作的“新闻办”，并进一步修订完善《浙江省公安机关舆情危机处置规范》。建立省、市、县三级公安机关每日由网警部门收集涉警舆论信息、“新闻办”定期牵头研判的工作制度。对全省新闻发言人进行了集中培训。教育广大民警树立“人人都是宣传主体”意识，积极开展全警舆论引导普及培训。在积极培训组建专业网络评论员队伍的同时，注重挖掘、培养民警业余评论员队伍。

（四）进一步深化和谐警营建设。在“大走访”期间，全省共走访民警家属33085户，走访近年来因公牺牲民警家庭158户、因公致残民警家庭141户、困难民警家庭1526户；解决民警家庭实际困难1682件，为因公牺牲、致残和生活困难民警家庭送去慰问金和物品计637万元。在全省组织开展公安民警思想状况网上问卷调查活动，为有针对性地开展思想政治工作、加强队伍建设提供科学依据。推出占立明、毛建剑、金国民、郑树富等一批先进典型，发挥典型示范引导作用。建立健全民警医疗保险保障制度，完善省、市、县三级心理健康工作体系。

（**责任编辑**　胡　军）

2009年浙江公安大事记

1月4日　**省厅通报2008年全省公安机关执法质量考评结果。**

1月6日　**省厅表彰全省公安系统优秀单位和优秀人民警察。**

1月6日　**省厅通报市级公安机关2008年度工作综合考评结果**　杭州、嘉兴、绍兴、舟山市公安局分列一、二、三类地区先进单位。

1月6日　**省厅通报表彰2008年度全省公安队伍正规化建设先进单位。**

1月7～8日　**全省公安工作会议在杭州召开**　省委常委、政法委书记、公安厅厅长王辉忠在会上作报告。厅党委副书记、副厅长张景华主持会议，并对做好2009年几项重点工作作具体部署。

1月8日　**省厅印发《浙江省建立铁路"线路警务室"与周边"社区警务室"治安协作机制工作方案》**　决定于2009年1月起，在全省建立铁路"线路警务室"与周边"社区警务室"治安协作工作机制。

1月9日　**省厅印发《关于做好扩大县(市)公安机关经济社会管理权限工作的通知》。**

1月9日　**温岭市发生重大火灾事故**　造成6人死亡，2人受伤。

1月13日　**省厅印发《关于建立严重刑事犯罪案件相关警种同步上案工作机制的意见》。**

1月13日　**省厅印发《浙江省公安机关侦破命案工作机制的通知》。**

1月14日　**省委常委、政法委书记、省公安厅厅长王辉忠在厅党委委员、办公室主任石小忠陪同下在杭州铁路公安处和厅森林公安局调研。**

1月15日　**省厅印发《开展打击整治发票犯罪专项行动的通知》**　决定于2009年1～10月在全省范围内开展此项专项行动。

1月20日　**省厅印发《关于进一步加强打黑除恶工作的意见》**　就强化组织领导、健全工作机制、建强侦查队、提升执法办案能力、加强宣传发动工作等提出要求。

1月21日　**省厅印发《关于进一步推进公安信息化工作的若干意见》。**

1月21日　**省综治委办公室、省公安厅印发《关于全省社会治安动态视频监控系统建设情况的通报》。**

1月23日　**省厅印发《关于进一步推进执法规范化建设若干问题的意见》。**

1月23日　**省厅印发《关于进一步加强和谐警民关系建设的意见》。**

1月28日　**温州市瓯海区发生重大火灾**　造成6人死亡，3人受伤。

1月29日　**温州、永嘉两级公安机关破获一起爆炸案**　6时10分，永嘉县瓯北镇黄田罗溪北岙后路38号黄林兴(男，43岁)家发生爆炸，致黄林兴之妹黄丽蓉(41岁)、夏乾梁(13岁，系黄丽蓉之子)死亡，黄林兴、杨巧云(女，32岁，安徽省长丰县人)2人受伤。经侦查，系杨巧云因与黄林兴在安徽从事建筑工地承包时相识后发生感情纠葛，心生歹念实施报复，于当日携带从安徽老家购买的70多斤黑火药潜入黄林兴家中实施爆炸。

2月4日下午　**省委常委、政法委书记、省公安厅厅长王辉忠在厅党委委员、办公室主任石小忠陪同下在省边防总队调研。**

2月5～9日　**完成中共中央政治局常委、全国人大常委会委员长吴邦国在浙江考察的警卫任务。**

2月6日　**省法院、省检察院、省公安厅印发《关于办理抢劫、抢夺犯罪案件适用法律的指导意见》。**

2月10日下午　**省委常委、政法委书记、省公安厅厅长王辉忠在厅党委委员、办公室主任石小忠陪同下在省消防总队调研。**

2月12日　**省委政法委组织召开全省打击整治"两抢"犯罪大会战电视电话会议**　省委常委、政法委书记、省公安厅厅长王辉忠作动员讲话。

2月13日　**省厅印发《全省公安机关打击整治"两抢"犯罪大会战方案》**　决定在全省开展为期一年的打击整治"两抢"犯罪大会战。

2月17日　**王辉忠、金德水、郑兴军出席全省公安交管工作会议暨社区交通管理服务站建设现场会。**

2月18日上午　**省委常委、政法委书记、省公安厅厅长王辉忠在厅党委委员、办公室主任石小忠陪同下在联系点德清县公安局调研。下午，在莫干山女子劳教所调研。**

2月20日　**省厅印发《浙江公安警卫预备队管理规定(试行)》。**

2月20日 **省厅印发《浙江省公安非现役警卫部门民警选调任用规定(试行)》。**

2月23日 **省厅印发《关于打击跨境赌博违法犯罪活动的工作意见》** 提出要加大对跨境赌博的查处力度，加大对境外人质的解救力度，完善打击跨境赌博的工作机制，加大打击跨境赌博的宣传力度。

2月24日 **省委常委、政法委书记、省公安厅厅长王辉忠在厅党委委员、办公室主任石小忠陪同下在海宁市调研公安工作。**

2月25日 **省厅印发《关于确定2009年第一批省厅督办经济犯罪案件的通知》。**

2月26日 **省政府召开全省禁毒工作电视电话会议** 省委常委、政法委书记、省禁毒委主任、公安厅厅长王辉忠作工作报告，省委常委、副省长、省禁毒委常务副主任葛慧君主持并作会议小结。

2月26～27日 **全国交警部门推进执法规范化建设工作现场会在杭州召开。**

2月27日 **省公安厅、省文化厅、省工商行政管理局、省安全生产监督管理局联合发文** 决定2月20日～4月20日在全省组织开展公众聚集场所易燃可燃装修材料消防安全专项整治工作。

3月2日 **台州市公安局出入境管理局、杭州市公安局余杭区分局出入境管理科等13个单位被公安部评定为2008年度全国公安机关出入境管理部门文明窗口** 9日，省厅在宁波慈溪举行2008年度公安出入境管理部门“全国文明窗口”授牌仪式，副厅长陈重天出席授牌仪式。

3月3日 **绍兴市公安机关破获“2008·12·15”特大网络诈骗案** 抓获王剑锋等8名涉案嫌疑人，成功捣毁一个利用互联网提供股票内幕信息实施诈骗的犯罪团伙。

3月4日上午 **省委常委、政法委书记、省公安厅厅长王辉忠在厅党委委员、办公室主任石小忠陪同下视察浙江警察学院临安新校区建设工作。**

3月4日 **慈溪警方抓获贵州“3·1”特大命案逃犯** 在该市长途汽车站抓获犯罪嫌疑人胡云超(男，37岁，贵州省黔西县人)。经审讯，胡交代了于3月1日晚在贵州省毕节地区黔西县花溪乡借魁村小槽组杀死7人后潜逃的犯罪事实。

3月5日 **省委常委、政法委书记、省公安厅厅长王辉忠在厅党委委员、办公室主任石小忠陪同下在绍兴检查督导打击整治“两抢”犯罪大会战工作。**

3月5日 **省公安厅、省交通厅联合发文** 决定于2～5月在全省开展打击“黑车”等非法从事出租汽车经营专项治理活动。

3月9～11日 **省委常委、政法委书记、省公安厅厅长王辉忠在厅党委委员、办公室主任石小忠陪同下在温州抽查考核平安建设工作，并在文成、泰顺、景宁调研。**

3月16日 **省厅印发《关于进一步强化警种协作配合全面提升打击整治“两抢”犯罪工作成效的通知》** 对相关警种合力打击整治“两抢”犯罪提出要求。

3月17日 **省厅印发《浙江省县级公安机关中层领导办案制度》** 自2009年4月1日起实施。

3月17日 **省厅印发《关于对违反“五条禁令”所在单位主要负责人进行诫勉谈话的实施意见》。**

3月17～18日 **全省公安机关反腐倡廉建设会议在杭州召开** 省委常委、政法委书记、公安厅厅长王辉忠出席会议并讲话。

3月18日 **省厅印发《关于开展向占立明同志学习活动的决定》。**

3月20日 **省公安厅、省交通厅、省安监局公布2009年省重点督办的100处道路交通事故多发点(段)和100处临水临崖高落差危险路段的通知** 要求各地于11月25日前完成治理工作。

3月23日 **省厅印发《2009～2011年全省公安民警训练工作规划》。**

3月24日 **王辉忠接受人民网“强国论坛”访谈** 省委常委、政法委书记、公安厅厅长王辉忠专程到北京人民网，就浙江省公安机关开展“大走访”爱民实践活动所取得的成效，面对金融危机，广大公安民警立足本职，积极帮助企业克难解困，为人民群众提供便民服务等具体做法，以及依法严厉打击严重刑事犯罪活动，维护浙江社会治安持续稳定的工作成果等情况，回答了记者和网民的提问。在一个小时的视频直播期间，访谈点击率达到360余万次。

3月25日 **省厅印发《浙江省公安机关隐蔽斗争工作协作规范》。**

3月31日 **浙江30个刑警队被命名为全国一级责任区刑警队。**

4月2日 **海盐县发生重大交通事故** 造成7人死亡、3人受伤。

4月3日 **省委常委、政法委书记、省公安厅厅长王辉忠在厅党委委员、办公室主任石小忠陪同下在衢州调研指导工作。**

4月3日 **省厅召开全省公安机关推进打击整治“两抢”犯罪大会战电视电话会议** 回顾总结大会战第一阶段工作，部署第二阶段攻坚战工作。

4月7日 **省厅印发《关于办理抢劫、抢夺违法犯罪案件适用劳动教养措施的指导意见》。**

4月13日 **省厅印发《全省严重交通违法行为集中整治情况的通报》** 《通报》指出，2月20日～3月31日，全省公安机关开展全力查处机动车超速、客车超员、酒后驾驶、疲劳驾驶等严重交通违法行为集中整治行动。共出动警力265327人次，警车132492辆次，查处各类交通违法行为1503971起。全省四类严重交通违法行为引发的道路交通事故死亡人数同比减少17人，未发生一次死亡5人以上道路交通事故。

4月13～14日 **省委常委、政法委书记、省公安厅厅长王辉忠在舟山检查指导学习实践科学发展观活动。**

4月14日 **省厅印发《全省公安机关推进执法规范化建设工作方案》** 提出：力争通过三年的努力，使公安机关执法突出问题得到有效解决，公安机关的执法能力和执法公信力大幅提高。

4月17日上午 **省委常委、政法委书记、省公安厅厅长王辉忠在厅党委委员、办公室主任石小忠陪同下在杭州市公安局调研指导工作。**

4月22日 **省厅印发《浙江省公安机关"扩权强县"工作实施细则》的通知。**

4月24日 **省政府发文公布15家第七批挂牌督办重大火灾隐患整改单位。**

4月27日 **省厅印发《全省公安机关打击网络犯罪"09亮剑"专项行动工作方案》** 决定自4月下旬起至年底，在全省组织开展专项行动。

4月28日 **省公安厅、省住房和城乡建设厅印发《进一步规范全省城市道路限制速度的通知》** 要求各地在5～8月，对辖区内城市道路限制速度情况进行一次全面排查，通过调查、整改、总结验收三个阶段工作，进一步规范全省城市道路限制速度，确保城市道路通行的安全畅通。

4月28日 **省厅公布2009年打黑除恶第一批挂牌督办案件** 确定6起组织犯罪案件为第一批挂牌督办案件。

4月28日 **省、市、区三级公安机关联手破获一起特大贩毒案** 省厅协同宁波市公安局、江北分局，在该市鄞州区下应街道一宾馆内抓获正在进行毒品交易的犯罪嫌疑人彭勇春(男，34岁，云南勐拉人)和任方宗(男，38岁，宁波象山人)，缴获彭勇春从云南运至宁波贩卖的毒品麻古2万余粒，重约2000克。

4月29日上午 **省厅在浙江警察学院举行全省公安机关领导干部"学习实践科学发展观、推进落实重点公安工作"专题轮训班结业典礼** 厅党委副书记、副厅长张景华出席典礼并讲话，厅党委委员、政治部主任华乃强主持典礼。至此，2009年度全省公安机关领导干部专题轮训工作圆满结束，省、市、县三级公安机关370名领导干部参加轮训。

4月30日 **省厅召开党委会专题研究加强和改进全省公安监管工作** 要求进一步充实各级公安监管场所警力，认真解决监管场所超容量羁押问题，加强监管医务工作，完善监管场所视频监控设施建设，改进监所管理工作。

4月30日 **省厅印发《浙江省道路交通安全违法行为异地处罚暂行规定》** 自5月1日起施行，原省公安厅《关于道路交通安全违法行为非现场处理有关问题的通知》同时废止。

5月4日 **省厅召开打击整治"两抢"犯罪大会战领导小组成员会议研究部署大会战第二阶段工作** 省委常委、政法委书记、省公安厅厅长王辉忠在会上要求要精细防控、高压打击、全力挤压，要进一步完善联动机制和加大宣传力度、加大督察力度。

5月4日 **海宁市发生一起重大交通事故** 造成6人死亡，5人受伤。

5月4日 **杭州市公安机关摧毁一网络"百家乐"赌博犯罪团伙** 抓获以包自兴(男，47岁，杭州市人)为首组织、参与网络"百家乐"赌博的13名团伙成员。包自兴等人于2008年12月在杭州市延安路9号吴山通宝城6002室开设泰兴理财咨询有限公司，以经营个人理财为幌子，实际从事网络"百家乐"赌博犯罪活动，并从境外赌场获取总投注额0.8%的佣金。自2009年1月以来，已组织多场网络赌博，涉案金额达上千万元。

5月7日 **杭州市发生"5·7"交通肇事案** 晚8时许，谭卓(男，25岁)在该市文二路南都德嘉西区门口过斑马线时，被胡斌(男，20岁)超速行驶的经非法改装的三菱跑车撞飞，经抢救无效死亡。事发后，引起社会各界的广泛关注和公众的极大反响。中央、公安部和省委、省政府主要领导都先后作出重要批示，要求公安机关要认真分析事故原因，举一反三，总结教训；要采取有力措施，严管严查各类严重交通违法行为，坚决有效遏制一次死亡3人以上的道路交通事故。8日，警方以胡斌涉嫌交通肇事罪将其刑拘。17日，犯罪嫌疑人胡斌被依法批准逮捕。7月20日，杭州市西湖区人民法院以交通肇事罪判处胡斌有期徒刑三年。6月19日上午，省厅召开全省公安机关电视电话会议。厅党委副书记、副厅长张景华就杭州"5·7交通肇事案"所引发的涉警公共舆论事件进行评析，并对有效预防和妥善应对涉警公共舆论事件进行部署。

5月8日 **省厅召开厅打击假币犯罪"09行动"领导小组成员会议** 厅党委副书记、副厅长张景华在会上要求：要深挖线索，加大情报搜集；强化假币案件经营意识；在全力缉捕假币案件逃犯上下功夫；加强对打击假币犯罪"09行动"工作的督导。15日，省厅召开全省公安机关打击假币犯罪"09行动"工作电视电话会议，对下阶段打击工作提出具体要求。

5月8日 **省厅印发《关于进一步深化玩忽职守、徇私舞弊、刑讯逼供三类案件专项治理工作的通知》** 要求各地继续开展专项治理工作，着力预防发生公安执法办案过程中涉案人员非正常死亡事件；着力预防发生公安机关领导干部和民警利用职权人股娱乐场所及为“黄赌毒”等社会丑恶现象、黑恶势力提供保护问题；着力预防发生滥用职权，运用各种手段帮助犯罪分子逃避处罚问题，努力实现“严防发生影响恶劣的队伍重大违法违纪问题”的工作目标。

5月8日 **省公安厅、省科技厅印发《关于授予杭州市西湖区等22个县(市、区)和119个科所队“科技强警示范县市区”、“科技强警示范科所队”称号的决定》。**

5月12日 **省厅印发《全省公安机关社会治安整治行动工作方案》** 决定自5月至10月底，在全省公安机关组织开展。

5月12日 **文成县发生一起重大交通事故** 造成5人死亡。

5月13日 **舟山警方与上海警方联手破获一起特大涉外走私、运输、贩卖毒品案** 此案为公安部目标案件。共抓获犯罪嫌疑人7人，缴获冰毒10千克。

5月13～14日 **省委常委、政法委书记、省公安厅厅长王辉忠在厅党委委员、办公室主任石小忠陪同下在丽水调研指导公安政法工作。**

5月19日 **省厅印发《浙江省公安机关信息共享暂行规定》。**

5月19日 **全国公安边防派出所工作会议在杭州召开** 省委常委、政法委书记、公安厅厅长王辉忠出席会议并讲话。

5月20日 **第十三届浙江省见义勇为先进分子表彰大会在省人民大会堂隆重召开。**

5月20日 **省工商局、省公安厅、省文化厅、省通信管理局印发《全省开展查处取缔黑网吧建立长效监管机制执法行动的通知》** 决定从即日起至12月31日，开展此项行动。

5月20日 **省委副书记夏宝龙在台州边防辖区视察调研** 听取海警一支队开展“大走访”活动、执法执勤等工作汇报，对海警官兵开展爱民实践活动的做法给予肯定。

5月22日 **省厅召开全省公安机关开展严重交通违法行为集中整治行动电视电话会议** 决定自5月25日至7月15日开展为期50天的严重交通违法行为集中整治。

5月23日 **省厅统一组织实施“5·08”专案收网行动** 零时，厅党委副书记、副厅长、“5·08”专案抓捕行动总指挥张景华亲自坐镇指挥，厅相关部门负责人在厅总指挥部参与组织指挥，杭州、湖州、嘉兴、绍兴、金华、衢州六市公安局分管局长在各市分指挥部具体指挥组织收网行动，共抽调650余名警力，同时实施抓捕。共抓获犯罪嫌疑人107名，捣毁非法印制发票窝点1个、开票窝点27个，查获各类假发票100万余份、印刷机3台、裁切机1台、发票打孔机1台、发票印制模板1块，以及用于非法开具发票的电脑、打印机、扫描仪30余台和假印章近千枚等一大批作案工具。

5月25日 **省厅召开全省公安机关电视电话会议部署近期维护稳定工作** 省委常委、政法委书记、公安厅厅长王辉忠到会讲话，厅党委副书记、副厅长张景华代表厅党委做工作部署。

6月2日 **省委常委、政法委书记、省公安厅厅长王辉忠在厅党委委员、办公室主任石小忠陪同下在义乌、东阳等地调研指导工作。**

6月3日 **省厅印发《全省公安机关“清积案、解隐患”信访百日攻坚行动工作方案》** 决定自6月15日～9月底开展此项行动。

6月3日 **省厅党委印发《省公安厅党委会讨论干部任免(推荐)实行票决制的实施办法(试行)》。**

6月4日 **省厅印发《浙江省县级公安机关巡特警大队建设规范(试行)》** 自印发之日起施行。

6月5日 **省公安厅、省综治办、省综治协会印发《关于表彰2008年度省级治安安全示范单位的决定》** 授予398家单位“2008年度省级治安安全示范单位”称号，授予15家单位“2008年度创安先进集体”、30名同志“2008年度创安先进个人”称号。

6月8日 **省法院、省检察院、省公安厅印发《关于贯彻实施〈中华人民共和国消防法〉若干问题的意见》。**

6月8日 **温州市公安机关在苍南县一举摧毁伪造军用车牌犯罪窝点6个** 抓获犯罪嫌疑人7名，缴获武警、军用汽车号牌成品各2副，半成品军用汽车号牌366副，半成品武警汽车号牌150副，武警、军用汽车行驶证200本，制假设备10余台。

6月11～12日 **省委副书记、省长吕祖善在舟山边防支队长涂所、花鸟所、嵊山所等边防辖区考察调研。**

6月12日 **省厅印发《关于加强全省公安监管场所教育转化工作的意见》。**

6月15日 **省厅印发《浙江省县级公安交通管理部门车辆管理工作规定》** 自下发之日起施行。

6月16～17日上午 **省委常委、政法委书记、省公安厅厅长王辉忠在温州视察调研公安工作并到瑞安下访约访群众。**

6月17日 **省厅印发《浙江省公安机关卫星通信车调度使用规定》。**

6月17日 **王辉忠等在省反恐怖指挥中心观摩国家“长城6号”反恐怖演习。**

6月17日 **省委常委、副省长、省禁毒委常务副主任葛慧君在嘉兴海宁视察禁毒工作。**

6月18日 **王辉忠出席浙江省《中华人民共和国禁毒法》知识电视大赛暨“浙江省禁毒形象大使”聘任仪式** 省委常委、政法委书记、省禁毒委主任、公安厅厅长王辉忠在省广电中心一号演播大厅观看电视大赛，并现场授予陶慧敏、孟关良“浙江省禁毒形象大使”荣誉称号。

6月19日 **天台县公安局破获潘善浪等人非法吸收公众存款案** 犯罪嫌疑人潘善浪（男，65岁，建安房产开发有限公司法人代表）、俞启元（男，51岁，公司出纳，均为天台县人）被依法逮捕。2003年6月～2009年4月间，潘善浪以开发始丰新城“金色广场”项目需要资金为名，以2%～50%不等利率，向社会不特定公众非法吸收公众存款，涉案金额达1.6亿余元，涉及受害人260余名。

6月22～24日 **嵊州市公安局破获“5·30”特大杀人案** 先后在嵊州和台州路桥抓获犯罪嫌疑人单东德（男，17岁，河南民权县人）和安徽临泉县人蒋丹丹（男，17岁）、杨杰（男，18岁）。3人对5月30日杀害租住在嵊州三江街道忠铨村的庞外华一家三口，抢劫香烟、现金的犯罪事实供认不讳。

6月24日 **公安部党委副书记、副部长刘京在省厅考察工作。**

6月25日 **葛慧君在天台视察指导公安工作** 省委常委、副省长葛慧君在走访天台城东派出所并听取县局有关基层基础工作汇报后，对天台公安工作给予高度肯定。就下阶段台州市公安机关如何进一步做好派出所工作提出要求：要牢固树立社会主义法治理念；进一步加强基层基础建设；加强治安动态情报信息工作。

6月26日 **省委书记赵洪祝视察温州边防支队南麂边防派出所。**

6月26日 **甬台温高速公路温州段发生一起交通事故** 造成7人死亡，29人受伤。

6月29日 **省厅印发《浙江省公安厅火灾事故调查专家评聘管理办法（试行）》** 自下发之日起执行。

6月30日～7月2日 **省委常委、政法委书记、省公安厅厅长王辉忠在厅党委委员、办公室主任石小忠陪同下在台州调研。**

7月2日 **省公安厅等单位通报全省公众聚集场所易燃可燃装修材料消防安全专项整治验收情况** 截至5月30日，全省共检查单位13197家，其中符合专项整治范围13071家，发现各类火灾隐患11494处，制发责令（限期）改正通知书5329份、重大火灾隐患限期整改通知书153份，罚款309.1万元，责令停产停业整改690家，彻底关停721家，拘留公众聚集场所业主或管理人员25人。

7月3日 **省厅印发《浙江省公安机关社会治安乱点挂牌整治实施办法（试行）》** 决定从即日起对近年来“黄赌毒”、涉黑、涉恶案件时有发生，治安问题比较突出，人民群众反响较为强烈的区域进行有效排查，并实行挂牌整治。

7月7～8日 **全省各市公安局长会议在绍兴县召开** 省委常委、政法委书记、省公安厅厅长王辉忠作重要讲话。会议对以国庆60周年安保工作为重点的下半年维稳工作作全面部署。厅党委副书记、副厅长张景华通报全省公安机关“三项建设”情况，分析存在问题，对下步“三项建设”进行部署。厅党委委员、政治部主任华乃强，厅党委委员、纪委书记、督察长华远平对进一步加强队伍教育监督管理等工作提出要求。

7月9日 **温州市公安机关破获“5·16”特大制售假发票案** 组织苍南、鹿城、瓯海、龙湾等地公安、税务部门近400人，在台州市公安局协助下，对“5·16”特大制售假发票案件实施收网行动，共抓获犯罪嫌疑人31名，捣毁窝点13个，缴获各类假发票1039424份，查获胶印机3台、切纸机1台、晒版机2台等一批制假工具以及电脑1台、手机130余部、假印章138个、印模1068枚、银行卡39张等作案工具。

7月9日 **省打击传销工作联席会议办公室召开全省打击传销百日联合执法行动电视电话会议** 副省长王建满到会讲话，副厅长徐定安就全省公安机关打击传销工作作具体部署。

7月12日 **余姚市公安局捣毁一“百家乐”网络赌博团伙** 经侦查，是日凌晨抽调200余名警力，在该市实施统一抓捕行动。截至15日，抓获网络赌博犯罪嫌疑人61名，收缴赃款180余万元、电脑31台、手机60余只、服务器1台、汽车10辆。经查，以潘某（余姚市人）为首的网络赌博团伙从缅甸赌博公司取得额度为1.5亿元的本地代理权，并伙同他人进一步发展下线代理和会员，通过“蓝盾在线”网站组织实施网络赌博。仅6月1日到7月7日，该团伙网络赌博总下注量达16.1亿余元。

7月16日 **平阳县公安局破获一起重大非法制造假发票案** 在鳌江镇鳌江大道614号一车间内当场缴获伪造的航空公司、服务业等各类定额发票24万余份（票面额总计达2300余万元），查扣印刷机、晒版机、裁切机等作案工具一批，并抓获制假犯罪嫌疑人沈德飞。

7月19日 **宁波市公安局海曙分局破获一起特**

大网络盗窃案 在深圳警方的协助下抓获涉案犯罪嫌疑人李某某。2008年12月，李通过修改御坊堂生物科技有限公司互联网销售系统的收款支付宝账号，先后5次盗窃公司资金总计130余万元。

7月19～20日 **丽水市公安局捣毁传销窝点31处** 查获来自外省市的聚居传销人员300余人，依法刑事拘留12名组织者及其主要骨干，对其他参与人员教育后，予以遣散。

7月27日 **省厅印发《浙江省公安派出所消防监督检查实施办法》** 自发布之日起实施。

7月30日 **省厅召开全省严重交通违法行为集中整治行动总结暨长效管理机制建设座谈会** 会议交流开展严重交通违法行为集中整治工作情况，对省厅即将出台的五条常态严管措施进行讨论；对全省集中整治工作进行全面总结，并部署下半年交通安全管理工作。

7月30～31日 **永康、慈溪两市公安局联合摧毁一特大涉恶赌博团伙** 在省厅治安总队协调下，两地公安机关组织150余名警力，在慈溪市对以陈某、陆某为首的特大涉恶赌博团伙开展收网行动，抓获慈溪人陈某、陆某、徐某某等主要犯罪嫌疑人10名，缴获作案汽车6辆，及电脑、账本、银行卡等物。该案是以陈某等3人为首，纠集胡某某、陈某某、孙某某、徐某某为骨干成员，江苏东海籍人员季某某、季某某等为打手的涉恶网络赌博犯罪团伙。此案涉案金额2亿余元，参赌人员50余人。

7月 **舟山市公安局破获一起组织他人偷渡特大犯罪团伙案** 共抓获南某等8名犯罪嫌疑人。

8月2日 **诸暨市公安消防大队城东中队战士王熙智在灭火中牺牲。**

8月3～7日 **凌秋来代表厅党委赴新疆慰问浙江援疆特警队** 受省委常委、政法委书记、省公安厅厅长王辉忠委托，副厅长凌秋来带队专程赴新疆慰问杭州、宁波援疆特警队，转达厅党委的关怀和问候。其间，凌秋来组织召开援疆民警座谈会，并到执勤点慰问一线民警。

8月4日 **省委常委、政法委书记、省公安厅厅长王辉忠在厅党委委员、办公室主任石小忠陪同下在德清、长兴调研公安工作。**

8月4日 **赵洪祝、王辉忠对特警援疆执勤工作作出重要批示** 省委书记赵洪祝在省公安厅《我省援疆特警全力协助新疆警方维护当地社会治安秩序》上批示："新疆'7·5'事件后，我省派出360多名公安特警执行维稳任务，表现很好。请辉忠同志向他们转达省委、省政府的问候。并希望他们在这种特殊条件与情况下锻炼自己，提高自己，增强处突的本领，成为英勇善战的好特警。"6日，省委常委、政法委书记、公安厅厅长王辉忠批示："请治安总队把赵书记批示精神迅速告知在新疆的两支特警队，希望在疆干警认真学习、认真贯彻，以实际行动来报答省委、省政府对我们的关心、爱护。"

8月4日 **杭州发生舆情强烈撞死人交通事故** 21时25分，魏志刚（男，29岁，杭州市人）酒后驾驶保时捷小型越野客车，途经杭州莫干山路浙江广电集团门口时，将横过道路的行人马芳芳（女，16岁，临海市人）碰撞致死。犯罪嫌疑人魏志刚于6日被公安机关以交通肇事罪向检察机关提请批准逮捕。此次交通事故因发生在杭州"5·7"交通事故后不久，再次引起社会舆论强烈关注，在网络等传媒被大肆炒作。28日，杭州市拱墅区人民法院以交通肇事罪判处魏志刚有期徒刑两年三个月。

8月7日 **省厅召开贯彻落实严重道路交通违法行为五条常态严管措施电视电话会议。**

8月7～11日 **全省公安机关全力投入"莫拉克"台风防御工作** 8号台风"莫拉克"于8月7日开始对全省造成较大影响，大部分地区降水急剧增多，部分地区引发大潮、山洪和泥石流，温州、丽水、台州、宁波等地受到重创。全省先后出动警力5万余人次，全力以赴参与抗台抢险工作，保护人民群众生命财产安全。

8月8日 **长兴县公安局破获致3人死亡纵火杀人案。**

8月14日 **郑兴军参加公安部严厉整治酒后驾驶交通违法行为电视电话会议** 会后省厅召开续会。副厅长郑兴军就贯彻落实副部长刘金国电视电话会议讲话精神，进一步推进全省严厉整治酒后驾驶交通违法行为工作提出要求。

8月18日 **《人民日报》发表王辉忠《坚持"零容忍"狠煞"酒超驾"》文章。**

8月19日 **淳安县公安局破获"8·19"凶杀案** 该县第一医院职工宿舍内发现4具尸体。经省厅刑侦总队、杭州市局专案组侦查查明，犯罪嫌疑人陈振全（男，58岁，义乌市人）因感情纠纷，于18日晚侵入吴某某（女，38岁，淳安县千岛湖镇人）住处，将吴某某及其女儿、儿子等3人杀害，后在现场自杀身亡。

8月21日 **省厅召开国庆60周年安保临战动员电视电话会议** 省委常委、政法委书记、省公安厅厅长王辉忠要求全省公安机关站在全局和战略的高度，充分借鉴奥运安保工作的成功经验，举全警之力，全力投入国庆安保工作。

8月21～23日 **完成巴基斯坦总统扎尔达里一行访浙安全警卫工作。**

8月22～24日 **完成中共中央政治局常委、国**

务院总理温家宝视察浙江安全警卫任务。

9月3日　**省委宣传部、省公安厅印发《关于加强严禁酒后驾驶宣传教育工作的通知》。**

9月3～4日　**全省流动人口服务管理工作会议在上虞召开。**

9月7日　**省厅命名2008年度二级公安(边防)派出所**　决定命名杭州市公安局拱墅区分局和睦派出所等368家公安派出所为二级公安派出所，象山县公安局石浦边防派出所等37家公安边防派出所为二级公安边防派出所。同时撤销12家公安派出所二级公安派出所称号。

9月8～9日　**省委常委、政法委书记、省公安厅厅长王辉忠在宁波调研公安工作。**

9月8日　**杭州市公安机关破获致3死2伤凶杀案**　4日13时许，在杭州市余杭区径山镇俞家堰一油料仓库发现楼某某(男，42岁)及其妻子吴某某(42岁)、木工华某某(男，50岁)3人死亡，楼的父母2人受伤。经侦查，于8日在河北省平乡县抓获犯罪嫌疑人王西杰(男，23岁)、王保涛(男，30岁)。

9月8日　**浙江省公安机关"警民恳谈"研讨会在台州举行。**

9月上旬　**省市公安机关联合破获系列电信诈骗案**　由省厅有关总队和杭州、宁波、金华、台州等地公安机关组成的联合专案组，在福建厦门、广东东莞等地公安机关协助下，统一开展收网行动，共捣毁拨打电话、网络"服务"、地下钱庄、转账洗钱窝点14处，抓获涉案人员46人，其中台湾籍犯罪嫌疑人10人，查扣赃款400余万元、车辆5辆、电脑数十台、网关8个、服务器2台，停运境外服务器4台，关停涉案网线11条，串并省内外同类案件400余起，涉案金额超过4000万元。

9月11日　**上海、浙江世博"环沪护城河"安保工作对接会议在嘉兴市召开**　世博安保协调小组前方工作组常务副组长张亚宏主持会议，上海市公安局副局长朱伟明、浙江省公安厅副厅长凌秋来率领各自的水警、交警、治安、科技等警种、沪浙交界地公安局以及交通、海事相关部门负责人就水上安保、陆上卡点设置、道口专用通行证系统建设以及申领等内容进行对接。

9月11日　**宁波市公安局摧毁一黑恶势力团伙**　凌晨，出动130余名警力，一举摧毁盘踞在该市北仑区的白香斌(男，27岁，重庆市人)涉黑涉恶犯罪团伙，共抓获犯罪团伙成员25人，其中白香斌等4名团伙骨干全部落网。该犯罪团伙长期活跃在宁波北仑一带，从事开设赌场，为赌博看场子、收取保护费等违法犯罪活动。

9月11日　**省厅印发《关于确定打击传销百日联合执法行动省厅督办案件的通知》。**

9月14日　**省厅党委印发《关于开展向李益波同志学习活动的决定》。**

9月14～15日　**省综治办和省公安厅联合在台州路桥召开全省第三次社会治安动态视频监控系统建设与应用现场会**　省委政法委副书记、省综治办主任巫波伦，省公安厅党委副书记、副厅长张景华到会并讲话。台州市及路桥区、杭州余杭区、宁波慈溪市公安局作了大会发言。

9月15日下午　**全省反恐怖工作协调小组第八次会议在杭州召开。**

9月15日晚　**杭州市公安局摧毁一重大组织卖淫团伙**　一举抓获卖淫团伙成员32人。

9月15日　**省厅表彰浙江公安百名优秀基层民警。**

9月16日　**王辉忠先后到杭州机场、火车站、汽车东站检查指导国庆安保工作。**

9月17日　**省厅印发《关于切实做好国庆期间社会面治安保卫工作的通知》。**

9月18日　**省厅公布浙江公安系统荣获第七届全国"人民满意的公务员"和"人民满意的公务员集体"名单**　湖州市公安局吴兴区分局月河派出所副所长王法金和宁波市公安局鄞州分局高桥派出所分别被中共中央组织部、宣传部、人力资源和社会保障部及国家公务员局授予第七届全国"人民满意的公务员"和"人民满意的公务员集体"荣誉称号。

9月中旬　**温州公安机关破获一起组织他人偷越国(边)境案**　抓获犯罪嫌疑人陈加奎(男，62岁，温州市人)、偷渡人员12名。

9月22日　**省厅转发《公安部关于在城市公安机关试行文职人员制度的意见》的通知**　鼓励有条件的地方公安机关实行文职人员制度。

9月22日　**省法院、省检察院、省公安厅印发《关于依法处置涉法涉诉无理上访人员违法上访的意见》。**

9月22日　**省厅公布2009年打黑除恶第二批挂牌督办案件的通知。**

9月23日　**张景华听取国庆安保督导情况汇报**　厅党委副书记、副厅长张景华听取了省厅11个督导组赴各市开展国庆安保督导的情况汇报，并对国庆安保工作以及下一阶段的督导重点提出要求。

9月23日　**省厅举行庆祝建国60周年大会**　省委常委、政法委书记、省公安厅厅长王辉忠发表讲话。随后，举行了厅直属机关庆祝建国60周年文艺节目汇报表演。

9月23日　**省厅印发《常见违法犯罪行为适用劳动教养措施的意见》。**

9月24日　**省公安厅、省司法厅、省卫生厅印发《加强全省羁押场所甲型H1N1流感防控工作的通知》**　《通知》对公安监管、司法监狱劳教等羁押场所的甲型H1N1流感防控工作提出要求。

9月25日下午　**赵洪祝到省厅视察工作**　省委书记、省人大常委会主任赵洪祝在省委常委、政法委书记、省公安厅厅长王辉忠，省委常委、秘书长李强等陪同下，视察厅指挥中心、物证鉴定中心、互联网信息巡查处置中心和行动技术总队，并听取王辉忠的工作汇报。赵洪祝充分肯定近年来全省公安工作和队伍建设所取得的成绩，深刻分析当前维稳工作面临的形势，并对加强全省公安工作提出要求。

9月29日　**省厅公布公安系统荣获2009年浙江省劳动模范和模范集体名单**　根据浙江省人民政府有关决定，全省公安系统有21名个人和1个集体（海宁市看守所）分别被省政府授予“浙江省劳动模范”和“浙江省模范集体”称号。

9月　**张景华带队赴外地考察警务航空队组建工作**　厅党委副书记、副厅长张景华带领厅机关有关部门负责人，于2日到江苏省南京市公安局考察警务航空队组建工作。7日下午到空28师就警务航空队组建工作进行交流和协商。21日上午到上海市公安局考察警务航空队组建和运行情况。

10月1日上午　**王辉忠、张景华在厅指挥中心慰问全省公安民警。**

10月1日　**温州市鹿城区发生致3人死亡的凶杀案**　17时15分，该区陈万福（男，51岁，系出租车司机）与其同父异母的哥哥陈万松（54岁）在鹿城区雪花巷18号301室（陈万松家）发生口角后，用事先准备好的尖刀将陈万松当场刺死。随后又将闻讯赶来的陈妻高某某（54岁）、儿子某某（26岁）刺死。陈万福被随后赶到的民警抓获。

10月1～8日　**全省各级公安机关完成国庆60周年安保工作**　其间，全省共出动警力5万余人次，组织交通、治安等专项整治行动400余次，全省民警、武警、消防官兵、协警、治安积极分子等保卫力量坚守工作岗位，全省未发生重大交通事故、亡人火灾事故、重大安全事故，未发生群体性事件、政治性事件和涉恐事件。

10月9日　**省厅召开“浙江省公安机关停止使用公安专段民用号牌”新闻发布会**　厅党委副书记、副厅长张景华向29家在杭主要媒体通报了停止使用公安专段民用号牌的原因、意义和具体措施等情况。决定自2010年1月1日起，停止使用“浙O”号牌。

10月10日下午　**省委常委、政法委书记、省公安厅厅长王辉忠在省边防总队调研指导工作。**

10月13日　**省厅召开首届火灾事故调查专家组成立大会**　副厅长凌秋来出席会议并讲话。会议公布《浙江省公安厅火灾事故调查专家评聘管理办法（试行）》，聘任崔国华等14名同志为浙江省公安厅第一届火灾事故调查专家。

10月14日　**王辉忠在嘉兴检查指导世博会“环沪护城河”安保筹备工作**　省委常委、政法委书记、公安厅厅长王辉忠先后视察沪杭高速大云卡点、320国道里泽卡点和俞蒸线卡点，听取嘉兴市局关于安保筹备工作情况汇报，对浙沪对接、卡点建设、部门联动、力量调派、勤务运作等工作提出要求。

10月15日　**省委常委、政法委书记、省公安厅厅长王辉忠在浦江、义乌调研工作。**

10月18日　**海宁市发生一起致5人死亡的重大交通事故。**

10月19日　**省厅印发《关于建立公安机关治安部门管辖重大刑事案件相关警种协同侦案工作机制的意见》。**

10月21日　**省厅印发《关于进一步加强和改进公安新闻舆论引导工作的意见》。**

10月21日　**全省公安机关人民警察核心价值观学习教育活动动员部署电视电话会议在湖州召开**　省委常委、政法委书记、省公安厅厅长王辉忠在会上作重要讲话，厅党委委员、政治部主任华乃强主持会议。湖州市公安局局长介绍开展核心价值观学习教育活动经验。26日，省厅印发《全省公安机关人民警察核心价值观学习教育活动方案》，决定于即日起至11月底在全省公安机关开展以“忠诚、为民、公正、廉洁、奉献”为主要内容的“人民警察核心价值观”学习教育活动。

10月23日　**省厅召开厅党委理论学习中心组（扩大）学习会**　邀请中国联通浙江省分公司副总经理黄文良博士主讲3G技术的发展现状及其未来演进方向、3G技术的安全机制、3G技术在公安信息化建设中的应用和对未来公安工作带来的机遇与挑战。

10月24日晚　**副厅长柯良栋、凌秋来现场指挥2009杭州西湖国际烟花大会安保工作**　烟花大会在西湖和运河同步举行。中央、省、市领导和中外嘉宾以及154.1万余名群众到现场观看了烟花大会盛况。

10月27日　**省厅印发《关于深入开展创建执法示范单位活动的指导意见》。**

10月28日　**江山市发生一起致10人死亡特大交通事故。**

11月1日　**王辉忠厅长在安徽合肥召开的全国公安厅局长座谈会上发言。**

11月3日　**全省上海世博会“环沪护城河”安保**

工作领导小组办公室成员单位会议在嘉兴召开。

11月3～13日 **王辉忠赴意大利、匈牙利访问** 以省委常委、政法委书记、公安厅厅长王辉忠为团长的6人考察团赴意大利、匈牙利，就警察管理体制、群体性骚乱的预防处置、情报信息的研判运用、打击有组织犯罪以及警察教育培训等工作进行考察。并与两国警方有关负责人进行座谈交流。

11月4日 **原国务委员、公安部部长王芳在杭州逝世** 王芳曾任浙江省公安厅厅长。10日下午，王芳遗体告别活动在杭州殡仪馆举行，李克强、周永康、马凯、孟建柱等党和国家领导人及中央、省市党政领导及省市公安民警等参加告别活动。

11月5日 **省厅公布2008年度全省一级公安(边防)派出所名单** 浙江被新命名一级公安派出所16个、一级公安边防派出所1个，被撤销原一级公安派出所4个。

11月5日 **永嘉县公安局破获省厅督办系列性拐卖妇女案** 抓获李银益(男，33岁，永嘉县人)等10名犯罪嫌疑人，成功解救被拐卖妇女7名。自2008年下半年始，该伙犯罪嫌疑人以"包夜"为名先后从一些按摩店骗出多名按摩女，对其实施殴打、抢劫、强奸、拍裸照、威胁并强迫签订所谓"劳动协议书"，迫使受害人就范后，以每人3000～5000元不等的价格卖至杭州、永嘉等地的按摩店牟利。

11月7～10日 **完成中共中央政治局常委、全国政协主席贾庆林在浙考察安全警卫任务。**

11月9日下午～10日上午 **孟建柱在浙江视察指导公安工作** 国务委员、公安部部长孟建柱在国务院副秘书长汪永清，公安部副部长黄明的陪同下在浙视察指导公安工作。其间，主持召开浙江公安工作汇报会，听取杭州、宁波、嘉兴、衢州、台州市局和富阳、义乌市局等基层单位的工作汇报并作重要讲话。省委常委、副省长葛慧君出席汇报会并致辞。国务院办公厅和公安部有关业务局领导，在家厅领导张景华、柯良栋、华远平、徐定安、石小忠以及全省11个市的公安局长和基层单位代表参加汇报会。

11月9日 **省公安消防总队举行打造消防铁军汇报表演暨119消防宣传月启动仪式** 活动在新落成的浙江省消防训练基地举行。副省长金德水、副厅长凌秋来等到现场观摩。

11月10日上午 **中共中央政治局常委、中央政法委书记周永康在杭州亲切接见参加浙江公安工作汇报会的代表，并与大家合影留念。**

11月上旬 **长兴县公安局侦破公安部督办假药案** 抓获李志敏(男，36岁，陕西省人)等7名犯罪嫌疑人。

11月10～11日 **全国拘留所管理教育工作现场会在杭州召开。**

11月10～11日 **全国娱乐场所治安管理系统建设推进会在台州市召开。**

11月16日 **温州市公安局成功处置一起劫持人质案件** 经24小时奋战，至17日清晨7时5分，突击行动组瞄准瞬间的有利时机，果断击毙持枪歹徒，安全救出人质，并缴获仿制式手枪1支(子弹3发)和疑似爆炸物1包。经查，犯罪嫌疑人林某，系江西省赣州人，流窜到温州作案。

11月16～18日 **省委常委、副省长、省禁毒委常务副主任葛慧君在温州乐清、永嘉等地调研禁毒和流动人口管理工作** 董晓伟副厅长陪同调研。

11月17日上午 **省委常委、政法委书记、省公安厅厅长王辉忠在厅治安总队调研。**

11月17～18日 **全国公安消防部队战勤保障体系建设推进会在宁波召开** 省委常委、副省长葛慧君，公安部消防局副局长杨建民，副厅长凌秋来等出席会议。

11月18日 **浙江警察学院举行建校60周年庆祝大会。**

11月19日上午 **省委常委、政法委书记、省公安厅厅长王辉忠在厅科技通信局调研。**

11月22日 **省公安厅等12部门印发《关于进一步加强易制毒化学品管理工作的意见》。**

11月23～24日 **公安部党委副书记、副部长、上海世博安保协调小组组长刘京在浙江视察指导上海世博会"环沪护城河"安保工作。**

11月24日 **省厅公布2009年度第七批督办治安部门管辖案件。**

11月24日 **杭州、湖州两市公安机关联手抓获3名网络传销案犯罪嫌疑人** 查获用于传销活动的网站服务器硬盘。6月10日，安吉县公安局查明：仝林松(男，33岁，山东龙口市人)于2008年8月注册成立安吉县堂堂客商贸有限公司，并在网络上注册网址，伙同王庆军(男，47岁，浙江嵊州市人，负责市场开拓)、王心愿(男，25岁，安徽阜南县人，物流部负责人)等人进行组织领导传销犯罪活动。至案发，已注册发展会员24万余人，涉及河南、湖北等20余省市，涉案金额上千万元。

11月25日上午 **省委常委、政法委书记、省公安厅厅长王辉忠在厅禁毒总队调研。**

11月25日 **浙江省前卫体育协会第五届会员代表大会在杭州召开** 副厅长、省前卫体协第四届理事会主席陈重天再次当选新一届理事会主席并致辞。

11月26日 **召开厅党委务虚会** 学习贯彻十七届四中全会、公安部"合肥会议"和孟建柱部长在浙江考察时的重要讲话精神，谋划明年全省公安工作思路。

11月26日 **省厅印发《浙江省公安机关应急物资管理规定》** 自发布之日起施行。

11月26日 **省厅印发《浙江省公安机关单警装备管理规定》** 自下发之日起施行。

11月27日下午 **省委常委、政法委书记、省公安厅厅长王辉忠在厅网警总队调研。**

11月30日上午 **省委常委、政法委书记、省公安厅厅长王辉忠在厅党委委员、办公室主任石小忠陪同下在厅法制处调研。**

11月 **江山市公安局破获省厅督办"2·08"特大运输假烟案** 抓获犯罪嫌疑人10名，缴获作案汽车5辆，案值达1000余万元。2009年春节前后，该市烟草专卖执法人员在高速公路交警配合下，连续查获七车假烟。市局侦查发现其中两车假烟是福建云霄生产、漳浦运输、物流配送，浙江、上海、江苏销赃，利用第三方物流、绕道第三地转运输、借助第三人提货的新型物流案件，将其成功串并，并转战浙、闽、沪、苏四省市，破获此案。

12月1日上午 **省委常委、政法委书记、省公安厅厅长王辉忠在厅党委委员、办公室主任石小忠陪同下在厅监管总队调研。**

12月2日 **省厅转发《省人民政府办公厅关于印发浙江省公安厅主要职责内设机构和人员编制规定》。**

12月2日 **省公安厅、省烟草专卖局联合召开全省卷烟打假总结表彰大会** 全省公安系统4个单位获"浙江省卷烟打假工作特殊贡献奖"，44个集体获"浙江省卷烟打假工作先进集体"，63名同志获"浙江省卷烟打假工作先进个人"。

12月3日上午 **省委常委、政法委书记、省公安厅厅长王辉忠在厅党委委员、办公室主任石小忠陪同下在德清研究处理信访包案。**

12月3日 **奉化市发生一起重大火灾事故** 致6人死亡，其中3名儿童。

12月3日 **赵洪祝视察淳安市公安局江滨警务室** 省委书记、省人大常委会主任赵洪祝在王国平、李强等领导的陪同下在淳安视察调研深入学习实践科学发展观活动。其间，赵洪祝一行视察该局城区派出所江滨社区警务室，亲切看望正在工作的社区民警。指出，社区的持续安全和平安是社会大局平安建设的基础，也是人民群众安居乐业品质生活的重要保障。

12月4日 **《人民日报》发表王辉忠《警察要和老师比奉献》的文章。**

12月8日 **省委常委、政法委书记、省公安厅厅长王辉忠在厅党委委员、办公室主任石小忠陪同下在富阳、桐庐调研2010年公安工作思路。**

12月10日 **省厅公布2009年度第八批督办治安部门管辖案件。**

12月上旬 **义乌市公安局破获黄锋华等人系列性非法涉枪团伙案** 抓获涉及义乌、杭州、余姚、金华和江苏苏州等地的16名犯罪嫌疑人，收缴气枪12支、猎枪2支、仿真枪8支、气枪铅弹9843发、猎枪弹31发、钢珠弹6600发。11日，公安部副部长黄明批示："义乌市局治安民警通过基础排摸获得线索，破获特大非法持有枪支弹药案件，值得认真总结表彰。"16日，副厅长凌秋来批示："请三处落实部领导批示精神，通报表扬义乌市局，并认真总结经验，强化监管力度。"

12月上旬 **温州市公安局瓯海区分局查获一拐卖、组织妇女卖淫团伙** 经缜密侦查，近日，专案组先后在瓯海梧田、新桥等地共抓获卓加红（男，29岁，贵州省人）、施项明（男，19岁，安徽省人）、李明（男，20岁，广西人）等26名犯罪嫌疑人，成功解救妇女11人。共破获拐卖妇女案件6起，破获抢劫、抢夺案件12起。

12月11日 **省厅印发《关于违反治安管理行为情节认定的意见》** 自下发之日起施行。

12月14日 **省厅印发《浙江省公安机关强制医疗场所管理工作暂行规定》** 自下发之日起实行。

12月16日 **省委常委、政法委书记、省公安厅厅长王辉忠在厅党委委员、办公室主任石小忠陪同下在杭州海关缉私局调研。**

12月17日上午 **省委常委、政法委书记、省公安厅厅长王辉忠在厅党委委员、办公室主任石小忠陪同下在杭州铁路公安处调研。**

12月17日上午 **省厅召开全省公安机关电视电话会议** 厅党委副书记、副厅长张景华对岁末年初全省社会面治安稳控工作作出部署。

12月22日 **召开厅党委扩大会议** 传达学习"12·18"全国政法工作电视电话会议和"12·21"省委常委会精神，研究部署贯彻落实措施。省委常委、政法委书记、省公安厅厅长王辉忠主持会议，并就学习贯彻周永康、孟建柱、赵洪祝等领导的重要讲话精神向全省各级公安机关和广大民警提出要求。

12月22日 **省公安厅、省文化厅印发《进一步加强公共（娱乐）场所消防安全监督管理的通知》。**

12月25日 **省委常委、副省长葛慧君在浙江边防总队视察工作。**

12月25日 **舟山公安机关完成跨海大桥通车庆典仪式安保工作。**

12月29日 **省见义勇为基金会第三届理事会换届会议在杭召开。**

（**责任编辑** 胡 军）

组织机构

【概述】 浙江省陆域面积10.18万平方千米，海岸线总长6400余千米。全省有地级市11个，市辖区32个，县36个，县级市22个。据省统计局统计，2009年底，全省常住人口为5180万人，比上年增长1.17%，其中男性2614万人、女性2566万人。全省共有县级以上公安机关115个，其中省公安厅1个，副省级城市公安局2个，地级市公安局9个，县（市、区）公安（分）局90个，非行政区划公安分局13个。共有公安派出所1123个。全省共有警力（含行政编制工勤人员）6.1万人，其中大专以上文化程度的占93.6%，40岁以下的占63.6%，警力占全省常住人口的1.18‰。

浙江省公安厅处级以上机构

浙江省公安厅

- 政治部
  - 警务处
  - 干部处
  - 宣传处
  - 教育训练处
  - 现役工作办公室
- 纪委·监察室
- 警务督察总队
- 直属机关党委
- 办公室（信访办公室）
- 后勤处
- 警用物资管理中心
- 审计处（2009年10月更名，原名审计室）
- 科技通信管理局
- 信息技术处（信息中心）
- 省公安科技研究所
- 离退休干部处（2009年10月更名，原名老干部处）
- 指挥中心（2009年10月机构单列）
- 国内安全保卫总队
- 反邪教处
- 经济犯罪侦查总队
- 治安总队
- 流动人口服务管理处
- 居民身份证制作中心
- 刑事侦查总队
- 省公安物证鉴定中心（2009年4月更名并增挂“浙江省公安司法鉴定中心”牌子，原名省公安刑事物证鉴定中心）
- 监管总队
- 省看守所
- 出入境管理局
- 机场签证办事处
- 出入境证照制作中心
- 行动技术总队
- 交通管理局
- 网络警察总队
- 省网络与信息安全信息通报中心
- 禁毒总队
- 反恐怖总队（2009年10月机构更名并单列，原名反恐怖处）
- 法制总队（2009年10月更名，原名法制处）
- 浙江省公安边防总队
- 浙江省公安消防总队
- 警卫局
- 铁路公安处
- 森林警察总队
- 杭州走私犯罪侦查局
- 宁波走私犯罪侦查局
- 高速公路交通警察总队
- 机场公安局
- 新闻传媒中心
- 浙江警察学院

注：指挥中心、反恐怖总队在2009年机构改革中单列，反邪教处、流动人口服务管理处、省看守所、省网络与信息安全信息通报中心、信息技术处（信息中心）由厅党委分别委托厅国内安全保卫总队、治安总队、监管总队、网络警察总队、科技通信管理局统一领导；机场签证办事处系省厅正处级派出机构，由出入境管理局统一领导；警用物资管理中心、居民身份证制作中心、省公安物证鉴定中心、出入境证照制作中心、省公安科技研究所为事业单位，分别由厅后勤处、治安总队、刑事侦查总队、出入境管理局、科技通信管理局统一领导；现役工作办公室、边防局、消防局、警卫局为公安现役正师级机构；铁路公安处、森林公安局以及杭州、宁波走私犯罪侦查局，分别序列省公安厅十五处、十七处、二十四处、二十五处。

浙江省公安厅副处长以上干部名录

机构	职务	姓名	警衔	附注
省公安厅	省委常委、政法委书记，厅党委书记、厅长	王辉忠	副总警监	
	党委副书记、副厅长	张景华	一级警监	正厅长级
	党委委员、副厅长，杭州市委常委、市公安局党委书记、局长	吴鹏飞	一级警监	2009年3、4月免职
		柯良栋	一级警监	2009年3、4月任职
	党委委员、副厅长	董晓伟	二级警监	
	党委委员、副厅长	郑兴军	一级警监	2009年6月任巡视员
	党委委员、副厅长	凌秋来	二级警监	2010年8月任巡视员
	党委委员、政治部主任、直属机关党委书记	华乃强	二级警监	2010年7月任巡视员
	党委委员、副厅长	陈重天	一级警监	巡视员
		孟庆丰	一级警监	巡视员，2009年6月免职
	党委委员、副厅长	汤新平	武警大校	2010年4、5月免职
	党委委员、纪委书记、督察长	华远平	二级警监	
	党委委员、副厅长	徐定安	二级警监	2009年6月任职
	党委委员、副厅长兼警卫局局长	王冰	武警大校	2010年4、5月任职
	党委委员、办公室主任	石小忠	三级警监	
	副巡视员	朱志华	二级警监	
		刘爱国	二级警监	
		桑和维	三级警监	2009年9月任职、12月免职
政治部	副主任	胡明法	三级警监	
		朱思恩	三级警监	
		张申才	三级警监	
	政治协理员	叶福青	三级警监	
	警务处处长	吴高峻	一级警督	
	警务处副处长	谢国科	一级警督	
	干部处处长	张申才	三级警监	（兼）
	干部处副处长	杜红阳	一级警督	2009年12月免职
		叶昌德	三级警督	
	宣传处处长	朱思恩	三级警监	（兼）
	宣传处副处长	洪波	一级警督	
		詹肖冰	三级警督	
	教育训练处处长	夏文星	一级警督	
	教育训练处副处长	毛伟平	二级警督	

续表

机　构	职　务	姓　名	警　衔	附　注
政治部	现役工作办公室主任	叶基品	武警大校	2009年4月任职
	现役工作办公室副主任	杨立山	武警大校	
纪委	副书记、厅副督察长	邵金强	三级警监	
	副书记	刘美娟(女)	一级警督	
	副书记、厅副督察长	丁荟平	武警大校	2009年7月任职
	案件检查室主任	俞永生	二级警督	
	案件审理室主任	邬海珍(女)	二级警督	
	办公室主任	刘永明	三级警督	兼
监察室	主　任	张为民	三级警监	
	副主任	刘永明	三级警督	
警务督察总队	总队长、厅副督察长	施亚夫	三级警监	
	政　委	杨岳成	三级警监	
	副总队长、维权办主任	施　远	三级警监	
	副总队长	陆文官	三级警监	
	副总队长、维权办副主任	王　杰	一级警督	
直属机关党委	副书记	胡明法	三级警监	(兼)
	工会工作委员会副主任	叶冬平	三级警监	
	办公室主任	费明福	一级警督	
	团工委书记	江永志	二级警督	
办公室	主　任	石小忠	三级警监	
	副主任	裘永进	三级警监	2009年12月免职
		张征宇	三级警监	2009年12月免职
		方文军	二级警督	
		罗　杰	二级警督	2009年12月免职
		黄思科	一级警督	
		葛　牧	一级警督	2009年12月免职
	政治协理员	余侠军	二级警督	
	信访办副主任	陈忠良	一级警督	
后勤处	处　长	朱海鸥(女)	三级警监	2009年12月免职
		张征宇	三级警监	2009年12月任职

续表

机构	职务	姓名	警衔	附注
后勤处	副处长	施加强	三级警监	
		王子云	一级警督	2009 年 12 月免职
		王祝兰	一级警督	
	政治协理员	张郁平	二级警督	
	警用物资管理中心主任	施加强	三级警监	（兼）
审计处（2009 年 10 月更名）	审计室主任	沈慧敏	三级警监	2009 年 12 月免职
	处长	王子云	一级警督	2009 年 12 月任职
	副处长	李静文	二级警督	
科技通信管理局	局长	孟涛	三级警监	
	政委	叶桢	三级警监	2009 年 12 月免职
		罗杰	二级警督	2009 年 12 月任职
	副局长	张明亮	三级警监	
		吴敏萍（女）	一级警督	
		许世祥	一级警督	
		孙小玲（女）	一级警督	
	信息技术处处长	吴敏萍（女）	一级警督	（兼）
	信息技术处副处长	商建学	一级警督	
		柳颖（女）	一级警督	
	公安科技研究所所长	张明亮	三级警监	（兼）
	公安科技研究所副所长	蒋乐中	一级警督	
离退休干部处（2009 年 10 月更名）	处长	齐跃明	三级警监	
指挥中心	主任	裘永进	三级警监	
	政委	葛牧	一级警督	2009 年 12 月任职
	副主任	周源祥	一级警督	
		王文运	一级警督	
		左爱彬	二级警督	
国内安全保卫总队	总队长	金江新	二级警监	
	政委	谷小妮（女）	二级警监	2009 年 12 月免职
		朱海鸥（女）	三级警监	2009 年 12 月任职

续表

机构	职务	姓名	警衔	附注
国内安全保卫总队	副总队长	张留声	三级警监	
		沈永兴	三级警监	
		陆敏敏	一级警督	
		袁忠民	一级警督	2009年12月免职
		翁生华	一级警督	2009年7月任职
		张永彪	一级警督	2009年7月任职
	反邪教处处长	张留声	三级警监	（兼）
	反邪教处副处长	翁生华	一级警督	（兼）
		张永彪	一级警督	（兼）
经济犯罪侦查总队	总队长	黄宝坤	一级警督	
	政委	马基（女）	二级警监	
	副厅级	陈晓明	二级警监	
	副总队长	何小刚	三级警监	
		吕忠校	一级警督	
		丁平练	一级警督	
治安总队	总队长	金伯中	三级警监	2009年4月免职
		陈石春	二级警监	2009年4月任职
	政委	沈鑫祥	二级警监	
	副总队长	韩丰平	三级警监	
		阮文广	一级警督	
		冯金寿	一级警督	
		王顺大	二级警督	
		丁仕辉	一级警督	
	居民身份证制作中心主任	韩丰平	三级警监	（兼）
	居民身份证制作中心副主任	王麟伟	一级警督	
		陈建跃	一级警督	
		鲍庆和	三级警监	
	流动人口服务管理处处长	阮文广	一级警督	（兼）
	流动人口服务管理处副处长	朱国振	一级警督	

续表

机　构	职　务	姓　名	警　衔	附　注
刑事侦查总队	总队长	徐定安	二级警监	2009年7月免职
		蒋庆明	二级警监	2009年7月任职
	政　委	蒋庆明	二级警监	2009年7月免职
		应剑峰	三级警监	2009年7月任职
	副总队长	丁　宏	三级警监	2009年12月免职
		聂展云	一级警督	
		蔡鸿鸣	一级警督	
		沈　虹	一级警督	
		吕建平	一级警督	
	公安物证鉴定中心主任	丁　宏	三级警监	(兼)2009年12月免职
		聂展云	一级警督	(兼)2009年12月任职
	公安物证鉴定中心副主任	朱虹辉	一级警督	
		马继雄	一级警督	
监管总队	总队长	陈溪和	三级警监	
	政　委	卫中强	二级警督	
	副总队长	李建平	三级警监	
		吴剑锋	三级警监	
		孟立新	一级警督	
	副政委	夏德俊	三级警监	
	看守所所长	李建平	三级警监	(兼)
	看守所政委	宁国华	三级警监	
	看守所副所长	陈　斌	三级警督	
出入境管理局	局　长	杨　建	二级警监	
	政　委	张建良	二级警监	
	副局长	徐　青(女)	三级警监	
		傅肃贤	三级警监	
		刘　静(女)	二级警督	
	机场签证办事处主任	刘　静(女)	二级警督	(兼)
	出入境证照制作中心主任	徐　青(女)	三级警监	(兼)
	出入境证照制作中心副主任	李浩然	三级警监	2009年7月免职
		张国芳	一级警督	

续表

机构	职务	姓名	警衔	附注
行动技术总队	总队长	应剑峰	三级警监	2009年7月免职,12月底离任
		丁　宏	三级警监	2009年12月任职
	政委	钱晓峰	三级警监	
	副总队长	单连升	一级警督	
		周　进	三级警督	
		陆　巧	三级警督	
交通管理局	局长	缪德礼	二级警监	
	政委	王伟业	二级警监	
	副厅级	郭茂德	二级警监	2009年2月退休
	副局长	王文学	三级警监	
		汪永和	三级警监	
		宋晓春	一级警督	
		吕水泉	三级警监	
网络警察总队	总队长	丁仁仁	三级警监	
	政委	丁建忠	一级警督	
	副总队长	胡民力	三级警监	
		罗　宁(女)	三级警监	
		陈　龙	一级警督	
	网络与信息安全信息通报中心主任	胡民力	三级警监	(兼)
	网络与信息安全信息通报中心副主任	梁力珲	二级警督	
		骆恩标	二级警督	
禁毒总队	总队长	茼　牛	三级警监	
	政委	缪敏红(女)	三级警监	
	副总队长	林宝富	一级警督	
		钱吉伟	一级警督	2009年7月任职
	副政委	石　尧	三级警监	
	省禁毒办副主任	周联盟	三级警监	
		钱吉伟	一级警督	2009年7月免职
反恐怖总队(2009年10月更名)	反恐怖处处长	张征宇	三级警监	(兼)2009年12月免职
	总队长	袁忠民	一级警督	2009年12月任职
	政委	杜红阳	一级警督	2009年12月任职

续表

机　构	职　务	姓　名	警　衔	附　注
法制总队（2009年10月更名）	总队长	王　建	一级警督	
	政　委	张晓峰	三级警监	2009年12月任职，此前任法制处副处长
	副总队长	徐芳根	一级警督	
		蔡高提	二级警督	2009年12月任职，此前任法制处政治协理员
边防总队	党委书记、政治委员	郑慧前	武警大校	2009年2月免职
		张根恒	武警大校	2009年6月任职
	党委副书记、总队长	徐宽宥	武警大校	2008年12月免职
		陈天平	武警大校	2009年6月任职，此前任党委常委、参谋长
	党委常委、副总队长	丁培勇	武警大校	
		毛正洪	武警大校	
	党委常委、副政治委员	周新军	武警大校	
	党委常委、参谋长	王海兴	武警大校	2009年9月任职
	党委常委、政治部主任	施广政	武警大校	2009年6月免职
		章启忠	武警大校	2009年9月任职
	党委常委、后勤部部长	裘建华	武警大校	
消防总队	党委书记、总队长	张华锋	武警大校	
	党委副书记、政治委员	程永利	武警大校	
	党委委员、副总队长	詹寿旺	武警大校	2009年7月免职
		吕照明	武警大校	
		曹瑞明	武警大校	
	党委委员、副政治委员	吴志培	武警大校	
	党委委员、司令部参谋长	曹祥荣	武警大校	
	党委委员、政治部主任	王文锐	武警大校	
	党委委员、后勤部部长	邵裕桥	武警大校	
	党委委员、防火部部长	赵庆平	武警大校	
警卫局	党委书记、局长	王　冰	武警大校	
	党委副书记、政委	傅永琪	武警大校	

续表

机　构	职　务	姓　名	警　衔	附　注
警卫局	党委委员、副局长	王勇刚	武警大校	
		朱景武	武警大校	
		陈　刚	武警大校	
	党委委员、办公室主任	傅立平	武警大校	
	党委委员、政治处主任	叶　兵(女)	武警大校	
	党委委员、后勤处处长	周建良	武警大校	
	党委委员、副师职参谋	翁卡尔	武警大校	
铁路公安处	党委书记、处长	薛　陶	三级警监	
	党委副书记、政委	崔　杰	三级警监	
	党委副书记、政治处主任	楼纪范	一级警督	
	党委委员、副处长	姜　明	一级警督	
		夏永平	一级警督	
		吴为人	一级警督	
	党委委员、纪委书记	宋灵峰	一级警督	
	党委委员、金温分处处长	项秀平	一级警督	
森林警察总队	总队长	吴黎明	三级警监	2009年10月病故
		李永胜	二级警督	2009年12月任职
	副总队长	张鸣中	一级警督	2009年4月免职
		卢　斌	一级警督	2009年12月任职
杭州走私犯罪侦查局	局　长	陈保军	二级警监	杭州海关副关长兼
	政　委	钱英培	二级警监	
	副局长	朱英伟	三级警监	
		丛　兵	三级警监	
		陶　谦	三级警监	
宁波走私犯罪侦查局	局　长	罗银波	二级警监	宁波海关副关长兼
	政　委	黄元超	三级警监	
	副局长	杨　明	三级警监	
		陆　均	三级警监	
		杨　敏	三级警监	
高速公路交通警察总队	总队长	汪永和	三级警监	(兼)
	政　委	何卸洪	三级警监	

续表

机　构	职　务	姓　名	警　衔	附　注
高速公路交通警察总队	副总队长	孙　翔	三级警监	
		刘　渊	三级警监	
		王　展	一级警督	
		郑小林	一级警督	
	副政委	方向忠	二级警督	
	党委委员、政治处主任	黄欣建	一级警督	
	党委委员、纪委书记	方其冲	一级警督	
	党委委员、杭州支队支队长	沈艾中	一级警督	
机场公安局	局　长	桑和维	三级警监	2009年11月免职
		汤仲海	一级警督	2009年12月任职
	政　委	汤仲海	一级警督	2009年12月免职
	副局长	单守疆	一级警督	
		高晓明	一级警督	
	党委委员、政治处主任	胡永华	一级警督	
新闻传媒中心	主　任	李文水	三级警监	
	副主任	沈建军	三级警监	
		陆子宝	一级警督	
浙江警察学院	党委书记	王　和	一级警监	
	党委副书记、院长	傅国良	一级警监	
	党委副书记	张福成	二级警监	
	党委委员、副院长	裴仁昌	二级警监	2009年12月免职，改任副院级巡视员
		寿远景	二级警监	
		翁　文(女)	二级警监	
	党委委员、纪委书记	胡佑宗	二级警监	2009年12月免职，改任副院级巡视员
		沈慧敏	三级警监	2009年12月任职
	党委委员、政治部主任	何建军	二级警监	
	党委委员、院长助理	章金根	三级警监	
	党委委员、办公室主任	周　钦	一级警督	2009年12月任职
	党委委员、教务处处长	宫　毅(女)	专业技术二级警监	2009年12月任职

各市、县(市、区)公安局

各市公安局党委成员及县(市、区)公安局局长、政委名录

机构	职务	姓名	警衔	附注
杭州市公安局	省厅党委委员、副厅长，市委常委、局党委书记、局长	吴鹏飞	一级警监	2009年3、4月免职
		柯良栋	一级警监	2009年3、4月任职
	党委副书记、副局长	郑贤胜	二级警监	
	党委副书记	童继伟	二级警监	
	党委委员、副局长	陈国元	二级警监	
		张强	二级警监	
		郭建伟	二级警监	
	党委委员、副局长、警卫处处长	张建强	武警大校	
	党委委员、政治部主任、机关党委书记	边卫跃	二级警监	
	党委委员、副局长、交警支队支队长	赵野松	三级警监	
	党委委员、副局长	金捷	一级警督	
	党委委员、纪委书记、督察长	汪劲浩	一级警督	
	党委委员、特警支队支队长	徐柏林	三级警监	
	党委委员、副局长	张佐良	一级警督	
杭州市公安局上城区分局	区委常委、局长	刘一明	三级警监	
	政委	吴志平	三级警监	
杭州市公安局下城区分局	区委常委、局长	翁金儿	三级警监	
	政委	程毅	三级警监	
杭州市公安局江干区分局	区委常委、局长	王木刚	三级警监	
	政委	邵锦华	三级警监	2009年12月免职
		郑小华	未授衔	2009年12月任职
杭州市公安局拱墅区分局	区委常委、局长	杨军	三级警监	
	政委	齐明	三级警监	
杭州市公安局西湖区分局	区委常委、局长	费敏儿	三级警监	
	政委	秦文	一级警督	

续表

机　构	职　务	姓　名	警　衔	附　注
杭州市公安局西湖风景名胜区分局	区党委委员、管委会副主任、局长	陈　健	三级警监	
	政　委	吴加骥	三级警监	2009年3月免职
		金　明	三级警监	2009年3月任职
杭州市公安局高新技术产业开发区(滨江)分局	区党工委委员、区委常委、局长	朱伟静	三级警监	
	政　委	马根强	三级警监	
杭州市公安局经济技术开发区分局	区党工委委员、管委会副主任、局长	李建平	三级警监	
	政　委	冯惠民	三级警监	
杭州市公安局萧山区分局	区委常委、局长	乐　华	三级警监	
	政　委	俞成良	三级警监	
杭州市公安局余杭区分局	区委常委、局长	刘一敏	三级警监	
	政　委	周前武	三级警监	
富阳市公安局	市委常委、局长	魏平岩	一级警督	
	政　委	柳士明	一级警督	
桐庐县公安局	县委常委、局长	周建杭	一级警督	
	政　委	朱华能	一级警督	
临安市公安局	市委常委、局长	李　磊	一级警督	
	政　委	吴志荣	一级警督	2009年11月免职
建德市公安局	市委常委、局长	郑洪彪	一级警督	
	政　委	崔杭勇	一级警督	
淳安县公安局	县委常委、局长	金洪亮	一级警督	
	政　委	何　慧	一级警督	
宁波市公安局	市委常委、局党委书记、局长	王惠敏	二级警监	
	党委副书记、副局长	贺富昌	三级警监	
	党委委员、副局长	李　谦	三级警监	
		江国梁	三级警监	
		徐世伟	三级警监	
		王伟标	三级警监	
		邵国平	武警大校	
		过露华	三级警监	
	党委委员、纪委书记、督察长	冯如庆	三级警监	
	党委委员、政治部主任	罗利达	三级警监	

续表

机　构	职　务	姓　名	警　衔	附　注
宁波市公安局	党委委员、治安支队支队长	冯　林	三级警监	
	党委委员、副局长	裘永进	三级警监	2009年4月免职
	党委委员、交警支队支队长	汤长源	三级警监	
宁波市公安局海曙分局	区委常委、局长	陈志国	三级警监	
	政　委	吕景军	三级警监	
宁波市公安局江东分局	区委常委、局长	陈　强	三级警监	
	政　委	余承嗣	三级警监	
宁波市公安局江北分局	区委常委、局长	谷　裕	三级警监	
	政　委	裘跃进	三级警监	
宁波市公安局北仑分局	区委常委、局长	朱振甫	三级警监	
	政　委	叶警青	三级警监	
宁波市公安局镇海分局	区委常委、局长	王雅宁	三级警监	
	政　委	张剑波	三级警监	
宁波市公安局鄞州分局	区委常委、局长	林　琪	三级警监	
	政　委	毛奇存	三级警监	
余姚市公安局	市委常委、局长	励　健	三级警监	
	政　委	周柏林	一级警督	
慈溪市公安局	市委常委、局长	施大年	一级警督	
	政　委	余爱忠	一级警督	
奉化市公安局	市委常委、局长	叶元杰	三级警监	
	政　委	陈倍君	一级警督	
宁海县公安局	县委常委、局长	林　东	三级警监	
	政　委	李杰军	三级警监	2009年8月免职
象山县公安局	县委常委、局长	柴大科	一级警督	
	政　委	石岳吉	一级警督	
宁波市公安局大榭开发区分局	局　长	蒋如军	三级警监	
	政　委	史建雄	三级警监	2009年8月免职
		李杰军	三级警监	2009年8月任职
宁波市公安局东钱湖分局	局　长	陆朝晖	一级警督	
	政　委	谢维法	三级警监	

续表

机　构	职　务	姓　名	警　衔	附　注
宁波市公安局高新区分局	局　长	邵祥明	三级警监	
	政　委	毛海清	三级警监	
宁波港公安局	局　长	费伟祥	三级警监	
	政　委	王　辉	三级警监	
宁波市公安局机场分局	局　长	江　键	二级警督	
	政　委	崔忠芳	三级警监	
温州市公安局	市委常委、局党委书记、局长	陈石春	二级警监	2009年3、4月免职
		叶寒冰	二级警监	2009年3、4月任职
	党委副书记	苑卫平	三级警监	
	党委副书记、常务副局长	沈　强	三级警监	2009年2月任常务副局长，此前任副局长
	党委委员、副局长	陈锋进	三级警监	
	党委委员、纪委书记、督察长	吴一剑	三级警监	
	党委委员、副局长	李江晖	三级警监	
		郑建国	三级警监	2009年12任职
		吴国钱	三级警监	
		叶望庆	三级警监	
		张文伟	三级警监	
	党委委员、政治部主任	郑建国	三级警监	2009年12免职
	党委委员、交警支队支队长	胡松权	一级警督	
	党委委员	王　造	一级警督	2009年12月任职
温州市公安局鹿城区分局	区委常委、局长	王　造	一级警督	（兼）
	政　委	王　盛	一级警督	2009年9月免职
		林振江	一级警督	2009年9月任职
温州市公安局龙湾区分局	区委常委、局长	李　伟	一级警督	
	政　委	汪建武	一级警督	2009年8月任职，9月免职
		黄挺义	二级警督	2009年9月任职
温州市公安局瓯海区分局	区委常委、局长	邱溢鹏	一级警督	
	政　委	林振江	一级警督	2009年9月免职
		王志平	一级警督	2009年9月任职

续表

机　构	职　务	姓　名	警　衔	附　注
瑞安市公安局	市委常委、局长	姜迪清	一级警督	
	政　委	陈松鹤	一级警督	
乐清市公安局	市委常委、局长	金国平	一级警督	
	政　委	李　明	一级警督	
洞头县公安局	县委常委、局长	林宗仁	一级警督	
	政　委	林志佩	一级警督	2009年9月免职
		毛坚钢	一级警督	2009年9月任职
永嘉县公安局	县委常委、局长	陈东晨	一级警督	
	政　委	王志平	一级警督	2009年9月免职
		汪建武	一级警督	2009年9月任职
平阳县公安局	县委常委、局长	曾绪贤	一级警督	
	政　委	朱志平	一级警督	2009年9月免职
		杨　波	二级警督	2009年9月任职
苍南县公安局	县委常委、局长	冯蒋龙	一级警督	
	政　委	罗纯长	一级警督	2009年9月任职
文成县公安局	县委常委、局长	李维中	一级警督	2009年1月免职
		伍建利	二级警督	2009年1月任职
	政　委	王日健	一级警督	
泰顺县公安局	县委常委、局长	欧阳后照	一级警督	
	政　委	赖永林	一级警督	2009年9月免职
		卢昊列	三级警督	2009年9月任职
湖州市公安局	市委常委、局党委书记、局长	叶寒冰	二级警监	2009年3、4月免职
		金伯中	二级警监	2009年3、4月任职
	党委副书记、副局长	杨军慧	一级警督	2009年10月任党委副书记
	党委委员、副局长	沈利剑	一级警督	
		李泽福	一级警督	
		张甲宏	一级警督	
		孟正良	一级警督	
		章新泉	一级警督	
	党委委员、纪委书记、督察长	戚建明	一级警督	
	党委委员、政治部主任	马德才	一级警督	

续表

机构	职务	姓名	警衔	附注
湖州市公安局	党委委员、副局长	徐志宏	一级警督	
		徐伟明	一级警督	2009年10、11月任职
	党委委员、交警支队支队长	汪必成	一级警督	
湖州市公安局吴兴区分局	区委常委、局长	徐伟明	一级警督	(兼)
	政委	茆毅	二级警督	2009年11月免职
		梅旗华	一级警督	2009年11月任职
湖州市公安局南浔区分局	区委常委、局长	曹伟龙	一级警督	
	政委	王晓明	一级警督	
湖州市公安局经济开发区分局	区党委委员、局长	马依群	一级警督	
	政委	汪丽娟(女)	一级警督	2009年2月免职
		马骁	三级警督	2009年11月任职
湖州市公安局太湖旅游度假区分局	区党委委员、局长	陈雄伟	二级警督	
	政委	施元章	一级警督	
德清县公安局	县委常委、局长	顾吉生	一级警督	
	政委	许建驰	一级警督	
长兴县公安局	县委常委、局长	沈连江	一级警督	
	政委	徐凤根	一级警督	
安吉县公安局	县委常委、局长	吴佩勋	一级警督	
	政委	胡伟	一级警督	
嘉兴市公安局	市委常委、局党委书记、局长	梁群	二级警监	
	党委副书记、副局长	沈楚赓	三级警监	
	党委委员、副局长	姚钰明	三级警监	
		袁堃	三级警监	2009年12月免职
		陈一兵	一级警督	
		冷江浩	一级警督	
	党委委员、政治部主任	李新宝	一级警督	
	党委委员、交警支队支队长	司宏毅	一级警督	
	党委委员、纪委书记、督察长	刘保民	一级警督	
嘉兴市公安局南湖区分局	区委常委、局长	杨永健	一级警督	
	政委	俞海福	一级警督	2009年2月任职

续表

机 构	职 务	姓 名	警 衔	附 注
嘉兴市公安局秀洲区分局	区委常委、局长	吕桂华(女)	一级警督	
	政 委	戴金明	一级警督	2009年1月任职
嘉善县公安局	县委常委、局长	高海金	一级警督	
	政 委	夏中良	一级警督	
平湖市公安局	市委常委、局长	刘国强	一级警督	
	政 委	顾照荣	一级警督	2009年11月免职
		傅金明	一级警督	2009年12月任职
海盐县公安局	县委常委、局长	高海忠	一级警督	
	政 委	吴忠耿	一级警督	
海宁市公安局	市委常委、局长	张顺荣	一级警督	
	政 委	朱忠华	一级警督	
桐乡市公安局	市委常委、局长	单志荣	一级警督	
	政 委	孙荣汉	一级警督	
绍兴市公安局	市委常委、政法委书记、局党委书记、局长	王海仁	二级警监	
	党委副书记、副局长	沈雄标	三级警监	
	党委副书记	施久海	三级警监	
	党委委员、副局长	叶 根	三级警监	
		潘和忠	一级警督	
	党委委员、纪委书记、督察长	徐明法	一级警督	2009年5月免职
		马永定	一级警督	2009年5月任职
	党委委员、副局长	徐明法	一级警督	2009年5月任职
		何伟仕	一级警督	2009年5月任职
	党委委员、政治部主任	马永定	一级警督	2009年5月免职
		王 争	一级警督	2009年5月任职
	党委委员、副局长	罗 杰	二级警督	2009年8月任职
	党委委员	谢新波	一级警督	
	党委委员	朱永潮	三级警督	
	党委委员、交警支队支队长	童国强	一级警督	
绍兴市公安局越城区分局	区委常委、局长	潘和忠	一级警督	(兼)
	政 委	陈天恩	一级警督	

续表

机构	职务	姓名	警衔	附注
绍兴市公安局袍江分局	新区管委会副主任、局长	朱才祥	一级警督	
	政委	徐新民	一级警督	
绍兴市公安局镜湖分局	新区管委会副主任、局长	陆伟香	二级警督	
	政委	吴志均	二级警督	
绍兴县公安局	县委常委、局长	何伟仕	一级警督	
	政委	蒋倬臣	一级警督	
诸暨市公安局	市委常委、局长	袁立江	一级警督	
	政委	宣国祥	一级警督	
上虞市公安局	市委常委、局长	丁松勇	二级警督	
	政委	陈建华	一级警督	
嵊州市公安局	市委常委、局长	宋国新	一级警督	
	政委	马亦忠	二级警督	2009年1月任职
新昌县公安局	县委常委、局长	王争	一级警督	2009年5月免职
		尹国樑	一级警督	2009年5月任职
	政委	吕国军	一级警督	
金华市公安局	市委常委、局党委书记、局长	毛善恩	三级警监	
	党委副书记	谭建勋	三级警监	
	党委副书记、副局长	施欣辉	三级警监	
	党委委员、副局长	张根瑞	三级警监	2009年8月免职
		颜超成	三级警监	
		高宪政	三级警监	
	党委委员、纪委书记、督察长	查宗贤	一级警督	
	党委委员、政治部主任	金盛	三级警监	
	党委委员、交警支队支队长	刘胜和	一级警督	
	党委委员、局长助理	谢林平	一级警督	
		项平	一级警督	
金华市公安局婺城分局	区委常委、局长	姜永根	三级警监	
	政委	毛秋冽	一级警督	
金华市公安局江南分局	开发区党工委委员、局长	孙安	一级警督	
金华市公安局金东分局	区委常委、局长	刘勤	一级警督	
	政委	叶根祥	一级警督	

续表

机构	职务	姓名	警衔	附注
兰溪市公安局	市委常委、局长	吴益中	一级警督	2009年9月免职
	政委	潘之江	一级警督	
东阳市公安局	市委常委、局长	俞流江	一级警督	
	党委副书记	马巧干	一级警督	2009年4月免去政委职务
	政委	王立平	一级警督	2009年4月任职
义乌市公安局	市委常委、局长	韦炜	一级警督	2009年9月免职
		吴益中	一级警督	2009年9月任职
	政委	傅国森	一级警督	
永康市公安局	市委常委、局长	徐锋	一级警督	
	政委	赵晨晓	一级警督	
武义县公安局	县委常委、局长	马尚伟	一级警督	
	政委	吴维德	一级警督	2009年7月免职
		徐旗胜	一级警督	2009年7月任职
浦江县公安局	县委常委、局长	吕会民	二级警督	
	政委	盛能剑	一级警督	
磐安县公安局	县委常委、局长	江栋	一级警督	
	政委	陈金宝	一级警督	
衢州市公安局	市委常委、局党委书记、局长	黎伟挺	二级警监	
	党委副书记、副局长	郑增林	三级警监	
	党委委员、副局长	李宁	三级警监	
		陈惠平	三级警监	
		胡建明	一级警督	2009年12月任职
	党委委员、交警支队支队长	李建安	一级警督	
	党委委员、政治部主任	鲁家荣	一级警督	
	党委委员、副局长	徐春法	一级警督	2009年6月任职
	党委委员、纪委书记、督察长	毛勇	一级警督	
衢州市公安局柯城分局	区委常委、局长	毛江泓	一级警督	
	政委	童志文	一级警督	
衢州市公安局衢江分局	区委常委、局长	胡建明	一级警督	
	政委	张少华	二级警督	
衢州市公安局柯山分局	衢州市高新园区党委委员、局长	江海	一级警督	
	政委	蔡建国	一级警督	2009年11月免职

续表

机　构	职　务	姓　名	警　衔	附　注
衢州市公安局柯山分局	政　委	余水陆	二级警督	2009年11月任职
龙游县公安局	县委常委、局长	汪德荣	一级警督	
	政　委	张　鸣	一级警督	
江山市公安局	市委常委、局长	蔡建明	一级警督	
	政　委	姜庆龙	二级警督	
常山县公安局	县委常委、局长	王小平	一级警督	
	政　委	吴直丰	一级警督	
开化县公安局	县委常委、局长	潘银亮	一级警督	
	政　委	余卫星	一级警督	2009年4月免职
		程佳良	二级警督	2009年4月任职
舟山市公安局	市委常委、局党委书记、局长	蔡步雄	二级警监	
	党委副书记、常务副局长	邬振悦	三级警监	2009年10月任常务副局长，此前任副局长
	党委委员、纪委书记、督察长	吕　星	三级警监	
	党委委员、副局长	方国安	一级警督	
	党委委员、政治部主任	陈优凤（女）	一级警督	
	党委委员、副局长	姚国平	一级警督	
		刘岳康	一级警督	
		徐全昌	一级警督	
		王国定	一级警督	
	党委委员、边防支队支队长	王海兴	武警上校	2009年9月免职
舟山市公安局定海区分局	区委常委、局长	夏凯慧	二级警督	
	政　委	罗彬涛	一级警督	
舟山市公安局普陀区分局	区委常委、局长	徐全昌	一级警督	
	政　委	应朝阳	二级警督	
岱山县公安局	县委常委、局长	俞连军	一级警督	
	政　委	刘开阳	一级警督	2009年12月免职
嵊泗县公安局	县委常委、局长	周信平	一级警督	2009年5月免职
		於石头	二级警督	2009年5月任职
	政　委	张士松	一级警督	

续表

机 构	职 务	姓 名	警 衔	附 注
舟山市公安局普陀山分局	普陀山管委会副主任、局长	邬振刚	一级警督	
	政 委	许文峰	二级警督	
舟山市公安局洋山分局	局 长	周信平	一级警督	2009年5月免职
		於石头	二级警督	(兼)2009年5月任职
	政 委	虞桂宏	一级警督	
舟山市公安局新城分局	新城管委会党委委员、局长	马远辉	二级警督	
	政 委	杨 健	二级警督	
台州市公安局	市委常委、局党委书记、局长	陈棉权	二级警监	
	党委副书记、副局长	许德佳	三级警监	
		邵先富	三级警监	
	党委委员、副局长	林广勇	三级警监	
		朱希望	三级警监	
		周星耀	三级警监	
		张 敏	三级警监	
		聂展云	一级警督	2009年7月免职
		赵 明	三级警监	2009年12月任职
	党委委员、纪委书记、督察长	李其红	三级警监	2009年1月免职
		金建中	一级警督	2009年1月任职
	党委委员、政治部主任	赵 明	三级警监	2009年12月免职
	党委委员、交警支队支队长	金建中	一级警督	2009年1月免职
		陈伯恩	一级警督	2009年11月任职
	党委委员	连吉兴	一级警督	
台州市公安局椒江区分局	区委常委、局长	连吉兴	一级警督	(兼)
	政 委	吴雨青	一级警督	
台州市公安局黄岩区分局	区委常委、局长	江连青	一级警督	
	政 委	俞忠林	一级警督	
台州市公安局路桥区分局	区委常委、局长	邱福康	一级警督	
	政 委	叶锡勇	一级警督	
临海市公安局	市委常委、局长	黄文清	一级警督	
	政 委	张春晓	一级警督	2009年4月免职
		蒋正林	一级警督	2009年4月任职

续表

机 构	职 务	姓 名	警 衔	附 注
温岭市公安局	市委常委、局长	应中华	一级警督	
	政 委	杨德明	一级警督	
玉环县公安局	县委常委、局长	蒋晓军	一级警督	2009年9月免职
		朱立国	一级警督	2009年9月任职
	政 委	梅东晓	二级警督	
天台县公安局	县委常委、局长	陈伯恩	一级警督	2009年12月免职
		朱怀宏	一级警督	2009年12月任职
	政 委	王夔蛟	一级警督	
仙居县公安局	县委常委、局长	王小平	一级警督	
	政 委	陈 军	一级警督	
三门县公安局	县委常委、局长	王从志	一级警督	
	政 委	王阅乾	一级警督	
台州市公安局开发区分局	区党工委委员、局长	朱立国	一级警督	2009年12月免职
		沈云才	一级警督	2009年12月任职
	政 委	余秀清	一级警督	
丽水市公安局	市委常委、局党委书记、局长	陈 钟	二级警监	
	党委副书记、副局长	王小荣	一级警督	
	党委委员、副局长	马 平	三级警监	
		封宗祥	三级警监	
	党委委员、副局长、经侦支队支队长	金 珍(女)	一级警督	
	党委委员、副局长	诸葛俭	一级警督	
	党委委员、纪委书记、督察长	沈金清	一级警督	
	党委委员、机关党委书记、政治部主任	马正德	一级警督	2009年3月任机关党委书记
	党委委员、出入境管理局局长	毛毅平	一级警督	2009年3月免去机关党委书记职务
	党委委员、交警支队支队长	梅中仁	一级警督	
	党委委员	谷江南	一级警督	
		潘志强	一级警督	2009年10月免职
	党委委员、办公室主任	金燕兰	一级警督	2009年2月任党委委员
丽水市公安局莲都区分局	区委常委、局长	谷江南	一级警督	(兼)
	政 委	林华明	一级警督	

续表

<table>
<tr><th>机　构</th><th>职　务</th><th>姓　名</th><th>警　衔</th><th>附　注</th></tr>
<tr><td rowspan="3">青田县公安局</td><td rowspan="2">县委常委、局长</td><td>潘志强</td><td>一级警督</td><td>(兼)2009年10月免职</td></tr>
<tr><td>丁文伟</td><td>未授衔</td><td>2009年10、11月任职</td></tr>
<tr><td>政　委</td><td>程胜农</td><td>一级警督</td><td></td></tr>
<tr><td rowspan="3">缙云县公安局</td><td rowspan="2">县委常委、局长</td><td>胡先龙</td><td>一级警督</td><td>2009年5、6月免职</td></tr>
<tr><td>朱荣华</td><td>一级警督</td><td>2009年6、7月任职</td></tr>
<tr><td>政　委</td><td>施继强</td><td>一级警督</td><td></td></tr>
<tr><td rowspan="2">龙泉市公安局</td><td>市委常委、局长</td><td>徐为民</td><td>一级警督</td><td></td></tr>
<tr><td>政　委</td><td>任建民</td><td>一级警督</td><td></td></tr>
<tr><td rowspan="2">云和县公安局</td><td>县委常委、局长</td><td>陈志斌</td><td>一级警督</td><td></td></tr>
<tr><td>政　委</td><td>雷岩福</td><td>一级警督</td><td></td></tr>
<tr><td rowspan="2">景宁畲族自治县公安局</td><td>县委常委、局长</td><td>周光洪</td><td>一级警督</td><td></td></tr>
<tr><td>政　委</td><td>柳浩宇</td><td>一级警督</td><td></td></tr>
<tr><td rowspan="2">庆元县公安局</td><td>县委常委、局长</td><td>李继仁</td><td>一级警督</td><td></td></tr>
<tr><td>政　委</td><td>薛力民</td><td>一级警督</td><td></td></tr>
<tr><td rowspan="2">遂昌县公安局</td><td>县委常委、局长</td><td>叶金荣</td><td>一级警督</td><td></td></tr>
<tr><td>政　委</td><td>吴建华</td><td>一级警督</td><td></td></tr>
<tr><td rowspan="2">松阳县公安局</td><td>县委常委、局长</td><td>周松一</td><td>一级警督</td><td></td></tr>
<tr><td>政　委</td><td>包金付</td><td>二级警督</td><td></td></tr>
<tr><td rowspan="4">丽水市公安局经济开发区分局</td><td rowspan="2">区党工委委员、局长</td><td>朱荣华</td><td>一级警督</td><td>2009年5、7月免职</td></tr>
<tr><td>钭启奎</td><td>一级警督</td><td>2009年6、7月任职</td></tr>
<tr><td rowspan="2">政　委</td><td>王世强</td><td>一级警司</td><td>2009年4月任职</td></tr>
<tr><td>叶雪蓉</td><td>二级警督</td><td>2009年4月免职</td></tr>
</table>

（责任编辑　胡　军）

特色中心工作

国庆 60 周年安保

【概况】 2009 年是新中国成立 60 周年大庆之年，全省公安机关围绕省公安厅党委提出的不发生危害国家安全和政治稳定的重大政治事件、不发生重大暴力恐怖事件、不发生影响社会稳定的重大群体性事件、不发生社会反映强烈的重大恶性刑事案件和治安灾害事故、不发生影响恶劣的重大队伍违法违纪问题“五个不发生”工作目标，严管重点人、重点事、重点物，为 60 周年国庆营造了一个祥和、安定的社会治安环境。国庆期间，全省社会治安秩序平稳，各类大型庆典活动安全有序，各旅游景区秩序井然，未发生有重大影响的刑事案件、灾害事故和群体性事件。

【开展社会治安整治行动】 根据公安部统一部署，2009 年 5～10 月，浙江省公安机关组织开展社会治安整治行动，坚决遏制突出违法犯罪活动，全面强化治安管理和防范控制措施，为国庆 60 周年营造和谐稳定的社会环境。其间，全省共投入巡逻防控警力 127 万人次，发动群防群治力量 113 万人次；破获刑事案件 10.9 万余起，查处治安案件 25.2 万余起，抓获各类犯罪嫌疑人 5.53 万人，摧毁犯罪团伙 2452 个，端掉犯罪窝点 2274 个，收缴赃款 32292 万元，整治治安乱点 4475 处，整改治安隐患 7030 处。

【开展国庆安保集中统一行动】 为进一步推进国庆安全保卫工作，确保各项安保措施落实到位，2009 年 9 月 10～11 日、9 月 25～26 日，浙江省公安厅先后组织开展国庆安保第一次、第二次集中统一行动。其间，省厅领导赴各地督导检查行动开展情况。

【召开国庆 60 周年安保临战动员电视电话会议】 2009 年 8 月 21 日，浙江省公安厅召开全省公安机关国庆 60 周年安保临战动员电视电话会议，全面组织部署各项安保工作。会上，省委常委、政法委书记、省公安厅厅长王辉忠对群体性事件预防处置、重点人员管控、治安乱点整治、社会面巡逻防控、危险物品管控、大型活动安保、情报信息研判等工作进行全面部署。

【开展特警远程集结拉练】 2009 年 9 月，省公安厅按照“实警、实地、实装”要求，通过设置以处置大规模群体性事件为背景的模拟警情，在不预先通知情况下，连续组织 4 次特警警力远程集结拉练，突击检查金华、台州、绍兴、衢州、丽水等市公安应急处置专业队和预备队警力的组织指挥、紧急集结、快速反应和远程机动能力，共有 1400 余名警力和 131 台各类处置车辆投入演练。

图为嘉兴市公安民警在国庆安保第一次集中统一行动中整装待发（2009 年 9 月 10 日）

【开展武装巡逻】 根据省公安厅、省武警总队部署，2009年9月20日～10月10日，全省各地公安机关和武警部队以联勤方式，在各市、县(市、区)城区的重点区域实施夜间武装巡逻，进一步震慑违法犯罪。其间，“两抢”等各类街面案件报警数量呈明显下降趋势。

【加强危险物品及重点单位、部位安全监管】 国庆安保工作期间，全省公安机关加大对危险、重点单位、部位的检查力度，消除各类安全隐患。全省共检查涉爆从业单位3787家次，发现隐患321起，落实整改319起，排查登记涉爆重点人员567人，摸排涉枪单位68家、涉枪重点人员247人，查处涉枪案件119起，处理涉案人员169人，查缴炸药11908千克、雷管36950枚、导火索19008米，收缴回收各类枪支183支、子弹5846发。同时，开展水、电、气和党政机关、金融单位等重点安全保卫单位安全大检查，加强巡逻守护，消除各种盲点和死角，严防发生各种爆炸、投毒等扰乱破坏活动。

【警卫部门国庆安保工作】 2009年9月26日，浙江省庆祝新中国成立60周年文艺巡游活动在钱江新城之江路举行；浙江省庆祝新中国成立60周年暨首届浙江文化艺术节开幕式文艺晚会在钱江新城市民广场举行。活动安全保卫工作在省公安厅统一领导下，由省警卫局牵头组织实施。

【国保部门国庆安保工作】 2009年，全省公安国保部门把国庆60周年安全保卫工作作为全年首要政治任务，全力以赴开展工作。国庆期间，全省未发生一起国保及反邪教领域重点人赴北京进行串联、滋事等破坏活动，未发生一起严重干扰国庆60周年庆典、影响社会政治稳定的重大事件。

【经侦部门国庆安保工作】 2009年9月，全省公安经侦部门开展“迎国庆保平安”经侦信访案件核查办理工作。其间，对近两年来全省经侦部门的100余起经侦信访案件进行集中梳理，对10起重点案件由省厅挂牌督办，对可能越级信访的人员做好稳控工作，确保国庆期间全省经侦部门对口范围无进京上访人员。

【监管部门国庆安保工作】 2009年，全省公安监管部门以国庆安全保卫工作为首要任务，加强监所安全隐患治理整顿，推进监管执法规范化建设，加大检查、督察工作力度，并于9月21日召开全省监所安全工作电视电话会议，部署国庆安保攻坚冲刺阶段相关工作，保证了国庆60周年期间监管场所的和谐、安全、稳定。

【技侦部门国庆安保工作】 2009年，全省公安技侦部门把国庆60周年大庆安保工作作为重中之重，根据公安部党委提出的“三个坚决防止、三个确保”目标要求，建立健全工作机制，把防范和打击暴力恐怖活动置于更加突出的位置，对义乌、柯桥、海宁等重点地区反恐工作提供有力支持，为杜绝恐怖分子在浙江藏匿、立足、建点发挥重要作用。

【网监部门国庆安保工作】 2009年7～8月，为全力保障国庆60周年期间全省基础网络与重要信息系统的平稳运行，全省公安网警部门开展以查隐患、补漏洞、防风险为主要内容的网络安全漏洞专项检查行动。其间，共检测网站721家，发现有46.6%的网站存在严重安全隐患。同时，省厅印发《关于切实加强政府网站安全防范工作的通知》，要求各级政府部门抓紧开展网站系统安全自查，严格落实安全技术措施和网站安全巡查管理工作。9月，省厅会同省信息办、省安全厅、省保密局等有关单位，对20余家省级重点单位的安全应急响应机制建立、风险隐患排查和整改等情况进行实地检查。此外，受公安部十一局委托，对全国6054家政府网站进行检测，形成《2009年全国政府网站安全状况分析报告》。

【禁毒部门国庆安保工作】 2009年7～10月，全省公安机关和禁毒系统以深化禁吸戒毒、严密吸毒人员排查管控为着力点，认真部署开展吸毒人员排查登记和管控行动，确保国庆安保工作顺利完成。其间，全省共查处吸毒人员7880人，其中新登记吸毒人员5240名；依法强制隔离戒毒1879人，责令社区戒毒1216人、社区康复330人；新增美沙酮维持治疗服药点17个，新增服药人数800多人；共排查浙江省在京吸毒人员485名，通过缉控平台共发现欲赴京吸毒人员78名，均依法妥善处置、劝阻及化解，未发生国庆期间浙江籍吸毒人员进京上访等事件。

【高速交警部门国庆安保工作】 2009年，省公安厅高速公路交警总队把做好60周年国庆安保作为一项重要的政治任务，制定下发《国庆安保工作实施方案》，明确“四个力争不发生”(力争不发生重特大道路交通事故；力争不发生队伍严重违法违纪和涉警舆论危机；力争不发生与管理工作有关的重大上访事件；涉及高速公路的重大刑事、治安案件和群体性事件力争及时有效处置)目标,重点开展道路交通秩序整治,道路隐患整治回头看和信访、治安、群体性事件隐患大排查、大调处工作。国庆期间,共出动警力8500余人次、警车4600余辆次,检查客运车辆38790辆,查处重点违法行为1994起;未发生死亡3人以上交通事故,未发生大规模交通拥堵。

【消防部门国庆安保工作】 2009年7月1日~10月10日,浙江省公安消防部队开展"迎国庆、保安全、促和谐"专项行动。浙江省公安消防总队命令全省消防部队进入二级战备状态。其间,副省长金德水召集18个厅局领导,专题研究部署国庆消防安保工作,省公安厅副厅长凌秋来先后深入舟山、杭州、嘉兴实地检查指导,全省各地市共有34位市委书记、副书记和市长、副市长带队深入辖区场所、企业、工地、码头等地开展消防安全检查。全省消防部队共组织检查组1374个、出动警力4214人次,检查县级以上党政首脑机关151家、供水供油供电供气单位530家,发现火灾隐患526处,当场整改428处;检查公众聚集场所1764家,查封、关停64家,检查三星级以上宾馆、饭店545家,查封5家;检查车站、码头、机场167家,发现火灾隐患169处,责令立即改正129处,责令限期改正11处。经努力,实现60周年国庆期间全省无较大以上火灾、国庆前后无亡人火灾、省内所有庆典活动场所无火灾的"三无"目标。

【边防部门国庆安保工作】 为做好国庆60周年安全保卫工作,2009年,省公安边防总队借鉴奥运安保工作经验,建立支队、大队、边防派出所、民警四级管理责任制,定期对辖区社会治安形势进行分析和风险评估,加强重点目标、涉爆、涉枪、毒化物、放射性物品等单位的管控,部署开展边防辖区、口岸、海上治安基础排查、隐患排查、出海船舶管理情况排查、重点管理事项排查等行动,全面掌握各类不稳定因素、矛盾纠纷、无居民海岛、涉恐、涉爆重点部位等基础性情况。共排查出重点管理目标537处,涉爆、毒化物、放射性物品单位253家,排查雷管39062枚、炸药3184.636吨、毒化物334.92吨、放射性物质700克,处置涉及土地征用、拆迁、环境污染、工程施工等不稳定因素77起。同时,组织开展治安整治、打拐、反盗抢、海上治安整治等专项行动,加强对社会治安热点、难点问题和重点部位的打击治理力度,以打促防。国庆安保期间,全省公安边防部队共破获刑事案件423起,查处治安案件1187起,破获贩毒案件20起,抓获贩毒嫌疑人28名,缴获海洛因78.11克、冰毒381.18克;查处偷渡、遣返案件58起134人,抓获组织他人偷越国(边)境嫌疑人8人。9月25日~10月10日,省公安边防总队在浙江沿海海域、长江口渔场开展海上治安集中整治行动,强化国庆期间的海上治安管控,检查船舶469艘,渔船民3949人,查处违规船舶68艘185人。此外,建立完善边检勤务风险评估和应急响应体系,加强出入境信息采集复核力度,完善查控工作倒查责任制度,进一步严密口岸查控工作。各空港边检站严格实施人证对照和伪假证件识别,加强对重点国家和地区人员的证检力度以及行李物品的抽查力度。各海港边检站严格落实接送船制度,确保每船必接必送,认真实施人证对照和船体检查。嘉兴、舟山、马迹山等边检站提前筹划落实上海世博会"护城河"工程,对出入境(港)船舶进行安全评估,对重点船舶实施重点监管。杭州机场、宁波机场、台州等边检站加强与旅游局等单位的协作,提前做好充分准备,科学调整勤务模式,确保对台旅游、对台直航等勤务的顺利开展。国庆安保期间,全省各边检站共检查出入境飞机2130架次、船舶2768艘次、出入境人员340514人次,查获网上逃犯2名。

【铁路公安部门国庆安保工作】 2009年9月1日~10月10日,杭州铁路公安处围绕做好国庆60周年安全保卫工作,查获"法轮功"邪教人员若干名,协助地方政府劝阻进京上访人员223名,查获"三品"3845件,其中仿真手枪8支、管制刀具942把,发现并整改各类隐患125处。组织实施"打现行、追逃犯、端窝点"集中行动和"打票贩、整秩序"集中统一行动,共破获各类刑事案件319起,抓获犯罪嫌疑人232名,缴获赃款人民币2.35万元,追缴赃物折价人民币3.85万元,查获毒品海洛因428.58克、冰毒467.28克、麻古308颗;查处倒票案件114起,抓获票贩205名(其中行政拘留90名、刑事拘留1名),摧毁倒票团伙21个,捣毁倒票窝点44个,缴获车票479张,折款人民币7.84万元。组织开展处置突发事件模拟演练28次。

【开展国庆60周年安保专项督察】 2009年8月20日,省厅督察总队制定督察方案,两次下发通知部署国庆60周年各项安保的督察工作。8月20日~9月26日,厅党委委员、纪委书记、督察长华远平以及总队领导带队,组织10个督察组赴全省对国庆安保工作开展明察暗访。9月27日~10月7日,组织参加督察队长培训班的学员开展交叉督察。此外,省厅督察总队还派员参加厅机关督导组,蹲点指导检查各地安保工作。同时,全省各地督察部门也同步开展专项督察。通过多种形式的现场督察,形成反复检查、全面覆盖、不留死角的督察格局。其间,全省共组织开展督察活动2381次，当场纠正问题839个，发督察通知书271份。10月23日，省委常委、政法委书记、公安厅厅长王辉忠作出重要批示："国庆期间，全省社会治安总体平稳，这与强有力的督察密不可分，感谢督察战线的同志们为此所付出的辛勤劳动。"

【开展庆祝建国60周年宣传报道】 2009年一季度，省公安厅宣传处制定《浙江省公安厅建国60周年宣传工作方案》，并及时印发《关于全省公安机关认真开展建国60周年公安宣传工作的通知》，对全省公安宣传部门开展建国60周年宣传工作的组织领导、重点活动、主要措施作了具体安排部署。同时，组织省、市级主流媒体，于国庆前夕集中时间开展了有策划、有影响、有声势的系列宣传活动，《浙江日报》以显著版面和较大篇幅刊发《我省全面部署国庆60周年安保工作》等综述报道；《钱江晚报》、《都市快报》分别以60年来浙江公安发展史上"十件大事"、"十个瞬间"为截面，先后开展8个整版和12个整版的系列宣传；《今日早报》、《青年时报》更是从受众的角度，刊发了6个整版的系列，以独特的新闻视角宣传报道了公安工作的发展变化。此外，厅宣传处还在浙江电视台公共新农村频道播出10集《守望平安60年》电视专题片，在浙江电视台经济生活频道《警方时空》开辟《钱塘公安英烈》系列片专栏。通过系列宣传活动，掀起庆祝建国60年的宣传高潮，使社会各界人士更加了解公安工作，为全省公安工作实现又好又快发展营造了良好的社会舆论氛围。

应对金融危机

【贯彻执行经济困难特殊时期执法办案指导思想】 2009年，全省公安机关深入贯彻执行经济困难特殊时期执法办案指导思想，准确把握案件办理、经济发展和社会稳定的关系，妥善处理涉企案事件，实现法律效果、经济效果和社会效果的最大统一，全省没有发生因公安机关处置涉企案事件不当引发的群体性事件。

【开展追赃及挽回经济损失工作】 2009年，在全球发生金融危机的特殊时期，全省公安机关经侦部门把最大限度维护受害和困难企业利益作为经济案件侦查办案的重要落脚点，全力开展追赃和挽回损失工作。年内，共挽回经济损失64.89亿元，同比上升120%，全省经侦民警人均挽回损失486万元，使一大批受害人（企业）摆脱了困境。

【推进经济犯罪防范警示制度】 2009年，全省公安经侦部门全面推进经济犯罪防范警示制度，在侦办可防性经济犯罪案件过程中，对受害单位存在的管理漏洞，及时向其发出防范建议书；对类案存在的共性问题及时向社会公众发出防范预警，帮助企业群众提高识骗防骗和抵御不法侵害的能力。全年共发出防范建议书10500余份、预警通报3700余份。

【加强涉众型经济犯罪案件处置侦办】 针对金融危机形势下全省涉众型经济犯罪案件多发的情况，2009年1月23日，省厅经侦总队印发《浙江省公安经侦部门处置涉众型经济犯罪案件若干规范（试行）》，对涉众型经济犯罪案件的处置原则、组织指挥、侦查办案、维稳工作加以明确规范。2月2日，印发《浙江省公安经侦部门涉众型经济案件情报信息风险预警工作规范》，对涉众型经济犯罪案件情报信息的搜集范围、重点、搜集方法、研判方法、分类预警作了规定和要求。全年共立非法吸收公众存款、集资诈骗、传销等涉众型经济犯罪案件387起，同比上升56.05%。

【加强警企协作】 2009年2月2日，省公安厅经侦总队印发《全省公安经侦部门开展警企协作活动实施意见》，强调公安经侦部门要通过加强警企协作，提高打击犯罪的实效性，增强防范控制的针对性，提升服务发展的主动性，重点要把握协作方向、着力预警控制、强化打击犯罪、诚心保护服务、推进基础建设。截至年底，全省公安经侦部门与1974家企业建立警企联系制度，帮助解决具体问题1000余项，发出防范建议书10500余份，收到企业赠匾、送旗、致信感谢200余次。3月16日，公安部《公安工作简报》第3期刊发《浙江公安机关经侦部门多策并举服务经济发展帮扶企业解困》一文，介绍浙江省公安经侦部门通过开展涉企不安定因素排查、警企协作活动、实行"一案一建议"制度、健全经济犯罪动态预警告示工作机制等工作举措，有效服务经济转型升级、帮扶企业克难解困的经验。4月21日，省厅经侦总队召开打防经济犯罪警企座谈会，决定警企双方建立"一个制度、三个通道"，即联络员制度，举报投诉、咨询服务、预警防控绿色通道。年内，全省公安经侦部门共走访企业7700余家，摸排出涉企、涉稳等不安定因素500余条，并进行动态跟踪掌控，及时向党委、政府建议或协助企业化解，确保了社会稳定。

涉警舆情处置

【重视涉警舆情标志性事件】 2009年2月2日，《钱江晚报》头版报道了《逼债闹出人命案》的新闻，瑞安市公安局交警木瑞平在追逼赌债过程中致人坠楼身亡。作为2009年涉警舆情危机多发高发的开端，此事件具有标志意义。厅党委委员、纪委书记、督察长华远平专门赴瑞安调查。厅政治部、督察总队也派遣专人赴瑞安了解情况，指导舆论引导工作。该事件中暴露出来的信息报送不规范、引导工作不及时、媒体意识弱等问题，促使省厅开始考虑进一步加强舆论引导工作，落实相应规章制度。

【应对杭州“5·7”交通肇事案】 2009年5月7日晚8时许，胡斌驾驶三菱跑车在杭州文二西路一斑马线上撞死浙江大学毕业生谭卓。该事件引起媒体连续跟踪报道，尤其是网络论坛的关注。一起涉及“富二代”、“大学生”、“豪车飙车”等特殊敏感字眼的交通肇事案件，形成较大规模舆情危机。6月17日，省厅召开全省电视电话会议，厅党委副书记、副厅长、新闻发言人张景华作《从杭州“5·7”交通肇事案解析如何有效应对涉警公共舆论事件》的讲话，深刻剖析事件背景、原因、处置成败经验，提出规范涉警信息收集、研判和发布，建立良好警媒关系，落实责任追究和奖励制度等工作目标。

【派员参加《全国公安机关涉警舆情处置规程》编订】 2009年6月，应公安部办公厅要求，省厅宣传处派专人赴京参与制定《全国公安机关涉警舆情引导工作规范》。所编订的《全国公安机关涉警舆情处置规程(试行)》和《公安机关接待媒体记者参考用语》于2009年12月正式下发全国公安机关。

【成立浙江省公安厅舆情应对领导小组】 2009年7月1日，省厅建立以厅党委副书记、副厅长、新闻发言人张景华为组长的舆情应对领导小组。小组成立目的是为了准确研判涉警舆情信息，及时有效应对涉警舆情危机，改变涉警公共舆论事件多发的局面，为将涉警舆情危机处置在萌芽阶段、初发时期提供科学决策，更好地引导涉警公共舆论。

【迅速处置杭州“8·4”交通肇事案】 2009年8月4日，杭州市区莫干山路发生酒驾“豪车”肇事撞死一人的交通肇事案件。省厅和杭州市局迅速妥善处置了该起事件。为加大对交通肇事的整治力度，8月7日，省厅推出以整治酒后驾车为重点的五条交通常态严管措施，严整交通顽症。在舆论引导上，该措施成功设置媒体议程，成为全国开展严管酒后驾车专项整治工作的先声。

【建立涉警舆情会商制度】 2009年8月6日，厅党委委员、政治部主任华乃强召集厅宣传处、指挥中心、督察总队、网警总队和法制处负责人与联络员会议，决定建立上述部门参与的涉警舆情会商制度。制度包含每周舆情会商、重大舆情专报和每月舆情综述等内容，为厅党委及时掌握网络、媒体涉警信息、善用媒体促进公安工作、有效引导舆论提供决策参考。当日，《杭州“8·4”交通肇事案舆情专报》编发，分析了媒体动态和网络意见，提出下一步工作建议；8月10日，第一期《每周舆情会商报告》编发，内容为《杭州“8·4”交通肇事案前期处置情况回顾》。

【印发《关于进一步加强和改进公安新闻舆论引导工作的意见》】 2009年10月21日，省厅印发《关于进一步加强和改进公安新闻舆论引导工作的意见》，要求加快建立贴近实战要求的公安新闻舆论引导工作体系，建立和完善高效灵敏的公安新闻舆论引导工作机制，市、县级公安机关要明确新闻发言人，加快公安新闻发言人办公室实体化运作。

【举办全省公安机关新闻舆论引导培训班】 2009年8月27～31日，省厅举办全省公安机关新闻舆论引导工作培训班，首次对市县两级公安机关新闻发言人进行培训。厅党委委员、政治部主任华乃强作开班动员讲话，厅党委副书记、副厅长、新闻发言人张景华就如何积极稳妥地化解危机、引导社会舆论，切实形成更贴近实战要求的新闻舆论引导机制作总结讲话。公安部新闻发言人、办公厅副主任武和平和国务院新闻办网络局副局长刘正荣、复旦大学新闻学院副院长、博士生导师、国务院新闻办省级新闻发布评估组组长孟建教授等为学员们就涉警舆情危机处置、互联网发展与舆论引导以及如何与媒体记者打交道等问题进行了授课。

世博安保

【学习考察“环京护城河”工作经验】 为做好2010年上海世界博览会安全保卫工作，发挥“环沪护城河”的作用，把好上海世博会“南大门”，2009年6月10～12日，省公安厅副厅长凌秋来率团赴河北考察学习“环京护城河”安保工作经验，听取河北省厅“环京护城河"安保工作情况介绍，实地考察保定市高速公路涿州公安检查站、涿州市挟河公安检查站。厅指挥中心、治安总队、交管局、高速交警总队及宁波、嘉兴、舟山市公安局相关人员随团考察。

【"环沪护城河"安保工作协调会在杭州召开】 2009年6月23～25日，公安部、交通运输部召集上海、江苏、浙江、安徽、湖北、江西等省市公安、交通部门负责人，在杭州召开上海世博会"环沪护城河"安保工作协调会。公安部副部长刘京、交通运输部副部长徐祖远出席会议并讲话。

【《浙江省上海世博会"环沪护城河"安保工作总体方案》出台】 2009年10月13日，省委办公厅、省政府办公厅联合印发由省公安厅起草的《浙江省上海世博会"环沪护城河"安保工作总体方案》，明确提出了从浙江去上海的人不惹事，上海来浙江的中外旅客不出事等环沪护城河安保工作要求。

【全省上海世博会"环沪护城河"安保工作会议在杭州召开】 该会议于2009年10月20日在杭州召开。会议由省委常委、副省长、省上海世博会"环沪护城河"安保工作领导小组副组长葛慧君主持。省委常委、政法委书记、公安厅厅长、省上海世博会"环沪护城河"安保工作领导小组组长王辉忠出席会议并讲话。会上，省公安厅副厅长、省上海世博会"环沪护城河"安保工作领导小组成员兼办公室主任凌秋来通报上海世博会的基本概况及浙江省"环沪护城河"安保工作的主要任务和前期安保筹备工作情况。全省11个市人民政府分管领导、公安局局长及省领导小组28家成员单位负责人共计80余人参加会议。

【王辉忠检查指导世博会"环沪护城河"安保筹备工作】 2009年10月14日，省委常委、政法委书记、公安厅厅长王辉忠赴嘉兴检查指导世博会"环沪护城河"安保筹备工作，先后视察沪杭高速大云卡点、320国道里泽卡点和俞蒸线卡点，并听取嘉兴市局关于安保筹备工作的情况汇报，对浙沪对接、卡点建设、部门联动、力量调派、勤务运作等工作提出要求。

图为王辉忠厅长在嘉兴检查指导世博"环沪护城河"安保筹备工作（2009年10月14日）

【召开全省上海世博会"环沪护城河"安保工作领导小组成员单位会议】 2009年11月3日，全省上海世博会"环沪护城河"安保工作领导小组办公室在嘉兴召开第一次成员单位会议。省公安厅副厅长凌秋来主持会议并讲话。省交通运输厅、省武警总队、浙江海事局分管领导及省公安厅有关部门负责人，嘉兴市及嘉善县、平湖市公安局分管领导共30余人参加会议。会议明确，领导小组办公室下设综合协调、情报信息、陆路卡点建设检查、宣传发证、科技通信保障、交通分流管理、水上安保等工作组，各成员单位抽调人员进行集中办公。

【刘京视察上海世博会"环沪护城河"浙江安保工作】 2009年11月23～24日，公安部党委副书记、副部长、上海世博安保协调小组组长刘京至浙江视察上海世博会"环沪护城河"安保工作，并主持召开上海世博会"环沪护城河"浙江安保工作汇报会，听取浙江省公安厅、杭州市公安局、嘉兴市公安局等单位"环沪护城河"安保工作情况汇报，肯定浙江"环沪护城河"安保工作取得的成绩。

（**责任编辑** 胡晓东）

打击防范犯罪

国内安全保卫

【概述】 2009年，全省公安国内安全保卫（简称国保）部门以国庆60周年安全保卫工作为主线，有效开展情报信息、侦察调查、防范保卫和教育转化等各项工作，继续推进基层基础建设和队伍建设，全力维护国家安全和全省社会政治稳定。年内，省厅国保总队情报信息工作继续列厅机关年度考核第一名；总队专案组被省厅记集体二等功；反邪教处被评为610系统信息工作先进单位，并获一等奖。

【做好涉疆维稳工作】 2009年，全省公安国保部门积极会同有关警种，妥善处置涉疆治安案（事）件若干起，核查线索若干条，及时开展教育谈话和训诫警告工作，严密防范新疆“7·5”事件在省内发生连锁反应，有效维护全省社会政治稳定。

【防范打击法轮功邪教组织非法活动】 2009年，全省公安国保部门紧紧围绕敏感期和重大节庆日，严密防范和严厉打击法轮功邪教组织的非法活动。年内，全省共立“法轮功”宣传煽动性案件若干起，破案率为97.52%，继续实现“法轮功”“零进京、零滋事、零插播”的目标。

【加强文化社科及高校领域安全保卫工作】 2009年，全省公安国保（经文保）部门加强对高校保卫部门的工作指导，进一步深化高校不稳定因素排查化解工作，完善每半个月对高校不稳定因素的滚动排查汇总机制，发现并妥善处置高校内因物价、后勤管理等引发的不稳定因素若干条，有效维护了高校的政治稳定。

【推进国保信息化建设】 2009年，全省公安国保部门加强信息化建设，完成集国保情报系统、国保涉密公文流转系统、国保综合业务个人工作门户等于一体的浙江省国保业务综合应用平台前期开发，并实现与公安部国保情报信息管理系统、基本信息系统和国保文件传输系统的无缝衔接；完成杭州、宁波两市公安局经文保支队涉密网联网工作；启动全省国保民警信息管理系统升级、610案件分析系统开发工作。11月，公安部业务局在杭州召开全国部分省市公安国保（反邪教）部门信息化建设专题研讨现场会，推广浙江国保信息化经验。

【加强国保队伍建设】 2009年，省厅国保总队继续推动市、县国保部门主要负责人高配工作。截至年底，全省11个市公安局国保支队主要负责人全部高配，县级国保部门主要负责人岗位高配比例为54.2%。此外，继续推进省警察学院国保专业班定向分配工作，为基层国保队伍增加警力。

图为省委常委、政法委书记、省公安厅厅长王辉忠出席全省公安国内安全保卫工作会议（2009年2月26日）

经济犯罪侦查

【概述】 2009年，全省公安经侦部门积极应对金融危机带来的新挑战，全力服务经济发展和社会稳定，较好地实现了预定的各项工作目标。年内，全省公安经侦部门立集体一等功2次，集体二等功15次，集体三等功29次；经侦民警立个人二等功3人次，个人三等功91人次；有39个集体、220名民警被通令嘉奖；有2名民警被评为全省百名优秀基层民警。省厅经侦总队被省纪委、省监察厅、省效能办评为全省效能建设创新创优先进典型。

【打击经济犯罪】 2009年，全省公安经侦部门共立经济犯罪案件4860起，同比上升2.47%；涉案金额134.56亿元；破案3915起，同比上升8.3%；抓获犯罪嫌疑人4240名；移送起诉3915人次，同比上升6.66%；挽回经济损失64.89亿元，同比上升120.13%。全年共立案值1000万元至1亿元案件210起，亿元以上案件33起。公安部督办的13起案件全部侦破，省厅挂牌督办的85起重特大经济犯罪案件侦破82起。

【开展打击假币犯罪“09行动”】 2009年1～11月，全省公安机关开展该行动。其间，立假币类刑事案件446起，破案440起，包括部督案件2起、百万元以上案件4起，抓获并刑事拘留犯罪嫌疑人462名，捣毁制假窝点4个；抓获“09行动”前上网逃犯13名，“09行动”前上网逃犯归案率达81.25%；缴获假人民币3253.47万元、假美元11.445万美元、假港币23.9万港元，与同期银行临柜假币收缴量之比达72.14%，实现公安部提出的“两个50%”的工作目标。专项行动工作实绩居全国第五位；省厅打击假币犯罪“09行动”办公室被公安部记集体一等功；全省4个集体、9名个人被评为全国公安机关打击假币犯罪“09行动”先进集体和先进个人。

【开展打击整治发票犯罪专项行动】 2009年1～10月，全省公安机关开展该专项行动。其间，立制、售假发票犯罪案件253起，破案229起；抓获犯罪嫌疑人596名；捣毁假发票窝点136个，其中非法制造发票窝点21个；打掉发票犯罪职业团伙40个；缴获假发票525万余份；向有关部门移送发票犯罪案件线索173条；协助外省市破案8起，抓获犯罪嫌疑人35名，捣毁窝点7个；联合通信管理部门堵截发票短信近80万条，查处涉及发票违法信息网站153个，关闭相关栏目400个，相继侦结并移诉公安部督办重大非法制售发票犯罪案件7起。专项行动工作实绩居全国第三位，全省经侦系统有5个单位、6名个人被评为全国打击整治发票犯罪专项行动先进集体、先进个人。

【开展打击传销百日联合执法行动】 2009年7月10日～10月20日，全省公安机关联合工商部门开展该项行动。其间，共取缔传销窝点2469个，解救被骗传销人员2458人，教育遣返传销人员20936人；破获涉嫌传销犯罪案件97起，刑事拘留613人，逮捕368人，移送起诉152人，劳动教养59人。全省经侦系统有11个集体、15名个人被省打击传销工作联席会议评为先进集体、先进个人。

【开展经济犯罪防范宣传日活动】 2009年2月15日，省、市、县三级经侦部门在全省同步开展该活动。其间，共播放宣传片202场，制放宣传展板1333块，

图为时任省厅副厅长孟庆丰出席2009年浙江省暨杭州市“2·15”经济犯罪防范宣传日活动

发放宣传手册102618份，悬挂标语横幅747条，播放公益广告366条，设立咨询受理台422个，提供咨询服务19884人次，发送宣传短信13000余条，发放公益扑克2600余副，有164家媒体参与宣传报道，发布各类新闻报道204篇(条)。

【追逃工作实绩居全国前列】 2009年，全省公安经侦部门抓获自侦案件逃犯1530名，其中历年逃犯596名，省厅督捕逃犯19名，境外逃犯9名，协助外省公安机关抓获逃犯130名。追逃工作实绩居全国第四位，境外追逃工作实绩居全国第三位。

【建立浙江经侦系统人才库】 2009年4月26日，省公安厅经侦总队印发《浙江省经侦系统人才库管理使用办法》，公布全省公安经侦系统第一批人才库人选人员名单，并对人才库人选范围、入选条件、选拔程序、工作职责等作明确规定。

【召开全省经济犯罪形势分析会】 该会议于2009年7月20日召开。会议指出，上半年全省经济犯罪呈现合同诈骗、侵犯知识产权犯罪、虚开增值税专用发票或用于骗取出口退税、抵扣税款的发票、逃避缴纳税款、非法经营五类案件数量下降，经济犯罪案件总量和大要案件、假币和假发票案件、信用卡诈骗、非法集资案件、传销犯罪案件上升等特点，下半年要做好以国庆60周年安保为中心的打击经济犯罪工作。

【推进经侦信息化工作】 2009年，省厅经侦总队制定《浙江经侦案件信息管理系统数据质量监督检查规范(试行)》、《浙江经侦信息系统考评细则》等工作规定，推行案件系统数据质量月度排名和通报制度；启动“浙江经侦综合应用平台”立项工作并被列入2010年省厅科技建设项目；开展全省经侦部门信息化普及应用工作。至年底，全省经侦信息系统入库案件数已达59282起，犯罪嫌疑人数达53778名，全警应用率居全国第二位。

【经侦情报工作名列全国经侦系统第四】 2009年，全省公安经侦部门建立健全情报信息月度考核通报、每月网上记分排名、情报工作例会等工作机制，经侦情报工作迈上新台阶。年内，全省各地向省厅经侦总队上报情报1319条；总队向厅指挥中心报送等级情报221条，被省厅评为一级等级情报3条、二级等级情报29条、三级等级情报34条，占省厅全部等级情报数的33.2%；向公安部经侦局上报《浙江经侦情报》267期，被公安部经侦局评为特级情报1条、一级情报2条、二级情报7条、三级情报6条。浙江省的经侦情报信息工作居全国经侦系统第四位，省厅经侦总队被公安部经侦局评为情报工作先进单位并获二等奖。

【加强预警宣传防范工作】 2009年，全省公安经侦部门共发布各类预警通报3700余份，省厅经侦总队向相关部门发送《经济犯罪预警信息》36期，在各类媒体发布宣传报道4500余篇，在浙江省经济犯罪预警举报中心、阿里巴巴网站等发布预警信息54条，浏览量达10万余人次，取得良好社会效果。

刑事侦查

【概述】 2009年，全省公安刑侦部门以国庆60周年安保为中心，大力加强打击长效化、基础信息化、执法规范化、队伍专业化建设，保持对刑事犯罪严打高压态势。年内，全省共破获刑侦部门管辖案件20余万起(含年前案件)，同比上升2.1%；刑管案件立案数同比下降1.1%，发案势头得到有效遏制。

【命案破案率再创新高】 2009年，全省共立命案1000余起，破获命案900余起，破案率为96.6%；与上年同期相比，发案数下降3.2%，破案率提高2.2个百分点；破获五类恶性案件900余起，破案率为99.9%；嘉兴、丽水、湖州、舟山市命案破案率达100%，76个县(市、区)命案全破。

【打击整治“两抢”犯罪大会战成效显著】 2009年，全省公安刑侦部门积极投入开展打击整治“两抢”犯罪大会战，全省共破获“两抢”案件1.7万余起(含年前、外省案件)，破获省督案件20串(起)，打掉“两抢”犯罪团伙1700余个，抓获“两抢”逃犯2600余名，移诉“两抢”犯罪嫌疑人1.2万余名；通过强有力打击，全省“两抢”犯罪高发势头得到有效遏制，“两抢”案件接警数同比下降27.6%。

【开展打黑除恶专项斗争】 2009年，全省共组建有组织犯罪侦查队110个，配备警力469名，其中，宁波、嘉兴、湖州、绍兴、衢州等市公安局按照省厅要求配齐专业侦查队员。全省共查处黑社会性质组织15个(其中一审判决5个，审查起诉9个)、恶势力团伙751个，抓获涉黑涉恶嫌疑人5200余名，破获各类案件4700余起，缴获各类枪支100余支。

【开展打击拐卖妇女儿童犯罪专项行动】 2009年4月，全省公安机关开展该专项行动。至年底，共录入人员信息数 1.7 万余个，采集血样数 1.6 万余个，受理血样数 1.6 万余个，检验并入库 DNA 信息数 8000 余个，均列全国首位。全年共打掉犯罪团伙 6 个，抓获犯罪嫌疑人 61 名，解救被拐卖妇女儿童 19 名。

图为召开全省打击电信诈骗犯罪工作会议（2009 年 6 月 16 日）

【开展打击电信诈骗犯罪专项行动】 2009 年，全省公安刑侦部门认真落实公安部的部署，切实加大对电信诈骗犯罪的打击力度，并多次派人赴福建、广东等地协调开展专案工作。年内，全省共破获电信诈骗案件 3500 余起，破获部督案件 5 起（串），打掉团伙 53 个，捣毁窝点 73 个，抓获嫌疑人 256 名（其中台湾籍嫌疑人 39 名）。同时，省厅刑侦总队主动与中央电视台“法制在线”节目组和《都市快报》等媒体一起组织筹划防控电信诈骗宣传活动，提高人民群众防范能力。

【追逃工作列全国第一】 2009 年，全省共抓获网上逃犯 2.9 万余名，同比上升 14.7%；抓获本省 2008 年 9 月 20 日前上网的“老库”逃犯 2700 余名（“老库”逃犯减少 33%），其中故意杀人逃犯 13 名；通过缉控平台抓获各类逃犯 8000 余名。9 月、10 月，省厅刑侦总队先后协助温州市局和省厅经侦总队成功将一名命案逃犯和一名金融诈骗案逃犯从马其顿和阿尔巴尼亚押解回国。

【推进执法规范化建设】 2009 年 5 月，省公安厅刑侦总队出台《关于推进全省刑侦部门执法规范化建设的意见》，提出 10 条工作意见，并会同省人民检察院、省高级人民法院起草印发《关于命案证据规格的指导意见》和《关于办理抢劫、抢夺犯罪案件适用法律的指导意见》，出台《常发性侵财案件基本证据材料收集制作规范》，加强对基层执法办案工作的指导。同时，对历年未破命案证据材料立卷保管情况进行全面检查，加强对疑难案件的分析会诊和指导，并出台《疑难命案办案会诊制度》和《未破命案卷宗材料立案保管规范》，全面推进全省刑侦部门执法规范化建设。

【开展第三届刑侦人才选聘活动】 2009 年 7 月 21～23 日，全省公安机关第三届刑侦专行家评审会在杭州召开，会议审定崔国华等 10 人为全省公安机关第三届刑事犯罪侦查专家，张继红等 100 人为全省公安机关第三届刑事犯罪侦查行家。经报浙江省公安厅第三届刑侦人才选聘领导小组同意，于 7 月 31 日发布聘任通知并颁发聘书，聘任期为 2009 年 8 月 1 日至 2011 年 7 月底。

【开展“侦办命案回头看”活动】 2009 年 9～12 月，全省公安刑侦部门开展“侦办命案回头看”活动，对所有命案积案的卷宗和物证进行全面检查，重新逐案落实专人负责；组织开展未破命案执法质量检查和典型案例剖析活动；梳理 2004 年以来本地信访命案底数、已办结数和未办结数。

【编撰《浙江刑警风采录》】 2009 年 9 月，省公安厅刑侦总队组织编撰首期《浙江刑警风采录》，分别从信息、警犬、追逃、法医、指纹等专业中遴选出金国民（男，宁波镇海公安分局）、许明良（男，桐庐县局）、叶淳（男，温州鹿城公安分局）、李梅（女，金华市局）、郑先平（男，上虞市局）、杨承云（男，嘉兴南湖公安分局）、盛健（男，湖州市局）、胡斌（男，衢州市局）、周明松（男、舟山普陀公安分局）、王善保（男，临海市局）、卞卫平（男，丽水市局）11 位优秀刑警进行宣传，并在全省刑侦系统中进行广泛的学习活动。

【召开全省刑侦系统第三届技战法研讨会】 该会议于 2009 年 12 月 3～5 日在台州召开，对命案、侵财犯罪、电信诈骗犯罪、涉车犯罪技战法进行交流演示。

经评审，台州市局刑侦支队选送的《跨境电话诈骗犯罪的特点及侦查途径》获特别奖，嘉兴市局刑侦支队选送的《可疑车辆的检验鉴别方法》和温州市局刑侦支队选送的《侦破虚牌车辆作案五大战法》获一等奖。此外，还评出二等奖 4 个、三等奖 8 个、优秀奖 9 个。全省刑侦系统技战法研究向系统化发展，研究应用水平走在全国前列。

【召开全省刑侦系统第三届理论研讨会】 该会议于 2009 年 12 月 23 日在绍兴县召开。经评审，温岭市局应中华的《关于破小案工作机制建设的实践与思考》获特别奖，杭州市局刑侦支队黄伟的《探索新时期刑事特情工作传承和发展》和安吉县局刑侦大队黄华乐的《疑难命案会诊刍议》获一等奖，另有 5 篇文章获二等奖、10 篇文章获三等奖。此外，还有《对刑侦信息化现状的分析及发展的思考》等 3 篇调研文章在公安部五局评比中获奖。

【跨区域协作办案平台工作获公安部肯定】 2009 年，全省公安刑侦部门积极探索、完善符合本地工作实际的网上跨区域办案协作日常工作机制。全年共运用“跨区域办案协作平台”发布协查请求 4.5 万余条，回复办结 4 万余条。其中，案件核实请求 4000 余条，调取犯罪嫌疑人身份、违法犯罪前科证明请求 3.5 万余条，查找当事人制作笔录请求 1000 余条。在 2009 年度全国刑侦绩效考核中，该项工作列全国第七位。

【刑侦信息化工作综合成绩列全国第二位】 2009 年，全省公安刑侦部门依托“全省刑事信息情报分析应用平台”(CIAP)，通过集中研判、情报会商、以点带面等方式，认真开展案件类案特征分析、串并分析、高危分析以及重点人员的嫌疑分析。全省刑侦部门共通过 CIAP 平台分析串并侵财案件 331 串 2562 起，其中跨市案件 120 串 1181 起，为打击整治“两抢”犯罪大会战和打击防范电信诈骗专项行动提供了有力支撑。在公安部五局组织的“网上作战”技战法评选活动中，全省公安刑侦部门有 11 项技战法入围，占入围总数的 10.2%，浙江省刑侦信息化工作综合成绩列全国第二。

【警犬技术实现跨警种发展】 2009 年，全省公安刑侦部门在“做强刑侦工作犬，做精缉毒、搜爆犬，做大治安巡逻犬”的思路指导下，加强装备配发，不断扩大警犬规模。年内，共新增 6 个警犬工作点，新增警犬 45 头。截至年底，全省共有警犬工作点 50 个，警犬 300 余头，其中刑侦工作犬占总警犬数的 20%，治安巡逻犬占 70%，缉毒搜爆犬占 10%，形成立足刑侦、跨警种发展、为全警服务的良好局面。

【视频侦查技术全国领先】 2009 年，省公安厅刑侦总队在全省视频侦查工作实践的基础上，总结提炼出“视频侦查十大战法”，并与省警察学院开展专题研究，为视频侦查技术继刑事技术、行动技术、网侦技术之后成为刑事侦查工作新的一大重要支撑打下坚实的理论基础。该战法被省直工会命名为“谢贤能视频侦查工作法”，成为省直机关首批优秀职业技能工作法，并被公安部刑侦局作为重点推广项目之一。视频侦查技术已成为浙江省刑侦工作的一大亮点，在全国处于领先地位。

【创新发展刑事科学技术】 2009 年，全省公安刑侦部门共勘验各类案件现场 18 万余起(其中刑事案件 15.4 万起)，受理检验鉴定 13.4 万起，提取率、认定率、突破率分别达到 78.2%、16.7%和 18%。同时，全省 DNA 数据库内基因信息已达到 62 万条，居全国第三；利用 DNA 数据库破获案件 3500 余起，其中杀人案件 31 起。全省指纹系统已入库捺印指纹 645 万份，现场指纹 7.9 万枚；利用指纹系统比中案件 1.5 万余起，其中杀人案件 89 起；比中涉案嫌疑人 10695 名，已归案 4633 名。

【刑事技术规范化建设取得新突破】 2009 年，在首次全国公安机关重点司法鉴定机构评定、重点司法鉴定专业实验室评定、DNA 实验室等级评定和第四次全国公安刑事科学技术室等级评定中，全省有 3 个 DNA 实验室被评定为“全国二级 DNA 实验室”，13 个被评定为“全国三级 DNA 实验室”；杭州上城、杭州拱墅、永嘉、丽水莲都 4 个刑事科学技术室被评定为“全国一级示范刑事科学技术室”，建德、淳安、绍兴越城、台州黄岩、三门、天台 6 个刑事科学技术室被评定为“全国一级刑事科学技术室”，仙居刑事科学技术室被评定为“全国二级刑事科学技术室”。至此，全省共有 16 个 DNA 实验室达到三级以上等级；全省的刑事科学技术室经过公安部四次评定，已有 31 个被评定为全国一级示范，37 个为全国一级，23 个为全国二级，5 个为全国三级，全省刑事技术规范化建设水平上了一个新台阶。

【刑事案件发案上升】 2009 年 1～4 月，全省刑事案件发案比较平稳，但从 5 月开始，刑事案件发案量连续 8 个月环比上升，12 月份共立刑事案件 5.3 万余起，同比上升 4.9%，与 1 月份相比上升 71.6%。

2009年全省刑事案件立案分布图

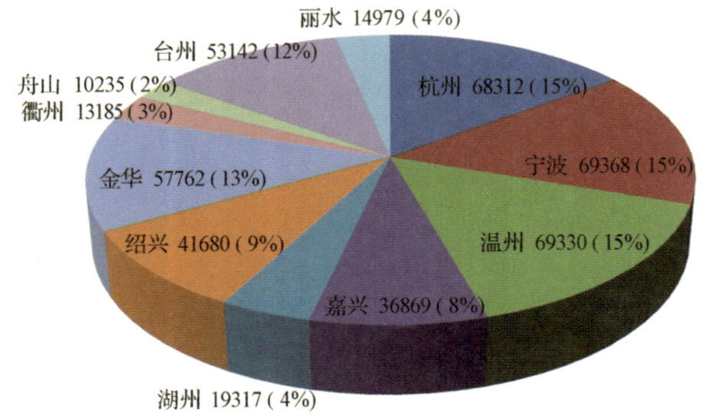

2009年刑事案件月走势图

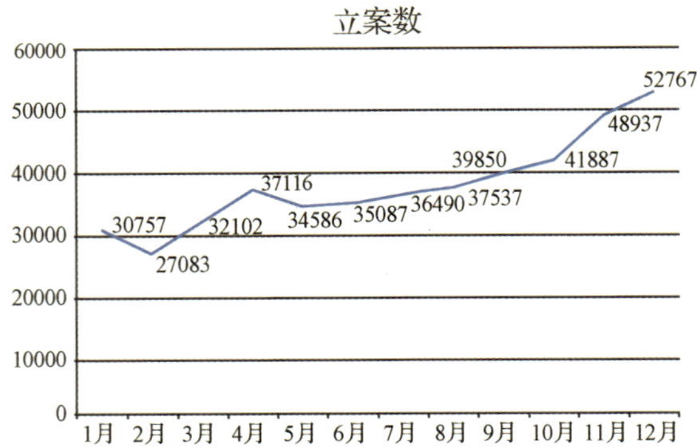

【抢劫杀人犯罪突出】 2009年，全省抢劫杀人犯罪较为突出，共发抢劫杀人案件90余起，占全部杀人案件的15.2%；其中有2起案件一次致3人死亡。

【黑恶势力犯罪多发】 2009年，全省共查处黑社会性质组织15个，同比增长87.5%；查处恶势力团伙751个，同比增长79.2%；抓获涉黑涉恶犯罪嫌疑人5200余名，同比增长77.2%；破获各类案件4700余起，同比增长53.8%；缴获各类枪支123支，同比增长272.7%。上述数据表明，全省的黑恶势力犯罪仍处在活跃期、高发期，个别行业活动比较猖獗。特别是经过多年发展，黑恶势力犯罪更趋于成熟，对抗打击能力不断加强。一些黑恶势力团伙试图钻法律空子，在组织结构上多为核心成员紧密型和外围人员松散型相互交织，在犯罪手段上多采取“软暴力”、借助“公权力”，复杂性、隐蔽性不断增强，逃避打击能力提高。此外，农村已成为黑恶势力渗透的重点区域，全年打处的黑恶势力团伙中，涉足农村的占40%左右。

【10万元以上侵财案件增多】 2009年，全省侵财犯罪造成的经济损失大幅上升，特别是10万元以上侵财案件明显增多。全年共立损失10万元以上侵财案件1900余起，同比上升9.5%。

【诈骗犯罪案件增多】 2009年，全省共立诈骗案件2.6万余起，同比上升19.9%，并且出现利用网络游戏、QQ及银行冲正漏洞等实施的新型诈骗犯罪。年内，全省共发各类电信诈骗案件9000余起，损失价值超过2亿元，同比分别上升87.8%、52.3%。尤其是以台湾籍犯罪分子为主导的，以“电话欠费”、“汽车退税”为名、使用任意显号软件实施诈骗的案件数量上升迅猛，一些犯罪分子甚至冒充公安机关等政法部门实施诈骗，影响恶劣。

【外来人员犯罪恶性程度增加】 2009年，全省外来人员犯罪恶性程度有所增加，在故意杀人、黑恶势力犯罪中所占比例继续上升。抓获的故意杀人作案成员中，外省(区、市)人员有394名，占57.9%，同比增长2.4个百分点；抓获的抢劫杀人案件作案成员中，外来人员占70.4%。全省打处的黑社会性质组织中，组织领导者和骨干是外来人口的占54%，外来人员占涉黑涉恶犯罪嫌疑人员打处总数的56%，同比增长6个百分点；在打处的恶势力团伙中，外来人员占成员总数的43.6%，同比增长3.7个百分点。

监所管理

【概述】 2009年，全省公安监管部门认真贯彻落实全国公安监管工作会议和厅党委“4·30”会议精神，继续深化“三基工程”，积极推进“三项建设”，顺利实现全年工作目标，整体工作水平继续走在全国前列。年内，全省公安监管场所共收押各类违法犯罪人员282989人，其中看守所收押111606人，同比分别下降3.64%和3.30%，但监所日常在押量长期维持在6万人左右；投入资金3.5亿元，6个所建成投入使用，实现扩容4000人，监所基础设施面貌进一步改观；协破各类刑事案件41951起，破获部省督办案件6起，命案53起，抓获犯罪嫌疑人2494名，查获网上逃犯316名；净增监管民警240人，总数达到3951人。

【13个监管场所获多年安全无事故监所称号】 2010年3月5日，省厅印发《关于公布2009年度全省公安监管场所等级和多年安全无事故监管场所名单的通知》，分别授予淳安县、临安市、海宁市、嵊泗县看守所“二十年安全无事故监所”，富阳市、桐庐县、泰顺县、桐乡市、三门县看守所“十五年安全无事故监所”，宁波市、宁波市北仑区、天台县、岱山县看守所

"十年安全无事故监所"称号。

【防控监管场所甲型 H1N1 流感疫情】 2009 年 4 月，全省监管场所发现甲型 H1N1 流感(以下简称甲流)疫情后，省厅监管总队主动协调省卫生厅、司法厅，全面加强监管场所甲流防控工作，明确入所人员一律进行体温检测，体温超过 37.5℃者一律不得入所，新收押人员一律实行隔离观察，实行每周通报制度，并争取 7000 支甲流疫苗专门用于监管民警及工作人员接种，有效防范甲流疫情在监管场所蔓延。据统计，全省通过体温检测共发现体温异常送押对象 1225 人，有 7 人确诊为甲流病例；监内检测发现体温异常在押人员 3393 人，有 23 人确诊为甲流病例。

【开展监管场所百日安全竞赛活动】 2009 年 6 月 10 日～9 月 20 日，全省公安监管部门开展监管场所百日安全竞赛活动，通过巡回检查、蹲点指导、隐患排查、座谈推进、分级预警通报、每周安全状况通报等措施全面促进监所安全管理工作。其间，共发现制止自杀、脱逃等各类事件 114 起，排查、整改监所安全隐患 826 处，排摸确定重点管控对象 4768 人；健康检查在押人员 106630 人次，拒收不符羁押条件 584 人，建议变更强制措施 145 人。活动结束后，省厅对竞赛活动中成绩突出的 30 个集体和 27 名个人予以通报表扬。

【推进看守所监门哨建设】 2009 年 6 月，省厅联合省武警总队印发《关于进一步抓好看守所监门哨设置工作的通知》，制定《看守所监门哨执勤规则》，全面规范监门哨执勤工作。年内，全省看守所除 8 个所批准暂缓建设外，有 74 个看守所完成监区门哨建设，其中 57 个所武警上哨执勤，分别占任务所数的 96.10% 和 74.03%。

【督促解决监所超容量羁押问题】 2009 年，省厅监管总队督促各地加快监所基础设施建设，开展消化分流工作，切实解决超押超容量羁押问题。全年共有舟山市普陀区看守所、拘留所和诸暨市、云和县看守所及泰顺县、余姚市拘留所 6 个所完成迁扩建工程并投入使用；杭州市萧山区、温州市鹿城区、瑞安市、永嘉县、义乌市等 23 个所异地分流 1811 人。全省超容量羁押和超押 30% 以上的看守所较年初分别减少 5 个和 4 个。

【强化监管医务工作】 2009 年，省厅监管总队积极争取厅政治部支持，从新增编制中专门划拨名额用于招录监管医生，并督促各地多渠道解决监管医生不足问题，加强监管医务工作。6 月 1～12 日，全省公安监管系统医务、管教教员培训班在浙江警察学院举办，共有 100 余人参加培训。截至年底，全省有 143 个所取得医疗机构执业资格，77 个所在当地医院开设监管专用病房；全年发生在押人员病亡事件 13 起，同比下降 45.83%。

【核定全省看守所在押人员月人均伙食费为 166 元】 2009 年 8 月，省厅协调省财政厅印发《关于核定看守所在押人员伙食金额标准的通知》，核定全省看守所在押人员最低伙食金额标准为每人每月 166 元，看守所经费保障水平得到提高。

【开展看守所监管执法专项检查活动】 2009 年 4 月 20 日～9 月 20 日，省厅联合省检察院在全省看守所开展监管执法专项检查。其间，先后 3 次对 20 余个看守所进行检查。专项检查后，共有 33 个单位、55 名同志被评为全省看守所监管执法专项检查先进集体、先进个人。

图为董晓伟副厅长在象山指导检查监所安全工作

【出台加强安全监管规范执法文件】 2009年1月，省厅出台《被限制人身自由吸毒成瘾人员戒毒治疗工作规定》，对依法开展被限制人身自由吸毒成瘾人员戒毒治疗工作作出明确规定，以有效保障被限制人身自由吸毒成瘾人员的合法权益，维护监管场所安全稳定。2月，省厅联合省司法厅出台《浙江省强制隔离戒毒人员严重疾病认定标准(试行)》，进一步规范强制隔离戒毒工作，维护戒毒场所秩序。5月，省厅出台《看守所收押犯罪嫌疑人、被告人和罪犯入所健康检查有关工作暂行规定》，全面规范看守所收押犯罪嫌疑人、被告人和罪犯入所健康检查及病伤人员处置工作，最大限度地预防和减少看守所在押人员因病、因伤死亡事件。6月，省公安厅、省司法厅、卫生厅联合出台《浙江省强制隔离戒毒诊断评估工作暂行规定》，严格规范、科学评定强制隔离戒毒诊断评估工作，以更好地保障强制隔离戒毒人员的合法权益。12月，省厅出台《浙江省公安机关强制医疗场所管理工作暂行规定》，全面规范强制医疗场所管理工作，保障强制医疗的正确执行，进一步维护被强制医疗人员合法权益。

【清理违规截留所服刑罪犯69名】 2009年，省厅联合省检察院对全省看守所余刑一年以上罪犯留所审批、管理使用、考核奖惩等各个环节进行检查清理，共清理出违规截留所服刑罪犯69名，全部按规定投送监狱执行，并建立余刑一年以上的罪犯留所服刑由省厅监管总队领导班子集体研究审批制度。

【全国拘留所管理教育工作现场会在杭州召开】 该会议于2009年11月10～11日召开，全国各省、自治区、直辖市公安厅局监管总队、处和部边防局、铁道部、交通部、国家林业局公安部门相关领导共90余人参加会议。会议推广浙江省杭州市拘留所等3个单位的管理教育工作经验，并对做好新时期拘留所工作进行动员部署。

【召开全省公安监管系统教育转化工作现场会】 该会议于2009年4月29～30日在萧山召开。省委常委、政法委书记、省公安厅厅长王辉忠，公安部监管局局长赵春光，副厅长董晓伟出席会议并讲话。副厅长柯良栋、厅政治部主任华乃强出席会议。与会代表实地参观了杭州市萧山区看守所，杭州市公安局萧山区分局、台州市公安局监管支队在会上作经验介绍。会议印发《加强监所教育转化工作的意见》，对加强全省监所教育转化工作进行全面部署。

【出台教育转化工作三年推进规划和绩效评估办法】 2009年4月，省厅监管总队印发《全省公安监管系统教育转化工作三年规划(2009～2011年)》和《浙江省公安监管场所教育转化工作绩效评估办法(试行)》，确定2009年为体系建设年、2010年为深化实践年、2011年为巩固发展年，并对各级监管部门开展教育转化工作绩效进行全面、细致的评估，努力推进教育转化工作系统化、规范化建设。

【推行教育转化工作社会化】 2009年，全省公安监管部门积极争取各级综治委支持，整合利用各种社会资源，组建志愿者教员队伍，弥补监所教育师资力量不足；邀请专家学者到所授课，开展社会帮教；加强与安置帮教机构和基层组织的衔接配合，落实归正人员安置帮教工作，巩固教育成果。年内，全省监管场所共开展社会帮教1500余次，开展现身说法等对外警示教育活动618次，596人获得职业技能证书，8667人依靠监内劳动和培训掌握的技能实现归正就业；教育转化工作的做法和成绩被省级以上媒体报道106次。

【教育转化工作成效显著】 2009年，全省公安监管部门强化基础建设，丰富教育形式，教育转化工作取得显著成效。截至年底，全省监管场所共建有大课教育室123间，图书阅览室128间，心理咨询室96间，技能培训室100间，可视电化教育设施139套；管教民警达到2194名，占民警总数的55.53%，另有心理咨询师155人；被监管人员严重违规率为0.62%，与上年相比呈下降趋势；转化重点被监管人员3022人，消除各类事故苗头747起，被监管人员坦白案件18748起，占监所深挖犯罪破案总数的44.69%，其中重大刑事案件2486起；开展大课教育15047课时，有3118人通过文化脱盲考试。

【召开规范深挖犯罪政策兑现工作座谈会】 该会议于2009年2月10日在桐乡市召开。会议确定实行监所集体研究、驻所检察审核、公安局分管领导审批三级把关制度，严格办理立功认定、政策兑现等工作。

【召开全省公安深挖犯罪技战法研讨会】 该会议于2009年9月17～18日在永康市召开。会议组织交流深挖犯罪技战法和深挖犯罪工作先进经验，进行案例讲评，推广介绍深挖犯罪新战法。

【重修《浙江省公安机关深挖犯罪绩效评估办法》】 2009年3月，省厅监管总队发布重新修订的《浙江省公安机关深挖犯罪破案绩效评估办法》，明确以监管场所民警人均协破案件数及被监管人员人均提供线索破获案件数两项指标为基础，对深挖犯罪绩效开展准确评估，进一步规范深挖犯罪工作。

【配合开展有关专项行动】 2009年，全省监管部门通过深挖犯罪工作共获取假币犯罪线索50条，破获假币案件13起，涉案金额237.6万元，缴获假币51万元，追捕追诉犯罪嫌疑人13名；获取各类涉枪涉爆线索32条，协破案件7起。

【开展信息技术应用深化普及工作】 2009年2月，省厅监管总队印发《浙江省公安监管部门信息技术应用深化普及工作方案》，决定自2009年起至2013年在全省监管部门组织开展信息技术应用深化普及工作。年内，杭州市萧山区、绍兴县、温岭市看守所被评为“全国公安监管部门信息技术应用先进单位”；温岭市公安局张礼琦、德清县看守所叶奇伟被评为“全国公安监管部门信息技术应用先进个人”；温岭看守所开发的“监所条形码腕带流程控制系统”被评为省厅“聚宝盆”一等奖，并被公安部作为科技创新成果在全国推广。

【推进浙江省违法犯罪信息系统二期工程建设】 2009年，省厅监管总队在前期调研论证的基础上，稳步推进以监所管理流程控制为核心的浙江省违法犯罪信息系统二期工程建设，顺利完成各类监所管理信息模块软件开发，并在全省安装试用，为实现监管信息全员采录、监管勤务网上调度、监管绩效网上考核、监管安全网上预警打下坚实基础。

【推进公安监管民警队伍建设】 2009年5月22～23日，省厅监管总队召开全省监管民警队伍建设座谈会，分析全省监管民警队伍状况，并提出进一步加强监管民警队伍建设的措施。10月，省厅监管总队印发《关于加强公安监管民警队伍建设的通知》，要求选好配好公安监管场所领导班子，加强思想政治教育和业务培训，推行监管民警定期按比轮岗交流，落实省厅党委确定的监管警力配备标准，逐步建立看守所女子管教队，制定并落实各项从优待警措施，全面加强公安监管民警队伍建设。

图为赵洪祝书记视察省厅行动技术总队

【建立全省公安监管系统人才库】 2009年，省厅监管总队经综合考量工作业绩，从各市推荐的75名候选人中确定30人为全省公安监管系统人才库成员，其中管理教育类15名、深挖犯罪类10名、技术保障类5名，另有2人因入选全国公安监管系统人才库自动进入省级人才库，并聘请系统外2名人员作为补充。

技术侦查

【概述】 2009年，全省公安技侦部门以技侦“三项建设”为载体，以做好国庆60周年安保工作为主线，强力推进信息化建设，加强执法规范化建设，不断提高情报预警、精确打击能力和社会管控能力。年内，全省公安技侦部门被授予集体荣誉称号15次，荣立集体二等功3次、三等功6次；民警荣立个人一等功1人次、二等功3人次、三等功43人次，被授予个人荣誉称号329人次。

【领导关怀】 2009年9月25日，省委书记、省人大常委会主任赵洪祝在省委常委、政法委书记、省公安厅厅长王辉忠，省委常委、秘书长李强等陪同下，视察省厅行动技术总队。7月14日，省政协主席周国富在厅领导王辉忠、张景华等陪同下参观技侦陈列室。

【情报信息工作成绩显著】 2009年，全省公安技侦部门以国庆60周年安保及新疆“7·5”严重暴力犯罪事件维稳为重点，大力抓好情报信息工作。年内，全省技侦综合信息工作列全国技侦系统第五，被评为全国技侦情报信息先进单位。

【协力打击各类严重刑事犯罪活动】 2009年，全省公安技侦部门大力倡导信息导侦、信息破案，积极参与命案侦破、打黑除恶、缉枪涉爆、打击整治“两抢”犯罪大会战、打击假币犯罪“09行动”、打击整治发票犯罪、打击电信诈骗、打击毒品团伙犯罪、打击网络犯罪“09亮剑”等专项斗争，圆满完成中央和省领导高度关注、社会反响强烈的重大专案。年内，承办的2起案件被列入全国公安技侦年度十大精品案例。

【“两化”建设成绩优异】 2009年5月24日，省厅行动技术总队技侦工作正规化、现代化（简称“两化”）建设成果以优异成绩通过公安部技侦“两化”建设验收组的考核验收，全省公安技侦工作实现省厅党委确定的“走在全国前列”的工作目标。

【开展科研革新活动】 2009年2月6日，全省公安技侦第二届科研革新成果评比活动在杭州举行，共评出12个优胜项目，金华市局行动技术支队获最佳组织奖。杭州、嘉兴市局行动技术支队研发的2个部级科技创新计划项目以及杭州、舟山、温州、嘉兴等市局行动技术支队承担的5个部级技术革新项目通过鉴定验收。

【开展岗位练兵培训】 2009年，全省公安技侦部门组织举办各类技术、技能培训班55个，培训技侦民警878人次，开展练兵、比武竞赛、实战演练80余次。成功承办全国公安技侦业务考核活动、全国“4·01”某手段业务骨干技术培训班等全国性培训考核任务及部分教学任务。11月，组织开展全省技侦系统岗位业务技能抽考活动，宁波、杭州、湖州市局行动技术部门分获团体前三名。

【加强业务交流学习】 2009年，浙江、内蒙古两地公安技侦部门按照开展“手拉手”活动实施方案，加强技术交流，促进协调发展，实现警务资源优势互补。继绍兴、金华市局行动技术支队与内蒙古“手拉手”之后，年末，温州、嘉兴市局行动技术支队又与内蒙古乌海、巴彦淖尔公安机关行动技术支队结为“友好支队”。年内，天津、江西、广东、新疆、内蒙古等地行动技术部门来浙江交流考察，浙江省技侦系统部分领导、骨干赴江苏等地学习取经。

网络安全保卫

【概述】 2009年，全省公安网警部门以国庆60周年网上安全保卫工作为主线，以打击网络犯罪“09亮剑”专项行动为载体，以基础信息化建设为支撑，充分履行巡查处置、情报侦察、打击犯罪、监督管理等职能，大力开展网上治安综合整治，进一步推进“虚拟社会”治安管控，在维护社会稳定、服务公安现实斗争、保障“虚拟社会”和谐中作出了重要贡献。年内，全省公安网警部门综合业务考核成绩名列全国省级网警部门前茅，有17个集体荣立集体三等功以上荣誉称号，52人次荣立个人三等功以上荣誉称号。

【开展“09亮剑”专项行动】 2009年4～12月，全省公安机关开展以打击网络淫秽、网络诈骗、网络盗窃、网络赌博等多发性网络犯罪为主题的“09亮剑”专项行动。其间，全省共侦破网络犯罪案件394起，其中网络淫秽案件101起、网络诈骗案件137起、网络盗窃案件82起、网络赌博案件23起，端掉犯罪团伙124个，捣毁非法网站278个，抓获犯罪嫌疑人378名，并攻破一批包括开设WAP网站传播淫秽物品牟利、利用DDOS技术攻击网吧实施敲诈在内的新型网络犯罪案件。

【主动协助破案追逃】 2009年，全省公安网警部门充分利用网络信息资源和网侦技术手段优势，主动参与打击整治“两抢”犯罪大会战、打击网络传销行动、打击假币犯罪“09行动”、社会治安整治行动等工作，深挖涉网线索，查缉犯罪嫌疑人。全年共抓获各类逃犯5909名，其中CCIC逃犯3883名；协助破获命案100起，其中本地命案59起、外地命案41起，抓获命案逃犯135人；成功协破部督“3·9”法国蝴蝶夫人特大网络传销案、衢州周某某入室抢劫强奸案、宁波江北曾某某等利用VOIP网络电话诈骗案等一批社会影响恶劣的案件。

【开展互联网低俗之风专项整治】 2009年1～3月，全省公安网警部门开展该专项行动。其间，共主动发现删除低俗不良信息11470余条，关闭网站、论坛414个；警告违规单位56家，停机整顿4家；侦破刑事案件6起，抓获犯罪嫌疑人11名；查处行政案件2起，有效遏制了淫秽色情、低俗不良等违法有害信息在网上的传播扩散态势。

【开展网上治安综合整治行动】 2009年7～10月，全省公安网警部门开展以打击假币、假发票、涉枪涉爆、拐卖妇女儿童、组织强迫未成年人卖淫等为主要内容的网上治安综合整治行动。其间，共清理网上涉枪涉爆、假币、假发票、涉嫌拐卖妇女儿童、招嫖及传播炸药、雷管、枪支制造方法等违法信息64418条，查处治安案件89起，破获刑事案件79起。此外，针对日常打击网络犯罪工作中暴露出的问题，组织开展以互联网信息服务单位为重点的专项整治，查处"脚印联盟"等一批明知他人开办违法网站进行网络犯罪活动仍为其提供服务的网络空间租赁服务商、网络广告商51家(其中停业整顿8家)，并责成杭州、宁波、温州苍南等地个别运营商作出限期整改。

图为厅领导巡视全省公安网警系统业务技能抽考活动(2009年11月5日)

【推进信息安全等级保护工作】 2009年，全省公安网警部门按照《浙江省信息安全等级保护工作实施方案》的要求，积极组织推进信息安全等级保护定级、备案、测评和整改建设等工作，为全省党政机关、通信、电力、交通、银行等重要信息系统的安全稳定运行提供良好保障。至12月20日，全省共有898家重点单位的2516个信息系统完成定级备案，99家重点单位的262个信息系统开展等级测评工作；"行业协会主导、政府机构专控"的测评机构管理模式及针对测评机构的"五统一"管理规范得到公安部十一局肯定，并向全国推广；全年共编报信息安全等级保护专刊11期。

【深化互联网依法公开管理】 2009年，全省各市结合本地实际，继续推进互联网依法公开管理工作。截至12月20日，全省已在重点网站论坛上设立虚拟警察1045个、报警岗亭3008个。全年共受理网民报警、求助25000余起，从中梳理出有效网络违法案件线索16300余条，占举报总数的64.8%。

【深化网络与信息安全信息通报】 2009年，省网络与信息安全信息通报中心组织发动各成员单位汇总、分析各系统各部门的信息安全情况，全面调动各技术支持单位的积极性，密切追踪国内外信息安全发展动态及网络技术新发展、新应用，加强对网络安全事件和趋向性、动态性问题的信息研判，及时发布技术防范、处置对策和安全管理建议，提高信息通报质量、覆盖面和针对性，提升安全预警和应急响应水平。年内，共组织召开通报中心成员单位联络员会议4次，编发《网络与信息安全情况通报》39期，在通报中心网站发布各类网络安全信息86条。

【开展业务技能培训练兵活动】 2009年5月24日～6月5日，省厅网警总队举办全省公安县级网侦民警技术手段使用资格培训班和网侦业务教员培训班，市县两级网警部门共163人次参加培训。11月5日，组织开展全省公安网警系统业务技能抽考活动，11个市网警部门代表队共88名民警参加信息侦察、法律法规和案件侦查三个项目的抽考比武。

【健全军地网络安全协作机制】 2009年11月10日，省公安厅、省军区政治部联合召开全省第一次军地网络安全防范协作工作会议。会议讨论确定《浙江省互联网涉军负面信息处置方案》、《浙江省军内网络遭黑客入侵处置方案》和《互联网上部队内部人员与敌特勾联情况发现处置方案》。年内，积极指导各地深入推进军地网络安全协作，各市均已建立军地网络安全协作机制。

【制定出台信息网络安全管理轻微违法行为执法告

知制度】 2009年12月，省厅网警总队出台《浙江省公安机关信息网络安全管理轻微违法行为执法告知办法（试行）》，首次规定在信息网络安全管理工作中，公安网警部门可以对“互联网上网服务营业场所实名登记制度执行不严、安全管理系统未正常运行”等8种情节轻微、尚未造成严重后果的违法行为实施执法告知，而不直接对行政相对人进行处罚。

图为省委常委、副省长、省禁毒委常务副主任葛慧君在嘉兴海宁视察禁毒工作

【开展互联网基础数据采集工作】 2009年，全省公安网警部门以互联网数据中心为切入点，以网站用户备案为重点，通过制定详细的采集标准，研发域名用户扫描工具，出台规范性的备案工作通知，积极组织开展全省公安网警部门互联网基础数据采集工作。截至12月20日，网警八大基础数据库信息入库量达到714万余条，比上年增长133%，并实现全省公安网警部门共享。同时，将部分数据与省厅大情报平台进行实时对接和比对报警，实现全警共享。

【打造警营文化建设新亮点】 2009年，省厅网警总队结合工作实际，开展形式多样、内容丰富的警营文化建设。年内，在全国首创反映网警工作特色的主题歌曲《网警之歌》，并参加省厅庆祝建国60周年大会暨文艺汇演；成功举办有近200名网警参加的首届全省公安网警系统乒乓球比赛。此外，汇编印发题为《以案施教 警钟长鸣》的防泄密、防渗透、防策反“三防”案例教育警示册，提高网警队伍的“三防”意识，坚定政治信仰。

禁毒工作

【概述】 2009年，全省公安禁毒部门以国庆60周年安全保卫工作为主线，以戒毒模式改革和毒品堵源截流机制建设为重点，坚持“打团伙、摧网络、断通道”，强化吸毒人员缉控发现与排查管控，积极推进社会化戒毒各项措施和县级公安机关禁毒办实体化建设，努力提高易涉毒场所和易制毒化学品管控水平，禁毒工作成效显著。

【领导关怀】 2009年2月5日，省委常委、政法委书记、省禁毒委主任、省公安厅厅长王辉忠在省司法厅厅长赵光君、省政府副秘书长冯波声等陪同下，赴莫干山戒毒劳教所调研禁毒工作并慰问管教民警。2月18日，省委常委、副省长、省禁毒委常务副主任葛慧君在赵光君、冯波声等陪同下，赴杭州市公安局强制隔离戒毒所调研禁毒工作并慰问管教民警。6月17日，葛慧君在冯波声和省公安厅副厅长汤新平陪同下，赴嘉兴海宁视察禁毒工作，实地检查海宁美沙酮维持治疗门诊点、易制毒化学品企业以及盐官镇、海洲街道社区戒毒工作。11月16～18日，葛慧君在冯波声和省公安厅副厅长董晓伟等陪同下，赴温州乐清、永嘉等地调研指导禁毒工作。

【省政府召开全省禁毒工作电视电话会议】 该会议于2009年2月26日召开，省委常委、政法委书记、省禁毒委主任、省公安厅厅长王辉忠在讲话中要求各地加强禁毒工作组织领导，稳步推进戒毒康复工作，始终保持对涉毒犯罪严打高压态势，全力遏制新型毒品蔓延势头。省委常委、副省长、省禁毒委常务副主任葛慧君主持会议并作会议小结，要求各地进一步提高思想认识，强化工作责任，重点要在堵源截流、禁毒基层基础建设、禁毒预防教育工作上形成合力。

【打击毒品犯罪】 2009年，全省公安机关共破获涉毒犯罪案件4476起，同比下降10.12%；抓获涉毒犯罪嫌疑人6595名，同比上升0.9%；移诉毒品犯罪嫌疑人6460名，列全国第三；缴获各类毒品176.5千克，折合海洛因115千克，同比下降21.45%。

【加大“打团伙、摧网络、断通道”工作力度】 2009年，全省公安机关共破获一案3人以上毒品团伙犯罪案件410起，其中一案6人以上毒品团伙犯罪案件93起，同比分别上升51.3%和116%。同时，与云、贵、川、渝、鄂等省区开展协作，建立经常性办案协作机制和情报互通机制，全年共出省侦办毒品案件98批次，抓获犯罪嫌疑人132名。

【开展堵源截流工作试点】 2008年11月～2009年7月，省禁毒委和省公安厅在杭州市公安局交通治安分局开展试点，探索城市长途客运、出租车、公交车堵源截流工作机制，总结形成“4546”工作法（即：培训民警、协警、车站工作人员及其他从业者4个层面人员，研判查缉方式、重点班线、流出方向、高危人群、车辆轨迹5个方面内容，总结形成物品查缉法、车辆查缉法、人员查缉法、案件侦破法4大类技战法，建立健全保障、会商、协作、办案、宣传、奖励6项常态性工作机制）。其间，共破获各类涉毒案件77起，其中刑事案件32起；抓获涉毒人员103名，缴获毒品16.4千克、吸毒工具40余套、枪支6支、子弹24发。

【深化毒品堵源截流机制】 2009年，省厅联合海关、民航、邮政、交通、铁路等部门，着力推进并深化堵源截流工作机制。1月，与省交通厅印发《关于进一步加强交通运输线禁毒查堵工作的通知》；2月，与省邮政公司印发《浙江省邮政业禁毒工作座谈会议纪要》；全年共投入经费250余万元补助全省机场查毒仪器和设备，省内七大机场重点部位逐步形成“人机犬”三位一体查缉机制。此外，建立海关、民航、邮政、交通、铁路等部门参与的堵源截流联席会议制度；加强与对浙江省毒情影响较大的毒品流出省份、中转重点省份的区域协作，先后与云、贵、川、粤、鄂、渝6个省（市）和华东六省一市签订禁毒协作协议。8月，省禁毒委在杭州召开全省禁毒堵源截流工作现场会，省委常委、政法委书记、省禁毒委主任、省公安厅厅长王辉忠出席会议并作重要讲话，省禁毒委副主任、省公安厅副厅长董晓伟做工作部署。

【查处吸毒人员】 2009年，全省公安机关查获吸毒人员共计27260人次，新发现吸毒人员18173名，分别占全国总数的7.8%、9.1%，均列全国第二。截至年底，全省累计见面排摸吸毒人员93899名，列全国第三，其中吸毒成瘾人员52784名、本地籍吸毒成瘾人员37837名。

【禁种铲毒工作实现“零产量”】 2009年，全省禁毒部门组织开展禁种铲毒工作，全年共铲除非法种植罂粟49191株，查处非法种植人员28人；破获非法种植毒品原植物刑事案件15起，查处犯罪嫌疑人16人；破获非法种植毒品原植物治安案件12起，查处犯罪嫌疑人12人。非法种植毒品原植物株数、案件数及涉案人员数均与上年基本持平。年内，全省未发生非法种植万株以上毒品原植物案件。

【加强易制毒化学品管控】 2009年，全省禁毒部门组织开展对4种易制爆易制毒化学品严管严控、联合执法检查等活动，全年未发生重大易制毒化学品非法流失案件。11月，省药监、安监、公安等12个部门印发《关于进一步加强易制毒化学品管理工作的意见》，规范政府相关职能部门的易制毒化学品管理工作职责。年内，全省禁毒部门积极推动易制毒化学品企业自律，全省企业责任书有效签约率达95%。同时，深化易制毒化学品管控的信息化建设，全省基本实现易制毒化学品管理信息化和易制毒化学品信息跨省网上核查，全省易制毒化学品企业信息化普及率达到98%，全年共受理网上申请办理易制毒化学品购买、运输许可（备案）证明289583份，审批签发262128份。

【召开全省部分市禁毒办主任座谈会】 该会议于2009年5月25～26日在宁波召开，重点研究社区戒毒（康复）工作的推进问题，省禁毒委副主任兼禁毒办主任、省公安厅副厅长董晓伟出席会议并讲话。年内，全省共作出社区戒毒决定4819人，其中本省籍2218人，本省籍规范执行社区戒毒1919人；共作出社区康复决定1975人，其中规范执行社区康复1690人。

【全省社区戒毒医疗业务培训班在杭州举办】 该培训班由省禁毒办与省卫生厅于2009年9月26～30日举办（分两期），200多名戒毒医疗机构医务人员参加培训。培训班后，全省各地大力开展社区戒毒医疗机构建设。截至年底，全省已有90%的县（市、区）成立由卫生部门发文的社区戒毒医疗机构。

【全国社区戒毒（康复）与社区药物维持治疗一体化工作机制座谈会在杭州召开】 该会议由国家禁毒办、卫生部于2009年12月16～18日召开。会议总结推广浙江省社区戒毒（康复）与社区药物维持治疗一体化工作机制，并就社区戒毒（康复）与社区药物维持治疗工作有效衔接、运行机制进行研讨。会上，浙江省禁毒办、杭州市上城区禁毒办等交流经验，与会代表到杭州市上城区社区药物维持治疗点、清波街道等地参观考察。

图为王辉忠厅长出席浙江省禁毒协会揭牌仪式

【推进社区药物维持治疗工作】 2009年，全省禁毒部门会同卫生部门大力推进社区药物维持治疗的扩点、增量与提质工作，全年新增美沙酮配药点1个、国家级门诊点2个、省级服药点20个。截至年底，全省共建设国家级门诊33家，省级服药分点35个，累计参加社区药物维持治疗9462人，坚持维持治疗3个月以上人员4200人。

【规范强制隔离戒毒工作】

2009年，省公安厅会同相关部门相继出台《浙江省强制隔离戒毒严重疾病认定标准(试行)》、《浙江省强制隔离戒毒诊断评估工作暂行规定》、《浙江省强制隔离戒毒人员考核奖惩暂行办法》、《诊断评估工作实施细则(试行)》等文件，规范强制隔离戒毒工作。司法行政系统的6个强制隔离戒毒所纳入吸毒人员社会化管理系统范围，加强出所衔接。年内，全省共作出强制隔离戒毒决定6793人。

【加强禁毒宣传教育工作】 2009年，全省禁毒部门全力推进禁毒宣传教育工作社会化。推行预防教育进学校、进课堂，全年命名市级示范学校166所，超过250万名学生接受毒品知识教育。截至年底，全省11个市96个县(市、区)全部建立起禁毒志愿者队伍，禁毒志愿者总数超过6000名。年内，全省各地禁毒新闻被中央级媒体录用(播放)近600篇(次)，被省级媒体录用(播放)近千篇(次)，被市(县)级媒体录用(播放)上万篇(次)。11月，浙江省禁毒办被国家禁毒办评为组织实施《全民禁毒教育实施意见》优秀单位、全国优秀禁毒宣传教育作品征集评选活动优秀组织单位和2009年度《禁毒周刊》优秀组织单位。

【《禁毒法》知识电视大赛在杭州举行】 该大赛由省禁毒办于2009年4～6月组织举办，全省12支队伍参加角逐。6月18日，在省广电中心举行决赛，省委常委、政法委书记、省禁毒委主任、省公安厅厅长王辉忠等领导出席。经角逐，温州代表队获一等奖。

【聘请浙江省禁毒形象大使】 2009年6月18日，省禁毒委聘请南京军区国家一级演员陶慧敏、两届奥运会冠军孟关良为浙江省禁毒形象大使。

【推广“吸毒人员社会化管理信息系统”】 2009年，省厅禁毒总队自主研发并大力推广“吸毒人员社会化管理信息系统”，截至年底，已在全省760个乡镇(街道)和司法系统5个强制隔离戒毒所安装使用。6月2～3日，省厅禁毒总队在温州市举办“吸毒人员社会化管理信息系统”应用培训班，就“吸毒人员社会化管理信息系统”信息录入、维护的操作方法和基本要求等做详细讲解，各市公安局禁毒支队、义乌市公安局禁毒大队及温州市各县(市、区)系统管理员共计60余人参加培训。

【浙江省禁毒协会在杭州成立】 2009年6月26日，浙江省禁毒协会召开成立大会，省禁毒委副主任兼禁毒办主任、省公安厅副厅长董晓伟当选会长。会后，省禁毒协会揭牌仪式在杭州吴山广场举行，省委常委、政法委书记、省禁毒委主任、省公安厅厅长王辉忠出席并讲话。

【完成县级禁毒专业机构实体化建设】 2009年，全省禁毒部门大力推进县级禁毒专业机构实体化建设。年内，全省91个县(市、区，不包括开发区)在原有56个县级禁毒专业实体机构的基础上，新建35个，实现县级禁毒专业机构达100%的工作目标，成为全国首个县级禁毒专业机构最健全的省份。截至年底，全省共有县级禁毒办33个，县级公安机关禁毒大队58个。

反恐怖工作

【概述】 2009年，全省反恐怖部门围绕国庆60周年安保工作任务，以推进反恐怖工作实战化建设为主线，以防止发生涉及全省、危及国庆的暴力恐怖事件为目标，开展反恐怖体制机制建设、情报阵地建设、信息化建设，积极推动国家（杭州）反恐怖防范试点工作。

【建立反恐怖情报和案线侦办工作协作机制】 2009年4月，省公安厅印发《关于建立浙江省公安厅反恐怖情报和案线侦办工作协作机制的意见》，在反恐、国保、技侦、网警等部门建立紧密型的情报和案线侦办协作机制，规范工作内容、责任分工、工作程序、工作制度和工作要求，明确反恐怖情报的归口、案线侦办的协作和反恐怖情报案线工作的整体框架。

【召开省反恐怖工作协调小组第八次会议】 该会议于2009年9月15日在杭州召开，对全省国庆安保反恐怖工作进行全面部署。省委常委、政法委书记、省反恐怖工作协调小组组长、省公安厅厅长王辉忠到会讲话，省委常委、副省长、省反恐怖工作协调小组副组长葛慧君主持会议，省武警总队总队长、省反恐怖工作协调小组副组长王平安出席会议，省反恐怖工作协调小组32个成员单位和省公安厅有关处室负责人参加会议。

【开展反恐怖基础排查工作】 2009年5～8月，全省公安机关开展以“敏感人员群体、涉疆涉恐团伙、涉危行业及部位”为重点，以“及时发现涉恐情况，深入挖掘涉恐线索，全面提高侦控能力，切实消除涉恐隐患”为目标的反恐怖基础调查活动。9月至国庆安保工作结束期间，开展重点群体排查列控工作。

【开展反恐怖督察工作】 2009年9月18～20日，省反恐办组织省公安厅、住房和城乡建设厅、杭州铁路办事处、武警总队等省反恐怖工作协调小组相关成员单位，对全省反恐怖工作重点地区的反恐怖重要目标、危化物品销售管理、客运车站、寄递行业和供水、供电、石油、燃气等行业和场所共40余处进行暗访督查，发现存在安全隐患及问题27处，并通报相关部门逐一落实整改措施。

【成立浙江省公安厅反恐怖工作领导小组】 2009年4月20日，省公安厅成立反恐怖工作领导小组，下设办公室。同日，省厅印发《浙江省公安厅反恐怖工作职责分工》，明确规定各业务警种和部门反恐怖工作职责和任务。

【建立反恐怖实战体制】 2009年12月，省公安厅反恐怖处列入公安执法勤务序列，更名为反恐怖总队。年内，杭州市公安局成立反恐怖工作支队，宁波市公安局成立反恐怖处（情报处），义乌市、绍兴县、桐乡市公安局成立反恐特侦大队。

（责任编辑 胡琳娜 俞 佳）

图为召开全省反恐怖工作协调小组第八次会议

公安行政管理

治 安 管 理

【概述】 2009年，浙江省公安治安部门围绕省公安厅党委提出的“五突破五提升”目标，全面强化打击整治、治安管理和防范控制，顺利完成国庆60周年安全保卫各项工作任务，确保全省社会治安总体平稳。省公安厅治安总队获得全省“学枫桥 保平安 促发展”先进集体、全国颁发第二代居民身份证工作先进集体、全国卷烟打假工作特殊贡献单位、首都庆祝中华人民共和国成立60周年群众游行彩车最佳组织单位、全国省级治安系统考核第五名等荣誉；省流动人口治安管理工作领导小组办公室被评为全国社会治安综合治理先进集体。

【侦办管辖刑事案件】 2009年，全省公安机关治安部门共立管辖刑事案件1897起，破案1669起，省级督办的8个批次共44起案件全部侦破。对犯罪嫌疑人采取刑事强制措施2617人，移送起诉1167人。

【打击组织强迫妇女卖淫犯罪】 2009年7～12月，全省公安机关开展以打“蛇头”、打幕后为重点的组织强迫妇女卖淫犯罪活动专项行动。其间，全省共查破组织、强迫、引诱、容留、介绍妇女卖淫案件729起，打击犯罪嫌疑人员1386名，打掉犯罪团伙66个，带破拐卖、伤害、杀人、强奸、拘禁、绑架案12起，解救受侵害妇女182人，解救未成年少女112人。

【挂牌整治社会治安乱点】 2009年7月，省公安厅印发《浙江省公安机关社会治安乱点挂牌整治实施办法(试行)》。年内，全省共确定11个省级社会治安乱点、69个市级社会治安乱点和一批县级社会治安乱点。经过挂牌整治，治安乱点区域社会治安状况好转，人民群众对社会治安满意率提高。

【开展涉爆物品专项整治行动】 2009年3～12月，全省公安机关开展治理非法制贩爆炸物品违法犯罪专项行动、集中排查整治涉爆安全隐患行动、集中收缴非法枪支弹药爆炸物品统一行动等一系列专项行动。其间，共查破非法制贩爆炸物品案件16起，抓获涉案人员27人，捣毁制贩窝点2处，梳理非法制爆在逃人员4人，抓获2人，接到群众举报线索57条，查证属实19条，查处案件22起，抓获涉案人员35人；删除网上涉爆有害信息783条；收缴炸药1.32万千克、雷管6.05万枚、索类2.84万米、黑火药烟火剂386.37千克；张贴通告2.06万份，张贴和悬挂宣传标语、横幅1.88万份，开展宣传教育活动2418次，投放宣传信件2.91万封，地方新闻媒体报道209次。

【打击跨境赌博】 据2009年12月统计，自2008年12月全省公安机关开展打击跨境赌博专项整治行动

图为欢迎“12·08”打击跨境赌博专案组凯旋(2009年1月23日)

以来，全省先后5次组织打击跨境赌博工作组，赴云南边境开展人质解救工作，侦破跨境赌博刑事案件90余起，解救被境外赌场非法扣押人质160余人，摧毁犯罪团伙40余个，抓获犯罪嫌疑人136人，另有31人被依法刑事拘留并上网追逃。其间，3起公安部、6起省厅挂牌督办跨境赌博案件均成功告破。

【开展防范打击涉枪违法犯罪等系列专项行动】 2009年3～12月，全省公安机关开展防范打击涉枪违法犯罪系列专项行动、集中收缴非法枪支弹药爆炸物品统一行动、全省公安机关公务用枪安全大检查、民用枪支安全大检查等一系列专项行动。其间，共排摸涉枪单位1963家，发现、整改安全隐患400起；摸排涉枪重点人员1223人，落实监控措施821人；收缴和收回各类枪支1448支、子弹3.5万发，收缴仿真枪3.09万支；查处涉枪违法犯罪案件606起，捣毁制造买卖窝点5处，打掉贩卖团伙1个，查处涉案人员813人，协助破获外省涉枪案件1起，协助抓获外省涉枪人员9人。发放宣传资料2.74万份，制作宣传展板1735块，通过新闻媒体报道366次，其中中央媒体2次。接到群众举报线索247条，查处案件151起，抓获涉案人员194人。

【开展打击盗窃破坏“三电”设施专项斗争】 2009年3～11月，全省公安机关开展打击盗窃破坏电力、电信、广播电视设施（简称“三电”）违法犯罪专项斗争。其间，破获刑事案件1557起，查处治安案件896起；抓获违法犯罪嫌疑人1356名；缴获赃款、赃物价值644.5万元。“三电”刑事发案数与上年相比下降约50%。同年4月和8月，全省组织开展集中清查废旧金属收购站点统一行动，共检查废旧金属收购站点2.3万余个，清查流动收购人员2.4万余人；停业整顿废旧金属收购站点983个，吊销、取缔废旧金属收购站点519个。

【开展整治输油气管道生产安全秩序专项行动】 2009年1月，省政府召开联席会议，部署全省输油气管道安全保护工作。3～11月，全省公安机关协同有关部门，开展整治输油气管道生产安全秩序专项行动。其间，公安机关会同管道企业，对管道情况进行摸底调查和安全检查，共发现、整改安全隐患118处。

【2009年全省总人口】 截至2009年年底，全省（不含现役军人、武警官兵，下同）总户数为16041687户，总人口47161790人，平均每户2.94人。其中，男性24001598人、女性23160192人，分别占总人口的50.89%和49.11%，性别比（女＝100，下同）为103.63。总人口比上年增加283308人，年增长0.60%，增幅比上年下降0.01个百分点。全省总人口按年龄段分布构成为：18岁以下8216035人、18～35岁（含18岁不含35岁，下同）11420560人、35～60岁19878301人、60岁以上7646894人，分别占总人口的17.42%、24.22%、42.15%和16.21%。

【贯彻落实《浙江省常住户口登记管理规定（试行）》】 2009年5月，省公安厅印发《浙江省常住户口登记管理规定（试行）释义》，并举办全省治安系统远程教学“解读浙江省常住户口登记管理规定”专题讲座。6月，省厅举办全省户政业务培训班，围绕户口和居民身份证管理的政策解读、业务研讨和实务指导培训。同时，联合浙江在线网站举办户籍问题专场在线咨询，获得网友热烈响应和好评。

图为厅治安总队联合浙江在线网站举办“‘民生帮帮帮’恳谈会户籍问题专场”在线咨询活动（2009年6月24日）

【推进户籍管理制度改革】 2009年，省公安厅继续会同有关部门，指导和推进嘉兴市取消户口性质划分改革和相关配套政策完善。会同省人力资源和社会保障厅于2009年7月9日印发《关于全国和全省优秀农民工在我省就业地落户的通知》，部署开展优秀流动人口落户工作，将高级技工、技师等高技能人员纳入人才引进落户范围；对有"优秀外来务工青年"等称号的，允许其在就业地落户。

【推进第二代居民身份证发证工作】 2009年，全省共签发第二代居民身份证（简称"二代证"，下同）3206515张，其中申领843686张，换领、补领2362829张。至年底，全省持"二代证"实有人数3893.89万人，占全省总人口的82.56%。会同省军区在全国率先完成驻浙部队集中发放"二代证"任务。

【登记在册流动人口1944.1万】 据2009年6月30日时点统计，全省登记在册流动人口1944.1万人，比2008年同期增加120.7万人，上升6.6%，其中男性1100.3万人，占总数的56.6%；女性843.8万人，占总数的43.4%。居住一个月至一年的1592.2万人，占总数的81.9%；居住一年以上的310.6万人，占总数的16.0%。来自省内的306.2万人，占总数的15.7%；来自省外的1631.9万人，占总数的83.9%。居住在租赁房屋的1247.7万人，占总数的64.2%；居住在单位内部的451.8万人，占总数的23.2%；居住在居民家中的123.7万人，占6.4%；居住在旅店的12.1万人，占0.6%。宁波、温州、杭州、金华、嘉兴、台州、绍兴七个市为主要流入地，共1773.3万人，占91.2%。

【省人大常委会审议通过《浙江省流动人口居住登记条例》】 2009年6月3日，省第十一届人大常委会第十一次会议通过《浙江省流动人口居住登记条例》（简称《条例》，下同），自2009年10月1日起施行。《条例》确定建立"政府统一领导、部门分工协作、各方共同参与、资源有效整合"的流动人口服务管理体制。9月1日，省政府办公厅印发《关于贯彻实施〈浙江省流动人口居住登记条例〉的意见》，要求各级政府抓紧制定《浙江省流动人口居住登记条例》相关配套政策，夯实流动人口服务管理基础，加快流动人口综合信息平台建设，做好宣传工作及各项保障措施。

【省委、省政府召开全省流动人口服务管理工作会议】 该会议于2009年9月3～4日在上虞市召开。会议回顾总结近年来流动人口服务管理工作的成绩，分析流动人口服务管理工作面临的新形势、新问题，部署今后一段时期全省流动人口服务管理特别是《浙江省流动人口居住登记条例》贯彻实施工作。省委副书记夏宝龙到会讲话，省委常委、政法委书记、公安厅长王辉忠主持会议，省委常委、副省长葛慧君作工作部署。

【启动出租房屋管理立法工作】 2009年，省公安厅根据出租房屋管理现状以及《浙江省流动人口居住登记条例》立法配套工作需要，配合省综治办等有关单位起草了《浙江省居住房屋出租登记办法》（草拟稿），于8月提交省政府法制办。

【全省特种行业管理概况】 至2009年底，全省共有旅馆25013家、旧货业从业单位16666家、印刷业从业单位12564家、机动车修理业从业单位17579家。所有旅馆均纳入旅业信息管理系统，通过系统抓获上网在逃人员2490人（其中CCIC逃犯1821人），协助破案7141起，提供破案线索10469条。全省有788家印章业从业单位安装印章治安管理信息系统，通过系统采集印章样本近123万个，提供破案线索132条。

【推行嘉兴市旅馆业治安管理新模式】 2009年7月29～30日，省公安厅召开全省旅馆业治安管理工作现场会，推广嘉兴市旅馆业"积分制"管理新模式，提高治安管理效能。"积分制"管理新模式不仅有利于强化旅馆业"四实"（实名、实数、实时、实情）登记，同时有利于推进旅馆业治安管理信息系统建设和加大旅馆业违法犯罪的查处打击力度。其具体做法为：依据旅馆业治安管理的有关要求，制定了《嘉兴市旅馆业积分制管理办法》，该办法对积分制管理工作的内容、加（扣）分标准、积分制的具体操作和分值应用等作出明确规定。在具体管理工作中，以监督检查旅馆治安状况、"四实"登记、信息系统建设、提供违法犯罪线索等工作落实情况为主要内容，对旅馆内部治安秩序好，相关安全管理制度措施落实到位的，按照相应的计分标准予以加分；对内部管理混乱、存在违法违规经营的，在依法查处的同时，给予扣分，即用数字量化旅馆的实时治安状况。同时，依据考评分值高低，有针对性地采取管理措施。根据不同积分，将其划分为不同的管理层次和等级，对积分为30分（含）以上、积分不满30分和积分不满20分的，辖区派出所每月分别进行不少于二至四次的治安检查；而积分为0分（含）以下的，则由县级以上公安机关对该旅馆进行不少于一个月的挂牌整治。

【强化印章刻制业治安管理】 为解决印章刻制业管理

和系统建设过程中存在的问题，2009年3月，省政府召集省有关单位召开全省印章治安管理信息系统建设管理工作协调会，对全省印章治安管理信息系统建设和管理提出指导意见。6月5日，省公安厅印发《关于印章治安管理信息系统建设管理若干问题的通知》，进一步明确管理范围、维护服务费用等工作要求。

【民用爆炸物品治安管理概况】 2009年，全省公安机关共检查涉爆从业单位16488家次，发现隐患1601处，整改落实完毕1598处；排查登记涉爆重点人员2993名，录入民爆信息系统2198名，落实监控措施1581名；排查发现非法矿点59家，通报有关部门查处56家；查处业主及从业人员67人；排查涉爆可疑场所1024处、涉爆原材料单位59家；各地爆破作业主体专业化推广率和中深孔技术覆盖率基本达到85%的要求。

【开展剧毒、放射性物品安全隐患排查整治工作】 2009年8月1日～9月30日，全省公安机关开展剧毒、放射性物品安全隐患排查整治工作。其间，共排查剧毒化学品从业单位2663家、放射性物品从业单位1377家，发放各类宣传资料77003份，发现、整改各类安全隐患730处，收缴剧毒化学品17718.7千克、毒鼠强24小包、废弃放射源11个，查处相关案件38起，依法取缔无资质剧毒化学品从业单位3家。

【出台《危险物品管理岗位队伍建设五条规定（试行）》】 2009年6月，省公安厅治安总队印发该《规定》，文件明确：从事危险物品治安管理工作的民警必须经专业培训，并实行轮岗交流制度；不得违反许可审批、监督检查和执法办案各项规定，不得向任何单位和个人非法提供危险物品；严禁利用职权干预或插手正常的危险物品生产经营活动；严禁利用职权参与或变相参与危险物品生产经营活动；严禁利用职权收受、索取监管对象财物，或者非法收受财物，为他人谋取利益。

【做好大型活动安全保卫工作】 2009年，全省公安机关进一步加大对各类大型群众性活动的审批和安全监管工作力度，顺利完成浙江省庆祝新中国成立60周年文艺巡游活动、国庆赴京巡游花车安保等重大安全保卫工作，未发生群死群伤等重大安全事故。年内，全省共举办千人以上规模大型活动2612场次，参加活动群众总计1860万余人次，公安机关投入安全保卫力量35.4万余人次。

【加强银行业金融机构安全保卫工作】 2009年，全省公安机关加强金融机构安全防范工作，通过组织银行业金融机构加设密码防护罩、设置预警示提示、开展警银联防联控、完善ATM设备及银行业务流程等办法，遏制涉银案件发生。截至年底，全省累计防范各类案（事）件1000余起，抓获网上逃犯931名。

【推进金融网点安全防范设施达标工作】 2009年，全省公安机关组织银行业金融机构贯彻落实GA—745、GA—746、GA—38行业标准，加快推进ATM机、自助银行及网点安全防范设施建设。至年底，邮政储蓄网点达标率由92.1%上升至98%，全省银行网点达标率升至99%。

【浙江娱乐服务场所治安管理经验被公安部推广】 2009年11月9～11日，公安部三局在台州市召开全国娱乐场所治安管理系统建设工作推进会，推广浙

图为全国娱乐场所治安管理系统建设工作推进会现场

江省娱乐场所治安管理和社会信息采集系统建设经验。至年底，全省娱乐场所社会信息采集系统累计采集场所信息2764家、从业人员信息321692人，从中发现网上逃犯338人，抓获47人。

【全面推广“保安服务信息管理系统”】 2009年2月，省公安厅在2008年开发、试点基础上，在全省推广使用“保安服务信息管理系统”。10月，国务院《保安服务管理条例》出台后，省厅及时增加了系统的业务审批流程模块，确定系统业务审批流程框架。

【加强派出所建设力度】 2009年，全省公安机关按照公安部“三项建设”总体部署，以派出所等级评定为抓手，进一步加大公安派出所建设力度。至年底，全省实有派出所1043个，派出所警力22896名。其中一级公安派出所92家，占派出所总数的8.8%；二级公安派出所369家，占派出所总数的35.3%。全省1027名所长中，享受副科级以上待遇992名，占派出所总数的95.1%，其中副处级152名、正科级162名、副科级678名。

【推进城乡社区警务建设】 2009年年底，全省有社区警务室2351个，配备社区民警3247名；有农村警务室2261个，配备驻村民警3869名。1月26日～2月1日，全省组织开展“警民相约警务室”活动。其间，共举办各类“警民恳谈”和咨询活动5504场次，参加警力12400余人，参与群众125842人；全省共有4803个社区和农村警务室开展活动，2669名党委政府领导、4154名人大代表和政协委员、1822名公安机关领导参加。12月17～18日，省厅治安总队与宁波市公安局联合举办以社区警务信息化为主要内容的“未来社区警务论坛”，邀请公安部领导，全国、全省知名专家学者和有关媒体，推广宁波市公安局海曙分局“社区警务e超市”做法，共同探索新形势下社区警务发展方向。

【加强内河水域治安管理】 2009年，全省水上公安机关以水上流动人口、涉水危险物品管理、涉水特种行业以及入沪水道管控、“三无船舶”整治为重点，加强涉水基础工作排查，加强水域巡逻和设卡检查。年末，全省公安水上治安管理部门登记在册机动船舶56189艘、非机动船舶5899艘、船民和临时船民75198名，其中外来船舶8027艘、外来人口20164人。排查涉水单位和港口码头4360余家，执行水上巡逻航程124560千米，检查船舶85398条，侦破各类涉水刑事案件195起，查处各类涉水治安案件590起，查处违法犯罪嫌疑人2069人。

【巡逻防控工作】 2009年，全省公安巡特警部门严密街面巡逻防控网络，完善巡逻勤务机制，全力投入打击整治“两抢”犯罪大会战，组织开展巡逻盘查战术千案竞赛活动。截至年底，全省巡特警部门共投入巡逻力量522万余人次，巡逻盘查可疑人员480万余人次、车辆320万余辆，抓获刑拘以上犯罪嫌疑人员21951名，破获各类街面案件36973起，其中抢劫案件2993起、抢夺案件2057起。

【参与群体性、突发事件处置及警卫、保卫工作】 2008年12月、2009年8月，省公安厅分别印发《关于进一步加强突发性事件应急处置工作的意见》和《全省公安机关处突防暴协作网络工作方案》，在全省特警队伍分类别部署开展以处置对抗性强的群体性事件、严重暴力性突发事件和公共突发事件为重点的行动方案建设。截至年末，共制订15个处置各类突发性事件行动方案。同时，全省公安机关积极推进处置群体性事件应急队伍建设，组建应急预备队和防暴盔甲队，购置水炮车、背负式催泪器等应急装备和盔甲服等防护装备，进一步提升突发性事件应对能力。截至年底，全省共投入警力173159人次，处置群体性事件2241起，参与警卫、保卫任务3974次。

【加强特警队规范化建设】 2009年3月18～19日，省公安厅治安总队在宁波召开全省巡特警大队规范化建设现场会，总结推广鄞州、嘉善、江山等地巡特警大队规范化建设经验，在2008年度确定3个省级和11个市级巡特警大队规范化建设示范单位的基础上，全面开展巡特警大队规范化建设活动。6月4日，省厅印发《浙江省县级公安机关巡特警大队建设规范（试行）》（简称《规范》，下同）。截至年底，全省近1/3的巡特警大队达到《规范》要求。年内，共有6个支队和大队立集体二等功，160余名个人获三等功以上荣誉，杭州市局特警支队被授予全国五一劳动奖章。

【举行巡特警业务技能训练及参加竞赛】 2009年11月5日，全省公安巡特警队伍业务技能抽考活动在浙江警察学院举行，11个市代表队共121名巡特警参加信息实战应用与手枪速射组合、85式或88式狙击步枪和92式手枪与体能组合三个科目的抽考。年内，各地以开展全省公安特警业务技能抽考活动为载体，以规范特警突击队建设为重点，坚持将普训和突击队训练作为日常任务，加强常态化警务技能训练。在6月举行的第四届全国大城市警察体育三项比赛中，宁波特警代表队在全国22支代表队中，取得总分团体第一、男子三项团体第一和女子三项团体第一的成绩。

【赴疆参加维稳工作】 2009年7月5日，新疆发生打、砸、抢、烧严重暴力犯罪事件。根据公安部调令和厅党委指示，7月7日晚，省公安厅紧急调集杭州、宁波市362名特警，于8日上午9时抵达新疆乌鲁木齐市，全力投入当地维稳工作。至2010年4月8日，省厅先后三批派出杭州、宁波两市公安特警共计1099人次在新疆乌鲁木齐开展维稳工作。在疆期间，浙江援疆特警队在公安部援疆特警协调组直接领导下，协助乌鲁木齐市沙区公安分局和水区公安分局开展武装巡逻、设卡盘查、应急处突、缉捕暴徒等维稳勤务工作。共参与处置各类突发性事件121起，出动警力96372人次，盘查各类可疑人员227829名、车辆119432辆，开展抓捕行动260次，抓获涉嫌参与“7·5”事件犯罪嫌疑人455名，主动和协助抓获其他违法犯罪嫌疑人995名，缴获各类毒品1253克，查获手枪3支，收缴仿真枪支、剑弩10件，管制刀具、棍棒1849件；服务群众万余次，接受社会各界慰问358次，收到锦旗158面、感谢信28封，居全国援疆特警队前列。其间，公安部援疆特警指挥部在杭州、宁波援疆特警驻地连续召开两次现场会，推广浙江援疆特警队信息化应用、规范化建设、应急处置、卡点执勤等工作经验和做法。2010年5月19日，省厅召开全省援疆公安特警庆功表彰暨事迹报告电视电话会议，对先进集体和个人进行表彰。6月8日～7月6日，全省援疆公安特警先进事迹报告团赴全省11个市公安局和浙江警察学院组织了12场巡回报告。

图为凌秋来副厅长在新疆慰问浙江援疆特警队官兵（2009年8月3～7日）

【推进治安管理信息系统建设】 2009年，省公安厅治安总队开发并在全省推广应用跨境赌博嫌疑人员查控系统，为侦破跨境赌博刑事案件提供情报信息和犯罪活动证据。建成包括流动人口基本信息和政府相关部门信息登记、居住证发放等功能的流动人口居住登记信息系统，为10月1日《浙江省流动人口居住登记条例》的实施提供信息支持。研发推广浙江内河水域治安基础信息管理系统，实现了全省水警工作基础信息化、信息实战化。

【治安信息服务现实斗争】 2009年，全省公安治安部门共采集各类信息12469.2万条，为公安机关内部、政府有关部门和社会群众提供查询4875.8万次。全省通过暂住人口、旅馆业等治安信息系统比对报警29219人，抓获各类上网逃犯5563名，其中通过暂住人口信息抓获逃犯2583名，占抓获数的46.4%；通过旅馆业信息抓获逃犯2490名，占抓获数的44.8%。

出入境管理

【概述】 2009年，全省公安出入境管理部门围绕警务信息化、执法规范化及和谐警民关系三项中心工作，抓基础，抓重点，抓落实，顺利完成全年工作任务。年内，全省共批准公民因私出国415870人次，批准内地居民赴港澳台1220291人次，办理外国人签证和居留许可60855人次，办理台湾居民各类签注21413人次，批准华侨回国定居3249人次，登记管理临时来浙境外人员2006862人次，其中外国人1347748人次，管理常住外国人20307人次，制作护照、通行证等各类出入境证件93.4万余本。

【普通护照、出入境通行证审批签发工作】 2009年，全省公安出入境管理部门受理公民因私出国申请421318人次，批准416188人次，发放普通护照415870本、出入境通行证318本，总人数较2008年上升2.55%。（附表）

2009年浙江省公民审批签发普通护照、出入境通行证分地区一览

地区	批准数(本)	占总数比例(%)	同比2008年(%)
杭州	100967	23.96	+9.80
宁波	56717	13.46	+0.39
温州	109355	25.96	+1.10
绍兴	21259	5.05	-1.30
嘉兴	17752	4.21	+4.53
湖州	10616	2.52	-4.18
金华	29811	7.08	+5.01
衢州	8220	1.95	+4.54
台州	28907	6.86	-2.86
丽水	25326	6.01	-15.96
舟山	7130	1.69	+0.79

【部分市实行市内公民跨户籍地办理出入境证件】 2009年，省公安厅出入境管理局在部分市推行市内公民跨户籍地办理出入境证件工作。6月9～10日，省厅出入境管理局在台州召开跨户籍地办理出入境证件工作现场会，总结交流台州试点经验。年内，杭州、绍兴、嘉兴、金华、湖州、舟山和衢州七个市实现市内公民可跨户籍地办理出入境证件。

【召开全省因私出入境中介协会会员代表大会】 该会议于2009年6月26日在杭州召开，全省41家出入境中介机构参加会议。会议对浙江新通出入境服务有限公司、浙江外事出国人员服务中心等诚信服务单位进行表彰，研讨有效抵制非法中介广告活动的对策，确定建立浙江省出入境中介服务行业协会网站，并选举出协会第二届理事会领导机构成员。省公安厅出入境管理局到会进行业务指导。

【赴港澳台人数持续增长】 2009年，浙江省公安出入境管理部门共批准内地居民赴港澳台地区1220291人次，比2008年增长31.21%。其中，赴港澳定居483人，比上年增长16.97%；赴港澳商务等非公务活动签注55360人次，比上年减少4.27%；赴港澳探亲签注8767人次，比上年减少0.84%；赴港澳团队旅游签注510020人次，比上年增长27.73%；赴港澳个人旅游签注509808人次，比上年增长14.71%；大陆居民赴台湾135853人次，其中因私赴台130541人次、应邀赴台5312人次。

图为召开浙江省出入境中介协会二届一次常务理事会

【下放内地居民前往港澳定居审批权限】 2009年，省公安厅出入境管理局对居民前往港澳地区定居审批政策和程序进行较大调整，自10月1日起，内地居民前往港澳定居申请审批权限下放至市级公安机关出入境管理部门履行。此项改革减少了审核、审批环节，缩短了公民办证时限。

【增设县级公安机关办理部分短期赴港澳业务审批点】 2009年，浙江增设黄岩、上虞、海宁三个县级公安机关为办理部分短期赴港澳业务审批点。自浙江2004年开展此项工作以来，至2009年底，全省已陆续向余杭、诸暨、东阳、义乌、慈溪、余姚、绍兴、黄岩、上虞、海宁十个县级公安机关下放审批权限。

【赴台旅游人数迅速增长】 2009年，浙江省公安出入境管理部门共批准大陆居民赴台旅游126660人次，占全省批准赴台人员总数的93.23%。

【临时入境人员和常住外国人情况】 2009年，全省公安出入境管理部门共登记管理临时入境境外人员2006862人次、常住浙江外国人20307人次，与上年相比都有所增长。(附表一、表二)

表一 2009年临时入浙境外人员情况一览

人员身份	人数	占总数(%)	比2008年(%)
外国人	1462128	73	10
华侨	74774	4	−8
港澳居民	199115	10	17
台湾居民	270845	13	24
合计	2006862	100	12

表二 2009年在浙常住外国人情况一览

常驻人员身份	人数	占总数(%)	比2008年(%)
文教人员	1391	6.85	32.73
大学以上学生	2693	13.26	2.90
中学以下学生	540	2.66	31.71
外企驻华机构代表	3906	19.24	6.08
“三资”企业人员	6096	30.02	15.52
寄养儿童	2738	13.48	24.45
其他	2943	14.49	−17.45
合计	20307	100	8.02

【“三非”外国人查处情况】 2009年，全省公安出入境管理部门共查处“三非”(非法入境、非法居留、非法就业)外国人1637人次，其中非法入境46人次、非法居留1561人次、非法就业30人次；遣送违法犯罪外国人105名；处置涉外案(事)件3380起。

【启用涉外案(事)件通用登记系统】 2009年4月，省公安厅出入境管理局举办全省公安机关涉外案(事)件通用登记系统启用培训班。培训结束后，该局督促各地建立相关工作机制，如24小时审核制度、短信提醒分工制度、纸质和网上双轨报送制度以及对历史数据的清理补录制度等。5月，涉外案(事)件通用登记系统在全省范围内全面启用，进一步规范和加强了公安机关涉外案(事)件统计工作。

【口岸签注及证件办理工作】 2009年，省公安厅机场签证办事处共接待国际(地区)入境航班5529架次，接待国(境)外旅客787492人次，其中台湾居民134229人次。年内，省厅机场签证办事处为台湾居民办理口岸签注及证件业务9774人次，其中3个月一次入出境有效签注8738人次，一次入出境有效台胞证1036人次。同时经争取，公安部于12月同意增加宁波机场为台湾居民口岸签注点。

【情报信息工作】 2009年，省公安厅出入境管理局在宁波举办全省公安出入境情报信息工作培训班，同时制定《2009年度出入境情报信息录用努力目标》，定期分析、通报各地情报信息录用情况。在国庆60周年安保期间，落实情报信息日报制，每周对重点出入境管理信息进行分析研判。年内，共整理、上报公安部出入境管理局和省厅指挥中心情报信息300余条，其中被录用87条。

【信息化建设】 2009年，全省出入境管理部门分别完成涉外案(事)件通用登记系统建设和应用、境外人员临时住宿质量管理子系统建设和应用、全省赴港澳定居管理信息子系统建设和应用、部分出入境证件改版启用工作、双备库数据传输精确比对上报程序建设和应用工作及信息化系统的技术支持和维护等项工作，推进出入境管理工作的信息化建设。

【出入境证照制作工作】 2009年，省公安厅出入境证照制作中心共制作各类出入境证件934145本，同比增长23％。5月，鉴于出入境证照制作中心在基础业务和队伍建设等方面取得的成绩，浙江省人力资源和社会保障厅授予其“劳动保障信用定级(2008～2009)A级”证书。

边 防 管 理

【概述】 2009年，省公安边防部队以国庆60周年安保为中心任务，围绕构建和谐社会的总目标，完成总队党委班子新老交替，部队建设在继承中稳步发展。全年共破刑事案件1900起，查处治安案件6106起，打击处理各类违法犯罪人员12032人次，破案率和查处率均高于全省公安平均水平；查破偷渡案件10起，抓获偷渡人员84人；查获非法储存、运输、买卖成品油案件17起，缴获成品油491.69吨，总案值117.43万元；查破贩毒案件80起，抓获贩毒嫌疑人100人，缴获海洛因150.5克、K粉6243.4克、冰毒528.9克。年内，总队在第四届全国公安边防部队“边防卫士杯”篮球赛中夺得全国冠军，在全国公安边防部队政工干部岗位练兵比武中获团体二等奖和个人单项第一、第二，被杭州市委、市政府和杭州警备区评为双拥工作目标考核优秀单位。宣传报道工作名列全国公安边防部队二类总队第一名。在全国公安民警“大走访”爱民实践活动图片征集活动中分获一等奖和优秀奖，在全国公安边防部队“警营红色短信”大赛中获优秀组织奖。罗家岙、场桥边防派出所2个集体和周斌、王辉、赵仁起3人分别被评为公安边防部队新时期群众工作先进集体和先进个人，有2个集体立集体二等功，11个集体立集体三等功，6人立个人二等功。

【机构人员】 省公安边防总队为正师级单位，2009年，内设司令部、政治部、后勤部和21个职能处室，下辖宁波、舟山、台州、温州边防支队，海警一、二支队，杭州、宁波、北仑、舟山、台州、温州、嘉兴、大榭、马迹山、穿山、大麦屿边检站，宁波、温州机场边检站，教导大队、修船厂、医院、直属支队等23个团级单位。

【领导关怀】 2009年，省领导赵洪祝、吕祖善、周国富、夏宝龙、陈敏尔、王辉忠、巴音朝鲁、葛慧君、龚正、王建满、郑继伟和公安部边防管理局局长郭铁男、政委傅宏裕等先后深入浙江公安边防部队视察工作，开展调研，多次对部队国庆安保、实施爱民固边战略、提高边检服务水平、打击偷渡、查缉毒品、抢险救灾等工作做出批示和表扬。

【开展大走访活动】 2009年，省公安边防总队组织开展“今冬明春集中大走访”、“保稳定、促和谐——迎接建国六十周年”主题走访、“应对金融危机十所(站)十调研”三项活动。年内，全省公安边防部队共走访群众41万余户次101万余人次，为群众做好事、实事2741起，全省各边防派出所辖区群众满意率均达85％以上，排除可能引发为重大事件的安全隐患324起，破获各类案件4382起，抓获逃犯92名，调解各类矛盾纠纷3609起，处置各类群体性事件76起。

【开展“警民恳谈”活动】 2009年3月，省公安边防总队印发《浙江边防总队“警民恳谈”活动实施方案(试行)》，确定每月6日为统一警民恳谈日，推行“三不受限”(恳谈对象不受限、恳谈形式不受限、恳谈内容不受限)恳谈模式。年内，全省边防部队共举行恳谈活动1000余场次，支队级班子成员参加97人次、责任区民警2300余人次，参与群众3万余人次，收集各类意见、建议1699条，帮助解决实际困难1298件，实现了警务工作更加前移、群众基础更加深厚、警民关系更加密切的目标。

【开展爱民固边模范村创建活动】 2009年，省公安边防总队推行“一所两村”(一个边防派出所指导一个已授予爱民固边模范村、社会主义新农村的村居

图为举行爱民固边模范村授牌仪式

与一个未授牌村居结对帮扶抓创建)、党委成员“一帮一”(一名党委成员指导帮扶基层一个爱民固边模范村创建工作)结对帮扶抓创建。全省边防辖区共有97个行政村居纳入模范村创建范畴。在边防部队牵引下,各地群众、组织及相关部门联手推进新农村建设,涉及农村政治、经济、文化、社会管理等1900余条工作举措得到落实。据对创建村居不完全统计:农村人均增收800元以上,村居水、电、道路等基础设施更加完善,涉农消费经营网络得到进一步拓宽,农村文化生活日益丰富,“露天厕、泥水街、压水井、鸡鸭院”基本消灭,基层民主自治制度全面确立。15个村居获省、市级政府及专门组织授予的“卫生村”、“文明村”、“小康示范村”、“农业红旗单位”、“市农经管理先进单位”、“文明和谐新社区”荣誉,涌现出温州灵昆镇九村、嘉兴乍浦镇山湾村、宁波郭巨镇谢家岙村、上虞盖北镇镇东村等一批新农村建设标兵。

【推进民警兼任村官工作】 2009年,全省共有359名责任区边防民警担任管内村居副书记、副村长等职务,占全省边防部队责任区民警的96.7%。年内,建立健全农村各类制度135项,提出社会综合治理、招商引资、移风易俗、强化基础设施建设等意见2000余条,发展党员134名,有21个村党支部和133名党员受到上级表彰,实现了“以党建促创建、以结对赢发展”的村居建设目标。台州公安边防支队“民警任村官、村官进警营”双向交流工作模式被公安部纳入《“大走访”爱民实践活动经验做法汇编》。

【打击沿海及海上走私活动】 2009年,省公安边防总队根据浙江沿海走私活动的形势、特点和规律,加大打击沿海及海上走私力度,共查获非法储存、运输、买卖成品油案件17起,缴获成品油491.69吨,总案值117.43万元。

【开展反偷渡工作】 2009年2月,省公安边防总队在台州召开全省海上执法暨反偷渡工作会议,贯彻落实全国公安海警执法工作座谈会和公安边防综合治理偷渡工作座谈会精神,部署任务。年内,全省公安边防部门共查破偷渡案件10起,抓获偷渡人员84人。

【开展各类专项行动】 2009年,省公安边防总队组织开展社会治安整治、打击假币、治爆缉枪等专项行动。共破获刑事案件1900起,查处治安案件6106起,消除群体性治安隐患392个,抓获网上逃犯186人,检查重点场所、部位10849处,整改消除治安隐患912个,整治治安乱点174处;查获假币案件36起,缴获假币面值22.49万元;查获非法持有枪支案件3起,缴获仿五四式手枪1支、仿美M1911手枪1支、火药枪2把、气枪1把、弓弩2把、各类管制刀具402把;查破贩毒案件80起,抓获贩毒嫌疑人100人,缴获海洛因150.5克、K粉6243.4克、冰毒528.9克。

【深化“平安海区”建设】 2009年,省公安边防总队着力构建“涉海部门联动、矛盾纠纷联调、海上治安联勤、平安网络联创”机制,深化“平安海区”建设。6月,该总队与省厅治安总队组成联合调研组,对出海船舶管理工作进行专项调研,并部署全省边防辖区船舶排查工作。6月、10月,该总队派员参加“构建长江口和谐渔区”联席会议,就浙江、上海、江苏三省(市)渔场主管部门和边防总队加强海上勤务协同达成共识。10月,该总队开展海上治安整治集中行动,加强对浙北、渔山、大陈、东矶、披山南、北麂渔场的巡航整治。

【提高科技管海能力】 2009年,省公安边防总队利用国家海防基础设施建设资金720余万元,新建12个海防视频监控站,科技管海能力得到进一步提高。

【全国公安边防派出所工作会议在杭召开】 该会议于2009年5月19日召开。公安部边防管理局局长郭铁男代表部局党委作工作报告。省委常委、政法委书记、省公安厅厅长王辉忠出席会议并讲话。会议强调边防派出所要实现与公安地方派出所政治待遇、硬件设施、警用装备、执法标准、检查考核"五个一样"的要求。会上,省公安边防总队作了交流发言。6月,省公安边防总队根据会议精神,梳理出关系边防派出所建设发展方向的干部队伍建设、能力素质建设、警用装备保障等39个问题,结合公安部边防管理局《公安边防派出所建设规定五十条》开展调研,并于9月出台了相关实施意见。2009年,全省有一级边防派出所9个,二级边防派出所37个,占总数的63.9%,无五级边防派出所。

【服务口岸大通关建设】 2009年,省公安边防总队进一步提高通关速度和服务质量,支持宁波北仑四期、梅山保税港区、义乌机场、台州大麦屿和温州状元岙等口岸的开放工作,并支持地方验收启用新开放码头12座。全年各边检站共检查出入境飞机13825架次,出入境船舶19525艘次,检查出入境人员2246898人次。

【规范现场标志标识】 2009年,省公安边防总队各边检站对照公安部边防管理局制定下发的《国家对外开放口岸边防检查现场标志》公共安全行业标准,结合实际情况对通道标志、执勤标识、提示标志、服务标志和执勤车辆等进行全面改造,并利用各类载体,在名片、水杯、宣传册上印制中国边检徽标,进一步增强了边检职业的社会知名度。

【规范细化服务流程】 2009年,省公安边防总队各边检站修订完善《边检服务流程标准化操作规范》,制作服务定式动作分解示范图片和服务定式规范化流程图,对所有执勤动作进行更详细、更标准的规范,确保每名执勤官兵按规范操作。各海港边检站将工作流程分解为服务总则、服务环境、服务礼仪和服务流程四大类十八个岗位的小标准,制作涵盖各岗位的服务树型图,统一台外引导、手续办理等各岗位的服务姿态和服务流程,实现工作流程的标准化。

【公安边防部队海港边检服务定式养成暨信息化建设现场会】 该会议于7月7~8日在宁波北仑召开,15个总队级单位、武警学院边防系、广州指挥学校、部局机关有关处室领导及各海港边检站站长参加了会议。公安部边防管理局副局长吴建森出席会议并讲话。会议要求全面构建扁平化的海港边检指挥管理体系,大力加强信息化建设,不断提升海港边检信息化应用能力和水平,以"实时可视可控"为目标,逐步完成监控全面覆盖,音视频联动,资源共享的信息化建设任务。会上推广了浙江省公安边防总队的先进经验,现场观摩了北仑边检站办证大厅和现场勤务中心。

【海警33001舰列编】 2009年4月10日,省公安边防总队在温州举行第一艘618B型巡逻舰海警33001舰服役仪式,公安部边防管理局后勤部部长徐宽宥、省财政厅副厅长罗石林、省公安厅副厅长董晓伟、温州市委书记邵占维等领导出席仪式。该舰于2007年10月在中国人民解放军4806造船厂开工建造,舰体为钢质,总长63.5米,型宽9米,满载排水量650吨,设计航速25节,续航力2000海里,抗风力10级,舰上装备先进的"动中通"卫星通信系统、海上超短波图像传输系统和海上光电跟踪系统,可以实现舰艇海面监控与部队指挥中心的实时语音视频传输,极大地提高了海警部队的海上执法执勤能力。

【参加世博会海上安保演练】 2009年4~6月,省公安边防总队根据公安部边防管理局要求,选派4艘舰艇赴上海参加上海世界博览会海上安保演练。全体参战官兵全力以赴,累计进行安全航程5625.6海里,航时906.5小时,顺利完成了演练任务,得到了各级领导的肯定。海警33001舰、海警33041艇获部局集体嘉奖,11人立个人三等功,68人被嘉奖,1人火线入党。

【开展海上救助】 2009年,省公安边防总队以海上110为载体,践行"有警必接、有案必处、依法行政、文明执勤"服务承诺,为建设"平安浙江"、促进社会和谐发挥了积极作用。全省海警部队海上110共接警61起,处警40起,海上救助26起,救助遇险人员27人,挽回经济损失近千万元。9月4日,交通运输部、省政府在宁波—舟山水道海域联合举行2009年国家海上搜救桌面演习暨东海搜救演习,宁波公安边防支队公边33361艇、海警二支队33041艇参与这次新中国成立以来的最大规模演练,展示边防部队搜救技能。海警一支队33022艇被浙江省海上搜救中心评为"浙江省海上搜救先进集体"。

【海上执法规范化建设试点工作】 2009年12月23日,公安部边防管理局召开公安海警执法执勤规范化建设电视电话会议,局长郭铁男、副局长吴建森、参谋长王正平和相关业务处室人员参加,沿海11个边防总队、20个海警支队通过视频会议系统收听收看。会上,组织观看了海警一支队执法执勤规范化建设示范片,海警一支队作为执法执勤规范化建设试点单位在会上作了情况汇报,并在线演示了海上110接处警及网上办案情况,部局首长对海警一支队执法规范化建设成果予以肯定。会后,福建、江苏、山东、海南等边防总队海警部队陆续派员到海警一支队学习执法规范化建设经验。

【增强基层基础实力】 2009年,省公安边防总队争取多方支持,增强基层基础实力。其中,争取国家发改委投资600万元用于全省边检站建设,该总队教导大队训练基地项目获得3000万元省财政投资。同时,该总队投入8000余万元为基层更新、增配了一批车辆船艇装备和计算机通信、警用器材。总队首艘618B型巡逻舰——33001舰列编服役,第二艘618B巡逻舰开工建造。全年共投资6000万元,完成宁波边检站等8个基建项目建设,新建营房17503平方米。同时,做好对无电、无水、无常住居民“三无”岛屿边防派出所防潮大米供应和全省船艇部队棕垫配发、甲型流感防治等实事。

【信息化建设取得新成就】 2009年,省公安边防总队升级语音问候系统,研发海港重点国家船舶安全评估和预警系统。在省公安厅立项的两个项目(AIS在边防检查出入境船舶管理中的应用、应用互联网实现边防检查网上报检)取得科技建设成果证书。5月,海上案件网上办理纳入全省打防控信息主干应用系统,实现全程网上办理。依托地方公安信息资源实现移动PDA无线公安网查询,已在海警一支队试用。利用省海洋渔业局AIS基站、数据电路和省移动公司服务器,解决全省AIS数据接入问题。完成全省AIS系统应用平台一期建设,海上AIS辅助指挥系统在海警部队正式启用。海警“动中通”卫星通讯系统建成并投入使用。

【举行全省机动部队对抗竞赛】 2009年8月13～18日,省公安边防总队举行该竞赛。参赛的6支队伍共126名官兵完成防暴弹投掷、单兵战术对抗、5公里武装越野、战术指挥要素、武装泅渡等11个项目的角逐。对抗竞赛以执法执勤任务为牵引,以战斗力为标准,通过竞争性“倒逼”机制,激励官兵主动训、科学练,不断创新战法,改进训法,提升部队遂行任务的能力。

【深化干部“双考”机制】 2009年,省公安边防总队全面推广干部考试与考核相结合选拔任用干部机制,在组织全省86名副团职领导干部考核对象参加“双考”的基础上,制定《关于考试和考核相结合选拔任用正团职领导干部的实施方案》,组织全省27名正团职领导干部考核对象参加了“双考”。

【先进典型宣传培育】 2009年,省公安边防总队罗家岙、场桥边防派出所2个集体和周斌、王辉、赵仁起3人分别被评为全国公安边防部队新时期群众工作先进集体和先进个人。4月1日,该总队在省人民大会堂举行电影故事片《心桥》首映式,将“模范边防派出所”罗家岙所先进典型事迹搬上屏幕,扩大了该所的社会影响。

【组建穿山、大麦屿边防检查站】 2009年10月19日,根据《国务院关于同意浙江宁波港口岸北仑港区四期集装箱码头对外开放的批复》(国函〔2008〕3号)、《国务院关于同意浙江海门港口岸更名为台州港口岸及大麦屿港区扩大开放的批复》(国函〔2008〕36号)和公安部《关于同意组建中华人民共和国曹妃甸、靖江等4个边防检查站和2个边防检查分站的批复》(公政治〔2009〕375号),正式组建穿山、大麦屿边防检查站,均为正团级,隶属浙江省公安边防总队领导与管理。

消防管理

【概述】 2009年,浙江省公安消防部队围绕“强防控、谋打赢、保稳定、促和谐、走前列”的工作思路,排查整治火灾隐患,打造公安消防铁军,开展消防宣传教育,完善战勤保障体系,加强班子和队伍建设,顺利完成各项工作任务。年内,省委、省政府先后5次召开会议研究部署消防工作,并以省委、省政府名义印发《关于进一步加强安全生产工作的意见》,其中着力对加强消防工作提出要求。全省全年共发生火灾4275起,死亡79人,直接财产损失5306.5万元,与2008年同期相比,分别下降8.7%、7.1%和6.8%,连续五年实现省委、省政府提出的火灾三项指标“零增长”目标。全省消防部队全年接警出动43771次,出动消防车74073辆次、消防官兵465412人次,抢救、疏散被困人员10830人,抢救财产价值5.9亿元。涌现出为扑救火灾而牺牲的“人民卫士”王熙智和“群众最喜爱的人民警察”孙永其等先进典型。年内,省公安消防总队被公安部消防局评为全国战训工作先进总队,被中国工程建设标准化协会评为全国工程建设标准化先进集体。

【领导视察指导】 2009年,省领导赵洪祝、吕祖善、

图为省委常委、政法委书记、公安厅厅长王辉忠视察省消防总队指挥中心(2009年2月10日)

夏宝龙、陈敏尔、王辉忠、葛慧君、金德水等听取消防工作汇报、研究消防工作、带队检查消防安全,先后18次就消防工作和消防部队建设作出批示、指示。公安部消防局局长陈伟明少将,政委谢模乾少将,副局长王沁林少将、朱力平少将、于建华少将,副政委尹俊士少将,副局级调研员李兆亭少将等领导先后莅临浙江调研指导,看望慰问部队,对防火灭火、抢险救援等工作作出批示、指示。

【抗击台风"莫拉克"】 2009年8号台风"莫拉克"于8月9日登陆浙江,由于风力强大,全省大部分地区降水急剧增多,部分地区引发大潮、山洪和泥石流,温州、丽水、台州、宁波等地受损严重。台灾期间,全省消防官兵积极投入抗台防洪第一线,共参与各类抢险救援192起,出动车辆295辆、警力1956人次,抢救被困人员115人,疏散被困人员641人,抢救财产价值55.9万元。

【开展打造消防铁军活动】 2009年7月23日,省消防总队召开全省打造公安消防铁军工作会议,研究出台打造消防铁军"十项举措"。年内,组建了由528名攻坚队员组成的118个灭火攻坚组和14个专业攻坚组,配齐配强相应攻坚装备,还选拔培训176名装备技师充实到基层一线部队。同时,提出"铁心向党、铁胆攻坚、铁血为民"的浙江消防铁军口号。11月9日,浙江省公安消防总队在省消防训练基地举行有1000余名消防官兵、专职消防队员和合同制消防队员参加的打造消防铁军"大汇演"暨"119"消防宣传活动启动仪式,由消防人员组成的6个徒步方队和11个车辆方队接受检阅。参演消防官兵进行了塔上救援表演和轻轨事故处置、高层建筑火灾扑救、飞机事故处置以及化学灾害事故处置等实战演练。

【浙江省地震救援总队成立】 2009年5月9日,浙江省地震救援总队(浙江省综合救援总队)在省人民大会堂广场举行成立仪式。该总队由省公安消防总队消防特勤105名官兵、省地震局地震工程领域24名专家和省卫生厅21名医疗救护人员组成,主要承担震后被困、被埋压人员的搜救,其他突发性灾难事故被困、被埋压、失踪人员的搜救,以及省政府交办的其他应急救援任务。省地震局副局长宋心初任领队,省公安消防总队副总队长曹瑞明任队长。省委书记、省人大常委会主任赵洪祝到会讲话,要求省地震救援总队要提高队伍救援能力,在承担震后救援工作的同时,按照"一队多用、一专多能、平震结合、资源共享"的原则,在其他自然灾害和工程事故中发挥抢险救援骨干作用。

【浙江省消防训练基地揭牌】 2009年11月9日,浙江省公安消防总队举行浙江省消防训练基地揭牌仪式。该基地坐落于绍兴市袍江新区,占地300亩,总建筑面积约5.2万平方米,投资约2.8亿元人民币,由行政教学区、灭火救援模拟训练区和生活保障区3个部分组成,可同时承担1200人的培训工作。

【开展消防安全专项整治】 2009年2月～10月31日,省公安消防部队持续开展消防安全专项整治。其间,部署开展高层、地下建筑和人员密集场所专项整治,共排查高层建筑10626个、地下建筑992个、人员密集场所13143个,督促整改火险隐患14765处,责令"三停"(停产、停业、停止施工)827家;开展公众聚集场所易燃可燃装修材料消防安全专项整治,印发《关于公众聚集场所加强消防安全管理的通告》5万份,组织省级相关部门对各地整治情况进行两次专项检查;联合民政部门,对老年人、残疾人、儿童福利机构开展消防安全排查整治,共排查社会福利机构1409家,发现火灾隐患2016处,责令当场整改

1232处、限期整改672处、停止营业20家、取缔不具备消防安全条件的社会福利机构3家；开展中小学校舍消防安全排查整治工作，共排查中小学校7235所、校舍44688栋，发现火灾隐患20722处；联合质检、工商部门开展消防产品质量专项整治，共检查消防产品使用单位9934家，查处案件504起，罚款315.8万元，查封、扣押、没收假冒伪劣消防产品5985件(套)；提请省、市、县三级政府公布第七批318家政府挂牌重大火灾隐患单位，并全部整改完毕。

【开展“三合一”场所专项整治】 2009年，全省各级、各地开展“三合一”(生产、住宿、仓储集中在一起)场所火灾隐患综合整治，共排查治理“三合一”场所42629家，基本消除了集中连片“三合一”现象。7月6～17日，根据省政府办公厅要求，由省公安厅等8个厅局带队，省消防工作联席会议成员单位参加，对全省24个重点县(市、区)“三合一”场所消防安全综合整治工作进行检查，实地抽查24个重点县(市、区)所辖44个重点乡镇(街道)的378家“三合一”场所。全省排查出“三合一”场所42629家，督促完成整改42606家，整改率99.78%。24个重点县(市、区)“三合一”场所火灾数量和损失大幅度下降，城乡消防基础设施建设进一步加强，社会各界特别是企业业主、员工的消防法制、责任意识增强，企业消防安全管理水平、群众自防自救能力提升。

【国家(浙江)陆地搜寻与救护基地在浙开工建设】 2009年10月16日，国家(浙江)陆地搜寻与救护基地奠基仪式在绍兴市袍江新区举行。基地建设项目占地70亩，建筑面积1万余平方米，建有陆地搜寻与救护模拟训练设施，项目总投资1.2亿元，采取中央配套装备、地方完善设施的方式建设。基地建成后，将以公安消防特勤队伍为支撑，与社会专业救援力量联勤联动，主要承担长三角地区以抢救生命为主的地震、台风、山体滑坡、泥石流、爆炸、地铁事故、建(构)筑物倒塌等突发公共事件应急救援任务。

【部署开展出租房屋消防安全整治工作】 2009年2月19日，省政府办公厅召集省委宣传部、省公安厅等部门，研究部署全省出租房屋消防安全整治工作。11月3日，省政府办公厅印发《关于开展居住出租房屋消防安全综合整治工作的意见》明确指出，整治目标是力争通过一年左右时间，使出租房基本达到消防安全要求；建立健全长效管理机制，防止出租房产生新的火灾隐患；进一步落实出租房消防安全责任，规范消防安全管理，完善消防安全设施，增强群众特别是出租人、承租人的消防安全意识，提高消防安全水平，预防和减少出租房火灾。整治的重点范围是用于生产经营单位员工居住(3人以上)且火灾隐患突出的出租房，以及为劳动密集型企业配套的员工集体宿舍。整治的重点区域是城郊接合部、块状经济发达区块、用于出租的简易棚屋连片区域。

【举办全省公安派出所消防监督业务培训班】 该培训班于2009年11月11～13日在杭州千岛湖休养所开训。至2009年12月4日，共举办7期全省公安派出所消防监督业务培训班，有765名基层派出所所长或主持工作的所领导参加，培训内容有消防法律法规、消防监督检查、建筑消防设施和火灾原因调查共四门课程。

图为凌秋来副厅长出席国家(浙江)陆地搜寻与救护基地奠基仪式

【全民消防宣传教育工作现场会暨全国消防宣传工作座谈会在浙召开】 该会议于2009年5月20～21日在杭州召开。会议回顾总结近年来全国消防宣传工作取得的成绩和经验，分析消防宣传工作面临的形势任务和存在的薄弱环节，结合新《消防法》的宣传贯彻，对下一步如何深入扎实开展社会化消防宣传工作提出了具体要求。金德水副省长到会讲话。浙江省全民消

图为“范大姐走浙江”《消防法》宣传活动首站走进杭州市长寿桥小学

防宣传教育工作的经验和做法得到与会代表的一致好评。

【加强消防宣传“六进”工作】 2009年3月，省消防工作联席会议出台《浙江省消防宣传“六进”工作指导意见》，将消防宣传“五进”扩大到“六进”，在全省全面铺开消防宣传进社区、进企业、进学校、进农村、进家庭、进场所活动。同时，进一步完善工作机制，明确各职能部门的工作职责，细化工作方法，量化工作标准，推进消防宣传“六进”向纵深发展。

【开展《消防法》宣传活动】 2009年4月，省公安消防总队在全省范围开展以“人人遵守《消防法》，共同维护消防安全”为主题的《消防法》宣传月专项活动。在杭州举行浙江省暨杭州市《消防法》宣传月启动仪式，全面拉开全省《消防法》宣传月活动序幕。活动期间，与钱江都市频道“范大姐帮忙”品牌栏目策划开展“范大姐走浙江”——《消防法》宣传“六进”系列活动；在《浙江日报》刊登省公安消防总队总队长就《消防法》实施答记者问稿件；启动《消防法》宣传百场文艺巡演活动，在全省巡演104场；与中国石化浙江分公司、《浙江日报》和“浙江在线”网站联合开展浙江省“中国石化·我要安全”《消防法》知识竞赛；参加全国《消防法》知识网络大赛并获组织奖。全省各地按照“政府领导，部门联动，单位落实，群众参与”的原则，举办各类专题宣传活动860场，开展《消防法》专题知识宣讲、培训700余场，参训人数40余万人次，发放新《消防法》手册6万余册，发放张贴宣传资料逾100万份。

【开展夏季消防宣传活动】 2009年7月15日～9月25日，省公安消防总队部署开展夏季高温期间消防宣传活动。其间，全省消防部队利用有奖知识问答、消防演练、发送短信、知识讲座、发宣传单等多种形式开展宣传，共举行各类宣传活动2164次，受众433229人次，发放宣传资料307561份。8月1～16日，总队还与浙江人民广播电台经济台联合举办“安全一夏”专栏，约600余万人次收听节目，发放奖品（灭火器）200余个。

2009年全省火灾起数分布图

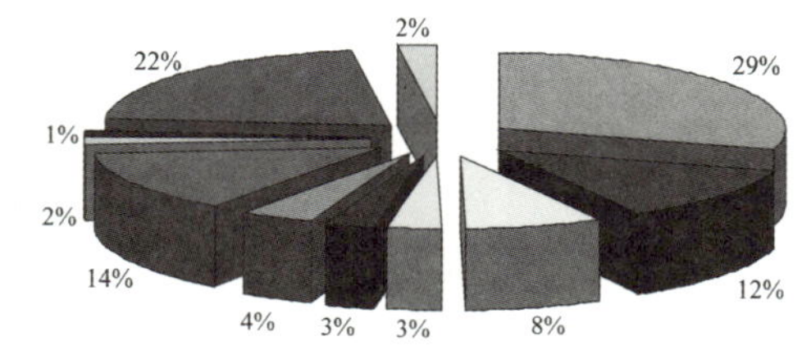

全省火灾原因分布图

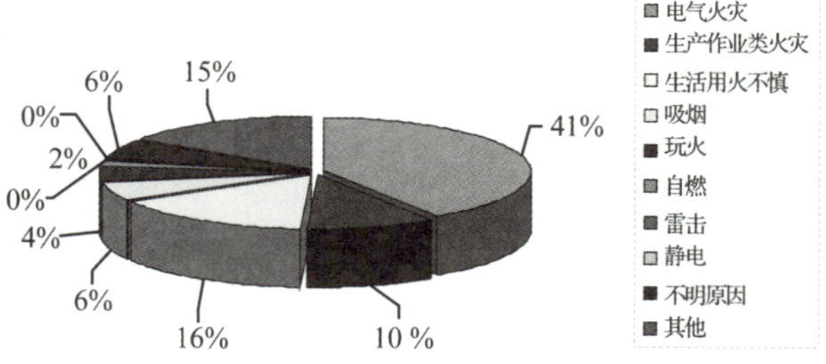

【开展“百日消防安全大宣传”活动】 2008年12月19日～2009年3月28日，省公安消防总队开展“百日消防安全大宣传”活动。其间，全省各级公安消防机构深入社区、农村、学校、企业等开展消防宣传活动计2000余次，举办大型消防咨询活动650余场次，印制和发放新《消防法》读本、消防挂图、消防安全手册等宣传资料700万余份，悬挂消防宣传横幅、张贴

标语1万余条，播出消防公益广告11060条次，举办消防培训课2000余场次，发放《火海逃生》光盘7370余张、《血的教训——浙江省“三合一”场所火灾警示片》光盘3720余张。

浙江省各地市火灾四项指标一览表（包含放火）

项目	火灾概况				较大火灾（2007年6月以后标准）				重大火灾（2007年6月以后标准）			
	起数	死人	伤人	直接财产损失（元）	起数	死人	伤人	直接财产损失（元）	起数	死人	伤人	直接财产损失（元）
合计	4324	89	31	60908750	11	44	7	1405148				
杭州市	1274	9	3	4918472	1	3		2000				
宁波市	532	14		7756868	3	13		291863				
温州市	342	30	9	18063153	3	12		215000				
嘉兴市	132	2	5	2262379								
湖州市	118	3	1	4601880	1	3	1	586061				
绍兴市	190	5		4570497								
金华市	585	9	1	2814731								
衢州市	74	2	2	4717071								
舟山市	49		3	890964								
台州市	929	10	3	6347454	2	9	2	51000				
丽水市	99	5	4	3965281	1	4	4	259224				

注：数据时间为2008年12月21日～2009年12月20日

2009年全省火灾四项指标与2008年同期对比表（不含放火）

类别	2009年（含未查清火灾）				2008年				对　比（%）			
	起数	死人	伤人	直接财产损失（元）	起数	死人	伤人	直接财产损失（元）	起数	死人	伤人	直接财产损失
全省	4275	79	28	53247348	4680	85	26	56914093	−8.7	−7.1	7.7	−6.4
杭州	1262	6	3	4660846	1484	5		5445287	−15.0	20.0	/	−14.4
宁波	527	14		7737210	598	5	2	7936646	−11.9	180.0	−100.0	−2.5
温州	337	28	9	15044414	345	37	7	17436425	−2.3	−24.3	28.6	−13.7
嘉兴	130	2	5	2255299	140	1		2273761	−7.1	100.0	/	−0.8
湖州	117			4015819	117	1		4018604	0.0	−100.0	/	−0.1
绍兴	186	4		4534581	200	1		4615636	−7.0	300.0	/	−1.8
金华	585	9	1	2814731	596	17	14	2998906	−1.8	−47.1	−92.9	−6.1
衢州	71	1		1254863	79	1		1659847	−10.1	0.0	/	−24.4
舟山	48		3	852364	54	6	1	1254908	−11.1	−100.0	200.0	−32.1
台州	920	10	3	6238954	971	8	2	6266048	−5.3	25.0	50.0	−0.4
丽水	92	5	4	3838267	96	3		3008025	−4.2	66.7	/	27.6

2009年全省消防部队接警出动情况一览

单位	起数	出动情况(次)							出动车辆(辆)			出动人次	战斗成果		
		合计	火灾扑救	抢险救援	反恐排爆	公务执勤	社会救助	其他出动	小计	现役	其他		救出人员(人)	疏散人员(人)	抢救财产价值(万元)
小计	42193	43771	4225	27990	8	115	2453	8980	74073	73942	131	465412	4601	6229	59081
杭州支队	9334	9711	1077	6919	2	64	620	1029	17451	17371	80	107493	988	434	730
宁波支队	7540	8065	645	4221		33	438	2728	16496	16470	26	95010	693	1210	4301
温州支队	3878	4177	436	2318	1		150	1272	7726	7707	19	52737	370	871	6948
嘉兴支队	4870	4920	154	4050	1		347	368	6279	6273	6	39413	485	402	12138
湖州支队	2654	2752	133	2235			24	360	4566	4566		28981	327	182	4674
绍兴支队	4585	4760	242	2252		18	82	2166	6947	6947		46506	526	325	3895
金华支队	4002	4054	586	3137	1		215	115	5482	5482		38373	339	201	2646
衢州支队	1064	1066	64	825			64	113	1386	1386		9356	263	1106	1495
舟山支队	582	582	48	497	1		32	4	1337	1337		8916	56	264	10664
台州支队	2274	2274	754	734			130	656	4121	4121		23833	257	745	7996
丽水支队	1410	1410	86	802	2		351	169	2282	2282		14794	297	489	3594

警卫工作

【概述】 2009年,浙江省公安警卫部门在省委、省政府和省公安厅统一领导下,以"安全第一"为指导思想,顺利完成内外宾警卫任务和会议活动保卫任务共计140批,其中内宾一级任务12批、二级任务54批、三级任务38批、照顾对象安全保卫任务14批;外宾一级任务2批、二级任务3批、三级任务4批、部长级照顾对象安全保卫任务13批;全省重要会议和大型活动保卫任务56批;省领导下乡及临时交办安全保卫任务224批。

【警卫吴邦国】 2009年2月5~9日,中共中央政治局常委、全国人大常委会委员长吴邦国在宁波视察雅戈尔集团、天一阁、宁波港集团、三期集装箱码头和杭州湾跨海大桥;在嘉兴视察海宁永福村;在金华视察义乌国际商贸城、浙江博尼服饰有限公司、浦江博物馆和江南第一家;在杭州视察浙江正泰太阳能科技有限公司、达利集团、杭州发动机有限公司、阿里巴巴及西溪湿地等,并就贯彻落实中央经济工作会议精神进行专题调研,同时听取省委、省政府工作汇报。警卫工作由省委常委、政法委书记、公安厅厅长王辉忠统一指挥,警卫局局长王冰等组织实施。

【警卫温家宝】 2009年8月22~24日,中共中央政治局常委、国务院总理温家宝赴丽水和温州两市考察调研,视察丽水青田意尔康鞋业有限公司、纳爱斯集团、艾莱依集团,温州伯特利阀门集团、奥康集团、正泰集团等企业,并听取省委、省政府工作汇报。警卫工作由省委常委、政法委书记、公安厅厅长王辉忠统一指挥,警卫局局长王冰等组织实施。

【警卫贾庆林】 2009年11月7~10日,中共中央政治局常委、全国政协主席贾庆林在宁波、杭州两市企业考察调研,出席"两岸农渔水利合作交流会",会见台湾亲民党主席宋楚瑜一行,听取省委、省政府工作汇报。警卫工作由省公安厅党委副书记、副厅长张景华统一指挥,警卫局局长王冰组织实施。

【警卫李长春】 2009年6月5~9日,中共中央政治局常委李长春在杭州视察中南集团卡通影视有限公司、中控科技集团有限公司、正泰太阳能科技有限公司、江干区采荷文体中心、中国茶叶博物馆、华数数字电视传媒集团有限公司、浙江大学、浙江美术馆、庆春电影大世界、下沙义教教材生产基地物流中心、浙江杂技总团、宋城集团、西溪湿地;在金华视察横店影视产业实验区、义乌国际商贸城、后宅街道李祖村；在嘉兴视察图书馆大桥分馆、七一广场、南湖革命纪念馆、乌镇茅盾故居、西栅景区。主要考察当地文化产业建设情况，并听取省委、省政府工作汇报。警卫工作由省委常委、政法委书记、公安厅厅长王辉忠统一指挥，警卫局局长王冰等组织实施。

【警卫李克强】 2009 年 4 月 19 日，中共中央政治局常委、国务院副总理李克强赴台州三门核电站考察，并参加工程开工仪式。警卫工作由省委常委、政法委书记、公安厅厅长王辉忠统一指挥，警卫局局长王冰等组织实施。11 月 10 日，李克强在杭州参加原国务委员、公安部部长王芳遗体告别活动。警卫工作由省公安厅党委副书记、副厅长张景华统一指挥，省公安厅副厅长凌秋来、警卫局局长王冰等组织实施。

【警卫周永康】 2009 年 11 月 10 日，中共中央政治局常委、中央政法委书记周永康在杭州参加原国务委员、公安部部长王芳遗体告别活动，并接见出席浙江公安工作汇报会的代表。警卫工作由省公安厅党委副书记、副厅长张景华统一指挥，省公安厅副厅长凌秋来、警卫局局长王冰等组织实施。

2009 年来浙重要内宾一览

姓　名	职　　务	一行人数	抵离日期
吴邦国	中共中央政治局常委、全国人大常委会委员长	41	2 月 5～9 日
宋　平	原中共中央政治局常委	7	3 月 3～27 日
李　鹏	原中共中央政治局常委、全国人大常委会委员长	24	3 月 15 日～4 月 28 日
李克强	中共中央政治局常委、国务院副总理	26	4 月 19 日
江泽民	原中共中央总书记、国家主席、中央军委主席	49	4 月 20～30 日
李长春	中共中央政治局常委	21	6 月 5～9 日
温家宝	中共中央政治局常委、国务院总理	42	8 月 22～24 日
乔　石	原中共中央政治局常委、全国人大常委会委员长	24	10 月 13～31 日
尉健行	原中共中央政治局常委、中纪委书记	11	10 月 16 日～11 月 4 日
贾庆林	中共中央政治局常委、全国政协主席	36	11 月 7～10 日
李克强	中共中央政治局常委、国务院副总理		11 月 10 日
周永康	中共中央政治局常委、中央政法委书记		11 月 10 日
路甬祥	全国人大常委会副委员长	8	1 月 1～3 日
王　芳	原国务委员、公安部部长	4	1 月 1 日～11 月 4 日
路甬祥	全国人大常委会副委员长	5	1 月 16～18 日
蒋正华	全国人大常委会原副委员长	7	1 月 17～21 日
路甬祥	全国人大常委会副委员长	4	1 月 24～2 月 1 日
李建国	全国人大常委会副委员长	41	2 月 5～9 日
韩启德	全国人大常委会副委员长	4	2 月 9～11 日
周光召	全国人大常委会原副委员长	6	2 月 16～26 日
迟浩田	原中共中央政治局委员、中央军委副主席	10	2 月 24 日～3 月 11 日
梁光烈	中央军委委员、国务委员兼国防部长	21	3 月 21～25 日

续表

姓　名	职　　务	一行人数	抵离日期
张德江	中共中央政治局委员、国务院副总理	12	3月26～31日
路甬祥	全国人大常委会副委员长	5	4月4～9日
连　战	中国国民党荣誉主席	31	4月11～12日
杨汝岱	原中共中央政治局委员、全国政协副主席	4	4月21～25日
吴　仪	原中共中央政治局委员、国务院副总理	3	4月24～29日
蒋树声	全国人大常委会副委员长	8	4月28日～5月1日
陈至立	全国人大常委会副委员长	8	4月28日～5月2日
桑国卫	全国人大常委会副委员长	6	4月29日～5月3日
路甬祥	全国人大常委会副委员长	5	4月30日～5月3日
王　刚	中共中央政治局委员、全国政协副主席	21	5月6～11日
王忠禹	原国务委员、全国政协副主席	7	5月8～10日
韩启德	全国人大常委会副委员长	5	5月14～19日
吴伯雄	中国国民党主席	24	5月29～30日
成思危	全国人大常委会原副委员长	4	6月25～27日
盛华仁	全国人大常委会原副委员长	16	7月7～11日
蒋正华	全国人大常委会原副委员长	6	7月11～15日
桑国卫	全国人大常委会副委员长	22	7月15～20日
路甬祥	全国人大常委会副委员长	9	7月26日～8月2日
许嘉璐	全国人大常委会原副委员长	6	8月8日
回良玉	中共中央政治局委员、国务院副总理	24	8月11日
俞正声	中共中央政治局委员、上海市委书记	43	8月24～25日
王忠禹	原国务委员、全国政协原副主席	7	9月4～9日
成思危	全国人大常委会原副委员长	4	9月22～24日
回良玉	中共中央政治局委员、国务院副总理	18	9月23～25日
周铁农	全国人大常委会副委员长	4	9月25～27日
曾培炎	原中共中央政治局委员、国务院副总理	11	10月2～11日
俞正声	中共中央政治局委员、上海市委书记	30	10月8日
顾秀莲	全国人大常委会原副委员长	6	10月15～16日
乌云其木格	全国人大常委会副委员长	7	10月14～18日
蒋正华	全国人大常委会原副委员长	4	10月25～27日
陈至立	全国人大常委会副委员长	8	10月25～26日

续表

姓　名	职　　务	一行人数	抵离日期
王岐山	中共中央政治局委员、国务院副总理	23	10 月 26～29 日
刘　淇	中共中央政治局委员、北京市委书记	80	10 月 29～31 日
严隽琪	全国人大常委会副委员长	5	10 月 31 日～11 月 2 日
陈昌智	全国人大常委会副委员长	4	11 月 6～7 日
孟建柱	国务委员、公安部部长	6	11 月 8～10 日
杨汝岱	原中共中央政治局委员、全国政协副主席	6	11 月 7～15 日
马　凯	国务委员兼国务院秘书长		11 月 10 日
铁木尔·达瓦买提	全国人大常委会原副委员长	4	11 月 17～18 日
蒋正华	全国人大常委会原副委员长	4	11 月 20～22 日
路甬祥	全国人大常委会副委员长	25	11 月 23～29 日
周铁农	全国人大常委会副委员长	4	12 月 20～21 日
严隽琪	全国人大常委会副委员长	5	12 月 20～21 日
路甬祥	全国人大常委会副委员长	5	12 月 30～31 日
白立忱	全国政协副主席	3	1 月 6～7 日
王文元	全国政协原副主席	9	1 月 25～31 日
厉无畏	全国政协副主席	7	1 月 28～31 日
徐匡迪	全国政协原副主席	3	2 月 25～26 日
王志珍	全国政协副主席	4	4 月 9～12 日
厉无畏	全国政协副主席	3	4 月 14～16 日
阿不来提·阿不都热西提	全国政协副主席	3	4 月 19～22 日
张怀西	全国政协原副主席	3	4 月 19 日～5 月 5 日
赵南起	全国政协原副主席	8	4 月 23 日～5 月 2 日
徐匡迪	全国政协原副主席	4	4 月 24～25 日
万　钢	全国政协原副主席	5	4 月 24～25 日
曹建明	最高人民检察院检察长	7	5 月 5～6 日
王志珍	全国政协副主席	3	5 月 15～17 日
李金华	全国政协副主席	3	5 月 16～19 日
黄孟复	全国政协副主席	5	5 月 30～31 日
宋楚瑜	台湾亲民党主席	13	11 月 6～11 日
孙家正	全国政协副主席	6	7 月 9～12 日

续表

姓　名	职　　务	一行人数	抵离日期
吴胜利	中央军委委员、海军司令员	20	7月15～16日
王文元	全国政协原副主席	4	7月17～20日
王文元	全国政协原副主席	3	9月9日
钱正英	全国政协原副主席	6	10月3～5日
厉无畏	全国政协副主席	7	10月4～7日
厉无畏	全国政协副主席	5	10月17～18日
阿不来提·阿不都热西提	全国政协副主席	6	10月18～22日
杜青林	全国政协副主席、中央统战部部长	9	10月21～23日
厉无畏	全国政协副主席	4	10月24～28日
张怀西	全国政协原副主席	3	10月29日～11月2日
李　蒙	全国政协原副主席	5	10月30日～11月4日
罗富和	全国政协副主席	3	10月31日～11月2日
张梅颖	全国政协副主席	5	10月31日～11月2日
黄孟复	全国政协副主席	6	11月1～4日
林文漪	全国政协副主席	5	11月17～21日
李继耐	中央军委委员、总政治部主任	13	11月25～30日
陈炳德	中央军委委员、总参谋长	20	12月2～3日
常万全	中央军委委员、总装备部部长	15	12月11～12日
孙家正	全国政协副主席	6	12月11～13日
张梅颖	全国政协副主席	2	12月18～19日
徐匡迪	全国政协副主席	4	12月27～31日

【警卫新加坡总理李显龙】 2009年6月4～7日，新加坡总理李显龙一行34人来浙访问。其间，李显龙一行在杭州出席新加坡杭州科技园开幕典礼，参观阿里巴巴公司，游览西湖、岳庙，并观看《印象西湖》文化表演；在宁波出席凯德置地来福士城开幕典礼，参观宁波港集团有限公司、北仑港三期码头和杭州湾大桥平台。警卫工作在省委、省政府领导下，由省委常委、政法委书记、公安厅厅长王辉忠统一指挥，警卫局政委傅永琪等组织实施。

【警卫巴基斯坦总统扎尔达里】 2009年8月21～23日，巴基斯坦总统扎尔达里一行89人来浙江访问。其间，扎尔达里一行在住地举行系列拜会与项目签约活动，并接受媒体专访。浙江省人大常委会主任、省委书记赵洪祝在西子宾馆会见并宴请扎尔达里总统一行。警卫工作在省委、省政府领导下，由省委常委、政法委书记、公安厅厅长王辉忠统一指挥，警卫局政委傅永琪组织实施。

2009 年来浙重要外宾一览

姓　名	职　务	一行人数	抵离日期
李显龙	新加坡总理	34	6 月 4～7 日
扎尔达里	巴基斯坦总统	89	8 月 21～23 日
貌　埃	缅甸国家和平与发展委员会副主席	52	6 月 18～19 日
诗琳通	泰国公主	37	7 月 22 日
布凯尼亚	乌干达副总统	5	11 月 24～27 日
温长明	新加坡总检察长	5	10 月 22～24 日
骆家辉	美国商务部部长	74	10 月 27～30 日
柯　克	美国贸易部部长		10 月 27～30 日
维尔萨克	美国农业部部长		10 月 28～30 日
何塞·巴亚尔迪	乌拉圭国防部部长	6	11 月 24～27 日
宋吉滴	泰国军队最高司令	11	5 月 20 日
马利克	巴基斯坦内政部部长	11	6 月 10～11 日
巴　雷	厄瓜多尔联指司令	9	7 月 12～14 日
克　林	澳大利亚贸易部部长	18	7 月 11～12 日
卡　尔	澳大利亚工业和科研部部长		7 月 11～12 日
艾　仑	美国海岸警卫队司令	9	7 月 14～15 日
诺曼·巴希尔	巴基斯坦海军参谋长	8	7 月 31 日
尼日利亚奥贡州代表团		24	9 月 6～8 日
让·平	非洲联盟奥委会主席	7	9 月 9～10 日
恩辛巴	刚果国防部部长	8	10 月 23 日
米　亚	马拉维国防部部长	8	10 月 31 日

【保卫浙江省“两会”】 2009 年 1 月 13～21 日，浙江省十一届人大二次会议和省政协十届二次会议在杭州召开，参加“两会”的代表和委员（含列席、特邀、旁听、听会）共 2156 人。保卫工作在“两会”秘书处和省公安厅领导下进行，省警卫局等单位具体组织实施。

【保卫省委十二届五次和六次全体（扩大）会议】 2009 年 5 月 6～8 日和 2009 年 10 月 20～23 日，浙江省委十二届第五次和第六次全体（扩大）会议分别在杭州召开。会议安全保卫工作在省委领导下进行，省警卫局局长王冰组织实施。

【保卫浙江省庆祝新中国成立 60 周年系列活动】 2009 年 9 月 26 日，浙江省庆祝新中国成立 60 周年文艺巡游活动在钱江新城之江路举行；浙江省庆祝新中国成立60周年暨首届浙江文化艺术节开幕式文艺晚会在钱江新城市民广场举行。活动安全保卫工作在省公安厅领导下，由省警卫局牵头组织实施。

【保卫第20届中美商贸联委会】 2009年10月28～29日，第20届中美商贸联委会在杭州举行。中共中央政治局委员、国务院副总理王岐山，美国商务部部长骆家辉、贸易代表柯克等共同出席会议，双方代表约160人。警卫工作在省委、省政府和省公安厅统一领导下，由公安厅副厅长凌秋来指挥，省警卫局、治安总队和杭州市公安局共同组织实施。

【保卫第七届海峡两岸中华传统文化与现代化研讨会】 2009年10月30日～11月2日，第七届海峡两岸中华传统文化与现代化研讨会在杭州举行，全国人大常委会副委员长、民进中央主席严隽琪，全国政协副主席罗富和，全国政协原副主席张怀西以及浙江省省长吕祖善等出席会议并讲话。保卫工作在省公安厅领导下，由省厅警卫局局长王冰组织实施。

【保卫王芳遗体告别活动】 2009年11月10日下午，原国务委员、公安部部长王芳遗体告别活动在杭州举行。李克强、周永康、马凯、孟建柱等党和国家领导人及中央、各省市党政领导等1500余人参加告别。告别活动安全保卫工作由省公安厅党委副书记、副厅长张景华统一指挥，省公安厅副厅长凌秋来、警卫局局长王冰等组织实施。

【推行路线警卫勤务新模式】 2009年，省警卫局结合浙江警卫工作实际，改进和加强路线警卫工作，实行以警卫勤务路线常态管理为基础，智能交通为依托，摩托车报信疏导为手段，加强车队护卫为重点的路线警卫勤务新模式，并在杭州和宁波两地进行了试点。

【召开全省第十次公安警卫工作会议】 该会议于2009年1月6日在杭州召开。公安部警卫局局长董福元，省委常委、政法委书记、公安厅厅长王辉忠出席会议并就如何加强和完善警卫工作讲话。省级各相关单位，厅机关相关部门，市公安局局长和警卫处处长等100余人参加会议。

道路交通管理

【概述】 2009年，全省公安交通管理部门以交通事故零增长和控制重特大交通事故发生为目标，加强路面交通秩序整治，严查严重交通违法行为。年内，全省共发生上报道路交通事故23390起，死亡5689人，受伤25487人，直接经济损失8846.3万元，同比分别下降9.77%、2.97%、11.95%和10.18%；一次死亡3人以上事故同比减少8起，下降15.1%；万车死亡率为5.95，下降0.7。队伍正规化水平和执法能力提升，全省共创建示范标准岗278个；树立市级以上规范执法示范单位132个，执法标兵和岗位能手750名；获得三等功以上的集体37个，个人213名；获得省部级以上表彰的集体48个，个人60名。

【加强春运道路交通管理】 2009年1月11日～2月19日春运期间，全省公安交通管理部门以“保安全、保畅通”为目标，以预防重特大道路交通事故为重点，全警动员，全力以赴，确保全省主干线道路安全畅通和交通安全形势平稳。其间，全省出动警力35万余人次、警车9万余台次，设立春运安全服务站123个，查处各类交通违法行为106万起。全省发生道路交通事故1975起、死亡451人、受伤2198人、直接经济损失553.2万元，与2008年春运相比分别下降19.91%、11.22%、23.65%、28.66%，死亡人数减少57人，未发生一次死亡5人以上交通事故。

【继续开展城市畅通工程建设】 按照公安部、住房和城乡建设部总体部署，2009年，省公安厅、住房和城乡建设厅在11个设区的市以及义乌、余姚、慈溪、诸暨、绍兴（县）、温岭、瑞安、乐清、海宁、上虞等10个年GDP300亿元以上的县级市，继续开展城市畅通工程建设，提升城市交通管理整体水平。经两部评定，宁波、杭州继续保持一等管理水平，湖州市新升一等管理水平，丽水市新升二等管理水平，所有设区的市全部达到二等管理水平。

【集中整治严重交通违法行为】 根据公安部统一部署，2009年2月20日～3月31日，全省公安交通管理部门开展为期40天的严重交通违法行为集中整治行动，集中整治机动车超速、客车超员、酒后驾驶、疲劳驾驶等四项严重交通违法行为。其间，全省出动警力10万余人次，查处交通违法32万余起，其中超速行驶18万余起，客车超员605起，酒后驾驶1805起，疲劳驾驶180起。

【89个单位达到部、省级“平安畅通县（市、区）”标准】 2009年，全省继续深化平安畅通县（市、区）创建活动，经努力，杭州市上城区等9个县（市、区）达到部级

图为召开全省道路交通安全暨深化平安畅通县(市、区)创建工作电视电话会议(2009 年 5 月 21 日)

平安畅通县(市、区)标准;杭州市桐庐县等 89 个县(市、区)达到省级平安畅通县(市、区)标准。

【集中整治严重交通违法行为】 2009 年 5 月 25 日～7 月 15 日,全省开展为期 50 天的严重交通违法行为集中整治,突出对超速 50%以上、非法改装机动车、重点车辆违法、酒后驾驶及多次违法行为未处理车辆的查处工作。其间,全省共出动警力 49 万余人次,查处交通违法行为 809 万余起,吊销机动车驾驶证 368 本,拘留 1796 人次。交通事故同比减少 554 起,下降 16.08%,事故死亡人数同比减少 56 人。

【开展"蓝盾"集中统一行动】 2009 年,省公安厅交管局先后组织开展 11 次代号为"蓝盾"的系列集中统一行动,突出整治超速、超员、酒后驾车等严重影响交通安全的违法行为。其间,出动警力 76 万余人次,查处交通违法行为 200 万余起。

【开展"走访学校企业消除事故隐患"活动】 2009 年 5 月 5～31 日,全省公安交警部门会同交通、安监部门,对运输企业、学校的交通安全责任制落实情况、驾驶人安全教育等情况进行重点排查,督促企业进一步落实交通安全主体责任,将事故多发企业列入"黑名单"并向社会公布。全省各级交警部门共深入企业 2742 家,处理本省籍营运客车、校车违法行为 14307 起,处理率 89.06%。

【开展交通事故逃逸案件侦破专项行动】 根据公安部交管局统一部署,2009 年 7 月 1 日～9 月 30 日,全省开展交通肇事逃逸案件集中侦破工作。其间,侦破交通肇事逃逸案件 176 起,其中死亡逃逸案件 80 起;向检察院移送案件 96 起,检察院提起公诉 46 起;经法院判决 19 起,拟追究刑事责任 62 人。省级挂牌督办的 10 起交通肇事逃逸案全部侦破,抓获交通肇事犯罪嫌疑人 10 名。

【推出道路交通五条常态严管措施】 2009 年 8 月 6 日,省公安厅推出道路交通五条常态严管措施。主要内容包括:一是依法从严查处酒后驾驶机动车违法行为。醉酒后驾驶机动车的,一律处 15 日拘留和暂扣 6 个月机动车驾驶证并处 2000 元罚款;一年内有醉酒后驾驶机动车,被处罚两次以上的,吊销机动车驾驶证,并在媒体上予以曝光;查获的酒后驾驶机动车违法行为属国家机关工作人员的,依法处罚后,一律抄送同级纪检监察部门。二是依法从严查处驾驶机动车超速 50%以上违法行为。在高速公路行驶时速 180 千米以上、普通公路行驶时速 135 千米以上(杭州机场快速路时速 150 千米以上)、城市道路行驶时速 105 千米以上以及公路营运客车超速(普通道路超过该路段实际最高限速)50%以上的违法行为,由公安交警部门定期在媒体公开曝光,依法一律予以罚款并处吊销机动车驾驶证。三是依法从严查处有多次交通违法行为未及时接受处理的机动车。机动车有 5 次(含)以上交通违法行为记录,当事人经告知后未在规定期限内接受处罚的,一经查获,一律予以扣留机动车,依法处罚后予以放行。四是建立对辖区客运企业车辆的定期巡检制度。市、县两级公安交警部门定期对辖区客运企业所属营运客运车辆的交通违法行为进行梳理,并上门督促其及时处理。落实重点安全监管运输企业公布制度,定期在媒体曝光交通违法行为突出的客运企业,并会同交通运输管理部门对其进行整顿。五是建立严重交通违法行为数据库。有超速行驶 50%以上、5 次(含)以上违法记录的机动车、公路营运客车超员 20%以上、酒后驾驶、闯红灯、假牌套牌、非法改装等严重交通违法行为的,除依法进行处罚外,将机动车及驾驶人列入"重点监控车辆(驾驶人)”数据库进行重点监管。8月7日,省厅召开全省公安机关贯彻落实严重道路交通违法行为五条常态严管措施电视电话会议,省委常委、政法委书记、公安厅厅长王辉忠,副厅长郑兴军等领导对酒后驾驶等交通违法行为实施常态严管措施进行动员部署,决定从即日起在全省范围内实施严重道路交通违法行为五条常态严管措施。此后,省公安厅先后4次组织新闻通报会、发布会、集体采访等形式,向媒体通报全省公安机关五条常态严管措施落实情况。

【开展集中整治酒后驾驶违法行为专项行动】 为贯彻落实省委书记赵洪祝等领导关于杭州“8·4”交通事故重要批示精神,2009年8月7日,省公安厅召开全省公安机关贯彻落实严重道路交通违法行为五条常态严管措施电视电话会议,在全省范围开展严厉查处酒后驾驶违法行为集中整治行动。8月14日,公安部召开严厉整治酒后驾驶交通违法行为电视电话会议。全省公安机关随后建立健全查处酒后驾驶违法行为工作联动机制,交警部门加强与相关职能部门、社会相关行业、新闻媒体和公安机关内部相关警种和部门的联动,增强整治威慑力,提升执法效果。同时,省公安厅与省纪委、监察厅联合出台《关于党政机关工作人员要自觉遵守交通安全法律法规的通知》,要求各级纪检监察机关及时受理公安机关关于党政机关工作人员违反交通安全法律法规的情况通报,对造成严重后果的,依照有关纪律规定严肃处理。与省委政法委联合出台《关于严禁政法干警酒后驾驶机动车的通知》,严禁政法干警酒后驾驶机动车,并要求政法干警带头遵守交通安全法律法规,积极配合交警部门依法管理,共同维护道路交通秩序。联合省委宣传部,部署严禁酒后驾驶宣传教育活动,动员全社会自觉抵制酒后驾驶等严重交通违法行为。与省高级人民法院联合出台《关于审理交通肇事刑事案件的若干意见》,规定六种情形一律不适用缓刑,五种情形一般不适用缓刑。与省交通运输厅联合出台《关于加强酒后驾驶等交通违法行为管理进一步做好运输安全工作的通知》,就全省加强营运车辆驾驶员酒后驾驶等交通违法行为管理,进一步做好道路运输安全工作提出要求。9月23日,省委书记赵洪祝在省厅关于全省公安机关整治酒后驾驶的专报材料上作出重要批示:这项工作开展得好。社会影响大、效果好,广大公安民警付出了极大辛苦。可依此材料为基础整理一情况通报,以推动工作、巩固成果。另外,纪检监察部门对通报的情况要作出处理。9月22日,省长吕祖善在省公安厅《关于报送全省公安机关整治酒后驾驶交通违法行为工作情况的函》上作出批示:工作很有力度,很有成效。要进一步研究如何使整治酒后驾驶工作进入长效机制。9月30日,省委办公厅、省政府办公厅下发《关于整治酒后驾驶交通违法行为工作情况的通报》,对前阶段工作进行点评,对深化和巩固整治“酒驾”工作成果提出四点要求。截至2009年底,全省共查处酒后驾驶交通违法行为71832起,其中饮酒后驾驶64333起,醉酒后驾驶7499起,因醉酒驾驶吊销驾驶证25本,因醉酒驾驶拘留7404人,醉酒拘留执行率达98.73%。向纪检监察部门抄送涉及国家工作人员酒后驾驶行为221起。整治期间,全省道路交通事故起数同比减少1165起,下降10.14%,交通事故死亡人数同比减少79人,下降2.77%;特别是涉酒交通事故同比下降40.82%,死亡人数下降36.7%,其中一次死亡3人以上事故同比减少13起,下降56.52%。

图为省公安厅举行整治酒后驾驶交通违法行为新闻通报会(2009年8月26日)

【继续开展农村小客运质量安全整治和规范活动】 2009年,省公安厅、交通厅、工商行政管理局、安全生产监督管理局和农业厅继续开展该活动。在发挥上虞和嘉善两个试点县市典型示范作用基础上，有序推进农村小客运整治和规范工作，农村客运企业基本实现“经营主体公司化、经营方式公交化、公交线路网络化”。全省共排查农村小客运车辆 20287 辆，驾驶人 23836 人，其他从业人员 22315 人，客运班线 3895 条。全省 478 家农村小客运企业中，462 家符合规范标准，规范率达 96.7%。

【召开全省道路运输行业安全工作现场会】 该会议于 2009 年 9 月 3～4 日由省公安厅、交通厅牵头在绍兴召开，会议推广绍兴市汽车运输集团有限公司理念创新、体制创新、科技创新、管理创新和文化创新五大创新工作经验 和“部门监管、企业主体、驾驶人自律”的交通安全责任制，推动预防重特大交通事故各项措施落实。省政府办公厅副主任孟刚、省公安厅副厅长郑兴军等出席会议。

【排查整治事故多发点段和临水临崖高落差危险路段】 2009 年 3 月 20 日，省公安厅、交通厅、安全生产监督管理局第八次公布省级 100 处事故多发点段、第四次公布 100 处临水临崖危险路段。截至年底，全省共完成临水临崖高落差危险路段整治 4804 千米，共计投入资金 9.7 亿元。至此，全省已完成所有国、省道临水临崖高落差危险路段治理工作。全省双百路段 2009 年事故起数同比减少 579 起，死亡人数减少 146 人，受伤人数减少 402 人。

【参与新建改建公路设计审查和验收】 2009 年，省公安厅交管局依法参与对舟山跨海大桥、钱江通道、东永高速等 6 条高速公路和 320 国道富阳段、萧山机场公路改扩建工程等高等级公路的设计评审和验收工作，并参加了舟山连岛工程一期、浦阳互通、富阳互通等相关高速公路、国省道的安全性评价工作和全省高速公路计重收费、ETC 不停车收费、二义性路径识别三大工程的审查、协调工作。

【加强剧毒化学品道路运输安全管理】 2009 年，全省公安交通管理部门继续做好剧毒化学品公路运输通行证发放和管理工作。全省共发放剧毒化学品公路运输通行证 45287 张，未发生有重大影响的剧毒化学品公路运输事故。

【做好道路交通安全保卫】 2009 年，省公安厅交管局组织部署道路交通安全保卫任务 100 余批次，包括南京战区部队“联合投送”综合演练、海军重要军事物资运输、联合国国际禁化武组织核查组对浙核查、国庆 60 周年文艺巡游、首届浙江文化艺术节等重大活动的交通保障工作。

2009 年浙江省机动车和驾驶人情况一览

单位＼类别	机动车总量（辆）	增长率（%）	汽　车（辆）	增长率（%）	驾驶人总量（人）	增长率（%）
杭州	1577569	13.04	992128	20.52	1821229	9.71
宁波	1390334	10.23	707968	21.52	1310529	12.44
温州	1148625	15.35	637023	25.01	933541	7.75
绍兴	784782	6.98	345036	23.28	932017	8.34
湖州	754619	5.85	167738	28.25	679730	6.58
嘉兴	1054422	9.53	283753	24.58	890537	6.75
金华	1106265	10.68	464282	24.47	1273123	5.78
衢州	335206	13.21	92868	30.65	421448	8.33
台州	1121934	10.34	454829	23.58	1061877	8.62
丽水	439099	8.49	114238	22.56	486435	5.52
舟山	119186	11.97	46857	25.71	162963	9.18
省厅	34997	/	26311	/	/	/
合计	9867038	10.34	4333031	22.23	9973429	8.35
农机	拖拉机约为 13.9 万辆			拖拉机驾驶人约为 17.9 万人		
总计	10006038			10152429		

【开展交通管理执法规范化建设】 2009年，全省各级公安交警部门以全面提高执法能力和执法公信力为目标，以解决人民群众最关心、反映最强烈的执法突出问题为突破口，深入开展交通管理执法规范化建设。4月7～9日，省公安厅交管局在浙江警察学院举办全省交警系统领导干部和业务骨干规范执法培训班，厅党委委员、纪委书记、督察长华远平作题为《深入学习实践科学发展观大力推进执法规范化建设》的主题宣讲。年内，浙江省被确定为全国交警系统6个规范执法示范省之一，杭州、宁波被确定为全国交警系统第一批规范执法示范城市。

【实行道路交通违法行为异地罚缴制度】 2009年，省公安厅交管局与财政厅和相关银行紧密合作，在绍兴、嘉兴、湖州等地试点基础上，于5月1日起在全省实行有监控记录的道路交通违法行为异地罚缴制度，为交通违法人接受处理提供方便。

【推广交警移动警务系统】 2009年，省公安厅交管局与中国移动通信集团浙江有限公司、工商银行浙江省分行合作，在全省公安交警部门推广公安移动警务系统，至8月，全省推广完毕。同时，还推出配套移动警务通使用的牡丹畅通卡，可用于现场缴纳罚款。

【开展“走近浙江数字交警”异地采访活动】 2009年11月10～14日，省公安厅交管局与中国广播电视协会交通宣传委员会联合开展“走近浙江数字交警”异地采访活动，组织全国17家省级电视媒体以及其他10余家省内媒体，对全省公安交通管理科技建设情况进行了新闻采访，并在全国多家省级电视台联播。

【推广杭州市社区交通管理服务站模式】 2009年2月，省公安厅召开现场会对杭州市公安局交警支队“驻社区（企业）交通管理服务站”模式进行推广。杭州市的做法主要是：建设集管理、宣传、服务于一体，具有综合性质的基层服务实体，主要负责辖区内交通管理基础排查，开展辖区交通安全宣传教育，受理车辆和驾驶人管理的部分业务，承办适用简易程序的交通违法行为和交通事故处理，接受群众来访、报警等工作。截至年底，全省已建社区交通管理服务站102个。

高速公路交通管理

【概述】 2009年，在高速公路新增229千米，管辖里程达到2917千米情况下，省公安厅高速公路交警总队围绕“控大”和“零增长”目标，深化“平安畅通高速”建设。年内，全省高速公路发生交通事故死亡376人，同比减少19人，下降4.8%，比控制指标减少死亡44人，每百千米死亡率为12.9；发生一次死亡3人以上事故9起，死亡33人，同比分别下降50%和53.5%。年内，该总队被评为第二届全省“人民满意的公务员集体”，涌现出占立明、王国校、王辛微和衢州支队女子执勤岗亭等一批先进典型。

【集中整治严重道路交通违法行为】 2009年5月25日～7月15日，省公安厅高速公路交警总队部署开展该集中整治行动。其间，共查处交通违法行为85万余起，同比增加5.5倍，减少死亡27人。8月省厅出台交通管理五条常态严管措施后，省厅高速公路交警总队以“3+5”（“3”是三种车型，即营运客车、超速50%以上车辆、5次以上违法未处理的机动车；“5”是五种违法行为，即酒后驾车、营运客车超员、超速、货车疲劳驾驶、违法停车）为重点，通过卡点拦截、路面严管、挂牌查处等方式从严打击严重交通违法行为。

图为高速交警部署对严重道路交通违法行为进行整治

【春运交通安全管理】 2009年1月11日～2月19日春运期间，省公安厅高速公路交警总队以安全畅通为目标，严管严治，强化重点，确保全省高速公路的安全、畅通。其间，出动警力2.6万人次、警车1.6万辆次，设立春运服务站44个，查处交通违法行为14.5万余起。春运期间，全省高速公路共发生道路交通事故2842起，死亡25人，受伤292人，同比分别下降23.7%、10.7%、7.6%，未发生一次死亡3人以上较大交通事故，未发生严重交通堵塞。

【日常交通秩序管理】 2009年，省公安厅高速公路交警总队继续把日常交通秩序管理作为事故预防的基础，深化“白天抓超速、夜间抓超载、出入口抓超员、服务区抓疲劳”的“四抓”措施，在不同时段、路段采取不同管理措施和方法，形成服务区引导检查、夏季夜间防疲劳提醒服务、不定期交通秩序整治、现场执法和非现场执法相结合等常态做法，提高管理工作针对性和有效性。年内，共查获交通违法行为225.4万起，同比上升36.2%；处罚交通违法行为208万起，查获酒后驾驶613起，对其中醉酒的109名驾驶员全部执行拘留；违法处罚率84.7%，其中外省籍处罚率达到41.9%；新闻媒体曝光的交通违法行为处罚率100%。

【营运客车交通管理】 2009年，省公安厅高速公路交警总队把营运客车交通管理放在突出位置，专门下发意见，实行精细化管理。建立重点车辆管理系统，登记客运单位7425家，营运客车62065辆。利用信息系统，对本省客运企业车辆违法“月月清”。各省际卡口对进入浙江的营运客车逢车必查。召开本省和外省籍营运客车管理座谈会，通报管理措施，落实企业主体责任。两次挂牌查处严重违法营运客车，共处理违法行为1.7万起，处理率99%。年内，本省营运客车违法处罚率达到90.5%，外省达到88.7%。年内，全省高速公路共发生涉及营运客车事故死亡33人，同比下降13.2%。

【整治道路安全隐患】 2009年，省公安厅高速公路交警总队依托高速公路交通安全管理联席会议，主动联系高速公路业主，对道路安全隐患开展排查，对排查出的隐患路段，严明责任，限时整改。同时协调省交通投资集团有限公司，投入亿元以上资金，分两年整改所有过低和不够牢固的护栏。年内，列入省级治理的28处危险点段治理率达到92.9%，死亡人数同比减少3人，下降12.5%。

【做好高速公路警卫工作】 2009年，省公安厅高速公路交警总队共完成各级各类警卫任务192批570次，其中一级任务9批46次、二级任务42批121次、三级任务41批99次。

【协助打击违法犯罪】 2009年，省公安厅高速公路交警总队加强与地方公安机关的协作配合，发挥省际卡点检查、堵截阵地作用，加强路面治安查控，全力打击各类违法犯罪活动，主动服务公安工作。年内，共查获盗抢车58辆、非法运输危险品车79辆；查处治安案件154起；协助侦破刑事案件68起，其中涉及“两抢”、绑架和非法拘禁案11起，抓获犯罪嫌疑人95人；查处涉毒案件15起，缴获毒品百余克。

【甬舟高速安全运行】 2009年12月25日，舟山跨海大桥（甬舟高速公路）顺利开通，全长50千米，双向四车道，是舟山市第一条高速公路。省公安厅高速公路交警总队在做好前期准备工作基础上，从各支队抽调精干警力，通过路面隐患排查治理、交通安全宣传、部门协作联动等措施，并依托宁波、舟山两地

图为举行舟山跨海大桥通车仪式

严管，确保了大桥安全顺利运行。

图为服务区警务现场会（2009年8月4日）

【加强科技建设和应用】 2009年，省公安厅高速公路交警总队建设完成所有省际卡点拦截系统、重点支队无线通信同频同播网建设；完善升级指挥调度、超速抓拍等项目；开发应用营运客车管理系统、非现场执法平台、移动警务执勤系统，提升科技服务实战效能。年内，利用科技设备查获非现场违法行为225.4万起，同比上升36.2%；卡口勤务查处外省籍车辆违法行为30.4万起，“数字交警”成为浙江高速交警的新型勤务模式。

【推进执法规范化建设】 2009年，省公安厅高速公路交警总队坚持“理性、平和、文明、规范”执法，定期组织执法能力测试，开展执法为民思想教育和执法知识业务培训；修订完善《执法质量综合评估实施办法》，大队每月、支队每季、总队每半年开展办案质量考核评估，提高执法办案水平；主动收集、梳理和解决群众反映集中的执勤执法问题，增设违法处理窗口，推出便民服务举措，增强执法管理效果。年内，总队共办结行政案件208万起，没有败诉案件；交通刑事案件准确率达100%；收到信访投诉案件52起，均及时办结，未发生到省厅以上的有责信访和因执法不当引起的媒体炒作事件。

【启用服务区警务室】 2009年，省公安厅高速公路交警总队联合高速公路业主在全省高速公路20对服务区建设并启用服务区警务室。年内，服务区警务室基本建成，重点在交通管理、宣传教育、治安管理、便民服务等方面开展工作，提升高速公路服务水平。

【加强应急救援中心建设】 2009年，省公安厅高速公路交警总队完成应急救援中心12122指挥调度系统的升级改造工作，应急救援功能得到加强。全年接听12122电话170万次，做到热情服务，妥善处理。出台《指挥中心工作预案和流程》，突出快速反应，强化指挥协调，统一指挥、反应灵敏、协调有序、联勤联动、运转高效的实战工作机制得到进一步完善。建立互联网即时路况发布平台，及时发布封道、分流等路况信息3000余条。

（**责任编辑** 胡晓东）

行业公安

铁路公安

【概述】 2009年，杭州铁路公安处以“稳”字为工作主基调，完成春运、国庆60周年、杭深客专开通运营安全保卫等一系列公安保卫任务，有力推进“三基”和队伍正规化建设，实现铁路公安民警向公务员转制的顺利过渡，确保管内政治、治安大局和运输生产安全形势的持续稳定。年内，2个集体、2名个人获二等功；5个集体、23名个人获三等功；7个集体、150名个人受到嘉奖；3个集体、6名个人分获先进集体和先进个人称号。

【新成立派出所】 2009年9月18日，根据上海铁路公安局《关于成立奉化等5个车站公安派出所的通知》，成立奉化、瑞安、乐清、台州、新温州站（10月2日，更名为温州南站）公安派出所。

【加强治安管理】 2009年，杭州铁路公安处重点针对盗抢旅财、倒卖车票等突出治安问题，坚持治安面从严从紧管理和打防控整体推进，确保管内治安平稳。年内，共查处行政案件1389起，处罚违法人员1645名；抓获票贩982名，缴获车票3997张，折合人民币51.54万余元；破获刑事案件2350起，抓获犯罪嫌疑人1967名。加强站车查堵，查堵破案1432起，查获公安部网上逃犯898名，缴获各类毒品7416.48克，缴获假币面值10.40万元（其中假人民币7.39万元），缴获枪支10支（其中仿“六四”式手枪2支、仿真枪6支、催泪瓦斯发射枪1支、自制土枪1支）。

【开展路外安全宣传月活动】 2009年3月25日～4月22日、8月10日～9月10日，杭州铁路公安处两次开展以“强意识、整隐患、保安全”为主题的路外安全宣传月活动。其间，开展大型宣传活动181场次、举办宣传讲座、宣传课274场次，发放宣传资料10.94万余份，通过电视、广播、报刊等媒体开展宣传320次，签订安全协议902份，受教育群众达264万余人次。

【开展春运“蓝盾”打票贩专项行动】 2008年12月15日～2009年2月19日，杭州铁路公安处组织开展“蓝盾”专项行动。其间，调查旅客90.32万余人次，查处倒卖车票案件380起，抓获票贩481名（其中刑事拘留17名、劳教3名、行政拘留271名），摧毁倒票团伙24个，捣毁倒票窝点156处，缴获车票3653张，票面价值46.39万余元。

【完成春运安全保卫任务】 2009年1月5日～2月19日春运期间，杭州铁路公安处共查获“三品”5328批5968件；调查旅客91.9万人次，发现高价票1410张，获取倒票线索580条，循线破获倒票案件98起，抓获票贩141名；组织添乘机车681趟次，发现并督促相关派出所整改安全隐患133处；检查道口580余处次，发现并整改安全隐患104处。强化对流窜犯罪的打击，破获各类刑事案件141起，同比上升41%；抓获公安部网上逃犯55名，同比上升34.15%。开展“冬季防火百日安全竞赛”活动，共检查列车155趟次，车站35个次，客技站、机务油库及其他防火重点部位136处次，发现并督促整改隐患222处，填发各类消防监督法律文书159份。开展“走进千家万户，共铸平安铁路”爱民实践活动，共走访困难群众794人次，内部单位225个次，旅客、货主19392人次；收集意见和建议543条；帮助货主、群众解决困难482个；为民办好事4123件，收到表扬信、锦旗115封（面）。加大对外宣传力度，通过新闻媒体刊发各类稿件309篇，其中中央级79篇。

【完成沿海铁路联调联试安全保卫任务】 2009年6月4日～8月13日，沿海铁路开通前的联调联试工作全面展开，涉及杭州铁路公安处管内甬台温线和温福线（浙江段）共计351.6千米线路。该处组织多批警力投入沿海铁路联调联试安全保卫工作，先后共出动民警3989人次、保安12379人次，机动车辆1926趟次，确保682趟试验列车（其中336趟动车组列车）的安全。其间，共清理线路闲杂人员262名、劝阻违规上道施工人员812人；发现护栏高度不够、间隙过大、底空过高及排水沟未封堵、涵洞积水、信号设备未加固防护等15类安全隐患达4500多处，整改各类隐患4400多处。实现上级提出的“零事故、零伤

图为国庆期间铁路特警在杭州站开展武装巡逻

亡”工作目标。

【完成警卫任务】 2009年，杭州铁路公安处共完成专运警卫任务171趟(其中一级专列6趟、一级包车2趟)，特运整列任务12趟，特运整车任务273趟，完成省部级警卫任务23趟。

【支援新疆铁路维稳工作】 2009年，新疆“7·5”打砸抢烧严重暴力犯罪事件发生后，杭州铁路公安处于7月7日～10月15日紧急派遣第一批特警5人、第二批机关民警8人，奔赴新疆维稳前线；于10月8日～12月23日组织9个组27名警力护乘由乌鲁木齐乘警支队值乘的K595/K596次列车(乌鲁木齐——杭州)。支援警力始终位于反恐维稳第一线，负责卡口守候、线路巡防、站车查缉、列车护乘等各项工作，圆满完成维稳任务。

【“三基”工程建设】 2009年，杭州铁路公安处完成处机关千兆网和杭州所、乔司所、交警支队、乘警支队百兆网铺设及杭州、乔司所视频监控系统与处指挥中心对接工程；实现处指挥中心与地方公安机关、城市交通管理部门之间车站及周边视频监控图像的相互调用；完成宣杭线、沪昆线沪杭段转信台的架设；完成嘉兴所、德清所、金华刑警队办公用房的改造和萧甬线驻站点、杭深线保安岗亭及安全岛建设工程。

【建立打击倒卖车票违法犯罪活动工作机制】 2009年4月3日，杭州铁路公安处出台《打击倒卖车票违法犯罪活动工作办法》，确立坚持严格依法从严查处方针和以防为主、以打促防的原则，坚持日常整治和集中打击相结合，以杭州、杭州东、宁波、嘉兴、义乌、金华西、温州站为重点站，切实加强对管内倒卖车票违法犯罪活动的打击整治。同时，就公安处日常及节假日期间打票贩活动的组织机构和工作模式、打击整治、票源调查、宣传报道、网络监控、售票监管、情报研判、协作配合、考核奖惩等方面作出具体规定。该《办法》的出台，标志日常打击倒卖车票违法犯罪活动工作机制正式启动。年内，杭州铁路公安部门抓获票贩982名，同比上升63.9%。

【部署“常态无警制”列车安全保卫工作】 2009年4月2日，杭州铁路公安处传发《关于做好“常态无警制”列车安全保卫工作的通知》，就“4·1”铁路调整运行图后管内杭州至江山T7761/7762、上海南至宁波K8425/8426次、上海南至宁波K8427/8428次、上海南至宁波T7769/7770次、上海南至宁波T7779/7780次、上海南至宁波T7795/7794次、上海至宁波T7791/7798次、义乌至泰州T7786/7787/7788/7785次共8对(其中1对义乌至泰州T7786/7787/7788/7785次实行区间无警：即义乌至杭州、常州至泰州区间无警，杭州至常州区间有警)列车部署“常态无警制”勤务模式(即对客流相对平稳、治安状况稳定良好的局管内运行的部分列车在常态状况下不安排值乘乘警，仅在非常时期派力量加乘、护乘)。该模式明确了派出所、乘警支队等相关部门和单位的工作职责、要求和案(事)件的管辖，要求案(事)件管辖坚持“首接负责制”与“以地保车，先行处置”的原则，为实现“警力无增长改善”这一重要举措进行探索。

森林公安

【概述】 2009年，全省各级森林公安机关以“保林区稳定、促林业发展、创生态和谐”为目标，严管队伍，狠抓打击，进一步提升保护森林和野生动植物资源的综合能力和预防、扑救森林火灾的综合能力，为推进“森林浙江”建设作出新的贡献。年内，共查处各类案件4419起，其中刑事案件403起；打击和处理各类违法犯罪人员4693人次；共发生森林火灾247起，受害森林面积23693亩，受害率0.27‰，无重、特大森林火灾，森林消防工作取得近10年来最好成绩。

【开展“清火一号行动”】 2009年2月15日～4月30日，全省森林公安机关开展代号为“清火一号行动”的侦破森林火灾案件大会战。其间，共查处各类森林火灾案件197起，其中刑事案件81起，治安案件9起，行政案件107起；查处森林火险隐患36780余处，制止野外违章用火行为18780次，没收蜡烛981千克、纸钱468千克、鞭炮15274千克。

【开展“春雷一号行动”】 2009年4月1～30日，全省森林公安机关组织开展代号为“春雷一号行动”的打击破坏野生鸟类资源违法犯罪专项行动。其间，共出动警力1230人次，车辆350台次；查处刑事案件2起，行政案件18起；检查巡护鸟类活动区域220处，清查宾馆、饭店456家，清查市场、窝点120个，排查群众举报线索46条；收缴野生鸟类2560只，其中国家二级14只，收缴鸟类制品14千克，其他野生动物326头（只），收缴猎具160件，总涉案价值约4.48万余元。

【牵头组织林区禁种铲毒专项行动】 2009年5月1日～6月30日，全省各级森林公安机关会同地方公安、农业等部门组织开展以“有毒必铲，种毒必究，远离毒品，创建和谐”为主题的林区禁种铲毒专项行动。其间，共出动警力1120人次；铲除非法种植罂粟94处，罂粟17020株；查处案件51起，其中刑事案件6起、治安案件45起；刑事拘留1人、取保候审8人、治安拘留39人、治安罚款3人。

【开展“绿盾三号行动”】 2009年6月5日～8月31日，全省森林公安机关开展代号为“绿盾三号行动”的打击破坏森林资源违法犯罪专项行动。其间，共出动警力1084人次，车辆357台次；破获刑事案件8起，行政案件73起；清查木材交易市场、收购站49处，清查木材经营加工场所104处，清查征占用林地场点69处；打击各类违法犯罪人员66人。11月5日，省公安厅森林警察总队被国家林业局和公安部授予“绿盾三号行动”先进集体的称号。

【开展集中猎捕成灾野猪专项行动】 2009年10月9日～11月30日，全省森林公安机关开展以“为民除害”为主题的集中猎捕成灾野猪专项行动。其间，共组织猎捕野猪1713次，出动狩猎队1205队次、狩猎队员13496人次，涉及猎区246个，捕获野猪1841头。

【开展立功创模活动】 2009年，全省森林公安机关积极开展立功创模，学习先进活动。全省共有16个（次）集体、75人次受到表彰奖励。其中普陀山森林派出所连续第七次被授予“全国青年文明号”称号，3个单位被国家林业局和公安部授予“绿盾三号行动”先进集体称号；安吉县公安局森林警察大队被国家林业局评为森林公安“三基”工程建设先进集体，6个集体记三等功，5个集体记嘉奖。安吉县公安局森林警察大队王建强同志先后被国家林业局和省公安厅评为“三基”工程建设先进个人，2人被记二等功，16人被记三等功，55人被记个人嘉奖。

图为押解犯罪嫌疑人指认种植的毒品原植物（罂粟）

【强化宣传工作】 2009年，全省森林公安机关加大对外宣传力度，充分利用网络、电视、报刊等媒体，积极宣传森林公安机关的重要作用及取得的工作成果。各地通过开展“爱鸟周”、“森林消防宣传日”、“野生动植物标本展”等活动，大力宣传各种法律知识和林业常识，提高群众的法律素质和保护森林资源的意识，调动群众参与“维护社会治安、共建平安林区”的积极性和主动性。年内，共组织开展宣传活动29次，媒体报道113次，发放宣传资料6万余份。

【获全国森林公安机关在职民警业务知识竞赛一等奖】 2009年11月27～28日，由5名基层森林公安民警组成的浙江省森林公安代表队参加由国家林业局森林公安局举办的“我为林改做贡献”——全国森林公安机关在职民警业务知识竞赛。经过笔试和现场答题，浙江代表队以总成绩535.5分获得一等奖，位列全国32个代表队之首。

【开展派出所评定工作】 2009年，除淳安县公安局森林派出所和临安市公安局森林派出所被公安部继续认定为一级公安派出所外，江山市公安局峡口森林派出所等8个派出所被国家森林公安局继续认定为二级公安派出所，杭州市公安局余杭区分局森林派出所、富阳市公安局森林派出所、上虞市公安局森林派出所以及安吉县公安局梅溪森林派出所被国家森林公安局首次认定为二级公安派出所。

【加强执法规范化建设】 2009年，省公安厅森林警察总队结合森林公安工作实际，以“五个建设”为载体，全面推进执法规范化建设。一是抓好执法主体建设，在组织全省性执法业务培训基础上，该总队印发《森林公安工作培训教材》和《执法办案三百问》。二是加强执法制度建设，绍兴、丽水、安吉等市县通过召开公、检、法联席会的形式，就执法疑难问题的处理形成会议纪要，为执法办案提供依据。三是推进执法行为规范化建设，杭州、温州等市细化办案流程，确保民警依法办案。四是促进执法监督体系建设，省厅森林警察总队组织开展“执法大检查”和“三考”活动，督促基层单位及时整改执法中存在的问题。五是加快执法示范单位建设，省、市两级均确定执法示范单位，并建立“单位结对帮扶”机制，由执法先进单位对执法质量较差的单位进行帮助提升。

走私犯罪侦查(杭州)

【概述】 2009年，杭州海关缉私局(省公安厅杭州走私犯罪侦查局)共立案各类走私违法案件5406起，案值21.82亿元，涉税1.59亿元。其中，立案查处走私犯罪案件34起，案值1.33亿元，涉税1458.54万元，抓获犯罪嫌疑人76名。立行政案件5372起，案值20.5亿元，涉税1.45亿元。刑事、行政案件罚没入库共计7061.04万元。年内，共获集体三等功4个，集体嘉奖5个，个人三等功9人次，个人嘉奖66人次，被授予“全国公安系统青年文明号”1个。

【杭州萧山机场海关缉私分局成立】 2009年12月8日，杭州萧山机场海关缉私分局成立仪式在萧山机场海关隆重举行。

图为浙江省政府副秘书长夏海伟和杭州海关关长徐道文共同为杭州萧山机场海关缉私分局揭牌(2009年12月8日)

【王辉忠听取杭州海关工作汇报】 2009年12月16日，浙江省委常委、政法委书记、省公安厅厅长王辉忠到杭州海关检查指导工作，听取杭州海关、杭州海关缉私局主要工作情况汇报，对杭州海关在服务地方经济发展、打击毒品走私和侦办案件方面所做工作给予充分肯定，并希望海关在2010年工作中进一步加大打击涉税走私和毒品走私力度， 做好上海世

图为浙江省委常委、政法委书记、公安厅厅长王辉忠在杭州海关视察工作（2009 年 12 月 16 日）

博会安保工作，更好地服务浙江省经济社会发展。

【打击重大涉税走私犯罪活动】 2009 年，杭州海关缉私局积极运用刑事执法手段，严厉打击重大涉税走私犯罪。针对一般贸易、加工贸易、减免税三个主要涉税渠道，进行专题调研、行业风险分析和线索经营，开展打击铝出口走私、打击葡萄酒走私等专项行动。针对高档消费品、医疗设备、通信器材等重点税源商品走私频发的特点，采取以点带面、重点突破、深挖扩线的打击策略，组织开展专项打击行动。成功侦破总署缉私局挂牌督办的“11・03”系列服装走私案，总案值 1.02 亿元，涉税 2565 万元。针对快件渠道走私活跃的新情况，立案侦查“2・28”国际快递走私案，案值 400 余万元。

【打击非涉税走私】 2009 年，杭州海关缉私局加大对走私毒品案件的侦办力度，加强对关区禁毒工作的指导协调，建立和完善联系顺畅、运转高效的关区禁毒工作机制。在机场旅检、快件以及邮递物品监管渠道连续查获走私毒品案 15 起，共缴获毒品海洛因 7166.5 克、大麻 19272 克，并首次查获人体藏毒走私案，摧毁 1 个贩毒集团在杭州的毒品中转网络。以国庆 60 周年维稳工作为重点，积极与海关行邮监管部门密切配合，加大对枪支弹药、危险品、文物等走私的打击力度，查获走私武器弹药案 2 起，枪支 25 支、铅弹 4369 发。

【打击海上和重点区域走私】 2009 年，杭州海关缉私局通过情报线索经营和常规巡查相结合，加大对温州、台州、舟山海域成品油海上偷运走私和台州地区废金属走私的打击力度。全年查处废五金走私犯罪案件 4 起，案值 8000 余万元，涉税 200 余万元。在秋季海上缉私专项行动中，舟山海关缉私分局查获“10・30”海上特大成品油走私案件，摧毁 1 个走私成品油的犯罪团伙及网络，抓获涉案人员 30 余名，查获涉案成品油 8500 吨，总案值 6000 余万元，涉税 750 万元。

【加强执法制度建设】 2009 年，杭州海关缉私局以《海关缉私部门刑事执法质量考核评议办法》的各项要求为参照标准，以案件批捕率、起诉率为具体量化目标，制定出台《杭州关区行政处罚案件质量考评审查要素指引（试行）》，进一步规范办案程序和工作要求。针对小商品出口案件数量逐年递增态势和提高小商品出口查验率的要求，进一步完善行政处罚案件简易程序，制定《小商品出口通关环节常见违规案件处罚幅度参照标准》，规范小商品出口违法案件的行政处罚工作。

【开展执法质量检查】 2009 年，杭州海关缉私局以接受海关总署管理审计为契机，开展执法质量检查活动，重点对 2003～2008 年受理的 238 起刑事案件、2008 年办理的 3993 起行政案件进行深入自查和整改。经自查发现，关区刑事案件未出现当事人投诉、举报、要求刑事赔偿、增捕、增诉、无罪不诉、无罪判决等情形，无实体或程序上的严重违法现象，没有超期羁押和被上级机关或检察院通知纠正的违法办案和执法不当情形；行政案件均做到事实清楚、定性准确，程序合法，量罚得当，执行及时。在接受海关总署审计中也未发现重大执法问题，审计组对杭州海关缉私局执法的总体质量和水平给予肯定。

【推进与海关其他部门的业务协作】 2009 年，杭州海关缉私局积极探索与海关其他部门业务深度融合的工作机制，推进缉私情报和海关风险管理的资源整合，建立日常快速协作、联合办公、专项任务工作组"三位一体"的功能整合机制，提高反走私预警发现能力；探索关警执法联动机制，推动各种执法力量的统筹协作配合；推进缉私力量向监管一线延伸，提高海关监管和缉私工作融合度，建立缉私办案成果与其他海关业务管理环节的共享反馈机制；正式推行《缉私案件线索移交反馈及综合应用系统》，有效提升关警信息共享度；组建由缉私部门和海关其他业务部门的47名业务骨干组成的电子取证、刑事照相和录像、查账、盘库和单耗核定、审查、翻译6个业务技能专案机动组，共同参与重大疑难案件的查办工作，有效增强缉私办案的攻坚克难能力。

图为举行大麦屿缉私基地缉私艇进驻仪式

【内港澳三地海关执法技术研讨会召开】 该会议于2009年1月12～15日在杭州召开，来自香港海关、澳门海关、海关总署的29位代表参加会议。会上，与会人员围绕水客走私形势、打击水客走私对策、内港澳三地海关合作等问题进行了研究探讨。

【召开纪念海关缉私警察和杭州海关缉私局成立10周年座谈会】 该会议于2009年1月16日在杭州召开，缉私局党组成员、局机关各部门主要负责人和部分关警员代表参加，与会人员回顾了海关缉私警察和杭州海关缉私局成立10年来的创业史，深入探讨建局10年来打私斗争和工作实践的经验与体会。

【召开2009年杭州关区缉私工作会议】 该会议于2009年4月9日召开，传达学习2009年全国海关缉私工作会议精神，研究部署2009年关区缉私工作。会上，杭州海关缉私局局长陈保军作主题报告，对缉私部门提出要统一思想，千方百计"保增长"；要坚持"以打促税"，全力以赴"保税收"；要认清形势，改进执法"保稳定"；要严密防控执法和廉政风险"保平安"等要求。

【举行大麦屿缉私基地缉私艇进驻仪式】 2009年3月1日，杭州海关缉私局在玉环县举行大麦屿缉私基地缉私艇进驻仪式。该基地的投入使用，标志着杭州海关缉私局海上缉私力量的布局得到进一步优化，彻底改变了杭州海关缉私局长期以来无大型、规范海缉基地的状况。

【举行关区首次海上缉私艇、轻武器实弹射击比武和海上阅兵式】 2009年5月15日，杭州海关缉私局开展缉私艇实弹射击比武演练。关区6艘缉私艇参加演练，进行了海上轻武器射击和缉私艇火炮对海射击，并进行海上阅兵。新华社等国内媒体对此进行了报道。

走私犯罪侦查(宁波)

【概述】 2009年，宁波海关缉私局(浙江省公安厅宁波走私犯罪侦查局)共立案6648起，同比增长41%；案值17.15亿元，增长17%。其中刑事立案25起，增长32%；案值1.43亿元，下降21%；涉嫌偷逃税2302万元，增长35%；抓获犯罪嫌疑人44名，采取强制措施53人次。行政立案6623起，增长41%；案值15.72亿元，增长22%。关区罚没9042万元，增长3%。移送起诉12起30人和11家单位，判决8起31人和5家单位。协查案件79起。

【开展"以打促税"专项斗争】 2009年，宁波海关缉私局共立案涉税案件368起，同比增长29%，案值5.87亿元，涉税5901万元；结案378起，增长29%，案值7.13亿元，涉税8074万元；缉私补税2304万元，增长102%。4月20日～11月20日，该局开展"以打促税"专项斗争。其间，共立案涉税案件244起，同比增长32%，案值4.87亿元，同比增长75%，涉税4761万元，同比增长44%；办结涉税案件213起，同比增长22%，案值4.12亿元，同比增长30%，涉税4917万元，实现缉私补税1358万元，同比增长136%。

图为召开2009年宁波海关打击走私工作会议

【召开2009年度关区打击走私工作会议】 该会议于2009年4月10日召开，传达2009年全国海关缉私工作会议精神，通报2008年度关区走私违规案件移交成效评估情况，表彰2008年度关区打击走私工作先进单位和个人。会上，宁波海关关长庞中联对关区2010年打私工作提出要求。

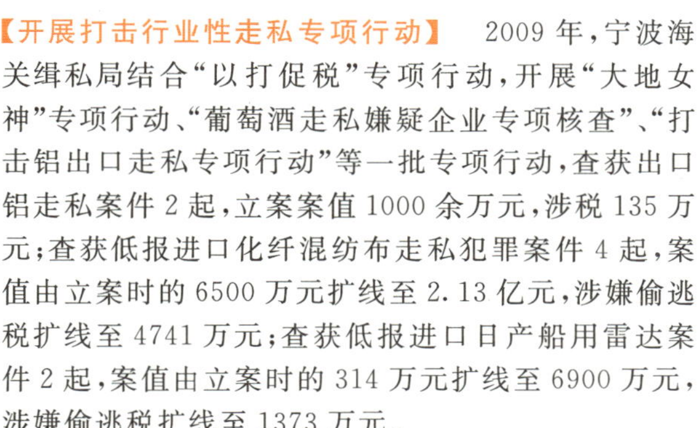

【开展打击行业性走私专项行动】 2009年，宁波海关缉私局结合“以打促税”专项行动，开展“大地女神”专项行动、“葡萄酒走私嫌疑企业专项核查”、“打击铝出口走私专项行动”等一批专项行动，查获出口铝走私案件2起，立案案值1000余万元，涉税135万元；查获低报进口化纤混纺布走私犯罪案件4起，案值由立案时的6500万元扩线至2.13亿元，涉嫌偷逃税扩线至4741万元；查获低报进口日产船用雷达案件2起，案值由立案时的314万元扩线至6900万元，涉嫌偷逃税扩线至1373万元。

【打击海上走私】 2009年，宁波海关缉私局加强对辖区六大监管锚地、五大敏感水域及六条海上运输水道巡航力度，保持辖区海域较高的巡航覆盖率。针对不同时期成品油走私的热点与风险，不断调整海上缉私思路，改变巡航规律，提高夜间巡航和节假日巡航频率，尤其是对辖区边缘水域及非设关水域巡查实现全覆盖，全年缉私艇航行1.39万海里，出动警力1961人次，查获海上案件2起。此外，“828艇”代表海关系统完成新中国成立以来最大规模的海上搜救演习任务。

【发挥情报主导作用】 2009年，宁波海关缉私局加大情报网络建设，完善并推广“宁波海关情报分析监控系统”（二期），加大涉税走私的风险分析与情报获取力度，全年共获取线索205条，转刑事案件12起，当前案值1.89亿元，涉税3372万元；转行政案件62起，当前案值3.83亿元，涉税829万元。承办总署缉私局打击日产船用雷达走私专项工作布置会议，向8个直属海关缉私局提供14个税号、50万条记录、货值15亿美元的进出口风险数据，已有3个直属海关缉私局反馈查获低报价格走私船用雷达案件3起，立案案值1966万元，涉嫌偷逃税75万元。加强电子取证建设，有效提高对低瞒报价格等走私违法案件的取证能力。全年共对5起合计案值1.74亿元涉税3263万元的走私大案实施电子取证，恢复电子数据106823份49.4GB，获取电子证据7675份1.1GB，积极促进4起涉税大要案的突破。

【完善科技管理机制】 2009年，宁波海关缉私局优化整合现有信息化项目，重点加大署级、关级项目的开发管理，加大涉密网络建设，加强系统安全运行和数据安全保密的管理。上半年成功开发总署级《海关缉私部门纪检监察考评系统》，分别于9月、11月在关区范围部署实施总署缉私局项目《海关缉私信息综合应用系统》和《宁波海关缉私案件线索移交反馈系统》，并根据业务需要，开发应用待督案件管理、数据纠错等一批系统模块和子系统，确保工作需求。

机场公安

【概述】 2009年，全省杭州、宁波、温州、台州、义乌、衢州、舟山7个民航机场旅客吞吐量、货邮吞吐量和航班起降分别是2545.93万人次、32.55万吨、23.51万架次，同比分别增长18%、10.5%、13.4%，在华东地区排名第二（仅次于上海），在全国排名第六。其中，杭州萧山国际机场实现旅客吞吐量1494.5万人次、货邮吞吐量22.6万吨、航班起降13.4万架次，同

图为省厅机场公安局开展国庆安保集中统一行动(2009年9月10日)

比分别增长17.9%、7.4%、13.1%，客货吞吐量均位列全国机场前列。年内，全省机场公安机关共有6个集体和52人次个人获上级表彰奖励。

【推进机场公安信息化建设】 2009年1月8日，省厅机场公安局在杭州机场东西出入口正式投入使用智能卡口系统，该系统具有违法监测、拍照存档、流量统计、自动报警等功能，实现交通管理和治安控制工作的智能化、信息化。4月1日，该局正式启用打防控系统和网上执法办案平台，实现网上受案、查证、审核、审批和监督。7月1日，该局建设应用空港口岸查堵预警系统，实现机场到港、离港和订座旅客信息与公安信息数据的碰撞，达到自动比对、分析和报警的目的，使空港追逃成为浙江省追逃工作新的增长点。截至年末，该局主导建设的杭州萧山机场公共区域电子监控系统前端监控探头已达80余个，基本覆盖机场重要交通路段、重点出入口和治安复杂场所。

【严密警卫保卫措施】 2009年，全省机场公安机关共完成警卫任务137批次，其中一级勤务18批次，二级勤务70批次，三级勤务49批次。此外，厅机场公安局对杭州萧山国际机场执行专机保障任务的15个单位530名员工进行背景调查，逐一登记备案。

【严密社会面巡逻管控】 2009年，全省机场公安机关投入警力在案件、事故多发的时段、路段及场所，把路面巡逻、重点部位监控、卡点堵截和各单位自防结合起来，最大限度地挤压违法犯罪活动空间，切实加强航站楼、飞行区、塔台、油库、供电站等重要部位，航空货站、停车场等复杂场所以及主要路段的巡逻管控，提高面上见警率、盘查率、管事率和现场查获率。国庆期间，省厅机场公安局及时启动与驻场武警的联合武装巡逻和卡口执勤，在航站楼原已增加3组巡逻民警的基础上，再增加2组武警武装巡逻，在场区原民警和巡防队员24小时巡逻的基础上，增设机场主入口1号路治安卡点。该局还分别在候机楼和场区推行区域联防责任制，在停车场、出租车调度亭、国航货站等案件多发和人员聚集的场所，建立三个“义务110报警点”，切实提高机场公共区域治安防控能力。

【排查化解各类矛盾纠纷】 2009年，因天气、流量控制等原因引发的航班延误引发的群体性矛盾纠纷增多。同时，杭州机场还发生非正常死亡员工家属无理取闹、二期施工劳资纠纷等涉众事件。针对上述矛盾和问题，省厅机场公安局认真结合大走访活动，进行深入排查，积极调处化解，并进一步规范劝导语言，配强取证装备，合理把握处置时机，防止形成现实危害。年内，共配合航空公司和机场有关部门妥善处理围堵登机口、霸机、滞留停机坪等事件77起、村民集体上访事件1起、二期建设工地民工集体讨薪事件8起。

(**责任编辑** 胡琳娜)

警务保障

办公室工作

【概述】 2009年，省公安厅办公室紧紧围绕建国60周年大庆安保等中心工作，充分发挥综合协调、智囊参谋、保障服务等职能作用，较好完成各项工作任务。获得的主要荣誉有：省公安厅被省委、省政府评为2008年度创建平安工作先进单位；省公安厅被省政府评为2008年度工作责任制目标考核优秀单位；机要通信科获全国公安省级密码工作考核一等奖和全省党政系统2008年度密码工作先进单位；信访科被省委、省政府信访局评为2009年度先进集体；信访“窗口”继续被认定为厅直机关“党员先锋岗”；《2009年浙江公安年鉴》在第四次全国年鉴出版质量评比中获二等奖。史志科获集体嘉奖；3名个人立三等功；9名个人获嘉奖。

【表彰全省公安办公室、指挥中心系统先进集体和先进个人】 2009年2月6日，省公安厅印发《关于表彰全省公安办公室、指挥中心系统先进集体和先进个人的通报》，评选25个单位为先进集体，评选50名同志为先进个人。

【做好公文处理工作】 2009年，省公安厅办公室积极推行厅机关网上办公模式，加强对办公信息化平台的管理维护；进一步规范公文处理，严格公文审核，做好“第一读者”，提高公文质量。共审核公文1800余件，收发机要信件5.6万余件，寄送公文、信件5.2万余件。

【抓好会议管理与服务】 2009年，省公安厅办公室做好厅机关会议的审核和服务工作，2月3日，印发《关于2009年度省公安厅机关会议计划的通知》，严格控制计划外会议。年内，省厅共召开各类会议80个（其中电视电话会议31个）。

【加强保密工作】 2009年6月起，省公安厅保密委组织全省公安机关开展保密安全自查、抽查和整改活动。7月13～25日，厅保密委从各市抽调保密干部和技术人员23名组成6个检查组，抽查厅机关23个部门和33个市、县（市、区）公安机关的143个部门。其间，共检查计算机365台，其中涉密计算机96台，检查移动介质84个，现场问卷和提问581人次。同时，在厅机关组织开展涉密人员保密承诺书签订工作，全部涉密人员签订了保密承诺书。

【协助厅领导开展专题调研活动及其他调研工作】 2009年，省公安厅办公室协助厅党委组织工作组分赴全省基层公安机关开展调研督导，全面掌握厅党委决策部署贯彻落实情况。调整厅党委成员联系指导点，协助厅党委成员加强对联系指导点的日常联系，与联系点联合开展调研活动。5～6月，选聘第二届省公安厅办公室特约研究员并组织开展相关调研。3～9月，会同省警察协会开展“科学发展与公安工作”征文活动。

【起草重要会议及综合性材料工作】 2009年，省公安厅办公室共参与起草厅领导讲话稿、发言材料、署名文章以及综合性材料200余份，其中包括全省公安工作会议、全省各市公安局长会议、省公安厅直属机关庆祝新中国成立60周年大会、全省公安机关国庆安保电视电话会议、全省公安机关人民警察核心价值观学习教育活动现场会等重要会议材料；全省公安工作总结等材料和《2009年省公安厅重点工作任务分解》、《关于进一步推进公安信息化工作的若干意见》等重要文件。

【加强综合信息掌握与报道】 2009年，省公安厅办公室加强对全省公安工作面上情况的掌握，并以《浙江公安简报》和浙江公安信息网主页“工作动态”、“全省公安机关三项重点工作暨‘三项建设’”专栏为载体，及时总结、推广各地公安机关典型经验，年内共编发《浙江公安简报》41期（其中普刊31期，增刊10期），更新省厅公安网主页信息1661条，被公安部《公安工作简报》录用7篇，列全国各省（市、区）第一；创刊并编发《公安情报》7期，编发《公安情况反映》11期，《决策参阅》18期，《国庆60周年安保工作专刊》27期。

【做好厅本级信访工作】 2009年，省公安厅共接收群众来信2350件，来访1044批；处理上级交办信访事项157件，全部办结息诉；接收省政府交办“省长信箱”426件、“省监督投诉”360件，“厅长信箱”和“厅监督投诉”7006件，共计7792件，共办结7690件；受理办结信访复查、复核事项85件；组织厅领导接待日活动11次，接待群众来访89批165人次；组织厅长开门接访活动1次，接待群众来访171批280余人。

【开展信访积案集中清理行动】 2009年是中央政法委确定的“信访积案化解年”，以化解“三跨三分离”(跨地区、跨部门、跨警种，人户分离、人事分离、人事户分离)信访积案为重点。全省各地先后召开信访工作会议和信访工作推进会议，精细部署，行动迅速，多策并举，攻克一大批“三跨三分离”案件以及信访十几年甚至数十年的信访积案。公安部及省厅交办的288起信访积案中有281件得以妥善化解，各地自行排查的2397件积案中有2329件得到化解。

【重大会议活动期间公安归口信访对象零滋事】 2009年，省公安厅信访办围绕全国、全省“两会”和新中国成立60周年大庆等重大会议、活动，要求各地公安机关加强信访信息的报送，严密重点人员的稳控，上下联动，确保万无一失，实现公安归口信访对象进京零滋事，顺利完成各项公安信访安保工作目标。

【信访规范化建设】 2009年5月，省公安厅办公室印发《关于进一步规范信访工作的通知》，要求各地进一步规范信访事项的受理范围，规范领导接访配套服务工作，强化信访信息管理系统二期的应用和培训，做好信访形势分析研判工作，规范省厅交办信访案件报送格式，有力推进全省信访规范化建设。

【开展开门大接访活动】 2009年6～8月，全省公安机关组织开展第5次开门大接访活动。其间，共接待来访群众1453批2718人，办结1308起信访事项。8月18～19日，厅领导王辉忠、张景华、郑兴军、凌秋来、华乃强、徐定安、石小忠分别率厅机关有关人员，在浙江警察学院接待来访群众。其间，共接待群众171批280余人，厅领导对来访反映的问题都明确了核查处理意见。

【开展“清积案、解隐患”信访百日攻坚行动】 该活动于2009年6月15日～9月底在全省公安机关展开。其间，各级公安机关领导主动回访走访重点信访对象工作，让信访人切身感受公安机关解决问题的诚意，促进停访息诉，一大批赴省进京信访老户在回访走访中缓和了情绪，对公安机关的工作表示认可和理解。据统计，各级公安机关领导共包案2439件，有2377件案件得到彻底化解。

【做好司法救助工作】 2009年，全省公安机关共为200余批信访人申请786万余元司法救助，一大批信访群众停访息诉。

【初步建立信访案件终结退出机制】 2009年，全省各级公安机关初步建立和完善信访案件退出机制，对重信重访案件进行梳理，整理出第一批拟申报名单，经过评查、听证、审核、认定等程序，申报的案件中有9件被认定。省厅积极配合省信访局开展三级终结案件的评查，对自《信访条例》实施以来公安信访复核终结案件进行梳理，提交省信访局三级终结案件审核组审核，省厅提交的288件复核终结案件顺利通过了审核，转入全国信访信息系统终结库。

图为省厅组织开展2009年厅长开门接访活动(2009年8月18日)

【做好人大代表建议和政协提案办理工作】 2009年,省公安厅共承办省十一届人大一次会议代表建议39件,其中单独办理或主办17件,会办22件;承办省政协十届一次会议提案42件,其中单独办理或主办22件,会办20件。人大代表、政协委员在建议、提案中主要呼吁公安机关加大打击和预防严重暴力和多发性违法犯罪力度,以及提高交通、户籍等公安行政管理水平。在办理过程中,继续实行厅领导领办制度,进一步落实办理工作责任制,有效开展“回头看”活动,圆满完成办理任务。建议、提案的按期办结率,与领衔人大代表、政协委员的面商率均达100%,人大代表、政协委员所提问题的解决率为94.9%,对办理结果的满意率为97.4%。

【落实责任制目标和重点工作】 2009年初,省公安厅及时将省委、省政府落实到本厅的年度重点工作、责任制目标、安全生产目标逐项分解到厅属各业务部门。年中和年底,对全厅各项工作进展和完成情况及时进行自查总结并上报材料,并配合上级部门做好检查考核工作。在省政府组织的2009年度省政府直属单位工作责任制目标考核和2009年度省安全生产目标考核中,省厅均被评为优胜单位。

【抓好领导批示件督办工作】 2009年,省公安厅共收到公安部、省委、省政府和本厅领导批示18件,均及时转厅有关部门或相关市、县(市、区)公安机关办理,按期办结率达100%。在6月召开的全国公安督办工作座谈会上,省厅就领导批示件办理工作作了典型发言。

【做好政府信息公开工作】 2009年,省公安厅进一步优化浙江省公安厅门户网站,在政府信息公开目录下设组织机构、规范文件、行政执法、统计报告、公告公示、公开电话6大类,涵盖预防和打击犯罪、治安、交通、消防、出入境、互联网等公安行政管理、公安队伍管理及便民措施等公安机关涉及民生的内容。主动公开政府信息64条,其中规范文件类25条、行政执法类2条、统计报告类11条、公告公示类26条。受理政府信息公开申请1件,并在规定时间内向申请人提供相关的政府信息。

【加强公安内外网管理工作】 2009年,省公安厅内网调整设立专栏28个,发布各类信息2000余条。省厅外网按照省政府有关门户网站信息技术规范和厅机关执行的行政许可事项实现网上受理的规定,积极做好相关工作。年内,共发布公安机关警务动态、文件法规、警方提示、招投标、统计数据等信息2859条。积极做好省公安厅门户网站与省政府门户网站的互动工作,提高省长信箱、在线咨询、监督投诉答复质量和效率,受理网上咨询3916人次。同时,认真配合省政府网站做好网上民意调查等工作。

【推进“扩权强县”工作】 2009年,省公安厅围绕简化办事程序、降低行政成本、提高行政效能的目标,全力推进“扩权强县”改革工作落实。1月,省厅印发《关于做好扩大县(市)公安机关经济社会管理权限工作的通知》,要求各地认真贯彻落实省委办公厅、省政府办公厅下发的《关于扩大县(市)部分经济社会管理权限的通知》精神,厅相关部门和各市、县(市、区)公安局要对扩权工作引起足够重视,认真部署、抓紧实施扩权的各项具体工作,确保4月底前县级公安机关正式启动对扩权事项的审批,进一步深入推进行政审批制度改革,继续加大政务公开力度。3月24日上午,厅党委副书记、副厅长张景华主持召开厅机关“扩权强县”工作汇报会,研究落实制定“扩权强县”操作细则、加快推动扩权任务落实相关事宜,厅有关处室负责人参加会议。4月22日,省厅印发《浙江省公安机关“扩权强县”工作实施细则》,规范相关警务要求,推动77项扩权事项的落实。

【违法犯罪统计情况】 2009年,全省共立刑事案件46.7万起,比上年下降1.41%。放火、爆炸、劫持、杀人、伤害、强奸、绑架和抢劫8类严重犯罪案件比上年下降4.42%,其中绑架案件下降39.77%,抢劫案件下降6.41%。全年共侦破刑事案件28.08万起(含破获年前案件数),比上年增长2%;查处治安案件67.48万起,同比上升1.57%。

【做好日常数据处理和资料积累、统计年鉴汇编】 2009年,省公安厅办公室准确、及时地完成每月公安业务综合类统计表的检测、汇总和上报任务,认真做好统计资料的收集积累,及时完成《2008年浙江公安统计年鉴》汇编工作。

【加强统计分析和统计调研】 2009年,省公安厅办公室严格执行每月公安业务主要数据统计分析、每月数据通报制度,并根据统计数据反映出来的情况及时进行分析,为各级领导决策提供依据。做好省统计局下达的各项统计调查工作,积极参与社会发展评价指标体系的分析研究和省妇女儿童监测评估相关工作,及时报送相关统计数据。同时,做好公安部下达的统计调查任务。

【开展群众安全感和群众对公安队伍满意度调查】

2009年11月上旬，省公安厅继续委托省统计局就与公安工作相关的群众安全感和公安队伍状况等内容进行调查。其间，从全省11个设区市的90个县（市、区）中抽取2557个调查小区，覆盖全省587个乡（镇、街道），共计对29439名16岁及以上的人口进行入户调查。问卷调查结束后，抽取9275个样本，对“平安浙江”建设群众安全感满意率抽样调查户进行电话回访。根据综合调查情况，受访群众认为有安全感的占96.35%，同比上升0.7个百分点，其中认为“很安全”的占33.36%，同比上升8.63个百分点。有99.14%的受访者认为所在县（市、区）的治安状况“很好、较好和一般”，比上年提高0.9个百分点，其中评价“很好”的占41.98%，比上年提高11.66个百分点，有64.12%受访者认为所在地的社会治安状况与2008年相比有明显好转或有好转。受访者对公安队伍的满意度有新的提高，除3.83%的受访者“不了解”外，在知情的受访者中，对公安队伍“满意”和“基本满意”的占98.6%，比上年提高1.9个百分点。

【继续开展公安档案工作目标管理认定活动】 2009年，省公安厅与省档案局在全省公安机关继续开展档案工作目标管理认定活动。经检查考评，丽水市公安局、杭州市公安局景区分局、宁波市公安局东钱湖分局为档案工作目标管理省一级单位，绍兴市公安局镜湖分局、台州市公安局开发区分局、三门县公安局、青田县公安局、龙泉市公安局为档案工作目标管理省二级单位。至此，全省县级以上公安机关已全部通过档案目标管理省一级或二级单位认定。

【推进公安档案信息化建设】 2009年1月13日，省厅研发的《浙江公安档案信息管理系统》顺利通过验收。3月31日，在全省各级公安机关启用该《系统》，实现从省厅到派出所的四级档案信息管理网络系统建设目标。截至年底，该系统共有368万余条档案目录及部分非涉密电子文件可供查询利用（不含杭州地区），系统使用率达80.2%。

【完成档案收集工作】 2009年，全省各级公安机关共接收各类公安档案63万卷（件）。省厅机关接收各类公安档案24314卷（件），其中文书档案623盒19713件，专业档案3497卷，会计档案1050卷，声像档案纸质照片4卷95张，电子照片600余张、录音带16盒、光盘3盒，实物档案14件。截至年底，厅机关各类公安档案馆藏量已达50万卷（件）。

【做好档案服务利用工作】 2009年，全省各级公安机关档案部门接待查档利用者36727人次，提供各类公安档案71058卷（件）次，其中省厅接待查档利用者486人次，提供档案资料4860卷（件），提供档案复印资料848页。

【涉外工作概况】 2009年，省厅接待国外来访团组18批236人次；先后派遣36批次51人次出国（境）访问、考察和培训。继续巩固与澳大利亚西澳州警察厅的友好关系。

【王辉忠访问意大利、匈牙利】 2009年11月，应意大利内政部、匈牙利国家警察培训中心邀请，浙江省委常委、政法委书记、公安厅厅长王辉忠率考察团一行6人赴意大利、匈牙利，就警察管理体制、群体性骚乱的预防处置、情报信息的研判运用、打击有组织犯罪以及警察教育培训等工作进行为期10天的考察。考察团先后与意大利内政部公安司、刑警总署和匈牙利警方进行了业务会议和交流，并分别与当地侨团负责人进行了座谈。

【浙江省公安考察团访问西班牙、塞尔维亚】 2009年8月，应塞尔维亚内政部、西班牙马德里警察局邀请，省厅副厅长陈重天率考察团一行6人，赴西班牙、塞尔维亚，就打击非法移民活动的工作机制和运作模式，涉外情报信息的收集、分析、研判工作，涉外案（事）件的查处工作，外国人入出境、居留和就业管理工作以及开展警察培训等进行为期10天的考察。

【浙江省公安考察团访问美国、加拿大、古巴】 2009年12月，应美国司法部司法研究所、美国纽约和新泽西亚裔执法顾问委员会、加拿大本纳比市政府、古巴内务部的邀请，省厅副厅长董晓伟率考察团一行6人，赴美国、加拿大、古巴，对这些国家的现代警务工作运行模式、监狱管理与犯罪矫正、新型毒品犯罪打击与预防、监管工作的管理方法和机制等进行为期12天的考察。

【浙江省公安考察团访问俄罗斯、匈牙利】 2009年12月，应俄罗斯内务部、匈牙利布达佩斯警察总局的邀请，省厅副厅长凌秋来率考察团一行6人，赴俄罗斯、匈牙利，就输油气管道安全保护立法及执行程序、政府有关职能部门和管道企业对管道保护工作的职责分工情况、管道保护工作（占压隐患整改及社会治安防控和消防管理方面）的经验做法等进行为期10天的考察。

【浙江省公安考察团访问美国、加拿大、韩国】 2009年11月，应加拿大温哥华警察局、美国旧金山警察局、韩国庆尚北道政府的邀请，省厅副巡视员朱志华率考察团一行5人，赴加拿大、美国、韩国，就3国警方在预防犯罪、社区警务等工作理念、工作机制、工作方法等进行为期12天的考察。

【阿联酋国家安全情报总局代表团访问浙江】 2009年2月15～16日，应公安部邀请，以反恐怖局局长贾希姆·祖阿比为团长的阿联酋国家安全情报总局代表团一行4人，在公安部反恐怖局副局长宋锡军陪同下访问浙江。15日晚，省厅副厅长凌秋来会见代表团一行。

【第二期巴勒斯坦主席府卫队官兵培训班在杭州举行】 2009年3月2日～6月1日，由商务部主办，浙江警察学院承办的国家对外人力资源开发项目——第二期巴勒斯坦主席府卫队官兵培训班在杭州举行。3月2日，省厅政治部主任华乃强出席开学典礼并致辞。以特别行动、反恐、格斗、巷战、战术射击、攀登和特种驾驶等内容为重点，培训班进行了系统、全面、深入的训练。

【澳门保安司代表团访问浙江】 2009年5月11～15日，应公安部邀请，以司法警察局局长黄少泽为团长的澳门特别行政区保安司代表团一行11人来浙江访问。省厅副厅长柯良栋、凌秋来分别会见代表团全体成员。其间，代表团参观了省厅物证鉴定中心，考察了杭州、湖州市城乡社区警务管理工作。

【澳门治安警察局代表团访问浙江】 2009年5月25～29日，应公安部邀请，以治安警察局代局长李小平为团长的澳门特别行政区治安警察局代表团一行10人来浙江访问。省厅副厅长凌秋来会见代表团全体成员。在浙期间，代表团先后赴杭州市公安局特警支队、南山派出所以及宁波、舟山市考察参观。

【非洲国家中高级警官研修班在浙江举办】 2009年6月7～28日，由公安部承办的国家援外人力资源开发项目——非洲国家中高级警官研修班在浙江警察学院举行。研修班共有36名官员，分别来自布隆迪等18个非洲国家。其间，研修班官员围绕中国的经济社会发展、法律制度建设和警务实践等方面进行了研修，并考察浙江、上海、北京等地的警务工作和经济文化建设。

【巴基斯坦内政部代表团访问浙江】 2009年6月10～11日，应公安部邀请，巴基斯坦内政部部长马立克(Rehman Malik)率代表团一行9人来浙访问。10日晚，省委常委、政法委书记、公安厅厅长王辉忠在浙江西子宾馆会见代表团一行，省厅副厅长董晓伟出席会见。

【德国易制毒化学品管制代表团访问浙江】 2009年6月24～27日，应公安部邀请，德国联邦药品医疗品研究所易制毒化学品处处长罗安妮(Annette Rohr)率代表团一行5人，来浙江省参观考察易制毒化学品管制工作。代表团在浙期间，与省厅禁毒总队举行业务会谈，并考察参观了浙江省易制毒化学品管理系统、吴山广场“6·26”禁毒宣传活动、浙江普洛康裕制药有限公司，演示携带来华的易制毒化学品检测仪器。24日，省厅副厅长董晓伟会见代表团一行。

【西澳大利亚州警察厅代表团访问浙江】 2009年7月21～23日，应浙江省人民政府邀请，以副厅长Gary Dreibergs为团长的西澳大利亚州警察厅代表团一行3人来省厅访问。21日，省厅副厅长陈重天会见代表团一行。代表团在浙期间，参观了浙江警察学院、杭州市公安局指挥中心和南山派出所。

【中国一欧盟易制毒化学品管理研讨会代表访问浙江】 2009年10月24～29日，国家禁毒办和欧盟税务和海关总司联合在浙江省杭州市举办易制毒化学品管理研讨会。欧盟委员会、德国、法国、比利时和荷兰易制毒化学品管理专家17人参加会议，与中方交流易制毒化学品管制工作模式和学习借鉴对方先进管理经验。其间，浙江省禁毒委员会办公室领导介绍了浙江省易制毒化学品管理经验、杭州新锐公司和浙江普洛康裕制药有限公司分别介绍了信息系统研发、企业自律及与政府部门的配合协作等工作情况。省禁毒委员会副主任兼办公室主任、省公安厅副厅长董晓伟会见欧方代表。

【缅甸内政部代表团访问浙江】 2009年11月6～8日，应公安部邀请，以缅甸内政部副部长蓬瑞为团长的缅甸内政部代表团一行10人访问浙江。其间，代表团参观考察了舟山、宁波等地警务工作。省厅副厅长徐定安陪同考察。

【澳大利亚联邦警察代表团访问浙江】 2009年11月22～23日，应公安部邀请，以首席运营武官安德(Andrew Wood)为团长的澳大利亚联邦警察代表团一行7人访问浙江。23日，代表团出席“2009年严重犯罪管理课程(MOSC)”开课仪式。省公安厅副厅长董晓伟会见代表团一行。

【09警察与科学“执法规范化”国际讲坛在杭州举办】 由公安部法制局、国际合作局和浙江省厅主办，浙江警察学院承办的该讲坛于2009年11月15～17日举办，来自澳大利亚、加拿大、德国、英国和美国的8名专家出席讲坛，并介绍了其所在国警察执法经验、做法，与中国代表共同探讨规范化的执法制度、执法机制、执法保障体系等问题，积极探索国际执法支持机制、国际执法合作途径和模式。其间，外国专家考察了杭州市公安局南山派出所、安吉县公安局等。

【塔吉克斯坦国家安全委员会出入境管理培训班在杭州举办】 由公安部国际合作局主办、浙江警察学院承办的该培训班于2009年11月16～28日举办，塔方共派出14名出入境管理和边防管理领域工作人员参加。公安部出入境管理局、省厅及浙江警察学院领导、专家与各位官员一起就出入境管理等课题进行深入的研讨和交流。其间，培训学员赴杭州、上海和厦门等地考察中国警务工作。

【新加坡警察总监、国际刑警组织主席邱文晖访问浙江】 2009年11月27～29日，应公安部邀请，邱文晖一行7人访问浙江。27日晚，省委常委、政法委书记、公安厅厅长王辉忠在浙江西子宾馆会见代表团一行，省厅副厅长徐定安出席会见。28日晚，省厅副厅长、杭州市委常委、市公安局局长柯良栋会见代表团一行。其间，代表团考察了杭州市公安局南山派出所等。

【乌兹别克斯坦反恐培训班官员访问浙江】 2009年12月8～22日，由公安部承办的乌兹别克斯坦反恐培训班在浙江警察学院举行。乌兹别克斯坦警方10名官员来华参加培训。15日，省厅政治部主任华乃强为培训班官员授课。

【东盟与中日韩执法人力资源开发研讨会在杭州举行】 该研讨会于2009年12月13～18日举行，由公安部和省厅共同主办、浙江警察学院承办。东盟秘书处、东盟成员国和日本、韩国约26名高级执法官员，以及公安部，有关省、市公安厅、局国际合作部门和公安院校的领导参加会议。15日，省厅政治部主任华乃强出席研讨会。

【编纂《浙江公安60年》】 2009年10月中旬，省公安厅史志办组织编纂的《浙江公安60年》一书出版发行。该书共53万字，分综述、大事记、历任厅长回忆录、历任省厅领导名录、全省公安系统英烈名录5个部分。省委常委、政法委书记、公安厅厅长王辉忠在书中发表署名文章《浙江公安向前进》。该书全景式回顾新中国成立60年浙江公安的光辉历程。

【《2009浙江公安年鉴》获全国年鉴出版编纂质量二等奖】 该《年鉴》于2009年8月正式成书，在公安保卫部门内部发行。全书共计版面文字75万字。11月，《2009浙江公安年鉴》在中国出版工作者协会主办的第四届全国年鉴质量评奖中获综合奖和框架设计、装帧质量等3个二等奖。

【征集领导干部个人留存的公安史料】 2009年3～9月开始，省公安厅史志办在厅老干部处和新闻传媒中心的支持和配合下，对曾担任过省厅副厅长以上领导职务的15位老领导进行了统一走访，收集了一批珍贵的史料物件。其间，共征集整理口述资料近20篇，约10万字，照片近百张。

【召开全省史志工作座谈会】 该会议于2009年3月17～18日在玉环召开，回顾总结2008年全省公安史志工作开展情况，对2009年公安史志工作任务和

图为召开全省公安史志工作座谈会

《2009浙江公安年鉴》编纂工作进行部署，并要求省地方志办公室专家作专题辅导。厅办公室领导出席会议并讲话，全省各市公安局办公室分管领导和主笔参加会议。

【开设“警徽记忆”专栏】 2009年8～10月，省公安厅史志办联合厅新闻传媒中心和厅老干部处在《平安时报》推出“警徽记忆——纪念新中国成立60周年”专栏。其间，共发表文章22篇，集中展现60年来浙江公安的风雨历程与浙江公安民警的奋斗足迹。该栏目得到省委宣传部和省新闻出版局的肯定和表扬。同时，省厅史志办还协助《都市快报》发表纪念浙江公安历史的文章12篇，并为《钱江晚报》、《今日早报》、《今日浙江》、《浙江法制报》提供文章若干篇。

【开设浙江公安史志网站】 2009年8月，“浙江公安史志”网站正式开设。该网站设“工作动态”、“史志资料”、“志鉴研究”、“浙江公安大事记”、“出版书籍”5个栏目，及时更新全省公安史志工作动态，提供年鉴、志书方面的专业知识辅导和每季度公安大事记。年内，将2004、2005、2008和2009年的《浙江公安年鉴》、《砺剑——改革开放30年浙江公安工作成就》、《浙江公安60年》等书上传到网上，供公安机关内部在线阅读、查阅和下载使用。

【编纂公安工作大事记】 2009年，省公安厅史志办按照反映“大事、要事、新事、特事”的编写原则，通过公安信息网以及各地各部门上报材料、文件、报刊等渠道广泛收集材料，做好每季度全省公安大事记的编写工作。全年共计编写4期大事记，约4万余字，并上传于浙江公安信息网和浙江公安史志网。

【做好服务公安现实工作】 2009年，省公安厅史志办发挥资料丰富的优势，及时为厅机关各业务部门、各地公安机关和其他兄弟单位提供所需的史料信息。年内，共向厅政治部、新闻传媒中心、治安总队、刑事侦查总队、网络警察总队、嘉兴市公安局等提供各类照片、文章和史著70余张（篇、部）。

指挥中心工作

【概述】 2009年，全省各级公安指挥中心，紧紧围绕60周年国庆安保、“三项建设”等重点工作，扎实推进各项业务，在构建大情报体系、规范接处警工作、提高快速反应能力、打防控工作考核、提升队伍素质等方面取得较大成效。

【2009年全省公安指挥中心接处警情况】 2009年，全省各级公安机关指挥中心共接警22545048起，比上年下降3.9%，其中有效接警10236356起，指令出警7481642次，比上年分别上升1.3%和9.8%。

附表一：2009年全省公安指挥中心分月接警情况一览

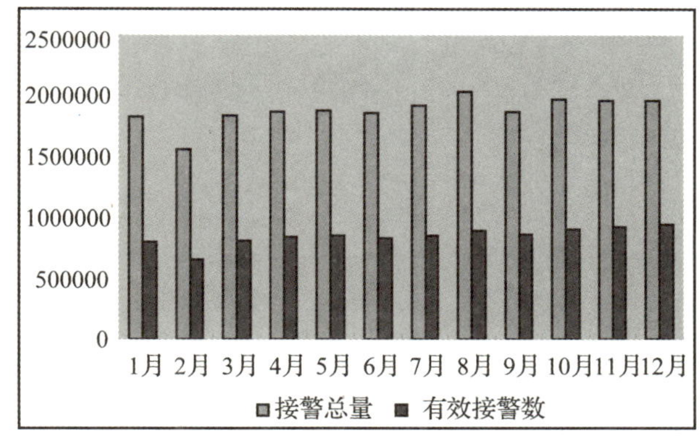

附表二：2009年全省各市公安指挥中心接警情况一览

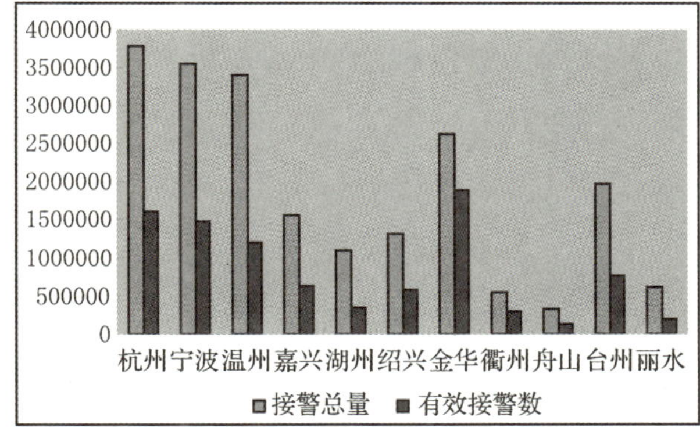

【协调处置重大突发案（事）件】 2009年，全省各级公安指挥中心接到重大突发案（事）件报警后，迅速向有关领导报告，立即启动处置预案，快速协调各警种、各部门，及时稳妥处置各类突发案（事）件。其中，温州市局指挥中心协调诸警成功处置鹿城典雅别墅“11·16”持枪劫持人质案；杭州市局指挥中心快速反应及时处置“4·1”劫人劫车案；湖州市局指挥中心稳妥处置“8·9”两辆危化品运输车相撞造成高浓度液苯泄漏事故；磐安县局指挥中心妥善处置“7·19”上海旅客滞留事件；衢州市局指挥中心于4月1日成功解救2名被控制传销人员。

【规范接处警工作】 2009年，省公安厅将接处警“三项规范”（着装、携装、重大复杂警情处置）、警情信息“三率”（及时率、准确率、全面率）等内容纳入打防控考评工作，采取定期不定期开展抽查、检查等形式，在全省范围内推进接处警工作的规范开展。各级公安机关也积极采取各有特色的措施来进一步规范接处警工作，如：杭州市公安局实施接处警质量月通报制度，对所辖区域的接处警工作质量进行定期通报；台州市公安局在接处警部门开展执法“四个一”（即说好第一句话、做好第一个动作、规范第一道程序和树立好第一形象）活动；乐清市公安局推出“110报警语音回访”系统。

【推进卡点建设】 2009年，省公安厅指挥中心会同省厅交管局等部门积极推进全省31个省际卡点特别是“环沪护城河”卡点的改造、重建工作。4月28日，省厅印发《关于进一步加强省际卡点建设的通知》，对省际卡点的规划布局、运行机制进一步提出要求。9月25日、12月22日，省厅指挥中心会同厅交管局分别召开省际卡点、市际卡点建设交办会，与相关县（市、区）公安局签订《省际卡点执法岗亭建设责任书》。

【开展110宣传活动】 2009年1月，全省公安机关组织开展主题为“构建和谐警民关系”的110集中宣传活动，通过邀请社会各界群众走进110、参与110接处警、110主题宣传日、报警人回访、警民交流座谈会和媒体宣传报道等一系列宣传活动，努力营造110保障民生、为民服务的氛围，取得了良好的社会效果。其间，全省公安机关共举办走进110等专项宣传700余场次20万余人次，设立宣传专栏1144个，走访群众3.83万余名，到学校等单位宣传5.37万余人次，发放宣传资料28万余份。

【110社会联动纳入平安县、市（区）考核】 2009年3月4日，省厅向省政府报送《关于进一步加强我省110报警求助社会联动工作的报告》，要求将社会联动工作纳入全省平安市、县（市、区）的考评，以考评来引导、规范全省社会联动工作有序开展。6月，省平安办将110社会联动工作纳入2009年度全省平安市、县（市、区）考评范围。

【建成指挥中心要情报送系统】 2009年8月，省公安厅指挥中心推出新版要情报送系统，并投入实战应用。新版要情报送系统采用B/S架构和模块化设计思想，在省厅统一建立SQL数据库，全省各级公安机关可以直接登陆省厅系统使用，实现省、市、县三级公安机关要情信息直报。同时，系统重点加强了接处警数据统计分析、报表图表自动生成、信息要素全文检索、信息网同步发布等高级应用功能，并具有严密的权限和用户管理、数据库备份、PKI、系统日志等安全管理制度。

【推动全省接处警系统联网】 2009年6月，省公安厅指挥中心印发《关于加强接处警数据联网改造工作通知》，并组织专家制定110接处警系统数据结构标准下发各地参照执行。12月，省厅指挥中心在总结杭州市公安局试点工作的基础上，以厅名义印发《浙江省公安打防控系统与110接处警系统接口方案》，推进全省公安机关110接处警数据联网改造工作。至年底，杭州、宁波、嘉兴三市公安机关率先完成改建工作，实现市、县两级接处警数据的实时联网。

【开通12110短信报警】 2009年6月23日，省公安厅与省移动、联通、电信等有关部门正式在全省推出“12110”短信报警服务。年内，全省通过短信报警，共处理群众报警求助2万余起。

【网上缉控系统追逃工作成绩突出】 2009年，全省各级公安指挥中心积极配合同级科通部门推进网上缉控系统快速接处警追逃工作。年内，通过该系统

图为省厅召开110接处警系统联网改造研讨会（2009年6月4日）

共抓获逃犯6271名，其中故意杀人逃犯46名，五类恶性案件逃犯118名，“两抢”案件逃犯441名。

图为召开“大情报”平台建设动员部署会

【举办全省指挥中心指挥长培训班】 2009年6月9～18日，省公安厅指挥中心在浙江警察学院举办省公安指挥中心系统指挥长培训班，114名学员参加培训，省厅指挥中心领导及有关专家就重大复杂警情指挥与处置等12个专题进行授课。

【启动大情报体系建设】 2009年1月21日，省公安厅印发《关于进一步推进公安信息化工作的若干意见》，要求以各级公安指挥中心为龙头，以各级业务警种、部门为支撑，以全警应用为基础，以专业研判为核心，条块结合，上下衔接，技术建设与机制建设并举，研判与行动并重，全力推进大情报体系建设，有效提升信息资源的专业化应用水平。截至5月底，全省11个市局均完成信息化工作领导小组及办公室的组建工作，并结合各地实际，就如何加快大情报体系建设制定实施意见。9月4日，厅党委副书记、副厅长张景华主持召开全省大情报平台建设部署会，贯彻落实公安部“部分省市‘大情报’系统建设座谈会”精神，部署和启动浙江省公安情报信息综合应用平台建设与省、市、县三级情报信息联动应用工作。12月16日，省厅组织召开全省七类重点人员动态管控工作电视电话会议，部署七类重点人员动态管控工作。

【推进情报信息专业队伍建设】 2009年1月21日，省公安厅印发的《关于进一步推进公安信息化工作的若干意见》对全省公安机关加强情报信息专业队伍建设提出具体要求，其中省厅指挥中心要逐步配备10人以上，杭州、宁波、温州、金华、台州市公安局指挥中心应配备7人以上，嘉兴、湖州、绍兴市公安局指挥中心应配备6人以上，衢州、舟山、丽水市公安局指挥中心应配备5人以上，县(市、区)公安局指挥中心按照打防控工作考评办法中地区分类，一类地区应配备5人以上，二类地区应配备4人以上，三、四类地区应配备3人以上。年内，省厅指挥中心先后6次传发《全省公安指挥中心情报信息专业队伍组建情况通报》，推进各地情报专业队伍建设。截至年底，全省11个市、96个县(市、区)公安局均达到省厅规定的最低配备数量，共有情报信息专业人员466人，其中市级73人、县级393人。全省11个市公安局除宁波、温州单设情报处外，其余9个市均在指挥中心内设情报工作科室。同时，省厅于11月委托中国人民解放军国际关系学院举办一期为期两周的基础情报信息知识培训班。省、市、县三级公安机关36名专门从事公安情报信息工作的民警参加培训。

【完善情报信息工作机制】 2009年5月19日，省公安厅印发《浙江省公安机关信息共享暂行规定》，按照“整合现有资源，规范项目建设，实现高度共享，提升应用效益”的要求，对信息共享的级别、方式、纪律等做了详细规定，并公布第一批信息共享的目录。12月，省厅印发《浙江省公安机关七类重点人员动态管控工作规范》、《浙江省七类重点人员动态管控考核办法》、《关于重要敏感信息在第一时间直报省厅的通知》、《关于做好“重要事件情报线索信息”报送工作的通知》等一系列规范性文件，要求加强对涉恐人员、涉稳人员、涉毒人员、在逃人员、重大刑事犯罪前科人员、肇事肇祸精神病人和重点上访人员七类重点人员的动态管控工作，对重点人员实现“知其方位、明其轨迹、全程掌控、及时处置”，提高预防、打击违法犯罪和维护社会稳定的能力。

【参与情报平台开发】 2009年5月，按照公安部三级情报平台联动应用的工作要求，通过开展调研，结合浙江省实际，省厅指挥中心制定《浙江公安情报信息综合应用平台建设需求方案》,并于6月与省厅科技通信管理局等相关部门完成需求论证、平台框架与功能设计任务,力求通过情报信息综合应用平台的开发建设,实现对七类重点人员的动态管控及关注对象的活动轨迹追踪和对四类重大事件的分析研判,同时实现各类业务信息和社会信息资源的共享应用、对区域治安态势的自动分析与预警、对线索类信息的收集与分析、对情报业务工作的管理等实战功能。

【强化情报信息收集报送和研判应用】 2009年,省公安厅指挥中心共接各地各部门上报情报信息3000余条,其中预警类、综合类、舆情类占40%左右,省委、省政府、公安部和省厅领导在指挥中心收集报送的材料中批示达800余次。省公安厅信息报送工作在省委信息报送工作考核中名列第一,在省政府信息报送工作考核中获一等奖。省公安厅指挥中心每季度组织开展省厅等级情报信息评定工作,199条重要情报被评为省厅等级情报信息,其中一级9条、二级62条、三级128条。8月21日～10月10日,省公安厅指挥中心组织全省各级公安指挥中心实施60周年国庆安保信息日报告和周会商制度。其间,厅机关共组织6次研判会商,形成重要研判成果。

【优化打防控工作评估考核体系】 2009年4月9日,省公安厅印发《全省公安机关2009年度打防控工作考评办法》。该《考评办法》共21条,分维稳工作、防控工作、破案打处、情报信息、基础工作、调查测评、日常工作、其他工作7大部分考评内容。与上年相比,考评办法作了进一步优化完善,一是在考评内容上,用"接报警案件如实受理上网"替代了原来的"立案数"指标,突出强调打黑除恶、打击整治"两抢"犯罪的重要性,新增涉众型经济犯罪案件破案率的考评指标和见警率的群众调查测评的考评内容;二是在考评方式上,采用划定分数线和每部分考评内容达到基本分的办法确定A等单位,以切实调动受考单位的积极性和确保打击、防范、控制各项工作的均衡发展;三是在考评频率上,由每季一次调整为每半年一次。同时,按照2008年度刑事案件立案数、七类严重刑事案件立案数、"两抢"案件立案数、移送起诉数、上年底未抓获的上网逃犯数、实有人口登记数、在册民警数7项指标,重新对96个受考县(市、区)的地区分类(分四类)进行调整,即杭州江干从一类下降到二类,上虞从二类上升到一类,德清与临安从二类下降到三类,长兴与浦江从三类上升到二类。

【27个县级公安局获2009年度打防控工作考评A等】 2009年,全省公安机关参加打防控工作考评的96个县(市、区)公安局,有27个县(市、区)公安局被评为A等单位。其中一类地区有:桐乡市公安局、义乌市公安局、温州市公安局鹿城区分局、温岭市公安局、台州市公安局路桥区分局、乐清市公安局、临海市公安局、诸暨市公安局、杭州市公安局萧山区分局、温州市公安局瓯海区分局、慈溪市公安局、上虞市公安局、东阳市公安局。二类地区有:嘉善县公安局、平湖市公安局、绍兴市公安局越城区分局、宁海县公安局、宁波市公安局北仑分局、台州市公安局椒江区分局。三类地区有:仙居县公安局、嘉兴市公安局秀洲区分局、安吉县公安局、金华市公安局江南分局、宁波市公安局江北分局、武义县公安局、临安市公安局。四类地区有:淳安县公安局。

【做好打防控信息主干应用系统三期建设工作】 为提高打防控信息主干应用系统运行性能,满足基层的实战应用需求,2009年3月,省公安厅启动打防控系统三期建设工作,主要从性能、结构、功能和实现方式四方面对系统进行优化完善。5月,形成《打防控系统优化方案的总体设想》、《打防控系统优化完善需求方案》、《打防控系统三期建设的可行性方案》和《打防控系统三期建设方案》;7月,通过厅科通局组织的立项论证;9月,通过厅后勤处组织的定向招标;11月,系统主体功能开发基本完成;12月,新版打防控系统在绍兴试点运行。

【开展打防控信息实战应用"百佳"案例评选活动】 2009年,省公安厅在上半年、下半年分别组织开展了全省打防控信息实战应用"百佳"案例评选活动。每次在各市局初评的基础上,由省厅组织专家评委进行终评;每次评选出打防控信息实战应用"百佳"案例50个,有力推动打防控信息实战应用效能的发挥。

公 安 法 制

【概述】 2009年,全省公安法制部门,以执法规范化建设为主要载体,强化执法主体能力、执法制度建设,完善执法监督管理体系,推进执法信息化和法制部门自身建设,促进全省公安机关执法能力和执法公信力的提高。年内,省厅蝉联省委"法治浙江"优秀成员单位和全省行政执法考核优秀单位的称号。

【全省公安法制工作会议在杭州召开】 该会议于2009

图为召开全省公安机关2008年度执法质量考评情况通报电视电话会议（2009年2月6日）

年2月26～27日召开，省委常委、政法委书记、省公安厅厅长王辉忠在会前专门作重要批示。厅党委副书记、副厅长张景华到会讲话并与各市局领导、厅有关处室负责人签订2009年执法责任状。公安部法制局副局长高绪文应邀出席会议，全省11个市和义乌市公安局分管法制工作的局领导、法制处（科）长、厅机关相关处室负责人参加会议。

【开展执法规范化建设】 2009年1月初，省公安厅成立以省委常委、政法委书记、省公安厅厅长王辉忠为组长的执法规范化建设领导小组，并在厅法制部门设立办公室，负责全省公安机关执法规范化建设的组织协调工作。1月23日，省厅印发《关于进一步推进执法规范化建设若干问题的意见》，要求全省各级公安机关进一步深化岗位执法资格认证工作，严格刑事案件的审核把关，细化行政处罚自由裁量基准，做好警务公开工作，加强执法活动的录音和视频监控，改进广大民警的执法方式，严格禁止协勤人员直接从事执法工作。4月14日，省厅印发《全省公安机关推进执法规范化建设工作方案》，将今后三年全省公安机关执法规范化建设重点工作细化为16个方面，责任分解到不同的部门以及各级公安机关。7月23日，省厅在浙江公安信息网主页上开设执法规范化建设专栏，指导推动全省公安机关执法规范化工作的开展。

【严格执法过错责任追究】 2009年2月6日，省公安厅组织召开全省公安机关2008年度执法质量考评情况通报电视电话会议，厅党委副书记、副厅长张景华主持会议并对通报情况进行点评。会后，针对2008年度执法质量考评发现的执法问题，省厅向11个市公安局的责任单位逐一下发《执法建议书》，并监督相关公安局对有问题的53件案件进行执法过错责任追究。其间，共追究执法过错责任人67名（4名局领导、15名科所队中层领导和48名主办民警），其中纪律处分6人次、诫勉谈话8人次、扣发奖金或津贴50人次、扣除相应考核分7人次、取消年终的评先资格5人次、通报批评58人次。

【部法制局领导来浙调研指导】 2009年8月28日下午，公安部法制局局长孙茂利一行3人到浙江省公安厅调研指导执法规范化建设工作。厅党委委员、纪委书记、督察长华远平汇报浙江省公安机关执法规范化建设工作情况。孙茂利对浙江工作表示高度肯定，并对下一步加强执法规范化建设提出要求。8月29～30日，孙茂利一行先后听取杭州市、嘉兴市公安局及有关区县公安机关执法规范化建设工作情况汇报，并深入基层派出所调研指导相关工作。

【开展执法岗位民警等级化管理试点】 2009年初，省公安厅确定宁波和衢州两地作为等级化管理工作试点单位，指导两地制定印发《宁波市公安机关案件主办警官资格认证管理规定》和《衢州市公安机关民警执法资格认证办法》，对民警岗位执法资格分为高、中、初三个等级，对不同等级的资格条件、考试认证方式方法、政治经济待遇挂钩等问题做了较为详细的规定。年内，宁波和衢州市局分别开展全市范围的初级岗位执法资格理论考试。10月24日上午，宁波市局组织中级考试，厅党委副书记、副厅长张景华亲自到场巡考，并听取宁波市公安机关的专题汇报。

【表彰公安法制工作先进集体和先进个人】 2009年

11月13日，省公安厅印发《关于表彰全省公安法制工作先进集体和先进个人的通报》，表彰25个单位为先进集体，50名同志为先进个人。

【强化执法监督】 2009年4月7日，省厅印发《关于进一步加强命案质量审核工作的通知》，就法制部门参与命案审核的范围、职责、程序以及保障措施等作出明确规定，以保证和提高公安机关命案办理的质量。3～4月，省厅对全省公安机关接受检察机关侦查监督情况开展调研检查，并确立定期向省检察院及厅相关部门了解执法监督相关信息制度，建立健全日常考评基础台账。年内，厅法制部门共办理涉法信访案件21起，办结人大代表涉法议案1起、省政协委员提案2起。

【开展执法质量考评工作】 2009年11～12月，省公安厅开展全省公安机关2009年度执法质量考评活动，确定39个单位为该年度全省公安机关执法质量优秀单位，予以通报表扬并颁发奖匾，确定62个单位为达标单位，其中有2个列为重点整改单位。(附表)

2009年度全省公安机关执法质量情况一览表

执法质量优秀单位	杭州市：拱墅区公安分局、西湖区公安分局、景区公安分局、余杭区公安分局、下城区公安分局、临安市公安局、淳安县公安局
	宁波市：宁海县公安局、象山县公安局、余姚市公安局、江东区公安分局、北仑区公安分局、慈溪市公安局、奉化市公安局
	温州市：文成县公安局、洞头县公安、苍南县公安局、平阳县公安局
	湖州市：安吉县公安局、德清县公安局、南浔区公安分局、度假区公安分局
	嘉兴市：嘉善县公安局、海盐县公安局、平湖市公安局、秀洲区公安分局、桐乡市公安局
	绍兴市：镜湖公安分局、越城区公安分局、嵊州市公安局、新昌县公安局
	金华市：磐安县公安局、江南公安分局、婺城区公安分局、义乌市公安局、兰溪市公安局
	衢州市：江山市公安局、常山县公安局
	舟山市：岱山县公安局、普陀区公安分局、嵊泗县公安局
	台州市：三门县公安局、开发区公安分局、黄岩区公安分局、路桥区公安分局、天台县公安局
	丽水市：云和县公安局
执法质量达标单位	杭州市：富阳市公安局、上城区公安分局、交通治安公安分局、滨江区公安分局、经济技术开发区公安分局、建德市公安局、萧山区公安分局、江干区公安分局、桐庐县公安局
	宁波市：宁波港公安局、江北区公安分局、镇海区公安分局、东钱湖公安分局、海曙区公安分局、机场公安分局、交通治安公安分局、高新园区公安分局、大榭公安分局、水上公安分局、鄞州区公安分局
	温州市：泰顺县公安局、瑞安市公安局、乐清市公安局、瓯海区公安分局、龙湾区公安分局、鹿城区公安分局、永嘉县公安局
	湖州市：开发区公安分局、长兴县公安局、吴兴区公安分局
	嘉兴市：南湖区公安分局、经济开发区公安分局、海宁市公安局
	绍兴市：绍兴县公安局、袍江公安分局、诸暨市公安局、上虞市公安局
	金华市：永康市公安局、金东公安分局、东阳市公安局、武义县公安局、浦江县公安局
	衢州市：龙游县公安局、衢江区公安分局、柯山公安分局、柯城区公安分局、开化县公安局
	舟山市：定海区公安分局
	台州市：仙居县公安局、临海市公安局、温岭市公安局、玉环县公安局、椒江区公安分局
	丽水市：龙泉市公安局、缙云县公安局、莲都区公安分局、景宁县公安局、遂昌县公安局、经济开发区公安分局、庆元县公安局、松阳县公安局、青田县公安局

续表

执法质量重点整改单位	宁波市公安局鄞州区分局
	青田县公安局

【建设执法办案平台】 2009年初，省公安厅立项建设执法办案平台（三期）项目，开始研制浙江公安电子笔录系统及执法监督平台，实现案件网上办理、流程网上管理、质量网上考核、办案网上监督；建设执法办案平台省级资源库，整合全省执法数据。6月1日，印发《浙江省公安机关刑事、行政案件电子化卷宗参照标准》（试行），统一规范电子化卷宗的制作和归档；开通执法办案平台专栏，为民警提供执法系统软件下载、疑难解答、演示培训等综合服务。

【开通法制办公平台】 2009年8月10日，由省公安厅法制处自行研发的法制办公平台正式在全省投入使用。省、市、县三级公安法制部门日常使用的18张业务报表和日常执法监督信息全部实行网上实时报送，全省共有1万余份报表和监督信息输入平台，有效提升法制部门信息化进程。

【省厅“五五”普法工作受表彰】 2009年10月16日上午，省普法办在杭州召开全省直属单位普法依法治理工作会议，省厅法制处负责人参加会议，并代表省厅作关于落实“五五”普法工作经验交流的发言。会上对获得全国“五五”普法中期先进集体和先进个人进行了表彰，厅法制处秘书科科长章幽萍获全国“五五”普法中期先进个人。

【举办公安法制业务培训班】 2009年7月9～11日，省公安厅法制处在象山县举办全省公安法制执法规范化建设暨执法办案平台操作培训班。11个市公安局法制处及义乌、象山法制科的相关人员参加培训，有效提高公安法制系统内部的办公信息化水平。8月24～29日，厅法制处在浙江警察学院举办全省公安法制业务骨干法律素质提高班，邀请全国人大、公安部、省高级人民法院、省发改委等专家授课，全省各级法制部门共有123人参训。

图为举办全省公安法制业务骨干法律素质提高班（2009年8月24～29日）

【培养创建执法示范单位】 2009年10月27日，省公安厅印发《深入开展创建执法示范单位活动的指导意见》，明确执法示范单位创建的原则、方法，并由原来县级公安机关拓展到科所队。结合执法质量考评工作，加强对全省原有4个全国执法示范单位（宁海县公安局、江山市公安局、嵊泗县公安局、温州市公安局瓯海区分局）的跟踪以及确立的9个省级执法示范培育单位（杭州市公安局拱墅区分局、奉化市公安局、绍兴市公安局越城区分局、嘉善县公安局、安吉县公安局、永康市公安局、龙游县公安局、三门县公安局、丽水市公安局莲都区分局）的培养工作。年末，评出8个单位（杭州市公安局拱墅分局、宁海县公安局、文成县公安局、嘉善县公安局、安吉县公安局、磐安县公安局、江山市公安局、三门县公安局）为全省县级公安机关执法示范单位。

【配合做好地方公安法制建设】 省公安厅法制部门积极配合省人大开展《浙江省流动人口居住登记条

例》的立法工作，该条例于2009年6月3日制定出台；之后协同省厅有关部门制定出台《关于做好〈浙江省流动人口居住登记条例〉贯彻实施工作有关问题的通知》等配套规定。此外，省厅法制处会同有关部门制定下发《关于贯彻实施〈中华人民共和国消防法〉若干问题的意见》、《浙江省公安派出所消防监督检查实施办法》等一系列配套规定。3月，省厅法制部门正式介入《浙江省实施〈中华人民共和国消防法〉办法》立法修订工作，在全面调研的基础上，于8月向省政府报送代拟稿，并更名为《浙江省消防条例》。12月，该《条例》经省政府常务会议审议通过，报省人大常委会审议。

【审核规范性文件】 2009年，省公安厅法制部门共审核外单位规范性文件80余件，主要有《违法行为教育矫治法》、《人民武装警察法》、《浙江省司法鉴定管理条例》、《浙江省烟花爆竹安全管理办法》、《公安机关行政复议听证审理工作规定》等；厅发规范性文件20余件，主要有《被限制人身自由吸毒成瘾人员戒毒治疗工作规定》、《浙江省道路交通安全违法行为异地处罚暂行规定》、《关于明确火灾事故调查分工和简易程序适用条件有关问题的通知》等。

【服务基层执法】 2009年9月和12月，省公安厅先后出台《浙江省公安厅关于常见违法犯罪行为适用劳动教养措施的意见》及《浙江省公安厅关于违反治安管理行为情节认定的意见》，对劳动教养适用标准、治安处罚裁量作了细化，规范行政自由裁量权。此外，省厅法制部门还以厅名义制定批复2件，答复法制在线咨询问题3120个，省厅门户网站法律咨询103起，会同相关部门以公检法三家的名义制定出台《关于办理抢劫、抢夺犯罪案件适用法律的指导意见》、《关于办理组织、领导传销活动罪追述标准问题的会议纪要》等指导性意见9件。

【开展公安规范性文件清理工作】 2009年，省公安厅开展公安有关地方性法规清理，对全省涉及公安工作的9件地方性法规分别提出保留、修订以及废止的意见建议；开展省政府有关行政规范性文件清理，涉及公安工作的共有87件；开展厅机关行政许可项目清理，经过清理，省厅现行行政许可项目共16项（不包括下放市、县的项目）。

【汇编法律文件】 2009年，省公安厅法制部门整理汇编《2008年政策法律选编》，其中收集本年度国家和浙江省公布、印发的涉及公安工作的法律、法规、规章等各类规范性文件共161件。

【公安行政复议案件办理情况】 2009年，全省各级政府法制部门和公安机关共新受理公安行政复议案件1055件，办结1082件（其中27件为2008年未结案件）。政府法制部门受理231件（同比减少56件），办结202件，其中维持147件（占72.8%）、撤销4件、变更1件、当事人撤回复议申请50件（占24.8%）。公安机关法制部门受理824件（同比增加194件），办结815件，其中维持485件（占59.5%），撤销20件，调解、和解结案23件，驳回申请31件，当事人撤回复议申请184件（占22.6%），其他处理60件。复议维持率同比上年下降2.81%，撤销、变更率下降2.52%，当事人主动撤回申请率下降7.2%。（附表一、表二）

2009年全省公安行政复议案件情况一览（表一）

单位：件

办理机关	受理	办结	复议结果							
			维持	撤销	变更	限期履行	驳回申请	和解调解	撤回申请	其他
政府法制部门	231	202	147	4	1				50	
公安机关	824	815	485	20			31	23	184	60
合　计	1055	1017	632	24	1		31	23	234	60

2009 年全省公安行政复议案件情况一览(表二)

单位:件

地 区	新受理	审结复议案件情况(包括上年度未结案件)										
		合计	维持	撤销	变更	确认违法	撤销重作	责令履行	驳回申请	调解和解	撤回申请	其他处理
杭 州	208	165	94	5					3		61	2
宁 波	100	115	53	1	3				2		56	
温 州	239	253	157	5	7				3	18	21	42
绍 兴	50	53	39						4		10	
湖 州	18	18	17								1	
嘉 兴	5	3	3									
金 华	37	41	25	2						5	9	
台 州	52	52	42	2					6		2	
衢 州	13	16	11	1					1		3	
丽 水	14	14	10		1						3	
舟 山	9	7	5	1							1	
省 厅	79	78	29	1	1				12		17	16
合 计	824	815	485	18	12				31	23	184	60

【公安行政诉讼案件办理情况】 2009 年,全省公安机关新发生行政诉讼案件 348 件,其中当事人直接起诉 176 件,经复议后提起诉讼 172 件。审结 341 件,其中维持 246 件(占 72.1%),撤销 3 件,判决履行 2 件,确认违法 2 件,原告主动撤诉 88 件(占 25.8%)。一审诉讼维持率同比 2008 年上升 3.52%,撤销、变更和判决履行率下降 2.13%,原告主动撤诉率下降 1.39%。二审审结 160 件,其中公安机关胜诉 141 件、败诉 4 件、其他判决或裁定 15 件。(附表三、表四)

2009 年全省公安行政诉讼一审案件情况一览(表三)

单位:件

地 区	新发生	审结案件情况(含上年度未结案件)						
		维 持	变 更	撤 销	判决履行	确认违法	原告撤诉	合 计
杭 州	79	56				1	26	83
宁 波	32	21					13	34
温 州	97	72		3	1	1	15	92
绍 兴	16	10					9	19
湖 州	13	7					1	8
嘉 兴	11	7					4	11
金 华	22	16			1		2	19
台 州	39	27					11	38
衢 州	12	10						10
丽 水	18	15					3	18
舟 山	8	4					4	8
省 厅	1	1						1
合 计	348	246		3	2	2	88	341

2009年全省公安行政诉讼二审案件情况一览(表四)

单位:件

地区	新发生	审结案件情况(含上年度未结案件)			
		合计	胜诉	败诉	其他
杭州	32	30	24	1	5
宁波	11	15	14		1
温州	47	45	40	3	2
绍兴	9	9	6		3
湖州	5	10	9		1
嘉兴	6	6	6		
金华	17	13	12		1
台州	15	15	14		1
衢州	4	5	5		
丽水	10	9	8		1
舟山	2	2	2		
省厅	1	1	1		
合计	159	160	141	4	15

【公安机关负责人出庭应诉情况】 2009年,全省市级公安机关负责人出庭应诉3人次。县级公安机关负责人出庭应诉117人次,其中一审应诉78人次(应诉率为26.2%),二审应诉39人次,公安机关法定代表人出庭应诉66人次,全部胜诉。

【参加全国行政复议应诉工作先进集体和先进个人评选活动】 2009年6月16～17日,公安部在江西井冈山举行全国公安机关十佳行政复议应诉能手选拔赛,杭州市公安局拱墅分局法制科科长刘恩宏代表浙江省参加比武活动并获得第二名,被评为“全国公安机关十佳行政复议应诉能手”。同时,温州市公安局法制处行政复议应诉科、金华市公安局法制处被评选为全国公安机关行政复议应诉工作先进集体。桐乡市公安局法制办公室副主任张锋、衢州市公安局法制处副处长汪俏蓉、台州市公安局法制处副主任科员张丽萍被评为全国公安机关行政复议应诉工作先进个人。

警务督察与维权工作

【概述】 2009年,全省公安机关警务督察部门紧扣公安中心工作和重大警务部署,组织多种形式的督察行动,为完成落实厅党委提出的各项工作目标提供有力保障。年内,共出警督察1.4万余次,出动督察人员3.7万余人次,发现并纠正各类问题7000余个,发出督察法律文书507份,对22名违纪民警采取禁闭措施,对64名违纪民警采取停止执行职务措施;处置维权案(事)件1105起,发出《公安督察正名通知书》245份,依法对1546名侵害民警执法权益的人员进行了处理。年内,全省共有1个督察部门立集体三等功,10名督察民警立个人三等功,7个督察部门、67名督察民警受到嘉奖。

【落实交通五条常态严管措施专项督察】 2009年8月10～16日,省公安厅督察总队会同交管局派出3个督察组,对贯彻严重道路交通违法行为五条常态严管措施精神情况进行现场督察。针对发现的问题,提出3条具体督察建议,得到厅领导的高度重视,批转相关部门研究具体落实意见。同时,对醉酒驾驶拘留执行率低的情况进行跟踪倒查,并与交管部门研究对策,全省醉酒驾驶违法行为拘留执行率在10天内提高36个百分点。其间,共出动督察警力2734人次,发现并纠正各类问题355个,提出路面巡查执法安全、交警装备配备等督察建议143个,全部得到落实。

【开展公安中心工作专项督察】 2009年,全省公安机关警务督察部门通过明察暗访、交叉督察、跟踪督

图为杭州市公安督察部门对元宵灯会安保工作进行现场督察

察等多种形式，围绕国庆60周年安保等公安中心工作，以及打击倒卖火车票等违法犯罪活动专项治理、实施严重道路交通违法行为五条常态严管措施、打击整治“两抢”犯罪大会战、打击假币犯罪“09行动”等重大警务部署，组织开展专项督察，有针对性地提出督察建议，切实解决措施不落实、工作不到位、警令不畅通等问题。年内，共开展督察行动6330次，检查基层单位7886个次，检查娱乐场所5151个次，发现并纠正各类问题3937个，提出督察建议1815条次。

【打击假币犯罪“09行动”专项督察】 2009年2～3月，省公安厅督察总队会同经侦总队派出两个工作组，赴温州、金华、杭州、台州等重点地区对打击假币犯罪“09行动”的组织部署情况进行督导。10～11月，该总队通过对银行、大型商场等单位的暗访倒查，了解公安机关打击、宣传等工作情况。其间，全省各级督察部门共发督察通知书、建议书及情况通报157份，落实专项打击工作，工作成效得到公安部督导组的充分肯定。

【执法环节专项督察】 2009年2月，省公安厅督察总队部署对执法活动中关乎当事人人身安全的重点部位和重点环节的监督检查工作。4月7～13日，该总队组织人员对2008年发生的非正常死亡事件进行跟踪督察，及时发现和解决存在的问题与隐患，有针对性地提出督察建议。4月20日，召开全省电视电话会议，在全省部署开展严防非正常死亡现场督察。其间，全省公安督察部门不断加大对基层单位执法安全工作措施落实情况现场督察和网上视频巡查力度，共开展现场督察1854次，及时发现纠正执法环节和执法场所安全方面存在的问题，防止各单位在执法过程中发生非正常死亡事件。年内，共发生涉案人员有责非正常死亡7起7人，同比下降53.3%。

【信访投诉案件处理】 2009年，全省公安警务督察部门共受理群众来信、来电、来访投诉3967件，核查上级部门及领导批（交）办的投诉件1037件，办结率为98.03%，实名反馈率为100%。省厅督察总队共受理信访件102件，其中派员核查37件，转下级办理65件，办结率为98.03%，公安部督察局、厅领导批办的31件信访件全部办结，查纠多个执法执勤中“乱作为”、“不作为”等突出问题。

【警车使用管理督察】 2009年3月30日，省公安厅督察总队会同交通管理局联合下发《关于进一步落实警用车辆使用管理有关规定的通知》，就做好全省警用车辆（含其他政法机关）违法处罚及年检年审等工作提出要求，进一步规范警用车辆违法行驶核查、执行处罚及年检年审制度等，完善警用车辆管理使用工作。同时，与省检察、法院、司法、国家安全等部门协同配合，督促有关职能部门履行管理、查处职责，有效遏制警车违法行为以及重大涉警交通事故的发生。总队严格核查政法部门各单位警用车辆在高速公路超速行驶行为，督促依法处理违法行为，超速数量从一季度月均264辆降至四季度月均69辆，公安机关警车在高速公路超速数量同比下降13.4%。

【贯彻执行“五条禁令”】 2009年3月17日，省公安厅出台《浙江省公安厅关于对违反“五条禁令”民警所在单位主要负责人进行诫勉谈话的实施意见》，率先在全国省一级建立诫勉谈话制度。于4月29日、12月28日召开两次集体诫勉谈话会。在抓好教育防范的同时，把贯彻执行“五条禁令”现场督察常态化，并作为专项督察的必查项目，在全省形成持续的高压态势。省厅督察总队还会同厅纪委监察室、政

图为省厅对违反“五条禁令”民警所在单位主要负责人进行集体诫勉谈话（2009年4月29日）

治部分别在6月、11月开展公安机关内务管理情况的明察暗访。其间，共开展此类现场督察2319次，暗访基层所队8100余个，暗访娱乐场所4200余个，路查机动车1.2万辆次。年内，查处违反“五条禁令”12起13人，均予以开除或辞退。

【查处侵害民警执法权益违法犯罪行为】 2009年，全省公安维权部门协调和督促有关职能部门，对1105起暴力抗法、伤害民警、诬告误告、打击报复等事件进行及时有效的处置（其中处置暴力抗法和袭警案件856起），依法对1546名侵害民警执法权益的人员进行处理，其中追究刑事责任329人、行政处罚1104人，对恶意诬告、不实投诉责令赔礼道歉34起。1451名民警在执法执勤过程中受到不同程度伤害，其中重伤2人、轻伤19人、轻微伤594人。全省督察、维权部门共发出《公安督察正名通知书》245份，803名民警受到精神抚慰和物质补偿。

【维权教育宣传】 2009年5月11～15日，省公安厅举办第二期全省公安机关维权干部培训班，62名维权干部参加培训。在日常督察工作中，省公安厅督察总队要求各级公安督察部门认真抓好公安民警路面执法执勤安全防护工作的宣传教育以及相关措施的落实，预防和减少民警路面执法执勤中的交通伤亡事故。同时，利用公安网络和媒体宣传报道民警维权工作情况、交流维权工作经验和开展维权工作理论研讨，年内，共刊发民警维权信息文章236篇。

【警务监督机制建设】 2009年1月，省公安厅督察总队对警务督察信息平台进行改造，增加报备系统应用模块，拓宽平台的监督触角。7～10月，该总队会同厅科技通信管理局及相关业务部门多次进行研究、调研，决定改造全省警务督察信息平台，整合各市视频、语音督察系统，升级督察报备系统。11月2日，下发建设任务书。截至年底，全省共安装视频督察系统探头10577个，纳入语音督察系统电话3744门。

【督察调研宣传】 2009年，省公安厅督察总队继续加强对联系点的调研工作，特别在专项督察活动调研中，了解工作中存在的问题，研讨工作方法，完善工作机制。通过调研，形成《国内安全保卫联合督察工作机制》。各地共上报调研文章23篇。同时，利用各类媒体，结合“纪念公安机关督察条例颁布十二周年”、“警营开放日”、“警民恳谈”等活动，加大对督察工作的宣传力度。年内，在报刊、广播电视等新闻媒体投稿739篇，发表刊登、播送（播放）388篇，其中中央媒体17篇、省级媒体78篇。厅督察主页接收投稿3571篇，网上转载刊登1367篇。

【完成公安部督导组联系协调工作】 2009年，以王洪舟、翟明中、刘明芳、水建平为督察专员，省厅督察总队副总队长、维权办副主任王杰为联络员的公安部督导组在浙江省开展督导工作。其间，督察队先后到省厅机关和11个市级公安机关及其县级公安机关、基层所队对维稳、国庆60周年安保、打击假币犯罪“09行动”等重点工作进行指导检查。省厅督察总队派员配合督导组在全省开展监督检查和调查研究，参加督导组的现场督察活动，向督导组如实、全面地介绍情况、反映问题和提供有关信息资料，听取督导组的工作意见和建议，查纠、整改工作组发现的各类问题并予以反馈。

【开展维权工作调研】 2009年，省公安厅维权办在全省范围内开展民警维权工作调研，指导市、县公安机关规范建立健全维权机构和配备专职维权干部，健全维权工作机制。同时，对2007、2008年两年来刑拘以上的暴力侵权案件的结案情况进行跟踪督察调研，及时掌握全省打击暴力侵权案件的现状，研判工作机制。此外，加强基层勤务机制调研，重点在国庆安保工作中，关注民警的身体状况和精神状态，提请有关部门科学设置勤务模式，及时掌握基层一线公安民警病患情况，分类提出督察建议。

图为督察总队负责人在舟山调研维权工作（2009 年 3 月 16 日）

【查处木瑞平逼讨赌债致华侨坠楼死亡事件】 2009 年 2 月 2 日，省公安厅督察总队根据省委常委、政法委书记、公安厅厅长王辉忠在《信息快报》上的批示，在厅党委委员、纪委书记、督察长华远平带领下，前往温州瑞安市核查孙文敏坠楼一案。通过核查卷宗、察看现场、走访当事人等工作，查清瑞安市公安局交警木瑞平与华侨孙文敏等人参与赌博，并向孙逼讨赌债，致使孙坠楼死亡的涉嫌违法犯罪的事实。督察人员指导当地公安机关妥善处置善后事宜，木瑞平等 3 名犯罪嫌疑人均被判处有期徒刑两年。

【澄清反映乐清民警将吸毒人员推下楼的不实投诉】 2009 年 4 月 30 日～5 月 5 日，省公安厅督察总队会同禁毒总队等部门对《新华社内参》清样反映的“温州乐清一派出所出警发生当事人坠楼死亡情况”进行核查。经现场勘察、卷宗研判、证据分析等工作后查明：4 月 22 日 9 时 30 分，乐清市七里港派出所民警前往吸毒嫌疑人员张某家依法传唤时，遭到张某及家人的拒绝。张某为躲避传唤，在未与民警见面时就攀拉电线从窗口向下滑落，造成意外坠楼身亡。从而澄清张某家人在媒体上传播的“民警将张某推下楼”的不实投诉。

科技通信管理

【概述】 2009 年，全省各级公安科技管理与信息通信部门紧紧围绕公安部“三项建设”工作部署和厅党委“五个新突破、五个新提升”工作目标，进一步推进公安信息化建设，不断提高服务决策、服务实战、服务基层的能力和水平，全力推动全省公安科技和信息通信工作实现新的跨越。

【深化科技强警示范单位创建工作】 2009 年 4 月，省公安厅科技通信管理局会同省科技厅有关部门完成科技强警示范县市区、科所队抽查验收工作；5 月，省公安厅、省科技厅联合印发《关于授予杭州市西湖区等 22 个县（市、区）和 119 个科所队“科技强警示范县市区”、“科技强警示范科所队”称号的决定》。

【完善公安科技管理制度】 2009 年，省公安厅科技通信管理局制定《浙江省公安厅科技建设项目管理办法》（试行）等 4 个规定，建立健全符合新时期公安科技发展要求的项目管理、人才培养、专家管理、经费保障等工作制度，进一步理顺管理职责，规范管理流程，提高管理水平。

【加强科技项目规范化管理】 2009 年，省公安厅科技通信管理局完成年度厅级科技建设项目、重大科研项目立项和测评单位招标工作，完成《浙江公安档案信息管理系统》等 24 个项目验收鉴定工作；组织申报公安部应用创新计划项目 4 项，软科学项目 12 项；申报全国公安科技推广项目 9 项，其中 3 项被列入全国试用项目。

【推进科技研究与成果转化】 2009 年，省公安厅科技通信管理局积极推进厅级重大公安科技专项工作，组织开展年度科研项目立项评审工作；继续开展“聚宝盆”（旨在鼓励基层公安机关科技创新的计划）

图为全省金盾工程二期建设部署暨科技管理与信息通信工作会议在杭州召开(2009年2月13日)

项目推广工作,努力促进科技成果向公安战斗力转化。组织开展"加强科技应用普及,建设创新型公安机关"为主题的科技普及活动,拓宽广大民警的科技视野,收到良好效果。

【完成重大科技攻关项目结题验收工作】 2009年11月,省公安厅科技通信管理局完成在省科技厅立项的《长三角公安信息资源共享与开发利用中若干关键技术与典型应用研究》中4个子课题(《长三角社会治安监控系统联网共享研究和应用》、《基于公安业务信息的刑事犯罪特征数据挖掘技术的研究与应用》、《公安网间安全通信平台和数据交换服务的研究和应用》、《跨地域、跨部门的公安数据库资源与互联互通技术的研究和应用》)结题验收工作。

【建立健全公安信息化工作组织体系】 2009年3月,全省各级公安机关根据《浙江省公安厅关于进一步推进公安信息化工作的若干意见》精神,陆续成立由厅(局)长任组长,各警种、部门主要负责人为成员的省、市、县三级公安信息化工作领导小组,统筹领导本级公安信息化工作。各级公安科技管理和信息通信部门在新的信息化领导体制下,加大项目管理、建设规划、技术支撑、运行保障的力度,同时出台一系列规章制度,推进信息化建设。

【推进情报信息综合应用平台建设】 2009年2月,省公安厅成立由指挥中心、刑侦、治安、信通等部门有关人员组成的情报平台建设小组,着手情报平台的需求调研和方案设计。5~7月,完成情报平台建设方案设计、论证和科技项目立项程序。10月上旬,对纳入"大情报"信息体系建设的网上缉控系统进行升级改造,实现与公安部情报平台的对接。10月中旬,完成情报平台建设公开招标,开始工程建设。截至年底,已完成所有子系统需求规格说明书的编写、大多数子系统的概要设计和数据库设计,以及部分子系统的详细设计和原型开发工作。

【开展警用地理信息基础平台建设】 2009年,省公安厅科技通信管理局完成省厅平台建设项目论证、立项审批和需求调研,形成完整的需求分析和技术方案,11月下旬进入全面建设阶段。同时,该局集中力量对列入公安部和全省试点的温州市局警用地理信息基础平台建设进行全过程指导,协调有关公安机关和政府相关部门,解决试点建设中遇到的技术规范、基础数据和衔接配合等方面的困难,使试点各项工作有序推进,试点建设进入收尾阶段,平台实战效能开始显现。

【建设"一站式"信息服务共享主平台】 2009年,省公安厅科技通信管理局拓展"浙江公安信息资源综合应用平台网上缉控系统"服务实战的能力。依托网上缉控系统,结合省市两级信息中心近42亿条数据的综合资源库的强大支撑,实现"随需而动"的快速部署,形成16个紧贴实战、服务基层的综合应用模式。同时,按照信息共享要求,开展"一站式"信息服务平台建设,通过清洗信息资源数据,整合综合应用平台和案人物信息"一查通",向全警提供权威、快捷、高效的"一站式"信息服务。

【提高网络视频传输性能】 2009年,省公安厅科技通信管理局为适应视频会议系统采取IP组播方式的需要,对全省公安二级网(省公安厅至各市公安局)进行组播规划与工程实施,完成网络组播调试,为今后网络IP视频应用打下坚实基础。

【强化信息网络安全监测和预警】 2009年,全省省、市两级公安信息通信部门利用安全监测平台和病毒安全预警系统，对计算机病毒、黑客攻击和扫描等事件进行实时监控，做到准确发现、及时响应、减小危害。同时，严格执行安全通报制度，督促各地做好各项安全保障工作，确保全省公安信息与网络安全。

【加强公安外网门户网站管理】 2009年，全省各级公安信息通信部门加强公安外网门户网站安全管理，建立网站登记备案制度，对103个网站进行安全评估，及时发现并修补部分网站存在的安全漏洞。

【完成全国公安应急通信保障演练任务】 2009年5月16日，省公安厅科技通信管理局组织部分市局通信勤务保障力量，参加公安部组织的全国公安应急通信保障演练。参演单位按要求熟练进行现场通信网络组建和现场指挥部搭建、现场图像上传、视频指挥系统使用、公安专线收发传真、公安专网电话通信、公安信息网信息查询、无线通信设备使用、单兵图像采集和上传、道路监控图像调用等操作，全面完成公安部规定科目及附加科目"动中通"定位子系统测试的演练任务。

【组织重点时段应急通信保障演练】 2009年9月9日，省公安厅科技通信管理局联合厅指挥中心组织开展2009年下半年重点时段应急通信保障演练。演练以检查全省各市公安科技信息通信保障部门应急通信反应速度和保障能力为重点，通过演练查找人员、装备、机制等方面存在的问题和薄弱环节，修改完善应急通信保障方案。为顺利完成国庆安保通信保障做好准备。

【推进卫星通信车保障能力建设】 2009年5月14日，省公安厅科技通信管理局组织宁波、温州、台州、金华等市公安局开展"动中通"卫星通信车测试工作，并结合350兆无线集群通信系统联网，开展杭州、宁波、温州、台州、金华5个城市公安卫星通信车集结调度演练，从实战层面全面测试全省公安卫星通信车设备功能，发现和整改存在问题，完善应急通信预案，促进队伍熟练掌握基本操作技能，切实提高各级信息通信部门的应急通信保障能力。6月17日，该局印发《浙江省公安机关卫星通信车调度使用规定》，进一步加强公安卫星通信网管理。

图为开展通信技术日常学习活动

【完成图像通信保障任务】 2009年，省公安厅科技通信管理局加强图像通信设备的检测、保障力度，确保各类电视电话会议正常召开和各级视频指挥系统畅通运行，全年召开电视电话会议84次，按照公安部春运、"五一"期间橙色备勤要求，在规定的图像信道上传送机场、车站及广场监控图像，有效保障处置各类重大事件时的图像通信。

【做好移动虚拟专网增值服务工作】 2009年，省公安厅科技通信管理局继续组织开展全省公安移动虚拟专网增值服务，为全省32546名"全球通"用户民警免费办理了人身意外保险，并对民警伤亡事件保险理赔进行跟踪服务。全年协调办理民警意外伤亡理赔保险金人民币67万元。

【组织专业技术培训和岗位练兵】 2009年，省公安厅科技通信管理局组织"网上缉控系统"、"网络运行管理"、"信息与网络安全管理"和"浙江公安信息资源综合应用平台"等5期业务与技术培训班，全省信息通信岗位民警共236人次参加培训；先后举办“网络安全”、“运行管理”、“信息服务”和“综合应用平台”等岗位练兵，以及“重点场所图像通信”保障演练等活动。通过技术培训和岗位练兵，进一步提高全省广大信息通信民警业务素质和技术水平。

【深化社会治安动态视频监控系统建设】 2009年，全省各级公安科技管理与信息通信部门进一步推进中心城镇、重点集镇、主要街区、繁华与公共场所、交通路口和社会治安混乱地区的社会治安视频监控系统与城市公交车辆视频监控系统建设。全省由政府出资、公安机关组织建设的社会治安动态视频监控摄像机总数达75997只，其中新增19906只。年内，利用社会治安动态视频监控系统共抓获犯罪嫌疑人5743人，查处治安案件12483起，协破刑事案件数6558起，其中协破命案541起，协破“两抢”案件631起，协破爆炸、放火、劫持、强奸、绑架五类严重刑事案件541起。

【推进基础研究和标准化工作】 2009年，省公安厅科技通信管理局根据《长三角社会治安监控系统联网共享研究和应用》课题研究成果对《跨区域视频监控联网共享技术规范》地方标准进行修改完善，并报省技术监督局申请立项；《跨区域视频监控联网共享技术规划》(修订)、《安全技术防范工程运行管理技术规范》等4个文件列入当年地方标准制修订计划；《浙江省安全技术防范系统建设技术规范》地方性系列标准通过专家审定，进入公示阶段。

【全面推进视频监控系统共享平台建设】 2009年，全省各级公安科技管理与信息通信部门全力推进视频监控系统共享平台建设，截至年末，全省建成县(市、区)级视频共享平台31个，正在建设的有33个；宁波市公安局已完成全市大部分县(市、区)视频共享平台建设并与市级视频共享平台联网。

【开展业务和技术研讨活动】 2009年，省公安厅科技通信管理局结合工作实际举办“公安信息通信网建设”、“技防管理业务”和“网上缉控系统暨信息化深度应用”等主题的研讨会，对帮助基层科技管理与信息通信部门解决实际问题起到积极作用，同时拓展了科技管理与信息通信民警业务视野和工作思路。

后勤保障

【概述】 2009年，全省各级公安后勤部门围绕省厅党委提出的工作目标，深化“三基”工程建设，积极推进“三项建设”，圆满完成各项保障任务。年内，公安单警装备建设、应急物资储备机制建设、全国公安装备管理系统应用受到公安部通报表扬；省厅获得2009年度部门预算编制先进单位等荣誉。全省公安后勤部门有1人获得二等功，17人获得三等功，107人获得嘉奖，20个集体获得荣誉。

【扎实推进政法经费保障体制改革】 2009年，省公安厅后勤处通过召开公安工作各警种业务量及经费支出统计测算布置工作会议、政法经费保障体制改革座谈会、厅机关各业务警种座谈会等形式，部署开展市、县级公安机关办案业务成本测算和摸底工作，完成包括9大类指标体系的39项具体指标的公安业务量及经费支出统计测算等工作。

【强化政法经费保障政策支撑】 2009年，省公安厅后勤处通过召开座谈会、联合下基层调研等方式主动加强与省财政、发展改革等部门的联系沟通，努力

图为召开全省公安经费保障体制改革工作座谈会(2009年2月18～19日)

做好中央办公厅、国务院办公厅32号文件在浙江的贯彻实施工作。12月,省委办公厅、省政府办公厅联合印发《关于加强政法经费保障工作的实施意见》;12月,省财政厅印发《关于印发浙江省政法经费分类保障办法实施细则(试行)的通知》,为公安经费保障工作提供强有力的政策保障。

【经费保障改革成果】 2009年,省公安厅后勤处积极争取中央和省级财政支持,共下达中央公安转移支付奖励性补助2.02亿元(不含宁波地区6300万元),同时通过多方努力争取落实省级配套补助1.01亿元。

【确保经费稳步增长】 2009年,省公安厅后勤处通过细化预算编制,争取财政部门支持,在财政形势较为严峻的情况下,全省各级公安机关经费收入都有不同程度的增长,共计153.3亿元,同比增长7.8%。其中,省厅本级争取省财政拨款3.99亿元,同比增加4300万元,增长12%,取得连续5年年均增长10%以上的成效。

【加大经费补助力度】 2009年,省公安厅后勤处加大对基层公安机关的经费补助力度,共下达市县补助4.8亿元(含服装经费),同比增加2.92亿元,增长155.32%。

【制定看守所伙食经费保障标准】 2009年,省公安厅后勤处协调省财政厅出台《关于核定看守所在押人员伙食金额标准的通知》,明确全省看守所在押人员最低伙食金额标准。

【加强应急物资储备机制建设】 2009年,省公安厅后勤处通过出台《浙江省公安机关应急物资管理规定》,首次明确应急物资储备方式和调用程序,为逐步建立"四级联动、区域增援、重点储备、互为补充"的应急物资储备调用机制做好制度保障。调整物资储存方向,重点储存处置重、特、大群体性事件及防化、防暴所需的高、新、尖装备,以及执勤服系列为主的被装物资。新疆"7·5事件"后,此项工作得到公安部装备财务局通报表扬。

【加大科技强警建设力度】 2009年,省公安厅投入1.2亿元完成大情报工作平台、警用地理信息应用系统、指纹比对系统扩容等40余个装备项目建设。

【加强公安单警装备建设】 2009年,省公安厅后勤处通过出台《浙江省公安机关单警装备管理规定》,进一步明确各部门、各警种的管理职责,规范公安单警装备采购、配发、培训、携装、使用、保管、监督、检查等工作,并协调政工部门将公安单警装备使用维护列入"三个必训"教程。

【注重经费使用绩效】 2009年,省公安厅后勤处转变工作思路,从重经费分配转向重经费使用,督促各部门提高项目经费的绩效使用,完成厅机关7个重大科技建设项目的绩效评价。

【开展新型装备试装】 2009年12月,省公安厅后勤处配合公安部装备财务局完成350兆多模对讲机在杭州的试用工作和38毫米防暴弹在宁波的试验工作。

【做好武器供应】 2009年,省公安厅后勤处完成9毫米转轮手枪、弹药全省供应和2008年度全省公安机关公务用枪(弹药)押运配发工作,共调拨枪支1300多支、弹药近400万发,金额达1100多万元。

【适时调整被装供应标准】 2009年,省公安厅后勤处结合气候条件,对全省的被装物资供应标准进行适当调整,最大限度地倾斜基层一线单位,为全省民警每人增发毛涤单裤1条。全年共计供应各类警服37.61万套、件,装具服饰鞋帽类26.93万枚(双、顶)。

【规范警务用车管理】 2009年9月,省公安厅后勤处召开全省公安专段民用号牌(简称"浙O"号牌)车辆换牌工作会议,决定全省停止使用公安专段民用号牌(含汽车、摩托车、临时试验用机动车),规定自10月9日~12月31日,省、市两级公安车管部门统一办理"浙O"号牌车辆换发警用或民用号牌业务。自1992年公安部颁布机动车号牌公共安全行业标准后,浙江省共核发"浙O"牌5608副(省级公安机关619副,市、县级公安机关4989副)。此次统一取消"浙O"牌后,除一部分改挂民用号牌外,有4300多辆改挂警车号牌,使用于接处警和治安巡逻的执法车辆增加20%左右。凡改挂民用号牌的车辆,将不再纳入特种车辆管理,一律不得使用警灯警报器。12月,全省公安后勤部门顺利完成全省"浙O"号牌车辆换发号牌工作。年内,全省共完成警车新增更新计划1662辆。2010年1月1日起,"浙O"号牌车辆一律不得上道路行驶。同时规定警车号牌的车辆比例:县级公安机关换发后挂警车号牌的车辆数量占全部号牌(即警车号牌与民用号牌)总数的比例应在80%以上;省、市两级公安机关应在60%以上。

【通用设备配备】 2009年，省公安厅后勤处完成厅机关办公自动化设备（电脑、打印机、复印机、数码相机等）的更新和发放工作，累计金额250余万元。

【完成装备实力信息统计】 2009年，省公安厅后勤处依托公安部装备管理信息系统，及时完成2008年度全省公安装备实力、全省公安船艇摸底、2009年全省公务用枪（弹药）计划等统计工作，并通过督促各地加大信息采集录入工作力度，确保浙江省已录入系统的公安装备人均数据和总数走在全国前列。

【基础设施建设保障改革成果】 2009年，省公安厅后勤处按照“中央和地方财政分类、分区域、按比例共同负担”的新保障体制，完成2010～2012年市、县级公安机关业务用房和监管场所建设规划的编制，总投资71.41亿元，申请中央投资23.82亿元，其中首次取得国家发改委、公安部对浙江省公安业务用房建设的支持；完成全省23个项目（公安监管场所）2010年中央投资申请，总投资13.35亿元；完成全省86个项目中央投资项目储备库的申报工作，总投资21.4亿元。

【强化对基层基础设施建设的支持】 2009年，省公安厅后勤处落实《浙江省公安派出所基础设施建设规划（2006～2010年）》，推进欠发达地区公安派出所办公用房建设，争取2009年度省公共建设投资补助经费700万元，补助全省派出所建设项目18个。

【确保派出所基础设施建设政策延续】 2009年，省公安厅后勤处会同省发改委完成《浙江省公安派出所基础设施建设规划（2010～2015年）》编制工作，规划建设派出所201个，投资总额3.26亿元。

【争取监管场所基础设施建设政策】 2009年，省公安厅后勤处会同厅监管部门首次编制《浙江省公安监管场所基础设施建设十二五规划》，涉及建设资金达30亿元。

【厅信息技术中心工程建设】 2009年12月，省公安厅信息技术中心工程主体顺利结顶。该工程被列为省重点工程的同时，还被省发改委列入省重大稽查项目。在建设过程中，从工程质量控制、工程进度控制、工程投资控制，到工程文明施工与安全、工程招投标管理等多管齐下，层层把关，确保工程建设质量，紧紧抓住施工进度，确保主体结顶。在省稽查办和市质监站的几次检查中均获得一致好评，被省稽查办作为经验推广，施工工地还被上城区环保局、建设局、行政执法局评为2009年度“绿色工地”。

【完成重大基建项目申报】 2009年，省公安厅后勤处完成2010年省级政府投资和项目储备库、省公共建设投资补助、厅属4个基础建设项目等重大项目的申报工作，共涉及资金3.03亿元。

【基础设施建设情况信息统计】 2009年，省公安厅后勤处以编制全省公安基础设施建设规划为契机，重点对全省各级公安机关办公用房、业务用房、派出所用房现有的基础建设进行摸底调查，初步摸清基础设施情况的现状，并建立档案。

【规范政府采购行为】 2009年，省公安厅后勤处通过建立接受采购项目立即回复制度、专人负责制度、进度登记制度、报表制度，按照“无预算不采购”的原则，规范采购程序，严格采购审批，强化采购服务，不断提高厅机关政府采购工作效能。全年共完成采购项目260个，采购预算2.35亿元，实际采购金额2.13亿元，节约资金2200万元，节约率为9.3%，未发生一起供应商的有效投诉行为；签订合同178份，合同总金额1.156亿元。

【做好厅机关固定资产管理】 2009年，省公安厅后勤处强化厅机关固定资产管理，严格新增、调整、报废等手续，保证了固定资产人、账、物信息一致，全年录入新增固定资产单1446条，新增固定资产价值8000万元。

【推广应用公务卡】 2009年5月，省公安厅后勤处在厅机关本级顺利实行公务卡制度，进一步规范财务管理，减少现金支付结算，提高公务支出透明度。

【严格厅机关“四项经费”管控】 2009年，省公安厅后勤处注重财务数据分析，合理调整支出结构与经费投向，加强对出国、交通、公务接待、会议四项经费的控制，取得较好节约效果。其中，公务接待费用同比减少68.44万元，公用经费同比减少313万元，会议费用同比减少33.69万元，交通费用在油价上涨的情况下与上年持平，出国（境）费用比预算减少96万元。

【加强会计内控制度建设】 2009年，省公安厅后勤处重点对票据合法性、开支标准和审批程序等方面进行了严格审核把关；对银行支付严格实行复核授权，实现岗位分离，保证了资金安全；结合厅机关债权债务清理专项工作，重点对个人借款及合同保证金、装备武器款进行了清理，全年核对清理往来款共计3.82亿元；配合厅审计部门对厅属15个单位开展审计巡访活动。

【加强保留企业管理】 2009年，省公安厅人民警察培训中心改造营业两不误，既确保装修改造工程按期完成，又充分发挥了社会效益；省公安厅车辆牌证制作中心充分挖掘内外部潜力，主动作为，积极应对，超额完成既定目标任务；3月，省公安厅下属10家保留企业一次性通过省委政法委的年审。

【严格厅机关车辆驾驶员管理】 2009年，省公安厅后勤处通过落实维修保养，严格派车制度，开展节油竞赛，实行燃修费用零增长，进一步提高管理水平。全年厅机关车辆共行驶里程约415万千米，没有发生人员伤亡等重特大事故。

公 安 审 计

【概述】 2009年，省厅审计部门以专项审计、审计调查、专项清理为抓手，有力促进全省公安机关经济活动规范化建设。年内，全省公安审计部门共开展审计项目999个，审计总金额139.79亿元，查出违规金额29920.72万元，违纪金额981.65万元，查处“小金库”946.65万元，提出审计意见建议2497条，提交厅党委综合审计报告5份。

【开展公安机关审计预防、预告、预警工作】 2009年，省公安厅审计部门开展公安机关审计预防、预告、预警工作。2月，在厅机关开展第二次审计巡查，共走访32个单位，其中厅机关及下属单位5个、事业单位10个、保留企业（含掩护性企业）7个、社会团体10个，覆盖面达100%。4月，对厅机关负有经济责任的领导、财务（内勤）人员、涉及重大经济活动人员，组织了一次财经责任温馨提示，结合单位管理要求、制度规定和审计中发现问题的概率，有针对性地告知相关法规和规定，共发放经济责任告知书56份。

【开展全省保安服务公司专项审计】 2009年2～10月，省公安厅审计部门组织开展全省保安服务公司2008年度财务收支专项审计。其间，共完成106个保安服务公司专项审计任务，审计金额26亿元，查出各种违纪违规资金13937.10万元。

【开展全省公安机关监管场所专项审计调查】 2009年5～7月，省公安厅审计部门开展以2008年度看守所财务收支为主的全省监管场所专项审计调查。据统计，全省共有监管场所186个，其中看守所85个、拘留所79个、强制戒毒所13个、安康医院4个、收容教育所5个。共有民警3659名（编制数为4198名），辅警人员1729名，医务人员625名。调查结果表明，看守所在经费保障、内控建设、财务核算、安全管理等方面还存在财政预算保障不适应发展现状；部分公安机关经费分配不当，挤占看守所经费；财务管理不规范，内部控制制度不健全；侵占在押人员经济利益，代管财物管理不完善；监所管理中存在安全隐患等问题。8月，专项审计调查报告提交厅党委后，厅党委副书记、副厅长张景华批示“此情况应通报全省公安机关，先纠正内部问题，再进行外部衔接争取财政保障”。厅党委委员、副厅长董晓伟召集监管及后勤、审计等部门负责人，专题研究落实监管场所后续

图为全省公安审计工作会议在杭州召开（2009年5月21日）

图为举行丽水看守所审计情况交流会(2009年6月17日)

审计工作。厅党委委员、纪委书记、督察长华远平批示"要突出保障性、机制性、制度性建设,确保专项审计工作成效"。9月,省厅下发《关于全省公安监管场所2008年度专项审计调查情况的通报》。

【开展全省公安机关经费保障调查】 2009年3月,省公安厅审计部门抽取代表不同经费保障水平的义乌、永康和兰溪3个县级公安局,开展经费保障专项审计调查。调查结果表明,随着经济社会的发展,社会治安面临许多新情况、新问题,公安经费需求亦随着增大。由于地方政府财力有限,经济欠发达地区公安经费预算安排与现实需要之间存在较大差距,预算安排与行政事业性收费、罚没款挂钩的现象十分普遍,从而造成经费保障不平衡、经费缺口较大、装备建设滞后等问题。

【开展执法环节财物专项审计】 2009年2~8月,全省各县级公安审计部门开展执法环节财物专项审计工作,纠正并查处一些单位乱收滥罚、乱拉赞助、违规扣押当事人款物,以及违反"收支两条线"管理规定等方面的突出问题。

【开展公安特别业务费后续专项审计】 2009年2月,省公安厅审计部门部署开展全省公安特别业务费后续审计工作,要求采用省、市、县三级公安审计部门联动方式开展后续专项审计。通过公安特别业务费后续审计,公安特别业务费账户核算进一步规范、公安特别业务费账户日常管理进一步加强、公安特别业务费的使用效益进一步提高,账外账、"小金库"等违纪违规现象得到有力遏止。

【开展厅机关领导干部离任经济责任审计】 2009年7月,省公安厅审计部门开展对厅刑事侦查总队总队长、厅行动技术总队总队长进行离任经济责任审计。通过实地盘查、谈话、看账等方法,对干部任职期间所在单位内控制度建设及执行情况、财政财务收支情况、债权债务、固定资产管理、审批权限、物资采购、工程项目实施以及经济行为、廉洁自律等各方面的表现作出客观、公正的评价,审计总金额8263.46万元。

【开展安邦护卫公司后续专项审计】 2009年7月,省公安厅审计部门重点走访省安邦护卫公司、杭州安邦护卫公司等单位,对上一年度专项审计的整改情况进行了检查,并对安邦护卫公司内部控制建设、合理避税、明确与公安机关经济往来等方面提出建议,推动了全省安邦护卫公司现代企业管理制度建设和财务管理规范化建设。

【加强公安审计理论研讨和审计业务调研】 2009年,全省公安审计部门加强公安审计理论研究,其中省厅、杭州、宁波、温州等地公安审计部门撰写的研讨文章被《浙江内部审计》"理论探讨"等栏目刊载。同时,厅审计部门通过走访调研、个别访谈、召开现场会、座谈会等多种方式,熟悉基层审计部门和审计人员的工作方式,了解基层审计工作的困惑和难点。11月,厅审计部门召开市地及部分县级公安机关审计部门负责人座谈会。其间,开展第六次全省公安优秀审计项目评比活动,杭州、宁波、温州等市、县选送的10个优秀审计项目受到表彰。

【开展审计业务学习和培训】 2009年11月,省公安厅审计部门在杭州举办全省公安审计业务培训班,培训班为期5天,参加人员108人。培训班以保安公司、事业单位的审计实例操作为主要内容,强化基层审计人员动手操作能力。厅党委委员、纪委书记、督察长华远平为学员作题为《公安审计要做好"预防"这篇大文章》的讲课。

公安新闻传媒

【概述】 2009年，省公安厅新闻传媒中心充分利用《平安时报》、“平安浙江”宣传栏、平安视频联播网等公安媒体，积极开展公安新闻宣传活动，切实推进宣传阵地和队伍建设，不断提高公安新闻宣传成效和社会影响，取得了较好的社会效益和经济效益。全年编辑出版《平安时报》近200期，采写、编辑文字总量达600多万字。9件作品、1个专栏获省级以上新闻奖，1人被评为省级专业报“十佳新闻工作者”。

【宣传“大走访”爱民实践活动】 2009年1月起，《平安时报》开设“公安大走访”专栏，报道全省各级公安机关开展“大走访”情况，共刊登稿件60多篇。

【宣传人民警察核心价值观】 2009年11月10日，《平安时报》开设“践行人民警察核心价值观——优秀民警访谈”专栏，通过访谈对象的感人故事来诠释人民警察核心价值观的内涵，共刊登稿件30多篇，得到省公安厅领导的批示表扬。

【宣传公安机关的先进典型】 2009年，《平安时报》对全省公安机关先进个人与集体的典型进行重点报道，大力宣传“铁面交警”李益波、英勇辅警金晓军等典型人物的感人事迹，讲述神勇破案的刑事侦查专家和行家的传奇故事，积极传播优秀基层民警、爱民实践模范等典型人物的先进事迹。全年共报道各类典型200多个。

【宣传国庆60周年安保攻坚战】 2009年8月起，《平安时报》积极开展国庆60周年安保攻坚战的宣传，报道全省各地公安机关开展安全保卫工作的情况。年内，共刊登稿件30多篇。

【报道打击“两抢”犯罪行动】 2009年，《平安时报》开设“打‘两抢’大会战”专题报道栏目，报道全省各地警方打击整治“两抢”犯罪的有力措施和战果，并结合典型案例宣传“两抢”犯罪防范知识，共刊登稿件120多篇、图片25张。

【报道打击假币假发票犯罪行动】 2009年，《平安时报》积极报道打击假币犯罪“09行动”情况，及时报道公安机关侦破的重大经济犯罪案件，揭露假币、假发票、非法集资、诈骗等犯罪手法，提高人民群众识假防骗能力。全年共刊登稿件50多篇。

【报道严管交通违法行为】 2009年8月22日，《平安时报》开设“剑指严重交通违法行为——严管风暴”专题报道栏目，报道全省各级公安机关严查交通违法行为的举措和重大行动，并连续配发言论，掀起严查严重交通违法行为的宣传高潮。全年共刊登稿件60多篇。

图为省厅党委委员、政治部主任华乃强给新闻传媒中心2009年度先进工作者颁奖

【报道浙江公安发展历史】 2009年7月28日，《平安时报》与省公安厅史志办、老干部处等联合开设“警徽记忆——纪念新中国成立60周年”专栏，通过20多位公安老领导和老战士的回忆，生动记述新中国成立以来浙江公安60年的发展历程。浙江省新闻出版局的《报刊审读与管理》专门刊文介绍《平安时报》的经验。省委宣传部副部长鲍洪俊和省公安厅党委委员、政治部主任华乃强分别批示表扬。

【注重平安题材的报道】 2009年，《平安时报》开设“平安指南"、"平安沙龙"、"平安卫士"等平安系列栏目，多角度、全方位地传播平安信息，共刊登报道平安题材文章500多篇。

【提高报纸版面质量】 2009年，《平安时报》狠抓报纸版面质量，全年采写的甲级稿、优质稿件达到220篇，编辑的甲级版面达到120个，文字差错率控制在万分之一以内，刊发原创性公安新闻达到全部版面的60%以上，每月编发独家新闻和首发新闻平均在40条以上。

【多件作品获奖】 2009年，省公安厅新闻传媒中心积极探索新闻理论和新闻实践的创新，新闻宣传水平不断提高。年内，1篇作品获全国报纸副刊作品年赛二等奖，1篇作品获浙江省传播学会学术成果论文类一等奖，2篇作品分获浙江新闻奖二、三等奖，3篇作品分获浙江省专业报好新闻一、二、三等奖，2篇作品分获得浙江省综治好新闻二、三等奖。

【"大案快报"栏目获奖】 2009年，省公安厅新闻传媒中心积极办好"大案快报"栏目，迅速刊登全省各地公安机关侦破的大、要案，全年发稿180多篇，被浙江省专业报工委评为浙江省专业报名专栏。

【办好《报道吹风》】 2009年，省公安厅新闻传媒中心编发面向全省公安通讯员的内部刊物《报道吹风》12期，内容新颖，指导性强，强化与基层公安宣传干部的沟通和联系，夯实公安新闻宣传工作的基础。

【"平安浙江"宣传栏达到3000多块】 2009年，"平安浙江"宣传栏的数量达到3000多块，覆盖面遍及全省。年内，该宣传栏共编发《平安时报·社会特刊》和《平安时报·校园特刊》等公益宣传资料18期，共计40余万字，张贴的公益宣传资料超过3万多份。

【平安视频联播网网点总数达到5000台】 2009年，平安视频联播网共制作60多期节目，播放了大量反映公安机关重大行动和为民服务的视频，提高公安媒体的影响力。

【办好"平安直通车"等特色栏目】 2009年，省公安厅新闻传媒中心做好品牌栏目"平安直通车"的报道，热心帮助群众急办身份证，协调小孩及时落实户口，帮助读者寻找失散多年的亲人，为读者提供直接的帮助和服务，切实为群众解决实际困难，提高报纸在读者中的影响力和美誉度。全年共发稿件50多篇，收到读者赠送的锦旗1面。同时，中心狠抓批评性报道栏目"平安鹰眼"的建设，勇于揭露社会上存在的丑恶现象，全年共发稿件20多篇。

【《平安时报》公众网点击率位居前列】 2009年1月，省公安厅新闻传媒中心在浙江省公安厅门户网站和浙江在线门户网站上开设《平安时报》公众网窗口，信息更新及时准确，内容全面多样，《平安时报》的点击率在百度等搜索引擎上排名位于前列。

【合作办好公安媒体】 2009年，省公安厅新闻传媒中心在与绍兴市公安局合办《平安时报·绍兴周刊》的基础上，与浙江省公安厅政治部、刑侦总队、治安总队、禁毒总队、监管总队、交管局、史志办、老干部处等部门合作，在《平安时报》上开设针对性强的栏目，有力推动公安工作和队伍建设的顺利开展。

【做好报纸发行工作】 2009年，省公安厅新闻传媒

图为读者给《平安时报》送锦旗，感谢"平安直通车"栏目为他们排忧解难（2009年9月3日）

中心在报纸发行工作中按照“总量要稳定、区域要平衡、投诉保持零”的目标，狠抓目标到位、工作到位和责任到位，成效显著。《平安时报》发行量达到 12.5 万份，第一次实现全省征订工作“满堂红”的目标。《平安时报·交通周刊》达到 25 万份，第一次实现全省征订“消灭空白点”的目标。

【加强报纸广告工作】 2009 年，省公安厅新闻传媒中心以市场为导向，创新运作，不断挖掘新的广告合作伙伴，广告总收入达到 250 万元。在广告管理上，新闻传媒中心严格规范广告审查制度，认真清理一些药品、医疗等不符合法律法规的广告，基本实现零投诉。

浙江省警察协会

【组织“科学发展与公安工作”征文评选】 2009 年 3 月 9 日，省警察协会与省公安厅办公室联合印发通知，在全省公安机关组织开展以“科学发展与公安工作”为主题的征文活动。截至年底，共收到各地论文 238 篇。经初评入围论文 67 篇，最后经专家匿名评审，评出一等奖 5 篇、二等奖 10 篇、三等奖 15 篇、优秀论文奖 37 篇。

【参加首届中国警学论坛】 2009 年 3 月 26～27 日，首届中国警学论坛在北京举行，主题为“中国特色社会主义警学理论体系”。这次论坛共征集论文 310 篇，76 篇入选《首届中国警学论坛文集》，浙江省共有 6 篇论文被收入该论坛文集。省警察协会副秘书长郑德明和湖州市公安局治安支队长沈秋伟分别在论坛上作交流发言。省警察协会副主席兼秘书长顾凤高参加论坛。

【参加 2009 年海峡两岸暨香港、澳门警学研讨会】 2009 年 12 月 15～19 日，由中国警察协会举办的第四届海峡两岸暨香港、澳门警学研讨会在台北市圆山饭店举行。来自台湾、香港、澳门、大陆警察社团和警察院校的专家学者、警察实务工作者、特邀嘉宾等近 200 人出席研讨会。浙江省共有 4 篇论文入选本次研讨会论文集，省厅副厅长、杭州市委常委、市公安局局长柯良栋和温州市委常委、市公安局局长叶寒冰等 27 位论文作者在大会上作交流发言，省警察协会副主席兼秘书长顾凤高应邀出席会议。

【参加华东中南地区警学研讨会】 2009 年 12 月 1 日，省警察协会派员参加在广西召开的以构建和谐警民关系为主题的华东中南地区警学研讨会，并在大会上作交流发言，浙江省提交的 3 篇论文均被编入论文集。

【推动各地参与维护公安民警合法权益】 2009 年 5 月 5 日，在全省警察协会秘书长座谈会上，省警察协会要求各市在维护民警合法权益方面积极探索。9 月 14 日，绍兴市警察协会率先在全省成立维护民警合法权益律师顾问团，聘请绍兴著名律师事务所和律师担任民警维权顾问，走出运用民间社会力量，用法律手段维护民警合法权益的新路。舟山市警察协会在成立之始，就把维护民警合法权益放在突出位置，把对因公负伤和特殊困难的民警家庭扶助和慰问作为协会一项重要任务，努力让民警体会到警察协会是“警察之家”。

图为召开全省警察协会秘书长工作座谈会

【总结推广基层公安工作经验】 2009 年，省警察协会先后三次组织力量对三门县的“村官进警营”、嘉兴市秀洲区的派出所信息中心建设、象山县西周镇的和谐新农村建设进行专题调研，均撰写成论文或调研报告在《浙江警学》上发表，向全省公安机关介绍和推广。

【首次组团赴台湾开展警务交流】 2009 年 6 月 11～18 日，以省警察协会主席牟高望为团长、浙江警察学院党委书记、省警察协会副主席王和为副团长的浙江省警察协会代表团首次赴台湾开展警务交流，代表团先后走访台湾中央警察大学、台湾警察专科学校等多家警察学术、社团组织和实务单位。其间，先后与台湾 100 多位警方人士进行交流，加深了解，为进一步深化浙台警务交流和合作奠定基础。

【发行《浙江警学》杂志 6 期】 2009 年，由省公安厅主管、省警察协会主办的《浙江警学》(双月刊)杂志，进一步突出省公安厅理论刊物和宣传阵地作用。紧紧围绕服务公安工作实践的办刊宗旨，及时对组稿方向、栏目设置、版式设计进行调整，全年共发行6期，发表全省公安机关高质量的调研文章127篇，为公安工作的科学发展提供有力支撑。

【健全全省警察协会组织网络】 2009年10月，舟山市警察协会成立。至此，全省11个市级公安机关都成立了警察协会。7月，诸暨市率先成立县一级警察协会。截至年末，绍兴市先后已有4个县(区)成立警察协会。

【被评为浙江省社科联系统学术研究先进学会】 2010年3月22日，浙江省社会科学界联合会印发《关于表彰省社科联系统2009年度先进学会和先进工作者的通知》，省警察协会被评为浙江省社科联系统2009年度学术研究先进学会，省警察协会副秘书长鲍浩东被评为浙江省社科联系统2009年度先进学会工作者。

浙江省见义勇为基金会

【第十三届浙江省见义勇为先进人物表彰大会在杭州召开】 该会议于2009年5月20日在省人民大会堂召开。大会表彰2008年见义勇为勇士10人、先进分子11人，颁发奖金83万元及奖匾、证书。省委书记、省人大常委会主任赵洪祝会前亲切接见出席表彰大会的见义勇为勇士和先进分子及家属代表并作重要讲话。

【出台加强全省见义勇为工作的意见】 2009年8月1日，省见义勇为基金会以省公安厅名义向省政府呈报《关于进一步加强全省见义勇为工作的意见》，要求明确公安、民政、人力资源与劳动保障、教育、卫生、工商、税务、司法、技术监督等部门在见义勇为工作中所负的职责。该《意见》还从不断完善见义勇为奖励和保障措施，大力推进见义勇为基金会建设，加强组织领导、营造社会风尚等方面对见义勇为工作提出要求。9月23日，省政府办公厅批转该《意见》。10月14日，省厅印发《关于认真贯彻落实省政府办公厅文件精神进一步加强全省见义勇为工作的通知》，要求全省各级公安机关认真组织学习《意见》，并根据《意见》要求结合本地见义勇为工作实际，将见义勇为工作情况特别是存在的困难和需要解决的问题向当地政府做一次全面汇报。12月4日，省厅印发《关于各地贯彻落实省政府办公厅113号文件精神进一步加强见义勇为工作等情况的通报》。

【规范见义勇为行为确认程序】 2009年9月15日，省见义勇为基金会以省公安厅名义印发《关于明确见义勇为行为确认工作程序的通知》，对见义勇为行为确认工作的受理、调查取证、确认审批、复核等各个环节都作出规定，以实现见义勇为行为确认工作制度化、规范化。

【开展省级见义勇为人员生存状况大调查活动】 2009年，省见义勇为基金会首次开展历届省级见义勇为人员统计调查活动及全省省级见义勇为人员生存状况统计调查工作。1月初，基金会印发《历届省级见义勇为人员登记表》到各地市，要求对全省见义勇为勇士、先进分子开展一次统计调查。7月，基金会工作人员查阅收集1989年以来第一至第十三届145名省级见义勇为勇士及305名省级见义勇为先进分子的事迹材料，于9月编辑成《英雄谱》。之后，工作人员重新设计《全省历届见义勇为勇士、先进分子情况调查表》，于9月10日以省厅名义正式下发调查通知，要求各地按要求认真开展调查。至12月底，全省已调查上报历届省级勇士、先进分子400余名，

图为第十三届浙江省见义勇为先进人物表彰大会与会人员合影

占总人数80%以上。基金会对各地市上报的《调查表》进行整理，按经济状况、身体状况、受优抚状况进行系统统计，为做好慰问抚恤工作打下良好基础。

【做好各项表彰评选工作】 2009年，省见义勇为基金会在做好见义勇为日常表彰奖励工作和优抚工作的同时，主动向各有关部门和单位推荐见义勇为先进人物参评有关奖项。在第六届“昆仑润滑油奖”全国十大见义勇为好司机评选活动中，基金会积极推荐浙江省见义勇为英雄司机参与评选活动，绍兴市电力局计量中心司机马国良、金华市金东区农用车司机吴日根、孔令文、王思成被评为“全国见义勇为司机”，浙江省成为入选人数最多的省份。9月26日，基金会推荐5名见义勇为英雄作为英模代表出席浙江省庆祝新中国成立60周年文艺巡游活动。此外，基金会还组织全省各地基金会参与由中共中央宣传部、全国妇联、全国总工会、共青团中央等单位联合举办的全国道德模范评选活动。9月20日晚，第二届全国道德模范评选表彰颁奖典礼——《道德的力量》在北京举行，浙江省仅有的两位被授予“全国道德模范”荣誉称号的郭文标、孟祥斌都是见义勇为的英雄。

【做好春节慰问和困难补助工作】 2009年春节前夕，浙江见义勇为基金会在全省范围内开展“2009年见义勇为特困人员春节慰问”活动。1月12～13日，省公安厅副厅长凌秋来先后到嘉兴、绍兴等地走访慰问省级见义勇为特困人员，代表省公安厅、省见义勇为基金会向全省先进分子表示亲切关怀。1月13～14日，基金会工作人员先后到金华、丽水慰问省级见义勇为特困家庭。其间，共慰问历届省级见义勇为勇士、先进分子50人，发放慰问金40万元。此外，基金会及时慰问了为抓歹徒牺牲的杭州协警金晓军、浙江工业大学见义勇为好学生杨济源的家属，分别送上慰问金5万元。5月底至6月中旬，工作人员对在当年评选活动中落选的7位见义勇为人员进行走访、慰问，分别送上慰问金5000元。

【编撰《见义勇为　百姓英雄》画册】 2009年，省见义勇为基金会编撰《见义勇为 百姓英雄》大型宣传画册。该《画册》介绍了第十三届浙江省见义勇为英雄们的事迹及各级党委、政府和各级各类组织对见义勇为人员的亲切关怀。省委书记、省人大常委会主任赵洪祝，省委常委、政法委书记、公安厅厅长王辉忠等领导分别给《画册》题词。8月，1500本画册邮寄至各市、县（市、区）四套班子及省属各部门，各市、县（市、区）公安机关，兄弟省市见义勇为基金会，中华见义勇为基金会，公安部宣传局，广受好评。

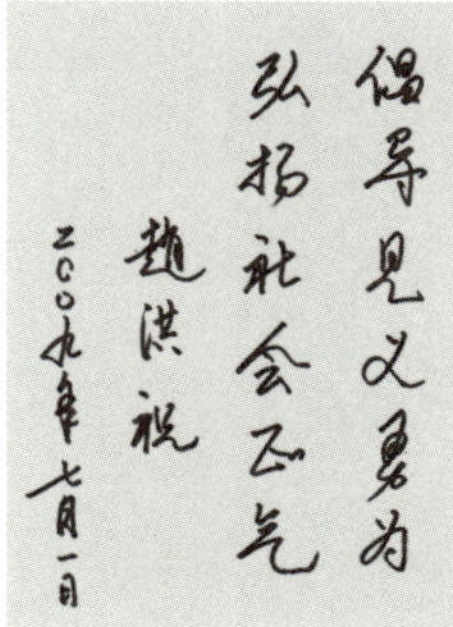

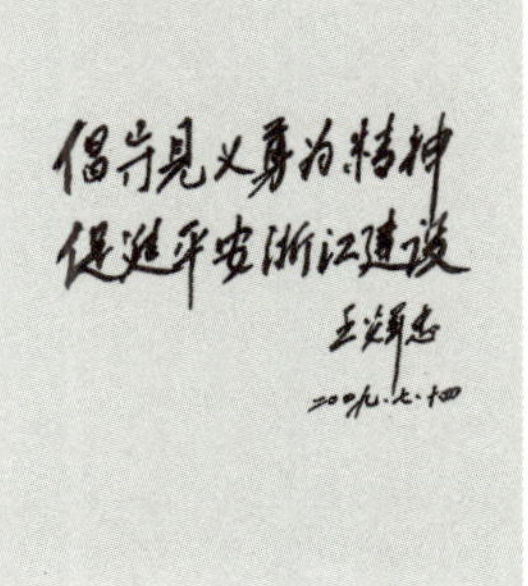

图为领导为《见义勇为　百姓英雄》画册题词

【省见义勇为基金会第三届理事会在杭州召开】 该会议于2009年12月29日在杭州新侨饭店召开。会议总结回顾了第二届理事会工作，选举产生新一届理事会。省公安厅原副巡视员孟祥初当选理事长。省教育工委副书记、省教育厅副厅长蒋胜祥，省民政厅党组成员、副厅长梁星心，省财政厅党组成员、副厅长罗石林，省人力资源和社会保障厅党组成员、副厅长钟关华，省卫生厅党组成员、副厅长王国敬，省烟草公司党组书记钱锦根等应邀参加会议并受聘担任基金会理事会顾问。省委常委、政法委书记、省公安厅厅长、省见义勇为基金会名誉理事长王辉忠出席会议并作重要讲话。

【播出专题访谈节目《百姓英雄热血情》】 2009年，省见义勇为基金会积极联系媒体，有选择地对第十三届浙江省见义勇为先进人物的英勇事迹进行重点宣传，努力在全省营造“见义勇为光荣”的良好舆论氛围。5月，与浙江卫视联合录制专题访谈系列片《百姓英雄热血情》，宣传见义勇为的英雄壮举，鼓励和号召广大人民群众投身见义勇为事业。

（**责任编辑**　胡琳娜）

队伍建设

纪检监察

【概述】 2009年，全省公安机关围绕省厅党委提出的“五个新突破、五个新提升”工作目标，从全省公安工作和队伍建设实际出发，严格执行党风廉政建设责任制，大力推进惩防体系建设，全面加强公安机关反腐倡廉建设，全省公安队伍未发生影响恶劣的民警违法违纪案件。

【落实党风廉政建设责任制】 2009年4月，省厅党委印发《2009年全省公安机关反腐倡廉工作意见》和《2009年浙江省公安厅反腐倡廉建设责任分工》，细化并逐项分解年度公安反腐倡廉建设任务，采取签订责任状等形式明确责任分工，年中和年底先后两次对落实情况进行检查，并把任务完成情况纳入厅机关各部门年度工作目标考核。为促进责任制落实，省厅党委坚持集中两次听取反腐倡廉建设情况汇报制度，专题分析党风廉政、反腐倡廉建设状况，协调、督促各项任务落实；各级“一把手”认真履行第一责任人的职责，班子成员结合分管工作抓好廉政工作的落实。年底，省厅党委成员对分管部门反腐倡廉建设情况进行了专题检查讲评。

【推进惩治和预防腐败体系建设】 2009年5月，省厅印发《2009年惩防体系建设工作要点》，明确具体建设任务并分解落实到相关领导和部门。年内，省厅加强反腐倡廉制度建设：在执法规范和执法监督方面，进一步建立和完善常发性案件证据收集、命案质量审核、继续盘问督察报备等制度；在执行纪律监督方面，印发《浙江省公安厅厅直机关违纪案件查处工作规定（试行）》、《浙江省公安机关网上涉警违法违纪舆情信息通报制度》、《应用省电子监察系统工作规则》、《应用省电子监察系统实时监督检查登记工作制度》等；在节约型机关建设方面，出台《关于厉行节约勤俭办事的若干规定》、《关于进一步规范公文处理有关事项的通知》，对会议、接待、因公出国（境）、公务用车、公文办理等作出进一步规范。

【开展党风廉政教育】 2009年，省厅针对队伍建设实际需要，创新形式，多渠道开展党风廉政教育。运用先进典型开展示范教育，总结推广湖州市公安局车管所、杭州市公安局景区公安分局等先进典型，开展向盖起章、王瑛等模范人物学习活动，在全省公安机关集中播放《剑胆琴心盖起章》专题片739场次，有59708名民警观看教育片并参与座谈讨论，观看率达97.75%。组织开展警示教育活动，厅党委委员、纪委书记、督察长华远平通过视频系统作专题辅导报告。厅纪委选择18个典型案例，组织编撰《前车之鉴（九）》警示教材发给民警学习借鉴。在厅机关组织开展“纪律作风教育学习月”和以“六个一”为重点内

图为召开省公安厅纪委与省人民检察院反渎职侵权局第四次联席会议

容的反腐倡廉专题教育，召开厅机关警示教育大会，组织观看《警钟长鸣》警示教育片，举办反腐倡廉专题报告会，组织厅机关副处长以上领导干部（直属单位班子成员）赴省法纪教育基地进行现场法纪警示教育。

【加强公安廉政文化建设】 2009年，省厅纪委组织参加公安部纪委和中央电视台联合举办的“第二届公安廉政文化之星”挑战活动，选送由宁波市局组织编排的节目“守护花季”，获得讲述类节目一等奖、第二届公安廉政文化之星奖、组织奖。厅纪委和宁波市公安局鄞州分局联合编纂的《公安廉政文化丛书》，在第十届全国公安系统“金盾文化工程”优秀作品评选中，获金盾图书奖；省厅廉政文化建设经验被《人民公安报·廉政文化专刊》刊载介绍，厅纪委监察室还在公安部纪委举办的评刊座谈会上作典型经验发言；厅纪委还专门编撰了《浙江公安反腐倡廉征文优秀作品集》、《浙江公安反腐倡廉演讲电教片》等教材，发给基层民警学习借鉴。

【执法环节违法违纪问题专项整治】 2009年，省厅针对公安执法环节中存在的问题，组织开展多项治理整顿。2月，根据中央政法委部署，在全省公安机关开展加强办案安全防范工作，对执法过程中当事人非正常死亡问题进行重点治理，并对2008年发生的非正常死亡事件进行跟踪督办；5月，在全省公安机关部署开展玩忽职守、徇私舞弊、刑讯逼供三类案件专项治理工作，下半年三类违法犯罪案件比上年度下降30%；6月初，在全省公安机关组织开展整改执法突出问题工作，对执法活动中容易出问题的场所、部位、环节进行重点排查，对排查出的重点单位、重点问题、重点人员进行重点整治，着力解决人民群众最关心、反映最强烈的执法突出问题；6月中旬，根据公安部部署，进一步深化“两整顿两规范”（整顿执法过程中涉案人员非正常死亡，整顿监管场所安全隐患，规范道路交通技术监控设备的设置、使用和管理，规范公务枪支弹药的保管、领取和使用）工作。

【开展规范辅警保安队伍管理专项工作】 2009年，省厅开展辅警保安队伍专项整治。省厅成立了整治工作领导小组，按照“齐抓共管、以点带面、突出源头、标本兼治”的工作原则，就辅警队伍管理、执法规范、经费保障等问题开展调研，多次召开专题会议研究，征求意见建议，起草《浙江省公安机关辅警保安队伍管理规定》，着力解决辅警违规参与执法、利用公权谋私、执勤着装混乱等突出问题。

【开展纠风治乱工作】 2009年，厅纪检监察部门加强日常纠风检查，共组织明察暗访30多次，并会同省纠风办、减负办多次开展联合检查，进一步巩固公路无“三乱”成果。针对社会群众和媒体反映个别地区车管部门违规收取驾驶员协会会费等问题，厅纪委会同省减负办等监督部门进行核查，追究相关人员责任，通报全省公安机关，并组织全省交警系统开展自查自纠。继续做好全省公安系统驾校脱钩清理工作，2008年全省排查出的44家问题驾校，经省纠风办组织的检查验收，已全部脱钩。10月下旬，省厅派出3个检查组，对11个市局60多家直接面向社会群众服务的窗口单位开展暗访，点名通报少数窗口单位存在的服务不到位、警务不透明、非法中介猖獗、强制服务收费等问题，进一步重申有关制度规定，要求各级公安机关加强规章教育、规范服务收费、加大整改力度，维护好公安窗口形象。

【开展党政干部出国（境）专项清理和“小金库”专项治理】 2009年上半年，省厅纪委开展党政干部出国（境）专项清理工作，围绕因公出国（境）计划、预算、执行和经费使用等环节，对厅机关因公出国（境）情况进行自查，修订完善《浙江省公安厅机关民警因公出国（境）管理办法》。6～11月，在厅机关和厅直属部门开展“小金库”专项治理工作，在自查自纠的基础上开展重点检查和综合治理，落实长效管理机制。

【开展工程建设领域突出问题专项治理】 2009年10月，省厅印发《浙江省公安厅工程建设领域突出问题专项治理工作实施方案》，部署对厅直机关2008年以来总投资规模在50万元以上的基础工程建设、科技工程建设（以金盾工程为重点）等投资项目（包括拟建、待建、在建、建成项目）进行全面排查整治。至年末，已完成专项治理第一阶段（动员部署阶段）工作。

【查处违法违纪案件】 2009年，全省公安机关共立案查处民警违法违纪181起223人，至年末共结案处理172人，党纪处分39人、政纪处分151人，刑事立案32人，其中16人被追究刑事责任。同时，省厅对2004年以来厅机关及直属单位所有受处分人员的处分决定执行情况进行了检查，对少数处分决定执行不到位的予以纠正。

【信访核查工作】 2009年，全省各级公安纪检监察部门受理信访举报3737件，其中直接调查处理1515件，共办结1473件，办结率97.2%。针对一些地方信访举报查实率低的情况，厅纪委对部分涉警信访办理情况进行督办。4月，省厅对2008年公安部纪委转交的243件信访件和省厅本级受理的380件信访件进行全面梳理，组织人员分赴各地，按不低于50%的转办件数量进行抽查。经检查，公安部纪委转交和省厅本级受理的信访件在2008年底前已全部按期办结。

【加强内外监督】 2009年，全省公安机关纪委落实谈话、函询、述职述廉等监督制度，全年共进行诫勉谈话456人次，警衔晋升、任前廉政谈话4974人次，领导干部述职述廉1349人次。年内，省厅纪委对厅机关审批事项开展网上实时监察，查纠异常审批348条，及时向责任单位发出监控情况“告知单”，同时，协调省市县三级公安电子监察网络建设，共有10个市公安局的审批事项纳入省电子监察系统。10月15日，省厅纪委与省检察院反渎职侵权局召开第四次联席会议，双方通报了一年来全省公安机关民警职务违法违纪情况，分析案件特点、案发原因，并就下一步工作达成共识。进一步建立完善特邀监督员联系点制度，组织特邀监督员参加监督检查和公安警务、教育等活动，组织召开厅特邀监督员座谈会，上门走访特邀监督员，听取意见建议。

【加强公安现役部队反腐倡廉工作】 2009年7月，省厅纪委配备现役纪委副书记，并从边防、消防选拔了3名现役纪检干事。年内，共受理涉及现役部队的信访举报11件，直接组织核查3件，转办8件，全部查清了事实。

机关党建及工青妇工作

【概述】 2009年，省公安厅直属机关党建工作贯彻落实党的十七大和十七届四中全会精神，围绕厅党委对公安工作的总体要求和公安中心工作，以学习实践科学发展观、人民警察核心价值观教育、机关纪律作风建设、“五型机关”建设、和谐警营建设等主题实践活动为载体，开展党的思想、组织、作风、制度和反腐倡廉建设，保障了各项公安工作的顺利完成。

【厅党委理论学习中心组开展专题学习活动】 2009年，厅党委理论学习中心组先后组织37次专题集中学习会，学时40余天，平均到课率96%以上。学习会采用个人自学和专题授课、集中讨论等形式，组织学习全国“两会”精神、中央政法工作会议精神、《六个“为什么”》、《关于实行党政领导干部问责的暂行规定》等4个重要文件；邀请省人大常委会副秘书长、法工委主任丁祖年，省纪委法规室主任张建明，省委党校教授曹文彪，宁波市公安局镇海分局刑侦大队教导员金国民，中国联通浙江省分公司副总经理黄文良以及张留声、应剑峰、黄宝坤、宫毅等厅属有关部门领导授课；播放了《颜色革命》、《警钟长鸣》等多部电教片。

图为省厅组织厅直机关领导干部在省法纪教育基地杭州南郊监狱开展现场法纪警示教育活动（2009年12月7日）

【组织开展专项理论学习】 2009年，厅属各级党组织组织全体机关党员民警学习胡锦涛总书记在中央工作会议上的重要讲话精神，党的十七届四中全会，省委十二届五、六次全会精神和中宣部编写的《社会主义核心价值体系学习读本》、《六个“为什么”》。组织播放《重托》、《夜袭》、《建国大业》、《检验——从浙江的实践看“六个为什么”》等影视教育片，组织参观浙江隐蔽敌情警示教育展、纪念浙江解放60周年图片展和新中国成立以来浙江公安英烈图片展等。

【开展“回头看”、“双服务”

等系列教育活动】 2009年，厅直属机关党委组织开展学习实践科学发展观“回头看”、“双服务”（服务企业、服务基层）和“两提高、两降低”（提高工作效率、提高服务水平、降低公务支出、降低行政成本）效能建设、人民警察核心价值观学习教育、省直机关“诚信、责任、敬畏”伦理道德教育等活动。组织党员民警传达学习周永康、孟建柱和王辉忠等领导对加强公安机关队伍建设、作风建设和职业道德建设的重要指示和讲话精神。联合经侦部门组织“双服务、我先行”演讲活动，组织厅机关理论考试、先进事迹报告会，搭建网上学习平台。

【开展创建“党员先锋岗”活动】 2009年，厅直属机关党委组织机关各部门党组织对支部目标化管理进行考评，7月1日，作出《关于授予杭州市消防支队桐庐大队等26个单位“党员先锋岗”的决定》。“七一”期间，在富阳召开“创建党员先锋岗座谈会”，表彰交流2009年“党员先锋岗”单位和争创工作，并向厅属各级党组织和全体共产党员发出“争创党员先锋岗、争当五个表率、做优秀共产党员”的倡议书。8月，批准杭州市消防支队临安大队等32个单位为第四批“党员先锋岗”争创单位。年末，组织人员对申报“党员先锋岗”单位按“五条标准”进行了考核验收。

【厅直机关开展立功创模活动】 2009年，厅直属机关党委加大评先表彰力度，先后组织评选推荐和表彰了厅机关“全省人民满意公务员集体”1个、“浙江公安百名优秀基层民警”1名、“全省公安系统政治工作先进集体”3个和先进个人9名、“全省政法系统‘学枫桥保平安促发展’先进集体”1个和先进个人3名、“全省效能建设创新创优先进典型”1个、“群众满意基层站所（办事窗口）”先进单位1个、全国“三八”红旗手2名、全省劳动模范1名；15个单位记集体三等功，个人记功76名（二等功3名、三等功73名）；有8个集体、117名个人（不含直属单位）受嘉奖。经省总工会、省直机关工会评选，表彰命名了“金国民追逃法”、“朱吉辉车辆牌证查缉法”和“谢贤能视频侦察工作法”。

【开展党风党性党纪教育】 2009年，厅直属机关党委会同厅纪委贯彻落实中共中央《建立健全教育、制度、监督并重的惩治和预防腐败体系实施纲要》，组织学习《中国共产党巡视工作条例》等中央4个重要文件。按照《2009年浙江省公安厅反腐倡廉建设责任分工》，上半年开展纪律作风教育学习月活动，组织召开6个座谈会，听取对厅机关纪律作风建设的意见建议，制定整改方案。组织学习王辉忠厅长和厅纪委书记华远平在全省公安机关反腐倡廉建设会议上的讲话、《前车之鉴（九）》，观看《剑胆琴心盖起章》等廉政教育专题片，邀请省直机关工委副书记张小勇作题为“按照科学发展观的要求大力加强和改进机关作风建设”的党课报告，组织学习雷云、王瑛等先进事迹，对照八个方面的重点问题提出改进和防范的措施和意见。下半年，厅直属机关党委与厅纪委组织开展厅机关廉洁从政专题教育活动，传达学习省委书记赵洪祝在全省领导干部党风廉政建设会议上的重要讲话和王辉忠厅长关于在全省公安机关开展人民警察核心价值观学习教育活动的重要讲话，传达中央纪委、监察部《关于陈绍基、王华元、黄松有严重违纪违法案件的通报》，厅纪委书记华远平为全厅民警作加强党风廉政建设辅导报告；组织观看反腐倡廉影视片《警钟长鸣》等；组织开展对机关党建、党风廉政建设责任制落实情况的检查；组织厅机关处以上领导干部到省法纪教育基地开展法纪警示教育；召开党风廉政监督员座谈会，听取社会各方面意见。

图为召开省厅直属机关争创“党员先锋岗”座谈会（2009年7月1日）

【加强机关思想政治工作】 2009年，厅直属机关党委坚持以人为本，做到思想工作不放松、文化建设创特色、凝聚力工程暖人心，积极做好“一人一事”的思想工作。主要通过开展谈心交心、定期思想分析、走访民警家庭，及时掌握党员民警的思想、生活、爱好和家庭等实际问题。组织观看《钱江英烈颂——新中国成立以来浙江著名烈士事迹展》，参加“占立明先进事迹报告会”、电影《心桥》首映式、公安部第三届“我最喜爱的十大人民警察”先进事迹报告会、全省公安系统庆祝建国60周年文艺汇演等，组织观看爱国主义教育片《南京！南京！》和《建国大业》；组织参加由省直机关工委、党建研究部门组织的各类论坛讲座。

【举办建国60周年系列庆祝活动】 2009年，为庆祝新中国成立60周年，厅直属机关党委组织举办省公安厅庆祝建国60周年大会暨“祖国颂”文艺汇演、厅直机关民警职工书画摄影比赛展、庆祝建国60周年征文活动，并召开新老民警座谈会，组队参加省直机关广场“红歌会”，获二等奖。

【召开厅直机关党的工作会议】 2009年3月5日，厅直属机关党委召开厅直机关党的工作会议，厅党委委员、政治部主任、直属机关党委书记华乃强代表厅党委就加强机关党的工作提出要求，并与各部门党组织负责人签订2009年度党建工作责任书及综治工作责任书。厅政治部副主任、直属机关党委副书记胡明法就2008年党建工作进行回顾总结，并对2009年党的工作进行动员部署。

【党支部进行换届选举】 2009年，厅直属机关党委对厅机关10个党支部(含总支)的换届选举结果给予批复，按照选强配齐的要求，加强支部领导班子建设，并在部分机关基层党组织中部署试点公推直选工作。

【组织党务干部学习考察】 2009年11月，厅直属机关党委先后组织厅直机关党务干部读书会，组织观看电视教育录像，举办专题讲座、座谈讨论，参观企业党建工作。同时组织党务干部到延安、西柏坡、韶山等革命圣地和兄弟省厅机关党委考察学习，提高党务干部的政治理论水平和业务能力。

【培训党务干部和入党积极分子】 2009年，厅直属机关党委共选送18名党支部书记和党务干部参加省直机关党校组织的学习培训，选送8名入党积极分子参加省直业余党校举办的入党积极分子培训班学习。

【加强“两新”组织党建工作及流动党员管理】 2009年7月，厅党委印发《关于加强全省安邦公司党建工作的意见》，对全省安邦公司党组织设置、流动党员管理、党员发展、创新党建工作机制等提出管理办法和目标要求。9月，厅直属机关党委印发《关于加强和改进厅直机关流动党员管理的实施意见》和《关于省公安厅直属机关合同制职工党员发展的规定》，规范对厅直机关流动党员的管理和对合同制职工入党的工作。

2009年度厅直机关党组织和党员情况

单　　位	党委数	总支数	支部数	党员数
厅机关	1	3	34	1093
厅高速公路交警总队	1	10	54	924
厅消防局	111	3	314	2876
厅警卫局	7	0	18	447
浙江警察学院	1	2	41	689
机场公安局	1	0	4	72
总计	122	18	465	6101

2009 年度厅直机关新党员发展情况

单　　位	发展预备党员数	预备党员转正数
厅机关	7	9
厅高速公路交警总队	62	39
厅消防局	246	110
厅警卫局	23	28
浙江警察学院	149	5
机场公安局	5	8
总计	492	199

【开展学习实践科学发展观活动“回头看”】　2009 年 2 月，厅直机关党组织在开展学习实践科学发展观活动“回头看”活动中，围绕四个方面落实整改后续工作：一是各部门对前期征求的意见建议进行一次检查对照，提出整改意见；二是各部门的整改方案要责任到人，确保落实到位；三是对照厅党委贯彻落实科学发展观整改落实方案中提出的“六个不够”问题，按照本部门具体责任分工进行梳理，细化分解落实；四是根据当前全省经济形势，结合本部门职能，制订“双服务”方案，在此基础上出台进一步服务经济的举措，为实现省委提出的“保增长、抓转型、重民生、促稳定、强党建、求实效”目标作出公安机关应有的贡献。

【加强日常考核检查】　2009 年，厅直属机关党委定期组织对厅机关办公秩序、上下班制度、会议到勤进行检查。通过自评、互评、上下级和部门间的测评，对各部门进行量化绩效考核，评比表彰了一批先进单位和优秀个人。在五一、国庆节前夕组织厅机关安全保卫、保密、枪支、卫生大检查，对发现的问题和隐患督促整改，保证厅机关各项规章制度的贯彻落实。

【开展“扶贫帮困送温暖”活动】　2009 年，厅直属机关党委组织机关党员民警为受“莫拉克”台风影响的台湾地区捐款 23 万元，完成结对帮扶的永嘉溪下乡 10 个村“低收入农户奔小康工程”60 余万元的扶贫项目，组织向四川地区的困难群众捐衣捐被活动。组织参加杭州市组织的“春风行动”。

【开展“1＋1”群众文体活动】　2009 年，厅工会在开展“1＋1”群众文体活动中，组织棋类、游泳、乒乓球、登山等比赛。组队参加省直机关第九届运动会的游泳、网球、乒乓球、登山、篮球等项目的比赛，并获得团体总分第八名。组队参加省直机关厅级领导干部运动会。

【开展“党建带团建”工作】　2009 年，厅直属机关共

图为省厅组织开展向受灾台湾同胞捐款活动（2009 年 8 月 21 日）

青团组织结合主题实践活动，开展以"践行科学发展观、高举旗帜跟党走、创业创新作贡献"为主题的团日活动，先后组织开展"服务创业创新、助推和谐发展"爱民广场咨询服务活动，评选推荐浙江十大杰出青年2名和第十四届青少年英才奖1名，组织纪念五四运动90周年系列活动，召开厅直机关团干部庆祝建团87周年暨纪念五四运动90周年座谈会，组织团员青年参加浙江省五四运动90周年纪念大会暨浙江青年创业创新行动推进大会和省直机关五四运动90周年纪念大会；组织青年民警职工参加省直机关"爱在和谐"之"欢乐天都城"大型联谊会，开展植树造林活动等。厅团工委荣获"全国五四红旗团委"荣誉称号，受到团中央的表彰。省厅党建带团建工作经验在全省党建带团建工作会议上进行了交流。

2009年度厅直机关团组织和团员情况统计

单　位	团委数	总支数	支部数	团员数	35周岁以下青年数
厅机关	1	0	14	49	254
厅消防局	12	17	190	3577	5689
厅警卫局	1	0	0	379	780
浙江警察学院	1	7	72	3144	3629
厅高速公路交警总队	1	11	50	294	849
机场公安局	0	0	1	14	44
总计	16	35	327	7457	11245

【妇委会积极开展各项活动】 2009年3月，厅直属机关妇委会在庆三八妇女节活动中，邀请浙江大学教授、浙江省世界文学与比较文学学会副秘书长潘一禾讲授《多元文化与国际关系》，播放电影《声梦奇缘》；六一儿童节前夕，组织各部门女工小组长前往浙江残疾儿童康复中心（浙江爱福医院），看望残障孩童，并送去电风扇、毛巾等生活用品。年内，厅妇委会组织开展游泳、健美操等活动，全年参加活动2000余人次。评选出浙江省巾帼文明岗3个，省直机关巾帼文明岗1个。厅直机关妇委会被评为省直机关先进妇委会。

立功创模

【概述】 2009年，全省公安机关认真贯彻《公安机关人民警察奖励条令》，紧紧围绕新中国成立60周年安全保卫工作主线，有效开展立功创模和表彰奖励工作，精心组织劳模评选推荐，隆重表彰"浙江公安百名优秀基层民警"，选树占立明、毛建剑等一大批先进典型。全年全省公安系统共荣立集体一等功4个、二等功98个、三等功482个，个人一等功10个、二等功61个、三等功1792个，1名民警被授予"全国公安系统二级英雄模范"荣誉称号，1名民警获"全国特级优秀人民警察"荣誉称号，一批先进单位和先进个人受到表彰。

【出台《全省市级公安机关2009年度工作综合考评办法》】 该办法于2009年4月10日印发，将考评对象分为三类地区：一类地区为杭州、宁波、温州市公安局，二类地区为湖州、嘉兴、绍兴、金华、台州市公安局，三类地区为衢州、舟山、丽水市公安局。考评采用百分制计分，其中打防控工作35分、队伍正规化建设20分、执法质量30分、群众满意度测评15分。因工作失误、失职发生严重影响全省稳定的特大案件、事件、事故的，队伍中发生全省有重大影响的违法违纪案（事）件的，有一个单项考评结果列全省末位的，市公安局领导班子成员受到纪律处分或所属县级公安机关领导班子成员被追究刑事责任的，弄虚作假、情节严重的，不能列入先进单位。

【出台《全省公安队伍正规化建设评估要点（2009年度）》】 该评估要点于2009年4月13日印发，由原先的52条减至10条，主要突出思想政治建设、和谐警民关系建设、宣传及舆情控制、警力配比、教育训练、内务管理、执法规范化建设、民警违法违纪处理和信息化建设等10个方面，大幅度简化了评估内容和办法，切实减轻了基层负担。

【发布《关于加强和改进公安奖励工作几个问题的通知》】 该通知于2009年8月20日由省厅政治部发布，其中就公安奖励工作如何围绕中心工作、倾斜基层一线、坚持奖励标准、规范考核程序和及时审核审批、讲求工作时效等方面提出具体要求。

【发布《关于进一步规范警种系统表彰工作的通知》】 该通知于2009年9月14日由省厅政治部发布，其中要求厅属各部门严格控制开展全省性警种系统评比表彰活动，表彰奖励工作实行统一归口管理。经批准开展的表彰活动，在组织实施过程中，要严格按照推荐、审核、公示等规定程序办理。

【发布《关于进一步做好先进典型培育管理工作的通知》】 该通知于2009年8月27日由省厅发布，其中就先进典型培育管理工作的重要性、各环节工作重点、目标任务、组织保障、机制建设等方面提出了具体要求。

【全国特级优秀人民警察】 根据2009年1月7日国家人力资源和社会保障部、公安部印发的有关决定，江山市公安局坛石派出所民警毛建剑被授予“全国特级优秀人民警察”荣誉称号。

【全国“人民满意的公务员”和“人民满意的公务员集体”】 根据2009年9月9日省委组织部、省委宣传部、省人力资源和社会保障厅印发的《关于公布我省荣获第七届全国“人民满意的公务员”和“人民满意的公务员集体”名单的通知》，湖州市公安局吴兴区分局月河派出所副所长王法金被评为全国“人民满意的公务员”，宁波市公安局鄞州分局高桥派出所被评为全国“人民满意的公务员集体”。

【浙江省“人民满意的公务员”和“人民满意的公务员集体”】 根据2009年11月18日省委组织部、省委宣传部、省人力资源和社会保障厅、省公务员局印发的有关决定，杭州市公安局拱墅区分局拱宸桥派出所民警朱金祥、温州市公安局交警支队一大队副大队长柯受勤、金华市公安局网络监察支队副支队长邵军和江山市公安局坛石派出所民警毛建剑被评为浙江省“人民满意的公务员”，省公安厅高速公路交警总队被评为浙江省“人民满意的公务员集体”。

【浙江省劳动模范和模范集体】 根据2009年9月27日省人民政府印发的《关于表彰2009年浙江省劳动模范和模范集体的决定》，公安系统受表彰的集体和个人是：

1. 浙江省劳动模范

冯文星　杭州市公安局交通治安分局中心站派出所所长
高振华　杭州市公安局下城区分局保安公司总经理
王月根　富阳市公安局刑侦大队预审中队中队长
周甬兵　宁波市公安局海曙分局巡特警大队副大队长
金国民　宁波市公安局镇海分局刑侦大队教导员
林　海　温州市公安局禁毒支队四大队大队长
董祥笔　温州市公安局鹿城区分局广化派出所副所长
张　斌　温州市公安局瓯海区分局政治处副主任
陈德炜　乐清市公安局刑事科学技术室主任
林　光　永嘉县公安局瓯北中心派出所所长
陈义听　苍南县公安局刑侦大队民警
徐水方　长兴县公安局虹星桥派出所民警
沈小荣　嘉兴市公安局交警支队三大队一中队中队长
吴荣根　绍兴市公安局越城区分局府山派出所民警
徐春泉　武义县公安局桐琴派出所所长
吴国胜　龙游县公安局刑侦大队副大队长
徐双燕(女)　岱山县公安局高亭派出所副所长
王义生　台州市公安局黄岩分局交警大队城区中队民警
李　安　临海市公安局白水洋派出所民警
林发生　松阳县公安局刑侦大队副大队长兼物证鉴定中心主任
王辛微　省公安厅高速公路交警总队台州支队副支队长

2. 浙江省模范集体

海宁市看守所

【全省公安系统优秀单位和优秀人民警察】 2009年1月6日，省公安厅厅长王辉忠签署命令，表彰2007～2008年度全省优秀公安局、2008年度全省优秀公安基层单位和优秀人民警察。受表彰的集体和个人是：

1. 2007～2008年度全省优秀公安局

嘉善县公安局
江山市公安局
淳安县公安局
海宁市公安局

龙游县公安局
舟山市公安局定海区分局
天台县公安局

2. 2008 年度全省优秀公安基层单位

杭州
市公安局交警支队景区大队
市公安局刑侦支队九大队
市拱墅区看守所
市公安局江干区分局采荷派出所
市公安局西湖区分局文新派出所
市公安局余杭区分局巡(特)警大队
富阳市公安局万市派出所

宁波
市公安局行动技术支队一大队
市公安局海曙分局国保大队
市公安局镇海分局刑侦大队
余姚市公安局临山派出所
奉化市公安局交警大队
象山县公安局法制科

温州
市公安局治安支队一大队
市公安局瓯海区分局刑侦大队反“两抢”中队
乐清市公安局特巡警大队
瑞安市公安局鲍田派出所
苍南县公安局龙港分局
永嘉县公安局刑侦大队重案中队

湖州
市公安局交警支队车管所
德清县公安局武康派出所
安吉县公安局国保大队

嘉兴
市公安局南湖区分局国保大队
嘉善县公安局巡特警大队
平湖市公安局当湖派出所

绍兴
绍兴县公安局钱清派出所
诸暨市公安局国保大队
嵊州市公安局三江派出所

金华
市公安局办公室信访科
市公安局江南分局刑侦大队
义乌市公安局经侦大队
永康市公安局法制科

衢州
市公安局柯城分局石梁派出所
市公安局柯山分局花园派出所
开化县公安局村头派出所

舟山
市公安局普陀区分局沈中派出所
岱山县公安局城郊派出所

台州
市公安局椒江分局禁毒大队
市公安局路桥分局治安大队
临海市公安局国保大队
温岭市公安局太平派出所
仙居县公安局刑侦大队打黑中队

丽水
龙泉市公安局行政许可科
遂昌县公安局巡特警大队
松阳县公安局古市镇派出所

边防
台州市公安边防支队大麦屿边防派出所

消防
温州市公安消防支队苍南大队
舟山市公安消防支队普陀大队

厅机关
省公安厅高速公路交警总队宁波支队五大队
省公安厅高速公路交警总队嘉兴支队大云卡点大队
省公安厅机场公安局场区派出所

3. 2008 年度全省优秀人民警察

杭州
张建文　市公安局交警支队上城大队二中队民警
高　渊　市公安局特警支队机动一大队技术中队民警
隋瑞福　市公安局上城区分局湖滨派出所民警
杨　晏　市公安局下城区分局东新派出所民警
吕兆春　市公安局拱墅区分局刑侦大队重案二中队中队长
董　岷　市公安局江干区分局刑侦大队一中队中队长
易贤华　市公安局西湖区分局翠苑派出所民警
徐继宏　市公安局萧山区分局新塘派出所民警
郎国锋　市公安局余杭区分局刑侦大队副大队长
章晓鸣　富阳市公安局刑侦大队副教导员
刘富生　桐庐县公安局刑侦大队重案中队中队长
章利民　临安市公安局国保大队大队长
颜　宾　建德市公安局巡特警大队教导员
吴好良　淳安县公安局刑侦大队城区中队中队长

宁波

徐　辉　市公安局交警支队车管所牌证科副科长
陈晓敏(女)　市公安局海曙分局望春派出所民警
史海红　市公安局江东分局东柳派出所民警
何胜强　市公安局江北分局文教派出所副所长
毛旭东　市公安局镇海分局刑侦大队重案中队民警
沃科杰　市公安局北仑分局刑侦大队信息综合室主任
杨立波　市公安局鄞州分局网监大队民警
魏铁逵　余姚市公安局刑侦大队情报中队副中队长
郑　奕(女)　慈溪市公安局宗汉派出所民警
竺启浩　奉化市公安局尚田派出所民警
陈跃通　宁海县公安局刑侦大队副大队长
张　剑　象山县公安局刑侦大队副大队长

温州

杨芳敏　市公安局交警支队一大队一中队民警
周　艺　市公安局鹿城区分局治安一大队民警
陈利凯　市公安局鹿城区分局刑侦大队重案中队中队长
赵　憬　市公安局瓯海区分局茶山派出所所长
叶乐策　市公安局龙湾区分局经济技术开发区派出所民警
郑淳刚　乐清市公安局法制预审大队民警
董　敏(女)　瑞安市公安局执法监督大队民警
潘尚取　平阳县公安局水头镇派出所副所长
李求完　苍南县公安局桥墩派出所所长
董直愚　泰顺县公安局刑侦大队民警
金光力　文成县公安局珊溪派出所教导员
林焕勇　洞头县公安局洞头派出所所长

湖州

沈建清　市公安局特警支队三大队大队长
凌丽强　市看守所一大队大队长
朱海金　市公安局吴兴区分局刑侦大队副大队长
孙利荣　市公安局南浔区分局和孚派出所民警
徐水方　长兴县公安局虹星桥派出所民警

嘉兴

马燕平　市公安局刑侦支队重案大队副大队长
曹　铭　市公安局南湖区分局刑侦大队大队长
季　翔　市公安局秀洲区分局交警大队副大队长
张　勇　市公安局经济开发区分局巡特警大队副大队长
庄宏伟　嘉善县公安局交警大队车管所所长
张海锋　海盐县公安局西塘派出所副所长
廖　昊　海宁市公安局指挥中心民警
沈建刚　桐乡市公安局网监大队副大队长

绍兴

孟秋根　市公安局刑侦支队民警
钱成根　市公安局越城区分局城南派出所所长
陈黎明　市公安局袍江分局马山派出所教导员
李　江　绍兴县公安局刑侦大队大队长
边柏明　诸暨市公安局璜山派出所副所长
姚阳潮　上虞市公安局百官派出所民警
孙建宇　上虞市公安局禁毒大队大队长
庞　伟　嵊州市公安局治安大队大队长
俞士法　新昌县公安局巡特警大队副大队长

金华

范恩平　市公安局婺城分局办公室主任
朱　尉　市公安局江南分局三江派出所民警
傅少华　市公安局金东分局刑侦大队大队长
潘国洪　兰溪市公安局网监大队副大队长
孙俊杰　东阳市公安局六石派出所所长
毛　伟　义乌市公安局特别侦察大队副大队长
范德贤　永康市公安局交警大队民警
张纯钢　浦江县公安局网监大队民警
廖浙平　武义县公安局刑侦大队民警
朱伟旭　磐安县公安局尖山派出所所长

衢州

卢少祥　市公安局交警支队车管所所长
蓝志峰　市公安局衢江分局刑侦大队大队长
傅志平　龙游县公安局城东派出所民警
朱江欣　江山市公安局淤头派出所所长
陈云河　常山县公安局招贤派出所民警

舟山

林海江　市公安局法制处执法监督指导科科长
徐　明　市公安局定海区分局城东派出所副所长
胡跃军　嵊泗县公安局刑侦大队副大队长

台州

潘灵铭　市公安局开发区分局治安大队副大队长
陈启海　市公安局椒江分局葭芷派出所民警
王义生　市公安局黄岩分局交警大队民警
李灵平　市公安局路桥分局峰江派出所所长
谢加正　临海市公安局古城派出所基础中队中队长
林　波　温岭市公安局国保大队民警
李海波　玉环县公安局清港派出所民警
许学威　天台县公安局刑侦大队副大队长
童沈艳(女)　仙居县公安局白塔派出所民警

舒洪标　三门县公安局刑侦大队副大队长
陈红旗　三门县公安局督察大队民警
丽水
叶伟春　市公安局莲都区分局经侦大队大队长
汤晓东　青田县公安局黄垟派出所副所长
汤建飞　云和县公安局云和镇派出所所长
周　辉　缙云县公安局刑侦大队副大队长兼信息中队中队长
毛颖波　景宁县公安局沙湾派出所副所长兼副教导员
边防
戴康成　温州市公安边防支队场桥边防派出所干事
张润亮　舟山市公安边防支队西码头边防派出所士官
消防
傅绍荣　舟山市公安消防支队支队长
叶冀平　丽水市公安消防支队云和大队副大队长
警卫
徐　晓　宁波市公安局警卫处副处长
厅机关
李铁强　省公安厅办公室信访科副科长
王辛微　省公安厅高速公路交警总队台州支队副支队长
叶晓伟　省公安厅高速公路交警总队杭州支队一大队大队长

【浙江公安百名优秀基层民警】 2009年9月15日，省公安厅厅长王辉忠签署命令，表彰“浙江公安百名优秀基层民警”。受表彰的个人是：
杭州
于　华（女）　市公安局上城区分局治安一大队民警
徐宝庆　市公安局下城区分局武林派出所民警
缪吴荣　市公安局拱墅区分局刑侦大队民警
范海明　市公安局江干区分局凯旋派出所民警
陈志刚　市公安局西湖区分局玉泉派出所民警
陈　浩　市公安局西湖风景名胜区分局岳庙派出所民警
张　涛　市公安局滨江区分局国保大队民警
毛国强　市公安局萧山区分局城厢派出所民警
徐　敏　市公安局余杭区分局塘栖派出所民警
王仁林　富阳市公安局刑侦大队民警
贝根新　桐庐县公安局交警大队民警
陈志强　临安市公安局刑侦大队民警
朱晓宝（女）　建德市看守所民警
章建期　淳安县公安局姜家派出所民警
宁波
郑力强　市公安局镇海分局国保大队民警
王　勇　市公安局海曙分局刑侦大队民警
童建华　市公安局江东分局白鹤派出所民警
周文忠　市公安局江北分局文教派出所民警
李修祥　市公安局北仑分局柴桥派出所民警
徐云飞　市公安局鄞州分局法制科民警
徐建定　慈溪市公安局白沙路派出所民警
汪将仁　奉化市公安局治安大队民警
应亚薇（女）　宁海县公安局刑侦大队民警
皇甫俊　象山县公安局治安大队民警
戚红土　余姚市公安局临山派出所民警
温州
潘龙松　市公安局鹿城区分局江滨派出所民警
许岁生　市公安局瓯海区分局刑侦大队民警
张启敏　市公安局龙湾区分局滨海派出所民警
徐力平（女）　永嘉县公安局交警大队民警
邵小芬（女）　乐清市公安局指挥处民警
林跃群　瑞安市公安局交警大队民警
朱小平（女）　平阳县公安局国保大队民警
季庆为　泰顺县公安局国保大队民警
顾加如　苍南县公安局办公室民警
刘松发　文成县公安局交警大队民警
李银花（女）　洞头县公安局交警大队民警
湖州
陆　琪　市公安局吴兴区分局刑侦大队民警
沈建功　市公安局南浔区分局南浔派出所民警
胡继勇　市公安局开发区分局杨家埠派出所民警
郭春华　市公安局度假区分局白雀派出所民警
吕高长　德清县公安局110指挥中心民警
董存礼　长兴县公安局李家巷派出所民警
陈秋林　安吉县公安局城北派出所民警
嘉兴
杨春荣　市公安局南湖区分局国保大队民警
吴建华　市公安局秀洲区分局洪合派出所民警
章启忠　嘉善县公安局治安大队民警
金宇丽（女）　平湖市公安局交警大队民警
张　琼（女）　海盐县公安局武原派出所民警
朱　军　海宁市公安局刑侦大队民警
沈国荣　桐乡市看守所民警
绍兴
吴荣根　市公安局越城区分局府山派出所民警
邹关富　市公安局袍江分局刑侦大队民警
戴如建　绍兴县公安局轻纺市场派出所民警
魏忠尧　诸暨市公安局枫桥派出所民警

郑先平　上虞市公安局刑侦大队民警
黄幼华　嵊州市公安局治安大队民警
陈伯虎　新昌县公安局治安大队民警

金华

邵理根　市公安局婺城分局办证中心民警
黄旭光　市公安局江南分局刑侦大队民警
朱燕琪　市公安局金东分局曹宅派出所民警
项尧生　兰溪市公安局交警大队民警
季军雄　义乌市公安局稠城派出所民警
孙炎明　东阳市看守所民警
胡晓钟　永康市公安局法制科民警
钱瑞和　武义县公安局交警大队民警
李和平　浦江县公安局信访办公室民警
陈新民　磐安县公安局安文派出所民警

衢州

吴义土　市公安局柯城分局城东派出所民警
江德山　市公安局衢江分局经侦大队民警
童锡钱　市公安局柯山分局航埠派出所民警
周利珍(女)　龙游县公安局经侦大队民警
郑书堂　江山市公安局城中派出所民警
陈云河　常山县公安局招贤派出所民警
罗卫花(女)　开化县公安局刑侦大队民警

舟山

林定康　市公安局定海区分局刑侦大队民警
冯国平　市公安局普陀区分局沈中派出所民警
吴海定　岱山县公安局交警大队民警
王苏根　嵊泗县公安局治安大队民警

台州

丁忠良　市公安局椒江分局海门派出所民警
王义生　市公安局黄岩分局交警大队民警
陈丽娟(女)　市公安局路桥分局交警大队民警
周　荣　临海市公安局交警大队民警
林胜扬　温岭市公安局治安拘留所民警
郭炳文　玉环县公安局刑侦大队民警
戴保祥　天台县公安局刑侦大队民警
吴小云　仙居县公安局城关派出所民警
陈红旗　三门县公安局警务督察大队民警

丽水

周恩华　市公安局莲都区分局万象派出所民警
金建国　青田县公安局刑侦大队民警
马爱中　缙云县公安局网监大队民警
黄连银　龙泉市公安局交警大队民警
刘启钱　云和县公安局交警大队民警
孟发贵　松阳县公安局信访室民警
叶国良　遂昌县公安局国保大队民警
林凤美　景宁县看守所民警
胡敬旺　庆元县公安局城区中心派出所民警

省厅

胡朝阳(女)　省看守所民警

【市级公安机关综合考评先进单位】 2009年1月6日，省厅印发《关于全省市级公安机关2008年度工作综合考评结果的通报》，杭州、嘉兴、绍兴、舟山市公安局分列一、二、三类地区先进单位。省厅决定，对杭州市公安局、嘉兴市公安局、绍兴市公安局、舟山市公安局予以通报表扬。

【二级英模】 根据2009年1月7日人力资源和社会保障部、公安部印发的有关决定，省公安厅高速公路交警总队嘉兴支队直属大队副教导员占立明被授予“全国公安系统二级英雄模范”荣誉称号。

【集体一等功】

杭州市公安局收容教育所
浙江省公安厅“5·01”专案组
杭州市公安局拱墅区分局“8·6”专案组
海宁市看守所

【集体二等功】

杭州市公安局交警支队
台州市黄岩区看守所
金华市公安局三年基本功训练大比武代表队
嘉兴市公安局指挥中心三年基本功训练大比武代表队
台州市公安局国保支队三年基本功训练大比武代表队
舟山市公安局经侦支队三年基本功训练大比武代表队
金华市公安局治安支队三年基本功训练大比武代表队
丽水市公安局特警支队三年基本功训练大比武代表队
金华市公安局刑侦支队三年基本功训练大比武代表队
绍兴市公安局监管支队三年基本功训练大比武代表队
嘉兴市公安局出入境管理局三年基本功训练大比武代表队
金华市公安局行动技术支队三年基本功训练大比武代表队
湖州市公安局交警支队三年基本功训练大比武代表队
杭州市公安局网监分局三年基本功训练大比武代表队

嘉兴市公安局禁毒支队三年基本功训练大比武代表队

台州市公安局法制处三年基本功训练大比武代表队

省厅高速公路交警总队丽水支队三年基本功训练大比武代表队

建德市公安局侦破“12·5”系列串通投标案专案组

淳安县公安局“1·16”专案组

宁海县公安局审计室

温州市公安局审计室

温州市公安机关侦破“4·18”非法制售假发票案专案组

湖州市公安局经济开发区分局侦破“2008·7·28”特大跨省撬盗车内物品系列案专案组

湖州市公安局网警支队侦破“3·18”利用互联网组织同性卖淫团伙案专案组

安吉县公安局侦破“10·28”团伙贩毒案专案组

湖州市公安局经济开发区分局侦破“807”案专案组

嘉兴市公安局侦破“2006·06·09”非法吸收公众存款等案件专案组

嘉兴市公安局秀洲区分局侦破“2008·11·10”投毒案专案组

平湖市公安局侦破“2008·08·25”入室抢劫杀人案专案组

上虞市公安局经侦信息化实战应用课题组

义乌市公安局国保大队

武义县看守所

永康市公安局侦破“2·8”特大持枪抢劫案专案组

永康市公安局刑侦大队侦破特大盗抢工业原材料犯罪团伙案专案组

衢州市公安局侦破“618”制贩毒案专案组

衢州市公安局柯山分局侦破“11·21”破坏“三电”设施案专案组

江山市公安局“507”专案组

舟山市公安局普陀区分局侦破“海上系列盗窃案”专案组

台州市公安局路桥分局侦破“2007·12·7”抢劫杀人案专案组

玉环县公安局打击“六合彩”赌博行动专案组

青田县公安局侦破“5·14”故意杀人案专案组

嘉善县公安局2008奥运上海赛区“护城河”卡点安保工作组

平湖市公安局2008奥运上海赛区“护城河”卡点安保工作组

省公安厅高速公路交警总队嘉兴支队大云卡点大队

杭州市公安局队伍正规化建设领导小组办公室

宁波市公安局队伍正规化建设领导小组办公室

绍兴市公安局队伍正规化建设领导小组办公室

杭州市公安局西湖区分局“队伍管理信息系统”研发组

湖州市公安局影片《民警王法金》制作工作组

象山县公安局电影《温暖》协拍工作组

温州市公安局援川执勤队

湖州市公安局援川执勤队

嘉兴市公安局援川执勤队

绍兴市公安局援川执勤队

台州市公安局援川执勤队

杭州市公安局“808”专案组

杭州市公安局审计处审计科

杭州市公安局上城区分局“901”专案组

杭州市公安局江干区分局侦破系列盗窃电力设施案专案组

杭州市公安局西湖区分局“529”专案组

杭州市公安局余杭区分局侦破“11·27”制贩枪支案专案组

杭州市公安局拱墅区分局“4·25”专案组

建德市公安局侦破“12·9”凶杀案专案组

淳安县公安局侦破特大信用卡系列盗窃案专案组

杭州市公安局“搜痕采集仪”项目研发组

杭州市公安局刑事科学技术研究所实验室国家认可创建小组

杭州市公安局“1210”专案组

杭州市强制隔离戒毒所

杭州市公安局禁毒支队侦破“4·3”非法经营兴奋剂案专案组

杭州市公安局上城区分局侦破“11·30”特大非法经营黄金期货案

桐庐县公安局侦破“9·24”强奸案专案组

宁波市公安局海曙分局“11·12”专案组

宁波市公安局鄞州分局信息中心

余姚市公安局侦破“4·12”特大跨境贩卖毒品案专案组

宁波市强制隔离戒毒所

余姚市公安局“6·29”专案组

宁波市公安局“FB0720”专案组

宁波市公安局经侦支队“7·16”专案组

永嘉县公安局侦破麻某故意杀人案专案组

乐清市公安局侦破系列盗抢工业原材料案专案组

嘉兴市公安局刑侦支队

杭州市公安局侦破“5·08”特大制售假发票案专案组

湖州市公安局侦破“5·08”特大制售假发票案专案组

绍兴市公安局侦破“5·08”特大制售假发票案专案组

省公安厅国保总队“11·12”专案组

宁波市公安局交警支队集中整治严重交通违法行为工作集体

省公安厅高速公路交警总队台州支队集中整治严重交通违法行为工作集体

宁波市公安局“FC0719”案专案组

宁波市公安局“07915”专案组

温州市公安机关侦破“3·20”特大制毒案专案组

金华市公安局援川执勤队

金华市公安局婺城分局侦破“10·09”网络盗窃电信资费系列性重大案件专案组

兰溪市公安局“202”专案组

东阳市公安局侦破“1·17”特大珠宝被盗案专案组

衢州市公安局侦破“109”黑社会性质组织案专案组

舟山市公安局侦破“2·25”贩卖运输毒品案专案组

台州市公安局侦破“8·27”制贩毒品案专案组

温岭市公安局侦破“1·8”新疆籍儿童系列绑架案专案组

【个人一等功】

杨承云　嘉兴市公安局南湖区分局新嘉派出所刑侦中队副中队长

汪春云　生前系杭州市公安局刑侦支队八大队民警

金国民　宁波市公安局镇海分局刑侦大队教导员

郑树富　生前系舟山市公安局定海区分局刑侦大队预审办案中队中队长

陈棉权　台州市委常委、公安局局长

李益波　生前系奉化市公安局交警大队江口中队民警

张潮洪　生前系桐庐县公安局指挥中心副主任

蒋晓敏　杭州市公安局国保支队副支队长

倪增明　生前系兰溪市公安局刑侦大队民警

潘卧虎　温州市公安局鹿城区分局黎明派出所民警

【个人二等功】

李铁强　省公安厅办公室信访科副科长

马利帅　省公安厅监管总队狱侦工作指导科科长

卢　伟　杭州市公安局拱墅区分局经侦大队副大队长

林　敏　温州市公安局经侦支队二大队大队长

叶际巨　永嘉县公安局刑侦大队办案指导中队民警

戴　冕　温州市公安局治安支队一大队副大队长

邱立荣　安吉县看守所民警

郭春华　湖州市公安局湖州太湖旅游度假区分局白雀派出所民警

吕宝大　绍兴县看守所所长

徐小军　杭州市公安局交警支队下城大队二中队中队长

周小平　杭州市公安局交警支队西湖大队二中队副指导员

缪　亮(女)　宁波市公安局交警支队车管所综合科副科长

程　远　温州市公安局特警支队巡警大队教导员

叶　东　温州市公安局特警支队机动大队民警

林　毅　温州市公安局特警支队政治处民警

钱　群　安吉县公安局巡特警大队教导员

戴　斌　湖州市公安局吴兴区分局爱山派出所民警

卓　雷　湖州市公安局交警支队纪委办副主任

徐国强　海盐县公安局巡特警大队副大队长

费金松　桐乡市公安局巡特警大队副大队长

陈伟康　绍兴市公安局后勤处行政科科长

斯孟溧　绍兴市公安局特警支队巡逻指导科科长

刘　鹏　金华市公安局特警支队三大队二中队中队长

吕逸斌　永康市公安局巡特警大队副大队长

尹绍辉　台州市公安局交警支队事故大队教导员

杨华球　台州市公安局黄岩分局车管所指导员

高红华　台州市公安局特警支队一大队教导员

刘　群　杭州市公安局特警支队机动三大队八中队副中队长

陈亚丽(女)　杭州市人民警察学校心理训练科

副科长
赵传红 杭州市公安局余杭区分局刑侦大队瓶窑中队民警
顾联华 杭州市公安局上城区分局经侦大队民警
朱 杰 杭州市公安局经侦支队五大队副大队长
陈全江 杭州市公安局上城区分局望江派出所民警
袁国映 余姚市公安局禁毒大队副大队长
陈伟国 宁波市公安局镇海分局九龙湖派出所副所长
魏 达 余姚市公安局治安大队行动中队副中队长
魏柏腾 余姚市公安局治安大队行动中队中队长
王维荣 宁波市公安局行动技术支队民警
叶军毕 温州市公安局国保支队副支队长
林素朴 乐清市公安局刑侦大队有组织犯罪侦查中队民警
林志余 乐清市公安局虹桥派出所民警
金志敏 温州市公安局行动技术支队一大队大队长
柯受勤 温州市公安局交警支队一大队副大队长兼事故处理中队中队长
毛秀星 永嘉县公安局刑侦大队副大队长兼重案中队中队长
唐春勇 乐清市公安局刑侦大队机动二中队民警
胡蔚博 乐清市公安局刑侦大队机动一中队民警
黄益辉 瑞安市公安局治安大队办案中队民警
吴雪峰 长兴县公安局和平派出所民警
沈国荣 桐乡市看守所民警
章晓虎 金华市公安局婺城分局禁毒大队民警
杨文法 江山市公安局副局长
周明松 舟山市公安局普陀区分局刑侦大队民警
陈吉君 台州市公安局禁毒支队民警
陈 希 台州市公安局法制处民警
陈 涛 嘉善县公安局干窑派出所教导员
叶寒冰 温州市委常委、市公安局局长
沈 强 温州市公安局常务副局长
张杰尔 温州市公安局鹿城区分局刑侦大队副大队长
潘竹旺 温州市公安局行动技术支队二大队大队长
叶 森 温州市公安局指挥中心指挥调度科副科长
叶程光 温州市公安局鹿城区分局副政委

干部人事

【概述】 2009年，省公安厅上报的省公安厅“三定”方案经省政府批准下达，对中央机构编制委员会办公室下达的4150名专项编制和省机构编制委员会批准的4150名编制控制数进行合理分配；出台《省公安厅党委会讨论干部任免(推荐)实行票决制的实施办法(试行)》，干部选拔任用工作集中检查民主评议列省直机关53个单位的第4名；浙江警察学院列入公务员法管理获得批准；完成全省公安民警招录培养体制改革试点的458名学员招录工作；省公安厅被评为全国军转干部安置工作先进单位。

【完成新增公安编制分配】 2009年7月，省机构编制委员会办公室下发《关于分配下达公安系统政法专项编制的通知》，将中央编办下达的4150名公安专项编制分配到全省各级公安机关。

【完成机构改革工作】 2009年，根据省政府的统一部署，省公安厅开展主要职责、内设机构、人员编制的机构改革工作。10月，省政府办公厅印发《关于印发浙江省公安厅主要职责内设机构和人员编制规定的通知》。至此，省公安厅顺利完成“三定”工作。根据省政府通知，省公安厅的主要职责调整如下：新增承担口岸签证、签注工作和组织、协调、指导机场空防安全工作职责；加强对公安情报信息工作、反恐怖工作、流动人口、公安特警队、网络安全、民警维权的领导和管理；另外，将对公安武警边防部队的管理由领导改为指导。省公安厅内设机构调整如下：审计室更名为审计处，老干部处更名为离退休干部处，法制处与反恐怖处列入执法勤务序列，实行总队建制。

【浙江警察学院列入公务员法管理】 2009年3月，省人事厅批准同意浙江警察学院列入公务员法管理。根据《浙江警察学院列入公务员法管理实施方案》，省公安厅完成了学院处、科的非领导职数设置及人民警察公务员考试考核、职务重新任免、公务员登记、工资套改等工作，328人登记为公务员。

【做好厅机关及直属单位干部选拔任用工作】 2009年6月，厅党委出台《省公安厅党委会讨论干部任免(推荐)实行票决制的实施办法(试行)》；完成厅机关

图为进行省公安厅空缺正处级领导职位竞争上岗面试(2009 年 12 月 5 日)

部分正处级领导职位竞争上岗和机场公安局、高速公路交警总队部分处级领导干部选拔任用工作;组织完成厅机关下派干部期满考核和厅属单位 384 名处、科级领导干部任职期满考核及重新任命工作;做好农村工作指导员和下派锻炼干部的选派工作;干部选拔任用工作集中检查民主评议列省直机关 53 个单位的第 4 名。

【做好干部协管工作】 2009 年,省厅针对公安机关领导干部双重管理工作中存在的问题,商请省委组织部向全省各市委组织部重申坚决落实公安机关领导干部双重管理制度,确保公安机关干部协管制度的落实。年内,协助省委组织部、公安部人事训练局做好孟庆丰等 6 名厅级干部的选拔任用,协助省委组织部和相关市党委调整充实杭州、温州、湖州、绍兴、金华等市级公安机关领导干部 18 名,其中市委常委、公安局局长 6 名。协助省林业厅做好森林公安局领导干部调整工作。

【做好社会招录和接收军转干部工作】 2009 年,省厅共审核批复全省公安机关面向社会招录公安民警、接收军转干部和转任民警 820 名。其中省公安厅接收军转干部 36 名,厅机关从直属单位选调、选任 5 人,从基层公安机关选调、选任 9 人,办理事业单位人员录用 11 名。省公安厅被评为全国军队转业安置工作先进单位。

【组织招录培养体制改革和统一考录民警工作】 2009 年,省厅会同省委政法委、人力社保厅、教育厅等部门,组织公安民警招录培养体制改革试点工作。经过多方面努力,顺利完成全省首批 458 名人民警察学员的考试录取工作,11 月按期开学。根据基层警力需求,在进行调研的基础上,对招录的有关环节作进一步完善,截至年底,全省面向社会招录 1800 余名公安民警的计划编报工作顺利完成,招录工作全面启动。

【全力做好公安院校毕业生录用工作】 2009 年,省厅积极争取各级编制、人事部门的支持,完成公安院校毕业生录用计划编报、笔试、面试、录用等工作,确保具有公务员资格的毕业生能够全额接收。全省公安机关共录用公安、司法院校毕业生 1466 名。

【做好警衔管理工作】 2009 年,全省公安机关警衔管理部门继续通过公安人事管理信息系统进行警衔管理,全年审核、报批警衔 13900 余人。其中,首次授予人民警察警衔 2278 人,晋升 10868 人,提前晋升 8 人,降低警衔 4 人,取消 20 人,不予保留警衔 400 余人。截至 12 月 31 日,浙江省各级公安机关评授行政警衔的人员 59082 人、专业技术警衔人员 431 人。

【开展专业技术人员管理工作】 2009 年,省厅会同有关部门做好刑事科学技术、技术侦察专业资格考试、阅卷工作。做好公安专业人员高级专业技术资格的申报和评审工作,全省公安机关公安专业人员中有 2 人取得教授级高级工程师资格,8 人取得高级工程师资格。落实厅本级专业技术职务聘任制度,做好警察学院、新闻传媒中心等单位的专业技术人员聘任工作,共聘任专业技术职务 123 人,其中高级 95 人、中级 14 人。开展全省鉴定机构加挂"司法鉴定中心"牌子及备案登记工作,明确电子证据鉴定机构建设的相关问题。

公安宣传

【概述】 2009 年,全省公安宣传部门以服务中心、服务基层、服务民警为宗旨，积极发挥宣传职能作用，唱响主旋律，打好主动仗，深入报道全省公安工作和队伍建设的重大战果，新闻宣传深入有效，舆论引导正确有力，典型宣传亮点不断、文化工作有声有色，开创了公安宣传工作新局面。

【大力加强新闻宣传力度】 2009年，厅宣传处紧紧围绕"大走访"、打击"两抢"犯罪、社会治安整治行动、打击假币犯罪09行动、禁毒斗争、命案侦破等各项专项活动，广泛组织协调广播、报纸、电视、网站等新闻媒介大张旗鼓进行宣传，不断掀起宣传高潮。全年在媒体发稿1260余条(次)，其中在《人民公安报》发稿238篇，头版30个(头条8个)；《浙江日报》发稿90篇次，头版14篇次(头条3个)；浙江卫视播出公安新闻80余条，"寻找王"栏目播出300余条。

【组织民警"大走访"活动宣传报道】 2009年，在全省公安机关"大走访"活动中，全省公安宣传部门主动介入。组织新闻记者深入一线，以最快的速度、最贴近的视角，多角度、多层次、多方位地宣传报道全省公安机关"大走访"爱民实践活动情况。《浙江日报》以"打造和谐警务"为主题头版头条刊发了全省公安机关"大走访"活动侧记；《今日早报》、《都市快报》等省级主流媒体相继刊发《走进老百姓的心坎里——全省公安机关"民警大走访"爱民实践活动全面启动》、《衢州爱民实践活动出新规——民警追赃不力将上"黑名单"》、《"110"，需要你我一起去爱护》等宣传报道。浙江卫视新闻联播数次报道全省公安民警在"大走访"中的感人事例。

【开展打击整治"两抢"犯罪大会战宣传】 2009年2月，厅宣传处印发《全省公安机关打击整治"两抢"犯罪大会战宣传工作方案》，协调媒体第一时间开设打击"两抢"犯罪专栏，及时发布"两抢"大会战警方资讯，共刊出18期打击"两抢"系列专题报道。同时，组织中国新闻社、浙江在线、浙江之声、《浙江日报》、《浙江法制报》、《钱江晚报》、《都市快报》、《青年时报》、《今日早报》、浙江电视台钱江都市频道和教育科技频道以及《平安时报》12家中央、省级主流媒体记者，赴基层专题采访。据统计，全省各级公安机关召开各种形式的新闻发布会110余次，在中央电视台、浙江卫视播出打击"两抢"新闻200余条(次)，在新华社、中新社、浙江在线、浙江之声和《浙江日报》等省级主流媒体刊(播)新闻、专题近2000篇。通过以上大规模有序的宣传造势工作，在全省迅速掀起了大会战的宣传高潮。

【开展庆祝建国60周年宣传报道】 2009年一季度，厅宣传处制定《浙江省公安厅建国60周年宣传工作方案》，并及时印发通知，对全省公安宣传部门开展建国60周年宣传工作作了具体部署。同时，组织省、市级主流媒体，于国庆前夕集中时间开展有策划、有影响、有声势的系列宣传活动，《浙江日报》以显著版面和较大的篇幅刊发了《我省全面部署国庆60年安保工作》等综述报道；《钱江晚报》、《都市快报》分别以60年来浙江公安发展史上"十件大事"、"十个瞬间"为截面，先后开展8个整版和12个整版的系列宣传；《今日早报》、《青年时报》更是从受众的角度，刊发了6个整版的系列，以独特的新闻视角宣传报道了公安工作的发展变化。此外，厅宣传处还在浙江电视台公共新农村频道播出10集《守望平安60年》电视专题片，在浙江电视台经济生活频道"警方时空"开辟"钱塘公安英烈"系列片专栏。通过系列宣传活动，掀起庆祝建国60周年的宣传高潮，使社会各界人士更加了解公安工作，为全省公安工作实现又好又快发展营造了良好的社会舆论氛围。

【全方位展开整治"酒后驾车"专项行动宣传】 2009年8月7日，省厅召开整治严重交通违法行为"五条常态严管措施"电视电话会议后，厅宣传处快速反应，组织新华社、中新社、浙江在线、浙江之声和《人民公安报》、《浙江日报》、浙江卫视等中央、省级以及杭州市30余家新闻媒体，以强大的宣传阵容和声势对新闻发布情况进行报道。8月11日晚，省委常委、政法委书记、公安厅厅长王辉忠带领厅相关部门负责人赴杭州夜查酒后驾驶情况，宣传处提前部署、统筹协调相关主流媒体派精干记者随警采访。次日，《人民公安报》头版、《钱江晚报》头条、《浙江法制报》整版对王厅长的活动及全省查处情况进行了全面报道。同时，宣传处还组织记者"随警出更"进拘留所，采访"酒驾"被拘留人员，以拘留人员的现身说法进行警示教育宣传；协调《浙江日报》记者采访王辉忠厅长，通过访谈报道，再次向社会彰显全省公安机关对交通违法行为始终坚持"零容忍"的决心和信心。同时，积极协调浙江在线，策划报网互动的网络访谈活动，扩大"五条常态严管措施"社会面的宣传声势及宣传效果。

【举行占立明先进事迹报告会】 2009年3月26日，省厅宣传处协调高速公路交警总队，在厅机关报告厅举行"占立明同志命名表彰暨先进事迹报告会"，同时通过视频会议系统在全省各市、县(市、区)公安局直播，掀起学习占立明先进事迹高潮。省委常委、政法委书记、公安厅厅长王辉忠出席会议并作重要讲话。厅党委委员、政治部主任华乃强主持会议并宣读公安部关于授予占立明全国公安系统二级英雄模范荣誉称号的决定。

图为第三届全国"我最喜爱的十大人民警察"先进事迹报告会在省厅举行（2009年4月27日）

【做好全国"我最喜爱的十大人民警察"先进事迹报告团在浙宣讲工作】 2009年4月下旬，第三届全国"我最喜爱的十大人民警察"先进事迹报告团第一分团来浙作巡回报告。其间，省厅宣传处协调新华社、中新社、浙江在线、浙江之声电台和《人民公安报》、《浙江日报》、浙江电视台、《浙江法制报》、《青年时报》、《都市快报》、《平安时报》等中央、省、市级新闻媒体分别刊发新闻报道。在报告会结束后，邀请"我最喜爱的十大人民警察"代表走进浙江之声电台接受专访，以自己的亲身经历以及鲜为人知的故事，与听众进行互动访谈。全省约有500万名听众收听了浙江之声、浙江交通之声电台的英雄专访节目。

【广泛宣传郑树富、李益波等先进典型事迹】 2009年6月17～18日，省厅宣传处组织新华社、中新社、《人民公安报》以及《浙江法制报》、《钱江晚报》、《今日早报》、《青年时报》、《都市快报》以及《平安时报》9家中央和省级媒体记者采访团，赴舟山定海公安分局集中采访被省厅追记一等功的舟山民警郑树富的先进事迹。6月22日，9家媒体大多以整个版面和以网站首页的显著位置，集中刊登事迹报道。新浪、网易、新华网、央视网等国内著名门户网站也纷纷转载。其中，新华网、中新网、浙江在线等网络媒体均在首页显要位置予以介绍和宣传，引起国内、省内知名博客和个人空间对郑树富事迹的关注和评论。10月下旬，奉化市公安局交警李益波先进事迹经宁波市级媒体报道后，省厅宣传处组织《浙江日报》、浙江卫视、《钱江晚报》、《都市快报》、《今日早报》、《浙江法制报》、浙江在线网站和浙江电视台钱江都市频道、经济生活频道、教育科技频道等10余家新闻媒体采访团，赴李益波生前所在的奉化市公安局交警大队，深入采访他的同事与家人，大张旗鼓地宣传报道他的先进事迹。此外，厅宣传处还及时推出毛建剑、金国民、潘卧虎等先进典型。同时，联合杭州著名的网络"19楼论坛"，共同策划并打造一档"一分钟警察故事"专栏，从不同角度反映公安民警良好职业形象，网站一周点击率达32万之多，创论坛页面之首。

【组织庆祝新中国成立60周年广场文艺晚会】 2009年8月26日，省厅宣传处组织全省公安机关共14个演出代表队、近500名演职员、50余个节目，在厅机关报告厅开展迎国庆全省公安系统文艺汇演。在此基础上，遴选主题突出、感染力强的优秀节目策划编排了迎国庆广场文艺晚会。9月25日，由省厅政治部主办的浙江省公安厅暨杭州市公安局庆祝建国60周年《祖国在我心中》文艺晚会在杭州市吴山广场成功举办。浙江卫视对晚会进行了全程录制，并于10月10日播出晚会实况。同时，省厅宣传处遴选优秀获奖节目推荐参加全国公安系统文艺汇演。其中，嘉兴市公安局选送的音乐剧《为了谁》荣获铜奖。

【开展多种文化活动营造浓厚的警营文化氛围】 2009年，省厅宣传处组织开展全省公安机关第二届全国道德模范评选候选人推荐工作，并精心组织、积极推荐本省公安作者创作的具有较高质量的优秀作品参加公安部组织的第十届"金盾文化工程"优秀作品评选活动，获公安部金盾文学、图书、影视、艺术奖4个奖项，省厅荣获组织工作奖；认真组织参加公安部2010年春节电视文艺晚会集体婚礼演出以及节目、策划方案的征集推荐工作，选送全省公安系统优秀节目参加庆祝建国60周年全省政法系统文艺汇演、政法系统庆祝新中国成立60周年书画展，其中获得金奖（包括书法、国画）7个、银奖9个、铜奖3个、入选奖13个；参加公安部海峡两岸暨香港、澳门警察书画展，共有6幅作品入选。此外，高度重视厅主页警营文化栏目维护，点击量持续稳定上升；从2009年一季度起，将省公安文联季刊《绿洲》新改版为大16开。

【加强公安民警心理健康服务】 2009年，省厅宣传处在加强民警心理健康网站维护、大力宣传普及心理健康知识的同时，重点为全省公安民警提供心理咨询服务，不定期地邀请省内资深心理专家为民警提供网上在线咨询，借助电子邮件和网络聊天工具，与民警进行真诚的沟通与交流。年内，共提供心理咨询服务千余人次。同时，开展“心理咨询服务下基层”活动，先后赴台州、宁波、湖州、金华等地，深入基层单位，了解民警心理，答疑解惑，开展心理援助。

教育训练

【概述】 2009年，全省公安教育训练工作按照全省公安政治工作部署，认真谋划制订民警训练三年规划，围绕中心组织领导干部专题轮训，注重质量抓好教育训练各项基础建设，圆满完成各项工作目标任务，取得良好成效。

【出台《2009～2011年全省公安民警训练工作规划》】 2009年3月23日，围绕构建大教育大培训工作体系的总体目标，在深入调研讨论的基础上，省厅印发训练工作三年规划，明确2009～2011年训练工作重点为维稳能力训练、信息化应用能力训练、执法执勤能力训练、群众工作能力训练、实战技能战术训练和实战技能战术训练，以及相关措施要求。

【组织开展领导干部专题集中轮训】 2009年3月2日，省厅印发《全省公安机关领导干部“学习实践科学发展观、推进落实重点公安工作”专题轮训工作方案》。省厅重点培训县级以上公安机关班子领导和厅机关副处长以上领导干部，各市局重点培训县级公安机关科所队长和本级中层干部。年内，全省90名县级公安局局长参加公安部统一组织的调训，省厅共完成370名领导干部轮训任务，其中市级公安局领导班子成员106名、县级公安局政委105名、厅机关正副处长159名。各市公安机关轮训了6685人，其中派出所所长1070人。

【落实“三个必训”制度】 2009年，全省公安机关有7891人参加警衔晋升训练，1060人参加新警初任训练，24162人参加一线实战训练，20532人参加专业训练。其中，省厅组织业务骨干、教员培训1500余人。

【编写《公安民警“三懂四会”群众工作能力实训教程》】 2009年12月省厅在全国率先编纂完成《公安民警“三懂四会”群众工作能力实训教程》，2010年1月由群众出版社出版发行。国务委员、公安部部长孟建柱为该书作序。

【开展警种岗位业务技能抽考活动】 2009年3月2日，省厅印发《关于组织开展警种岗位业务技能抽考活动的通知》，分批组织各警种以随机抽考形式开展岗位业务技能抽考活动。年内，特警、行动技术、网警三个警种231名民警参加抽考活动。

【推广杭州市公安局案例教学和模拟情景教学模式】 2009年8月31日，省厅在杭州召开全省公安机关深

图为各警种岗位业务技能抽考活动现场

图为举行案例教学和模拟情景教学现场会

入开展案例教学和模拟情景教学现场会，推广杭州市局探索公安民警训练改革、开展案例教学和模拟情景教学的主要经验，围绕实战、实用、实效的要求，在全省公安机关全面部署推广案例教学、模拟情景教学模式。着力解决教育训练“大呼隆”、“满堂灌”和针对性、实效性不够强等问题。从训练理念、训练内容、训练方法上对提高民警训练水平提出要求。

【组织对全省 11 所市级警校检查评估】 2009 年 9 月上旬，省厅组织两个交叉互检组，对 11 所市级人民警察训练学校进行检查评估，并形成总体评估报告和各校评估意见。报厅领导同意，向各市公安局党委书面反馈检查中发现的问题，督促整改落实。

【开展教学与实战共同体建设】 2009 年 8 月，为提高教师贴近实战的教学能力，省厅组织浙江警察学院教学系部与省厅业务总队之间互签合作协议，搭建合作交流平台，共同开展专业课程、师资培养、科学研究等工作，实现资源共享、相互促进。

【公安及现役院校招录新生 713 人】 2009 年，浙江警察学院招录新生 500 人、中国人民公安大学 58 人、中国刑事警察学院 15 人、南京森林公安高等专科学校 81 人、铁道警官高等专科学校 30 人、公安海警高等专科学校 29 人。根据公安部政治部统一安排，做好 1 名英烈子女的推荐、考试和录取工作。根据中央政法委、公安部等的总体部署，按照分工要求，积极与有关部门一起做好招录培养体制改革工作。

【召开浙江省前卫体协第五届会员代表大会】 该会于 2009 年 11 月 25 日在杭州召开。政治部主任华乃强出席会议并讲话，副厅长陈重天作第四届理事会工作报告。会议选举产生第五届理事会成员，陈重天当选为浙江省前卫体协第五届主席。

【组队参加全国公安系统羽毛球比赛】 2009 年 12 月 9～14 日，浙江前卫羽毛球队（由男女各 4 名运动员组成）参加在广西南宁举行的全国公安系统羽毛球比赛。经过角逐，浙江队获得混合团体第五名；吴昊、孙燕获混合双打第三名；吴昊、邬弥尔获男子双打第四名；胡芳获女子单打第七名；胡芳、陶梦霞获女子双打第八名。

【举办全省公安系统太极拳（剑）比赛】 该比赛于 2009 年 10 月 14～16 日在金华市举行，全省 11 个市公安局和 2 个厅属单位共 13 个代表队 41 名运动员参赛。金华代表队朱景华获两个第一，温州市代表队沈裕义、张海涛各获太极拳第二及第三名，浙江警察学院沈凤铭获太极剑第二名，台州代表队刘君获太极剑第三名。

现役部队管理

【概述】 2009 年，省公安厅对全省公安消防、警卫部队 2 个师级领导班子、12 个团级领导班子进行调整，继续开展考核与考试相结合选拔团职领导干部工作（以下简称“双考”）；印发《浙江省公安消防警卫部队考核与考试相结合选拔团职领导干部实施细则（试行）》，使干部选拔任用工作得到进一步规范和完善。年内，省公安厅政治部现役工作办公室（以下简称省厅现役办）被评为全国军队转业干部安置工作先进单位和全国公安现役部队先进干部部门，两名同志分别被评为全国公安现役部队优秀干部工作者和全省先进军转工作者。

【加强师团级领导班子建设】 2009年，省公安厅配合公安部做好师职领导干部的任免工作，其中正师职干部6人，副师职干部5人，推荐上报师职后备干部人选12人。做好团职领导干部选任工作，任免正团职干部20人、副团职干部3人。落实考核讲评制度。11～12月，省公安厅派出联合考核组，对全省公安消防、警卫部队16个支队级领导班子共115名成员开展年度考核，并于2010年2月进行结果通报和分析讲评。7月和11月，省公安厅在全省公安消防警卫部队先后开展师团级领导干部作风建设专项整治活动和以总队、支队级主官为主要对象、以严格遵守政治纪律、组织纪律、廉洁从政纪律为主要内容的专题教育活动，推进领导干部作风建设。

【推进团职领导干部选拔任用工作规范化、制度化建设】 2009年9月，省公安厅党委印发《浙江省公安消防警卫部队考核与考试相结合选拔团职领导干部实施细则（试行）》，省厅政治部印发《浙江省公安消防部队选拔团职领导干部考试学习读本》，进一步推动干部选拔任用工作的规范化、制度化建设。

【公开选拔团职领导干部】 2009年12月～2010年5月，省公安厅组织开展团职领导干部“双考”工作，全省公安消防、警卫部队有44人参加考试，39人入围考核，其中，16人被提任正团职领导干部，4人被提任副团职领导干部。

【警衔管理】 2009年，省公安厅对全省公安消防、警卫部队21名新任职警官授予武警上尉警衔，为80名警官办理警衔晋升手续，其中中校晋升上校14名，少校晋升中校66名。

【专业技术队伍建设】 2009年，省厅政治部任命全省公安消防、警卫部队高级专业技术干部7人，中级专业技术干部42人，确定消防中级专业技术资格3人；调整专业技术等级13人。4月下旬，调整浙江省公安厅消防、警卫中级专业技术资格评审委员会成员，完成2008年度消防专业中初级专业技术资格评审，有37人获得中级专业技术资格，24人获得初级专业技术资格。10月16～29日，省厅政治部派出联合考核组对全省公安消防警卫部队25名高级专业技术干部进行年度考评，其中8人被评为优秀、17人被评为称职。

【立功创模】 2009年，省公安厅指导全省公安消防、警卫部队及时培树、表彰和推广具有时代特征的先进典型，有效开展立功创模和表彰奖励工作。年内，经公安部党委批准，全省公安消防警卫部队共有1个单位被荣记集体二等功，1名高级专业技术干部被公安部荣记个人三等功，2名士官被表彰为公安现役部队优秀士官并记个人二等功。省公安厅为21个单位记集体三等功；1名士官个人一等功，2名警官个人二等功，47名警官个人三等功，2名警官嘉奖。8月2日，诸暨市公安消防大队战士王熙智在灭火救援中光荣牺牲，省公安厅为其追记个人一等功，追认为中共党员，公安部政治部批准其为烈士；9月，省人民政府追授其浙江省“人民卫士”荣誉称号。

【转业复员和离退休移交安置】 2009年，全省公安边防、消防、警卫部队共有计划分配转业干部157名。省厅政治部加强与有关部门和单位的沟通、协调，积极为转业干部二次就业牵线搭桥。7月，召开全省公安现役部队2009年度团职转业干部座谈会，邀请省市两级地方安置部门领导到会，在安置政策、就业形势、分配去向等方面开展宣传、引导和帮助工作。2009年全省转业复员干部档案移交率、接收安置率均达到100%。全省公安现役部队2009年春季转业士官162人（边防64人、消防96人、警卫2人）也全

图为召开2009年度团职转业干部座谈会（2009年8月21日）

部顺利安置。同时，省厅政治部认真做好全省公安现役部队离退休干部移交安置的指导、沟通和协调工作，年内共向地方民政部门移交了4名消防部队退休干部，为4名警卫部队退休干部审定了安置去向。

【部队院校招收士兵学员】 2009年3～5月，经文化预考、军事体能测试、心理素质测评、档案审查和文化统考，全省公安消防部队有61名考生、12名保送生和警卫部队2名考生被全国公安现役部队院校录取。

图为公安部政治部副主任兼人事训练局局长李春生亲切会见省厅现役办主任叶基品并合影

【接收普通高等学校毕业生】 2009年7月，经资格审查、笔试、面试、体格检查、心理素质测评和政治审查，全省公安消防、警卫部队接收2009年度普通高等学校毕业生135人（消防126人、警卫9人）。

【下基层当兵蹲点调研】 2009年9月，省厅现役办全体人员组成3个调研小组，深入消防部队基层单位开展为期一周的当兵锻炼，重点围绕支队级领导班子考核工作、地方大学生干部教育培养等课题进行蹲点调研，并形成《关于赴消防基层部队当兵锻炼和蹲点调研情况的报告》。王辉忠、凌秋来、华乃强等厅领导分别在该调研报告上作出批示，对省厅现役办带着课题蹲点调研的做法给予高度肯定。在此基础上形成的《构建体现科学发展观要求的地方大学生干部培养机制的思考》一文被收录于《2009年全省公安政工调研文章选编》一书。

【开展业务知识培训】 2009年2月23～24日，省厅政治部借配合公安部政治部在杭州举办全国公安现役干部工作业务知识培训班的机会，举办浙江省公安现役干部工作业务知识培训班，指导部队进一步做好院校招生和接收普通高等学校毕业生工作，全省公安边防、消防、警卫部队30名政工干部参加培训。

【省厅现役办被表彰为全国军队转业干部安置工作先进单位】 2009年6月2日，第五次全国军转表彰大会暨2009年军转安置工作会议在北京人民大会堂举行。省厅现役办作为全国公安现役部队两家单位之一，被党中央、国务院评为全国军队转业干部安置工作先进单位。省厅现役办主任叶基品参加表彰大会，受到胡锦涛、温家宝、李长春、习近平、李克强等党和国家领导人的亲切会见并合影留念。

【省厅现役办被表彰为公安现役部队先进干部部门】 2009年4月3日，公安部政治部印发《关于表彰公安现役部队先进干部部门和优秀干部工作者的决定》，省公安厅现役办被表彰为“公安现役部队先进干部部门”，省厅政治部现役干部转业移交工作办公室主任费根荣被表彰为“公安现役部队优秀干部工作者”。

【消防部队增加现役编制】 2009年11月，根据中央编办《关于为公安消防部队增加现役编制的通知》（中央编办发〔2009〕11号），浙江省公安消防部队增加现役编制570名，全部用于加强一线执勤警力和补充各地新建消防站警力，以及一些经济欠发达、防火灭火任务较重地方的消防力量。

离退休干部工作

【概述】 2009年，省公安厅离退休干部处围绕公安中心工作，以服务为先、和谐稳定大局为要务，结合各项重大庆典活动，统筹谋划；精心组织，连续奋战，圆满完成各项工作任务。

【加强离退休党支部建设】 2009年，省厅离退休干部处指导做好离休干部党支部和退休第三、六党支部换届选举工作，其中，离休干部党支部试行直接选举。同时，坚持离退休党支部“三会一课”制度建设。离休支部、退休一支部邀请浙江警察学院教授和厅机关有关业务处室领导给离退休干部上党课；退休三支部通过自我教育的形式，规定每年两至三次由支部成员结合实际上党课；其他退休支部采取请进来和走出去相结合的办法，每年不少于一次党课教育。

【组织春节走访慰问活动】 2009年1月15日，厅党委副书记、副厅长张景华主持召开厅机关部分老干部迎新春座谈会，老干部们对一年来全省公安工作取得的成绩表示满意，并感谢厅党委对老干部的关怀和照顾。春节前夕，厅党委委员、政治部主任华乃强代表厅党委看望、慰问住院和行动不便的老领导；厅机关各单位也分别召开老同志迎新春茶话会，组织人员到医院或上门慰问住院和行动不便的老同志，体现厅党委对老同志的亲切关怀。

【坚持老干部情况通报会制度】 2009年，省公安厅机关共举行2次老干部情况通报会。厅党委委员、政治部主任华乃强代表厅党委分别于1月15日和7月17日，向厅机关全体老干部通报全省公安工作的主要情况、公安队伍的建设和厅老干部工作情况。年内，多次组织副厅以上老干部参加省委老干部局组织的通报会、报告会，听取省委、省政府领导传达的重要会议精神。

【征集领导干部个人留存的公安史料工作】 2009年，省厅离退休干部处会同厅史志办公室，对建国以来曾担任过省厅副厅长以上职务的15位老领导进行上门采访征集公安史料，共采访和征集到曾担任过副处长以上干部18篇史料。

【开展走访慰问老干部、老工人、老党员活动】 2009年9月11日，根据省委组织部、省委老干部局、省人力资源和社会保障厅《关于转发中组部、人力资源和社会保障部〈关于在中华人民共和国成立60周年之际开展走访慰问老干部、老工人、老党员活动的通知〉的通知》和《中共浙江省委办公厅、浙江省人民政府办公厅关于向全省离休干部颁发“庆祝中华人民共和国成立60周年纪念章”的通知》精神，省公安厅机关召开庆祝建国60周年老干部、青年民警座谈会。厅机关离退休干部代表和青年民警代表60余人参加座谈会。会上，厅党委委员、政治部主任华乃强为新中国成立以前参加革命工作的老干部颁发庆祝中华人民共和国成立60周年纪念章和慰问金。10月1日前，厅党委及各级领导对厅机关287名离退休干部普遍进行慰问，同时发放了慰问金，并代表省委老干部局为离休干部和建国前参加革命的老工人、老党员授予“新中国成立60周年纪念章”。

图为厅党委副书记、副厅长张景华在老干部迎春座谈会上代表公安厅党委向老干部们征求意见

【服务管理对象】 2009年，省公安厅机关新增退休干部9人，离退休干部去世12人。至年底，厅机关共有离退休干部287人，其中离休41人、退休246人，男215人、女69人，党员250人，非党员25人，异地安置3人，代管人员3人；公安部咨询委员1人、公安厅咨询委员2人；代管原浙江消防器材厂离休人员12人，列管率100%。

【组织庆祝省第22个老人节活动】 2009年9月23日，省厅组织老同志参观杭州钱江新城，厅机关老同志和各处、室、总队政委、协理员、政工干事300余人在钱江新城城市阳台“江澜楼阁”座谈交流。厅党委委员、政治部主任华乃强到场祝贺老同志们节日快乐。

【为老干部办实事、解难事】 2009年7月，省厅离退休干部处按照省委老干部局《关于为部分生活自理困难的离休干部安装援通呼叫提供居家养老服务的通知》精神，为厅机关独居的离休干部张祥福、王诗桐、邵明阁、黎彬办理“援通呼叫”服务，安装援通呼叫器，提供居家养老服务。9月，根据省委组织部《关于提高部分离休干部医疗待遇的通知》精神，为7位在1937年7月7日至1945年9月2日期间参加革命工作的厅机关离休干部申报、办理享受副司局级医疗待遇。年内，组织安排5批23名离休干部前往望江山疗养院疗养，组织22名副厅级以上老领导体检，使老干部有病早发现、早治疗。同时，为老同志解决困难，化解家庭矛盾、邻里矛盾10多件。

【慰问异地安置的老同志】 2009年10～11月，省厅两次组织人员前往辽宁大连、山东泰安、安徽天长看望慰问异地安置的离休干部，为他们颁发“庆祝中华人民共和国成立60周年纪念章”。并组织人员前往上海及省内金华、富阳等地看望慰问在外地老同志。

【咨询委联络服务工作】 2009年，省厅离退休干部处积极为公安厅和公安部的咨询委员提供服务。先后对在杭州、绍兴、台州的公安厅咨询委员进行上门慰问；11月4～10日，全力协助有关单位做好原国务委员、公安部部长王芳逝世的善后事宜。

【加强为老干部服务调研工作】 2009年，根据省委老干部局的要求，省厅离退休干部处对厅机关离退休干部党支部工作进行调研，撰写的《加强老干部思想政治工作充分发挥离退休党支部战斗堡垒作用》的调研报告，在“全省离退休干部党支部建设暨思想政治建设经验交流会”上作经验介绍。9月22日，在全省老年大会上，省厅离休干部党支部被省委组织部、省委老干部局评为全省先进离退休干部党支部。10月6～10日，离退休干部处陪同公安部离退休干部局调研组到绍兴、温州市公安局和诸暨市公安局枫桥派出所就落实离退休干部的政治、生活待遇，发挥离退休干部作用以及丰富离退休干部的精神文化生活等情况进行调研，听取厅离退休干部处和绍兴、温州市公安局老干部工作汇报后，调研组对浙江公安机关老干部工作表示满意。

【召开厅老干部体育协会工作会议】 2009年3月18日，省公安厅老干部体育协会召开工作会议，会议总结2008年公安厅老体协在开展老年体育活动方面所取得的成果，研究制定2009年公安厅老体协工作计划。厅各有关部门及各直属单位的领导和老体协成员参加会议。

【组织庆祝新中国成立60周年活动】 2009年，省厅离退休干部处组织举办《“祖国颂”——公安厅老干部书画摄影展》活动。有34名老同志精心制作128件书画及摄影艺术作品来讴歌伟大祖国60年来取得的光辉业绩，同时参加厅直机关书画摄影作品比赛。老领导夏仲烈、斯大孝的书法作品获特别奖，李健松、陈孟庸的书法作品获优秀奖；莫炳耀的绘画《伟人像》获二等奖、沈炳炎的《峡谷溪滩》获三等奖；万国泉的《西湖变迁》被选送参加省直机关摄影展。组织100名老干部组成合唱团参加浙江省老干部庆祝新中国成立60周年大会暨文艺演唱会和厅直机关庆祝建国60周年文艺演出。这次活动被大会组委会评为“优秀组织奖”和演出特等奖。

图为老同志参加厅机关庆祝建国60周年文艺演出（2009年9月23日）

【加强老年体育文化技能培训】 2009年，省厅离退休干部处聘请一些富有经验的老师和教练，对厅老年文体兴趣小组成员进行技能培训，并组织兴趣小组参加省老体协举办的桥牌、地掷球、唱歌等文体培训，有100多位老同志得到专业培训。

【积极争取参加全国老年健身大会】 按照2009年省老体协的工作计划，围绕参加全国第一届老年健身大会总规程要求，省厅离退休干部处组织开展厅机关老同志乒乓球、门球、太极拳等活动。在全省的选拔赛中，陈贤娟成为浙江省参加全国乒乓球比赛4名女同志人选之一，在全国比赛中荣获小组个人比赛银牌。

【开展“快乐走西湖”活动】 2009年5月9日，省厅离退休干部处成功组织厅机关和警察学院160多名老同志参加由深圳发展银行杭州分行、浙江省人才开发促进会主办，浙江大学老体协、浙江省老体协、浙江省公安老体协友情支持的“快乐走西湖，快步走出健康路”活动。通过宣传和组织带动，让健步走成为全体老同志生活的一部分，使他们真正享受运动带来的健康和快乐。

【组织参加省老体协及省直单位各项比赛】 2009年，省厅离退休干部处组织老同志参加省老体协等举办的各项比赛活动。7月，受省老体协委托，主办省直行业老年桥牌比赛，来自省直行业8个单位的40多名运动员参加了比赛。组队参加全省老年乒乓球、门球的选拔比赛。组织30多名老同志参加省有关部门举办的老年门球、乒乓球、桥牌、钓鱼、射击等8个项目活动。组织台州市公安局和厅机关老同志们乒乓球友谊赛。同时，鼓励老同志经常性地参加太极拳(剑)等老年体育活动。

【组织开展老年健康旅游】 2009年，省厅离退休干部处分两次组织厅机关离休支部老同志50多人次赴丽水、台州地区参观考察。有近200名老同志参加云南、安徽、武夷山、富阳等有氧旅游活动。退休各支部也在本支部和所在单位的安排下，开展丰富多彩、形式多样的参观学习活动。

浙江警察学院

【概述】 2009年浙江警察学院以庆祝学校建校60周年为契机，深入学习实践科学发展观，以建设合格公安本科院校为目标，不断提升教学、科研和服务公安工作水平，取得了显著的成绩。其中，学院《计算机辅助侦查》被评为公安部精品课程，《法医学》被评为省级精品课程；4部本科教材被列为省级重点教材建设项目，5项教改项目被确立为2009年省新世纪高等教育教学改革项目；1名教师被评为全国三八红旗手，2名教师分别被评为省级教学名师和省级教坛新秀，4名教师被列入省青年教师资助对象。当年，共有在校生3623人，教职工387人，其中副高级职称以上106名(正高级职称22名)。

【王辉忠视察临安新校区建设工作】 2009年3月4日，省委常委、政法委书记、公安厅厅长王辉忠在厅党委委员、办公室主任石小忠，浙江警察学院党委书记王和，院长傅国良等陪同下，实地察看浙江警察学院临安新校区地块，并对新校区建设提出要求。

【列入公务员法管理】 2009年3月，省人事厅批准浙江警察学院列入公务员法管理。转制后，学院即制定部门岗位职责和职位说明书，完成专业技术职务改任、工资套改等工作，并研究修订学院各项管理规章。

图为王辉忠厅长视察浙江警察学院临安新校区建设工作

【举行建校60周年庆祝大会】 2009年11月18日，浙江警察学院隆重举行建校60周年庆祝大会。省委书记、省人大常委会主任赵洪祝和公安部政治部分别发来贺信、贺电，厅领导王辉忠、张景华、华乃强、石小忠，美国山姆·休斯敦大学刑事司法学院院长文森特·韦伯参加庆祝大会。校庆期间，学院通过举办建校60周年教学科研成果展、西藏班建班20周年交流会、校友座谈会等系列活动，回顾办学历程、总结办学经验、展示办学成就、传承优良传统、凝聚师生人心，进一步推动学院的建设和发展。

图为浙江警察学院建校60周年庆祝大会现场

【开展深入学习实践科学发展观活动】 2009年，浙江警察学院以“改革创新谋发展、注重质量育人才、服务公安上水平”为主题，开展深入学习实践科学发展观活动。其间，学院领导牵头8个调研课题，完成42篇调研报告；举办“学习实践科学发展观暨党支部书记培训班”和暑期“中层干部读书会”。

【加强反腐倡廉工作】 2009年，浙江警察学院依据《惩治和预防腐败体系2008～2012年工作细则》，制定与之相配套的《惩治和预防腐败体系制度建设规划》；与各部门签订《反腐倡廉建设责任书》，开展党风廉政建设责任制落实情况的检查考核；根据不同对象实行分类教育，创新了教育模式和载体。加强对学生、学员的廉洁从警教育，做到廉政文化进课堂、进培训，全年共安排廉政教育讲座67次。

【完成滨江校区扩建工程】 浙江警察学院新综合大楼于2009年7月底正式建成并投入使用。同时投资2000余万元，完成教室、学生宿舍、田径场、模拟战术街区等20多项专项工程新建、改建、扩建任务。

【临安校区建设工作有序推进】 2009年9月底，省发改委批准浙江警察学院临安校区《项目建议书》，并同意学院临安新校区建设工程打破常规，提前开展方案设计工作。

【开展甲型H1N1流感防控工作】 2009年5月22日，浙江警察学院成立甲型H1N1流感防控工作领导小组，并印发《关于进一步做好甲型H1N1流感防控工作的通知》，细化甲型H1N1流感防控的各项工作。9月6日发现2例确诊病例后，立即在滨江疾控中心的指导下采取严格的防控措施，专设隔离区，停止各类聚集性活动，严格执行体温检测报告制度，加强门卫管理，以防止疫情进一步扩大，保障师生的身体健康和生命安全，维护校园稳定。

【“国际警务合作人才培养模式创新实验区”被确定为国家级人才培养模式创新实验区】 2009年11月2日，浙江警察学院“国际警务合作人才培养模式创新实验区”被教育部确定为国家级人才培养模式创新实验区。

【推进招录培养体制改革工作】 2009年，浙江警察学院按照中央政法委和公安部的统一部署，面向全省招收招录培养体制改革试点专业学生458名，其中应届高校毕业生408名、退役士兵50名。教学中，学院对课程设置、教学手段、教学资源进行全面调整和大胆创新，实施模块化教学，加大实验实训力度，开展案例教学与情景模拟教学，努力实现“教、学、练、战”一体化。

【招收普通学历教育本科专业新生500名】 2009年，浙江警察学院招收普通学历教育本科专业新生500名，新生情况见表：

单位:人次

项目			总人数	比例(%)
			500	
性别	男		425	85.0
	女		75	15.0
科类	理科	总计	399	79.8
		男生	341	85.5
		女生	58	14.5
	文科	总计	101	20.2
		男生	84	83.2
		女生	17	16.8
党团员	党员(含预备党员)		5	1.0
	团员		483	96.6
重点线人数	文科		9	8.2
	理科		107	26.8
民族	汉族		495	
	回族		1	
	壮族		1	
	畲族		3	

【校际合作人才培养新模式正式实施】 2009年,浙江警察学院首批“国际警务合作人才培养模式创新实验区”的16名学生和首批国内校际合作培养的40名学生于8月19日、29日正式启程,分赴美国山姆·休斯敦大学刑事司法学院和中国刑警学院开展为期一年的学习。

【与杭州市公安局签订共同培养2009级试点专业学生协议】 2009年,为探索公安部在招录培养体制改革中要求的“公安机关和公安院校共同培养”的新机制,浙江警察学院采用“用人单位提前介入、全方位参与人才培养”的方式,对2009级招录培养体制改革试点专业杭州籍学生开展合作培养工作。12月28日,学院与杭州市公安局签订“共同培养公安民警招录培养体制改革试点专业人才协议书”,42名杭州籍学生建立“校局合作09杭州试点班”,在本校完成入学教育后,即到杭州市公安局教学点接受公安专业学习训练,培养时间为一年半。

【开办“公安文秘·传播”方向班】 2009年下半年,浙江警察学院在2009级本科生中挑选32名优秀学生,开设“公安文秘·传播”方向班。该班采取“1+1+1+1”培养和教学模式,即学生第一学年在校学习公安通识课程,第二学年到其他普通高校学习新闻传播方面的相关课程,第三学年回校学习公安业务、法律法规与文秘方面的专业课程,第四年赴各地公安机关实习,旨在为公安基层培养具有从事公安文秘、传播工作所需的专业知识和工作技能的复合型、应用型专门人才。

【教改项目获一等奖】 2009年9月22日,浙江警察学院院长傅国良主持的《创建校局合作新模式——为公安工作和队伍建设提供智力支持和人才保障》教改项目获第六届浙江省高等教育教学成果一等奖。

【组织学生参加社会实践】 2009年6月18日,浙江警察学院在杭州市公安局西湖分局建立首个学生社会实践基地，首创学生派出所所长助理工作，首批学生派出所所长助理暑期参加了为期 40 天的社会实践。全年学生参加志愿服务共计 4000 余人次，有 8000 余人次参加杭州西湖博览会国际烟花节等大型活动的安保执勤。

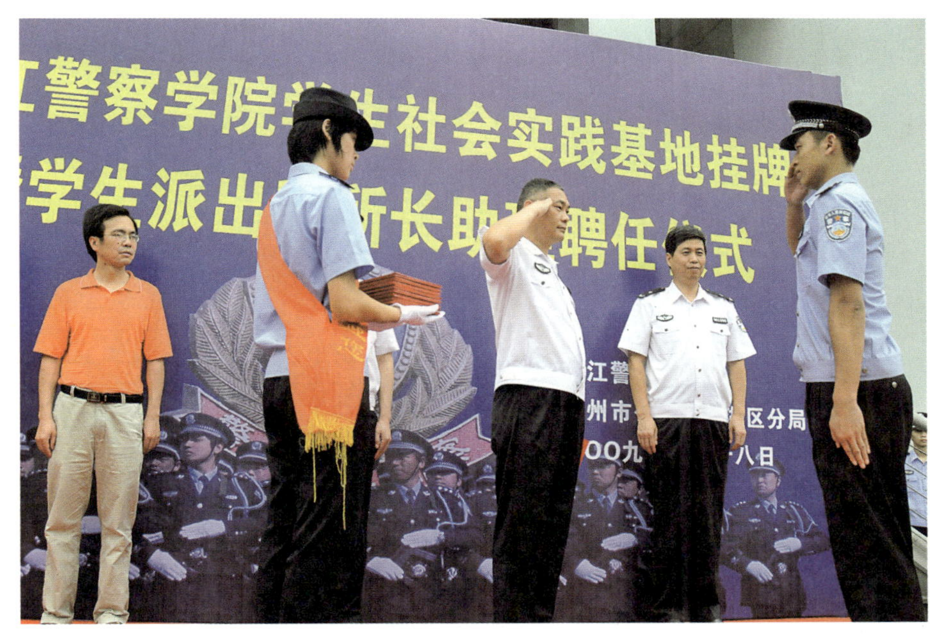

图为举行首个学生社会实践基地挂牌暨学生派出所所长助理聘任仪式

【成立社科联合会】 2009 年 11 月 27 日，浙江警察学院召开首届科技工作会议暨社科联合会成立大会。省社科联党组书记陈荣等领导参加会议。会议选举产生学院首届社科联成员，院长傅国良在会上作《以学科建设为主导，以警

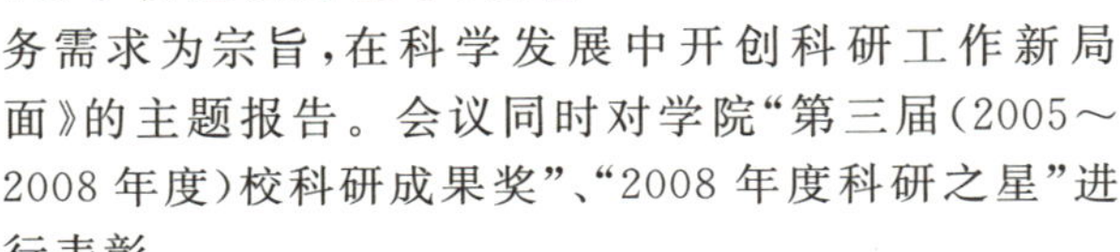

务需求为宗旨，在科学发展中开创科研工作新局面》的主题报告。会议同时对学院“第三届(2005～2008 年度)校科研成果奖”、“2008 年度科研之星”进行表彰。

【浙江省刑事犯罪学学会、浙江省青少年犯罪研究会移交学院管理】 根据省公安厅决定，从 2009 年起将浙江省刑事犯罪学学会、浙江省青少年犯罪研究会移交浙江警察学院管理。8 月 17 日下午，浙江省刑事犯罪学学会、浙江省青少年犯罪研究会第四届会员代表大会暨“浙学论坛”在学院召开。大会选举产生新一届领导成员，举办了以“刑事侦查与信息的深度应用”、“预防青少年犯罪与构建和谐社会”为主题的“浙学论坛”，并对部分优秀论文进行了颁奖。浙江警察学院党委书记王和当选浙江省青少年犯罪研究会会长。

【举办第九届学术活动月活动】 2009 年 11 月 1～30 日，浙江警察学院举办了第九届学术活动月活动。其间，开设第 39 期“浙江公安论坛”暨第九届学术活动月学术报告会，邀请最高人民检察院研究室主任陈国庆作《司法改革与刑事侦查制度的发展与规制》专题讲座；举办省高校学报高端论坛，共商“网络环境下学报的发展战略”；召开 2009 年学生科技创新表彰会暨第四届学生学术沙龙，对 2009 年公安部科技创新成果奖及学院学生科技创新伯乐奖、英才奖、科技创新奖的获得者进行了表彰。

【教师全年发表学术论文 205 篇】 2009 年，学院教师共发表学术论文 205 篇，其中核心期刊 28 篇，一级以上期刊 13 篇(包括被 SCI 等国际权威期刊收录 10 篇)；出版专著、编著、教材 25 部；获得厅级以上课题立项 22 个(附表)，国家专利 19 项。

2009 年浙江警察学院获省(部)级科研项目立项一览

序号	级别	项 目 名 称	项目负责人
1	省级	互联网信息传播及其法律治理——以涉警舆情信息为视角	徐 林
2	部级	基于视频的火灾监控系统关键技术研究	吴洪森
3	部级	视频色情信息取证平台研究	张其前
4	部级	新时期中国警察核心价值观研究	龚正荣
5	部级	警察职业导向的信息化应用教育培训体系研究	周国民

2009年浙江警察学院获厅级科研项目立项一览

序号	项目名称	项目负责人
1	新媒体时代的涉警网络舆情危机处置	徐海晋
2	高灵敏度声控高速抓拍装置的研制	翁南洲
3	警务领域公民个人信息保护问题研究	王金鑫
4	社会文化语境中涉警舆情的语言诱因研究	叶　宁
5	手枪射击距离与射击残留物分布密度的相关性研究	郁军海
6	保安业开放后政府监管问题研究	胡永正
7	警察干预家庭暴力模式研究	展万程
8	对教育中“身份背离”现象的社会文化学考察	陈　卓
9	警察行政协助的理论与实践	余湘青
10	能力培养导向的“警务心理”教学体系构建研究	杨持光
11	基于涉外警务执法实践的英语应用能力培养研究	朱　宏
12	在本科刑法教学中如何以案例教学培养学生的刑法思维方法	叶伟民
13	警察职能导向的《网络监察管理》课程教学内容体系构建研究	靳慧云
14	国际警务执法合作人才“2＋1＋1”创新培养模式研究	金　诚
15	基层民警信息化作战技能培养等级化分类训练考核体系研究	丁伟杰
16	实验教学质量评价体系的研究与实践——以公安院校治安专业实验实训教学质量评价体系为例	乔　建
17	传统武术文化与武侠影视作品的共生关系研究	郑建福

【学生科技创新再创佳绩】 2009年，浙江警察学院学生获第四届公安院校学生科技创新应用成果奖一等奖1项、二等奖6项；省科技厅新苗人才计划项目立项8项、省教育厅大学生科技创新项目立项10项；在省第十一届“挑战杯”大学生课外学术科技作品竞赛中，获1个二等奖、2个三等奖，学院获最佳进步奖。

【举办各类培训班97期】 2009年，浙江警察学院共举办各类培训班97期，培训学员7227人次，重点办好全省公安机关领导干部轮训班并组织开展了特警、网警、技侦岗位练兵和业务比武活动。

2009年浙江警察学院举办的各类训练班一览

序号	培训班名称	培训时间	人数
1	2008年全省公安机关军转干部初任训练班(四期)	2008年12月21日～2009年5月22日	423
2	海宁市公安局中层干部轮训班(两期)	2009年2月22日～3月7日	44
3	第十七期安邦护卫人员岗前培训班	2009年2月23日～3月19日	207
4	2009年度高总科级领导干部培训班(三期)	2009年3月2～20日	150

续表

序号	培训班名称	培训时间	人数
5	2009年度高总第四期科级领导干部培训班暨第十四期“战训合一、轮训轮值”训练班	2009年3月23日～4月11日	45
6	第十八期安邦护卫人员岗前培训班	2009年3月23日～4月18日	118
7	第一期全省公安机关领导干部“学习实践科学发展观、推进落实重点公安工作”培训班	2009年3月27～31日	76
8	全国国保(反邪教)政委培训班	2009年3月30日～4月3日	56
9	技侦培训班	2009年4月1～30日	44
10	全省交警系统领导干部和业务骨干规范执法培训班	2009年4月7～9日	98
11	全省公安机关领导干部“学习实践科学发展观、推进落实重点公安工作”培训班(第二期至第五期)	2009年4月7～29日	296
12	2009年全省治安办案指挥员培训班	2009年4月12～17日	101
13	2009年度高总第五期科级领导干部培训班暨第十五期“战训合一、轮训轮值”训练班	2009年4月13～30日	47
14	诸暨市政法综治维稳干部研修班	2009年4月27～29日	66
15	第十九期浙江省保安押运人员岗前培训班	2009年5月11日～6月5日	149
16	第二期全省公安机关维权干部培训班	2009年5月11～15日	62
17	绍兴市公安系统第五期领导干部轮训班	2009年5月11～15日	48
18	2009年高总第一期交通事故处理民警资格证书暨第十六期“战训合一、轮值轮训”训练班	2009年5月11～27日	48
19	2009年第一期机场公安局轮训班	2009年5月12～15日	37
20	2009年度全省公安国保业务专题培训班	2009年5月18～22日	79
21	2009年第二期机场公安局轮训班	2009年5月19～22日	40
22	浙江省食品药品监督管理系统第五期药品稽查人员培训班	2009年5月20～27日	87
23	县级网侦民警技术手段使用资格培训班	2009年5月24～27日	77
24	全省公安网侦业务教员培训班	2009年5月31日～6月5日	100
25	2009年高总第二期交通事故处理民警中级资格证书训练班	2009年5月31日～6月6日	49
26	全省公安监管系统医务教员培训班	2009年5月31日～6月5日	95
27	2009年度新任边防派出所所长(教导员)暨海警执法办案人员业务培训班	2009年6月1～10日	43
28	萧山区公安分局中层干部培训班(第一期、第二期)	2009年6月1～6日	157
29	全省公安监管系统管教教员培训班	2009年6月7～13日	104
30	高速公路交警总队第十七期“战训合一、轮值轮训”训练班	2009年6月8～26日	41

续表

序号	培训班名称	培训时间	人数
31	全省公安指挥中心系统指挥长培训班	2009年6月9～18日	114
32	第二十期浙江省保安押运人员岗前培训班	2009年6月11日～7月3日	64
33	全省公安纪检监察业务骨干培训班	2009年6月15～21日	72
34	2009年诸暨市公安局交警大队集训班(第一期至第三期)	2009年6月15日～7月5日	105
35	全省网络管理、运行管理、信息与网络安全管理暨综合应用平台培训班	2009年6月15～24日	67
36	绍兴市公安系统第八期领导干部轮训班	2009年6月22～26日	34
37	全省安全生产监管系统监察支(大)队长业务提高培训班	2009年6月22～26日	99
38	全省户政业务培训班	2009年6月28日～7月4日	114
39	西湖区公安分局中层干部轮训班(第一期、第二期)	2009年6月29日～7月10日	76
40	第三期萧山区公安分局中层干部培训班	2009年6月29日～7月1日	80
41	高速公路交警总队第十八期"战训合一、轮值轮训"训练班	2009年6月29日～7月15日	39
42	全省公安国保情报信息工作培训班	2009年6月30日～7月3日	65
43	2009届国内安全保卫方向班	2009年7月5～17日	43
44	全省公安后勤处科长培训班	2009年7月5～10日	62
45	全省公安经侦系统业务培训班	2009年7月6～16日	104
46	全省金融机构安全保卫业务培训班	2009年7月8～10日	152
47	2009年滨江分局集中培训班(第一期至第三期)	2009年7月20日～8月7日	114
48	全省公安法制业务骨干法律素质提高班	2009年8月23～29日	123
49	高速公路交警总队第十九期"战训合一、轮值轮训"训练班	2009年8月24日～9月11日	38
50	全省公安机关新闻舆论引导工作培训班	2009年8月27日～30日	151
51	全省缉毒侦查业务培训班	2009年8月31日～9月6日	81
52	绍兴县公安局信息化应用培训班	2009年8月30～31日	104
53	第二十一期浙江省保安押运人员岗前培训班	2009年8月31日～9月24日	45
54	浙江省食品药品监督管理系统第六期药品稽查人员培训班	2009年9月14～21日	103
55	高速公路交警总队第二十期"战训合一、轮值轮训"训练班	2009年9月14～30日	30
56	2009年互联网技术侦察培训班	2009年9月15～16日	37
57	第十期全省公安机关督察队长培训班	2009年9月21～25日	60
58	视频图像处理技术培训班	2009年9月21～25日	94

续表

序号	培训班名称	培训时间	人数
59	第二十二期浙江省保安押运人员岗前培训班	2009年10月10日～11月5日	169
60	全国公安技侦三项手段一级侦察员考核	2009年10月12～24日	58
61	法医专业培训班	2009年10月13～16日	104
62	指纹专业培训班	2009年10月18～21日	59
63	重案侦查骨干培训班	2009年10月18～23日	94
64	2009年交通事故处理民警中级资格培训班(第一期、第二期)	2009年10月25日～11月7日	163
65	信息专业培训班	2009年10月25～30日	51
66	海曙区政法领导干部研修班	2009年10月26～28日	25
67	全省公安机关刑侦技术规范执法培训班	2009年10月26～30日	141
68	2009年宁波市公安局江东分局中层干部轮训班(第一期至第三期)	2009年11月1～15日	83
69	全省危险物品治安管理业务培训班	2009年11月8～13日	114
70	高速公路交警总队政工领导干部培训班	2009年11月9～12日	77
71	第二十三期浙江省保安押运人员岗前训练班	2009年11月15日～12月11日	43
72	全省公安审计业务培训班	2009年11月16～20日	108
73	第十三期全国公安机关警务技能战术教官训练班	2009年11月22日～12月3日	94
74	全省公安出入境管理业务培训班	2009年11月23～27日	81
75	全省公安新闻宣传干部培训班	2009年11月24～27日	99
76	全国公安机关第一期视频侦查培训班	2009年12月4～9日	148
77	全省公安技侦三项手段培训班	2009年12月7～10日	38
78	2009年全省公安机关军转干部初任训练班	2009年12月23日～2010年4月10日	144
合计			7227

【公安部警务实战训练浙江基地挂牌】 2009年11月23日，公安部在浙江警察学院建立警务实战训练浙江基地。公安部人事训练局副局长樊京玉，省公安厅党委委员、政治部主任华乃强，浙江警察学院党委书记王和，副院长翁文等领导出席挂牌仪式。授牌后，学院举办了浙江基地的第一期培训班——第十三期全国公安机关警务技能战术教官训练班。

【召开首届警察训练工作理论研讨会】 2009年11月10日，浙江警察学院召开首届警察训练工作理论研讨会。学院院长傅国良，省厅教育训练处、各业务总队分管领导，全省各市警察训练学校校长及学院全体中层干部和教师参加研讨会。会议由学院副院长翁文主持，6名同志进行论文交流发言，傅国良院长发表讲话。

【举办全省警察训练学院校长联谊会】 2009年11月10日上午，全省警察训练学校校长联谊会在浙江警察学院举行，学院院长傅国良、副院长翁文及各市警察训练学校校长出席会议。傅国良代表学院致欢迎词，全省各市警察训练学校校长互相进行交流，并签署了《民警训练协作共识》。

【“浙江公安论坛”举办6期专家讲座】 2009年，浙江警察学院共举办6期“浙江公安论坛”，邀请全国人大法工委刑法室副主任黄太云、公安部物证鉴定中心副主任王桂强等专家学者来校讲学，专题涵盖法学、警察学的难点、热点和前沿问题，并以电视电话的形式向全省公安民警直播。

图为浙江警察学院与长兴县公安局签订校局合作协议(2009年8月20日)

【学院系部和省公安厅业务部门开展教学与实战共同体建设】 为充分发挥学院各系部与省厅机关各部门在公安理论研究、专业人才培养和业务建设等方面的优势，实现资源共享、共同提高，2009年8月31日，浙江警察学院各系部与省厅机关相关业务部门签订合作协议，双方搭建起合作交流平台，共同开展专业课程、师资培养、科学研究等工作。

【新建海宁、长兴两个校局合作单位】 2009年，浙江警察学院新增海宁、长兴两个紧密型校局合作单位。6月23日、8月20日，学院分别在海宁、长兴与海宁市公安局、长兴县公安局举行校局合作签约仪式，并授予两局“教学基地”铜牌。学院现有7个校局合作单位，2009年分别为江东、萧山、海宁和诸暨市公安(分)局举办8期中层干部培训班和3期交警业务培训班，培训学员500余人次。

【顺利完成援外培训任务】 2009年6月，浙江警察学院在商务部全国援外培训工作会议和公安部外警培训工作座谈会上作典型经验介绍。全年学院共承办巴勒斯坦主席府卫队官兵培训班、亚非国家出入境管理研修班、非洲国家中高级警官研修班、东盟执法官员研修班、塔吉克斯坦国家安全委员会出入境管理培训班、乌兹别克斯坦反恐培训班、东盟与中日韩执法人力资源开发研讨会7期援外培训任务，共培训38个国家的147名官员。

2009年浙江警察学院举办的援外培训班一览

序号	培训班名称	培训时间	人数
1	巴勒斯坦主席府卫队官兵培训班	3月2日～6月1日	25
2	非洲国家中高级警官研修班	6月8～28日	36
3	亚非国家出入境管理研修班	9月7～27日	24
4	中国与东盟高级执法官员研修班	10月18～30日	20
5	塔吉克斯坦国家安全委员会出入境管理培训班	11月15～29日	14
6	乌兹别克斯坦反恐培训班	12月8～22日	10
7	东盟与中日韩执法人力资源开发研讨会	12月14～18日	18

【学院被列为公安部引进外国专家项目执行单位】 2009年9月，浙江警察学院被正式列为公安部引进外国专家项目执行单位。全年共邀请国(境)外专家来校讲学交流17批次，计28人次。学院名誉教授、美国山姆·休斯敦大学刑事司法学院院长文森特·韦伯获“浙江省2009年度西湖友谊奖”。

2009年浙江警察学院邀请国(境)外专家学者讲学交流情况一览

序号	时间	姓名、单位、职务	讲学主题
1	1月14～17日	韩国东国大学教授、行政学会副会长崔应烈	韩国打击国际犯罪的现状与未来发展战略
2	2月15～28日	美国山姆·休斯敦大学刑事司法学院副教授威拉德·奥利弗	美国刑事司法概论
3	2月25日	澳大利亚卧龙岗大学副校长、教授乔·芝加罗等	预防犯罪、青少年犯罪、有组织犯罪
4	3月16～27日	美国山姆·休斯敦大学刑事司法学院副教授比尔·威尔士	美国警察体制
5	3月16～22日	香港警务专家李扬志	枪械管理
6	4月6～17日	美国山姆·休斯敦大学刑事司法学院教授飞利浦·莱恩斯	美国警务实践
7	4月26～30日 11月15～19日	美国山姆·休斯敦大学刑事司法学院院长、刑事司法中心主任文森特·韦伯	青少年犯罪、国际执法合作
8	5月12日	澳门司法警察局局长黄少泽	澳门地区警察训练体制
9	5月18～19日	美籍华人侦探家、美国纽海文大学终身教授李昌钰	分享人生经历——世界名案探讨
10	5月30～31日	台湾警务专家刘勤章、教授马心韵	台湾地区警察人员教育训练制度行政法制与日常生活
11	7月2～5日	美国特拉华大学社会及刑事司法学系副教授孙懿贤	社会及刑事司法学
12	7月21～23日	西澳警察厅副厅长盖瑞·爵伯格斯等	警察训练体制、警察人力资源培训、大型活动的安保等
13	9月12～27日	美国山姆·休斯敦大学刑事司法学院教授米切尔·罗斯	犯罪学及犯罪学控制
14	10月9～31日	美国山姆·休斯敦大学刑事司法学院教授杰格·格博	白领犯罪
15	10月18～20日	荷兰行政法专家、荷兰乌特勒兹大学法学院教授汤姆·沃特	警察行政自由裁量与司法审查
16	11月21日～ 12月6日	美国山姆·休斯敦大学刑事司法学院副教授史蒂文·酷烈尔	犯罪学及社会策略
17	11月15～19日	澳大利亚联邦警察内部审计与绩效分析处处长路克·爱德华·莫里斯	澳大利亚联邦警察执法绩效分析
		加拿大皇家骑警组织战略管理与政策企划处处长、总警司罗纳德·格伦·莫斯特雷	加拿大皇家骑警和平衡积分法——以战略和成果为重点
		德国联邦警察学校质量管理/监督专业主任斯蒂凡·沃夫	执法规范化
		英国皇家警务稽查署严重有组织犯罪总局稽查处处长詹姆斯·博文·托马斯	英国警务规范
		前美国执法机关认证委员会,国际警长协会犯罪预防委员会主任威廉·德万尼·米勒	美国执法机关认证委员会项目和流程概览
		美国山姆·休斯敦大学刑事司法学院院长、刑事司法中心主任文森特·韦伯	国际执法合作

（**责任编辑** 周建英 蒋金生）

市、县(市、区)公安

杭州公安

【市况简介】 杭州市地处东南沿海的长江三角洲南翼、杭州湾西端、钱塘江下游、京杭大运河南端，是长江三角洲重要中心城市和中国东南部交通枢纽。杭州为浙江省省会，全国15个副省级城市之一，是中国的七大古都之一，被国家列为全国历史文化名城和重点风景旅游城市。2009年，杭州市辖上城、下城、江干、拱墅、西湖、高新(滨江)、萧山、余杭8个区，桐庐、淳安2个县，富阳、临安、建德3个县级市。全市土地面积16596平方千米，其中市区3068平方千米。全市总户数2152774户，比上年增加15396户，总人口6833754人，比上年增加57310人；市区总户数1269197户，比上年增加13629户，总人口4294353人，比上年增加51332人。全市实现生产总值5098.66亿元，比上年增长10.0%，人均生产总值(按户籍人口计算)74924元，比上年增长9.1%；财政总收入1019.43亿元，比上年增长12.0%；全社会固定资产投资2291.65亿元，比上年增长15.7%；市区居民人均可支配收入26864元，比上年增长11.5%；农村居民人均纯收入11822元，比上年增长10.6%。

图为省公安厅副厅长、杭州市委常委、公安局局长柯良栋在杭州网就公安工作与网民进行恳谈(2009年6月25日)

【概述】 2009年，杭州市公安机关围绕“保增长、保民生、保稳定”的总要求和共建共享与世界名城相媲美的“生活品质之城”的总目标，完成以国庆60周年安全保卫工作为主线的各项任务，实现省厅党委提出的“五个坚决防止”目标，打赢国庆60周年安保和维护新疆稳定“两场硬仗”，保持全市社会政治和谐稳定，为杭州市实现“转危为机、跨越发展”，促进经济社会持续发展，为人民群众安居乐业创造良好社会政治和治安环境作出贡献。

【机构人员】 杭州市公安局址设杭州市上城区华光路35号，2009年，有内设机构7个、直属单位17个、武警序列单位2个，辖上城、下城、江干、拱墅、西湖、高新(滨江)、萧山、余杭8个城区公安分局，杭州经济技术开发(下沙)、西湖风景名胜2个非行政区划公安分局和富阳、临安、建德、桐庐、淳安5个县(市)公安局。全市共有公安派出所169个，其中城区公安派出所109个；共有公安民警11168人，总警力占全市常住人口的1.634‰。

【侦破重大案件】 2009年，杭州市公安机关共立刑事案件71374起，同比下降0.73%，抢夺、盗窃等多发性侵财案件得到控制；共侦破刑事案件31178起，同比增长1.02%；命案破案率达95%；共抓获外地命案逃犯46人，侦破历年积案6起；“两抢”案件破案率达59%，五类案件破案率达100%。

【打击涉黑恶犯罪】 2009年，杭州市公安机关打处恶势力团伙125个、涉恶团伙115个、有组织赌博团伙284个，移诉、劳教2623人。

【打击经济犯罪】 2009年，杭州市公安机关严查涉众、涉稳型重特大经济犯罪，开展打击假币犯罪、整治发票犯罪专项行动、打击传销百日攻坚联合执法行动、防范和打击银行卡犯罪等专项行动，配合相关行政执法部门开展市场经济秩序整顿，维护经济领域的安全和有序。全年共侦破经济犯罪案件557起，同比上升20.04%，挽回经济损失8.85亿元。

【打击毒品犯罪】 2009年，杭州市公安机关共破获毒品违法犯罪案件2717起，同比上升19.07%；抓获违法犯罪嫌疑人员3993人，同比上升20.89%；强制隔离戒毒881人，社区戒毒473人；缴获毒品海洛因4123.52克、氯胺酮3894.28克、麻古42224粒、冰毒15307.48克。

【打击互联网违法犯罪】 2009年，杭州市公安机关围绕各项专项行动开展同步上案，命案等重特大案件的同步上案率达100%，协破本地系列性、团伙性案件230起，通过网络手段抓获各类逃犯822人。开展整治互联网低俗之风、打击网络淫秽色情等专项行动，与19家电子商务网站签订违禁品信息管理安全责任书。处置淫秽、违禁品、赌博、敏感信息12万余条，发现并处置有害信息9.5万余条，接受群众网上和电话报警1.8万余起，受理群众上门报案374起，协查外地案件1983起。

【打击出入境领域违法犯罪】 2009年，杭州市公安机关开展外国人管理专项排查整治工作、语言培训学校非法聘用外教专项整治行动和清理整顿外派劳务市场秩序专项行动，严厉打击出入境领域违法犯罪活动。全年共查处各类涉外案(事)件858起，其中出入境领域案(事)件646起、涉外治安案件17起、涉外刑事案件143起、其他涉外案(事)件52起。

【强化矛盾纠纷排查调处工作】 2009年，杭州市公安机关出台《杭州市公安机关重大群体性事件隐患“落地查控”工作机制实施意见》、《杭州市公安机关群体性事件预备队建设实施意见》等，强化易发社会矛盾的领域和特殊群体案(事)件的滚动排摸，依法开展专案经营重大群体性事件苗头。全年依法妥善处置430余起群体性事件(苗头)和786起非正常死亡事件。

【做好公安归口信访工作】 2009年，杭州市公安机关共受理各类信访事项4379件，同比上升8.12%；接待群众来访1712批次，同比上升18.64%；受理市长公开电话6989件，办理网上信访、局长信箱事项1613件，两项按时办结并反馈率达到100%；解决信访事项340件，有408名信访人停访息诉。

【整治治安突出问题】 2009年，杭州市公安机关开展社会治安整治行动、打击整治“两抢”犯罪大会战、“四打两整治”(打黑恶、打有组织赌博、打“两抢”、打盗窃诈骗等多发性侵财犯罪和整治治安混乱的重点行业、重点部位)专项斗争、专项整治“四小”(小店家、小旅馆、小网吧、小“摩的”“电的”)问题、公共娱乐服务场所黄赌毒问题和安全隐患专项整治等，整治突出治安问题。年内，全市共取缔无证美容美发等涉黄场所571家，打处涉黄违法犯罪人员320人；查处公共复杂场所7家，查处涉毒类案件46起，抓获吸贩毒嫌疑人214人；省厅和市局挂牌整治的15个治安乱点治安面貌得到改观。

【建立抓现行促防范长效工作机制】 2009年4月

图为杭州市公安局定点清剿赌博游戏机(2009年8月6日)

起，杭州市公安机关开展抓现行促防范长效工作，通过巡逻设卡、群防值巡、110快速处警、治安监控等，严密社会治安防控网络，严厉打击各类现行犯罪。同时，会同见义勇为基金会对抓现行实绩突出的协勤人员给予精神激励和物质奖励。4～12月，共抓获现行违法犯罪嫌疑人（只含刑拘和治安拘留处罚人员）3572人，其中由专职群防、协勤、协管等抓获的占总数的58.3%。

【开展公交反扒工作】 2009年2月起，杭州市公安机关在公共交通线上先后开展“打团伙、抓现行、建机制、强宣传”反扒专项行动、“猎豹”反扒系列行动、抓现行“百日竞赛”、B1快速公交线集中整治等多项反扒专项行动。年内，共破获扒窃案件625起，抓获犯罪嫌疑人800余人，摧毁扒窃团伙9个。

【水上治安管理工作获突出贡献奖】 2009年，杭州市公安机关建立“人防、物防、技防、联防”体制，拓展水上基础和安全防范工作，开展防范知识宣传和防潮安全管理进社区、进工厂、进校园活动，与钱塘江管理局等部门合作，全方位做好潮汛预警工作。年内，出艇巡逻1875航（次），抢救遇险船员12人，将35艘船只带往安全水域。4月，水上治安分局被杭州市政府授予钱塘江防潮安全管理工作“突出贡献奖”。

【加强道路交通管理】 2009年，杭州市公安机关开展整治酒后驾车等严重交通违法行为的专项行动，从严从紧落实公安部“四个一律”和省厅“五条常态严管措施”；结合杭州实际制订出台抄告制、工程车六条常态严管措施，建立健全严管重罚严重交通违法行为的长效常态机制，严厉查处超速、超员、超载等交通违法行为。年内，全市道路交通事故起数、死亡人数、受伤人数和经济损失数同比分别下降17.58%、6.5%、17.92%、6.46%。

【火灾事故起数和经济损失数下降】 2009年，杭州市公安机关开展“法耀新春，共建和谐”、“百日攻坚行动”、《消防法》宣传月、“119”消防宣传日等专项消防宣传活动，以消除火灾隐患为重点，落实消防安全责任制，开展公共聚集场所、“三合一”场所、高层和地下建筑的消防安全整治工作。同时，加强对重点单位的消防安全检查，防止重特大火灾事故的发生。年内，全市火灾事故起数和经济损失数同比分别下降14.75%、13.01%。

【做好警卫和大型活动安保工作】 2009年，杭州市公安机关完成省市国庆60周年文艺巡游及文艺晚会、西湖国际博览会、西湖国际烟花大会、国际动漫节、钱江观潮节、国际小丑嘉年华、南宋御街开街仪式等636项大型活动、重要会议的安保任务和623批警卫任务，111批次重要内外宾警卫和62批专项警卫的警卫任务，确保“不发生一起踩踏、落水、坠落、伤亡等事件”和警卫对象的绝对安全。

图为杭州市开展“我爱斑马线”活动（2009年5月25日）

【做好110接处警工作】 2009年，杭州市110报警服务台共接警380.6万起，指令出警165.6万起，其中刑事类报警17.8万起、治安类报警37.9万起。杭州市公安局110报警服务台（市区本级）接警220万起，指令出警111.3万起，其中刑事类报警9.03万起、治安类报警21.6万起。

【创新公共交通线缉毒堵源截流工作】 自2008年底起，杭州市公安机关开展公共交通线缉毒堵源截流试点工作。至2009年12月，共破获涉毒案件116起，其中特大涉毒案件22起；抓获涉毒人员187人，缴获毒品 19.4 千克、枪支 6 支、子弹 24 发。

【交通管理服务站建设经验全国推广】 2009 年 1 月起,杭州市公安局在城区推行交通管理服务站建设,推进交管工作进社区、进企业。至年底,全市共建成运行 59 个,其中城区 53 个、县(市)6 个,接待服务群众 150.7 万人次。7 月,杭州市委将交管服务站作为全市"停车新政"举措之一,公安部交管局将其作为"交通管理服务群众十项措施"之一在全国推广。

【杭州市拘留所管理教育模式被全国推广】 2009 年 5 月和 6 月,杭州市公安局先后制定《全市监管系统教育转化工作体系建设年实施方案》和《任务分解表》,推动绩效评估考核机制、师资队伍、基础设施等教育转化工作基础体系建设。截至年底,全市 24 个监所中建立图书阅览室的有 23 个,建立大课教育室的有 23 个,建立职业技能培训室的有 22 个,建立心理咨询室的有 21 个,安装可视电化教育设施的有 24 个,刊发监内报刊的有 18 个,成立专门社会帮教志愿者队伍的有 18 个,有 38 名民警取得心理咨询师资格。4 月底,省厅在萧山召开全省公安监管系统教育转化工作现场会,推广萧山看守所教育转化工作经验。11 月 10 日,全国拘留所管理教育工作现场会议在杭州召开,总结推广杭州市拘留所的管理教育模式及工作经验。

【做好援疆维稳工作】 2009 年新疆"7·5"事件发生后至 2010 年 4 月 8 日,杭州市公安机关先后调集 3 批共 621 名特警赴新疆,协同乌鲁木齐市公安机关做好维稳工作。

【开发推广手机信息采集分析系统】 2009 年 3 月,杭州市公安局针对多发性侵财案件无现场可勘、无痕迹可提、串并侦破难度较大等特性,研发应用手机信息采集分析系统。基层民警通过对该系统数据的综合信息研判和比对查控工作,进一步提高侵财类案件串并案侦查破案工作水平。至年底,先后破获各类刑事案件 200 余起。11 月,该系统在全省推广。

【首批交管数字勤务室投入运行】 2009 年 7 月 1 日,杭州市公安局首批 4 个试点交管数字勤务室正式投入运行。交管数字勤务室以智能交管应用平台为依托,使警力配置、勤务方式等更具针对性和有效性。截至年底,试点的 4 个单位对道路有效管控率由原先的 50.5%提升至 78.6%,辖区道路交通事故数同比下降 57.1%,道路平均通行能力提升约 10%。

【杭州特警信息化建设工作被公安部推广】 2009 年 7 月,杭州市公安局特警支队结合实战和援疆维稳工作,完成特警应急反应综合应用系统(一期)建设和无线通信固定基站建设,满足日常执勤无线通信三级指挥的需要。同时,开展警力动态管理系统、执法案件评判管理系统和队伍综合管理平台、"战训合一"应用系统的开发。10 月,公安部援疆特警协调组专门在"信息化应用,规范化建设,全力打造跨区域作战的敬业专业特警队伍"现场会上推广该项工作。

图为援疆维稳杭州特警在乌鲁木齐市街面巡逻

【推行跨区、县就近受理公民出入境办证】 2009 年 8 月 18 日起,杭州市公安机关推出在全市范围内就近受理公民出入境证件办理申请的便民服务举措及相应的工作模式,建立起就近受理、全面开放的出入境窗口服务新格局,缩减杭州居民出国(境)申请的往返及等候时间,获得市民好评。

【全国率先开展整治酒后驾车专项行动】 2009 年 8 月,杭州市公安机关在全国率先开展整治酒后驾车等严重交通违法行为专项行动，对酒驾行为“零容忍”。加大对酒后驾车、超速行驶、违法变道等突出交通违法行为的整治力度，并倡导文明行车、安全行车，改善道路交通环境。全年共查处各类交通违法行为352.06万起，同比增长4.52%，其中超速行驶77.32万起，酒后驾驶9844起。

【开展派出所执法规范化建设试点工作】 2009年8月，杭州市公安局从16个法制实践服务基地中，选择东新派出所为执法规范化建设试点单位。从最源头、最根本、最基础、最薄弱的环节和群众最关心、反应最强烈的执法问题入手，调研和梳理归纳出派出所值班警务机制建设、接处警质量标准、执法办案整个环节（人、物、证、案、档）流转操作规范、执法执勤行为语言规范、执法告知规范、简化行政执法办案程序、提升执法效果以及派出所硬件功能合理规划八个方面的工作重点，形成“一化”（即执法规范化）含“七化”（即实战化、标准化、流程化、精细化、公开化、信息化、人性化），最终体现于“一化”（即警民关系和谐化）的执法规范化建设新路子。

【改革消防行政审批模式】 2009年9月开始，杭州市消防局实现与市政府网上政务大厅对接、实时数据交换、电子报件等功能，创建起“外网受理、内网审批、外网反馈”的全新行政审批模式。同时，该局依托现有消防监督执法信息系统，实现对下属单位所开展的监督执法、行政许可等项目的无障碍查询，推进廉洁规范执法。截至年底，该局已运用该系统开展巡查数百次，及时发现行政许可、信访举报中的执法漏洞和问题并予以指出改正。

【建立全省首个高校校园警务室】 2009年9月，杭州市公安机关会同浙江省教育厅、浙江工业大学在浙江工业大学朝晖校区试点，建立并启动浙江省首个高校校园警务室。截至年底，该校园警务室共处理治安纠纷8起，并前期处理盗窃嫌疑人，开展安全大检查15次，消除各类隐患6处，开展校卫安全宣传教育4次，交通违章处理等服务工作538起，解决各类问题164起，校园治安案件数同比下降29%。

【开发全国首个公交网络治安动态监控系统】 2009年，杭州市公安局和市公交集团选择4条线路共100辆车安装监控探头，同时在12个中心站和100个治安情况较为复杂的中途站台建设治安动态视频监控点，联合开发出全国首个公交网络治安动态监控系统。系统运行的第一个月，4条公交线路的发案数环比下降23.1%，报警数下降76.6%，通过录像取证破获一起公交车上盗窃案。

【公安科技水平进一步提升】 2009年，杭州市公安机关以抓基础设施、规范管理和“深度应用”三大措施提升公安科技水平。年内，公安信息网实现核心万兆、主干千兆、百兆到桌面，并建立双链路保障、双机热备份安全体系，网络年平均传输总量达到400T；无线350兆集群和常规通信网络实现市局与省厅、市局与15个分（县、市）局的有线联网，电信、网通VPN线路接入社区警务室达200个；全年新建公共区域、道路监控点3615个，实现在公安专网上浏览、控制、录像回放功能。延伸拓展“数字警务”模式，推进治安管理、网上作战、队伍管理等“三大骨干应用系统”和情报信息、警用地理信息、资源共享与交换等“三大平台”的建设，服务侦查破案工作。

【监管场所网上巡检工作全省试点】 2009年，杭州市公安局通过建设全市监所监控网络平台，将全市

杭州市公安局党委副书记、副局长郑贤胜为浙江工业大学校园警务室揭牌（2009年9月16日）

所有监管场所的视频图像纳入平台，并以此为依托建立网上巡检工作机制，利用网上视频监控对全市监管场所开展“飞行巡检”，解决以往监管民警现场管理不到位的问题。截至年底，网上巡检共发现问题260余处，整改率为100%。杭州监管网上巡检工作得到公安部和省厅肯定，被确定为全省试点单位。

【建立三级督查机制】 2009年，杭州市公安机关建设市局、县(市、区)局和基层所队三级督查机制，推进警务大监督机制。年内，全市三级监督网络网上巡查共登录12万余人(次)，查看监督点175万余个(次)，同比分别上升158%和560%；网上巡查发现问题15起，同比下降80%。

【加强涉警舆情引导】 2009年，杭州市公安局建立健全公安新闻舆情引导机制，规范公安新闻发布制度，修订出台公安新闻发言人管理制度，在每月涉警舆情分析同时，建立每日涉警舆情上网制度和舆情动态信息快报制度。同时，在各分、县(市)局成立由主要领导负责的舆情引导机构。年内，杭州市局刊发《每日涉警舆情》227期、《每月涉警舆情》12期、《舆情动态》25期，妥善处置在案登记的涉警舆情危机事件39起。同时，将民警应对媒体能力培训纳入“三个必训”，开展新闻发布和舆论引导能力培训，进行应对媒体、引导舆论、化解舆情危机等内容的教育培训工作。全年共组织相关授课25课次，开展新闻发布会模拟演练活动，有2000余名民警参加培训。

【推进案(事)例教学和模拟情景训练新模式】 2009年，杭州市公安机关扩大案(事)例教学和模拟情景训练范围，由刑侦警种为主扩大至13个警种和岗位，并延伸至新警初任培训，强化专业引领。改造建成一条贴近实战的仿真模拟案例教学模拟街景，举办疑难型现场纠纷调处案(事)例比武竞赛，收集、提炼优秀工作法和教案体例等，同时提升教官专业能力和综合素质，完善训练体制机制，加强实战集中训练评估考核，推进队伍职业化建设。年内，全市共举办各类培训班27期，参训民警达5000余人，参训学员破获真实未破“两抢”案件12起。案(事)例教学模式得到孟建柱部长和省厅及兄弟单位的充分肯定和高度评价，并在8月召开的全省案例教学现场会上介绍推广。

【上城公安分局】 2009年，上城区行政区域土地面积18.3平方千米，全区总人口32.52万人，登记流动人口8.9万人。年内，全区实现生产总值455.4亿元，比上年增长4.50%。上城公安分局设科、所、大队、处(室)23个，辖7个派出所，在职民警580人。是年，该分局破刑事案件1720起，破案率40.66%，两类命案破案率85.71%，五类恶性案件破案率100%。年内，有2个集体和2名民警记二等功，1个集体和25名民警记三等功，1个单位被授予“全省优秀基层单位”称号，各有1名民警被评为全国模范军转干部、全省优秀人民警察、全省公安法制工作先进个人。

【下城公安分局】 2009年，下城区行政区域土地面积32.14平方千米，常住人口39.84万人，登记流动人口22.3万人。年内，全区实现地区生产总值405.5亿元；完成财政总收入98.11亿元，其中地方财政收入57.53亿元。下城公安分局设11个机关科室队、8个派出所和1个看守所，全局民警568人。是年，该分局“110”接警中，涉及刑事报警数比上年下降35.94%，涉及治安报警数比上年下降15.5%，其中入室盗窃报警数同比下降19.7%，降幅居杭州城区第一，全区群众安全感达96.69%。该分局社区警务“五大工作机制”建设、金融巡防队、执法规范化建设等特色工作，均在全市公安机关得到推广。年内，该分局有25个集体和154名民警获表彰奖励，先后被评为全省公安机关执法质量优秀单位、全省公安队伍正规化建设先进单位、全市作风建设先进集体、全市重点行业地区整治先进单位，并蝉联全区行风建设先进单位第一名和全区满意单位。

图为下城公安分局办公大楼

【江干公安分局】 2009年，江干区行政区域土地面积210平方千米，除去委托市经济技术开发区管理的下沙区块约105平方千米，直接管理区域约为105平方千米。全区常住人口32.9万人，登记流动人口41.8万人。年内，实现生产总值250亿元，同比增长13%；财政总收入52.28亿元，同比增长12.1%，其中地方财政收入29.87亿元，同比增长12.6%。江干公安分局设9个职能科室和10个直属大队，下辖

9个派出所，全局民警600人。是年，该分局“110”接警数、刑事案件受理数和立案数同比分别下降12.7%、8.4%和9.4%，“两抢”案件数同比下降18.9%，在全省打防控工作考核中首次从一类地区调整到二类地区。全年有21个集体和31名个人受到上级表彰，其中采荷派出所被评为全省优秀公安基层单位，凯旋派出所被评为省级优秀青少年维权岗，看守所被评为全省公安监管系统先进集体。

【拱墅公安分局】 2009年，拱墅区行政区域土地面积87平方千米，实有人口61.4万人，其中常住人口30.74万人，登记流动人口30.69万人。年内，实现地区生产总值249.11亿元，比上年增长10.72%；财政收入58.20亿元，比上年增长1.01%；地方财政收入29.08亿元，比上年增长6.53%。拱墅公安分局有内设机构7个，直属单位8个，下辖派出所11个，民警543人。是年，该分局刑事立案数同比下降0.15%，刑事破案数同比上升2.21%，火灾事故发生数和财产损失数同比分别下降39.53%、12.82%。年内，该分局在“四打两整治”专项斗争中获二类地区第一名；打击假币犯罪“09行动”实绩位居全市第一，被评为全国公安机关打击假币犯罪“09行动”先进集体；连续第八年被评为全省公安机关执法质量优秀单位，被省厅确定为全省首批县级公安机关执法示范单位；在区直单位综合考评中获第一名，并连续第六年被确定为区综合考评优胜单位。全年有33个集体和284人(次)立功受奖，“8·6”特大挪用资金案专案组被公安部记集体一等功。

图为拱墅公安分局办公大楼

【西湖公安分局】 2009年，西湖区行政区域土地总面积269平方千米，实有常住人口59.6万人，登记流动人口28万人。全年实现生产总值405.12亿元，同比增长13.05%；完成财政总收入78.48亿元，其中地方财政收入45.55亿元，同比分别增长16.2%和18.71%；城镇居民人均可支配收入达到26864元，农民人均收入达到14732元，同比分别增长11.5%和12.1%。西湖公安分局设18个处科队室，12个派出所，有民警663人。是年，该分局及时、稳妥处置各类群体性突发性事件48起；完成60周年国庆等各类大型活动安全保卫和警卫工作255起；妥善处置各类进省上访6627批19255人次；受理各类刑事案件8797起，立案6321起，破案2435起，破案率为38.52%，实现了“发案降、破案升”的工作目标。年内，该分局先后被评为浙江省公安机关执法质量优胜单位、浙江省公安宣传工作先进单位和全市重点地区、行业整治先进单位，经侦大队被公安部、国家外汇管理局评为破获重大外汇违法犯罪案件先进集体，国保大队被评为浙江省优秀公安基层单位，政治处被评为浙江省公安政治工作先进集体，文新派出所被评为浙江省群众满意基层站，有2名个人获部级荣誉、6名个人获省级荣誉。

【西湖风景名胜区公安分局】 2009年，西湖风景名胜区行政区域土地面积59.04平方千米，其中西湖水域面积约6.38平方千米，山林面积约5.7万亩。是年，该区实有人口4.1万人；财政总收入3.55亿元，同比增长13.2%；地方财政收入达2.58亿元，同比增长17.9%；景区客流量2795万人次，同比增长1.79%。西湖风景名胜区公安分局设7个职能科室和5个实战大队，另有景区消防大队，下辖6个派出所，实有民警232人。年内，该分局完成大型活动安全保卫任务89项，完成警卫任务75批；刑事发案连续七年保持下降趋势，破获各类刑事案件50起，破案率38.5%，较上年上升4.9%；队伍连续三年保持“零违纪”，96666政府机关效能连续四年“零投诉”，警务活动群众满意度追踪始终保持在99.6%以上，辖区群众安全感保持在99.2%以上。年内，该分局连续第三年获全省公安机关执法质量优秀单位称号；再次获市级文明单位、市级社会治安综合治理先进单位、西湖国际博览会安全保卫先进单位等称号；

图为西湖风景名胜区公安分局办公大楼

有2个集体和9名民警被记三等功，各有1名民警被评为全省优秀人民警察和浙江公安百名优秀基层民警，43名民警受到嘉奖。

【高新技术开发区(滨江)公安分局】 2009年，高新技术开发区(滨江)行政区域土地面积84.44平方千米，户籍总人口27.2万人。年内，全区实现生产总值209亿元，同比增长16%；财政总收入71.9亿元，同比增长12%，其中地方财政收入36.91亿元，同比增长16.9%；全社会固定资产投资160亿元，同比增长18%。高新技术开发区(滨江)公安分局设6个职能科室和4个直属大队，下辖6个派出所，全局民警188人。是年，该分局共接处警30617起；立各类刑事案件1088起，同比下降0.18%；破案732起，同比上升11.93%；共移诉各类犯罪嫌疑人277人；抓获在逃人员66人；命案破案率达100%。年内，该分局被杭州市局授予优质案件办理先进集体、情报信息工作先进单位、警卫工作先进单位等称号。

【杭州下沙经济开发区公安分局】 2009年，杭州下沙经济开发区行政区域土地面积104.7平方千米，实有人口28.8万人，其中常住人口11.4万人，登记流动人口17.5万人。全年实现地区生产总值312亿元，同比增长10%；完成全社会固定资产投资150亿元，同比增长10.4%；完成财政总收入69.1亿元，同比增长33.1%；完成地方财政收入26.3亿元，同比增长33.3%，财政两项指标增幅均列全市第一位。杭州下沙经济开发区公安分局实际运作机构为4个内设科室和4个直属大队，下辖3个派出所，全局民警150人。是年，该分局连续第六年实现影响社会稳定的重大政治事件、群体性事件、恶性刑事案件和涉法进京上访“四个零”目标，全区刑事案件和七类主要刑事案件发案数同比分别下降5.12%和33.33%，严重影响群众安全感的抢劫、抢夺等“两抢”案件受理数同比下降36.56%，呈现命案和五类案件破案率两个100%、刑事破案率上升的良好工作态势。年内，该分局被评为区年度先进单位和市科技强警“示范县区(市)分局”；所属刑侦大队被评为浙江省科技强警“示范科所队”，“808”打黑除恶专案组和“1210”专案组立集体二等功。

【萧山公安分局】 2009年，萧山区行政区域土地面积1420.22平方千米，户籍总人口120.99万人。年内，全区实现生产总值1044.85亿元，居全省县(市、区)第一；财政一般预算收入137.08亿元，居全省县(市、区)第二；地方财政收入69.53亿元，城镇居民人均可支配收入和农民人均纯收入分别为29229元和14390元。萧山公安分局设68个科所队，包括3个副处级单位、10个内设机构、3个直属单位、29个派出机构、1个特大型看守所，全局民警1197人。是年，该分局共破获各类刑事案件9446起，同比上升2.14%；移诉各类犯罪嫌疑人3800人，同比上升6.12%；破获“两抢”案件374起，破案率达45.44%；“两抢”发案数同比下降12.73%；交通上报事故四项指数、火灾事故四项指数同比均有所下降。年内，该分局在打黑除恶实绩考核中位列全市一类地区第一，毒品查禁工作成绩列全市第一；刑侦大队交通治安中队和刑侦大队重案二中队被评为全国一级责任区刑警队，看守所被评为全国公安监管战线亲民爱民先进模范集体，消防大队被公安部记集体二等功。

图为萧山公安分局办公大楼

【余杭公安分局】 2009年，余杭区行政区域土地面积1220平方千米，户籍总人口82.69万人，登记流动人口54.50万人。年内，全区实现生产总值532.64亿元，实现财政总收入100.07亿元，居全省县(市、区)第三；地方财政收入59.67亿元，城镇居民人均可支配收入和农民人均纯收入分别为26087元和13956元。余杭公安分局设5个综合科室和15个执法勤务单位，下辖20个派出所，全局民警777人。是年，该分局实现“刑事案件下降、破案打处上升、交通火灾事故主要指标零增长”的预期目标，在全市公安机关“四打两整治”专项斗争中被评为先进单位，卷烟打假工作被授予全省特殊贡献奖，视频监控建设应用工作分别在全省、全市现场会上作经验交流，出入境、车管所分别被评为“全国文明窗口”和全国优秀县级车管所，执法质量继续保持在全省优秀单位行列。

【桐庐县公安局】 2009年，桐庐县行政区域土地面积1825平方千米，户籍总人口40.1万人。全县实现生产总值171.56亿元，财政总收入17.64亿元，地方财政收入9.50亿元，城镇居民人均可支配收入和农民人均纯收入分别为21791元和10410元。桐庐县公安局设5个职能科室和9个直属大队，下辖9个派出所，有民警371人。是年，该局刑事案件破案率为47.42%，命案连续九年、五类案件连续十年实现全破；交通事故四项指数、火灾事故四项指数实现“零增长”。年内，该局获杭州市维护社会稳定工作先进单位称号，富春江派出所被评为全省优秀公安基层单位，县看守所被评为全省公安监管系统先进集体。

【淳安县公安局】 2009年，淳安县行政区域土地面积4427平方千米，户籍总人口45.3万人。年内，全县实现生产总值103.32亿元，完成财政总收入9.57亿元，地方财政收入5.59亿元，城镇居民人均可支配收入和农民人均纯收入分别为18144元和6511元。淳安县公安局设9个职能科室和9个直属大队，下辖8个派出所，有民警343人。是年，该局实现打防控、执法考评、专项整治、综合考评、监管等级等各项争先创优目标，连续第七年获全省公安机关执法质量优秀单位称号，打防控工作连续第三年进入全省A等单位，在“四打两整治”专项斗争中被评为全市公安机关优胜单位，看守所实现20年无事故并被评定为全国一级所。

图为淳安县公安局办公大楼

【建德市公安局】 2009年，建德市行政区域土地面积2321平方千米，户籍总人口51万人。年内，全市实现生产总值165.9亿元，财政总收入20亿元，其中地方财政收入10.6亿元，城镇居民人均可支配收入和农民人均纯收入分别为20756元和8879元。建德市公安局设4个综合管理机构和10个执法勤务机构，下辖10个派出所，有民警393人。是年，该局实现刑事发案总量连续五年下降、五类案件破案率连续六年保持100%、破案数连续七年上升、交通事故死亡人数连续七年下降的良好态势。年内，该局有2个集体被记集体二等功，3个集体和16名个人被记集体和个人三等功；刑侦大队民警吴卫华被评为年度省优秀人民警察，看守所民警朱晓宝被评为“浙江省公安机关百名优秀基层民警”。

【富阳市公安局】 2009年，富阳市行政区域土地总面积1831.21平方千米，全市总人口64.67万人，登记流动人口15.69万人。全市实现生产总值356.4亿元，财政一般预算收入50.11亿元，地方财政收入27.57亿元，城镇居民人均可支配收入和农民人均纯收入分别为23422元和11851元。富阳市公安局设7个职能处科队室和11个直属机构，下辖13个派出所，有民警630人。是年，该局33起七类恶性案件（其中包括11起命案）全部破获，交通、消防死亡事故保持“零增长”。9月3日，该局“信息深度应用指南”被公安部评为首届全国公安基层技术革新项目一等奖。

【临安市公安局】 2009年，临安市行政区域土地面积3126.8平方千米，常住人口52.5万人，登记流动人口7.8万人。年内，全市实现生产总值236.49亿元，财政总收入25.51亿元，其中地方财政收入14.04亿元，城镇居民人均可支配收入和农民人均纯收入分别为22011元和10735元。临安市公安局设4个综合管理机构和7个直属执法勤务机构，下辖10个派出所，有民警474人。是年，该局刑事案件立案数同比下降0.16%，破案数同比上升3.13%，命案和五类案件破案率达100%，打击处理犯罪嫌疑人数量同比上升16.2%；交通事故四项指数、火灾事故四项指数同比均全面下降。年内，该局“四打两整治”专项斗争成绩位居杭州三类地区第一名；打防控考核成绩首次进入全省三类地区A等；执法质量考评连续第二年进入全省优秀单位行列，排名进一步前移；共有5个单位被记集体三等功、14人被记个人三等功，另有10个单位、41人次受到上级部门表彰。

图为临安市公安局办公大楼

（**责任编辑** 胡晓东 俞 佳）

宁波公安

【市况简介】 宁波市简称甬，辖海曙、江东、江北、镇海、北仑、鄞州6区，余姚、慈溪、奉化3个县级市，宁海、象山2县，居全国大陆海岸线中段，浙江省宁绍平原东端。市境陆域东西宽175千米，南北长192千米，总面积9365平方千米，其中市区面积2560平方千米。2009年底，全市户籍人口571万人。2009年，全市实现生产总值4214.6亿元，按可比价格计算，比上年增长8.6%；实现财政一般预算收入966.2亿元，同比增长19.2%。

【概述】 2009年，宁波市各级公安机关践行"敏锐治安、主动治安、实力治安"理念，围绕国庆60周年安保工作主线，扎实开展隐蔽战线、反恐怖和网上斗争，有效遏制境内外敌对势力、敌对分子和恐怖分子的破坏活动；全力做好信访维稳工作，信访案件办结率100%；妥善处置133起较大规模群体性事件；确保408批次重大活动和236批次警卫保卫任务安全有序进行；组织选派特警赴新疆协助开展维稳工作；开展社会治安整治行动、打击"两抢"犯罪大会战、打黑除恶等专项行动；实现重大监管责任事故零发生，火灾事故起数同比下降11.9%，交通事故四项指数连续五年保持下降，平安畅通县区创建工作走在全国前列；建立完善"打黑除恶、打击侵财型犯罪、预审办案"三大工作机制；全面推进公安"三项建设"；加强队伍正规化建设，队伍凝聚力和团队精神持续提升。年内，宁波市公安局在2009年度全省公安机关综合考评和打防控工作考评中，均列全省一类地区第一，全市有10个集体、7名个人获全国级荣誉，24个集体、36名个人获省级荣誉，2名个人立一等功，13个集体、6名个人立二等功。

【机构人员】 宁波市公安局址设宁波市江东区中兴路658号。2009年，宁波市共有县级以上公安局12个，其中副省级公安局1个，县(市)公安局5个，行政区划公安分局6个，派出所162个，全市(不含宁波港)共有公安民警8802人，其中大专以上文化程度占95.22%，40岁以下占62.83%，民警人数占全市实有人口总数的0.91‰。

【开展打击假币犯罪"09行动"】 2009年1月20日起，宁波市公安机关在全市范围内开展为期10个月的打击假币犯罪"09行动"。截至年底，全市共破获假币犯罪案件26起，查处假币犯罪嫌疑人50名，缴获假人民币536.84万元。

【开展打击整治发票违法犯罪专项行动】 2009年2～10月，宁波市公安机关开展该专项行动。12月，宁波市局发布《公民扭送街面发票违法犯罪人员奖励办法(试行)》。年内，全市共破获发票犯罪案件66起，抓获违法犯罪嫌疑人106名，摧毁5人以上假发票犯罪团伙6个，捣毁假发票窝点26个，查获假发票25.8万余份。

【开展社会治安整治行动】 2009年5～10月，宁波市公安机关开展该整治行动。其间，按照"严厉打击、严密防范、综合整治、多措并举"的工作要求，成功侦破一批大案要案。年内，全市刑事发案总量同比下降1.5%，其中"两抢"案件和伤害致死案件同比分别下降15.6%、39.8%；共破获各类刑事案件32212起，其中命案、五类案件破案率分别达93.5%和99.4%；逮捕犯罪嫌疑人12253名，抓获逃犯4819名；破获经济犯

图为宁波市委常委、公安局局长王惠敏参加由公安部、人民日报社与人民网联合组织的"全国公安厅局长"系列访谈节目(2009年12月3日)

罪案件560起，其中涉众型经济犯罪案件48起，抓获犯罪嫌疑人721名；侦破涉毒刑事案件728起，抓获涉毒犯罪嫌疑人1012名，缴获毒品海洛因1604.37克、冰毒和麻古合计约23572.82克；破获组织、强迫、容留、介绍妇女卖淫案件72起，抓获犯罪嫌疑人223名，解救妇女42名。同时，查处各类治安案件112336起，同比增长3.4%，其中查处黄、赌、毒案件12902起，违法人员55574名。

【完成浙洽会安保工作】 2009年6月8～12日，第十一届浙江投资贸易洽谈会、第八届中国国际日用消费品博览会在宁波召开。其间，宁波市公安机关共出动警力700余人次、投入保安力量1500余人次，确保各项活动安全有序进行。

【开展“蓝盾09—9号”集中统一特别行动】 2009年8月7日起，宁波市公安机关开展该特别行动。自8月7日至年底，全市共查处酒后驾驶10992起、醉酒驾驶1354起，暂扣和吊销驾驶证11336本、拘留1335人。年内，全市道路交通事故起数、死亡人数、受伤人数、直接财产损失数同比分别下降8.84%、7.87%、9.49%和3.69%。

【派遣公安特警队员援疆】 2009年新疆“7·5”事件发生后，宁波市公安局于7月8日派遣153名公安特警队员赴新疆执行维护社会治安任务。至2010年4月8日，该市先后组织3批451名特警赴新疆协助做好维稳工作。

【举行“联合2009”反恐怖演习】 2009年8月13日晚，宁波市反恐办组织公安、卫生、城管、电业、环保、气象、武警、机场等单位进行“联合2009”反恐演习应急力量紧急集结拉动科目演练。此次演习模拟印度孟买恐怖袭击事件，设置多点渗透、连环袭击等城市复杂环境下的恐怖活动场景，严格按照“实兵、实时、实地、实装”要求展开。其间，各单位共出动各类特种车辆40余辆，专业处置力量170余人。9月3日，开展第二阶段演练，宁波市公安局与青岛市公安局共同组织“甬青联合2009”反恐演习。此次演练以外地恐怖分子潜入宁波，对该市重要石油仓储基地实施爆炸袭击为背景，将人员追踪、重要目标设防和应急处置、查缉围堵等作为主要演练课目，基本达到“检验能力、锻炼队伍、提高水平”的目的。

【开展国庆60周年安保集中统一行动】 2009年9月10日和25日，宁波市公安机关开展国庆60周年安保集中统一行动。其间，全市共出动警力26704名，破获刑事案件375起，查处治安案件591起，缉获犯罪嫌疑人440名，发现重点人员201名，缴获枪支、刀具等物品221件，查处违法经营场所2971家，清除（消除）治安乱点隐患216处，搜集重要情报信息118条。

【开展打击整治“两抢”犯罪大会战】 2009年，宁波市公安机关开展该大会战。截至年底，共摧毁“两抢”犯罪团伙307个，刑事拘留“两抢”犯罪嫌疑人2088名。

图为援疆特警紧急出发（2009年7月8日）

【完成各批警卫任务】 2009年，宁波市公安机关顺利完成全国人大常委会委员长吴邦国、全国政协主席贾庆林、新加坡总理李显龙和尉健行、王岐山、刘淇、李蒙、李建国、罗富和、钱运录、吴胜利等在甬期间的警卫任务。

【深化治安理念】 2009年1月，宁波市公安机关在全市公安工作会议上提出“敏锐治安、主动治安、实力治安”的工作理念，并以此作为宁波公安机关学习实践科学发展观、践行省厅党委提出的“两个最大”理念、构建具有宁波特色的现代警务机制的思想理论基础。

【实施执法资格等级化管理】 2009年4月，宁波市公安局出台《关于进一步加强全市公安机关执法规范化建设的实施意见》，全面实施以案件主办警官制度为核心的执法资格等级化管理，把案件主办警官资格与干部升迁挂钩，明确今后凡新提任的领导干部必须先取得初级以上主办警官资格。年内，全市分别有1582人、408人取得初级、中级主办警官资格。

【创新社区警务机制】 2009年5月，宁波市公安局印发《关于加强城乡社区警务工作的意见》，根据年刑事发案数、治安案件受理数、实有人口数和治安情况复杂程度，将城乡社区警务室划分为三类，实施分级管理机制。至年底，共建立各类警务室807个，其中一类170个、二类500个、三类137个。6月始，将1037名民警下派到社区、村里，专职从事社区警务工作，明确专职社区民警"管人、控案、抓防范、组织群众、发动群众、和谐警民关系"的职能定位，实现"警务前移、警力下沉"的工作目标。据民意调查显示，自推行社区民警专职化改革以来，96.3%的群众认为社区民警专职化对社区帮助很大，超过九成的群众对社区民警感到非常满意。

【创新治安巡卡机制】 2009年5月，宁波市公安局印发《关于加强巡逻防控工作的意见》，建设完善治安"大巡控"工作体系，在全市建成一支由456名专业巡逻民警、1705名专业巡逻协警组成的专职巡控队伍。7月17日，宁波市局举行治安"大巡控"启动仪式，全面开展以巡特警为主导、协警为辅助，巡卡相联、人机互动，信息导巡、全天候、摩托化的公安专业巡逻。是日，宁波海曙、江东、江北、鄞州、镇海、北仑6区公安分局启动治安"大巡控"。余姚、慈溪、奉化、宁海、象山5县市于10月底开展专业巡逻防控工作。同年6月，宁波市局印发《关于加强治安卡点建设的意见》，调整全市治安卡点布局。年内，全市共建立5个市际交通治安卡点，12个环中心城区交通治安卡点，以及44个覆盖高速出入口、市内水域、铁路(汽车)客运站、码头、空港的应急堵控卡点。

【出台服务经济社会发展方便群众二十八条措施】 2009年9月7日，宁波市公安局发布《关于印发宁波市公安局服务经济社会发展方便群众二十八条措施的通知》，进一步加强和改进公安机关社会服务管理工作，方便群众生活。

【实行跨县(市、区)户口"网上迁移"】 2009年11月1日，宁波市在全市范围内实行跨县(市、区)户口"网上迁移"，实现户口迁出地凭要件材料实行无纸化管理。

【构建大情报体系】 2009年，宁波市公安局出台《宁波市公安局大情报体系建设实施意见》，推进大情报体系建设。在全省率先设立情报处，并在县级公安局全部建立情报信息中心，在各派出所建立标准化信息采集室，市、县两级共配备情报信息专业人员60名。

图为治安"大巡控"启动仪式结束后巡逻防控民警驾驶摩托车上路巡逻

【推进公安信息化建设】 2009年，宁波市公安局在全国地市公安局中率先开展公安信息化水平评估，在县级公安机关中全面建立信息化专门机构，编制《全市公安机关信息化发展三年规划》、《信息应用工作手册》、《信息应用技战法汇编》，整合共享市局建库的32项数据系统和20个政府部门的2000余万条数据信息，最大限度实现公安信息网建库信息资源的全警共享。在11个警种中开展岗位信息应用能力等级考核，金国民追逃八法、刑侦技战九法、互联网信息应用技战十四法等信息应用技战法在服务指挥决策、规范执法、打防管控等方面成效明显，初步实现“统一规划、统一建设、统一管理、统一应用”的信息化建设管理体制。

【强化道路交通安全管理】 2009 年，宁波市深入开展交通安全隐患治理，严格实施严重交通违法行为五条常态严管措施，确保道路交通秩序良好。年内，全市上报交通事故数、死亡人数、受伤人数、经济损失同比分别下降 8.77%、7.87%、8.91%和 1.99%，其中一次死亡 3 人以上较大道路交通事故同比减少 3 起，死亡人数减少 14 人；全市共查处各类交通违法行为 363 万起，其中酒后行驶 13708 起、醉酒驾驶 2250 起，行政拘留醉酒驾驶人员 1856 名，涉及酒后驾驶造成事故死亡人数同比下降 32.79%。同时，围绕加强重点卡口管理、优化交通组织、提高交通设施保障水平、扩大智能交通覆盖范围、强化交通秩序整治、深化文明交通创建六项重点工作，进一步细化充实 32 项排堵保畅工作措施，提高路面管理水平。年内，宁波市连续第五年被评为畅通工程一等管理水平，交警支队车管所连续第五年被公安部评为一等车管所。

【打黑除恶实绩名列全省第一】 2009 年，宁波市公安机关共打掉涉黑涉恶团伙 136 个，其中，以黑社会性质组织罪判决 2 起。通过打黑除恶共破获八类涉黑涉恶刑事案件 798 起，抓获犯罪嫌疑人 1073 人，缴获枪支 92 支，打黑除恶实绩名列全省第一，宁波市局刑侦支队有组织犯罪侦查大队被评为“全国公安机关打黑除恶专项斗争先进集体”。

【追逃工作再创佳绩】 2009 年，宁波市公安机关共抓获各类网上逃犯 4820 名，同比上升 1.8%，位居全省第二位。其中，缉捕外省上网逃犯 2058 名，总量位居全省第一。

【流动人口管理服务呈现新亮点】 2009 年，宁波市新配备流动人口综管员 285 名，新增财政经费 1200 余万元。截至年底，全市共配备综管员 8099 名，经费投入 9087 余万元。同时，探索优秀农民工落户政策，印发《宁波市外来务工人员积分落户试点工作实施意见》，明确江东区、余姚泗门镇作为全市外来务工人员积分落户试点单位，并做好全市 7 名全国优秀农民工和 26 名全省优秀农民工的落户工作。是年底，全市登记在册流动人口总量 3966530 人，申领发证 3305996 人，同比分别增长 1.5%和 2.4%，创历史新高。

【海曙公安分局】 2009 年，海曙区行政区域土地面积 29.4 平方千米，户籍总人口 30.46 万人，登记流动人口总数 13.55 万人。全区实现生产总值 358.17 亿元，按可比价格计算，比上年增长 8.8%。海曙公安分局共有 14 个内设机构，下辖 9 个派出所，民警 559 人，民警数占全区实有人口总数的 1.27‰。是年，该分局共破获各类刑事案件 2355 起，查处行政（治安）案件 8710 起，全局执法工作四项办案指标批捕率、起诉率、准确率、退查率分别达到 95.7%、99.24%、100%、3%。年内，有 23 个集体、37 名个人获区级以上荣誉；鼓楼派出所被评为一级公安派出所；机要室被评为县级公安机关一级机要室；“社区警务 e 超市”获公安部首届基层技术革新一等奖。

【江东公安分局】 2009 年，江东区行政区域土地面积 37.66 平方千米，户籍总人口 36.2 万人。全区实现生产总值 283.9 亿元，财政一般预算收入 35.8 亿元，地方财政收入 24.7 亿元，完成固定资产投资 102.3 亿元，居全市第二。江东公安分局设有 7 个职能科室和 8 个直属大队，下辖 7 个派出所，共有民警 500 人，民警数占全区户籍人口总数的 1.38‰。是年，该分局刑事案件、火灾事故数同比分别下降 2.6%、68%，人民群众安全感、满意率分别达到 93.3%和 96%，比上年分别提升 4.3 个和 1 个百分点，居全市前列。年内，该分局被评为年度全省执法质量优秀单位、全省社会治安视频监控系统建设先进单位、全市社会治安综合治理工作先进单位、全市公安机关信息化建设工作优胜单位、全市公安机关信访工作优胜单位。

【江北公安分局】 2009 年，江北区行政区域土地面积 208 平方千米，户籍人口 23.4 万人，流动人口 21.5 万人。全区实现生产总值 159.59 亿元，按可比价格计算，比上年增长 5.5%。江北公安分局设有 7

图为江北公安分局办公大楼

个科室和7个大队,下辖1个户证中心和8个派出所,共有民警437人,占全区实有人口总数的0.973‰。是年,该分局共立各类刑事案件4177起,同比下降11.20%;破刑事案件1579起,同比上升13.92%;抓获犯罪嫌疑人843名,同比上升39.57%;10起命案全破,侦破率连续五年达到100%;查处行政(治安)案件4878起、处理违法嫌疑人3289名,同比分别下降5.6%和6.6%。全年共获各种集体荣誉称号32项,其中省(部)级5项、市级17项、区级10项。

【镇海公安分局】 2009年,镇海区行政区域面积236平方千米,户籍人口22.46万人,登记暂住人口23.74万人。全区实现生产总值193.51亿元,按可比价格计算,比上年增长9.3%。镇海公安分局共有14个内设机构,下辖6个派出所,民警416名,占全区实有人口的0.90‰。是年,该分局共立刑事案件3128起,同比下降0.4%;破刑事案件1656起,同比上升1%;查处治安案件5818起,同比上升22%;抓获各类违法犯罪嫌疑人2516名,同比下降24.1%。6月4日,镇海区看守所被确定为全国10个对社会开放试点单位之一。年内,澥浦派出所被评为一级公安派出所,并被评为2009年度宁波市优秀公安基层单位;招宝山派出所被评为全省政法系统"学枫桥保平安促发展"先进集体。

【"金国民追逃法"命名】 2009年4月29日,宁波市公安局和市总工会联合举行"金国民追逃法"命名仪式暨金国民先进事迹报告会。宁波市委常委、市公安局局长王惠敏出席会议并讲话。市政协副主席、市总工会主席胡建岳为镇海公安分局民警金国民颁发"宁波市职工岗位先进操作法"证书,市总工会常务副主席施恩庭宣读命名决定。

【北仑公安分局】 2009年,北仑区陆域面积593平方千米,户籍人口34.6万人。全区实现地区生产总值446.5亿元,同比增长10.1%,增速居全市第一。城镇居民人均可支配收入和农村居民人均纯收入分别达到27368元和13414元,同比分别增长10.1%和8.3%,其中农村居民人均纯收入增速列全省第一。是年,北仑公安分局共有内设机构7个、直属大队11个(含边防、消防大队)、基层派出所10个(其中边防派出所2个),民警518名,占全区户籍人口总数的1.497‰。是年,该区刑事发案数同比下降4.6%,降幅居全市第一,比三年前下降17.8%;刑事案件破案率提高到47.2%;交通事故四项指标、火灾事故三项指标均呈下降趋势;群众安全感、满意度位居宁波市第一,社会治安状况好转率位居全省第二、全市第一。年内,北仑分局首次被评为全省公安机关打防控工作考评A等单位,并继续蝉联全省执法质量优秀单位和全市"优秀公安局"称号;车管所获评全国县级一等车管所;法制科获全省"优秀公安基层单位"称号;政治处获全省"公安政治工作先进集体"称号;交警大队被评为全省严厉整治酒后驾驶违法行为专项行动优胜单位和全市优秀公安基层单位。

图为北仑公安分局办公大楼

【鄞州公安分局】 2009年,鄞州区行政区域土地面积1345.54平方千米,户籍总人口79.6万人。年内,全区实现生产总值700亿元,居全省县(市、区)第二位;财政一般预算收入145.1亿元,居全省县(市、区)第一;地方财政收入83.3亿元,城镇居民人均可支配收入和农民人均纯收入分别为28044元和14019元。鄞州公安分局设有6个职能科室和10个直属大队,下辖24个派出所,全局民警792人,占全区户籍人口总数的0.995‰。是年,在该区的110报警中,涉及刑事报警数比上年下降34.4%,涉及治安报警数比上年下降10.2%,其中"两抢"报警数下降47.8%;交通上报事故四项指数、火灾事故四项指数同比均全面下降。年内,该分局在宁波市打击整治"两抢"犯罪大会战综合考评中名列第一;在宁波市打击假币犯罪综合考评中名列第一,并获全国公安机关打击假币犯罪"09行动"先进集体。8月,在第七届全国"人民满意的公务员集体"和"人民满意的公务员"表彰大会上,高桥派出所被授予全国"人民满意的公务员集体"称号。

【余姚市公安局】 2009年,余姚市域总面积1527平方千米,户籍人口83.25万人,登记流动人口约47万人。全市实现地区生产总值500亿元,同比增长9%;财政一般预算收入72.6亿元,其中地方级收入39亿元,同比分别增长3.4%和17.1%;城镇居民人均可支配收入26868元,农村居民人均纯收入12231

元，同比分别增长7%和11.2%。余姚市公安局设有8个职能科室和10个直属大队，下辖21个派出所，共有民警750人，占全市实有人口总数的0.576‰。是年，该局破获刑事案件4067起(其中破获“两抢”案件315起)，刑事发案同比下降1.18%(“两抢”案件发案同比下降10.43%)，刑拘犯罪嫌疑人2229名，摧毁犯罪团伙213个、799人。年内，该局被评为全省公安队伍正规化建设先进单位、全省公安机关执法质量优秀单位和全省公安电视宣传先进集体，被宁波市委、市政府评为“2008～2009年度全市信访工作先进集体”，年度公安综合绩效考评成绩名列宁波市第一名，并被宁波市局评为2009年度全市优秀公安局、全市打黑除恶工作先进集体、全市公安机关整治盗抢犯罪专项行动先进单位和全市打击组织强迫妇女卖淫犯罪活动专项行动先进单位。

图为余姚市公安局办公大楼

【慈溪市公安局】 2009年，慈溪市陆域面积1360.63平方千米，户籍人口103.4万人，登记在册流动人口73.9万人。全市生产总值650亿元；财政一般预算收入91亿元；完成全社会固定资产投资216亿元，工业总产值超过2000亿元；城镇居民人均可支配收入28306元，农村居民人均纯收入13607元。慈溪市公安局共有18个内设机构，下辖22个派出所，民警978人，占实有人口总数的0.552‰。年内，该局共破获刑事案件4919起(另破年前案件2189起)，破案率达42.3%，刑事破案绝对数和破案率分别比上年提高2.6%、1.7%；查结治安案件22035起；打击处理违法犯罪嫌疑人9275人，打处总数和人均打处数均列宁波各县(市、区)第一，人均打处数比宁波全市平均数高出84.4个百分点。破案打击成效受到省公安厅肯定。年内，全局共有3个集体、1名个人获国家级荣誉，13个集体、2名个人获省级荣誉，8个集体、12名个人获宁波市级荣誉，9个集体、11人次立三等功。该局被省公安厅确定为打防控工作绩效A等单位；出入境管理大队被公安部评为“全国文明窗口单位”；指挥中心机要室被公安部评为县级公安机关一级机要室；刑侦大队观海卫中队被评为全国一级责任区刑侦中队。

图为慈溪市公安局办公大楼

【奉化市公安局】 2009年，奉化市行政区域土地面积1249平方千米，海域面积96平方千米，户籍人口48.21万人，年末流动人口登记数15.1万人。全市实现生产总值196.83亿元，财政一般预算收入27.17亿元，其中地方财政收入14.42亿元，城镇居民人均可支配收入和农民人均纯收入分别为25882元和11881元。奉化市公安局共有18个内设机构，下辖溪口分局和12个派出所。全局民警483人，民警数占全市实有人口总数的0.763‰。是年，该市刑事发案数同比下降3.1%，其中“两抢”发案数同比下降27%；交通上报事故四项指数、火灾事故四项指数与上年同期相比均全面下降。年内，该局连续第六年被评为执法质量全省优秀单位，被宁波市委、市政府评为全市信访工作先进集体；共有175人次、34个集体受到立功嘉奖和表彰。

图为奉化市公安局办公大楼

【象山县公安局】 2009年，象山县总面积6510平方千米，其中，陆地面积1175平方千米，海域面积5335

平方千米。海岸线800千米，占全省1/8。全县户籍人口53.3万人，实现地区生产总值237.1亿元，比上年增长8.1%；完成财政一般预算收入30亿元，比上年增长9.7%。象山县公安局设有8个职能科室和8个直属大队，下辖11个派出所，共有民警468人，占全县户籍人口总数的0.878‰。是年，该局110共接刑事案件报警4387起，同比下降2.5%，“两抢”案件数下降11%，刑事发案得到有效遏制；破获各类刑事案件3376起，同比上升1.19%，其中破命案10起，破案率100%；追缴赃款赃物合计489.5万元，挽回经济损失2684万元；查处治安案件5719起，查处数同比上升3.8%。年内，该局被评为宁波市优秀公安局、全市命案全破先进单位、全市追逃工作先进单位、“打黑除恶”工作先进集体，打防控考核位列全市第一，连续第三年被评为全省执法质量优秀单位。

图为象山县公安局办公大楼

【宁海县公安局】 2009年，宁海县行政区域土地面积1843.26平方千米，海域面积275平方千米，户籍人口60.1万人，全县实现生产总值234亿元，同比增长8.5%，城镇居民人均可支配收入和农民人均纯收入分别达25800元、11220元，同比分别增长10%和12%。宁海县公安局共有内设机构16个，下辖派出所19个，民警515人，占全县户籍人口总数的0.857‰。是年，该县共立各类刑事案件4804起，同比下降0.85%；破各类刑事案件3399起，破案率48.9%；发现受理治安行政案件5751起，查处5511起。年内，该局获全省政法系统“学枫桥、保平安、促发展”先进集体、全省县级公安机关执法示范单位和全省公安机关打防控考核A等单位等荣誉。

图为宁海县公安局办公大楼

【大榭公安分局】 2009年，大榭岛行政区域面积30.84平方千米，周围小岛面积4.35平方千米。全区户籍人口26672人，实现生产总值130亿元，同比增长11.1%；财政一般预算收入59.8亿元，同比增长59.3%；地方财政收入13.07亿元。大榭公安分局设有办公室(指挥中心)和治安、侦察、交警3个大队，民警36人，占辖区户籍人口总数的1.35‰。是年，该分局辖区刑事案件数量同比下降11%，命案实现“零发案”；在110报警中，涉及刑事报警数比上年下降11.9%，涉及治安报警数比上年下降3.5%，其中“两抢”报警数下降19.8%。年内，该分局被评为宁波市第十一批文明单位和全市社会治安综合治理工作先进集体。

【东钱湖公安分局】 2009年，宁波东钱湖旅游度假区行政区域面积130平方千米，其中湖区面积19.89平方千米。全区户籍人口46058人，登记外来人口23694人。全年实现生产总值24.6亿元，同比增长10.5%；旅游人口254万人，同比增长23%；旅游总收入11.5亿元，同比增长25%。东钱湖公安分局共有办公室和治安、侦查、交巡警4个内设机构，民警41名，占辖区实有人口总数的0.588‰。是年，该分局共立刑事案件558起，同比下降7.2%；受理治安行政案件662起，同比下降15.8%；查获行政拘留以上各类违法犯罪嫌疑人316人，人均打击处理数2.6人，居宁波市局直属分局第一。年内，该局被评为宁波市社会治安综合治理工作先进单位和省一级档案管理单位，共有5个集体、17名个人获省、市、区级荣誉，1人立三等功，8人(次)受到嘉奖。

【高新区公安分局】 2009年，宁波国家高新区规划面积18.9平方千米，辖区户籍人口2.81万人，登记流动人口2.97万人。全区实现生产总值109亿元，同比增长15.4%；完成财政收入19.5亿元、固定资产投资43亿元、进出口总额18亿美元，同比分别增长18.1%、17.1%和60%，增幅处于宁波各县(市、区)前列。高新区公安分局设4个内设机构和2个派出所，共有民警46人，占辖区实有人口总数的0.796‰。

是年，该分局破获刑事案件112起，其中五类案件和涉众型经济犯罪案件、交通肇事致人死亡逃逸案件破案率均为100%。年内，该分局被评为全市社会治安综合治理先进集体，有2个集体、34名个人获区级以上荣誉，其中3名个人立三等功。

【宁波港公安局】 2009年，宁波—舟山港之宁波港域实现货物吞吐量3.84亿吨，同比增长13.1%，集装箱吞吐量完成1042万标准箱，继续保持国际、国内领先地位。宁波港公安局负责宁波—舟山港之宁波港域的北仑港区、镇海港区、宁波港区、穿山港区和大榭港区的治安保卫工作，共有8个内设科室、3个直属大队和4个派出所，民警171人。是年，该局辖区110报警中，涉及刑事、治安报警数比上年明显下降，交通、火灾事故四项指数同比均全面下降。年内，该局获宁波市创建治安安全单位工作先进、2009年度命案全破单位、集团年度组织绩效A等单位等荣誉。

（**责任编辑** 胡晓东 俞 佳）

温州公安

【市况简介】 温州市地处浙江东南沿海，是浙南经济、文化、交通中心，下辖鹿城区、瓯海区、龙湾区、瑞安市、乐清市、苍南县、平阳县、文成县、泰顺县、永嘉县、洞头县等3区2市6县。全市陆地面积11784平方千米，总人口779.11万人，是浙江省人口最多的城市，也是人口流动性最大的城市，2009年全市登记在册流动人口325万人，在外经商温州人超过200万人，其中国外50多万人。温州是全国首批13个农村改革试验区和全国18个港口城市之一。2009年，温州市实现生产总值2527.88亿元，同比增长8.5%，人均生产总值32595元，同比增长7.3%，按年平均汇率折算，达到人均4772美元。

【概述】 2009年，温州市公安机关以“创建平安、创造满意、创立品牌”（以下称“三创”）为总目标，围绕“护国庆、创平安、强服务”核心工作，确立了“问题切入、以打立警”、“立项解决、固基强警”、“情理并重、从严治警”三大基本战略，积极推进公安工作改革、创新、发展，实现公安工作导向的重大战略性转变，完成国庆60周年安保任务，实现平安建设硬着陆，社会治安局势出现历史性好转。全年接警总量同比下降13.11%（同比下降58.6万余人次），降幅居全省首位；全市受理刑事案件总量同比下降6.98%，降幅高于全省平均降幅5.64个百分点，扭转前几年连续上升的势头；命案发案同比下降14.49%，发案数为近五年来最低；七类恶性案件同比下降16.85%，降幅居全省第一；“两抢”案件同比下降36.34%，发案数为四年来最低。打黑除恶、反“两抢”、打击整治假发票和假币工作排名全省第一。在十项以公安部、省厅名义部署的打防控专项行动中，排名全省第二，打防控工作总成绩从2008年的末位上升到2009年的全省第四位，其中鹿城、瓯海、乐清进入一类地区A等。基层基础工作有力，平均得分居全省第三位；群众安全感、认可度和见警率调查测评得分居全省第二位。2009年，全市共有40个集体和257名个人立三等功以上奖励，“11·16”案件专案组被公安部记集体一等功，市局因各项工作实绩突出被市政府记集体二等功。

【机构人员】 温州市公安局下辖瑞安、乐清市局和苍南、平阳、文成、泰顺、永嘉、洞头县局以及鹿城、瓯海、龙湾区分局11个县、市、区公安（分）局，全市共有

图为温州市公安局局长叶寒冰在瑞安就全市公安工作情况讲话（2009年6月16日）

派出所 161 个,总警力 9060 人,民警总数占全市总人口数的 1.16‰。

【国庆 60 周年安保】 2009 年,温州市公安机关将国庆 60 周年安全保卫作为压倒一切的政治任务,开展敏感问题大排查、破案打击大攻坚、治安防控大会战、安全隐患大整治、护航发展大行动,全力做好各项安保工作。国庆期间,温州社会治安平稳,实现了六个“确保不发生”(确保不发生危害国家安全和政治稳定的重大政治事件,确保不发生涉及温州市的恐怖暴力事件,确保不发生影响社会稳定的重大群体性事件和归口信访对象进京非正常访事件,确保不发生影响恶劣的重大刑事案件和治安灾害事故,确保不发生群死群伤的交通、火灾事故,确保队伍不发生影响恶劣的重大违法违纪问题和严重涉警舆情危机)工作目标。

图为温州市局举行全市公安机关国庆安保誓师大会暨大巡防启动仪式(2009 年 9 月 9 日)

【排查敏感(突出)问题】 2009 年,温州市公安机关围绕国庆 60 周年等敏感时间节点,开展敏感(突出)问题大排查,集中排查可能影响国庆安保,容易造成平安创建一票否决事项的各类重点人员、重点隐患、重点案(事)件等,确保不发生现实危害。国庆 60 周年安保期间,全市强化交通物流行业安检工作,排摸机场、车站、码头、卡点等部位,以及海关、邮政、联托运、快递等各交通物流行业,共排查出监控设施未齐全的车站 22 个,以及未安装监控设施的由乐清、瑞安、苍南发往北京的客车,及时消除隐患,同时梳理出重点人员 1382 人,排查重点部位 531 处,排查重点案事件 180 起。

【做好信访稳控工作】 2009 年,温州市公安机关深入排查重点信访对象,逐人逐件落实稳控措施,努力构筑居住地派出所、机动工作组、驻京工作组三道防线,严防发生公安归口信访对象在敏感节点时间进京、赴杭上访。全面实行公安局长开门接访制度,组织开展集中清理信访积案专项行动,推进信访工作长效机制建设。年内,该市公安机关共处理群众来信来访 7037 件,同比下降 12.9%。排出信访积案 571 件,办结 545 件,其中停访息诉 528 件,办结率 95.4%、停访息诉率 92.4%;公安部、省公安厅交办 13 件,办结 12 件,办结率 92.3%。

【化解处置各类重点案(事)件】 2009 年,温州市公安机关采取重大不稳定因素“一事一策”工作措施,对排查出的重点案(事)件,包括各类群体性事件、非正常死亡事件、重大刑事治安案件全部进行逐案研究,定策略、定责任、定时限,把工作着力点放在化解和处置上,特别是“5·27”公交车撞死大学生事件、“7·28”惠民路部分出租车停运事件的成功处置,受到各级领导肯定。全市全年共发生各类群体性事件 7 起,同比减少 3 起,已发群体性事件全部做到即发即治;共排查发现各类不安定因素 1413 起,成功调处化解 1226 起,调处成功率 86.77%。共对 26 起重大群体性事件隐患按规定开展专案经营,其中成功撤销 12 起,另 14 起隐患也未发展为事件,没有发生因情报信息掌握滞后、专案经营开展不力而导致群体性事件扩大升级的现象。

【“平安大市”创建】 2009 年,温州市公安机关开展“平安大市”创建活动,通过平安大市建设全面推进公安工作上新台阶。确定“一年达标、两年巩固、三年夺鼎”的创建目标,开展“平安 09”行动五大攻势、“两抢一盗”大会战、命案攻坚、打黑除恶、“清障与除污”、缴枪禁赌、乱点整治、09 反假币、09 亮剑、打击假发票“端点”行动、天网追逃、“天斧”禁毒专项行动等打击整治行动,创新发展便衣打击、警犬巡逻、自行车巡逻等手段,提高社会治安驾驭能力。该市的平安创建工作得到中央综治委检查督导组的肯定。

【加强社会治安防控体系建设】 2009年，温州市公安机关积极构建“党政主导、综治主管、乡镇(街道、部门)主抓、公安主掌”的社会治安防控体系，以影响平安创建的命案、“两抢一盗”等突出犯罪为防控重点，五次开展以“护国庆、创平安”为主要内容的“平安09”五大攻势暨铁掌系列统一行动，累计出动警力41053人次，检查出租房、旅馆、网吧等场所221681家次，侦破各类刑事案件5353起。强化街面防控，组织开展“万人大巡防”，全市每天将2000名民警、3000名协辅警、5000名群防群治力量投入街面，携带50条巡逻犬，配备2000辆警用自行车，同时组织民警与武警联合开展夜间武装巡逻。加强常设卡点、临时卡点、犯罪通道卡点建设，完善37个常设卡点和14个警务查报站建设，落实对可疑人员、可疑物品、可疑车辆的盘问、检查、比对措施。严密社区防控，以社区创安、物业创安、法人创安、水上创安等为切入点，加强零发案小区创建，全市保持零发案的小区418个，其中新创建207个，巩固211个，巩固率80.2%。推进“九镇九村”治安乱点整治，整治社会面突出治安问题。

【打击刑事犯罪】 2009年，温州市公安机关严厉打击各类刑事犯罪，全市命案破案率创近年来最好成绩，一次杀死2人以上的6起案件全部告破。打掉黑恶团伙117个，抓获犯罪成员1021名，省督1起、市督20起涉黑案件全部告破，打黑除恶实绩全省第一。共破“两抢”案件5690起，破案率47.67%，同比上升7.2%；打掉市区扒窃犯罪团伙30余个，团伙成员50余人。侦破涉毒案件9100起，摧毁贩毒团伙102个，移诉犯罪嫌疑人2098名，缴获各类毒品76.92千克，查处吸毒人员7502人次，省、市下达的12项禁毒工作年度目标均全面超额完成，连续第五年实现实有吸毒成瘾人员“负增长”。受理经济犯罪案件861起，立案709起，破案594起，破案率83.78%；涉案总价值170868.63万元，挽回经济损失51451.49万元，挽回损失率89.67%；抓获处理犯罪嫌疑人663人，捕获逃犯276人。全市抓获各类逃犯5839名，比上年增加1273名，其中外地逃犯1629名，比上年增加230名。

【加强虚拟社会管控】 2009年，温州市公安机关加大对重要网站及论坛巡查力度，严厉打击网络违法犯罪。网上排查可能涉及不稳定的事件86起，删除本地网站各类有害信息31409条；处置本地重大涉警涉稳舆情炒作40起；通过网侦手段抓获各类逃犯1489名，列全省第一；侦破涉网刑事案件35起，协破1256起，其中协破命案20起，协破案件总数全省第一；成功破获省厅督办“5·25”、“4·28”等大案要案，完成公安部“9·13”专案落地查处工作。

【完成各项保卫、警卫任务】 2009年，温州市公安机关相继完成2009温州拦街福活动、划龙舟活动、高铁贯通、市运动会开闭幕式、中高考等13场重大活动安保任务。全市共举办千人以上各类大型活动183场次，参与人数142.4万余人次，其中3000人以上大型活动32场。在2009年各类大型活动安保工作中，投入安保力量6.2万余人次，其中投入警力2.5万余人次，没有发生公安归口安保不力造成的重大责任事故。同时，顺利完成国务院总理温家宝，国务院副总理回良玉、张德江，非盟主席让·平等重要内外宾在温期间的警卫任务。

图为温州市在江滨帆影广场举行严打整治公判处理大会(2009年4月23日)

【加强社区警务及流动人口服务管理】 2009年，温州市公安机关继续以“亮名恳谈”活动为抓手，推进社区和农村警务建设，全市共建社区和农村警务室595个,其中亮名警务室72个,建成警务联络室和警民联系点3173个,落实社区和驻村民警1066人,配备协勤人员3005名。以《浙江省流动人口居住登记条例》贯彻实施为契机,配合党委政府建立"政府主导、政策配套、信息共享"的流动人口服务管理新体系,实施"外警协管外口"警务模式,推出"新温州人爱心服务"、发放居住证等服务措施,使外来建设者自愿接受公安机关管理,加快融入温州社会。全市登记在册流动人口325万余人,暂住人口登记率91.74%,暂住人口"人户一致"率83.5%;登记在册出租房59.6万户,出租房网上登记率97.81%。

【推出优化行政管理服务举措】 2009年,温州市公安机关推出一系列优化行政管理服务举措,其中包括完善出入境提醒服务,深化"出入有境,服务无境"服务品牌创建活动;落实水上、车站等部位紧急警情应急处置和救助机制;在全市范围内推行户口"网上迁移"制度,继续开展以"行万里路,结万里情"为主题的异地办理"二代证"活动;联合市保险行业协会组建交通事故快速理赔服务中心,为当事人提供交通事故调解和保险理赔一站式服务;市车管所联合全市80余家车行开展星级联动服务,推出周末对外办公等便民利民措施;开展"消防服务月"、"消防服务周"活动,推行消防执法上门服务等。

【强化交通安全管理】 2009年,温州市公安机关围绕"控大、零增长"目标,开展严重交通违法行为集中整治、机动车涉牌涉证集中整治、酒后驾驶机动车整治等专项行动,营造交通严管氛围。全市共发生道路交通事故3318起,死亡619人,受伤3655人,直接经济损失616.5万元,交通事故四项指数同比分别下降10.37%、9.1%、8.88%、4.17%,其中死亡下降绝对数和降幅均居全省第一,连续第五年实现"零增长",万车死亡率连续第十年下降。严重交通违法专项整治战绩全省第三,酒后驾驶机动车整治成绩全省第二,醉酒驾驶机动车拘留人数全省第一。

图为女子交警在烈日下指挥交通

【加强消防安全管理】 2009年,温州市公安机关以"平安09"国庆消防安保百日攻坚专项行动、"铁拳"系列集中统一行动等为载体,强势推进"三合一"建筑、违章简易棚、居住出租房、公众聚集场所、高层和地下建筑、社会福利机构、中小学校舍等重点部位火灾隐患的专项整治活动。以宣传贯彻新《消防法》为抓手,提请温州市政府建立健全消防工作责任制,以多警联动为途径抓好隐患排查的落实,以严格执法为保障抓好消防隐患整治,以大密度宣传教育为抓手提高群众知晓率。年内,全市共发生火灾337起,死亡28人,受伤9人,直接财产损失1496.45万元,除受伤人数同比上升28.59%外,其他三项指数同比依次下降2.32%、24.32%、14.18%。

【加强监管场所安全管理】 2009年,温州市公安机关全面排查整顿公安监管场所存在的安全隐患,确保监管场所安全。全市监管场所共获取违法犯罪线索3352条,破获各类刑事案件5346起,其中命案4起,攻关突破疑难案件972起、带破506起,抓获网上逃犯43名,抓获犯罪嫌疑人837名,查实不明或假身份犯罪嫌疑人105名,缴获毒品海洛因72.3克,追赃折合人民币1810.4万元。年内,温州市监管场所深挖犯罪破案数达全市刑事破案总数的16.2%强,破案绝对数继续名列全省前茅。

【推进公安信息化建设】 2009年,温州市公安机关加快信息中心技术平台和网络信息安全体系建设,完成350兆无线集群通信系统联网、移动警务系统、"动中通"通信车等项目建设,通信勤务保障能力进一步提高。加快改造公安信息资源综合应用平台、情报信息综合应用平台、警用地理信息基础应用平台等。全市建成社会治安动态视频监控点32150个(其中2009年新建10431个),新建、改造重点区域派出所监控室25个。全市共采集各类社会资源信息638万条,综合资源库数据量达到5.33亿条。利用指纹突破案件1246起(命案14起),同比上升4.97%,比中对象923名(同比上升10.94%)。利用DNA数据库串并案件65串154起,其中命案28起。情报信息综合考评列全省第一,跨省案件指纹协查工作列全国地级市第一。在市局、县局、科所队三级设置情报信息机构。

【危险物品安全管理】 2009年,温州市公安机关以打击防范涉枪违法犯罪专项行动、民爆物品治安管理破难攻坚专项行动、"平安09一号"行动、剧毒和放射性物品安全隐患排查整治行动等为载体,对危险物品生产、销售、储存、运输、使用等环节加强登记排查和全程监管,推进危险物品治安管理规范化。全市共检查涉危物品企业3219家,发现隐患166处,全部落实整改。

【抗台救灾】 2009年8月9日16时许,第8号台风"莫拉克"在福建省霞浦县沿海登陆,对温州沿海地区造成严重影响。温州各级公安机关于8月7日开始全警动员,全力参与台风防御和抢险救灾工作,共备勤警力1.5万余人,出动警力(包括协警)1.4万人次,出动警车3200余台次,接报救助电话并帮助处置2082起。

【加强执法规范化建设】 2009年,温州市公安局出台《温州市公安机关民警执法办案评判记分办法》、《温州市公安机关民警执法过错责任追究办法》和《开展执法规范化建设合格科所队创建工作的实施意见》等文件。在全市公安机关开展法律教育培训,落实基层执法联系点制度,推进案件"卷宗电子化"建设。组织开展突出执法问题专项整改、另案处理犯罪嫌疑人专项清理及久侦未结案件专项清理活动,全市共有97人次受到执法责任追究,清理另案处理对象13935人。全市共刑事拘留18401人,逮捕14757人,批捕率96.81%;移诉17862人,移诉率99.64%。

【开展警察公共关系建设】 2009年一季度,温州市公安机关开展以"进农村、进社区、进企业、进家庭"为主要内容的"公安民警大走访"爱民实践活动。其间,全市共有21562人次参与走访活动,走访群众71014人次,机关、企事业单位7669家,掌握各种不稳定因素902条,倾听群众意见诉求1889条,帮助群众解决实际困难1887件,温州市公安机关新出台便民利民惠民措施430条,警民关系得到进一步融洽和提升。

图为瑞安飞云江边防派出所官兵在转移受灾群众

【加强基层基础建设】 2009年,温州市公安局报请市委、市政府同意,以市委办公室、市政府办公室名义印发《关于加强公安基层基础工作的若干意见》。年内,市局指挥中心、网警支队、看守所主要领导职级高配,增设情报信息处和反恐怖支队;进一步理顺城区公安机关领导体制;交警支队整体升格;由人事、财政、公安等部门组成联合调研组,研究建立公安文职队伍问题;市公安局科技大楼列项建设。同时,推出百辆警车、百名警力下基层。全市派出所警力占总警力的39.09%,基层一线立功受奖占比达90%以上。开展苦练基本功活动，全市参加“轮训轮值、战训合一”的民警达5506名。

【提出“三创”工作目标】 2009年4月，温州市公安局党委提出今后一个时期温州公安工作以“创建平安、创造满意、创立品牌”为发展方向，推进公安工作导向战略转变。同时提出“问题切入、以打立警”、“立项解决、固基强警”、“情理并重、从严治警”三大基本战略，以此促进公安工作可持续发展。在“三创”目标指引下，2009年全市公安工作初步取得“党委政府高兴、人民群众满意、全体民警认可”的绩效。

【队伍正规化建设】 2009年，温州公安机关以学习实践科学发展观和人民警察核心价值观教育活动为契机，以“公安队伍建设年”活动为载体，以“情理并重、从严治警”为管理战略，明确“铸警魂、整警风、严警纪、暖警心、扬警威”的总体要求，加快公安队伍正规化建设。树立“敢想、敢干、敢赢”的温州公安精神，强化人民警察核心价值观认同感，激发队伍士气。对全市37名处级领导干部进行调整交流，新提拔任用18名副县长级干部和83名处级干部。省委书记赵洪祝对此予以充分肯定，省委常委、公安厅厅长王辉忠专门批示要求推广温州做法。推进公安惩防体系建设，在市直机关率先纠正退居二线干部不正常上班问题，推出十项队伍管理监督措施，严肃查处涉警违法违纪问题，全年共查处队伍违法违纪案件40起57人。

【实行“三改”工作措施】 2009年，温州市公安机关以“三创”为目标，落实“三改”(改革警务、改进执法、改善形象)工作措施，促进公安工作改革、创新、发展。其中，“改革警务”的内容包括坚持警情牵引警务、构建街面犯罪防控网、强化专业打击手段建设、推进科技手段建设、规范社区警务建设等，对违法犯罪的突出问题、突出时段、突出区域实施精确挤压，集中警力打好歼灭战、阵地战。“改进执法”的内容包括树立“零容忍”执法理念、实现“零障碍”执法监督、开展“零遗漏”执法教育、营造“零盲区”执法制度、推进“零距离”执法服务等，从尊重民意、关注民生出发，推进执法规范化建设，提高执法公信力。“改善形象”的内容包括树立“三敢”(“敢想、敢干、敢赢”)精神、明确导向整警风、落实制度严警纪、从优待警暖警心、强化宣传扬警威、密切警民关系优环境等，改进队伍形象和精神风貌。

【开展“端点”行动】 根据上级关于打击发票犯罪“端点”集中行动统一部署，2009年，温州市公安机关从省厅督办“5·16”非法制售发票案、“6·3”非法制售发票案入手，查明3个非法制造、出售假发票犯罪团伙的底细。7月9日，苍南、鹿城、瓯海、龙湾出动近400名警力，联合国税、地税等部门，抓获犯罪嫌疑人31名，捣毁窝点13个，缴获各类假发票1039424份，查获作案用手机30余部、假印章138个、印模1068枚、银行卡39张、空白假证书等物品3811件、开票名片500余张及印制假发票的电脑、胶印机、晒版机等一批制假设备。

图为温州市局举行“我为公安工作科学发展添光彩”主题演讲比赛(2009年5月21日)

【开展“天斧”行动】 2009年6月12日～8月11日，温州市公安机关开展“天斧”禁毒专项行动，严厉打击易涉毒娱乐场所涉毒违法犯罪活动。其间，共破获涉毒案件1539起，其中刑事案件202起，抓获犯罪嫌疑人269名；缴获各类毒品53.58千克，其中新型毒品51.03千克；查获娱乐场所涉毒案件41起，涉及场所32家；查处吸毒人员1337人次，其中场所内吸毒人员188人次，强制隔离戒毒477人次，抓获本地籍被决定社区戒毒尚未报到吸毒人员133名，新动员参加美沙酮维持治疗人员158名。

【开展“清障与除污”行动】 2009年，温州市公安机关加大对黄赌毒、霸王搬运、涉恶涉黑“村官”、阻碍工程进场、敲诈勒索等违法犯罪的排查力度，以涉恶涉黑“村官”和黑恶势力犯罪团伙为重点，开展“清障与除污”行动。全市共打击查处“村官”违法犯罪案件47起(其中赌博27起、吸毒6起、其他14起)，打击“村官”57人，其中永嘉县局打掉一个盘踞在永嘉瓯北镇和二村的黑社会性质组织，抓获组织成员26人，破获敲诈勒索、非法拘禁、寻衅滋事、强迫交易、非法持有枪支、非法持有毒品、故意伤害、殴打村民、强制进场施工、霸占工程、操纵村干部选举等案件60余起，收缴枪支、刀具、汽车、电脑等一批。

【严打酒驾违法行为】 2009年，温州市公安交警部门严查酒后驾驶违法行为。8月7日～9月27日，全市共查处酒后驾驶3520起，醉酒驾驶640起，拘留醉酒驾驶者596人，暂扣驾驶证3817本，向纪委抄告国家机关工作人员酒后驾驶17起，醉酒驾驶查处数、拘留执行数均列全省第一，拘留执行率达93.1%。

【加强交通视频监控系统建设】 2009年，温州市公安局交警支队推进交通视频监控系统建设，通过建设一批、租用一批、共享一批的做法，市区交警动态视频监控从60个点位增加到1200个，基本涵盖了城市三区所有重要节点位置。通过视屏监控，全年获取交通违法证据15万余起，发现交通肇事逃逸案件侦破线索100余条，处置交通意外100余起，提供刑事、治安等案件线索100余条。省综治办、省公安厅将其作为先进经验在全省推广交流。

【加强科技强警】 2009年，温州市公安机关强化信息在追逃、大要案侦破中的作用。依托同步上案等机制，发挥刑事技术、行动技术、网侦技术在打击中的支撑作用，投入近3000万元用于DNA实验室、理化检验室及相关技侦、网侦手段建设。通过科技手段直接破案3987起，协破案件5345起，技侦服务实战工作被公安部通报表彰，网侦服务实战工作列全省前列。大力推进平台整合，服务侦查破案和行政管理；在社会面完善信息采集交换机制，实现与教育、医疗、社保、电信、银行等部门社会信息的交流、共享和研判，拓展破案渠道。同时开通110接处警满意度语音自动回访系统，实现对所有报警电话的自动回拨和语音回访。

【鹿城公安分局】 鹿城区位于浙江东南部，是温州市政治、经济、文化中心，行政区域面积295平方千米。2009年，户籍总人口70.4万人，登记流动人口79.6万人。年内，全区实现生产总值513亿元；财政一般预算收入31.57亿元；地方财政收入16.96亿元，城镇居民人均可支配收入和农民人均收入分别为28305元和12200元。鹿城公安分局设13个职能科室和12个职能大队，下辖22个派出所，全局民警1040名(不包括交警)。是年，全区治安形势稳定，没有发生有重大影响的案(事)件；全年110刑事接警同比下降7.05%，其中“两抢”(抢夺和抢劫)接警下降40.96%；移送起诉同比上升9.5%，其中“两抢”移送数同比上升11.1%；抓捕逃犯888人，同比上升24.37%。打防控考核列全省第三，全市第一；大情报体系建设被省厅确定为全省唯一县级公安机关示范点；建立全市第一支独立化运作的便衣侦查大队，打击整治“两抢”战绩全市第一。

图为鹿城公安分局办公大楼

【龙湾公安分局】 龙湾区位于温州城市东部，濒临东海，陆地总面积283.5平方千米，海岸线长60千米，辖区经济发达，民间资本富有，是温州重要的工业区，也是温州城市东扩主要区域；温州经济技术开发区是首批国家级开发区，规模企业近400家，开发区新园区(滨海园区)规模处于不断扩大中。2009年，两区实现生产总值307.82亿元，财政总收入42.97亿元，其中龙湾区生产总值207.49亿元，财政收入25.13亿元，城镇居民人均可支配收入24537元，农民人均纯收入13661元；经济技术开发区全年生产总值100.33亿元，财政收入17.84亿元。两区常住人口33.4万余人，登记流动人口38.7万余人。龙湾分局设立于1985年，与温州经济技术开发区分局(1993 年设立)合署办公。分局设 18 个机关科室、11 个派出所,民警 475 人。2009 年,龙湾区治安形势稳定,没有发生有重大影响的案(事)件;全年共发各类刑事案件 8885 起,同比下降 5.3%,破刑事案件 3323 起,同比上升 3.42%,查结治安案件 5873 起,同比上升 67.4%,打击处理 1951 人,缉捕逃犯 722 名;恶性案件发案大幅下降,其中命案、“两抢”案件发案降幅分别高达 32%和 33%,扭转了命案和“两抢”案件高发势头;执法质量挂牌整治取得成效,顺利通过省厅综合达标考评;队伍正规化建设居全市第一名;龙华村治安乱点经整治,由治安后进村转变为先进;分局禁毒大队被评为“全省优秀公安基层单位”;开发区派出所被评为浙江省公安机关“群众满意基层所队(办事窗口)”创建工作成绩突出单位。

【瓯海公安分局】 瓯海区行政面积 467 平方千米,2009 年,常住人口 40.36 万人,登记流动人口约 89 万人。年内,全区实现生产总值 237 亿元,财政总收入 28 亿元,城镇居民人均可支配收入 26185 元,农村居民人均纯收入 12732 元。瓯海公安分局共有民警职工 586 人(行政职工 34 人),事业职工 38 人,设有办公室等 20 个科室队和看守所、拘留所 2 个直属单位,下辖 13 个派出所。是年,全区治安形势稳定,没有发生影响社会政治、治安稳定的重大案(事)件和群体性事件,没有出现越级上访和群体上访事件,没有发生群死群伤火灾事故。全区刑事发案总量同比下降 7.2%,命案发 22 起破 21 起,破案率 95.45%,命案发案数与前三年平均数相比下降 29.03%,“两抢”发案同比下降 40.62%。打防控工作进入全省一类地区 A 等,全省 A 类地区排名第十。“创平安”工作成效显著,“平安瓯海”创建目标顺利实现。在省厅组织的 2009 年群众安全感调查中,瓯海区群众安全感满意率为 97.69%,党委、政府和人大对公安工作满意度为 100%。

图为瓯海公安分局办公大楼

【乐清市公安局】 乐清市陆地面积 1123 平方千米,海岸线长 185 千米,海域面积 270 平方千米,下辖 21 个建制镇、10 个乡、910 个行政村。2009 年,常住人口 120.9 万人,登记流动人口近 55 万人。年内,全市实现生产总值 438.6 亿元,同比增长 8.5%;实现财政总收入 58.9 亿元、地方财政收入 27.2 亿元,同比分别增长 7.9%和 8.6%;城镇居民人均可支配收入和农村居民人均纯收入分别为 27150 元和 12235 元,同比分别增长 7.5%和 6.5%。乐清市公安局下设 19 个科队室、2 个监管场所、2 个分局、15 个派出所、3 个边防派出所,共有民警 1004 人。是年,该市治安形势稳定,没有发生有重大影响的案(事)件;全年刑事案件发 9085 起,同比下降 13.9%,降幅为历年之最,其中“两抢”案件发 899 起,同比下降 45.1%;道路交通事故四项指数同比全面下降。在全省打防控工作考核中取得一类地区 A 等;被公安部评为 2009 年度追逃工作成绩突出单位;该市局交警大队被公安部评为严厉整治酒后驾驶违法行为专项行动先进单位。

图为乐清市公安局办公大楼

【永嘉县公安局】 永嘉县行政面积 2674.3 平方千米,户籍总人口 93 万人。2009 年,全县实现生产总值 179 亿元,地方财政收入 23.58 亿元,城镇居民人均可支配收入和农民人均纯收入分别为 20264 元和 7621 元。永嘉县公安局设有办公室等 11 个职能科室和国内安全保卫等 12 个直属大队,下辖 17 个派出所,民警 698 人。年内,全县刑事发案同比下降 2.12%,刑事案件破案率 49.7%,“两抢”案件下降 32.26%;移诉对象与前三年移诉平均数相比上升 9.86%;抓获各类逃犯 365 名,数量居温州市二类地区第一;全年发生道路交通事故次数、死亡人数、受伤人数同比分别下降 16.62%、10.47%和 16.71%。群众安全感和对社会治安满意度 96.62%,居温州市第三位。

【瑞安市公安局】 瑞安市行政面积1271平方千米，户籍总人口118万人。2009年，全市实现生产总值383.24亿元，财政总收入51.01亿元，地方财政预算收入27.4亿元，城镇居民人均可支配收入和农民人均纯收入分别为27837元和11060元。瑞安市局设有机关科室5个，大队10个，公安派出所14个，边防派出所3个，看守所、强制隔离戒毒所、拘留所各1个，共有民警980名、职工208名。是年，该市社会治安形势稳定，没有发生影响重大的案(事)件，全年刑事案件受理数同比下降10.2%，“两抢”案件受理数同比下降41.7%，降幅均为近年之最；道路交通、消防安全“三项指数”继续保持零增长；命案破案率达100%，命案侦破综合实绩居温州全市第一，打击整治“两抢”犯罪大会战考核全市第二；平安创建取得重大突破，继2007年以来再次跨入“平安县(市区)”行列；市局出入境管理科被评为全国公安文明窗口单位和全省优秀公安基层单位，场桥边防派出所被评为公安部边防部队新时期群众工作先进集体。

【洞头县公安局】 洞头县行政面积100.28平方千米，2009年，户籍总人口12.44万人。年内，全县实现生产总值33.34亿元，增长11.9%；财政一般预算收入4.39亿元，增长22.6%，首次超过4亿元；城镇居民人均可支配收入和农民人均纯收入分别为18339元和7724元。洞头县公安局设15个科室(大队)、6个派出所、3个边防派出所，有民警183名。是年，该县刑事发案下降9.2%，盗窃案件下降13.57%，“两抢”案件下降50%，刑事破案率67.2%，破案率连续十二年全市第一；交通、火灾四项指数稳中有降；群众安全感和满意率97.73%，居全市第一。年内，该局获全省政法系统“学枫桥保平安促发展”先进集体称号，队伍正规化建设列全省先进，执法质量被评为全省优秀，平安创建实现“五连冠”。

图为洞头县公安局办公大楼

【平阳县公安局】 平阳县行政面积1051平方千米。2009年，户籍总人口86.2638万人，实现生产总值172.7亿元，同比增长10%；财政总收入17.73亿元，其中地方财政收入9.95亿元，同比分别增长10.8%和12.96%，城镇居民人均可支配收入和农民人均纯收入分别为20900元和8243元。平阳县局下设科室队16个、派出所13个、公安边防派出所3个，全局在编民警641人，职工36人。年内，全县发生各类刑事案件5893起，同比下降0.29%，其中“两抢”案件发486起，同比下降20.33%；破获各类刑事案件3010起，同比上升4.48%，命案发11起破11起，五类案件发15起破15起，破案率均达100%。交通上报事故四项指数同比均全面下降，火灾立案起数、经济损失数同比下降。“天网”追逃行动、“铁掌1号”打击“两抢”行动列全市第一，“猎狐”禁毒行动列全市第二。

【苍南县公安局】 苍南县行政面积1261.08平方千米。2009年，户籍总人口126.53万人，实现生产总值219.26亿元，经济总量居温州市第五，财政一般预算收入21.8亿元，地方财政收入12.9亿元，城镇居民人均可支配收入和农民人均纯收入分别为20190元和7799元。苍南县公安局设18个职能科室和业务大队，下辖18个派出所(含车站所1个、边防所5个)，在编民警884人。是年，全县治安形势稳定，打防控考核列浙江省一类地区第九名、温州市第三名，执法工作被评为全省优秀，平安创建考核列温州市第一，公安工作综合考评列温州市第二。

【文成县公安局】 文成县行政面积1292平方千米。2009年，户籍总人口37.2万人，实现生产总值33.6亿元，财政总收入3.69亿元，地方财政收入2.68亿元，城镇居民人均可支配收入和农民人均纯收入分别为16853元和5312元。文成县公安局设18个职能科室，13个派出所，有民警308人。年内，该县刑事发案下降12.28%、破案上升14.25%，交通上报事故四项指数、火灾事故四项指数与上年同比均全面下降。在温州市统一组织的五大攻势夺旗行动、整治“两抢一盗”大会战、打黑除恶、追逃等专项竞赛中，成绩均列全市同类地区第一，并获“全省执法示范单位”称号，出入境管理科获“全国文明窗口”称号，打防控满意度测评列全省同类地区24个单位第一。

图为文成县公安局办公大楼

【泰顺县公安局】 泰顺县行政面积1761.5平方千米，辖36个乡镇(包括2个少数民族乡镇)。2009年，户籍总人口35.69万人，全县实现生产总值34亿元，同比增长10.5%；财政一般预算收入3.64亿元，同比增长13.6%；地方财政收入2.63亿元，同比增长15.5%，城镇居民人均可支配收入和农民人均纯收入分别为14432元和5190元，同比分别增长9.3%和11.3%。泰顺县公安局设5个职能科室和14个直属大队，下辖11个派出所，有民警239人。是年，该县共立刑事案件741起，同比持平，破案476起，同比上升0.2%；查处治安案件858起，同比上升4.8%；交通、火灾事故全面下降；没有发生因公安机关处置不当引发的重大群体性事件和进京赴杭上访事件；2起命案、3起五类案件全部告破，在全市命案侦破绩效考核中，被评为二类地区唯一的优胜单位。

(**责任编辑** 胡晓东)

湖 州 公 安

【市况简介】 湖州市地处浙江省北部，东临上海市，南接杭州市，西依天目山，北濒太湖，与江苏省无锡市、苏州市隔湖相望，是环太湖地区唯一因湖而得名的城市。下辖德清、长兴、安吉3县和吴兴、南浔、经济开发区、太湖旅游度假区4区，总面积5818平方千米。2009年末，全市总人口259.17万人。2009年，湖州市实现生产总值1111.5亿元，增长10.2%；城市居民人均可支配收入23242元，增长6.5%，农村居民人均纯收入11745元，增长9.2%。城乡居民收入差距由上年2.03倍缩小到1.98倍。

【概述】 2009年，湖州市公安机关以国庆60周年安保和平安湖州建设为目标，以“护航”行动为载体，维护社会稳定，深化“三基”工程，推进“三项建设”，实施“警务广场”行动计划，开展人民警察核心价值观大讨论活动，严格队伍教育监督管理，顺利完成全年工作任务。全市社会持续稳定，未发生重大政治事件和群体性事件；刑事发案保持“零增长”，命案等严重刑事案件侦破、打黑除恶、打击整治“两抢”犯罪等工作成效显著；交通、火灾事故各项指标平稳。年内，湖州市公安机关共有8个集体立集体二等功、34个集体立集体三等功，集体嘉奖47个；6人立个人二等功、115人立个人三等功，个人嘉奖621人，其中基层一线单位立功受奖约占96.4%，基层一线民警个人立功受奖约占95.7%。

【机构人员】 2009年，湖州市公安局内设政治部和办公室、干部处、警务教育处、宣传处、后勤处、警务督察支队、审计室、法制处、信息通信处、警卫处(中共湖州市委警卫局)、监察室、机关党委、反邪教处13个职能处室；国内安全保卫支队、经济犯罪侦查支队、治安支队、刑事侦查支队、行动技术支队、水上警察支队、网络警察支队、禁毒支队、监所管理支队、看守所、收容教育所(拘留所)、人民警察培训学校、交通警察支队、出入境管理局、特警支队、城市管理治安警察支队、110指挥中心17个直属机构；湖州市机动车驾驶考试服务中心、湖州市居民身份证信息管理所、湖州市车辆检测站、湖州市道路安全保障中心等4个事业单位。下辖德清、长兴、安吉3个县公安局和吴兴、南浔、经济开发区、太湖旅游度假区4个区公安分局。全市有公安派出所66个(含水上派出所)。实有警力3058人，其中大专以上文化程度占92%，民警数占全市常住人口的1.18‰。

【打黑除恶工作】 2009年，湖州市公安机关严厉打击黑恶势力活动，挂牌督办涉黑涉恶案件4批25起，破获25起，破案率100%；督捕涉黑涉恶逃犯15名，抓获10名，缉捕率66.7%。共抓获各类涉黑涉恶违法犯罪人员1300余人，查处涉黑涉恶人员912人，打掉团伙117个727人，其中符合“三人三起”标准的恶势力团伙26个215人、黑社会性质组织犯罪团伙1个18人。

【完成国庆60周年安保任务】 2009年，湖州市公安机关全力做好国庆60周年安保维稳工作。国庆前后，全市未发生赴省进京上访滋事事件、重特大恶性刑事案件、影响较大安全生产事故，各类大型庆典活动安全，旅游景点治安有序。9月10～11日，全市开

图为参加国庆安保大巡防启动仪式的湖州民警整装待发(2009年9月13日)

展国庆安保集中统一行动,投入各类安保力量1.2万余人,破获刑事案件91起,其中盗窃案件72起、"两抢"案件10起,查处治安案件93起;缉获各类违法犯罪嫌疑人65人,其中网上逃犯14人。10月1～8日,全市共接警12012起,同比上升26.6%;其中有效报警5210起,同比上升8.1%;刑事发案466起,同比下降0.9%(其中盗窃案件434起,同比下降1.1%;"两抢"案件7起,同比下降12.5%;未发生命案及五类案件)。

【深挖犯罪战绩位居全省前列】 2009年,湖州市公安监管部门共突破、协破各类刑事案件2798起,其中重特大案件30起,抓获犯罪嫌疑人276人,查获公安部上网逃犯43名。深挖犯罪成绩综合排名列全省第二,其中破案绝对数两项比(破案数与在押量、监管民警总数之比)连续七年全省排名第一,打处率全省排名第二。

【开展打击盗窃"三车"违法犯罪专项行动】 2009年,湖州市公安机关开展该专项行动,破获"三车"被盗案件2463起,抓获窃车违法犯罪人员549人,打掉团伙39个117人,收缴赃车2330辆。在全市"被盗三车大发还"活动中,向群众发还被盗赃车2100余辆。

【打击经济领域违法犯罪活动】 2009年,湖州市公安机关开展打击假币犯罪"09行动"、打击整治发票犯罪、打击涉众型经济犯罪以及打击传销百日联合执法行动等专项行动,共查破各类经济犯罪案件161起,同比上升12.58%,挽回经济损失1.84亿元;破获涉及假币刑事案件10起、假发票案件11起;冲击传销窝点106个,查获参与传销人员392名,解救被传销组织控制人员101名。

【开展打击制贩假证违法犯罪活动】 2009年,湖州市公安局机关开展该专项行动,共抓获违法犯罪嫌疑人员50人,破获刑事案件5起,追究刑事责任14人,查处治安案件18起,治安处罚24人;捣毁制贩假证窝点4处,收缴电脑5台、打印机6台、激光雕刻机1台、短信群发器1套等作案工具,收缴居民身份证(包括"二代证")、户口本、驾驶证、行驶证、文凭等半成品假证5000余份。

【开展打击网络犯罪"09亮剑"专项行动】 2009年,湖州市公安机关开展该专项行动,共侦破涉网刑事案件43起,办结行政案件8起,其中网络淫秽色情案件4起,共打击处理违法犯罪人员23名。

【治理治安热点问题】 2009年,湖州市公安机关共受理治安案件31217起,同比下降5.71%;查处30497起,查处率97.69%,同比上升4.17个百分点。7个省厅、市局挂牌督办的重点整治部位全部按期整改到位,治安状况好转。开展"砺剑"专项行动,整治黄、赌等突出治安问题,查破涉黄案件665起、涉赌案件1743起,治安处罚5873人,其中治安拘留1676人,劳动教养21人,收缴赌博机2700余台。加大禁毒工作力度,全市共破获毒品犯罪案件105起,抓获毒品犯罪嫌疑人196名,同比分别下降1.9%和上升6.6%;共查处吸毒违法人员799人次,同比增长47.7%。

【危险易爆物品监管】 2009年,湖州市公安机关共检查涉危单位1701家次,发现整改隐患107处,处罚重点易制毒化学品企业9家;集中收缴并销毁废旧炮弹2枚、炸药1014千克、雷管1507发、导爆管2600米,查扣各类易制毒化学品280余吨。

【维护医疗机构秩序】 2009年,湖州市公安局与市卫生局联合成立处置医疗纠纷领导小组,出台《湖州市重大医疗纠纷处置暂行办法》,并在全市5家重点医疗机构配备保安人员103人,安装监控探头627只,实行24小时值守监控。全市公安机关配合医院等部门,调处医患纠纷69起,立治安案件11起,查处20人,其中治安拘留15人。

【抗击台风“莫拉克”】 2009年8月,第8号台风“莫拉克”影响湖州。7～11日,湖州市公安机关出动警力2100余人次、车辆900余台次,排除险情28处,救助群众120余人次。8月9日晚,安吉县报福镇中张村、天荒坪镇长龙山等处山体滑坡,公路被堵,安吉县局组织警力配合公路路政部门进行抢修救援,保障被堵路段的安全。

【完成“7·22”日全食期间交通安全保卫工作】 2009年7月22日上午,地球发生日全食现象。国内及全球40余个国家近3000名科学家、天文爱好者和游客聚集安吉县“江南天池”进行观测。新华社、中央电视台、东方卫视、浙江电视台、台湾TVBS电视台等多家媒体到现场进行直播和采录报道。湖州市公安机关投入警力2300余人,顺利完成交通疏导及安全保卫任务。

【完成52批次警卫任务】 2009年,湖州市公安局执行各级警卫任务52批次,其中三级以上警卫任务19批次。

【加强交通安全管理】 2009年,湖州市共发生道路交通事故1387起,死亡389人,受伤1488人,直接经济损失284.9万元,发生数、死亡数、受伤数、直接经济损失同比分别下降13.1%、4.42%、15.02%、6.79%;查处各类交通违法行为126.9万余起,其中超速40.1万余起、客车超员9865起、无证驾驶3681起,行政拘留1408人,暂扣驾驶证3351本;查获酒后驾驶3941起、醉酒驾驶419起,拘留419人,拘留执行率达100%。通过“双排查、双整治”,全市12处省、市级交通事故危险点段和8处省级临水临崖高落差危险路段全部整改到位。

【建立“交通事故车辆定损中心”】 2009年2月27日,湖州市公安局和市保险行业协会共同组建的“湖州市交通事故车辆定损中心”正式揭牌,该中心的成立,标志着轻微物损交通事故快速处理工作机制正式运行。

【加强消防安全管理】 2009年,湖州市共发生火灾事故117起,与2008年同比持平,直接经济损失401.74万元,同比下降0.03%,未发生伤亡火灾事故。在消防安全整治“利剑行动”中,共排查整治“三合一”场所67家;排查高层建筑415家、地下建筑12家,发现整改火灾隐患261处;排查公众聚集场所825家,发现整改火灾隐患833处;排查出租房19331家,发现整改火灾隐患12174处。22个省市县级重大火灾隐患挂牌单位全部整改到位。

【推进公安信息化建设】 2009年,湖州市公安机关推进信息共享与交换平台、警用地理信息基础应用平台和情报信息综合应用平台“三大平台”建设及信息化基础设施建设,在德清、安吉、长兴及南浔等地推广使用移动无线“警务通”,配发移动终端700余部。同时,湖州市局设计开通了供全警使用的信息化应用手册网站,包含应用手册和实战工具两大部分,其中应用手册围绕“案、人、物”三要素,简要阐述信息实战中的基本思路和基本方法;实战工具集成各类查询系统,统一查询入口,并进行“单点登录”改造,民警使用PKI证书即可直接登录大部分查询系统,无需记忆大量用户名、密码,解决了实战中信息查询困难等实际问题。此外,拓展社会信息资源采集面,将财政、社保、移动、计生、工伤保险、供电等单位的信息以及社会求职信息、出租车叫车信息等400余万条纳入公安信息资源库比对,充分利用社会信息资源服务公安现实斗争。

【加强执法规范化建设】 2009年,湖州市公安机关出台《湖州市公安局提高执法效率规范执法办案若干规定》、《常见疑难警情处置操作规则》、《常见涉警矛盾纠纷处理须知》等,进一步规范民警接处警、现场取证等执法行为,解决群众反映强烈的执法突出问题。加强执法培训力度,编发《执法工作双评双促典型案件评析》手册,同时把法律学习作为警衔晋升培训的重要课程,提升民警法律素质和执法能力。每季度开展执法能力考试,参考民警达2000余人次。加强执法日常监督,重点管理控制办案过程,坚持每季执法质量考评和排名通报,提升刑事、行政案件办案质量。

【警务督察工作】 2009年,湖州市公安督察部门开展执法督察181次,出动督察人员405人次,检查基层单位384个,发现纠正问题77个,提出督察建议25条。开展各类现场督察和明察暗访659次,出动警力1825人次,发现和纠正各类问题342个,提出督察建议166条,发督察法律文书32份,采取停止执行职务措施1人、禁闭措施1人。其中国庆60周年安保期间，开展督察活动123次，出动督察人员435人次，发现整改各类问题92个，编发督察通报26期。

【选派第四批机关民警下基层】 2009年2月13日，湖州市公安局举行第四批机关民警下基层欢送仪式，38名市局机关民警和10名吴兴区分局机关民警下派到吴兴区分局织里派出所（辖区系湖州市7个重点地区之一），以增强该所警力。下派时间分1年至3年不等。

图为湖州市局第四批民警下基层（2009年2月13日）

【命案侦查战绩优秀】 2009年，湖州市公安机关侦破45起现行命案，自5月起该市命案侦破始终保持100%的破案率，包括2起杀人分尸和4起一次杀死两人的恶性命案均及时侦破，并破获2起历年凶杀积案，侦破数量和质量都创近年最好成绩。

【推出“护航发展30条”】 2009年3月，湖州市公安局推出“护航发展30条”，内容涉及：110报警电话和湖州市局门户网站新增受理企业涉及公安业务的安全咨询和预约服务；每月违法犯罪情况预警通报，同时视情发布刑事犯罪和经济犯罪预警信息；实行“警务进项目”工作，对市委、市政府公布的重点项目，提供治安保卫指导服务，并有重点地建立工地警务室；建立警企联系制度；推行较大数额罚款、责令停产、停业整顿等行政处罚前背景调查制度和处罚后跟踪回访制度；免费提供浙江籍人员身份证及其他信息核查服务；缩短“二代证”申领周期；出入境护照按需申领；交通事故救援及轻微事故快速处理；缩短消防审核、验收和开业前检查时限等。

【帮助扶持企业】 2009年，湖州市公安机关在“全警大走访”活动中，竭力帮助企业排忧解难。年内，协助企业化解矛盾纠纷1500余起，为企业办实事1500余件，征求意见建议2000余条。同时与104个重点项目和104家重点骨干企业建立了警务联系制度。

【实行就近办理出入境证件服务新举措】 2009年，湖州市公安局在全市范围实行跨户籍地就近办理出国（境）证件便民服务新举措。实行就近受理举措后，除部分事项必须由市级公安出入境管理部门直接受理外，市本级及三县居民因下列事由可向市局及三县任何一个出入境办证窗口实行就近申请：护照个人首次申请，护照项目变更申请，护照换发申请，护照被盗、损毁、遗失补发申请；因探亲、商务、团队旅游、逗留、其他等事由申请往来港澳通行证和签注；因私事前往台湾探亲、定居、旅游、接受和处理财产，处理婚丧及其他私人事务申请往来台湾通行证和签注，以及申请前往台湾进行本企业经贸交流活动（需经国务院台办经济局审核，并提交国务院台办经济局立项批复原件）等事项。

【公安信访工作新模式得到省领导肯定】 2009年5月，湖州市公安局被公安部信访办确定为浙江省唯一信访工作调研联系点。借此机遇，市局信访部门积极推广以“机制是前提、感情是基础、秩序是保障、责任是关键”为主要内容的新型公安信访工作模式，由信访单一作战向全局抓信访转变，实行“每日报阅”制度、定期接访制度；由群众上访向领导约访和民警走访转变；由无理缠访闹访向依法治访转变；由信访“无责”向倒查“问责”转变。此外，还实行法制部门调卷审核制度、全方位信访考核制度、重大信访案件问责制度。全市公安信访部门全年接待群众来信来访1132件，同比下降25.7%，办结率和息访率分别达99%和97.6%。全市公安局长共接待群众来访312批次，市局领导批阅信访件132件。12月10日，省委常委、副省长葛慧君批示：湖州市探索的公安信访工作做法较为扎实，也有创新。

图为湖州市公安局局长金伯中在“湖州在线”就公安工作接受网友访谈(2009年10月9日)

【湖州被授予“实施畅通工程模范管理城市”称号】 2009年1月14日,公安部、住房和城乡建设部在湖州举行“实施畅通工程模范管理城市”授牌仪式,公安部交管局有关领导代表两部宣读《关于南宁等9城市道路交通管理等级评价结果的通知》,湖州市被评为2006～2007年实施畅通工程模范管理城市。

【实施“警务广场”行动计划】 2009年,湖州市公安机关实施“警务广场”行动计划。10月15日,组织第一次广场警务活动,全市共设互动点76个,直接参与群众2620人,收到各类意见建议608条,当场答复完毕191条。12月5日,再次组织以“治安防范”为主题的广场警务活动,设置互动点166个,直接参与群众8500余人,收到各类意见建议350条,当场答复完毕146条。10月,湖州市公安局在互联网开通“警务e广场”,设置“民意窗”、“局长信箱”、“e广场论坛”等与群众实时互动栏目,鼓励群众留言发帖、发表意见建议、提出诉求。通过“办事指南”、“网上预约”等栏目,公布涉及治安、交通、出入境等6大类共90项行政许可业务流程,提供34项表格下载和网上预约服务,并与市政府行政审批服务中心、车管所等服务窗口进行业务对接,为群众提供网上咨询、下载表格、网上预约服务。至年底,网民访问量达34.3万余人次,收到群众意见建议860余条。

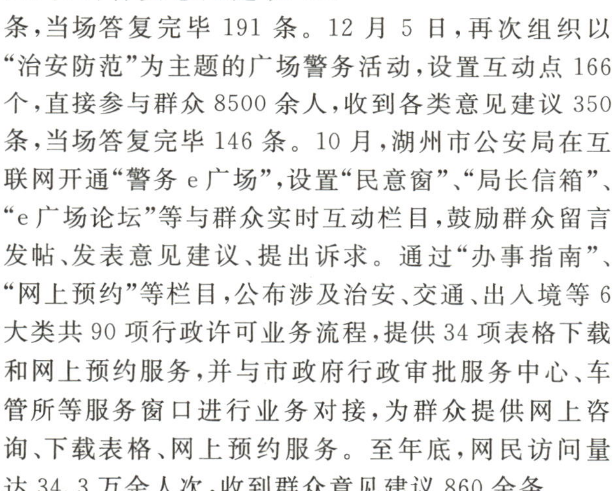

【做好网络舆论引导工作】 2009年8月,湖州市公安局成立公安舆论引导工作领导小组,下设舆论引导办公室(简称“引导办”),配备专人,与新闻发言人办公室合署办公。同时按照部门警力数50%、县区局警力数25%的标准,组建由市局引导办直接管理的网络评论员队伍,有网评员1005人,采取主动设置网上议题、转移网上话题和及时解答、跟帖等手段引导舆论。此外,还与各大网站管理员、重点论坛版主建立联系,物色发展论坛会员1180余人。

【推出队伍管理“六个绝不容忍”】 2009年6月,湖州市公安局推出队伍管理“六个绝不容忍”:坚持执法为民,严格公正文明执法,绝不容忍执法不公、执法违法、以权谋私、徇私枉法、刑讯逼供、变相体罚等行为和现象的发生;严格执行各项禁令,做到令行禁止,绝不容忍违反“五条禁令”等行为和现象的发生;始终牢记宗旨,真心爱民为民,绝不容忍伤害群众感情、损害群众利益,耍特权,打骂欺压群众等行为和现象的发生;弘扬爱岗敬业精神,忠于职守,绝不容忍玩忽职守,不作为、乱作为等行为和现象的发生;强化警察意识,严守职业道德、社会公德、家庭美德,绝不容忍违反伦理道德,损害公安机关和人民警察形象等行为和现象的发生;坚持从严治警,严格队伍教育管理,绝不容忍对民警违法违纪行为隐瞒不报、压案不查、查处不力等行为和现象的发生。

【评选警界功模人物】 2009年8～10月,湖州市公安局组织开展“为湖州公安作出突出贡献的英雄模范人物”和湖州市首届“我最喜爱的十大人民警察”评选活动。先后有110多万群众参与评选投票。经初选,王法金、沈克诚等10人当选为“为湖州公安作出突出贡献的英雄模范人物”,马长林、李伟民等10人当选湖州市首届“我最喜爱的十大人民警察”。

【出台《常见涉警矛盾纠纷处理须知》】 2009年8月,湖州市公安局印发《常见涉警矛盾纠纷处理须知》,内容涉及涉警矛盾纠纷范围、涉警矛盾纠纷处理原则、常见涉警矛盾纠纷处理方法等,指导民警正确处理因家庭财产分割、赡养、夫妻感情等引起的家庭纠纷,因购房、购车、购物、餐饮娱乐等引起的消费纠纷,因采光、噪音、污染等引起的邻里纠纷,在公共场所因口角、碰撞、误会等引起的矛盾纠纷,交通事故纠纷，债权债务纠纷，医患纠纷，物业纠纷和征地拆迁纠纷等事项。

图为举行电影《警察进行曲》开机仪式（2009年11月28日）

【影片《警察进行曲》开机】 2009年11月28日，由湖州市公安局、中央电视台联合摄制的电影《警察进行曲》（上、下部）在湖州市太湖旅游度假区渔人码头中心广场正式开机。《警察进行曲》是一部以湖州公安警官乐团为原型，旨在彰显公安民警风采、展示文化育警成果的青春励志剧。

【吴兴公安分局】 2009年，吴兴区辖织里等5个镇和道场等2个乡，以及月河等5个街道，共有166个行政村和50个社区。全区地域面积为738平方千米，实有常住人口46.6万人。实现地区生产总值227.5亿元，城镇居民人均可支配收入23400元、农民人均纯收入11900元，分别增长7%和9%。吴兴区公安分局机关设16个处室、科队，下辖13个派出所。有在职民警464人（在编435人，市局下派29人），党员民警402人，占全局民警的91.8%。确立"稳定第一责任"意识，把国庆安保作为头等大事，做好重点人、事、物稳控和监管工作，化解余山村纠纷、红里山村纠纷、医院医患纠纷等一批不安定因素，处置浙北商场顾客滞留、多起坠楼跳河自杀等突发事件，确保全区大局稳定。开展打击整治"两抢"、盗窃"三车"等系列专项行动，健全完善治安防控体系，全年共立刑事案件5338起，同比下降0.2%，破刑事案件3470起，打击处理996人，同比分别上升1%和7.4%，命案、"五类"案件破案率均为100%。全年摧毁黑恶团伙48个，刑事拘留和治安拘留700余人。

【南浔公安分局】 南浔区下辖9个建制镇和一个省级经济开发区，面积716平方千米，常住人口51.4万人。2009年，全区生产总值195.57亿元，同比增长9%；财政总收入18.17亿元，同比增长8.3%，其中地方财政收入8.48亿元，同比增长14.9%；城镇居民人均可支配收入23242元，农村居民人均纯收入11836元，同比分别增长6.5%和9.2%。2009年，南浔公安分局围绕"精密维稳、精心服务"的主题和"保稳定、促发展、重创新、增活力"的要求，推进治安工作社会化、公安工作专业化、基础工作信息化、执法工作规范化和警民、警营和谐等工作。年内，该分局被评为全省执法质量优秀单位、全市公安机关打黑除恶先进集体，"维稳工作八大机制"、"新居民服务卡"、公安信访等工作得到上级肯定，全区共有4名民警获省级表彰，5个集体和17名个人立三等功，5个集体和108名个人受嘉奖。

【湖州开发区公安分局】 湖州经济开发区位于湖州中心城区西北，面积180平方千米，下辖两个街道一个镇，共有户籍人口14万余人、登记流动人口6万余人。2009年，开发区公安分局内设3个职能科室和5个直属大队，下辖3个派出所，民警100人。年内，开发区分局围绕"强管理、提质量、抓养成、创和谐"的工作思路，有效维护辖区社会稳定。打防控考评位列四类地区第三，排名序列位居全市第二，创历史新高；罗师庄地域社会治安综合整治工作受到湖州市委、市政府与市局肯定，并在全省现场会上推广；火灾与交通事故三项指标继续保持"零增长"。全年共有16人次获得市级以上表彰，涌现出"全省优秀人民警察"马长林等一批先进典型。

【湖州太湖旅游度假区公安分局】 湖州太湖旅游度假区位于湖州市区北部、太湖南岸，陆地面积46.7平方千米，水域面积300平方千米，湖岸线约64千米，下辖两个街道，共16个社区、8个行政村，实际管理人口78081人。辖区是湖州市政治文化中心所在地，国家AAAA级旅游区，也是湖州滨湖新区建设核心区域。度假区公安分局实有警力57名。2009年,湖州太湖旅游度假区公安分局开展“双评双促强规范”活动,推进执法规范,执法质量提升,被省厅确定为2009年度执法质量优秀单位。推动警务进校园,实现校园警务由“单一”向“联合”、由“传统”向“现代”、由“被动”向“主动”、由“封闭”向“开放”转变,涉校治安问题减少,校内治安环境好转。建立并完善行政中心区域日常巡控机制和应急处突机制,建立专业的行政中心应急处突队伍和行政中心机关事业单位联动制度。

【德清县公安局】 德清县域面积936平方千米,户籍人口43万人,辖9个镇、2个乡、166个行政村。2009年,全县生产总值210亿元,同比增长10%;财政总收入28.4亿元,同比增长10.2%,其中地方财政收入14.8亿元,同比增长10%。城镇居民人均可支配收入24840元,农村居民人均纯收入12031元。2009年,德清县公安局内设综合管理机构4个、执法执勤机构11个,下辖派出所(含水上派出所和莫干山分局)14个,实有警力435人,其中大专以上文化程度占92.18%,民警数占常住人口的1.01‰。年内,全县公安机关围绕建国60周年安保、平安德清建设等中心,开展“护航”系列行动,落实各项维稳举措,打击各类违法犯罪,推进“三项”建设,提升队伍形象。刑侦“跨区域办案协作平台”应用工作获公安部、省厅通报表扬;动态治安视频监控系统建设获省综治委和省厅通报表扬;被评为全省执法质量优秀单位和全国道路交通事故处理规范执法示范单位。有16个科所队获省厅和市局32次嘉奖,80人96次获省厅、市局和县委、县政府表彰奖励。

图为德清县公安局办公大楼

【长兴县公安局】 长兴县域面积1430平方千米,辖10个镇、6个乡、1个开发区、3个街道,人口62万人。2009年,实现地区生产总值240亿元,财政总收入33.89亿元。长兴县公安局实有内设机构15个,派出所13个,在编民警550人,总警力占常住人口的0.887‰。年内,长兴县公安局围绕“保稳定、重民生、促发展、强实力”工作主线,以“护航”系列行动和社会治安整治行动为抓手,落实严打、严防、严管、严控措施,推进“三项建设”,社会治安形势总体平稳,刑事发案同比下降1.7%,刑事破案和打击处理数同比分别上升1.1%和3%,命案、五类案件破案率均达100%。群众对社会治安安全感和对公安工作满意度分别保持在98%和95%以上的较高水平。年内,县局获全省政法系统“学枫桥、保平安、促发展”先进集体、全省公安系统队伍正规化建设先进集体、全省科技强警示范县、全市政法满意单位、全市优秀公安局等荣誉,连续三年获县级机关部门绩效考评一等奖。

图为长兴县公安局办公大楼

【安吉县公安局】 安吉县总面积1886平方千米,常住人口45.5万余人、登记流动人口5.8万余人。2009年,安吉县生产总值159.52亿元,财政总收入18.3亿元,地方财政收入10.5亿元。城镇居民人均可支配收入22484元,农民人均纯收入11326元。2009年,安吉县公安局内设18个科室、业务大队,下辖10个派出所,在编民警432人,约占全县人口总数

图为安吉县公安局办公大楼

的0.95‰。年内，安吉县公安局共破刑事案件1538起，命案、七类案件破案率100%，打击处理数同比上升11.7%，连续四年实现交通、火灾事故三项指标零增长；推进“三项建设”，打防控工作获全省三类地区A等；执法质量连续五年获评优秀，并获全省县级公安机关执法质量示范单位及2009年度“全市满意政法单位”、“全市优秀公安局”称号；旨在加强小区防控、减少发案、密切警民关系的ABC居民小区分类管理工作在2009年度全省、全市公安工作会议上做经验交流；开展警务创新，“平安和谐大家谈”活动得到各级领导肯定，省委常委、副省长葛慧君批示要求各地借鉴这一做法。年内，1个集体立集体二等功，2名个人立个人二等功，3个集体立集体三等功，14名个人立个人三等功，陈秋林获浙江百名“优秀公安基层民警”称号。

（**责任编辑** 胡晓东）

嘉兴公安

【市况简介】 嘉兴市位于长江三角洲南翼的杭嘉湖平原，东接上海，南濒杭州湾，西连杭州，北临苏州，是马家浜文化发祥地之一，被誉为“鱼米之乡，丝绸之府”。下辖嘉善、海盐县，平湖、海宁、桐乡市和南湖、秀洲区7个县（市、区）。2009年，全市总面积3915平方千米。常住人口339.6万人，暂住人口190.4万人。全市生产总值1917.96亿元，增长9.3%；财政总收入279.4亿元，增长10.8%；城镇居民人均可支配收入24693元，农村居民人均纯收入12685元。

【概述】 2009年，嘉兴市公安机关围绕建设“平安嘉兴”、构建和谐社会总目标，以构建“四警一化”现代警务机制为主线，强化组织领导、基层排查稳控和社会不安定因素化解处置，顺利完成国庆60周年安保工作；及早谋划上海世博会“环沪护城河”安保准备工作；强化突出治安问题整治和公共安全管理；推进警务机制创新和队伍正规化、职业化建设，全面维护社会和谐稳定。年内，共发生刑事案件37502起、破获16862起，同比分别下降0.79%、上升1.6%；打击处理犯罪嫌疑人7400名，同比上升0.38%；发生道路交通事故1486起，死373人，伤1491人，直接经济损失715.86万元，同比分别下降3.82%、5.33%、4.05%、3.77%；发生火灾事故132起，死2人，伤5人，经济损失215.35万元，事故起数和经济损失数同比分别下降8.33%、8.26%。全市未发生影响社会稳定的重大案（事）件，命案、“五类案件”连续两年全破。嘉兴市局被评为全国“科技强警示范城市”建设工作先进集体、全国公安机关出入境管理暨外国人管理工作先进集体、全省防范处理邪教工作先进集体、全省法制工作先进集体、全省卷烟打假工作先进集体、全市法制工作先进集体等。

【机构人员】 2009年，嘉兴市公安局内设28个职能处室（队、所）和政治部，下辖南湖区、秀洲区、经济开发区、港区分局，嘉善县、海盐县公安局，平湖市、海宁市、桐乡市公安局，有派出所81个（含水上派出所），全市公安机关总编制数4751名，实有警力4556名，占全市常住人口的1.38‰，其中大专以上文化程度占94.34%。

【完成国庆60周年安保任务】 2009年，嘉兴市公安机关为做好国庆60周年安保工作，围绕重点人、重点物、重点部位，开展维稳涉恐基础大排查；开展防范打击涉枪涉爆犯罪、危险物品整治及治爆缉枪等专项行动，与1309家涉爆、涉毒、涉枪、放射品及化学品单位签订安全责任书；以“水电油气”及机关首脑单位为重点，开展县级以上重点单位基础排摸；规范

图为嘉兴市局举行国庆安保联合巡逻启动仪式（2009年9月10日）

公交车辆视频监控安装和输油气管安全保护，全面启动车站及相关行业安检措施；完善群体性事件化解机制，推进“清积案、解隐患”信访百日攻坚行动；解决疑难信访案件，全市未出现去省进京上访滋事等情况。国庆期间，全市出动警力2万余人次，顺利完成156场次各类群众性庆典活动的安保任务。

【筹划推进上海世博会“环沪护城河”安保工作】 2009年，嘉兴市公安局筹划落实上海世博会“环沪护城河”安保工作，编制出台上海世博会“环沪护城河”安保总体工作方案及卡点建设、设卡勤务规范、社会面控制等分方案；加强与上海警方的交流合作，多次与上海警方开展对接活动；统筹考虑包括相邻上海区域内的路网结构编制“护城河”卡点，整合归并乡村小道，形成严密合理的卡点网络；建立分级响应机制，根据情况启动响应级别，统一发布响应指令，按照“三个统一”(统一检查内容，统一设施装备，统一上岗时间、等级规格)的要求落实卡点勤务制度；抓好6个一级卡点、2个二级卡点基础设施及装备建设。至年底，基建工作基本完成，与沪相连的所有58条陆上通道均拟安装双向视频监控系统；结合单警装备建设，加快安全防护设施及装备的配备工作。

【开展打黑除恶专项行动】 2009年1月，嘉兴市公安机关印发《关于涉黑涉恶案件早打快打工作的实施意见》。年内，该市组建打黑专业队8支，选配专职民警41名，运用涉黑涉恶信息管理系统，获取各类信息7866条，侦办涉黑犯罪案件4起，打掉涉黑涉恶团伙215个，抓获犯罪嫌疑人1361名，破获案件1755起，缴获枪支9支，扣押非法资产和没收非法所得1452万余元。专项斗争综合成绩名列全省第二、二类地区第一。

【开展整治治安乱点“雷霆”行动】 2009年2～10月，嘉兴市公安局会同市综治办、新居民事务局等单位开展全市整治治安乱点“雷霆”行动。其间，对17个市级、85个县级治安乱点区域(行业)开展集中整治，破获各类刑事案件6009起，抓获犯罪嫌疑人3006人，其中“两抢”案件291起276人、“三车”(摩托车、电瓶车、自行车)案件1926起590人；抓获各类逃犯389人；查处各类治安案件5227起，处理违法嫌疑人8943人次(其中卖淫嫖娼523起1241人次、赌博852起3892人次)；收缴各类赌博机7593台；摧毁各类犯罪团伙224个。

【开展打击假币犯罪“09行动”】 2009年1～11月，嘉兴市公安机关开展该行动。其间，全市立假币刑事案件36起，破案35起，抓获犯罪嫌疑人40名；收缴假人民币232.65万元、假美元1.48万元、假港币0.1万元；破获涉嫌假币团伙案件6起，抓获假币网上逃犯6名。嘉兴市局被省厅评为打击假币犯罪“09行动”先进集体。

【开展打击整治发票犯罪专项行动】 2009年2～10月，嘉兴市公安局会同市国税局、市地税局开展该专项行动。其间，全市立出售非法制造发票案件22起，破获22起，刑事拘留32人，向检察院起诉案件21起，捣毁藏匿发票窝点18个、倒卖(开具)发票窝点16个，缴获假发票156016份，向财政、监察、审计等部门移送案件59起，移送涉案人员27人，涉案金额1200余万元。

【开展打击传销联合执法行动】 2009年7～12月，嘉兴市公安局会同市工商局开展该行动。其间，全市共出动警力和工商执法人员6000余人次，捣毁窝点700余个，破获涉及传销刑事案件54起，刑事拘留犯罪嫌疑人250名，劳动教养7名，解救被迫参与传销人员465人，劝返5372人。

【开展禁赌扫黄专项整治】 2009年，嘉兴市公安机关开展禁赌扫黄专项整治。侦破涉赌涉黄刑事案件323起，采取刑事强制措施1140人；查处涉赌涉黄治安案件3294起，治安处罚2547人，罚没款2101万余元；收缴赌博机14799台。

【开展整治互联网低俗之风专项行动】 2009年1～3月，嘉兴市公安机关开展该专项行动。其间，经公安机关发现、网站自查，删除各类低俗信息161条；破获网上传播淫秽物品牟利等刑事案件3起，刑拘5人；查处治安行政案件1起，处罚1人。

【开展打击网络犯罪“09亮剑”专项行动】 2009年5～12月，嘉兴市公安机关开展该专项行动。其间，全市立网络违法犯罪刑事案件110起，破23起，抓获犯罪嫌疑人43名；立行政案件11起，结案11起，处罚违法人员11名。

【强化互联网“虚拟社会”管理】 2009年，嘉兴市公安机关发现并删除可能影响社会稳定的本地网信息11983条，依法查处网上违法犯罪案件34起，协破各类刑事案件428起，抓获违法犯罪嫌疑人470名。

【开展交通安全整治“飓风”行动】 2009年4～8月，嘉兴公安交警部门开展该行动。其间，加强道路交通安全隐患排查；治理企业员工接送车辆管理，每天三分之二以上警力上路执勤，加大路面严管力度，强化城郊接合部、事故多发时段路段管理；开展集中统一行动14次，从严查处超员、超载、超速、酒后驾驶、无证驾驶、违法超车、拖拉机和农用车违法改装和违法载客、驾乘二轮摩托车不戴安全头盔等事故多发的严重交通违法行为。全市投入警力18.75万余人次，出动警车5.93万辆次，查处各类交通违法行为61.73万余起。

图为嘉兴市委常委、市公安局局长梁群检查道路交通“五条严管措施”落实情况(2009年8月20日)

【开展严重交通违法行为集中整治】 2009年5月25日～7月15日，嘉兴市公安机关开展该项集中整治。其间，全市共查处严重超速4.35万起、车辆非法改装1.68万起、客车超员106起、酒后驾驶532起、违法载人2074起。集中整治工作成效名列全省第二。

【举行“09—1号”特警防暴盔甲队集结拉练暨联勤集中统一行动】 2009年1月12日，嘉兴市公安局举行该统一行动，整个行动分特警防暴盔甲队集结拉练、集中会操、巡逻展示、联勤联防四个阶段，通过武装设卡、公开巡逻、增援式联勤联防等措施，最大限度地把警力投向路面、治安复杂地带和案件高危时段。行动中，出动警力2445人次，设置卡点84个，检查各类场所1674家、车辆5136辆，盘查违法犯罪嫌疑人7903人次，抓获违法犯罪嫌疑人103名，查获可疑车30辆，缴获管制刀具18件。

【加强治安出城卡点规范化建设】 2009年5月，嘉兴市公安局出台《嘉兴市公安局治安出城卡点工作规范》，同时自行研发出租车出城登记管理软件系统，采用身份证扫描仪自动读取乘客信息，自动录像、自动比对网上逃犯、自动存储登记信息等，可通过输入可疑车辆信息，与“全国被盗抢机动车库”进行实时比对，在短时间内实现登记、存贮、比对、录像、查询等目标，提高治安出城卡点工作效能。年内，全市治安出城卡点累计登记检查机动车19.1万辆次，查获违法犯罪嫌疑人2084人，破获刑事案件355起，摧毁犯罪团伙13个，抓获网上逃犯25人，缴获毒品1.9千克，收缴管制刀具207把(件)，折合赃款59万余元，经登记的出租车司机人身财产权利保持“零侵害”。

【火灾事故连续五年“零增长”】 2009年，嘉兴市发生火灾132起，死亡2人，受伤5人，直接经济损失226.24万元，火灾起数、直接经济损失同比分别下降8.26%和3.62%，火灾事故连续五年“零增长”。

【县级禁毒办实现实体化运作】 2009年，嘉兴各县(市、区)均建立禁毒办，实行禁毒办和禁毒大队合署办公，率先在全省实现县级禁毒办实体化运作。年内，省禁毒委在海宁市召开全省禁毒办实体化建设现场会，总结推广嘉兴经验。

【实行户口办理“网上迁移”】 2009年8月1日起，嘉兴市本级(南湖区、秀洲区、嘉兴经济开发区)实行户口办理“网上迁移”，在此范围内的户口迁移，由迁入地派出所直接办理户口迁入、迁出手续，无需到迁出地派出所办理户口迁出手续。

【推进社会治安动态视频监控系统建设】 2009年10月，嘉兴市公安局印发《嘉兴市视频信息接入公安信息网技术规范》、《关于进一步推进全市社会治安动态视频监控系统建设的通知》，推进全市社会治安动态视频监控系统建设。9月，市局对全市联网共享平台和存储系统进行验收。年内，全市共建公安专网社会治安动态视频监控点6113个。

【承办中央电视台“爱国歌曲大家唱·激情广场”浙江·嘉兴公安篇活动】 2009年7月26日，由公安部宣传局、浙江省公安厅主办，嘉兴市委宣传部、市公安局承办的中央电视台“爱国歌曲大家唱·激情广场”浙江·嘉兴公安篇活动在市区南湖会景园望湖楼广场举行。公安部宣传局、中央文明办协调组、省公安厅、中央电视台戏曲音乐部和嘉兴市委、市政府、市人大常委会、市政协等有关领导，全省各地民警代表，社会各界群众3000多人参加歌会。

图为举行爱国歌曲大家唱活动

【保卫2009中国(嘉兴)科普旅游节暨日全食观测活动】 2009年7月22日，该活动在嘉兴市举行。此次活动由开幕式、日全食观测活动、学术研讨会、科学研习会等多项内容组成。除10余万本地市民聚集观测外，来自其他国家和地区的1.1万余人也参加活动并观测日全食。嘉兴市局顺利完成安全保卫任务。

【完成警卫工作任务】 2009年，嘉兴市公安局完成江泽民等21批内宾警卫、新加坡总理等3批外宾警卫及44批省、市交办的其他警卫、保卫任务，确保了各项工作严密有序地进行。

【开展全市“我最喜爱的十大人民警察”评选活动】 2009年3月，嘉兴市公安局会同市委宣传部、市人事局组织开展该评选活动。经评选，杨承云、张永明、唐海荣、王晓东、张海锋、廖昊、许惠芬、于光卫、章铭、孙永其被评为2009年度嘉兴市“我最喜爱的十大人民警察”。

【推出九条关心关爱民警措施】 2009年9月，嘉兴市公安局出台关心关爱民警九条措施，即：严格落实民警谈心谈话制度；关心民警身体和心理健康；保障民警合法权益；拓宽民警交流及用人渠道；合理配置科学使用警力；落实局领导定期面对面接待民警制度；加大典型树立及激励力度；开展警营文化活动；加大对民警的教育投入。九条措施出台后，市局将相关责任分解到有关处室，落实人员贯彻执行。

【两个部级科研项目通过验收】 2009年8月5日，嘉兴市公安局研发的“多功能溶液”和部级应用创新计划项目“×××一体化工作仪”两个项目经公安部委托省厅组织的验收委员会审核、现场测试，顺利通过验收。两个项目先后于2006年7月和2008年10月被公安部批准立项。经努力，分别于2006年12月和2009年3月完成整体研制。

【科技强警示范县、示范科(所、队)创建工作】 2009年2月25～26日，海宁市公安局和平湖市公安局交警大队等7个示范科(所、队)科技强警工作通过考核验收。5月8日，分别被省厅授予科技强警示范县和示范科(所、队)称号。2月25日，嘉兴市局被公安部、科技部授予“科技强警示范城市建设工作先进集体”称号。

【“嘉兴水警01”号指挥艇投入使用】 为做好涉水警卫和水上安保工作，2009年，嘉兴市政府专项拨款150万元，建造“嘉兴水警01”号公安指挥艇一艘，艇长19米，宽4.5米，乘员25人，满载排水量21.38吨，最高航速28km/h，续航8小时，艇上配置移动视频传输系统。8月23日，“嘉兴水警01”号投入使用。

【道路交通事故死亡人数连续七年实现“零增长”】 2009年，嘉兴市公安机关以“降事故、保安全、保畅通”为目标，先后开展专项整治6次，查处各类交通违法行为267.9万余起；会同交通、安监等部门对19处道路交通事故多发点段实行挂牌整治；报请市政府开展对农村危桥和临水危险路段道路交通安全隐患进行排查，排除隐患6505处，落实整改2805处，投入整治资金9708.87万元，19处事故多发点段实现“零死亡”。年内，全市共发生道路交通事故1486起、死亡373人，道路交通事故死亡人数连续七年实现“零增长”。

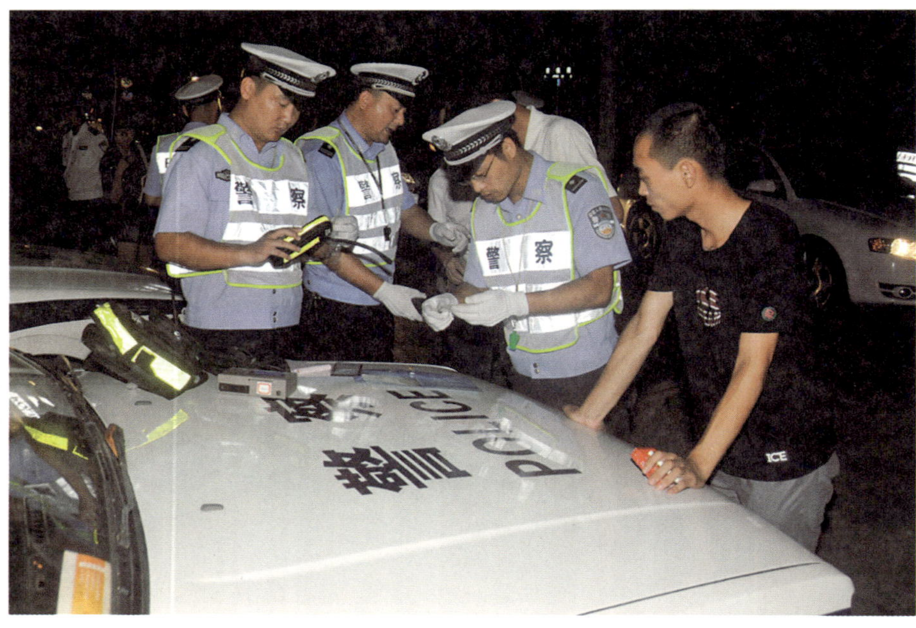

图为嘉兴交警对路面车辆实行检查(2009年8月20日)

【推行打击整治“两抢”犯罪宣传日暨“零发案”集中行动日活动】 2009年，嘉兴市公安机关把每月10号定为打击整治“两抢”犯罪宣传日暨“零发案”集中行动日，以点带面，推进打“两抢”大会战。年内，全市共发“两抢”案件1216起，同比下降36.9%，破759起，抓获现行犯罪作案人856名、网上逃犯126名，摧毁“两抢”团伙114个，追缴被抢财物210余万元。

【出台《关于服务和保障公安派出所工作的九条意见》】 2009年3月23日，嘉兴市公安局出台该《意见》，文件提出：切实为派出所工作减负；推动机关警力下沉；健全派出所民警岗位交流和选人用人机制；加强对派出所民警的教育培训；加大对派出所民警的表彰奖励力度；争取提高派出所民警的职级待遇；解决派出所民警的实际困难；丰富派出所警营文化；强化派出所警务保障。

【构建“开放和谐、合作交流”新型警媒关系】 2009年4月1日，嘉兴市公安局、市委宣传部联合召开公安宣传思想工作会议，签订新闻宣传沟通协作协议，建立重要新闻信息沟通机制，为把握公安宣传工作重点、服务城乡警务一体化改革、推进“四警一化”现代警务机制建设等十项重点工作提供舆论保障。嘉兴构建新型警媒关系在全省属首创。

【开展新居民法制宣传活动】 2009年5～12月，嘉兴市开展该活动。其间，全市组织法制宣传咨询活动313场，举办法制宣传讲座78场，受教育人数54.5万人；悬挂横幅1223条，张贴标语3266条，张贴宣传画28145张，制作宣传展板711块。年内，全市抓获违法犯罪流动人员同比下降3.47%。

【建立市、县(市、区)两级网络评论员队伍】 2009年，嘉兴市公安局组建专兼职网络评论员队伍共104人，制定出台网络评论员队伍管理办法，完善涉警舆情危机处置机制。8月31日～9月1日，市局举办培训班，就舆情危机处置策略、技巧等问题进行专题培训。

【推出违纪违规民警离岗集训制度】 2009年5月，嘉兴市公安局推出违纪违规民警离岗集训制度，组建特警支队六大队，负责全市违纪违规民警集中培训。全年共举办离岗集中培训班2期，21名民警参加培训。集训期间，严格实行军事化管理，强化集训民警日常行为规范，停发集训民警的工作性津贴、岗位津贴及超时补贴，年终奖金按月扣除。

【创新教育训练警务机制】 2009年，嘉兴市公安局推行“菜单制”、“实训实考”、“案例情景式教学”模式，对学员实行抄告制管理。“菜单制”培训即：针对不同警种，设置相应的“菜单制”课程，聘请公安各业务条线兼职教官及外单位专家到校授课；“实训实考”即：参加警衔晋升的民警在警校进行理论培训及相关的考核后，到相同或相似的工作岗位，由实考点上的骨干民警带训，进行实战操作训练，考核其工作能力、业务水平、遵章守纪等情况；“案例情景式教学”即：以实战案例分析、讨论、讲评，设置现场分组考核，警校提供房间、场地，相关警种根据工作需要，安排人员，携带车辆、道具及勘查工具等布置现场，参训民警按要求进行规范操作，确定成绩；学员抄告制即：对每期培训学员的理论考试、体能技能、日常行为考核和“实训实考”等成绩进行综合计算，按单位和个人名次抄告给学员单位领导，并在警校网页公布。

【成立嘉兴市公安文学艺术联合会】 2009 年 4 月 28 日，嘉兴市公安局成立嘉兴市公安文学艺术联合会。

【开展“文明星级网吧”评创活动】 2008 年 6 月，嘉兴市公安局开展该评创活动。2009 年 3 月，首次评定结束。全市共评出一星级和二星级网吧 70 家，三星级网吧 20 家。该评创活动在全省属首创。

【实现命案全破】 2009 年，嘉兴市公安机关坚持命案必破理念，创新命案侦防机制，全市 57 起命案全部破获。

【建立派出所民警与企业结对联系制度】 2009 年 1 月 15 日，嘉兴市公安局印发《关于建立派出所民警与企业结对联系制度切实加强不安定因素排查工作的通知》，规定在全市规模以上企业中建立派出所民警与企业结对联系制度，即派出所辖区内规模以上企业落实 1 名社区驻村民警结对联系，负责情报信息收集，及时排查、发现企业欠薪、非法集资、资金断链、停产倒闭、业主出逃等可能引发涉众型群体性事件的不安定因素；加强情报信息研判预警，掌握工作主动权。年内，全市 580 名民警与 3738 家规模以上企事业单位开展结对联系。

【举办首届警察文化艺术节开幕式暨第七届警察开放日活动】 2009 年 5 月 6 日，嘉兴市公安局在秀洲区行政中心广场举办首届“警民同心、共创和谐”警察文化艺术节开幕式。同时举行“警察歌曲大家唱”和嘉兴市“警之韵”摄影获奖作品颁奖仪式，公安民警和文艺界人士、小朋友等表演节目。当天，全市公安系统第七届警察开放日活动分别在各县（市、区）举行。

【开展互联网基础数据采集工作】 2009 年 5 月，嘉兴市公安局印发《全市公安网警部门互联网基础数据采集工作方案》、《关于成立基础数据采集工作领导小组及相关工作的通知》，部署开展互联网基础数据采集、更新、维护和相关运行机制建设。至年底，全市排摸出非经营性上网服务场所 399 家，网警数据库新增数据 52.2 万条；采集上网人员身份信息 962 余万条、虚拟身份信息 1783 余万条。

【开展“全警学技能、每季评警星”活动】 2009 年 7 月开始，嘉兴市公安局开展“全警学技能、每季评警星”活动。第三、第四季度，先后开展国保、治安、刑侦、交警、指挥中心、特警、网警等 7 个警种比武活动，授予袁敏瑞等 7 位民警“警务之星”荣誉称号，并各记个人三等功一次，在全市公安机关营造“学技能、用技能、比技能”的氛围。

【开展酒后驾驶专项整治行动】 2009 年 8～12 月，嘉兴市公安机关开展该整治行动。其间，全市共查处酒后驾驶 6988 起、醉酒驾驶 590 起，拘留 590 人，因酒后驾驶暂扣驾驶证 7165 起，国家机关工作人员酒后驾驶抄送纪检监察部门 14 起，被新闻媒体曝光 2979 起。

【创新出入境管理举措】 2009 年，嘉兴市公安局在全市实施跨区域就近申领出国（境）证件服务新举措，打破户籍管辖限制，就近办理出国（境）证件；在海宁市试行县、市居民短期赴港澳签注审批工作；开展国家工作人员因私出国（境）备案数据专项清理，

图为在海宁市公安局举行“办理部分短期赴港澳签注审批业务”启动仪式（2009 年 5 月 11 日）

采集录入数据1.3万条，入库准确率100%，对备案数据更新及证件管理进行检查和通报，将检查结果纳入部门党风廉政建设责任制考核内容。年内，全市办理公民因私出国(境)6.2万人次，办理境外人员各类签证(注)、证件4568人次，管理临时来禾境外人员9.4万人次。嘉兴市局被评为全国公安机关出入境管理暨外国人管理工作先进集体。

【南湖公安分局】 2009年，南湖区行政区域总面积425.83平方千米，下辖5个镇、7个街道、63个行政村、64个社区居委会，常住人口47.13万人，登记流动人口20.8万人。全区生产总值177.7亿元，增长10%；财政总收入25.6亿元，增长15.8%。南湖公安分局下设15个机关业务部门，下辖派出所(含水上派出所)12个、保安公司1家。全局民警497名、职工14名。是年，该局立刑事案件6148起，破2684起，命案和“五类案件”连续十年全破；打掉涉恶团伙18个，打击处理120人；查处赌博案件280起，打击处理79人，行政处罚1560人，收缴赌博机1933台；破获毒品案件54起，处理吸毒人员211名；道路交通事故发生数、死亡数、受伤数、损失数同比分别下降9.6%、5.9%、1%、1.7%；消防火灾事故发生数、损失数同比分别下降4.8%和4.4%；办理信访案件143起，市长电话427件；封堵、删除各类网上有害信息1540条，成功处置各类涉警舆情信息52起；成立全市首家网络信息员俱乐部和群防群治队伍培训基地；构建公安、司法和基层调解组织三方联动大调解工作格局；建立完善预防和打击经济犯罪协调会商工作机制和协作平台。分局被评为全市公安机关推进“四警一化”现代警务机制建设工作优秀单位。

【秀洲公安分局】 2009年，秀洲区行政区域总面积542平方千米，下辖5个镇、111个行政村、29个居委会。常住人口31.7万余人，登记流动人口24.4万余人。全区生产总值160.3亿元，增长10.1%；财政总收入21.2亿元，增长11%；城镇居民人均可支配收入22730元，农村居民人均纯收入12531元。秀洲公安分局内设16个职能部门，其中综合部门3个，业务部门13个，下辖7个派出所。全局民警346人，职工10人，保安、协警674人。是年，该分局推行派出所信息中心建设、中心警务室建设、涉众型办案协作机制、社会化大巡防等机制改革；引进企业6S(整理、整顿、清洁、清扫、素养、安全)管理方法，推进队伍正规化、职业化建设。年内，破获刑事案件1379起，打击处理犯罪嫌疑人673人，抓获网上逃犯289人，连续十一年命案全破。分局被评为全国矛盾纠纷排查化解先进集体、全省公安队伍正规化建设先进单位、全省公安机关执法质量优秀单位。

图为秀洲公安分局办公大楼

【经济开发区公安分局】 嘉兴经济开发区创建于1992年8月，是省人民政府首批批准的省级经济开发区之一，地处秀洲、南湖两区之间的狭长地带。2009年，全区行政区域面积70平方千米，下辖城南、嘉北、塘汇3个街道。全区常住人口7.18万人，流动人口11.67万人。经济开发区公安分局下设8个职能部门，下辖3个派出所，实有警力97名，占全区常住人口的0.51‰，其中大专以上文化程度占95.8%。是年，分局成功处置一系列群体性事件苗头；建立情报信息中心，提高信息主导警务能力；加强社会治安动态视频监控系统建设，探索校园警务、电动自行车超市化管理等警务模式；与苏州沧浪、新疆和田等地公安机关建立区域协作关系，拓展警务合作领域。全年共破刑事案件745起，实现命案全破。

【港区公安分局】 2001年7月，嘉兴市委、市政府调整乍浦开发管理体制，设立嘉兴港区党工委、管委会，统一领导嘉兴市港务管理局、嘉兴出口加工区、乍浦经济开发区和乍浦镇，管理范围为乍浦镇域54平方千米和嘉兴市74.1千米海岸线，常住人口5.5万人，流动人口4.2万人。2009年，完成财政预算收入8.8亿元，固定资产投入60.6亿元，工业生产性投入39亿元，实现规模工业总产值214.6亿元。2009年10月9日，嘉兴市公安局港区分局挂牌成立，内设政治处等10个职能科室(队)，下辖乍浦派出所，协管乍浦边防派出所。实有民警67名，占常住人口的1.21‰，其中大专以上文化程度占95.5%。是年，该分局树立“我为港区增警威，港区因我添平安”理念，全力维护港区社会和谐稳定。年内，顺利完成2起重大活动安保工作任务；开展社会治安秋冬百日“大巡防”；开展人民警察核心价值观和岗位廉政风险体系建设学习教育活动，推进队伍正规化、职业化建设。

【嘉善县公安局】 2009年，嘉善县行政区域面积506

平方千米，下辖3个街道、6个镇。常住人口38万人，登记流动人口31万人。全县实现地区生产总值227.33亿元，增长10.5%；财政总收入33.38亿元，增长11%；城镇居民人均可支配收入25180元，增长10.8%；农民人均纯收入12751元，增长11%。嘉善县公安局内设3个综合管理机构，8个一线执法勤务单位，下辖10个派出所，警力530名，占全县常住人口的1.39‰，其中大专以上文化程度占97%。年内，县局破获刑事案件2077起，抓获犯罪嫌疑人899人，命案、“五类案件”全破，打掉涉黑涉恶犯罪团伙26个194人，抓获网上逃犯394人；整治黄赌毒等社会丑恶现象，查处赌博案件223起；在160家旅馆(通宵浴室)实行积分制管理；创新推出案件现场分级分类勘察、酒店发放出租车抵用券防酒驾等新举措；联合省警察学院成立全省首家警察文化研究基地；推行“警师、警徒双奖惩”、兼职法制员审核案件积分制等制度，推进执法规范化建设。县局被评为省级文明单位、全省“学枫桥、保平安、创和谐”先进集体和全省执法示范单位等，打防控工作取得全省二类地区第一名。

图为嘉善县公安局办公大楼

【平湖市公安局】 2009年，平湖市行政区域陆地面积537平方千米，海域面积1086平方千米，下辖6个镇、3个街道。常住人口48.5万人，登记流动人口27万人。全市生产总值289.05亿元，增长9.1%；财政总收入43.7亿元，城镇居民人均可支配收入25907元，农村居民人均纯收入12532元。平湖市公安局设置执法勤务机构9个、综合管理机构3个，下辖9个派出所，实有警力466名，占全市常住人口的1.10‰。年内，该局立刑事案件4185起，同比下降0.4%；破案2172起，同比上升0.8%；打击处理犯罪嫌疑人1045名，同比上升1.5%；命案实现全破；刑事发案、道路交通事故和火灾事故“四项指数”实现“零增长”。连续九年被评为全省公安机关执法质量优秀单位。

图为平湖市公安局办公大楼

【海盐县公安局】 2009年，海盐县行政区域陆地总面积534.73平方千米，海域面积537.90平方千米。下辖武原等8个镇。常住人口37万人，登记流动人口15万人。生产总值210.3亿元，财政总收入10.9亿元，增长12.3%；城镇居民人均可支配收入26270元，农村居民人均纯收入12582元，分别增长10.8%和8%。海盐县公安局下设政治处等15个职能部门，下辖8个派出所，实有警力440名，占常住人口的1.19‰，其中大专以上文化程度占90%。是年，该局以信息化建设为龙头，健全县信息中心、信息分中心和信息室三级信息网络，推进安全度三色预警平台二期建设；狠抓打“两抢”、“除黑恶”、治乱点等专项行动；以网络评论员、舆情引导员、舆情危机处置员三支队伍建设推动“虚拟社会”主动管控；在传统“三防”(人防、物防、技防)基础上，创新推出“心防工程”建设；优化“警民恳谈”等制度，构筑警务工作新平台；树立人文理念，开展“方法总比问题多”读书征文活动，举办警察文化艺术节。全年刑事发案数3108起，同比下降0.6%；破案1697起，同比上升1.9%；命案、“五类案件”实现全破。年内，机要室被公安部评为一级机要室；监管场所被省厅评为先进集体；执法质量名列全市第一，被评为全省优秀单位；维稳、信访、公安宣传思想工作被评为全市先进。

【海宁市公安局】 2009年，海宁市行政区域总面积701平方千米，下辖8个镇、4个街道。常住人口65.5万人，登记流动人口27.3万人。全市生产总值371.77亿元，同比增长10.4%，财政总收入48.39亿元，其中，地方财政收入23.95亿元。海宁市公安局内设17个职能部门，下设15个派出所，在编民警689名。年内，海宁市局因地制宜建设维稳应对、信息提效、社会防控、精确打击、执法提质和素质提升“六项工程”；开展“打两抢”、“除黑恶”、“反三车”、“治乱点”、“扫丑恶”、“打传销”等专项行动，发生“两抢”案件155起，破82起；建立打击盗抢“三车”犯罪专业队，开展电动车信息备案登记工作，“三车”被盗案件同比下降14.55%；加大娱乐场所管控力度，查处涉黄、涉赌、涉毒刑事案件95起；建立经济犯罪综合处置协调机制，开展打击假币“09行动”、整治假发票、打击传销百日攻坚等专项行动，破获经济犯罪案件72起，挽回经济损失3755.1万元。海宁市局被省公安厅评为全省社会治安动态视频监控系统建设工作先进集体，被嘉兴市局评为推进“四警一化”现代警务机制建设工作优秀单位；海宁市看守所连续十一年被评为全国一级看守所，被省人民政府授予“浙江省模范集体”称号并被公安部记集体一等功。出入境管理大队被公安部评为全国出入境管理文明窗口。

【桐乡市公安局】 2009年，桐乡市行政区域总面积727平方千米。常住人口67.1万人，登记流动人口34.4万人。实现全市生产总值335.2亿元，增长10%；财政总收入44.45亿元，增长6.3%；城镇居民人均可支配收入25211元，农村居民人均纯收入12609元。桐乡市公安局内设机构15个，下辖15个派出所，实有民警704名，占常住人口的1.049‰，其中大专以上学历占95%。年内，该局强化维稳工作措施，查控邪教组织，化解社会不安定因素；侦破各类刑事案件3754起、经济案件71起、毒品案件55起，打击处理犯罪嫌疑人1200名；查处涉赌、涉毒、涉丑等违法案件2850起，抓获违法人员6343名；查办劳动教养案件51件，实施劳动教养62人；73名吸毒违法人员被强制隔离戒毒、104名被责令社区戒毒、300名被行政拘留；抓好消防重点单位管理和消防安全隐患排查整治，发生火灾11起，同比下降8.33%；开展道路交通安全隐患排查整治，交通事故起数、死亡人数、受伤人数和直接经济损失数同比分别下降0.55%、4.88%、1.11%、2.72%。

图为桐乡市公安局办公大楼

（责任编辑 胡晓东）

绍兴公安

【市况简介】 绍兴市地处长江三角洲南翼，西连杭州，东接宁波，古称“越”、“会稽”、“山阴”、“越州”，下辖绍兴县、诸暨市、上虞市、嵊州市、新昌县、越城区、袍江新区、镜湖新区，全市总面积8255.73平方千米。2009年末，常住人口437.7万人，流动人口144.2万人。全市实现生产总值2375.5亿元，同比增长9.3%；财政总收入298.5亿元，同比增长8.7%；城镇居民人均可支配收入26874元，农村居民人均纯收入12026元，同比分别增长9%和9.8%。

【概述】 2009年，绍兴市各级公安机关围绕“保增长、抓转型、重民生、促稳定”的工作主线，以保障新中国成立60周年大庆安全、服务企业解困转型和推进“三项建设”为重点，推进各项公安工作和队伍建设，继续保持全市政治稳定、治安安定。年内，全市共立刑事案件42655起，破获18950起，破案率44.43%；查处治安案件46450起45518人；发生交通事故2164起，死亡598人，受伤2337人，经济损失608.76万元，同比分别下降6.76%、0.5%、8.42%、17.41%；发生火灾事故186起，死亡3人，经济损失461.56万元，死亡人数同比增加1人，其余两项指数分别下降7%、0.98%，三个“零增长”目标顺利实现。所辖3个县（市、区）局被评为全省打防控工作考评A等单位；4个县（市、区）局被评为全省执法质量优秀单位；市局被评为年度先进集体。群众对社会治安状况的认可度为99.89%，居全省第二位；群众对公安队伍的满意度为99.58%，居全省第三位。全市共有58个集体、150名个人被记功受奖。

【机构人员】 2009年，绍兴市公安局共内设机构27个、直属单位4个（市看守所、市强制隔离戒毒所、市收容教育所、人民警察培训学校），下辖越城区、袍江新区、镜湖新区、诸暨市、上虞市、嵊州市、绍兴县、新昌县8个公安（分）局，89个派出所。全市共有民警4424人，其中大专以上学历的占95.97%，民警人数占全市常住人口的0.99‰。

【完成国庆60周年安保工作】 2009年，绍兴市公安机关顺利完成国庆60周年安保任务，实现“北京不去人、家里不出事”的工作目标。其间，全市共出动巡逻警力8381人次、车辆4253台次，盘查可疑人员10428人、车辆3872台，查获各类案件123起，抓获

图为绍兴市公安机关在国庆安保期间进行武装巡逻

网上逃犯 2391 名，其中抓获本省外市逃犯 300 名，抓获外省逃犯 839 名，本市年前逃犯归案 336 名，抓获本省外市、本市年前七类案件逃犯 14 名。

【开展全市社会治安整治行动】 2009 年 5～10 月，绍兴市公安机关组织开展“迎国庆、保平安”社会治安整治行动。其间，共破获刑事案件 9344 起，查处治安案件 14550 起，抓获违法犯罪人员 8105 名，捣毁犯罪窝点 51 个，打掉犯罪团伙 114 个 643 人，收缴非法财物价款 1585 万元。

犯罪嫌疑人 70 名，收缴管制器具 50 件。

【侦破命案工作成效突出】 2009 年，绍兴市公安机关先后破获袍江“1·12”两人被杀案、嵊州“5·30”灭门抢劫杀人案、镜湖“7·29”雇凶杀人案、绍兴县“10·10”卖淫女被杀案、越城区“2·16”特大入室盗窃案等一批难度高、影响恶劣的大要案。年内，全市共发生命案 89 起，破 86 起，破案率 96.63%，同比上升 1.48 个百分点；5 个县(市、区)命案全部告破，2 个县(市、区)命案破案率达 90%以上；破省厅督办命案 2 起，抓获外省命案逃犯 33 名。

【开展打击整治“两抢”犯罪大会战】 2009 年 1～12 月，绍兴市公安机关开展该大会战。其间，共破“两抢”案件 1061 起，其中破系列性“两抢”案件 74 串 580 起，破获省督案件 1 串(起)，破获市督案件 8 串(起)；刑拘“两抢”犯罪嫌疑人 942 名，摧毁犯罪团伙 173 个 618 人，抓获“两抢”逃犯 240 名，追缴赃款赃物 292 万余元。全市“两抢”案件录入数同比下降 24.41%，刑拘“两抢”犯罪嫌疑人数同比上升 17.88%。

【严打黑恶势力犯罪】 2009 年，绍兴市公安机关共查处黑社会性质组织 3 个、恶势力团伙 81 个，打击处理黑恶势力犯罪嫌疑人 579 名，破获各类案件 632 起，缴获枪支 4 把，扣押非法资产 300 余万元。打黑除恶工作实绩居全省同类地区第二位。

【缉捕逃犯】 2009 年，绍兴市公安机关共抓获各类

【开展禁赌专项行动】 2009 年 4～6 月，绍兴市公安机关组织开展禁赌专项行动。其间，共摧毁涉赌团伙 35 个，查处涉赌案件 1047 起(其中聚众赌博 42 起、网络赌博 2 起、组织出境赌博 1 起、游戏机赌博 190 起)，打击处理违法犯罪人员 4734 名(其中刑拘 49 名、逮捕 21 名、起诉 88 名、行政拘留 151 名、治安罚款 3443 名)，收缴赌博机 5384 台，罚没款物折价 1468 万元。

【开展打击组织强迫妇女卖淫违法犯罪专项行动】 2009 年 7～9 月，绍兴市公安机关开展该专项行动。其间，共查破涉黄刑事案件 30 起、治安案件 478 起，带破抢劫案件 2 起，抓获涉黄违法犯罪人员 1206 名(其中刑拘 45 名、逮捕 21 名、起诉 18 名、劳教 18 名、治安拘留 725 名、治安罚款 436 名)，解救受害妇女 3 名、未成年人 5 名。

【开展全市娱乐场所专项整治行动】 2009 年 5～6 月，绍兴市公安机关开展该专项整治行动。其间，共出动警力 5801 人次，督促整改各类硬件设施 531 处，其中拆除房中房 23 间，整改包厢包间 96 间，整改透视窗、灯光设施等 412 处，新安装视频监控(探头)463 只；共查处治安、刑事案件 55 起，抓获各类违法嫌疑人员 67 名；共处罚场所 47 家，其中警告 36 家、罚款 5 家、停业整顿 2 家、取缔 4 家。

【深入开展“三电”专项斗争】 2009 年 2～11 月，绍兴市公安机关以集中清查废旧金属收购站点统一行

动为重点，在全市范围内开展打击盗窃破坏电力电信广播电视设施违法犯罪专项斗争。其间，共立“三电”案件248起，查破87起；打掉犯罪团伙4个12人，涉案48起；打击处理犯罪嫌疑人59人；处理废旧金属收购站点非法站点65个(其中停业整顿5家、取缔25家)，清查流动收购人员800人。全市“三电”案件月均发案数同比下降41.86%。

【打击毒品犯罪】 2009年，绍兴市公安机关共破获毒品犯罪案件207起，抓获犯罪嫌疑人405名，查获吸毒违法人员1186人次，缴获各类毒品约6042克，铲除毒品原植物罂粟4396株。

【严打经济犯罪】 2009年，绍兴市公安机关共破获各类经济犯罪案件344起，其中涉众型经济犯罪案件44起，当年案件破案率为75.4%；打击处理犯罪嫌疑人306名，挽回经济损失16.3亿元，追缴率为85.83%。

【开展打击假币违法犯罪专项行动】 2009年1～11月，绍兴市公安机关开展该专项行动。其间，共立假币犯罪刑事案件10起，破9起，抓获犯罪嫌疑人13名；查处治安案件40起，行政拘留18人，其他行政处罚50人；追缴假币共计2040992元，其中公安追缴864489元，与银行临柜收缴量比达73.48%，公安机关假币缴获量与本地银行同期临柜收缴假币之比同比上升1466.74%；全市110接处警假币类案件仅84起。

【打击网络犯罪】 2009年，绍兴市公安机关相继开展“09亮剑”和整治互联网低俗之风专项行动，严厉打击利用互联网实施的违法犯罪活动。同时，深化互联网公开管理工作，探索实施IDC管理模式，建立每月例会制、备案制、定期检查制等，提升对本地网站和论坛的管理成效。年内，共删除有害信息18714条，关闭非法网站498个，并成功侦破“08·12·18”特大网络诈骗案。

【狱内深挖犯罪】 2009年，绍兴市公安机关不断强化狱内深挖犯罪工作，共获取违法犯罪线索1518条；协破各类刑事案件3180起，破获行政治安案件6起，其中部督案件1起，命案1起，诈骗50万元以上1起，涉毒案3起，涉枪案3起；抓获犯罪嫌疑人140人，抓获网上逃犯18人；追缴赃款赃物折价人民币59.7万元，缴获毒品10克。

【接处警工作】 2009年，绍兴市公安局共接警1280823起，其中有效接警584600起；处置刑事案件57226起，治安案件109642起，交通事故违法126356起，火灾7205起，公民求助21301起。

【做好大型活动安全保卫和特定对象警卫工作】 2009年，绍兴市公安机关共完成单场次1000人以上的各类大型活动安全保卫任务150场次，完成新中国成立60周年大庆、“两会”、公祭大禹陵、2009年全国游泳冠军赛暨全运会预选赛等重大节会活动12场次。完成吴邦国、李长春、张德江等重大警卫任务37批次，先后出动警力达2.12万人次。

【严格危险物品管理】 2009年，绍兴市公安机关先后组织开展民用爆炸物品治安管理破难攻坚专项行动、防范打击涉枪违法犯罪专项行动和“治爆缉枪”专项斗争，并在国庆期间严格执行限运、停用危险物品的临时管控措施，堵塞流失漏洞。其间，共收缴各类枪支59支，子弹867发，雷管47枚，查破涉枪涉爆违法犯罪案件48起60人。

【加强保安行业管理】 2009年，绍兴市公安机关切实加强对保安行业和保安员队伍的管理。截至12月，全市共有注册保安服务公司7家、专业押运公司1家，有保安从业人员6756人，注册资金1668万元，年营业额13592万元，年利税2303万元，服务单位3302家，服务网点4674处；共注册保安培训机构2家，培训在岗保安员2546人。

【加强流动人口管理】 2009年，绍兴市公安机关加强流动人口管理，开展经常性的摸排，进一步摸清出租房屋底数及居住人员情况，及时录入信息系统。截至6月底，全市登记在册的暂住人口达到1442294人，同比增加1231人，增长0.09%。其中男性789558人，占54.74%；女性652736人，占45.26%。实发暂住证1207497本，同比下降0.09%；新发流动人口临时居住证173062本，居住证611本。全面落实信息化管理和动态控制，共抓获外来作案人员5954名，占抓获总数的66.05%。同时，依托社区和村民自治组织，探索建立本地居民与流动人口共同参与的各类社会组织，大力推进外来人员“以外管外、以外帮外”自我管理模式，有效增进外来人员在绍的归属感，促进本地居民对外来人员的认同感，营造共建共享的良好氛围。全市已有14名外来人员被选为县级以上人大代表，49名外来人员被选为乡镇(街道)人大代表。9月，省委政法委在上虞市召开流动人口居住登记和居住证制度现场会，总结推广绍兴市流动人口服务管理工作的经验做法。

【做好金融业安全管理工作】 2009年,绍兴市公安机关通过每季度召开金融安全保卫工作例会,组织开展全市银行业金融机构安全大检查,切实做好全市银行业金融机构安全保卫工作。年内,共抽检金融机构400多家、守护押运单位3家,发现各类安全隐患100多处,当场落实整改90多处,发出整改通知书8份。截至12月,全市共有金融营业网点979个,安全防范设施达标率达到94%以上;共有自助银行263个,安防措施达标率为94%;共有自助机具1377台,全部达到标准;提款箱使用达标率达到85%。

【加强出入境管理】 2009年,绍兴市公安机关出台并实施出入境信息发布平台、全市跨区域受理审批因私出入境证照、手机短信证照领取、境外人员签证到期事前温馨提醒等便利措施,受到群众的一致好评。年内,共受理、审批中国公民因私出国20795人次,受理、审批公民赴港澳台109909人次;受理、审批临时入境境外人员67596人次,办理各类境外人员签证、签注、证件11560人次;查处各类涉外案(事)件607起。

【深入治理交通事故黑点(段)】 2009年,绍兴市公安机关联合交通、安监等部门,多次对事故多发点(段)、临水、临崖、高落差路段进行排查、整治。年内,全市28处省、市道路交通事故黑点(段)全部整治完成,整治率达100%。28处道路交通事故黑点(段)共发生交通事故43起,死亡18人,同比分别下降39.4%、67.3%。

【建立首批社区交通管理服务站】 2009年9月11日,绍兴市公安局在越城区蕺山街道龙洲社区、稽山街道森海豪庭社区先行建设试点社区交通管理服务站。有利于提高交警执法、管理、服务水平。

【成功处置“纵横事件”】 2009年,绍兴市公安机关针对浙江纵横控股集团(成立于1995年,位于绍兴袍江工业区,法人代表袁柏仁,职工约3800人)因经营困难引发的一系列问题,主动参与处置,核减、追缴、查封和暂扣资金(资产)4.22亿元,抓捕袁柏仁、马国忠等犯罪嫌疑人7名,成功处置数起债权人预谋赴省和绍兴市大规模集体上访闹事事件,完成4次纵横集团债权人会议安保任务,有效避免“纵横事件”的蔓延升级,确保纵横集团破产重整方案的顺利通过。

【推广旅馆业双积分制试点工作】 2009年,绍兴市公安局在越城区试点的基础上,于11月23日召开全市旅馆业治安管理工作现场会,在全市推广越城公安分局旅馆业双积分制管理模式。12月9日,专门下发《绍兴市旅馆业双积分制管理办法》,在全市1620家旅馆及其前台登记人员全面实施“双积分”管理制度。该模式采用对旅馆治安管理和前台登记人员开展考核并积分的方式,对旅馆进行量化考核。以每年为一个积分周期,每个积分周期结束后,恢复为初始积分。对检查中发现旅馆存在违法犯罪活动或违规情节的,公安机关在依法作出处罚的同时,按照双积分管理的有关规定进行扣分,并对不同积分的旅馆落实不同的治安管理措施。

【规范涉警舆情处置工作】 2009年11月,绍兴市公安局出台《绍兴市公安局涉警舆情收集、研判、处置规范(试行)》,成立舆情会商小组,并率先在全省地市公安局中推行每日舆情收集、每周综合研判的工

图为举行绍兴市稽山街道森海豪庭社区建设试点社区交通管理服务站成立仪式(2009年9月11日)

作机制；在舆情引导处置方面，坚持日常主动性渗透引导与突发性负面舆情应对相结合，建立社会治安形势定期发布制度及新型违法犯罪的预警制度；在规范管理方面，将舆论引导列入“三个必训”、轮训轮值教学内容。年内，共收集网民针对社会治安的意见建议160多条，交办突出问题治安整治48件，收集涉警负面舆情150余条，处置较大的涉警舆情危机事件16起，全市没有发生影响恶劣的涉警舆情事件。4月，省厅在新昌专门召开现场会推广绍兴市局的“舆情引导警情、舆情促进警务”工作经验，《新华社内参汇编》、《领导决策参考》以及《人民公安报》头版头条刊登文章介绍该经验。

【推进动态视频监控系统建设】 2009年，绍兴市成立由市委副书记为组长的全市动态视频监控系统建设小组，市委办公室、市政府办公室专门印发《关于进一步加强社会治安动态视频监控系统建设和应用工作意见》，明确到2011年，全市要建立75000个视频监控点，并将视频监控系统建设与应用成效纳入平安县(市、区)的考核范围，具体由综治委督促落实。年内，绍兴市共建立由政府出资的视频监控探头3000多个，接入社会视频监控点位5万多个。同时，市政府还将公交车视频监控系统纳入数字城管系统，并投入300万元资金，在市区新建7个出租车出城登记站，配建“城际通”信息监控系统。

【绍兴县公安局】 2009年，绍兴县行政区域土地面积1177平方千米，户籍人口71.78万人，登记流动人口68.84万人。年内，全县实现生产总值655.26亿元，财政收入81.2亿元，比上年分别增长9.8%和7.2%；农村居民人均纯收入和城镇居民人均可支配收入分别达到14682元和28496元。绍兴县公安局下设40个科所队，其中派出所20个，内设机构20个，共有民警751名。全年共接警241036起，处警89940起，同比分别下降3.4%和上升9.9%；共移送起诉犯罪嫌疑人1746名，其中被判处三年以上有期徒刑人员占全部被打处人员的比例由2008年的15%上升到35%；打击“两抢”犯罪嫌疑人223名，同比上升42%；摧毁黑恶团伙7个，其中成员有23人的张涛黑势力团伙被以刑法294条起诉；交通事故、火灾事故四项指数继续实现“零增长”。该县被评为全省科技强警示范县市区。

【诸暨市公安局】 2009年，诸暨市行政区域面积2311平方千米，户籍人口106万人，登记流动人口31万人左右。年内，全市实现生产总值527.50亿元，财政收入54.69亿元，其中地方财政收入29.57亿元，综合实力位居百强县(市)第24位，县域经济基本竞争力位居全国第11位，城市科技创新能力位居全国县(市)第5位，为长三角最具投资价值县市。诸暨市公安局内设19个机关科室(队)，16个派出所，共有民警825人，警力配置为0.70‰。全年刑事案件立案同比下降3.9%，接警量同比下降了15.1%，其中命案和五类案件破案率为100%；信访同比下降33.6%，“两抢”案件同比下降38.2%，交通事故数和火灾事故数均有所下降。年内，获集体三等功1次，连续第三次获得全省打防控工作优胜单位荣誉，在市级机关行风评议中群众评部门排名第15位，比上年前进22位，综合成绩列26位，比上年提升6位。

图为诸暨市公安局办公大楼

【上虞市公安局】 2009年，上虞市行政区域面积1403平方千米，户籍人口77.4万人，登记流动人口23万余人。年内，全市实现地区生产总值368亿元；财政总收入43.96亿元；城镇居民人均可支配收入26513元，农民人均纯收入11945元，分别增长8.8%和10%。上虞市公安局设有内设机构和派出机构共29个，其中综合部门、直属大队17个，派出所12个，

图为上虞市公安局办公大楼

共有民警、职工588人;大学以上学历356人,专科学历220人;协警820人。年内,共破获刑事案件3499起,破案绝对数同比上升4.66%;七类案件发20起破19起;破获各类经济犯罪案件49起,为企业和群众挽回经济损失逾2.2亿元;移送起诉1112人,其中移送起诉黑社会性质组织1个11人、公安部认定的恶势力团伙18个116人;道路交通、火灾事故实现四项指数“零增长”和“控大”目标。全年有10名民警和侦破“08·03·04”特大系列性盗窃汽车案专案组被记三等功,5个单位和127人次民警被嘉奖。全局打防控工作年度考评进入全省一类地区A等行列,群众安全感和对公安工作认可度位居绍兴市第一。

【嵊州市公安局】 2009年,嵊州市行政区域面积1784平方千米,户籍人口73.42万人,登记流动人口7.64万人。年内,全市实现生产总值231.18亿元,同比增长9.2%;财政一般预算收入20.83亿元,同比增长7.8%;地方财政收入10.86亿元,城镇居民人均可支配收入和农民人均纯收入分别为26597元和10087元。嵊州市公安局设有政治处、指挥中心等18个内设机构,下设13个派出所,共有民警480人。年内,全市共发刑事案件6092起,破3216起,打击处理犯罪嫌疑人1040人;发治安案件6102起,查处5040起,处罚5910人;未发生严重影响社会稳定的重特大案(事)件,实现刑事发案、交通事故、火灾事故“零增长”的目标。该局被省公安厅评为全省执法质量优秀单位,被绍兴市公安局评为全市优秀公安局,被嵊州市委、市政府评为先进党委和先进集体。

【新昌县公安局】 2009年,新昌县行政区域面积1213平方千米,户籍人口43.5917万人,登记流动人口5.5186万人。年内,全县实现生产总值187.06亿元,地方财政收入10.64亿元,全社会固定资产投资66.83亿元,城镇居民人均可支配收入和农民人均纯收入分别为24987元和9965元。新昌县公安局内设机构30个,其中综合部门11个、机关实战部门7个、派出所12个,共有民警411名,其中大专以上学历的占93.43%,民警人数占全县常住人口的0.90‰。全年工作呈现“三降三升”趋势,“三降”为:刑事案件下降,共立刑事案件5271起,下降21.43%;安全生产重点指标下降,交通事故死亡人数59人,发生火灾事故25起,同比分别下降3.28%和3.85%;信访总量下降,全年共接收信访总量为85件,同比下降39.72%。“三升”为:破获刑事案件2332起,上升1.97%;治安案件查处上升,共受理6092起、查处5687起、查结1837起,同比分别上升15.60%、13.90%和20.70%;抓获人员上升,犯罪嫌疑人727名,上升19.77%,其中抓获逃犯255名,上升35.64%。年内,该局被评为全省公安机关执法质量优胜单位。

【绍兴越城公安分局】 2009年,越城公安分局管辖越城区和绍兴经济开发区3个镇7个街道,共67个社区92个行政村49个居委会。两区行政区域面积192.9平方千米,户籍人口45.3万人,登记流动人口16.7万人。年内,越城区实现地区生产总值402亿元,同比增长9.5%;绍兴经济开发区实现地区生产总值47.69亿元,同比增长6.33%;两区城镇居民人均可支配收入和农村居民人均纯收入分别达到25418元和12978元,同比分别增长8.1%和8.6%。越城公安分局设政治处等8个职能科室和督察大队等10个直属大队,下辖11个派出所,无交警大队和看守所,共有民警428人。年内,两区共发刑事案件7632起,同比下降0.08%,其中“两抢”案件下降29.84%;移送起诉1270人,同比增长2.50%;抓获逃犯344人,同比增长39.27%;破经济犯罪案件53起,同比增长2.31倍;挽回经济损失4834.16万元,同比增长18.53倍;成功侦破一大批高难度案件,中央电视台两次来该局采访报道。该局已连续三年被评为全市优秀公安局、全省打防控工作A等单位,连续七年被评为全省执法质量优秀单位,连续两年被评为全省队伍正规化建设先进单位,被越城区委、区政府记集体三等功,被评为2009年度全市公安机关打击整治“两抢”犯罪大会战先进公安局。

图为越城公安分局办公大楼

【绍兴袍江公安分局】 2009年,袍江区行政区域土地面积87平方千米,户籍人口10.2029万人,登记流动人口7.8792万人。年内,全区实现生产总值123.86亿元,财政一般预算收入5.0038亿元,地方财政收入14.619亿元,农民人均纯收入11300元。袍江公安分局设有政治处、办公室等4个职能科室和治安、刑侦、巡特警3个直属大队,下辖2个派出所，共有民警74人。是年，该分局圆满完成浙江纵横控股集团重整等重大敏感时期的安保任务，全区治安形势稳定，没有发生一起有重大影响的案（事）件；全年发刑事案件880起，查处治安案件958起，均与上年持平；火灾事故四项指数与上年同比均全面下降。年内，该局被评为年度全省执法质量优秀单位，刑侦大队被评为年度全市基层所队执法质量优秀单位，斗门派出所被评为年度市局机关“五好”党组织，袍江“1·12”特大杀人案侦破组立集体三等功。

【绍兴镜湖公安分局】 2009年，镜湖新区行政区划76平方千米，户籍人口9.3598万人，登记流动人口4.8132万人。年内，全区实现产值69亿元，完成产品销售收入67亿元，实现税金2亿元，当年计提折旧1.8亿元，实现利润总额3亿元，完成工业性投资7.5亿元。镜湖公安分局有内设机构8个，下辖3个派出所，共有民警72人，均为大专以上学历。全年共立刑事案件527起，同比下降1.7%，其中“两抢”案件和夜盗案件分别下降22%和21%；破获刑事案件241起，打击处理136人，同比分别上升34%和23%；查处治安案件694起，同比上升3.6%。追逃增幅列全市第一，连续三年被评为全省执法质量优秀单位，连续四年位列全市行风效能建设评比第一。

图为镜湖公安分局办公大楼

（责任编辑 胡琳娜）

金 华 公 安

【市况简介】 金华市位于浙江省境中部偏西，设婺城、金东2个市辖区，辖武义、浦江、磐安3县及兰溪、义乌、东阳、永康4市，全市总面积10918平方千米。2009年，全市实现生产总值1766亿元，比上年增长9.0%。财政总收入232.6亿元，增长6.3%，其中地方财政收入129.3亿元，增长8.0%。全市农村居民人均纯收入9001元，增长8.9%；市区城镇居民人均可支配收入22915元，增长7.0%。全市新增城镇就业人数6.7万人，城镇登记失业率2.98%。2009年末，全市（不含现役军人、武警官兵，下同）总户数1819590户，总人口为4636775人，平均每户2.55人。总人口比上年增加22713人，年增长0.49%，其中男性2376245人，占总人口数的51.25%，女性2260530人，占48.75%，性别比为105.12∶100。全市非农业人口1070627人，农业人口3566148人，分别占总人口数的23.1%和76.9%。全市出生44893人，出生率为9.71‰，比上年下降0.42个千分点；死亡30483人，死亡率6.59‰，同比下降0.35个千分点。人口自然增长14410人，自然增长率3.12‰，同比下降0.07‰，人口自然增长呈下降趋势。

【概述】 2009年，金华市各级公安机关以“五化三治”（防范社会化、打击专业化、管理法制化、执法规范化、服务人性化；科学治警、民主治警、依法治警）建设为主线，以国庆安保为中心，全力做好市区城乡公共交通统筹发展过程中的维稳工作，市区中巴车签约改制率达100%。年内，全市共查处交通违法行为122.15万起，完成治理55处省市级事故黑点、111处省市级临水临崖路段，交通事故四项指标全面下降。推进“三合一”场所整治，80%的整治目标已完成；整治政府挂牌督办的重大火灾隐患单位23家，实现火灾事故四项指标零增长。共查处52起涉枪违法犯罪案件，收缴各类枪支2.92万支、雷管14226枚、黑火药3千克。全市百名民警立刑事案件数、破刑事案件数、提请批准逮捕人数三项指标位居全省第一；“两抢”犯罪破案数、刑拘数、逮捕数同比分别上升10%、34%、32%。打击假币立案数、破案数、刑拘数均居全省第一。整治传销活动，运用劳教手段打击传销骨干41人，数量居全省第一。全市刑事发案稳中有降，其中“两抢”、毒品案件分别下降30%、14.25%。金华市局出入境管理局被评为全国公安机关出入境管理暨外国人管理工作先进集体；金华市局法制处被公安部评为全国公安机关行政复议应诉工作先进集体；交警系统执法质量列全省第一。在全省3个警种抽考比武中，特警、网警获得团体总分第一名；在金华市七运会比赛中，取得团体总分第一名。

【机构人员】 2009年，金华市公安局设政治部、纪委、机关党委等党委办事机构3个，刑侦、治安等内设机构27个，金华市看守所、金华市人民警察培训学校等直属单位4个，金华市安康医院、金华市居民身份证信息管理所等下属事业单位4个，保安公司等下属企业1个，下辖婺城、江南、金东3个公安分局，兰溪、义乌、东阳、永康4个市公安局，武义、浦江、磐安3个县公安局，实有派出所107个。全市在编民警5230人(女警547人)，占总人口的1.128‰，其中初中及初中以下学历28人、中专(高中)学历240人、大专学历1820人、本科学历3118人、硕士研究生学历24人，分别占民警总数的0.54%、4.59%、34.80%、59.62%及0.46%。

【命案、五类恶性案件侦破创历史新高】 2009年3月25日，金华市公安局印发《金华市公安机关侦破命案工作机制》，全力推动命案侦破工作。年内，金华市共发命案120起，破115起，破案率95.83%，为历年最高。婺城、江南、东阳、永康、兰溪、武义、磐安7个县(市)局(分局)命案破案率达100%。全市共发抢劫、绑架、劫持、放火、爆炸五类案件131起，破131起，破案率100%。

【开展"打黑除恶"专项行动】 2009年2月25日，金华市公安局印发《金华市公安机关"打黑除恶"专项斗争实施方案》。截至12月20日，该市共摸排出涉黑涉恶线索140条；打掉恶势力团伙81个，其中3人3起以上恶势力团伙68个，10人10起以上恶势力团伙11个，黑社会性质组织2个。共破获各类刑事案件773起，抓获涉案成员675人，缴获枪支13支，冻结和暂扣非法资产500余万元。

【开展打击"两抢"犯罪专项行动】 2009年2月24日，金华市公安局印发《全市公安机关打击整治"两抢"犯罪大会战方案》，先后组织开展"风雷一号"、"风雷二号"等行动，遏制"两抢"案件高发势头。年内，共发"两抢"案件3763起，同比下降30%；破获"两抢"案件2226起，同比上升10%；移送起诉"两抢"犯罪嫌疑人员1444人，同比上升39%。在全省打击整治"两抢"犯罪大会战中取得第一名。

【推进分级分类现场勘查机制建设】 2009年6月11日，金华市公安局在东阳市局试点的基础上，出台《关于进一步推进分级分类现场勘查机制建设的实施意见》，明确刑事案件现场勘查运作模式、人员职责、装备配备及工作要求，全市勘查数量、痕迹物证提取率明显提高。年内，全市刑事技术部门共勘查现场23457起，其中刑事案件现场17477起，占立案数的30.3%；痕迹物证提取率为81%，其中现场指纹、足迹、生物检材提取率分别为6.3%、24.1%、8.9%；运用刑事技术突破各类刑事案件3647起，突破率达15.3%，并在婺城"5·7"等9起命案侦破中发挥重要作用。

【建立外聘医学专家鉴定顾问制度】 2009年6月11日，金华市公安局在上年推行法医损伤检验定期会诊制度的基础上，建立外聘医学专家鉴定顾问制度，从金华市内3家医院聘请27名医学专家，参与疑难伤害案件的鉴定工作。年内，共组织会诊案件230起，显著减少因伤势和死因鉴定引发的信访事项。

【视频、GPS研判成效明显】 2009年7月20日，金华市公安局刑事科学技术研究所组建视频、GPS研判室，推进视频及GPS两种技术手段在侦查破案中的应用。截至年底，研判室共受理模糊图像处理案件54起、GPS查询78次，主动分析研判刑事案件243起，提供案件侦查线索33条，破案32起(其中命案3起，系列性案件17起)，在婺城"2·27"抢劫杀人案等5起杀人案侦破中发挥较好的作用，办理案件数居全省第一。

图为开展夏季公开巡逻，防控"两抢"案件(2009年7月17日)

【追逃工作取得突破】 2009年，金华市公安机关缉捕各类逃犯3174名，其中本省年前逃犯（2008年9月20日前本省上网逃犯）246名；抓获本省2009年上网逃犯1613名，同比2008年上升24.65％；本地年前逃犯归案483名，本地年前逃犯减少率为32.31％。抓获外省逃犯成绩列全省第二，一类地区第一。

【加强警犬基地建设】 2009年，金华市公安局加强警犬基地软硬件设施建设，完成犬舍改造和优质母犬引进工作，并承办全省警犬复训班、幼犬培训班及全省警犬工作点建设现场会。年内，共出刑事现场15起、搜爆安检现场19起、缉毒现场3起，其中发挥作用27起。2010年4月16日，金华警犬基地被公安部南京警犬研究所评为南京片区2009年度警犬技术工作先进集体。

【完成国庆安保任务】 2009年8月19日，金华市公安局印发《全市公安机关国庆60周年安保攻坚行动实施方案》，成立以金华市委常委、公安局局长毛善恩为组长的国庆安保工作领导小组。市局党委成员根据分工，每个月至少一次到联系县、市局（分局）检查指导国庆安保工作。金华市公安局机关抽调101名民警到市区3个分局及义乌市局协助开展安保工作。截至11月20日，共排查出重大矛盾纠纷和不安定因素529起，发挥人民调解、司法调解、行政调解“三位一体”调解体系的作用，矛盾纠纷的调处化解率达97.3％；共排查出易铤而走险人员29名、肇事肇祸等重性精神病人268名，并全部落实严密的管控措施，确保其“控在当地，稳在基层”。其间，开展“清积案、解隐患”信访百日攻坚行动，省厅交办重点信访案件办结率达87.5％。与271家重要目标单位签订安全防范责任书，明确责任人、看护人及防护措施。国庆期间，全市共出动警力4000余人次，组织交通、治安等专项整治行动40余次，未发生有重大影响的案件、事件和事故，确保全市社会大局稳定。

【全力做好大型活动安全保卫工作】 2009年，金华市公安机关确保金华市2009年春节团拜会暨文艺联欢会、2009中国义乌文化产品交易博览会、第十届中国·金华工业科技合作洽谈会等387起大型活动（单场次1000人以上）安全进行。其中，市局许可的28起，投入安保力量4385人次，现场群众达26.45万余人。

【群体性事件预防处置】 2009年，金华市公安机关加强群体性事件专案经营，及时预防处置群体性事件。年内，全市对重大群体性事件隐患实施专案经营37起，成功化解24起；其中婺城九峰水库移民、江南老汽车南站服装市场、浦江天听纸业、义乌京龙商厦、东阳垃圾填埋场等15起省厅挂牌督办的群体性事件隐患全部化解，实现全市社会治安的整体稳定。

图为国庆期间，金华市局巡特警、武警联合在城区开展治安巡逻

【加强旅馆业管理】 2009年，金华市公安机关加大旅馆业信息录入工作，推进旅馆前台、主要出入口、各楼层视频监控系统建设，有效消除旅馆业管理中存在的薄弱环节，提升旅馆业治安管控水平和服务现实斗争的能力。1～10月，全市累计检查旅馆39454次，处罚各类违法违规旅馆3194家；旅馆前台信息录入8751778条，抓获犯罪嫌疑人1518名（其中CCIC逃犯121人），协助破案105起，提供线索317条。

【加强危险物品管理】 2009年8月19日，金华市公安局印发《关于进一步加强全市危险物品治安管理的工作意见》，要求全市公安机关加强对爆炸物品、枪支弹药、管制刀具、剧毒化学品、放射源等危险物品的治安管理，有效防范可防性案件、事故的发生。春节期间及9月10～11日，金华市局分别组织专门人员对全市各县(市)局(分局)的公务用枪枪库、民用枪支集中保管枪库、民用爆炸物品仓库、剧毒化学品仓库、剧毒化学品使用单位及放射源使用单位进行安全检查；9月25日前后，又以派出所为单位对辖区内所有民爆物品、枪支弹药、剧毒化学品、烟花爆竹、放射源、管制刀具、弩以及特定种类危险化学品从业单位、人员进行再排查。其间，共发现各类安全隐患54处，全部落实整改。

【开展打击涉枪违法犯罪专项行动】 2009年4月13日～10月31日，金华市公安机关开展防范打击涉枪违法犯罪专项行动。其间，全市各级公安机关与涉枪单位、持枪人员及狩猎队员全部签订保证书，并对各涉枪单位的枪支弹药安全管理使用情况进行安全大检查。共查处涉枪违法犯罪案件29起(其中持有私藏枪支16起，非法买卖6起)，收缴各类枪支62支，仿真枪29149支，子弹739发，查处涉案人员48人(其中刑事拘留22人，取保候审20人，移送起诉6人)。

【开展民爆物品管理攻坚行动】 2009年5月21日，金华市公安局印发《关于进一步落实民用爆炸物品治安管理破难攻坚专项行动的通知》，部署开展民用爆炸物品治安管理破难攻坚专项行动。截至11月，共排查涉爆重点人员102名，检查涉爆单位1935家次，发现隐患177起，全部落实整改措施；收缴雷管14226枚，黑火药3千克；张贴通告30086份，张贴标语、横幅2303份，投放各类宣传信件5530份。

【开展派出所等级评定工作】 2009年，金华市公安机关继续贯彻落实全市公安派出所等级评定和优秀警务责任区(社区)考核机制，及时修订派出所分类考核办法和创建先进责任区(社区)考核办法。2010年1月18日，经考核评定，全市107个派出所中新认定一、二、三级派出所分别为2个、3个、2个；重新认定一、二、三级派出所分别为6个、27个、60个；撤销一级派出所1个。

【开展打击跨境赌博专项行动】 2009年2月9日～6月30日，金华市公安机关组织开展打击跨境赌博活动。其间，全市共破获跨境赌博刑事案件91起，摧毁跨境赌博组织网络34个，抓获跨境赌博违法犯罪嫌疑对象145人，解救人质141名；侦破公安部挂牌督办案件3起，省厅挂牌督办案件5起，市局挂牌督办案件8起。此项行动得到公安部治安局、省厅治安总队和市委、市政府领导的充分肯定，中央电视台等多家媒体对此项行动进行专题报道。12月24日，在全省打击跨境赌博义乌现场会上，金华市局介绍相关工作经验。

【打击组织强迫妇女卖淫专项行动】 2009年7月3日，金华市公安局印发《全市公安机关打击组织强迫妇女卖淫犯罪活动专项行动方案》，组织开展打击组织强迫妇女卖淫专项行动。截至9月，全市共破获组织、强迫、引诱、容留、介绍卖淫案件190起；抓获涉案犯罪嫌疑人261名，解救受侵害妇女9人；查处“涉黄”治安案件529起，抓获违法人员1412人，并成功破获公安部和省厅督办的强迫妇女卖淫案件各1起。年内，全市共破获组织、强迫妇女卖淫案件206起，抓获犯罪嫌疑人289名，战果居全省第一。

【挂牌整治治安乱点】 2009年8月4日，金华市公安局印发《金华市公安机关社会治安乱点挂牌整治实施细则(试行)》，要求对抢劫、抢夺、盗窃、诈骗等影响群众安全感的常发性违法犯罪案件高发，“黄赌毒”等社会丑恶现象突出，以及黑恶势力活动较为猖獗、治安形势相对复杂、人民群众反响较为强烈的重点区域进行挂牌整治。其间，全市各级公安机关对1家省级、5家市级和44家县级治安乱点挂牌整治区域开展集中整治工作。共查处赌博案件3588起，其中治安案件3284起，刑事案件304起(不包括跨境赌博案件)，捣毁涉恶赌博团伙12个，抓获赌博违法犯罪嫌疑人10886名(其中采取刑事强制措施381人)，收缴赌资3450万余元。查处“黄、非”案件1589起(其中刑事案件315起)，抓获违法犯罪人员3329名(其中采取强制措施473名)，收缴淫秽光盘3250张、非法光盘49张；淫秽书刊2908册。

【举行防暴盔甲队远程集结演练】 2009年8月26日下午，金华市公安局举行防暴盔甲队远程集结演练活动，金华市局特警支队及婺城、金东、江南、义乌、兰溪、武义等县(市)局(分局)防暴盔甲队参加演练，240名队员统一着盔甲服，携相关装备按时集结完毕。省厅副厅长凌秋来观摩集结演练，并对演练结果表示满意。

【提前完成县级安全管理平台建设任务】 2009年10月29日，金华市局召开县级安全管理平台培训会议。要求年底前50%的县(市)公安局(分局)完成公安信息网安全管理平台建设，2010年6月底前，所有县(市)公安局(分局)完成公安信息网安全管理平台建设，并与市级平台实现联网。截至年底，10个县（市）公安局（分局）完成平台硬件采购和软件部署，实现省、市、县三级分级管理。

图为公安交警夜查酒后驾车

【落实五条常态严管措施】 2009年8月，金华市公安交警部门结合“蓝盾09”系列行动，把落实五条常态严管措施作为下半年工作主线，持续开展酒后驾驶整治工作。截至年底，全市共查获酒后驾驶14280人（其中醉酒驾驶975人），查处总量位居全省第一，醉酒驾驶拘留执行率达100%。

【驾驶员、机动车、道路数据】 2009年，金华市机动车驾驶人保有量为1270935人，同比增加110927人，增长9.56%。其中汽车驾驶人968967人，同比增加88428人，增长10.04%；摩托车驾驶人301968人，同比增加22499人，增长8.05%；全市机动车保有量为1102400辆，同比增加129826辆，增长13.35%。其中汽车464601辆，同比增加90793辆，增长24.29%；摩托车636468辆，同比增加38877辆，增长6.51%。全市公路总里程为11411.302千米，同比增加421.131千米，增长3.83%。其中普通国、省干线公路843.999千米，农村公路10337.109千米。

【开展机动车涉牌涉证违法行为集中整治行动】 该行动于2009年6月20日～8月31日开展。其间，金华市公安交警部门共出动警力4658人次，查获机动车涉牌涉证违法行为1266起，其中使用伪造、变造机动车号牌21起，不按规定安装机动车号牌551起，故意遮挡污损机动车号牌129起，无牌无证机动车118起，盗抢嫌疑机动车2辆，其他机动车涉牌涉证违法行为31起，共暂扣驾驶证87本，行政拘留21人、扣留机动车126辆。

【在全国率先开通96070交警金盾服务台】 2009年初，金华市公安局在全国率先正式开通96070交警金盾服务台。截至年底，共利用服务台短信告知7290736人次，电话告知1723702人次，信函告知1114人次；修改更新车管基础信息816891条次，受理咨询84052人次。全市非现场处罚率上升26.76个百分点，驾驶证按时换证率增加1.3个百分点，驾驶证记满分逾期未学习被停止使用减少6.38个百分点。驾驶人因逾期未提交身体条件证明被注销驾驶证从2.72%降至1.46%；逾期换证率从7.56%降至0.71%。全市机动车检验率增长2.3%；驾驶人年审驾驶证身体条件证明提交率上升2.2%；发生满分被停止使用驾驶证同比下降9.4%。

【开通公民办理出入境证件“就近受理”便民服务】 2009年7月28日，金华市公安局在全市推出“打破区域界限，实施就近受理”便民服务新举措及相应的工作模式。该措施打破户籍管辖限制，常住户口在金华的公民可自由选择在金华市内任何一个县、市公安机关出入境接待大厅办理出国（境）证件，改变以往公民申请办理普通护照和赴港、澳、台通行证必须到户籍所在地的县（市）公安机关申请的规定。

【开展外国人管理专项排查整治工作】 2009年7月1日～8月31日，金华市公安机关开展外国人管理专项排查整治工作。其间，排查掌握散居外国人7880人（重点国家人员4244人），其中购房26人、租房2057人、留宿5357人；排查登记境外商务机构驻华代表处2415家（其中有效经营1674家、登记证书逾期237家、登记证书无效504家）；排查登记三资企业803家、涉外学校20家、外国商会5家。查处外国人“三非”案件293起，遣送出境25人，报列不准入境49人。向外国人、涉外单位、机构、宾馆发放温馨提示单5万余份。

【推进“五化三治”建设】 2009年2月27日,金华市公安局党委出台意见,要求将“五化三治”工作贯彻落实情况列入对各县(市)局(分局)及市局机关各处室的考核范畴。截至年底,全市共建有社区及农村警务室449个,配备社区民警728名,有治安信息员11668名,组建5人以上专兼职护区(村)队1747支、18385人,34.74%的小区达到“平安小区”标准(指标为30%);建立城区专职巡防队伍10支,配备专职巡防协警1989人;配备巡逻汽车30辆,并全部安装GPS定位系统;配备流动人口专职协管员1981名,建立远程申报点1366个。90%的重点单位都建有一支不少于5人的专职巡逻队或从保安公司聘请专职保安人员。全市167家设有包厢、包间的歌舞娱乐场所全部安装社会信息采集系统;全市454家废旧金属收购点(站)均严格落实登记制度。全市共排摸化解各类群体性事件苗头和不安定因素529起,未化解的重大矛盾纠纷和不安定因素同比减少79起;全市151个乡镇(街道)组建不同形式的矛盾纠纷调处中心106个。8个县(市)局(分局)建立以刑警、巡特警为主体的打“两抢”便衣队伍;刑侦支队和主要县(市)均建立有组织犯罪侦查大(中)队;7个县(市)公安局(分局)已经获批运转“禁毒办”。刑侦、禁毒、经侦、网监部门侦查人员均有2名以上。

【加强和谐警民关系建设】 2009年,金华市公安机关完善公安QQ群交流制度,组织开展“全市亲民爱民人民警察”评选活动,在金华热线、金华新闻网、5173网站、9158网站建立网上社区警务室,在互联网上开设车辆牌照预选、身份证办理、出入境业务预约等服务事项,方便群众。全面推行交通轻微违法告诫,通过“告诫”处理违法80449起(其中市本级25901起)。全年共走访各类群众14895人(次),化解矛盾纠纷和各类困难1258件,向困难群众送慰问金和物品计56.5万元,群众来信反映事项回复率100%;开辟“急事急办”、“难事特办”绿色通道,开展摩托车下乡送检活动,共检摩托车48622辆。

图为开展摩托车下乡年检服务活动

【公安科技建设成效明显】 2009年,金华市公安机关共发放数字证书5220只;全市新增视频探头1306个,总数达到5898个;完成959家金融网点监控探头外延任务,完成率达95.6%;全市公交车视频监控系统安装率为32.7%,超额完成15%的安装任务;完善现有道路智能卡口联网布控报警系统,实现全市布控报警;完善消防重点单位信息管理系统,录入数据1298条,入库率100%。年内,出台全市公安机关《科技建设项目管理办法》、《科技项目验收管理办法》等制度;专门设立两个100万元奖励基金,研究制定《情报信息奖励办法》、《警务信息化创新奖励办法》,对全市189条等级信息按标准进行奖励;开展科技应用成果评选活动,分别评出“科技信息应用能手”、“优秀监控员”、“视频监控典型案例”各10名(个)。

【妥善处置涉企问题】 2009年,金华市公安机关针对金融危机可能带来的现实危害,深入推进涉企维稳工作,及时组织会商研判,开展“千警联千企”活动,对全市4521家规模以上企业进行走访排摸,对90余家存在不稳定因素的重点企业实行“一企一警”、“一企一策”的稳控措施,妥善化解23起重大涉企矛盾纠纷,正确运用法律武器,及时侦破经济领域案值千万元以上的案件7起,挽回经济损失3.2亿元。

【被评为全省打击传销百日联合执法行动先进集体】

2009年7月10日～10月20日,金华市公安局联合工商等部门组织开展全市打击传销百日联合执法行动。先后建立研判会商、经费保障、举报奖励、考核、救助等一系列制度，建立健全以经侦部门为总牵头，以辖区派出所属地管理为基础，强化基础排摸和一般案件办理的工作机制，有效遏制传销活动蔓延。截至年底，全市共刑事拘留传销犯罪嫌疑人231名，打击数居全省第一，劳动教养传销骨干人员45名，约占全省的70%。此项工作得到省、部两级公安机关及省打击传销工作领导小组办公室的充分肯定。12月18日，金华市局被评为全省打击传销百日联合执法行动先进集体。

【开通金华公安服务在线网站】 2009年9月16日，金华市公安局“金华公安服务”网站试运行，以提高公安机关服务群众工作质量、优化为民办事服务平台、拓宽与民沟通信息渠道。10月30日，该网站正式运行。截至年底，网站访问量272810次，发布信息225条，办结率95%，群众满意率达97%。

【在全省率先推出轻微交通事故违法告诫】 2009年，金华市公安局在广泛征求社会各界意见，充分借鉴其他省、市的相关经验和反复调研论证的基础上，全省首推对三类25项轻微交通违法行为实行口头警告、开具告诫书、不处罚的处理措施。1月1日开展试点，5月21日在全市推广。截至年底，全市通过“告诫”处理违法90610起。

【“动中通”通信指挥车建成并投入使用】 2009年，金华市公安局实施“动中通”通信车改造项目，利用原消防指挥车车体，在保留原车现有的设备和功能的基础上，新增卫星通信和无线图传等设备。3月4日，金华市“动中通”通信车集成改造项目通过省厅专家组初验。年内，“动中通”通信指挥车在省厅“动中通”通信车集结调度演练、国庆安保应急演练、公安部卫星网管入网测试、公安部GPS入网测试、0956行动安全保卫、金华市城乡一体化公交车交接仪式等重大保障任务中经受了检验。

【金华市公安局婺城分局】 2009年，婺城区行政区域土地面积1388平方千米，户籍人口48.7万人、登记流动人口8.22万余人。年内，全区实现生产总值97.75亿元，区级财政总收入3.4亿元，城镇居民人均可支配收入22915元，农民人均纯收入8312元。婺城分局设有7个职能科室和7个直属大队，下辖14个派出所，有民警428人。全年辖区共发各类刑事案件8004起，同比下降0.21%；破获各类刑事案件2820起，同比上升2.39%。该局连续9年被金华市局评为先进公安局，连续6年被省公安厅评为执法质量优秀单位，并取得金华市公安信访工作考核第一名，金华市“打黑除恶”、整治“两抢”犯罪、“打盗抢、追逃犯”等专项行动第二名。

图为婺城公安分局办公大楼

【金华市公安局江南分局】 2009年，金华经济技术开发区管辖婺城区苏孟乡及江南、三江、西关、秋滨街道，行政区域土地面积102平方千米，其中城区面积约30平方千米。户籍人口约20万人，登记流动人口13.4万余人。为金华市委、市政府所在地，是金华政治、经济、文化、商贸中心。该分局同时负责金华经济技术开发区的治安行政管理工作，内设16个职能机构，下辖5个派出所，实有民警241人。年内，该局打防控工作被评为全省A等单位，执法质量被评为全省优秀单位，在省厅组织的党委、政府、人大、政协对公安机关的六项测评中满意率均为100%，队伍正规化建设位列全市第三，被市委、市政府评为全市综合治理先进单位；被市政府评为全市档案管理先进单位，获全市“打盗抢、追逃犯”专项行动第一名、全市打击假币犯罪“09行动”第一名、全市网上缉控系统工作第一名、全市公安信访工作第三名、全市出入境管理基层基础工作先进单位等多项荣誉，命案和五类案件连续六年保持全破。

图为江南公安分局办公大楼

【金华市公安局金东分局】 2009年,金东区行政区域土地面积661.8平方千米,辖9个镇、1个办事处、2个街道,户籍人口30.89万人,登记流动人口6.99万余人。金东分局有内设机构16个,派出机构10个,有民警职工248人,其中大专以上学历民警232人,占总数的93.5%;一线实战单位民警(业务部门警力)224人,占总数的90.3%。全年共接处警27964起,同比上升19.21%;共立各类刑事案件1890起,同比下降0.26%,破案1082起,同比上升5.87%,破案率为57.25%;共立各类行政(治安)案件4470起,同比下降3.50%,查结2207起,同比上升8.93%,查结率49.37%,同比上升2.46%;共调解各类矛盾纠纷4647起,其中调解治安案件1689起,化解不安定因素49起,参与处置群体性上访事件100余起,办结信访案件72件。年内,该局被评为金华市社会治安综合治理工作先进单位,并获全区党政机关岗位目标责任制考核评比第一名。自行研发的刑事案件管理系统、户籍审批软件以及推广大众版视频监控实现人机互动、开展易制毒化学品"三控四帮"活动等多项工作经验在全市、全省推广。

【兰溪市公安局】 2009年,兰溪市行政区域土地面积1313平方千米,户籍人口65.97万余人,登记流动人口4.72万余人。年内,全市实现生产总值147.76亿元,财政一般预算收入17.2亿元,地方财政收入9.02亿元,城镇居民人均可支配收入和农民人均纯收入16593元和6793元。兰溪市公安局设有办公室等内设机构22个,派出机构11个,直属机构2个,全局共有民警462人、职工10人。全年110报警中,涉及刑事报警比上年上升8.39%,涉及治安报警比上年下降2.39%,其中"两抢"报警下降0.01%;成功破获涉案总额3885万元的唐素娟集资诈骗案。交通事故和火灾事故的四项指数同比均全面下降。年内,该局获全省执法质量优秀单位、兰溪市学习实践科学发展观活动先进单位、金华市公安机关四项大比武总分第一;打黑除恶专项斗争和网上缉控工作皆列金华同类地区第一,被金华市局记集体三等功、集体嘉奖各一次,被兰溪市委集体嘉奖一次。

【义乌市公安局】 2009年,义乌市行政区域土地面积1105平方千米,城市中心建成区面积78平方千米,城市化水平73%;下辖6个镇、7个街道。户籍人口72.4万人,登记流动人口125.87万余人。全年实现地区生产总值519.5亿元,同比增长9%;完成财政一般预算收入70.8亿元,其中地方财政收入38.6亿元,分别同比增长2.4%和2.2%;农民人均纯收入12899元,城镇居民人均可支配收入30841元,分别同比增长8.5%和7.4%。义乌市公安局内设机构20个、派出机构18个、直属机构3个,共有民警、职工929名(其中职工42名),全局警力不到实有人口的0.50‰。是年,该市社会治安呈现"一平三降五升"的良好态势:全部刑事案件(12725起)与上年基本持平;五类恶性案件(38起)下降7.3%,"两抢"案件(1076起)下降20.9%,盗窃案件(9800起)下降3.1%;刑事破案总量(6871起)上升3.4%,命案破案率(95.1%)上升7个百分点,移送起诉数(3561名)上升8%,治安拘留数(7431名)上升11.4%,追逃总量(1023名)上升26%。打防控工作获全省一类地区A等单位;执法质量考评获全省优秀,实现"五连冠";金华市公安目标责任制考核获第一名;义乌市机关部门工作目标责任制考核成绩,在政府部门序列34个单位中排名第二。

图为义乌市公安局办公大楼

【东阳市公安局】 2009年,东阳市行政区域土地面积1742平方千米,辖有6个街道办事处、11个镇、1个乡,391个行政村和社区。全市户籍人口81.62万余人,登记流动人口19.07万余人;全年实现生产总值248.8亿元,同比增长9.1%;财政总收入25.6亿元,同比增长6.1%,其中地方财政收入15.2亿元,同比增长11.7%。东阳市公安局共有内设机构20个,派出机构15个,直属机构2个,共有人员编制数757名,实际在职在编人员646名(其中职工20名)。是年,全市建治安信息员1207名、企业安全信息员209名;收集各类信息769条,上报信息466条。调处各类矛盾纠纷4101起。189起非正常死亡得到妥善处置。化解不安定因素115起。受理信访案件264起,办结245起,办结率为92.8%。全年破刑事案件5299起,同比上升4.3%;打击处理2251人,同比上升7.7%;抓获逃犯406名,同比上升7.4%,刑事案件发案同比下降0.9%。发命案和五类恶性案件32起,破32起;命案和五类恶性案件破案率从2007年起,连续第三年保持100%。查处治安案件

8821起，行政拘留1970人。接处警20万余次，救助群众2646人次。先后完成国际建材装饰城开业等27项大型活动的安全保卫工作。有1个集体立二等功，4个集体、19人立三等功，80人受到上级嘉奖或表彰。获全省打防控工作考评一类地区A等单位、全省公安队伍正规化建设先进单位。公安综合考评成绩列金华市第二名。在东阳市“万人百企评机关”和“机关部门目标责任制”考核中均获第一名。

图为东阳市公安局办公大楼

【永康市公安局】 2009年，永康市辖3个街道、11个镇、经济开发区、城西新区管委会，行政区域土地面积1049平方千米，户籍人口56.8万人，登记流动人口26.25万余人。永康市公安局设有政治处等20个内设机构，11个派出机构，2个直属单位；共有民警557名，职工46名。全年全市110接警332796起，处警76909起，同比分别下降5.76%、上升0.45%；共立刑事案件10232起，同比下降0.52%，共破现行案件4253起，同比上升1%，破案绝对数为6430起，同比上升1.04%，杀人案件立13起，破13起，破案率为100%；受理治安案件16863起，查处16225起，同比分别上升8.74%和10.05%；发生重大交通事故253起，死亡97人，同比全面下降。年内，该局获金华市全市公安工作综合考评第一名，金华市“打黑除恶”工作先进单位，金华市打击假币犯罪“09行动”先进集体，《平安时报》公安新闻宣传工作先进单位一等奖，还被评为省军队转业干部安置工作先进单位。

【武义县公安局】 2009年，武义县行政区域1577.2平方千米，户籍人口33.63万余人，登记流动人口6.58万余人；实现生产总值103亿元，比上年增长8%；实现财政收入14.37亿元，比上年增长6%。武义县公安局共有内设机构18个，派出机构9个，直属单位1个，有民警300人。全年全县共立刑事案件3070起，同比下降0.45%，其中立七类案件17起，与上年持平，立“两抢”案件196起，同比下降10.1%；全年共破刑事案件1414起，破案率46.1%，命案和五类案件破案率100%，破“两抢”案件128起，破案率65.3%；抓获各类刑事作案人员676名，其中抓获各类逃犯138名，移送起诉566名；查处治安案件3330起，查处率为97.97%。年内，该局取得省厅打防控考核A等、全市打击整治“两抢”犯罪大会战第一名、金华市局信息比武第二名。

图为武义县公安局办公大楼

【浦江县公安局】 2009年，浦江县行政区域土地面积899.57平方千米，户籍人口38.95万余人，登记流动人口11.40万余人。年内，全县实现生产总值110亿元，同比增长9%，完成财政收入13.2亿元，增长6.2%，其中地方财政收入7.2亿元，增长7.1%，城镇居民人均可支配收入20434元，增长7.2%，农民人均可支配收入8288元，增长8.3%。浦江县公安局设有14个职能科室（大队）、3个直属单位、2个下属单位及9个派出所，有民警348人。全年刑事案件破案数、移送起诉数同比上升10.2%和2.6%，全县接警数、刑事立案数同比下降3.5%和0.2%。全年刑事案件批捕率达93%，移送准确率为99%，行政处罚准确率、劳教案件批捕率达到100%。进一步夯实基层基础工作，部署开展“三定一创”活动，受到群众好评和上级领导的肯定。交通、火灾事故指标全面下降。加强公安队伍自身建设，推行案件执法主办民警资格认证、民警“办事档案”制度。年内，该局共有29个集体、119人次被记功嘉奖或评为先进，获得金华市公安机关信息应用技能比武活动团体第一名和体育项目选拔赛团体第二名。

【磐安县公安局】 2009年，磐安县行政区域土地面积1196平方千米，辖8镇11乡，363个行政村，8个居委会，户籍人口20.84万人，登记流动人口0.85万余人。完成国内生产总值40.65亿元，财政总收入5.2亿元，其中地方财政收入2.72亿元，农民人均纯收入5518元。磐安县公安局下设19个科所队（其中派出所 6 个),共有编制 276 名,实际在编在职民警 205 名,职工 15 名。年内,该局共破获各类刑事案件 902 起,打击处理 212 人,其中杀人案件发 1 起破 1 起;查处治安案件 1438 起,治安处罚 3782 人。在金华市率先推行《案件回访制度》,全年共回访案件 474 件次;建立执法电子化、执法资料统计自动化、执法档案管理网络化执法平台,提高执法效能。被省厅确定为浙江省县级公安机关执法示范单位。实现连续第七年队伍"零"违纪。年内,该局共有 24 个集体和个人受上级表彰,其中 2 个集体立三等功,4 名个人立三等功,64 个集体和个人获嘉奖。

图为磐安县公安局办公大楼

(**责任编辑** 胡琳娜)

衢州公安

【市况简介】 衢州市位于浙江西部,钱塘江源头,南接福建南平,西邻江西上饶、景德镇,北连安徽黄山,东与杭州、金华、丽水三市相衔。地理位置独特,素有"四省通衢"之称。下辖柯城、衢江 2 区,龙游、开化、常山 3 县,江山 1 市,面积 8841 平方千米,总人口 249 万。2009 年,全市实现生产总值 617.5 亿元,同比增长 11.1%,全社会固定资产投资 415.4 亿元,增长 15%;财政总收入 62.3 亿元,增长 8.8%;城镇居民人均可支配收入 19539 元,增长 8.1%;农村居民人均纯收入 7336 元,增长 7.2%。

【概述】 2009 年,衢州市公安机关以开展"信息警务提升年、警民关系和谐年"活动为载体推动"三项建设",强化基层基础,统筹城乡警务,严格执法规范,加强队伍建设,推进以"便衣侦查队、公安互联网办事大厅、社区交通服务站"为内容的"三大民心工程"建设,各项公安工作和队伍建设取得明显成效。全市大局稳定,刑事发案率稳中有降,交通、消防四项指标平稳,群众安全感、满意度连续第四年位居全省前列。年内,全市共立刑事案件 13334 起、破 6467 起,同比分别下降 0.37%、1.01%,破案率为 48.51%;打击处理犯罪嫌疑人 2987 名,同比下降 3.33%;查处治安案件 14269 起、违法人员 13378 名,同比分别下降 0.54%、上升 8.00%;发生交通事故 1064 起,死亡 268 人,受伤 1060 人,经济损失 471.28 万元,同比分别下降 1.66%、1.83%、1.49%、0.30%;发生火灾事故 72 起,经济损失 141.44 万元,同比分别下降 8.86%、14.63%。年内,衢州市公安局首次跻身衢州市市级机关部门最佳满意单位行列。全市公安机关 4 个集体立二等功,16 个集体记三等功,32 个集体受到嘉奖;50 名民警记三等功,181 名民警受到嘉奖;47 个集体和 158 名民警受到各级党委、政府和上级公安机关的表彰。

【机构人员】 2009 年,衢州市公安局(以下简称"衢州市局")共设 25 个职能处室队和政治部、纪委、监察、直属机关党委。下辖柯城、衢江、龙游、江山、常山、开化 6 个行政区划公安(分)局,柯山 1 个非行政区划公安分局,实有公安派出所 54 个,路面交警中队 42 个。全市民警编制数为 2826 人,至年底,在编民警 2502 人,警力占全市实有人口的 1.009‰。

【完成国庆 60 周年安保任务】 2009 年,衢州市公安机关深入开展隐蔽战线斗争,进一步深化和完善情报信息会商例会制度、治安形势定期分析研判制度,不断完善快速反应指挥体系建设;不断深化专案经营机制,深入推进信访四前机制,实现全市进京赴省涉法非正常访"零发生"目标;加强舆情引导和突发事件处置工作力度,全面落实互联网 24 小时不间断巡查机制,没有发生影响重大的涉稳炒作事件;认真组织"迎国庆保平安促稳定"公安武警联合巡逻和"奋战五十天,平安迎国庆"攻坚战,"国庆安保 1 号、2 号"集中统一行动,组织全市公安机关防暴预备队开展国庆安保跨区域集结演练,圆满完成以建国 60 周年大庆安保为中心的各项维稳任务。同时,出动警

图为举行国庆安保攻坚战启动仪式(2009年8月20日)

力2万余人次，完成"2009浙江省山海协作工程系列活动"、科工会等各类大型活动安保任务34起，完成各类重要警卫保卫任务56批次。

【组织开展跨区域处置突发系列防暴演练】 2009年9月24日，衢州市公安局组织"国庆安保1号"全市公安防暴预备队跨区域与属地集结演练。柯城、衢江、柯山3个分局和市局机关共200名防暴预备队员参与跨区域集结，龙游、江山、常山、开化组织属地集结演练。各地根据预警指令，准时到达指定集结地点，并按照开进命令按时到达指定地点。演练中，各防暴预备队开展阻截、分割、推进等多种处置队形的应急处置演练，初步达到实战对防暴预备队远程集结拉练能力的现实要求。9月29日，举行"国庆安保2号"市局机关大楼安全保卫演练。

【严厉打击各类严重刑事犯罪】 2009年，衢州市公安机关共立刑事案件13334起，破获各类刑事案件6467起，移送起诉数3125名。其中，共发命案33起，破32起，破案率为96.9%，五类恶性案件破案率为100%。抓获各类逃犯792名，同比上升9.7%；抓获外省逃犯追逃数231名。年内，全市共排摸涉黑涉恶线索48条，捣毁涉恶团伙13个，破获各类案件178起，抓获团伙成员89名，其中被法院依法判决83名，缴获非法所得406万余元。

【开展社会治安乱点整治】 2009年8～12月，衢州市公安机关推进社会治安全面整治。其间，全市共打击破获刑事案件2592起、查处治安案件3659起、抓获犯罪嫌疑人1852名、打掉犯罪团伙49个、捣毁犯罪窝点26个、收缴财物价款466.4万元、整改治安隐患244处、高危人员管控507名、新增列管重点人口420名、整治治安乱点134处、投入巡逻防控警力10575人次、发动群防群治力量14587人次、新建技防设施11处。

【开展非法传销集中整治活动】 2009年，衢州市公安机关共取缔传销窝点1074处(含居住点与授课点)，查获参与传销人员8990人，遣散传销人员8500人；其中集中遣返4642人，解救被骗参与传销人员627人。共破获各类案件50起，其中组织领导传销案件16起，因传销引发的非法拘禁等其他刑事案件34起；抓获违法犯罪嫌疑人221名，刑事拘留191名，逮捕159名，劳动教养6名，治安拘留10名，移送起诉82名。初步形成"政府负责、综治牵头、部门联动、齐抓共管"的打传销工作格局，打击传销工作的会商机制、督察考核机制、举报奖励机制和信息化管理机制得到落实。7月9日，在省政府召开的"全省打击传销百日联合执法行动"电视电话会议上，衢州市专门介绍了经验。

【开展打击假币"09行动"】 2009年1～10月，衢州市公安机关开展该专项行动。其间，共立各类假币犯罪案件5起，破案4起，抓获犯罪嫌疑人2名；办理假币行政处罚案件10余起，抓获假币违法人员12名，行政拘留5人次，收缴假人民币共202957元，公安与银行收缴量比达27%，汇总、排查各类假币犯罪案件线索15条。

【开展打击整治发票犯罪专项行动】 2009年1～10月，衢州市公安机关开展该专项行动。其间，共立案侦查发票犯罪案件5起，经营各种发票犯罪线索16起，监控网站兜售发票信息42条、短信58条，抓获犯罪嫌疑人17名，移送起诉16名。先后破获"衢州市天成财务咨询有限公司非法代开发票案"、"5·08"销售假发票案和"8·31"销售假发票案等案件。

【开展"打两抢反窃车"专项行动】 2009年，衢州市

图为衢州市公安机关将“打两抢反窃车”专项行动中追缴的赃车退还给失主(2009 年 8 月 27 日)

公安机关拓展打击整治“两抢”犯罪内容，组织开展“打两抢反窃车”专项行动，对各类两抢、窃车犯罪展开强烈的攻势。年内，共破获盗窃电动自行车(摩托车)案件 920 起，其中系列性案件 55 串 755 起，打击处理窃车犯罪嫌疑人 184 名，摧毁犯罪团伙 34 个，追缴被盗电动自行车(摩托车)1160 辆。共追缴侵财案件赃款 1587.8 万余元。同时，积极争取党委、政府对案件多发的大型停车场、停车点加大防范设施建设，努力挤压窃车犯罪空间。

【开展危险物品整治工作】 2009 年 5 月 12 日～12 月，衢州市公安机关开展民爆物品破难攻坚专项行动。其间，全市共收缴各类枪支 10 支，其中气枪 2 支、火药枪 3 支、仿制枪 1 支、自制枪 3 支、改制枪 1 支，查处涉枪违法犯罪案件 4 起，移送起诉 2 起，排查中发现隐患 17 起，全部落实整改。排查涉爆从业单位 176 家，发现隐患 34 起，均责令相关单位整改，对 233 名涉爆重点人员进行排查登记，39 名录入信息系统，对 9 名重点对象落实监控措施，会同安监、国土等部门取缔非法矿山 5 家，收缴雷管 27 枚，乳胶炸药 40 支，处罚单位 5 家，治安拘留 5 人。联合环保、卫生部门对全市放射源开展检查，共下发 104 份限期整改通知书。对全市每个废旧金属回收点(站)进行放射源射线检测并签订责任书。

【开展打击网络犯罪“09 亮剑”专项行动】 2009 年 5～12 月，衢州市公安机关开展该专项行动。其间，主侦网络犯罪刑事案件 41 起、抓获犯罪嫌疑人 38 名，网络违法案件 15 起、处理违法涉案人员 9 名，配侦办理网络违法案件 200 余起，抓获犯罪嫌疑人 125 名。

【开展“利剑”禁毒专项行动】 2009 年 8～10 月底，衢州市公安机关组织开展该专项行动。其间，共破获毒品犯罪案件 37 起，抓获犯罪嫌疑人 104 名，摧毁贩毒团伙 13 个，缴获各类毒品共计约 850 克；查处吸毒案件 134 起，查获各类吸毒人员 274 名，其中责令社区戒毒 19 人，强制隔离戒毒 28 人。

【召开衢州市第九次公安基层基础工作会议】 该会议于 2009 年 10 月 23 日召开，在前期 36 个事关基层基础工作和服务实战的专项调研基础上，全面总结第八次公安基层基础会议以来取得的成果，深刻分析面临的形势，对一批优秀社区民警和先进警务室、治保先进集体和个人进行表彰，明确今后一个时期开展公安基层基础工作“四基四化”的目标和要求(四基即：稳定基础、信息基础、防控基础、和谐基础；四化即：前沿化、信息化、社会化、人本化)。

【深化城乡社区警务建设】 2009 年，衢州市公安局机关连续第四年把社区(农村)警务室建设和市区平安服务站建设列入市政府为民办实事计划，积极开展打造“五心”警务室活动和创建“毛卡式”警务室活动，努力营造“倾斜一线、基层优先”的导向。年内，衢州市局评选出 10 个“毛卡式警务室”，入选警务室民警全部立三等功。截至年底，该市共建社区、农村警务室 254 个，流动警务站 89 个，警务联系点 2000 余个，配备警力 427 名。10 月 22 日，衢州市委办、市政府办印发《关于进一步加强基层基础建设推进公安工作的意见》，提出加强维稳基础工作、推进治安防控社会化、公安基础信息化进程、营造队伍优良环境、加强党政领导等七方面意见，进一步增强党政层面对派出所建设的政策倾斜力度。

【开展治保工作先进集体和治安荣誉奖评选活动】 2009 年 10 月 20 日，衢州市公安局与衢州市社会治安综合治理委员会办公室在全市开展该项评选活动，衢州学院（筹）保卫处等20个单位被评为治保工作先进集体，吴樟炎等10名治保干部被评为一等治安荣誉奖章获得者，朱国平等30名治保干部被评为二等治安荣誉奖章获得者。10月23日，在衢州饭店举行表彰大会。

图为衢州市委常委、公安局局长黎伟挺检查整治游戏机赌博问题

【整治游戏机赌博问题】 2009年6月10日，衢州市公安局出台《关于加强游戏机赌博违法活动打击力度的通知》、《衢州市公安局关于查禁游戏机赌博相关问题的规定》，其中对游戏机赌博违法行为的查处规定

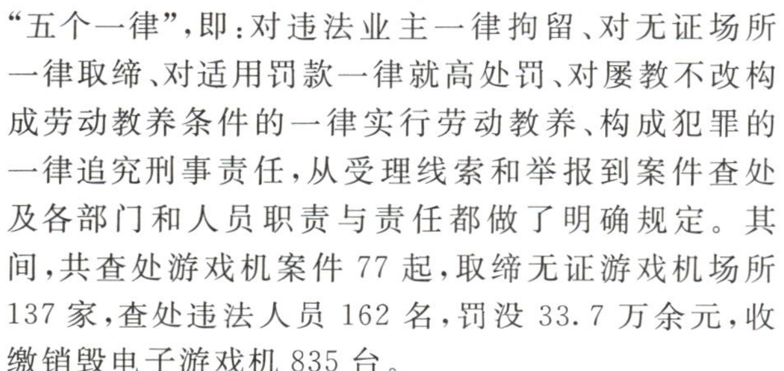

“五个一律”，即：对违法业主一律拘留、对无证场所一律取缔、对适用罚款一律就高处罚、对屡教不改构成劳动教养条件的一律实行劳动教养、构成犯罪的一律追究刑事责任，从受理线索和举报到案件查处及各部门和人员职责与责任都做了明确规定。其间，共查处游戏机案件77起，取缔无证游戏机场所137家，查处违法人员162名，罚没33.7万余元，收缴销毁电子游戏机835台。

【开展交通安全集中整治系列行动】 2009年，衢州市公安机关组织开展“蓝盾”系列行动、“飓风”行动和机动车涉牌涉证、“奋战50天，实现零增长”及酒后驾驶整治等系列专项行动，同时，通过科技手段的管控，以电子警察、视频监控、智能卡口、雷达测速仪等科技设备，在全市范围布成覆盖城区主要街道及国道、省道等主要干线公路的全天候动态管控网，有效形成严管、严控态势，最大限度地挤压道路交通违法的时间和空间。年内，共查处各类交通违法行为95.7万起，其中非现场执法查处53.6万起，超速行驶15.96万起、酒后驾驶2875起、醉酒197起，暂扣驾驶证2379本、吊销驾驶证174本、行政拘留424人。

【开展事故隐患排查治理】 2009年，衢州市共排查出危险路段55处，其中省级挂牌治理10处，市级5处，省级挂牌治理临水临崖8处。截至年底，省、市二级挂牌危险路段全部治理完毕。据统计，上述路段交通事故死亡人数同比下降78.9%，死亡绝对数同比减少30人。

【首次为军人发放身份证】 2009年8月，衢州市公安机关协助完成部队采集人员信息，全市共采集部队人员信息3000余条，审核上传军人身份证信息633人，实际制证622人，发放证件622张。

【开展公民跨户籍地办理出入境证件工作】 2009年4月起，衢州市公安局开展跨户籍地受理出入境证件工作。通过落实各项措施，完善工作机制，推进国家工作人员、法定不准出境人员报备数据库建设和试点工作。8月31日，该局召开新闻发布会，宣布在全市范围内推开跨户籍地办理出入境证件工作，有效满足异地工作、求学等群众的办证需求，切实提升出入境服务水平，为申请群众提供便利。

【推行岗位执法资格等级化认证工作】 2009年6月12日，衢州市公安局印发《衢州市公安机关民警执法资格认证办法》（试行），要求各级公安机关把执法资格考试认证与执法民警等级化管理相结合，将认证的结果与民警政治待遇、经济待遇挂钩。不断优化执法队伍结构，建立健全用人机制，形成人尽其用、人尽其才的良好格局，激发整个公安队伍执法办案主动性。8～11月，衢州市公安机关共组织市、县两级执法资格理论考试3次，共计2400余名民警参加执法资格理论考试，全部合格。12月，各县级公安机关根据《衢州市公安机关民警执法资格认证办法》（试行）的规定，结合本地实际情况进行实践考核。

【组织“十佳最大效益精品案件”评选活动】 2009年7月8日，衢州市公安局印发《衢州市公安机关中层领导“十大最佳效益案件”评选活动方案》,在全市公安机关组织开展“十佳最大效益精品案件”的评选活动,以“先进性”、“合法性”、“认可性”、“示范性”为标准,要求法制干警包括兼职法制员和分管法制的所队领导、局领导发挥“典型示范”引导作用,真正深入基层,带头办理疑难复杂案件,办理一批精品案件。年底对各地推荐的中层领导主办案件进行评审,共评选出石小英、张建新等人扰乱单位秩序案、“8·16”系列性飞车抢夺案、黄世荣系列盗窃案、“5·25”重大环境污染事故案、王甘清徐贡林提供虚假证言案、王伟龙进伏贾治锋组织领导传销案、郑勇军寻衅滋事案、柴光明销售假冒注册商标的商品案、徐华锋抢劫案、郑佳新故意伤害案 10 个质量优秀、群众满意、法律效益和社会效益相结合的十佳精品案件。

【开展“雷霆”消防等系列火灾隐患整治】 2009 年,衢州市消防部门先后部署开展雷霆消防、公众聚集场所易燃可燃装修材料、高层地下建筑消防专项整治和消防安全重点单位普查、中小学校舍消防安全排查、消防控制室专项治理等一系列专项活动,形成国庆 60 周年消防安全特殊时期消防监督管理的高压态势。在国庆消防安全保卫期间,全市消防部队共检查消防安全重点单位 1999 家次、非重点单位 1510 家次,其中排查了 305 幢高层建筑、63 个地下建筑和 427 所学校 2958 栋校舍。共发现火灾隐患 2225 处,督改火灾隐患 2123 处,下发整改通知书 102 份。年内,全市消防部队共接警出动 1140 次,火灾出动 49 次,出动人员 9409 人次,出动车辆 1283 台次,救助人员 245 人,抢救财产价值 1404 万元。火灾起数同比上升 2.08%,死亡人数同比下降 50%,受伤与财产损失与上年持平。

【推进便衣侦查队建设】 2009 年 2 月,衢州市公安局印发《关于在市区建立便衣侦查队的工作意见》,决定在市局刑侦支队及柯城、衢江、柯山分局分别组建便衣侦查队。便衣侦查队成立以来,针对侵财型案件高发态势,积极运用信息研判、专案经营、便衣守候等手段,按照统一布控、公秘结合、情报共享的原则开展工作,实行弹性工作制,主要负责系列性、团伙性、高发性和流窜作案的侵财案件的侦破和各类情报线索搜集研判工作。通过市县合作、协调联动等工作机制,取得良好的破案打击成果,有效遏制侵财型案件的高发态势。截至 12 月,市局便衣侦查大队共破获市局挂牌督办系列性案件 13 串,累计破获各类侵财案件 256 起,其中盗窃两车案件 142 起,追缴赃车 54 辆,抓获各类犯罪嫌疑人和逃犯 72 名。

【建立衢州公安互联网办事大厅】 2009 年 3 月,衢州市公安局建立“一体化运作、一站式服务”的衢州公安互联网办事大厅网站。截至年底,累计访问量 1584.56 万次,最高日浏览量 20.3 万次。向市民群众送出短信提示 25348 条,拨打交管信息告知电话 114363 个,为群众答疑解惑办实事 7288 件次;受理行政复议 16 起,网络报警处置中心受理网络报警 438 起,接受犯罪线索举报 573 起,从中破获案件 115 起。在 2009 年省委宣传部牵头开展的评选活动中,“衢州公安互联网办事大厅”作为全省 15 家候选网站中唯一的政府网站,获“2009 年浙江省文化传播创新十佳网站”称号。

图为举行衢州市公安局互联网办事大厅揭牌仪式(2009 年 6 月 18 日)

【推进社区交通服务站建设】 2009 年 3 月 25 日,衢州市公安局按照“布局合理、规模适度,方便群众、有利联动”的要求,建成交警驻花园社区、驻市经济开发区等 7 个交通管理服务站。截至年底,各交通管理服务站共办理换补证件 2512 次,处理交通违法行为 2635 起,为群众办理查询、接受咨询等服务 11269 次,发放宣传资料 69800 余份。

【打造浙西地区具有权威性的司法鉴定机构】 2009

年，衢州市刑科所以计量认证工作开展为契机，在理化、DNA方面准备计量认证工作的同时，将计量认证的各方面规范贯穿到包括痕迹、法医等专业和各县(市、区)刑事科学技术室中，促进各专业和各技术室规范化建设和检验鉴定水平上一个台阶，打造浙西地区具有权威性的司法鉴定机构。3月，浙江省质量技术监督局为衢州市公安局物证鉴定所正式颁发实验室国家计量认证证书。

【举行信息化应用比武】 2009年3～11月，衢州市公安局组织协调12个警种进行信息化专业技能比武，其中特警、网警、行动技术3个警种同时参加全省岗位业务技能抽考活动。全市公安基层“一把手”和市局机关中层领导考试11场次，应考352名，均通过考试，平均成绩达90.67分；市、县两级公安机关应考民警2327人，及格率为100%，平均成绩89.56分。《人民公安报》、《平安时报》相继对该市公安机关领导干部信息化专题轮训工作进行专门报道。

【推行“五心工作法”提升“衢州110”品牌形象】 2009年，衢州市公安局指挥中心积极推进以“将心比心、真心爱心、公心诚心、耐心细心、交心换心”为主要内容的“五心工作法”，努力提升“衢州110”品牌形象，整体服务质量和服务水平明显提高。年内，共接各类报警110279起，有效警情92755起，其中刑事案件7997起，治安7859起，交通事故8645起，火警862起，群众求助5409起，其他警情37669起；成功解救传销人员100余名，挽救自杀人员2名，快速反应、抓获抢劫、盗窃嫌疑人120余名。

【研发派出所警务信息门户平台】 2009年，衢州市公安局积极调研、自主开发，建成派出所警务信息门户平台。该平台整合调用打防控系统、常住人口系统等12个业务库的数据，挂接派出所常用业务系统25个，开发各类功能管理模块26个。实现一站式登录、警情直观查看、各类人员到期提醒等功能要求，解决了基层派出所系统分散、整合不够、关联不强、重复采集等信息化应用的突出问题。8月6日，该局召开全市公安派出所警务信息门户平台建设现场会，并在全市54个派出所中推广应用。截至年末，累计登陆次数达83000余次，录入案人物等信息9653条，发布新闻信息12546条。

【推出加强派出所建设“六个百分百”举措】 2009年，衢州市公安机关把抓好派出所建设摆上更突出的位置。减轻基层负担，赋予派出所工作更大的自主权，除公安部、省厅统一部署的任务指标外，市局对派出所制定的考核项目100%取消，针对派出所的变相罚没赞助指标100%取消。强化基层保障，派出所由财政拨付的人头经费和公用经费100%保障到位，民警防护装备和车辆按标准100%配备到位。落实从优待警，派出所按标准缺编的警力100%补齐，派出所等基层所队民警的年休假100%享有。

【推行“四零”工作法创建群众满意窗口】 2009年，衢州市公安局出入境管理局推行“四零”工作法，即实行申请“零等待”、推行窗口“零距离”、确保工作“零差错”、实现服务“零投诉”。通过实施“四零”工作法，使出入境接待窗口服务质量和办事效率有了明显提高。年内，共批准公民出国(境)22014人次(同比增长24.2%)，实现出入境制证质量全年零差错，受到省厅通报表扬。在市政府组织的对全市窗口单位的群众满意度测评中，满意率为100%。5月22日，“四零”工作法被公安部出入境管理局作为经验在全国交流。

【衢州市看守所实行医务工作社会化】 2009年6月11日，衢州市看守所与柯城人民医院举行医疗合作协议签约仪式，由柯城人民医院接管衢州市看守所医务室，派驻具有执业资质的医务人员为看守所在押人员提供门诊医疗服务，承担在押人员入所体检和疾病医治工作，建立巡诊和治疗档案，负责营养、卫生、保健、防病等方面的知识宣讲工作。

【衢州柯城公安分局】 2009年，柯城分局辖区处于衢州市的政治、经济、文化中心，治安管辖行政区域土地面积362.66平方千米，户籍人口22.45万人，登记流动人口4.7万人左右。所辖4个街道，1个镇，5个乡，22个社区，149个行政村，内设6个派出所(城西派出所和九华派出所合署办公)、6个大队和6个科处室。现有警力249人，其中机关综合部门警力数为27人，占总警力的10.8%；基层所队人数为213人，占总警力数的86%；派出所警力为150人，占总警力数的60%。年内，该分局共破获刑事案件2646起，同比上升0.34%，移送起诉616名，同比增长2.8%，追赃1487万余元，同比上升19.2%；查处赌博案件172起，抓获上网逃犯19人，排查重点人员626人次；清理取缔传销窝点121个，查获传销人员866名，遣散传销人员575名，解救被骗传销人员37名，查处组织、领导传销活动案件10起，抓获犯罪嫌疑人28名。

【衢州衢江公安分局】 2009年，衢江区行政区域土地面积1780平方千米，户籍人口40.31万人，登记流动人口2.31万人。衢江分局设有办公室(指挥中心)等6个职能科室和国内安全保卫等7个直属大队,下辖10个派出所,全局民警247人。全年该区已经连续第四年实现重大群体性事件"零发生",刑事案件发案数比上年下降1.2%,行政案件受理数比上年下降18.3%,其中"两抢"立案数下降18.5%;交通上报事故四项指数、火灾事故四项指数与上年同比均全面下降。年内,该分局在全市打击整治"反窃车"犯罪大会战综合考评中名列第一;队伍连续四年实现"零违法、零违纪",连续第三年夺得衢州市县级公安机关"五问五评"综合绩效考评二类地区第一名、连续第四年以总分第一名获衢江区人民最满意单位;并分别被评为衢州市和衢江区"平安建设"先进单位及全省政法系统"学枫桥、保平安、促发展"先进集体。

【衢州柯山公安分局】 2009年,柯山分局辖区行政土地面积270余平方千米,户籍人口18.668万人,登记流动人口约2.5万人。分局设有办公室等5个职能科室和国内安全保卫等8个直属大队,下辖4个派出所,全局民警168人。是年,该分局圆满完成国庆60周年安保任务,辖区治安形势稳定,没有发生一起有重大影响的案(事)件;全年刑事案件发案数比上年下降0.55%,治安案件受理数比上年上升11.1%。

【龙游县公安局】 2009年,龙游县行政区域土地面积1143.2平方千米,户籍人口40.31万人,登记流动人口3.33万余人。年内,全县实现生产总值97.88亿元;财政总收入7.93亿元,其中地方财政收入5亿元,城镇居民人均可支配收入16795元,农民人均纯收入7720元。龙游县公安局设有办公室等8个职能科室和国内安全保卫等8个直属大队、1个看守所,下辖8个派出所,全局民警320人。全年刑事案件立案数同比下降0.24%,其中"两抢"案件立案数下降9.38%,受理治安案件数同比上升50.4%;交通事故四项指数、火灾事故四项指数与上年同比均全面下降。年内,法制科等7个单位被评为省级先进集体,该局集体及局长汪德荣个人被省厅授予三等功,民警傅志平被评为全省优秀人民警察,吴国胜被评为省劳动模范,周丽珍被评为浙江公安百名优秀基层民警并被省厅记三等功。

【江山市公安局】 2009年,江山市设13个镇、6个乡、2个街道,行政区域土地面积2019平方千米,共有户籍家庭19.52万户59.38万余人,登记流动人口4.32万余人。2009年,全市实现生产总值140.91亿元,同比增长12.1%,增幅位居全省第三位。该局内设办公室(指挥中心)等24个职能科室,其中派出所9个,共有在职在编民警408人。年内,该局实现命案破案率达100%,"七类"案件破案率达100%,未发生重大暴力恶性案件和重大治安及群体性事件,社会治安秩序呈现日趋稳定的良好态势,群众安全感进一步增强。年末,经衢州市统计部门民意民生测评,群众对社会治安和公安机关满意度分别达到96.6%和98.3%。年内,先后被省公安厅授予"全省执法质量优胜单位"、"队伍正规化建设先进单位"称号,自2000年始已连续九年被评为全省优秀公安局,实现连续十年命案全破。

图为江山市公安局办公大楼

【常山县公安局】 2009年,常山县行政区域土地面积1099.1平方千米,下辖7个乡、7个镇、342个行政村。2009年,全县有户籍人口32.93万余人,登记流动人口2.75万余人。全年生产总值62.9598亿元,增长10.5%;财政总收入5632万元,增长2.68%,城镇居民人均可支配收入15050元,农村居民人均纯收入7126元。常山县公安局内设机构27个,下辖8个派出所;实有民警261人,占全县常住人口的0.79‰。年内,该局紧紧围绕构建"和谐平安常山"的总要求,努力践行"亲民、公正、敬业、创新"新时期常山公安精神,以开展"推行派出所'和谐管理、亲民服务'机制改革、探索'无盲区'社会治安动态巡防模式、探索监管工作规范化模式、完善110应急社会服务联动机制、完善执法规范化管理机制、完善队伍教育跟踪管理工作机制、打造企业经营风险预警防范工程、打造'涉赌涉黄'网络管控工程、打造农村道路交通安全防范工程、打造党建'先导工程'"十项重点工作为着力点,大力推进"三项建设"。全年立刑事案件1329起,同比下降0.3%;破案834起,同比上升2.8%;打击处理犯罪嫌疑人359名,同比上升1.22%;命案实现全破;刑事发案、道路交通事故和火灾事故四项指数实现"零增长"。年内,该局共有6个单位和个人受到省级奖励;有17个单位和个人受到市级奖励。

【开化县公安局】 2009年,开化县有户籍人口35.06万余人,登记流动人口1.12万余人,全县实现生产总值59.1亿元,地方财政收入3.25亿元,全县职工(含限额以上私营企业)年平均工资27632元,农村住民人均纯收入6562元。开化县公安局设有政治处等19个职能科室,下辖9个派出所,全局民警264人,协警126人。是年,开化县局以打造浙江最安全省际县建设为目标,紧紧围绕“国庆安保”工作主线,充分发挥维稳主力军作用,全面推进打防一体化、警务信息化、执法规范化、队伍正规化四项建设。据统计部门调查:认为开化县公安工作与上年对照有较大提高的占95.24%,位居衢州公安机关第一;群众对公安工作知晓度达96%,位居全市第三;群众对公安工作认可度达99%,位居全市第二;群众安全感、满意度达95%,均位居全市第三。命案持续保持十一年全破。全年共有27个集体和149位民警受到各级表彰。

(责任编辑 胡琳娜)

舟山公安

【市况简介】 舟山市位于长江口南侧、杭州湾外缘的东海海域,辖定海、普陀2区和岱山、嵊泗2县。全市由1390个岛屿、3306座海礁组成,其中,住人岛103个,是全国唯一的群岛型城市,为全国第四大岛。总面积2.22万平方千米,其中海域面积2.08万平方千米,岛屿陆地面积1440.2平方千米,岸线总长度2444千米。据省统计局统计,2009年全市总人口106.3万人。2009年,舟山市GDP达533.26亿元,增长11%;财政总收入76.99亿元,其中地方财政收入48.78亿元,分别增长15.5%和13%;城镇居民人均可支配收入24082元,渔农村居民人均纯收入12612元,分别增长8.2%和11%。2009年12月25日,投资131.13亿元、历经10年建造的舟山跨海大桥正式全线试运营通车。

【概述】 2009年,舟山市公安机关紧紧围绕国庆60周年安保和对接跨海大桥贯通两大重点,认真履行第一责任,主动服务第一要务,较好地实现了“三个继续保持”、“四个重点突破”的目标,开创了公安工作和队伍建设新局面,有力地维护了全市社会政治、治安的持续平稳。全市刑事案件立案数同比下降1%,破案率61%,连续第四年居全省首位。全市刑事案件批捕率、移诉率、起诉案件准确率分别达到98.1%、99.9%、99.5%,退查率为1.3%。在全省执法质量考评中,全市执法单位优秀率位居全省首位。据年底省统计局抽样调查,舟山群众安全感达99.13%,对社会治安认可度达100%,知情群众对公安队伍的满意度达99.87%,分列全省第一、第一和第二。市局在省厅年度考核中列同类地区第一。年内,全市有49个集体和269名个人获记功和嘉奖,其中基层一线获奖的集体和个人分别占总数的95.9%和97.8%。

【机构人员】 2009年,舟山市公安局(以下简称“舟山市局”)设政治部等23个内设机构,下辖定海、普陀2个城市公安分局和岱山、嵊泗2个县公安局,以及普陀山风景区公安分局、洋山公安分局。全市共有治安派出所29个、边防派出所23个。至2009年底,全市共有公安民警1680人,其中大专文化程度以上占92.7%,总警力占全市实有人口数的1.58‰。

【完成国庆60周年安保任务】 2009年,舟山市公安机关始终把国庆安全保卫工作作为全年最重要的政治任务,坚持打主动仗、打整体仗,顺利实现了省厅提出的“五个坚决防止”的目标。其间,深入开展“四排四促”活动,对重点对象、重点领域、重点部位、重

图为舟山市委常委、市公安局局长蔡步雄与网民进行在线交流(2009年6月12日)

图为国庆安保期间公安、武警联合开展武装巡逻(2009 年 9 月 20 日)

点物品进行严密管控;扎实推进"清积案、解隐患"信访百日攻坚行动,积极调处,有效稳控,实现了"零进京"、"零滋事"、"零通报"目标;加强防暴处突和警(保)卫工作,确保了 91 批次大型活动和 10 批次警卫任务有序安全、万无一失;深入开展打击整治"两抢"犯罪大会战、打黑除恶、打击建筑市场违法犯罪、打黄禁赌、"09 亮剑"和打击假币等专项行动,全力维护全市平安和谐的社会环境。

【对接舟山跨海大桥贯通】 2009 年,舟山市公安机关组织开展为期半年的"迎接大桥通车、打造大桥警务"等主题讨论实践活动,强化民警思维方式、工作方法的适应与转变;局领导分工负责,及早对大桥开通前的道路交通、治安管理、防控体系、快速反应等工作运行机制进行集中梳理、整改完善;组织开展了对接大桥警务部署落实情况专项督察活动,推动相关单位落实对接大桥各项措施;坚持"提前介入、早作准备"的原则,严格执行重大活动安全评估、背景审查机制,圆满完成通车庆典活动安全保卫工作。

【构建"大情报"体系】 2009 年,舟山市公安机关把信息化作为完善大桥时代警务机制的重要引擎,围绕"强度整合、高度共享、深度应用",完成 PGIS 系统、公安信息资源综合应用平台等建设,提请市政府协调建立社会信息交换共享机制,增强两级指挥中心专职研判力量,健全情报信息研判、会商机制,注重全警信息实战技能提升,促进公安科技不同层面的深度应用。全年利用信息破案 2957 起,占总数的 36.2%。

【推进执法规范化建设】 2009 年,舟山市公安机关从规范执法主体、完善执法程序、强化执法监督入手,扎实推进执法规范化建设。年内,开展执法办案骨干培养活动,推行执法告知服务和治安案件公开查处工作,普陀、岱山、嵊泗被评为年度全省执法质量优秀单位。

【推动刑事技术标准化发展】 2009 年,舟山市公安机关以开展实验室计量认证工作为抓手,进一步加强标准信息采集室、尸体解剖室、DNA 数据库、现场足迹系统建设等工作,将推广"搜痕"采集仪工作列入市局立项项目,并于 10 月底正式获得实验室国家计量认证证书。全年,全市共采集指纹 15943 枚、DNA 数据 3005 份;勘查现场 3442 起,受理检验鉴定 3511 起,出具鉴定文书 1381 份;全市可勘十类刑事案件勘查率达 100%,提取率达 82%;通过技术突破案件 1915 起,突破率为 23.4%。

【开展全市社会治安整治行动】 2009 年 5～10 月,舟山市公安机关组织开展社会治安整治行动。其间,全市共破获各类刑事案件 3377 起,查处治安案件 5714 起,抓获犯罪嫌疑人 960 名,收缴财物价款 533.57 万余元,整改治安隐患 135 处,新增列管重口 578 名,整治治安乱点 45 处,投入巡逻防控警力 28385 人次,发动群防群治力量 47224 人次,新建技防设施 105 处。

【开展"四排四促"活动】 2009 年 2～4 月,舟山市公安机关开展以"排矛盾促化解、排乱点促整治、排刑嫌促打击、排漏洞促防范"为主要内容的"四排四促"活动,全力排查整治各类治安隐患。其间,排查涉法涉诉等特殊对象、下岗失业待业等社会弱势群体矛盾纠纷 239 个,消除矛盾纠纷隐患 234 个;排出治安乱点或突出治安问题 42 个,全部落实整治;排出刑嫌对象 1633 名,打击查处违法犯罪嫌疑人 1239 名,破获刑事案件982起,排出涉黑涉恶线索113条,打掉黑恶势力团伙9个，打击涉黑涉恶人员103名；排出各类隐患漏洞842处，落实整改722处。

【开展打击整治“两抢”犯罪大会战】 2009年，舟山市公安机关全面开展打击整治“两抢”犯罪大会战，将打击成效纳入对各县区局、相关部门警种的年终考核范围内，形成全市严打、严防、严控“两抢”犯罪的良好态势。全年，破获“两抢”案件89起，破案率为62.2%。

【推进“打黑除恶”专项斗争】 2009年，舟山市公安机关进一步深入推进“打黑除恶”工作，并于8月开展打击建筑市场黑恶势力专项行动。全年，共打掉恶势力犯罪团伙46个，其中部级督办的恶势力团伙8个，破获各类刑事案件89起；抓获犯罪嫌疑人267名，逮捕207名，取保候审31名，抓获上网逃犯24名。

【开展打击电信诈骗犯罪专项行动】 2009年，舟山市公安机关组织开展打击电信诈骗犯罪专项行动。其间，破获电信诈骗案件26起，摧毁电信诈骗犯罪团伙2个，抓获犯罪嫌疑人11名，追回赃款50余万元。

【开展打击假币犯罪“09行动”】 2009年1月20日～11月20日，舟山市公安机关开展严厉打击假币违法犯罪活动。其间，破获假币犯罪案件5起，抓获犯罪嫌疑人7名。

【开展打击整治发票犯罪专项行动】 2009年2～10月，舟山市公安局联合国税、地税稽查部门开展打击整治发票犯罪专项行动。其间，开展整治排查，强化警种协作，挖潜假发票犯罪线索，并着力将假发票违法犯罪打击作为长效工作机制常抓不懈。共查破出售非法制造的发票案2起，移送起诉犯罪嫌疑人3名，案值共计300余万元。

【开展打击银行卡违法犯罪专项行动】 2009年5～9月，舟山市公安局会同人民银行舟山市中心支行开展联合打击银行卡违法犯罪专项行动。其间，梳理分析150余份恶意透支名单，走访谈话近百人，排摸信用卡违法犯罪线索10余条，破获信用卡诈骗案件6起，抓获犯罪嫌疑人5名，协助银行追回透支款156万元。

【开展打击传销百日执法活动】 2009年7～11月，舟山市公安局会同市工商局联合开展打击传销百日执法活动。其间，查破“客登庸”菌类保健品的传销窝点、“康美来”保健产品传销窝点和“法国蝴蝶夫人”传销活动，取缔“世界通”传销活动，破获传销类案件3起，抓获犯罪嫌疑人3名。

【开展“09阳光”打黄禁赌专项行动】 2009年7～9月，舟山市公安机关开展以打击组织强迫妇女卖淫、有组织赌博等违法犯罪活动为重点的“09阳光”打黄禁赌专项行动。其间，查获组织、强迫、介绍妇女卖淫案件2起，逮捕犯罪嫌疑人5名；查获卖淫嫖娼案件70起，查处卖淫嫖娼人员128名，其中劳动教养1名，治安拘留并处罚款84名，罚款45名；破获恶赌刑事案件6起，打掉团伙6个，查处涉恶犯罪嫌疑人39名，其中刑事拘留35名，取保候审4名；查获赌博案件94起，查处赌博人员517名，其中治安拘留245名，罚款272名，罚没赌资724万元。

【打击涉毒犯罪】 2009年，舟山市公安机关继续完善涉毒犯罪侦查打击机制，坚持逢吸毒必查贩毒、逢贩毒必查上下家的缉毒侦查工作原则和“打零包”与“打团伙、摧网络”相结合的打击模式，加大对涉毒犯罪尤其是新型毒品犯罪的打击力度。年内，破获毒

图为举行“不让毒品进校园”国际禁毒日系列宣传活动(2009年6月26日)

品刑事案件 44 起；抓获犯罪嫌疑人 84 名，移送起诉 77 名；缴获毒品海洛因 264.72 克、冰毒 594.65 克、麻古 9417.5 片。

【深挖犯罪工作】 2009 年，舟山市公安机关积极开展监管场所侦查技战法研讨活动，进一步推进狱内侦查破案专业化建设。年内，获取违法犯罪线索 181 条，协破各类刑事案件 565 起，配侦突破刑事案件 1 起。

【开展“海上创安”活动】 2009 年，舟山市公安机关按照“保稳定、保民生、保增长”的总要求，从解决群众最关心、最关注的海上治安热点问题入手，积极做好“平安海区”创建工作，确保海上治安秩序平稳。年内，全市公安边防艇出海巡逻 509 航次，航时 1798.85 小时，航程 8446 海里，检查监护台轮 4 艘次船员 20 人次。查处成品油走私案件 6 起 427 吨；破获海上刑事案件 74 起，查处海上治安案件 40 起，查处边防行政案件 1754 起，协助查处渔事纠纷 294 起。

【深入开展“平安畅通县区”、“畅通工程”创建活动】 2009 年，舟山市公安机关通过继续推动《舟山市区道路交通管理规划》和《舟山市道路交通安全宣传三年规划》的实施，扎实推进“平安畅通县区”创建活动，全市各县区继续保持省级平安畅通县(市、区)的创建标准。并按照市政府《舟山市道路交通管理“畅通工程”实施方案》，认真组织实施，继续保持全市道路交通管理 C 类城市二等管理水平。

【道路交通秩序整治】 2009 年，舟山市公安机关坚持“零容忍”，以春运、“贯彻五条常态严管措施、迎大桥通车、创优良交通秩序”百日专项行动、“五治”、“蓝盾”系列集中统一行动等为重要载体，以涉酒、涉牌、涉证、超速、超载、闯禁、违停等为重点内容，先后组织开展了 30 余次专项整治和集中行动。全市共查处道路交通违法行为 24.47 万起，其中超速行驶 7.46 万起、无证驾驶 590 起，吊销驾驶证 17 本，行政拘留 409 人。

【重大火灾隐患单位整治】 2009 年，舟山市公安消防部门共提请各级政府挂牌督办重大火灾隐患单位 14 家，其中省级 1 家、市级 5 家、县(区)级 8 家。截至年底，14 家重大火灾隐患单位全部完成整改工作。年内，公安消防部门开展各类消防安全专项整治 8 次，检查单位 2192 家，发现火灾隐患 2283 处，整改 2219 处，下发《责令限期改正通知书》226 份、《重大火灾隐患限期整改通知书》17 份，办理行政处罚案件 169 起，罚款 125.8 万元，责令单位“三停”(停止施工、停止使用、停产停业)77 家，有效遏止了“未批先建，未验先用”等消防违法行为。

【深化爱民固边战略】 2009 年，舟山公安边防部门推出大学生民警村官结对大学生社区村官活动新举措，促成 48 对结对村官；排除可能引发为重大事件的安全隐患 124 起，提供指导性防范意见 498 条，成功调解各类矛盾纠纷 309 起。社会各界出资 600 余万元用于资助创建活动。至年底，27 个爱民固边模范村有 6 个村居被省公安边防总队及舟山市委、市政府授牌为“社会主义新农村、爱民固边模范村”。

【完成公安信息资源综合应用平台建设】 2009 年，舟山市公安局强化数据库建设，开发数据同步、查询分析等应用软件，对年初市局确定的 44 个应用系统中 24 个应用系统数据进行整合，为全警提供了“一站式”服务的信息共享主平台。至年底，该平台收录了省厅确定的“共享目录”中的 30 类公安内部数据，已投入试运行。

【成立警察协会】 2009 年 11 月 6 日，舟山市警察协会召开成立大会。会议推选市委常委、市公安局局

图为举行警察协会授牌仪式

长蔡步雄为舟山市警察协会名誉主席，推选市局党委副书记、常务副局长邬振悦为舟山市警察协会主席。

【开展110接处警工作】 2009年，舟山市公安机关按照本岛“一体化”、大岛“集约化”要求，确立指挥中心在指挥调度、情报研判、指导协调等方面的龙头地位，并利用网上缉控系统，快速锁定逃犯，积极服务现实斗争。年内，全市110报警服务台共接到各类报警、求助电话25.42万起，同比下降11.9%；内有效报警10.24万起，同比下降5.3%；其中刑事类报警6761起，治安类报警3.33万起，社会求助1.9万起，交通事故2.01万起，火灾704起，社会联动212起，其他2.25万起；协助缉获各类逃犯102名。

【深化城乡一体化社区警务建设】 2009年，舟山市公安机关大力推进和深化新形势下城乡一体化社区警务工作，逐步建立起与新型社区管理体制和治安特点相适应的社区警务工作机制和警务保障模式，形成和完善主动型、高效型、梯次型的社区警务运行机制。截至年底，全市确定一级警务室11家，二级警务室77家。

【做好“二代证”换发和部队人员居民身份证申领发放工作】 2009年，舟山市公安机关稳步推进换发“二代证”工作，年内换发居民身份证5.58万张，累计换发量已占全市应换发人数的88.89%；为部队人员设立县区级公安机关办证受理窗口5个，分配团级以上单位代码40个，受理部队人员“二代证”身份信息5000余条，制发部队人员成品证件3819件。

【深化创安工作】 2009年，舟山市公安局组织全市1400家单位开展“创安”活动，分别有221家和44家单位达到省级和市级“治安安全示范单位”标准，134家和1181家单位达到市级、县(区)级“治安安全单位”标准，合格率为97%。年内，全市内部单位发案数比上年下降20.3%，被列为治安重点的单位95%以上成为无刑事案件、无治安案件、无职工违法犯罪的“三无”单位。

【做好警(保)卫工作】 2009年，舟山市公安机关共完成警卫任务10批次(一级警卫任务1批次、二级5批次、三级4批次)。实施大型群众性活动安全保卫91场次，投入保卫力量15429人次，确保了各项活动的安全。

【加强出入境管控工作】 2009年，舟山市公安机关进一步强化国家工作人员登记、法定不批准出境人员报备制度，严把“备案信息”的采集、录入、查控关。年内，全市共采集录入法定不批准出境对象869人，撤控47人，变更130人，新增外省籍法定不批准出境对象109人，阻止不批准出境对象14人；采集录入国家工作人员数据1790条，变更1044条，撤控1286条，实现了法定不批准出境人员查控率100%，国家工作人员出国出境政审率100%。

【改版“千岛警察”网站】 2009年，舟山市公安局重新改版门户网站，健全完善网上咨询、投诉、建议、防范宣传、表格下载、车牌证公告等网上服务项目，推出机动车驾驶证补证网上申请、网上流转、EMS快递送证服务等举措，进一步提高工作效率和服务质量。至年底，发布公安新闻385条，答复网民提问1153条，办理网民投诉62条，答复网民提问和投诉同比分别增加10.2%和6.9%。网站累计访问量已达107.2万余人次，居全市各政府门户网站前列，入选2009年度市政府十大优秀门户网站。

【开展向郑树富同志学习活动】 2009年5月，舟山市公安局决定开展向郑树富学习活动，组织民警认真学习郑树富的崇高精神和优秀品质。郑树富，原定海公安分局民警，于2008年11月27日因病医治无效不幸去世，年仅50岁。2009年4月16日，省公安厅追记一等功。

【加强“铁桶固防”工程】 2009年，舟山市公安机关针对舟山跨海大桥开通后可能出现的复杂治安状况，及时调整全市一级卡点和常设卡点布局，并于11月7日在本岛范围内组织开展处置严重暴力犯罪案件演练，进一步加强各警种之间的磨合，提高快速反应能力。全年，通过卡控工作共抓获各类违法犯罪嫌疑人616名，其中刑拘起诉171名，破获各类刑事案件745起，分别占全年打击总数和破案总数的13.8%和9.1%。

【开展“连心结网，共创和谐”活动】 2009年，舟山市公安机关主动接轨市委、市政府“网格化管理、组团式服务”工作，精心组织开展与之配套的“连心结网、共创和谐”活动，制定落实网格三大制度，建立健全网格走访、信息采集、网格管理、纠纷调处、服务群众等长效工作机制，落实措施，有力维护了全市社会和谐稳定。全年走访群众12.4万户，采集信息7281条，办结服务事项6223条。

【成立交通事故纠纷人民调解委员会】 2009年6

图为定海区举行交通事故纠纷人民调解委员会成立仪式

月5日，舟山市公安局与市司法局联合成立全市首个道路交通事故纠纷基层人民调解机构——舟山市定海区交通事故纠纷人民调解委员会。该机构主要受理调解辖区内伤人交通事故和双方当事人要求人民调解委员会处理的交通事故纠纷；开展交通事故纠纷预防工作；通过调解，宣传道路交通安全法律、法规，引导教育公民守法、文明参与道路交通；协助基层人民政府化解因交通事故引发的社会矛盾纠纷；接受当事人咨询，提供相应法律指导和帮助等。至年底，受理交通事故纠纷997件，成功调解958件，解答当事人咨询870余件。

【建立网上舆情信息队伍】 2009年初，舟山市公安局成立全市公安机关网上涉警舆情应对工作领导小组，下设涉及各县区、各警种共18人组成的网上舆情信息队。通过制订工作规范、加强业务培训，充分发挥信息队伍作用，不断加强网上涉警舆情引导。年内，有效应对各类重要舆情29起。

【推行“治安案件公开查处”工作】 2009年5月，舟山市公安局出台《关于推行治安案件公开查处的实施意见》，明确对案件处理结果易引发关注的，可能引起复议、诉讼、上访的，在互联网上实施虚构事实扰乱公共秩序的，阻碍国家工作人员（公安民警除外）依法执行职务的，适用取缔措施以及拟吊销公安机关发放的许可证的，办案单位认为需要公开查处的6类可以公开的治安案件，参照治安案件公开听证、复议案件公开质证的相关程序，进行公开查处，并确定岱山县局高亭派出所为市局试点单位。8月21日，在岱山举行全市治安案件公开查处试点工作现场会，开始全面推广。至年底，全市公开查处案件104起，无一起复议、诉讼或信访案件发生，被邀旁听人员对派出所案件查处的满意率达95%以上。

【设立社区反假币工作站】 2009年，舟山市公安局与人民银行舟山市中心支行共同牵头，以社区为单位，在全市设立200余家反假币工作站，联合开展反假币宣传、防范和预警工作。

【全面实施治安动态监测点制度】 2009年，舟山市公安局在全省首创推出治安动态监测点制度，把全市治安相对复杂的重点派出所直接列入治安动态监测范围，定期收集、汇总和分析其治安形势变化的主客观因素，提出针对性的建议和意见供领导决策和各地参考。至年底，排查出不安定因素455起，化解395起；形成3期《局领导决策参阅》和1期《110决策参阅》，6条“问题类”信息被市委、市政府录用，2条得到省政府和市领导批示。

【推出服务企业方便群众十二项措施】 2009年5月，舟山市公安局党委贯彻落实市委“发展海洋经济推动转型升级、迎接大桥时代加快千岛崛起”这一总载体以及市局“维护稳定、服务发展、构建大桥时代警务新格局”的实践载体，进一步加强和改进公安机关社会服务管理工作，推出了建立经警驻企业服务联络室、开展跨县区就近申请出入境证照工作、推行执法告知服务等服务企业方便群众十二项措施。

【开展“迎接大桥通车、打造大桥警务”讨论实践活动】 2009年8～12月，舟山市公安局在活动期间，先后开展了“面对大桥时代，我们准备好了吗”大讨论和“大桥时代公安工作好计策征集评选”活动、道路交通秩序整治、突出治安问题集中整治、“铁桶固防工程”检查指导、两次全岛范围的模拟演练、“大桥沿线治安大巡防”、“百警下村庄，交法大宣传”、“打击流窜犯罪”专项行动、风景区治安整治等警务活动，为今后大桥时代警务格局的形成打下基础，从而实现公安工作从“海岛时代”到“大桥时代”的平稳过渡。

图为开展警营开放日活动(2009年12月16日)

【开展"创群众满意、促警民和谐"活动】 2009年，舟山市公安局以学习实践科学发展观活动为重要契机，创新载体，完善制度，采取开门评警、警民互动、解决突出问题等十项重点措施，探索建立"创群众满意、促警民和谐"新机制，进一步密切警民关系，树立队伍良好形象。组织开展"群众满意警务室"评选活动，评选出工作业绩好、群众公认度高的5个群众满意警务室和5个先进警务室。

【实施渔农村散居型流动人员管理模式】 2009年，舟山市公安局针对全市大开发、大建设背景下流动人口管理工作复杂趋势，不断探索新途径，以新城分局为试点单位，实施流动人口居住证工作，不断完善渔农村散居型流动人员管理模式，着力提升流动人口管控工作实际效能和管理水平。年内，新登记流动人口1.31万人，注销8782人，共制证1.23万人，变更3207人，新列管高危人员106人，辖区流动人口、出租房屋登记率和人户一致率分别达到98%、100%和95%。工作开展以来，共查处各类刑事、治安案件70余起，抓获涉案人员34名，缴获各类赃物涉案价值20余万元，抓获网上逃犯6名，基本实现了"全面掌控，突出成效"的工作目标。

【定海公安分局】 2009年，定海区行政区域土地面积1444平方千米，户籍总人口37.5万人。年内，全区实现生产总值211.16亿元，财政总收入10.78亿元，地方财政收入6.2亿元，城镇居民人均可支配收入和农民人均纯收入分别为26751元和12657元。定海公安分局设有14个职能部门和7个派出所，全局有民警(职工)384人、协警516人。是年，该分局以国庆60周年安保为重心，以对接大桥贯通为着力点，扎实推进各项公安工作和队伍建设，确保了建国60周年大庆安全和定海区顺利跨入大桥时代全区社会治安平稳。全年刑事案件立案数同比下降1.5%，现行案件破案率为54.4%，其中命案、"五类"恶性案件破案率继续保持100%，"两抢"案件破案率达到60.2%。分局刑拘转处率为84.3%，取保候审转处率为87.1%，行政许可案件办结率和准确率均为100%。是年，分局被省公安厅评为全省公安机关执法质量达标单位，刑侦大队被授予全省优秀公安基层单位，有1名同志被追记个人一等功，6个(次)单位荣立集体三等功，11人(次)荣立个人三等功。此外，分局还有30个(次)单位和83人(次)受到各级表彰。

【普陀公安分局】 2009年，普陀区行政区域土地面积387平方千米，户籍总人口32.1万人。年内，全区实现生产总值166亿元，财政总收入22.2亿元，地方财政收入12.8亿元，城镇居民人均可支配收入24219元，渔农村居民人均纯收入12450元。普陀公安分局内设政治处、指挥中心等13个职能科室(大队)，下辖9个治安派出所(分局、警察署)、6个边防派出所和看守所、治安拘留所，全局民警401人。是年，该分局圆满完成国庆60周年安保工作任务，全区治安形势稳定，全年没有发生危害大局稳定和影响重大的治安事件；年内，全区共立刑事案件3954起，同比下降0.3%，其中命案、盗窃案件同比分别下降37.5%和0.9%；破获各类刑事案件2604起，破案绝对数和破案率同比分别上升0.2%和0.4%；裁决查处各类治安案件3803起3895人，治安拘留1177人；交通上报事故四项指数、火灾事故四项指数与上年同比均略有下降。是年，在区委、区政府年度综合考评和全市公安机关综合考评中均名列第一；9月，被省公安厅、省科技厅授予"科技强警示范县市区"称号，沈中派出所被评为"科技强警示范科所队"；连续5年被评为全省执法质量优秀单位；1个集体和1名个人荣立二等功，6个集体和12名个人荣立三等功。

【岱山县公安局】 2009年，岱山县行政区域总面积5242平方千米，其中陆地面积326.5平方千米，户籍总人口 19.2 万人。年内,全县实现地区生产总值 102 亿元,增长 20.2%,首次超过百亿元;实现财政总收入 9.3 亿元,增长 23.6%,其中地方财政收入 5.1 亿元,增长 20%;全县城镇居民人均可支配收入 21978 元,增长 9.2%,渔农村居民人均收入 12791 元,增长 11.1%。岱山县公安局设政工监督室等 3 个综合管理机构和国内安全保卫等 9 个执法执勤机构,下辖 5 个治安派出所,另辖 5 个边防派出所,全局民警 245 人。是年,该局圆满完成国庆 60 周年等重大敏感时期的安保任务,全县治安形势稳定,没有发生一起有重大影响的案(事)件。全县发生刑事案件 1275 起,同比下降 0.14%,破案 1079 起,破案率 68.1%,命案、五类恶性案件、两抢案件破案率均为 100%,道路交通事故、消防安全事故三项指标均实现零增长。当年,县局被省厅评为全省正规化建设先进单位、执法优秀单位。

图为岱山县公安局办公大楼

【嵊泗县公安局】 2009 年,嵊泗县海域面积 8738 平方千米,陆域面积 86 平方千米,户籍总人口 7.97 万人。年内,全县实现生产总值 59.5 亿元,实现地方财政收入 3.69 亿元,城镇居民人均可支配收入 21487 元,农民人均纯收入 11966 元,分别增长 11.1% 和 8.3%。嵊泗县公安局内设政治处、法制室等 5 个职能科室和国内安全保卫大队等 6 个直属大队,下辖菜园派出所、嵊山警察署、看守所等 6 个派出机构,全局共有民警 181 人。是年,该局圆满完成国庆 60 周年等重大敏感时期的安保任务,全县治安形势稳定,没有发生一起有重大影响的案(事)件。交通上报事故四项指数、火灾事故四项指数继续保持"零增长"。县看守所实现连续 20 年安全无事故。是年,县局被评为 2009 年度全市维护稳定工作先进集体,连续第九年被省厅评为执法质量优秀单位。

图为嵊泗县公安局办公大楼

【普陀山公安分局】 2009 年,普陀山面积 12.5 平方千米,户籍总人口 4806 人。全年接待中外香游客 378.49 万人次,实现旅游经济总收入 21.49 亿元。管委会财政收入 5.31 亿元,税收收入 6247 万元。普陀山分局内设办公室、治安大队、刑侦大队、国保大队和交通派出所 5 个机构,联系指导交警大队、消防大队、边防派出所和森林派出所。现有民警 24 名,辅警 54 名。是年,该分局以科学发展观为统领,以国庆安保工作为主线,主动对接大桥时代,圆满完成了各项工作任务,为普陀山旅游经济发展创造了良好的社会治安环境。全年破获刑事案件 13 起,破案率为 68.42%;查处治安(行政)案件 169 起。年内,分局被授予"市级文明单位"荣誉称号,分局西山警务室被评为市先进警务室。

【洋山公安分局】 2009 年,洋山镇陆域总面积 36.36 平方千米,户籍总人口 1.4 万人。年内,全镇实现地区生产总值 7.48 亿元,增长 7.0%;累计完成全社会固定资产投资 31.69 亿元,同比增长 25.2%;城乡居民人均纯收入 12380 元,同比增长 7.7%;新增港口货物吞吐量 1716 万吨,同比增长 84.1%。2009 年 7 月 15 日,洋山公安分局新办公大楼正式落成并投入使用。该工程于 2007 年 12 月 3 日正式奠基开工,规划用地面积达 2301 平方米,总投入建设资金 596 万元。该分局内设综合室、刑侦队、治安队和交警队 4 个部门,并指导洋山边防派出所开展各项警务工作,分局共有民警 9 人。是年,该分局圆满完成国庆安保任务,全镇治安形势稳定,没有发生一起有重大影响的案(事)件。交通上报事故四项指数、火灾事故四项指数继续保持"零增长"。

【新城公安分局】 2009 年末,新城区域土地面积 59.66 平方千米,户籍人口 3.8 万人。年内,全区生产总值61亿元,地方财政收入2.69亿元,农民人均纯收入13518元。新城公安分局内设综合室、治安大队、侦察大队和巡警大队4个部门，共有民警29名，协警65名。是年，该分局突出国庆60周年安保工作主线，扎实推进各项公安工作和队伍建设，取得较好成绩。全年命案、“五类”恶性案件破案率继续保持100%，刑事案件批捕率、移诉率、准确率均达100%，行政许可案件办结率和准确率均为100%。是年，分局被评为2008～2009年度市级文明单位，1个集体和1名个人荣立三等功。

（**责任编辑** 周建英 蒋金生）

台州公安

【市况简介】 台州市位于浙江省中部沿海，上海经济区南翼，北接宁波、绍兴，南连温州，西邻丽水、金华，东濒东海，现辖陆地面积9411平方千米，浅海大陆架海域8万平方千米。2009年，台州市辖椒江、黄岩、路桥、经济开发区4个区，临海、温岭2个县级市，玉环、天台、仙居、三门4个县，市政府设在椒江区。据省统计局统计，2009年底，全市常住人口578万人，登记流动人口167.9万人。是年台州市实现国内生产总值2122亿元，同比增长0.08%，财政收入263亿元，同比增长0.06%。城镇居民人均可支配收入24440元，同比增长0.08%，农民人均纯收入10006元，同比增长0.09%。

【概述】 2009年，台州市公安机关以建国60周年庆典安全保卫为中心，全面开展“三项建设”，深入推进打击整治“两抢”大会战和以反盗抢为核心的“实效大防范”活动，精心组织“一打三禁”专项行动，积极探索追逃追赃新机制，稳步推进各项公安工作和队伍建设，有力维护了台州大局稳定。全市共立刑事案件54022起，同比下降2.70%，破刑事案件24899起，同比增加0.29%。共立命案115起，破113起，破案率为98.26%，破案率创历年新高。破五类恶性案件120起，破案率100%。公安信访工作连续三年被评为全国公安信访工作先进集体。打防控综合考核成绩居全省第二，共有5个县（市、区）局进入A类地区行列。全市10个县（市、区）局执法质量全部达标，其中1个县局被省厅评为县级公安机关执法示范单位，4个县（市、区）局被评为执法质量优秀单位。连续四年被评为创建人民满意机关示范单位。年内，全市公安机关共荣立集体二等功7个，集体三等功28个，集体嘉奖70个，个人一等功1名，个人二等功5名，个人三等功134名。

图为台州市委常委、公安局长陈棉权应邀在第一期全国县级公安局长专题培训班上作“构建和谐警民关系 必须从为民办小事做起”专题讲座（2009年2月27日）

【机构人员】 台州市公安局（以下简称“台州市局”）址设台州市经济开发区康平路2号。台州市局内设机构34个，下辖椒江、黄岩、路桥、开发区4个分局，临海、温岭2个县级市局，玉环、天台、仙居、三门4个县局。至2009年底，全市有公安派出所95个，公安民警5590人，总警力占全市常住人口数的0.967‰。其中大专以上学历占96.01%，本科以上学历占57.79%。

【完成国庆60周年安保工作】 2009年，台州市公安机关认真开展国庆60周年安保工作。8月，市局下发《关于切实做好建国60周年安全保卫工作的通知》，严抓情报信息、严排不安定因素、严守隐蔽战线、严办信访事项、严整治安乱点、严密实效防范、严格安全检查、严实网情应对，开展“迎国庆·保平安”系列专项督查，举行“金盾1号”处突演练活动，全力维护台州社会大局稳定，有效实现“五个坚决不发生”的工作目标，圆满完成了国庆 60 周年安保工作任务。

图为经侦民警向群众传授识别假币的方法(2009 年 2 月 15 日)

【深化命案等恶性案件侦破工作】 2009 年，台州市公安机关抓好“三类案事件”(即非正常死亡、失踪人员、未知名尸体案事件)处置规范的落实，加大命案侦查力度，并完善绿色抢救通道、恢复出租车进出城登记、强化娱乐场所安检等工作制度，从源头减少五类(放火、爆炸、劫持、强奸、绑架案件)可防性命案。全年立命案 115 起，破 113 起，破案率为 98.3%，居全省治安一类地区第一位。成功侦破开发区“3·11”杀害大学生案、黄岩“4·17”杀人分尸案等一批重大命案。

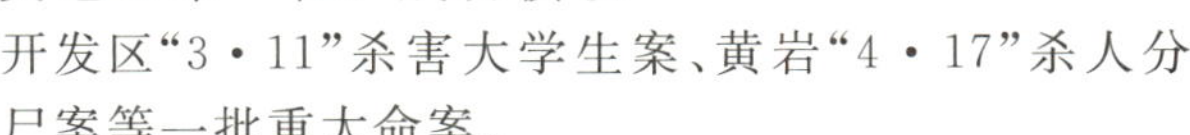

【开展打击整治“两抢”大会战】 2009 年，台州市公安机关通过组建反盗抢便衣侦查队、狠抓盗抢案件现场统勘、推广盗抢防控八大技战法等举措，全力推进打击整治“两抢”活动，共破“两抢”案件 1746 起、盗窃案件 18980 起，移送起诉“两抢”嫌疑人 1200 名、盗窃嫌疑人 3278 名，其中摧毁“两抢”团伙 172 个 672 人、盗窃团伙 337 个 1295 人，办结“两抢”系列案件 55 串 525 起、盗窃系列案件 270 串 2657 起。

【开展“一打三禁”专项工作】 2009 年 2～12 月，台州市公安机关开展以打黑除恶和禁黄赌毒为主要内容的“一打三禁”专项行动，共摧毁恶势力团伙 99 个，打击成员 692 人，破获案件 563 起，扣押非法资产 100 余万元，缴获各类枪支 16 支。破赌博刑事案件 324 起，抓获作案成员 954 人；破涉黄刑事案件 123 起，抓获作案成员 133 人。破毒品犯罪案件 699 起，抓获嫌疑人 975 名，缴获海洛因 1.66 千克。

【严厉打击涉众型经济犯罪】 2009 年，台州市公安机关严厉打击假币、发票犯罪和非法吸收公众存款、集资诈骗、传销等涉众型经济犯罪，拓展“人、物、线、证”的多元侦查模式，共破涉众型经济犯罪案件 29 起，抓获犯罪嫌疑人 36 名。成功侦破公安部督办的郑伯昌集资诈骗案、省厅督办的张香凤等人非法吸收公众存款案等一批涉案价值逾亿元大案。

【打击假币犯罪“09”专项行动】 2009 年 1 月，台州市公安机关联合人民银行、中国银行等金融机构，召开新闻发布会、设立举报电话和邮箱，宣传发动群众、广泛收集反假币案件线索，加大案件侦破力度。全年全市共摧毁假币犯罪团伙 7 个 71 人，破获假币刑事案件 92 起，其中省厅督办案件 5 起；抓获网上逃犯 9 名，其中省督逃犯 2 人，逃犯归案率 82%，缴获假币 279.93 万元。

【打击发票违法犯罪专项行动】 2009 年 1～10 月，台州市公安机关开展发票违法犯罪高危地区、高危人员大排查，共排出发票违法犯罪一般嫌疑人员 12652 名，其中明确在外从事发票违法犯罪的人员 1104 名，获取有价值情报线索 45 条。全市共立发票违法犯罪案件 36 起，抓获犯罪嫌疑人 45 名，捣毁藏匿发票窝点 11 个，打掉团伙 5 个，收缴发票 24 万余份，抓获外地涉税逃犯 32 名。

【开展禁毒严打斗争】 2009 年，台州市公安机关认真研究涉毒违法犯罪特点，创新涉黑、赌、黄、枪、场所、两抢、流氓七类案件人员一律尿检等制度，集中打击团伙犯罪。共破获毒品犯罪案件 685 起，其中破获 6 人以上团伙案件 18 起，查获犯罪嫌疑人 935 名，查获吸毒人员 2851 名；缴获毒品海洛因 1658.29 克、冰毒 2997.79 克、氯胺酮 562.8 克、麻古 5379 粒，铲除毒品原植物 9500 株。陆续破获“三门 2·10 特大贩毒案”、“温岭 2·9 贵州毕节籍特大贩毒案”等一批贩毒案件，禁毒工作打防控成绩居全省第一。

【加强出入境管理工作】 2009年，台州市公安机关共办理境外人员签注1231人次，办理公民因私出国(境)证件、签注147488人次，查处各类涉外案(事)件119起，收集涉外情报信息585条。台州市局被台州市政府评为台(州)台(湾)直航首航工作先进单位，台州市局出入境管理局和黄岩、临海、温岭、玉环4个县级公安局出入境管理大队被评为全国文明窗口。

【开展流动人口服务与管理工作】 2009年3～7月，台州市公安局会同市流动人口服务管理办公室在全市开展以“走千企、访万户、强管理、促稳定”为主题的流动人口、出租房屋专项治理行动，全面实行居住证制度，协助制订出台居住证制度配套措施，实现录入暂住人口数据168万人，同比增长4.04%。

【加强监所安全管理】 2009年，台州市公安机关进一步加强监所安全隐患排查整治，连续两年实现全市监管场所安全无事故和队伍零违纪，其中，台州市看守所连续十年保持安全无事故。台州市局监管支队被省检察院、省公安厅授予“全省看守所监管执法专项检查活动先进集体”称号。

【严厉整治酒后驾驶交通违法行为】 2009年8～12月，台州市公安机关通过在重点时段、路段实施定人、定岗、定责的勤务模式，加大对“酒驾”行为的现场查纠力度，并实行交叉用警、异地查处等工作方式，对现场查获的“酒驾”人员实行现场验血、现场询问、现场审批，做到快取证、快审批、快执行，最大限度减少执法干扰。行动期间共查处酒后驾驶8682人、醉酒驾驶868人，行政拘留868人。

【加强交通安全管理】 2009年，台州市公安机关组织实施春运道路交通安全保卫战、执行五条常态严管措施、开展禁“酒驾”行动和交通安全宣传活动。全市共发生交通事故3695起，死亡566人，受伤4020人，经济损失1367万元，同比分别下降4.94%、8.27%、5.85%和6.12%。共查处交通违法234万例，其中超速82万例、酒后驾驶9890例，行政拘留1424人，查获涉嫌盗抢机动车561辆，抓获犯罪嫌疑人106名。

【完成各类警(保)卫任务】 2009年，台州市公安机关完成警(保)卫任务13批次，其中一级警卫任务1次，二级警卫任务4次，三级警卫任务3次。先后完成李克强、赵洪祝、吕祖善等领导在台州视察期间及重要会议、活动安全保卫任务。

【加强消防安全监管】 2009年，台州公安消防部门以“迎国庆、保安全、促和谐”消防安全保卫专项行动、“利剑行动”等为载体，深入开展公众聚集场所、高层和地下建筑、“三合一”场所、出租房等专项整治和全民消防宣传教育活动，对79家重大火灾隐患单位实行政府挂牌督办。全市共发生火灾919起、死亡7人、直接财产损失623.8万元，同比分别下降5.74%、12.5%、2.3%，火灾三项指标连续5年实现“零增长”。

【加强边防管理】 2009年，台州公安边防部门健全完善公边联勤、船艇定期巡航等警务机制，全市沿海未发生越界捕捞事件和偷渡、走私案件。深入推进“爱民固边”战略，积极化解矛盾纠纷，为群众排忧解难，开展关爱帮扶弱势群体工作，帮助15名困难儿童纳入政府救助体系，解决帮困资金1.42万元，救助困难群众131人次，做好事办实事232件，树立爱民亲民良好形象，积极构建和谐警民关系。台州公安边防支队创新开展的“三心换民心、三宝助走访、三定构和谐”和

图为椒江公安分局开展礼让斑马线活动(2009年8月24日)

“民警任村官、村官进警营”两项经验做法被公安部边防局编入有关书籍。

【开展“大情报”信息体系建设】 2009年，台州市公安局全面推进“大情报”体系建设，建成“三级双层”(即市、县、派出所三级和局、警种两层)大情报工作构架，市、县两级综合情报信息中心人员配备到位。建立情报信息收集、传递、分析、应用工作机制，成立台州市公安局情报信息中心和台州市公安局数据信息中心，并于6月出台《数据信息中心应用系统管理规范(试行)》和台州市公安局专家组工作制度。启动社会信息采集应用工作，收录社会信息4000余万条，情报信息考核连续三年居全省前两位。

【完善实战应用系统建设】 2009年，台州市公安机关进一步加强台州公安移动作战平台、“动中通”项目等系统建设，扩大警用350兆无线集群系统的覆盖面，提升公安信息化水平。全市共有4个基层自主创新或技术发行信息化项目分获省厅“聚宝盆”一等奖(1个)、二等奖(1个)和三等奖(2个)。

【加大社区戒毒管控力度】 2009年，台州市公安机关加大戒毒管控力度，成立路桥区戒毒服务中心、玉环县阳光会所等新型社区戒毒康复机构，充实社区戒毒人员，组织社工、“禁毒大使”等人员开展戒毒康复人员恳谈活动。在部分企业设立吸毒人员安置点，并做好戒毒出所等社会帮教衔接工作。年内，依法对148名新增吸毒成瘾人员做出社区戒毒决定。

【加强危险物品管理】 2009年，台州市公安机关深入开展治爆缉枪专项整治、民用爆炸物品治安管理、打击涉枪违法犯罪和易制毒化学品专项整治等专项行动，全年共收缴炸药24千克、雷管1315枚、黑火药4.1千克，剧毒物品500余千克，易制毒化学品8.75吨；破获涉爆案件8起，行政拘留12人；破获涉枪案件58起，刑事处罚33人，捣毁枪支制贩窝点1个，收缴各类枪支221支。

【深化“警民恳谈”长效机制】 2009年，台州市公安局深入推进“警民恳谈”活动，制定出台工作指导意见和考核办法。7月，市局在玉环召开全市“警民恳谈”暨“爱民天天访”活动现场会，总结推广各地好的做法和经验。11月，公安部宣传局、省公安厅、人民公安报社和省社会科学界联合会在台州举办浙江省公安机关“警民恳谈”研讨会，研究台州“警民恳谈”工作，探讨新时期和谐警民关系建设。各地不断创新“警民恳谈”形式，三门县局推出“百名民警进万家·万名群众进警营”活动、玉环县局推出“所长面对面”活动、开发区分局推出“四个一”活动。年内，全年共举办警民恳谈4441场，参加民警11100人次，参加群众112900人次，收集意见、建议10840条，解决各类问题8109个。

【开展爱民天天访活动】 2009年，台州市公安局根据公安部爱民实践大走访活动的部署，创新开展爱民天天访活动，要求全市公安机关所有民警每月抽出一天时间(社区民警除外)，到社区、村居和企事业单位进行走访，向社会宣传公安工作，为群众排忧解难。全市参与走访民警5955人次，走访群众189936人次，走访机关、企事业单位2275家，帮助群众解决实际困难1066件。

【深化从优待警】 2009年2月，台州市公安局出台《台州市公安机关关爱民警若干意见》。年内，台州市局建立民警“困难救助基金”，落实民警定期体检、休假和伤亡保险等制度，开展民警职工子女寒暑假托管，加强民警执勤安全防护，减轻基层考核负担，帮助民警解决实际困难，进一步凝聚警心。

图为台州市委常委、公安局长陈棉权在玉环参加警民恳谈

图为举行"群众在我心——台州市我最喜爱的十大人民警察"颁奖典礼暨公安文艺晚会(2009年11月25)

【深化素质练兵】 2009年,台州市公安机关坚持"三个必训"制度,建立政工部门统筹、业务部门联动、台州市警校和基层训练基地具体承办的"大教育、大培训"工作格局。全年共举办各类专业培训班39期、培训民警1480人次。继续推行"战训合一、轮训轮值"机制,组织轮训班54期,轮训民警3850人次。开展警种岗位比武活动,台州市局国保、特警、网警和技侦等警种在全省岗位技能比武中分别获得全省第一、二、三、四名。

【狠抓党风廉政建设】 2009年8月,台州市公安机关开辟《台州公安廉政教育网》,每周给全市民警发一条廉政短信并组织开展廉政文化"三进"(进警营、进警校、进民警家庭)活动。进一步深化"两整顿两规范"专项治理和"三类案件"(玩忽职守、徇私舞弊、刑讯逼供)专项治理活动,推行涉警信息核查协作机制,开展辅警队伍清理整顿工作。共召开各类联席会议13次,邀请监督员参加对警务活动的明察暗访27次,开展各类纪律谈话500余人次。全年共立违法违纪案件10起,涉及民警13人,核查各类信访投诉221件。市局纪委在台州市直机关纪工委绩效评估中获第一名。

【建立台州公安移动作战平台】 2009年,台州市公安机关为主动适应信息化时代公安工作发展趋势和基层一线实战需求,自研推出台州公安移动作战平台。该平台利用WAP查询技术,依托移动GPRS网络,支持无线移动GPRS上网的手机、PDA等设备终端,其内容涵盖全市公安网站主要栏目以及逃犯、盗抢车、人口、车辆、旅业等公安综合信息查询系统等功能,实现了全警、全方位、无缝隙信息查询和共享,满足了基层民警实时查询、案件串并等实战需要。

【强化公安宣传工作】 2009年,台州市公安机关进一步加强新闻宣传,先后在新华社、《人民日报》等媒体刊发工作通讯。继续加强宣传阵地建设,巩固《公安周刊》、《台州警视》等既有宣传载体,开辟"俞警官说防范"和"交警直通车"栏目,并在台州市局政务网开辟宣传阵地,向新闻媒体发布《本周防范预警》。策划《台州警视》开播10周年庆典活动,编辑出版《警界风云——台州警视10年》文集,举办"群众在我心中——台州市我最喜爱的十大人民警察"颁奖典礼暨公安文艺晚会演出,积极营造社会各界关心公安、支持公安的良好氛围。

【打造执法精细化工程】 2009年,台州市公安机关抓住执法主体、执法言行、执法监督、执法对象等要素,着眼源头与细节,规范执法行为,推进执法信息化建设,提高执法水平,增强执法公信力。以"四个一·一回访"(即说好第一句话、做好第一个动作、规范第一道程序、树好第一次形象和开展案件回访活动)制度为抓手,让执法言行在源头中规范。创新劳动教养所外执行人员社会矫治和引导信访人走法定救济渠道两个新举措,追求执法效果、社会效果共赢。年内,三门县局被确定为全省县级公安机关执法示范单位,台州市局在全省法制大比武中获第一名,并连续四年被台州市委、市政府评为全市依法行政示范单位。

【追逃追赃常态工作机制】 2009年,台州市公安机关抓实"受案环节信息采集、流通环节赃物管控、侦查环节循线追加"三个追赃环节,破解"责任延续、信息存量、线索追加"三大追逃难题,探索建立追逃追赃常态工作机制。7月,台州市局出台《关于加强追赃工作的若干意见》、《全市公安机关2009年度追赃能力评估办法》、《台州市公安机关追逃工作考核办法》。全年共追缴赃款赃物折合人民币3771.45万元;追回逃犯 3797 名,其中本地逃犯 2463 名,同比分别增长 16.8%、48.7%。

图为台州市局开展局长开门大接访活动(2009 年 7 月 15 日)

【娱乐场所治安管理信息系统建设经验得到公安部肯定】 2009 年,台州市公安机关认真贯彻落实《娱乐场所治安管理办法》,推广娱乐场所信息系统建设,规范娱乐场所信息采集制度和系统硬件标准。通过系统采集场所信息 513 条、人员信息 76284 条,抓获逃犯 13 名。11 月 9～11 日,全国娱乐场所治安管理系统建设推进会在台州召开,台州市公安局就娱乐场所管理的理念转变、硬件规范、科技支撑、制度管理方面作了经验介绍,公安部对台州市局的成功经验表示充分肯定并要求全国各地参照借鉴。

【天网工程视频作战侦查平台】 2009 年,台州市公安科技部门自主研发天网工程视频作战侦查平台。该平台集中"110 警情实时联动、车辆牌号自动识别、可疑信息采集研判、警戒线自动监控、现场语音广播、技防报警实时联动、重要路口全方位控制和人像自动识别功能"八大实战功能,实现了视频流向信息流的转化,有效服务打击破案。年内,全市利用视频监控信息协助破案 3549 起,抓获犯罪嫌疑人 2481 名。《中国法制报》、《人民公安报》、《钱江晚报》等国家级、省级新闻媒体多次报道台州视频监控建设成效。9 月,浙江省综治办、省公安厅联合在台州市路桥区召开全省社会治安动态视频监控建设与应用现场会。

【公安执法离线电子笔录模板】 2009 年,台州市公安局专门组建执法信息化攻坚小组,在三门县公安局前期试点的基础上,对笔录模板进行全面开发,共开发行政案件离线电子笔录模板 121 种,将行政案件实体证据与审核程序同步上网,实现从报警、立案、侦查到审批的全过程网上流转。全市公安行政案件离线笔录使用率达 75%,并逐步向刑事案件推广。

【推行公安信访案件公证制度】 2009 年,台州市公安机关在公安信访工作中积极引入公证程序,借助社会力量、司法力量和公证服务,形成监督合力,促使公安信访事项当事人严格按照调(和)解协议履行职责,有效解决部分公安信访事项"案结事不了"的难题。公安部、省委政法委、省公安厅分别以简报形式对此项工作给予介绍、推广。年内,全市共通过公证程序有效化解疑难信访事项 12 起。

【建成启用台州市公安局机动车驾驶员考试服务中心】 2009 年 4 月 1 日,台州市公安局机动车驾驶员考试服务中心顺利落成并运行,该项目总投资 9040 万元,建筑面积 11063 平方米。该中心配备较为完善的服务设施,开展"微笑服务",实现车、驾管业务"一窗式"办公、"一站式"服务。

【椒江公安分局】 2009 年,椒江区行政区域面积 280 平方千米,海域面积 600 平方千米,海岸线 22.7 千米,户籍人口 50.4 万人,登记流动人口 15.9 万人。年内,全区实现生产总值 265.28 亿元,财政总收入 32.51 亿元,地方财政收入 18.07 亿元,城镇居民人均可支配收入 24747 元,农民人均纯收入 11243 元。椒江公安分局设指挥中心(办公室)等 7 个职能科室和国内安全保卫大队等 10 个直属大队,下辖 9 个派出所和 4 个边防派出所,民警 547 人。是年,该分局完成国庆 60 周年等重大敏感时期的安保任务,成功处置省委书记赵洪祝批示的天主教神职人员和当地村民冲突事件,实现公安归口信访人员"零进京、零滋事"目标。全区治安形势稳定,刑事发案稳中有降,连续三年没有发生大规模群体性事件,命案实现连续三年大幅下降,交通、火灾事故四项指数实现

"零增长",连续四年被评为全省打防控二类地区 A 等。在台州市公安局组织的群众满意度测评中名列全市第一,连续四年获区委、区政府组织的"万人评机关"活动第一名,连续两年被区委、区政府命名为创满意示范单位,连续三年获得区综合考评第一名。

图为椒江公安分局办公大楼

【黄岩公安分局】 2009 年,黄岩区行政区域土地面积 988 平方千米,户籍总人口 59.4 万人。年内,全区实现生产总值 194.01 亿元,完成财政总收入 28.45 亿元,其中地方财政收入 14.28 亿元,城镇居民人均可支配收入和农民人均纯收入分别为 23576 元和 10098 元。黄岩公安分局设办公室(指挥中心)等 10 个职能科室和国内安全保卫等 8 个直属大队,下辖 10 个派出所,民警 527 人。是年,该分局完成国庆安保任务;全年 110 报警中,涉及刑事报警 12615 起,治安报警 16620 起,其中"两抢"报警 510 起;交通事故四项指数、火灾事故四项指数同比均全面下降。该分局连续第三年被省厅评为执法质量优胜单位,被台州市局评为社会治安综合治理工作先进集体。

图为黄岩公安分局办公大楼

【路桥公安分局】 2009 年,路桥区行政区域土地面积 274 平方千米,沿海海岸曲折,大陆海岸线总长 26 千米,全区常住人口 43.96 万人,登记流动人口 25.42 万人。全区实现生产总值 278 亿元,财政总收入 36.12 亿元,其中地方财政收入 17.86 亿元,城镇居民人均可支配收入 30461 元,农村居民人均纯收入 12735 元。路桥公安分局设指挥中心(办公室)等 7 个职能科室和国内安全保卫大队等 10 个直属大队,下辖 10 个派出所和 2 个边防派出所,民警 548 人。是年,该分局完成以国庆安保为中心的各项维稳工作任务,创新推行"3+1"便衣侦查模式、"三中心合一"扁平化指挥模式,出台《路桥公安推进"两年"服务经济建设二十条措施》,推行实施构建和谐警民关系十项措施。命案侦破工作连续两年实现全破目标,天网工程视频作战侦查平台被评为全市八大警务创新,公安指挥大楼顺利结顶。打防控工作获得一类地区 A 等,连续第五年居全省前列,执法质量被评为全省执法质量优秀单位,连续第四年保持全省优胜单位称号,在台州市县级公安机关 2009 年度工作综合考评中名列第一,连续第四年被评为全市优胜,"一打三禁"、"打击整治盗抢犯罪大会战"等专项工作被评为台州市先进集体。23 个集体、11 名个人获省厅以上表彰,36 个集体、87 名个人获市、区两级表彰,荣立集体三等功 6 个、集体二等功 1 个、个人三等功 12 人,先后涌现出全省优秀人民警察吴永春、浙江公安百名优秀基层民警陈丽娟、全市十大我最喜爱的人民警察王振军等一大批先进典型。

图为路桥公安分局办公大楼

【临海市公安局】 2009年，临海市行政区域土地面积2203平方千米，户籍总人口115.5万人。年内，全市实现生产总值275.62亿元；财政一般预算收入32.95亿元，居台州市第四；地方财政收入17.34亿元，城镇居民人均可支配收入和农民人均纯收入分别为21912元和9595元。临海市公安局设办公室等7个职能科室和国内安全保卫等10个直属大队，下辖19个派出所(其中2个边防派出所)，民警776人。是年，该局完成国庆安保任务；全年全市刑事案件6954起，与上年同比下降6.85%，其中七类案件下降25.64%，杀人案件下降57.14%，强奸案件下降38.89%，“两抢一盗”案件下降6.42%；破各类刑事案件4973起，同比上升1.99%；移送起诉1641人，同比上升4.19%；查处治安案件9279起；交通事故和火灾事故四项指数均实现“零增长”。该局在全省一类地区打防控工作考核中名列A等；全局荣立集体三等功2个、个人三等功13人，被评为省级以上先进集体7个、先进个人10人次；经侦大队被公安部评为“2009年度全国打击整治发票犯罪专项行动成绩突出集体”，公安办证中心被评为“全国巾帼文明岗”，出入境办证窗口被公安部评为“全国文明窗口”。

图为临海市公安局办公大楼

【温岭市公安局】 2009年，温岭市行政区域土地面积926平方千米，常住人口116万人，登记流动人口60万人。年内，全市实现生产总值498.7亿元，比上年增长10%，财政总收入47.6亿元，其中地方财政收入25亿元，分别比上年增长4.8%和7%，城镇居民人均可支配收入25966元，农民人均纯收入11313元，分别比上年增长7.6%和9.3%。温岭市公安局设7个职能科室、10个直属大队，下辖17个公安派出所、1个警务区、3个边防派出所，民警872人。是年，该局共立刑事案件11723起，同比下降0.96%；破3980起，同比上升2.84%，其中命案发35起，破35起，20年来首次实现命案全破；摧毁16个恶势力团伙，刑拘203人，起诉197人，破获各类刑事案件300多起，缴获赃款400余万元；交通、火灾事故四项指数同比均实现下降。该局打防控工作连续四年被评为全省一类地区A等单位，出入境管理大队被授予“全国文明窗口”荣誉称号，看守所被评为全国公安监管部门信息技术应用先进单位，公安部等六部局确定温岭市为“部级平安畅通县区创建标准县区”。

图为温岭市公安局办公大楼

【玉环县公安局】 2009年，玉环县行政区域面积1200平方千米(其中陆地面积378平方千米)，常住人口41.47万人，流动人口20.22万人。年内，全县实现生产总值243.3亿元，财政总收入37亿元，地方财政收入16.6亿元。城镇居民人均可支配收入28454元，农民人均纯收入12192元。玉环县公安局设指挥中心(办公室)等6个职能科室和刑侦等9个直属大队，下辖6个公安派出所，4个边防派出所和1个看守所、1个拘留所，民警508人。是年，该局共立刑事案件5051起，同比下降4.05%；移诉、劳教1603人，同比上升4.5%；查处治安案件10205起，同比上升13.25%。交通上报事故四项指数、火灾事故四项指数同比均全面下降。出入境管理科荣获“公安机关出入境管理部门全国文明窗口”荣誉称号；政治处、信访科、禁毒大队分别被省公安厅评为全省公安政治工作先进集体、全省信访工作优秀单位和全省公安禁毒系统先进集体。清港派出所在浙江省公安机关“警民恳谈”研讨会作典型经验介绍，“打击六合彩赌博专案组”荣立集体二等功。

【天台县公安局】 2009年，天台县行政区域土地面积1431.66平方千米，户籍总人口57.5万人。年内，全县实现生产总值101.96亿元，财政收入6.5亿元，城镇居民人均可支配收入19775元，农民人均收入7590元。天台县公安局设办公室(指挥中心)等14个职能科室，下辖10个派出所，民警447人。是年，该局共破获刑事案件1946起；查结治安案件6715起；五类恶性案件破案率达100%。交通事故、火灾事故四项指数同比均全面下降。被评为台州市建国

60周年信访工作先进集体，全省执法质量优秀单位和全省信访先进单位；荣获2009年全省公安政治工作先进集体。

图为天台县公安局办公大楼

【仙居县公安局】 2009年，仙居县行政区域土地面积2000平方千米，户籍总人口49.16万人。年内，全县生产总值82.95亿元，比上年增长9.3%；财政总收入9.34亿元，增长1.1%，其中地方财政收入4.94亿元，增长2.8%；城镇居民人均可支配收入18222元，增长9.3%，农村居民人均纯收入6976元，增长10.6%；仙居县公安局设政治处等4个综合管理机构，指挥中心等10个执法勤务机构，下辖7个派出所，民警382人。是年，该局接处警总量和刑事案件立案数同比分别下降19.12%、10.5%。交通事故、火灾事故四项指数同比分别下降或持平。在省厅打防控考评中获全省三类地区A等单位，信访工作并列台州市第一，“一打三禁”专项工作获台州市先进，执法质量获台州市优胜单位，连续第三年荣获县级综合考核优秀单位。

图为仙居县公安局办公大楼

【三门县公安局】 2009年，三门县行政区域土地面积1072平方千米，户籍总人口42.6万人，登记流动人口6.32万余人。年内，全县实现生产总值85亿元，完成财政总收入11.63亿元，其中地方财政收入6.61亿元，城镇居民人均可支配收入和农村居民人均纯收入19850元和7863元。三门县公安局设指挥中心等18个职能大队科室，下辖10个公安派出所和3个边防派出所，有民警职工396人。是年，该局实现有影响群体性“零事件”、重大恶性案件“零发案”、重大安全“零事故”、归口公安进京“零信访”；全市刑事发案总量稳中有降，火灾与交通事故四项指数除火灾经济损失外均呈下降趋势。在台州市执法质量考评中名列第一，被省厅确定为县级公安机关执法示范单位；在台州市队伍正规化建设考评中名列第一，被评为全省队伍正规化建设先进单位；在台州市“一打三禁”专项考评中名列第一；在全省96个县市群众安全感、满意度、见警率的抽样调查和党委、政府与人大部门问卷调查中，均居全省前列、全市第一；在2008～2009年度台州最具影响力青年团队评选活动中，三门县局打黑除恶专业队成为台州市公安系统唯一一支入选的公安团队。

图为三门县公安局办公大楼

【经济开发区公安分局】 2009年，台州市经济开发区行政区域土地面积60余平方千米，实际开发建设区域由中心城区、滨海新区、三山北涂围垦区三大区块组成。户籍总人口6万余人，登记流动人口5万余人。年内，开发区财政总收入为14.32亿元，同比增长22.6%，其中地方财政收入7.29亿元，同比增长13.6%。市本级完成工业总产值51.72亿元，同比增长13.4%。该分局设5个职能科室和4个直属大队，有民警110人。是年，该区共立各类刑事案件2676起，同比下降0.15%，破获各类刑事案件821起，同比上升0.61%；打击处理340人，同比增加5.26%；辖区发生的6起命案、6起五类案件全部告破。“两抢”案件立97起，同比下降10.19%，破案率达56.7%；受理行政案件5666起，查结2284起，查处2471人次。该局连续三年被评为全省执法质量优秀单位，法律知识考试成绩名列全市第一；全局盗抢各项指标完成情况均位居台州市前列，盗抢整治工作做法在台州市现场会上作经验交流,并被台州市评为全市打击整治盗抢犯罪大会战先进集体;成功侦破建局以来首例跨省散发“法轮功”宣传品案件,并对犯罪嫌疑人进行教育转化。被评为省级先进个人3人,14人次受到市、区两级表彰,3人记个人三等功。

图为台州经济开发区公安分局办公大楼

(**责任编辑** 周建英 蒋金生)

丽 水 公 安

【市况简介】 丽水,又名处州、括州、莲城,地处浙江西南,东南与温州接壤,西南与福建宁德、南平毗邻,西北与衢州相接,北与金华交界,东北与台州相连。2009年,丽水市设莲都区和青田、缙云、云和、庆元、遂昌、松阳、景宁7县及龙泉市,其中青田县为全国著名侨乡,景宁县为全国唯一的畲族自治县。全市总面积17298平方千米,占全省陆域面积的六分之一,素有“浙南林海”、“浙江绿谷”之称,是第四批全国生态示范区建设地区。据省统计局统计,2009年,全市户籍总人口257.39万人,登记流动人口48.56万人。全市生产总值542.02亿元,同比增长10.6%,人均生产总值23520元,同比增长10.0%;全社会固定资产投资279.19亿元,同比增长12.2%;财政总收入65.58亿元,其中地方财政收入37.42亿元,分别同比增长3.4%和3.5%;城镇居民人均可支配收入19018元,同比增长7.4%;农村居民人均纯收入5703元,同比增长12.9%,增幅居全省首位。

图为丽水市委常委、公安局长陈钟与网民在线交流(2009年7月1日)

【概述】 2009年,丽水市公安机关以争创平安丽水建设“五连冠”为目标,以“保增长、抓转型、重民生、促稳定”为工作主线,以打好国庆安保攻坚战为重大政治任务,扎实开展社会治安整治,不断加强社会治安防控,严厉打击各类刑事犯罪活动,切实抓好“三项建设”,全面推进公安工作和队伍建设。全市刑事案件、交通事故、火灾事故等反映社会稳定的指标逐年下降,人民群众对安全感和突发事件处置满意度位居全省第一,2009年度平安创建群众安全感满意率为96.85%,实现连续五年上升;丽水市获浙江省2009年度“平安市”称号,全市9个县(市、区)全部获“平安县(市、区)”称号,实现平安丽水建设“五连冠”;建立推行公安信访“四项机制”(“基层所队一把手接访”机制、“新提任领导干部到信访岗位锻炼”机制、“信访工作双向规范”机制、“信访工作评估”机制),实现公安信访总量、疑难信访案件数、初信初访量同比“三下降”。全市公安机关获全国、省级先进集体9个、先进个人23名;集体二等功2个、三等功19个、嘉奖68个;个人三等功98名、嘉奖405名;有1名民警被授予“浙江省劳动模范”称号。

【机构人员】 2009年,丽水市公安局(以下简称“丽水市局”)址设丽水市莲都区人民街505号,共有内设机构30个。辖莲都、青田、缙云、龙泉、遂昌、松阳、云和、景宁、庆元和经济开发区10个公安(分)局,全市共有公安派出所84个。民警3028人,占全市常住人口数的1.18‰。

【打击刑事犯罪】 2009年,丽水市共发生各类刑事案件15779起,同比下降0.68%;破获7063起,同比下降3.17%;破案率44.76%,同比下降1.14%;破获年前案件和外省市区案件3468起,破案绝对数10531起,同比上升0.8%;抓获犯罪嫌疑人4124名,同比下降25%,抓获各类网上逃犯986名,同比下降17%。全市命案、五类案件、"两抢"案件和入室盗窃案件的破案率分别为100%、100%、42.65%和39.48%。

【开展打击整治"两抢"犯罪大会战】 2009年,丽水市公安机关开展打击整治"两抢"犯罪大会战。其间,共破获"两抢"案件364起,其中抢劫189起、抢夺175起;破获5起以上系列性"两抢"案件14串,打掉3人以上犯罪团伙36个;刑事拘留犯罪嫌疑人260名,移送起诉237名;抓获逃犯85名;破获省厅督办"两抢"案件1串,市局督办"两抢"案件6串;追缴赃款赃物折合人民币39.73万元。

【开展"保国庆、抓逃犯"竞赛活动】 2009年9月1日～10月20日,丽水市公安机关开展"保国庆、抓逃犯"竞赛活动。其间,全市共抓获各类网上逃犯191名,其中本省外市逃犯17名、外省市逃犯34名、本市逃犯140名。

【打击"法轮功"邪教组织】 2009年,丽水市公安机关严防和打击"法轮功"邪教组织的非法活动,继续实现"法轮功"邪教组织"零进京、零滋事、零插播"的目标。年内,全市共立"法轮功"宣传煽动性刑事案件数起,抓获"法轮功"违法犯罪人员数名,捣毁"法轮功"窝点数个,缴获各类"法轮功"宣传品数份,破案率、查处率均为100%。其中莲都区公安分局侦破的"706"案被评为全国四大"法轮功"精品案件。

【打击涉毒违法犯罪活动】 2009年,丽水市公安机关共破获涉毒违法犯罪案件52起,抓获违法犯罪嫌疑人114名,摧毁3人以上贩毒团伙15个,查获吸毒人员730人次,缴获K粉、冰毒、麻古、海洛因等各类毒品5000余克。侦破省厅督办"1·13"特大贩毒团伙案件,抓获涉案人员19名,现场缴获冰毒、K粉、麻古3000余克,查扣作案用汽车3辆、刀具7把。

【开展打击电信诈骗犯罪专项行动】 2009年6～10月,丽水市公安机关在专项行动期间,共打掉电信诈骗犯罪团伙9个,捣毁短信群发犯罪窝点21个,抓获违法犯罪嫌疑人46名,刑事拘留33名;破获各类刑事案件136起,其中公安部督办案件1起、省厅督办案件2起,涉案金额126.55万元;缴获作案用电脑59台,短信群发器70余台,手机2608只,存折、银行卡148本(张),手机卡35680张,U盾30余只,读卡器60余只。

【严厉打击各类经济犯罪活动】 2009年,丽水市公安机关共受理经济犯罪案件128起,立案111起,破案103起,破案率92.79%;涉案金额246421.65万元,直接经济损失128063.09万元,挽回经济损失64792.1万元,占经济损失数的50.59%;采取各类强制措施172人,移送起诉115人。

【打击赌博违法犯罪活动】 2009年,丽水市公安机关集中查禁赌博违法犯罪活动始终保持高压态势。年内,全市共查处赌博治安案件540起,处理违法人员2767名,其中罚款1612名、治安拘留1107名;破获赌博刑事案件231起,刑事拘留297人,取保候审275人,批准逮捕69人。

【打击网络违法犯罪活动】 2009年,丽水市公安机关开展"09亮剑"等专项行动,严厉打击各类网络违法犯罪活动。年内,共受理网络犯罪案件9起、违法案件11起,配侦本地案件222起、外地案件88起。通过技术手段抓获各类违法犯罪嫌疑人175名,其中CCIC逃犯110名,缴获作案用电脑20余台,赃款200余万元。

【刑事科学技术建设成效明显】 2009年,丽水市公安局刑侦支队刑事科学技术研究所(物证鉴定所)通过国家计量认证,连续四年被公安部五局评为全国指纹协查工作先进单位。莲都区公安分局技术室被公安部评为一级示范技术室,刑侦支队民警卞卫平被评为全国指纹协查工作先进个人。

【深化社区、农村警务室建设】 2009年,丽水市公安机关按照社会治安面管控能力与社区相对应的组建原则,建立情报信息工作规范、治安防管控工作规范等一系列规章制度,进一步规范和推进社区、农村警务室建设。截至年底,全市83个社区共建警务室90个,配备民警153名、协辅警366名,组建率100%,实行"一区一警和一区多警"模式;在111个没有设派出所的乡镇建立128个农村警务室,落实144名驻村民警、85名协辅警。

【强化危险物品管理】 2009年,丽水市公安机关先后开展危险物品管理专项整治、国庆安保危险物品安全大检查、危险物品管理基础攻坚月等行动,强化危险物品管理。年内,共检查危险物品从业单位590家(次),发现各类安全隐患126起,落实整改126起;收缴炸药63.6千克、雷管291枚、索类2077.9米;收缴猎枪10支、火药枪6支、仿制式枪2支、自制枪10支、仿真枪54支,军用子弹1115发、民用子弹150发、仿制式子弹450发,军用手榴弹2枚;破获爆炸未遂案件1起,非法制造枪支案件3起,非法买卖枪支案件1起,非法持有私藏枪支案件15起;打掉非法买卖枪支团伙1个,刑事拘留7人,批准逮捕8人,移送起诉11人。

【加强流动人口管理】 2009年,丽水市公安机关投入流动人口服务管理专项经费1303万元,按照2008年度流动人口登记发证数500∶1的比例配备协管员767名,初步形成市、县(市、区)、乡镇(街道)、村(居、企业)四级流动人口服务管理网络,重点加强基层管理网络建设,大力推广街道、村(居)登记站、企业远程申报点等社会化登记办证模式。加强与司法、教育等部门协作,在采集流动人口信息的同时,同步采集流动人口政治面貌、计生基础等信息。年内,全市共发放《浙江省临时居住证》44256本,网上实际登记流动人口485569人、租赁房屋111028户,流动人口信息登记率、出租房屋信息登记率、“人户一致”率分别为90.11%、97.78%、76%。

【开展重性精神病人管控工作】 2009年8～9月,丽水市公安机关全面开展重性精神病人危害社会情况专题调查,推行使用重性精神病人信息管理系统。各地落实专人负责采集、录入和更新重性精神病人基本信息、管控力量信息、肇事肇祸信息和相关统计信息。截至年底,全市共采集录入三类重性精神病人(武疯子)信息267条、管控力量信息269条、肇事肇祸信息59条、法定监护人信息144条。

【加强出租车治安管理】 2009年,丽水市公安局组织开展市区出租车驾驶人员安全资格培训和考试(参加人员达1200人次),新建富岭高速出口登记站并于4月中旬投入运行。年内,通过出城登记站共协破各类刑事案件110起;抓获各类违法犯罪嫌疑人95名,其中网上逃犯19名;查获赃款赃物折合人民币104余万元;查获各类毒品200余克。

【加强水上公共安全管理】 2009年,丽水市公安机关根据汛期和季节变化,加强对码头和临时停泊点的安全检查。年内,对867艘机动船只进行定期安全检查、验证,对972名船工进行身份核对,确保水域安全无事故。

【深挖犯罪工作成效明显】 2009年,丽水市公安机关加强狱内侦查深挖工作。年内,全市监管场所共获取违法犯罪线索961条,破获各类刑事案件1032起,抓获犯罪嫌疑人13名,追缴赃款赃物折合人民币7.5万元,狱侦破案数占全市刑侦破案总数的16%。成功告破龙泉张盛贤故意杀人案、张晓庆团伙特大贩毒案、金华市江南区“10·28”故意杀人案和金华市系列持刀入室抢劫案等一批重大疑难案件。

图为丽水市公安局副局长马平为外来务工人员发放临时居住证(2009年10月21日)

【实现交通事故四项指数零增长】 2009年,丽水市发生上报交通事故689起,死亡279人,受伤812人,直接经济损失130万元。事故起数、死亡人数、受伤人数、直接经济损失四项指数分别同比下降21.97%、6.69%、27.50%、56.36%。其中，道路交通事故死亡人数实现连续六年下降。

图为交通民警以图片、漫画册等形式为幼儿园小朋友上交通安全知识课（2009年4月28日）

【加大酒后驾驶专项整治力度】 2009年8月17日，丽水市局出台"三个严禁"制度（严禁民警擅自为交通违法当事人减轻或减免处罚、严禁民警擅自对依法扣留的车辆、证件进行违规处理、严禁民警擅自对交通违法当事人减免记分），并采取异地交叉用警、相关警种配合等措施，加大酒后驾驶交通违法行为专项整治力度。截至年底，全市共查处酒后驾驶1773起，醉酒驾驶309起，因酒后驾驶暂扣驾驶证1805本，因醉酒驾驶拘留305人，醉酒拘留执行率为98.71%，涉及国家机关事业单位工作人员酒后驾驶36起，酒后驾驶人员被媒体曝光1090起。

【开展监所执法专项检查活动】 2009年4月21日～9月20日，丽水市看守所开展监管执法专项检查活动，重点检查执法、管理、设施、保障等十方面安全隐患。其间，共投入13万元改造基础设施，查出隐患18处，消除隐患5处，制止事故苗头2起。被省厅评为全省看守所监管执法专项检查活动先进集体。

【加强互联网依法公开管理】 2009年，丽水市公安机关继续扩大"虚拟警察"和"报警岗亭"在重要互联网信息服务单位的覆盖面，与网上报警处置中心连接，方便网民网上报警和涉及网络安全的法律法规咨询与求助。截至年底，在各地重点网站论坛上共设立"报警岗亭"58个、"虚拟警察"20个，受理和处置网民有效报警300余起。

【做好警卫、保卫工作】 2009年，丽水市公安机关共完成一级警卫任务1批次，二级警卫任务3批次，三级警卫任务6批次，其他保卫任务8批次；完成各类重要会议、大型活动安保工作40余次。其中，8月22日，完成中共中央政治局常委、国务院总理温家宝一行在丽水考察警卫任务。

【加大交通管理科技建设】 2009年，丽水市公安机关新建的22组省、市际卡口拦截系统投入使用，在33个路口新安装红绿灯，在12个路口设置电子警察。全市386名路面一线民警配备了移动警务通，增加了3台6F测速仪、22台酒精测试仪、56台对讲机，推广应用交警队信息平台系统，提高了民警的日常执法工作效率。

【开展"双排查"、"双整治"工作】 2009年，丽水市公安机关开展事故多发点段及安全隐患点段排查、整治工作。全市共有9处事故多发点段、13处临水临崖危险路段列入省级挂牌督办整治，11处事故多发点段、21处临水临崖危险路段列入市级挂牌督办整治。年内，通过在事故多发点段增设大批反光标志、标志标线、减速带，在临水临崖危险路段安装323千米钢质护栏、浇筑水泥护墩，所有事故多发点段、临水临崖危险路段全部治理到位。

【火灾四项指数三升一降】 2009年，丽水市共发生火灾92起，死亡5人，受伤4人，受灾241户，烧毁建筑20714平方米，直接财产损失383.6万元。同比火灾起数下降4.17%，死亡人数增加2人，受伤人数增加4人，直接财产损失上升27.5%。

【信访工作成效显著】 2009年，丽水市公安机关加强公安信访工作制度化、规范化、法制化建设，加大

图为开展“开门大接访”活动(2009年7月15～16日)

疑难信访突出问题及初信初访问题的解决,进一步落实责任倒查制度。继续实行公安局长开门大接访和每月接待日工作。年内,全市信访总量2471件(批),同比下降2.45%。其中,市本级接收群众来信559件、来访322批,分别同比下降0.71%、23.15%。初信初访反馈率100%,办结率99.03%,停访息诉率96.27%。实现公安信访总量、疑难信访案件、初信初访量同比“三下降”,得到省委常委、副省长葛慧君的批示肯定。

【开展外国人管理专项排查整治工作】 2009年7～9月,丽水市公安机关在专项工作期间,共走访涉外单位、三资企业129家,宾馆饭店745家,私人住房437户,检查访问2760人,排查出非法居留、非法入境、非法就业嫌疑18起23人,消除各种安全隐患,没有发生境外人员危害国家和社会安全事件。

【加强信息化建设】 2009年,丽水市公安局以科技强警示范城市建设为契机,共投入4000余万元,完成网侦系统升级、科技通信、治安监控“天网工程”、档案管理信息化等建设,加快改造“大情报”平台、警用地理信息基础应用平台、部门间信息共享与服务平台,提高应用效力。针对丽水实际,打造“三连工程”、“扎口袋工程”、“全警应用工程”和“警民牵手工程”四项工程,自主研发“密码战法”、“指甲毒理分析法”等大批新战法、新战术,构建新型信息化山区警务模式和市区智能防控网络。采取行政编制、事业编制和合同聘用等用人形式,与科技、电信部门及大中专院校建立人才协作机制,引进科技人员46名,通过计算机技能考试,评选111名科技教官,不断加强科技人才培养,进一步提升公安信息化整体水平。

【推进执法规范化建设】 2009年3月30日,市公安局出台《丽水市公安局关于大力加强公安机关执法规范化建设若干问题的意见》、《丽水市公安机关民警办案奖惩规定》,推行执法质量月考评通报制度,完善个案质量评判、案件主办人制度,领导审核、审批制度,重大案件集体研究制度,形成“办案部门强质量、法制部门重审核、各级领导严审批”的公安执法办案质量保障机制。

【构建和谐警民关系】 2009年,丽水市局开展“大走访”爱民实践活动,共走访群众13816人次,走访机关、企事业单位2708家,走访民警家属2976户。帮助群众解决实际困难2364件,为困难群众送上慰问金85万余元,赠送物品折价30万余元。结对帮扶9个联系村,落实扶持项目5个、资金15万元,赠送慰问金、慰问品共计2.3万元。开展“情系民生·奉献爱心”慈善捐款活动,捐款总额86320元;56件“两会”建议提案全部办结,代表和委员对办理过程和办理结果满意率均为100%。以公安局长与市民网络对话为契机,推行警民网络互动日常化,解决群众最关心的热点问题。

【打黑除恶工作列为“一把手”工程】 2009年,丽水市局成立以市委常委、公安局局长陈钟为组长的全市公安机关打黑除恶斗争领导小组,明确各县(市、区)公安(分)局一把手为本辖区打黑除恶工作第一责任人,运用指定管辖、异地用警、异地关押等手段,深入开展打黑除恶斗争。年内,全市共打掉涉黑涉恶团伙7个,破获各类涉黑涉恶违法犯罪案件78起,抓获涉案人员68名。

【推进打击涉电犯罪工作长效机制建设】 2009年,丽水市公安机关与电力部门合作,以公安驻电力联络室建设为抓手,推进打击涉电犯罪工作长效机制建设。12月,丽水市局出台《丽水市公安机关驻电力联络室工作职责、制度和考评办法》,进一步规范联络室工作。截至年底，全市共建立市级联络室1个、县级联络室10个。年内，全市共发生盗窃、破坏电力设施刑事案件8起，同比减少16起，下降66.7%。

【创新非法集资类案件三层网架结构侦查工作模式】 2009年，丽水市公安机关针对丽水涉众型非法集资案件多发的特点，探索非法集资类案件三层网架结构侦查工作模式，即：党政全程化领导的维稳工作网、部门有机联动的资产追缴网、同步上案的侦查工作网。通过各警种同步上案、各部门同步控人、各单位同步控赃，将不稳定因素控制在最低状态，最大限度挽回群众损失，实现维护社会稳定和打击犯罪双赢。在侦办“9·16”银泰集团非法吸收公众存款案件中，共查办案中案16起，追缴涉案资产2000万元，冻结涉案银行账户264个，冻结涉案房产31处，扣押法拉利、奔驰、宝马、保时捷等品牌汽车31辆。

【推进农村居民分户工作】 2009年3月12日，丽水市局出台《加快农村居民分户工作实施方案》，就推进农村危旧房改造工作中涉及农村居民分户的问题提出意见。其中，对农村居民分户的条件、办理程序、责任分工作了具体细化，在全市采取“1+10”模式进行试点，即先在龙泉市兰巨乡大汪村开展试点，再由全市10个县(市、区)局各自选择一个行政村进行试点。4月1日，全市正式统一实行新的农村居民分户办法，截至年底，共为33224户农户办理分户手续。

【交通违法异地处罚工作全面实施】 2009年3月初，丽水市局交警支队独立研发交警、财政、银行三家联网的全市交通违法罚款清分系统，实现交通违法罚款全市统一收缴、统一管理、统一清分，即采取交通违法行为发生地和车辆号牌所在地相结合的方式清算分配罚款。交通违法者在浙江省内的非现场交通违法行为，可以自由选择到违法行为发生地或丽水市任何一个交警大队违法处理窗口处理。

【开展“警企协作、服务经济”主题活动】 2009年，丽水市公安机关组织开展“警企协作、服务经济”主题活动，广泛走访企业、市场，邀请50多家企业负责人召开警企座谈会5次，通过发放防范建议书、发布预警通报等经济犯罪防范警示方式，主动为企业等市场主体提供法律帮助和防范指导，帮助提高防范各类风险的能力。是年，成立纳爱斯集团企业服务领导小组，派民警驻企服务，为该集团追回经济损失150余万元。

【加强经侦公共关系建设】 2009年2月15日，丽水市局联合工商、人民银行、银监、税务、质监等行政执法部门，在市区纳爱斯健身广场开展“2·15”全省经济犯罪防范宣传日活动，帮助市民识别各种形式的经济犯罪骗局，做好防范工作。3月2～14日，丽水市局联合丽水电视台“瓯江报道”栏目陆续推出五期《经济犯罪面面观》系列专题节目，内容涉及汽车租赁诈骗、短信诈骗、网络诈骗、ATM机诈骗、非法集资等，通过以案释法、访谈经侦民警等多种形式，分析当前各类经济犯罪特点，警示社会大众。

图为丽水市农村居民分户试点工作总结暨推进部署会(2009年3月16日)

【设立“温情驿站”服务返乡民工】 2009年春运期间，丽水市局交警支队创新服务方式，在水阁交警中队、碧湖交警中队设立“温情驿站”，为途经丽水骑乘二轮摩托车返乡过年的5600余名民工提供纸杯、茶水、常用药、打气筒、修理工具、强制休息、交通安全宣传等服务，受到社会公众好评。

【构建"大宣传"工作格局】 2009年，丽水市局借助丽水电视台、丽水广播电台等媒体，新开辟了"和谐路上话平安——公安局长系列访谈"、"作家进警营，零距离看公安"、"公安面对面"等宣传栏目，加大公安宣传力度；制作《安全防范36招》电视专题系列片，在车站、商场等公共场所滚动播出，提高群众防范意识和能力。

【莲都公安分局】 2009年，莲都区行政区域土地面积1502平方千米，户籍总人口38.46万人，登记流动人口22.54万人。年内，全区实现生产总值143.19亿元，财政总收入23.26亿元，地方财政收入12.82亿元，城镇居民人均可支配收入和农村居民人均纯收入分别为20446元和7047元。莲都区公安分局内设机构15个，下辖11个派出所，民警351人。是年，该区共发刑事案件5668起，同比下降0.77%；刑事案件破案率43.30%，其中命案破案率100%，"两抢"案件破案率49.55%，盗窃案件破案率41.34%，五类案件破案率100%；受理治安案件9854起，查处9670起，查处率98.13%。该局被评为全市县级公安机关2009年度工作综合考评优胜单位、莲都区2009年度工作责任制考评优胜单位，获集体三等功1次、集体嘉奖1次。

【青田县公安局】 2009年，青田县行政区域土地面积2484平方千米，户籍总人口49.86万人，登记流动人口7.87万人。年内，全县实现生产总值94.17亿元，财政总收入11.48亿元，地方财政总收入7.39亿元，城镇居民人均可支配收入和农村居民人均纯收入分别为20345元和5836元。青田县公安局内设机构13个，下辖15个派出所，民警370人。是年，该县共发刑事案件2089起，同比上升0.48%；刑事案件破案率39.35%，其中命案破案率100%，"两抢"案件破案率30.33%，盗窃案件破案率25.50%，五类案件破案率100%；受理治安案件3507起，查处3506起，查处率99.97%。该局被评为丽水市科技强警示范城市建设工作先进集体、2009年度空军招收飞行学员工作先进单位；经侦大队被评为2009年度全省优秀基层单位；山口派出所获"2009年度全国公安系统青年文明号"荣誉称号。

【缙云县公安局】 2009年，缙云县行政区域土地面积1482平方千米，户籍总人口45.02万人，登记流动人口7.57万人。年内，全县实现生产总值89.08亿元，财政总收入9.01亿元，地方财政收入4.45亿元，城镇居民人均可支配收入和农村居民人均纯收入分别为19051元和5828元。缙云县公安局内设机构13个，下辖10个派出所，民警385人。是年，该县共发刑事案件2029起，同比下降0.05%；刑事案件破案率42.78%，其中命案破案率100%，"两抢"案件破案率13.73%，盗窃案件破案率38.34%，五类案件破案率100%；受理治安案件7447起，查处7420起，查处率99.64%。该局在丽水市"保国庆、抓逃犯"竞赛活动中名列第一；被评为浙江省军队转业干部安置工作先进单位；获集体三等功2次、集体嘉奖20次，10个集体被省厅评为先进单位。

【龙泉市公安局】 2009年，龙泉市行政区域土地面积3059平方千米，户籍总人口28.71万人，登记流动人口1.13万人。年内，全市实现生产总值51.03亿元，财政总收入4.07亿元，地方财政收入2.49亿元，城镇居民人均可支配收入和农村居民人均纯收入分别为19825元和5805元。龙泉市公安局内设机构10个，下辖11个派出所，民警267人。是年，该市共发刑事案件737起，同比下降0.14%；刑事案件破案率58.89%，其中命案破案率100%，"两抢"案件破案率100%，盗窃案件破案率48.25%，五类案件破案率100%；受理治安案件1394起，查处1039起，查处率74.53%。该局在2009年丽水市公安机关目标管理考核中名列第一；在丽水市公安机关打防控考核中名列第二；在龙泉市工作目标责任制考核中总分名列第二；被龙泉市政府记集体三等功1次；被评为2009年度全省公安队伍正规化建设先进单位。

图为龙泉市公安局办公大楼

【遂昌县公安局】 2009年，遂昌县行政区域土地面积2539平方千米，户籍总人口23.12万人，登记流动人口1.11万人。年内，全县实现生产总值47.86亿元，财政总收入5.89亿元，地方财政收入3.19亿元，城镇居民人均可支配收入和农村居民人均纯收入分别为19508元和5800元。遂昌县公安局内设机构11个，下辖9个派出所，民警243人。是年，该县共发刑事案件973起，同比下降0.21%；刑事案件破案率

48.51%,其中命案破案率100%,"两抢"案件破案率45.45%,盗窃案件破案率40.52%,五类案件破案率100%;受理治安案件1706起,查处1696起,查处率99.41%。该局在2009年丽水市公安机关打击组织强迫妇女卖淫犯罪活动专项行动中名列第三;在丽水市公安机关"保国庆、抓逃犯"竞赛活动中被评为优胜单位;被遂昌县政府记集体三等功1次;妙高派出所被评为2009年度全省优秀公安基层单位。

【松阳县公安局】 2009年,松阳县行政区域土地面积1406平方千米,户籍总人口23.69万人,暂住人口2.22万人。全县实现生产总值38.90亿元,财政总收入3.61亿元,地方财政收入2.19亿元,城镇居民人均可支配收入和农村居民人均纯收入分别为17421元和5258元。松阳县公安局内设机构10个,下辖7个派出所,民警264人。是年,该县共发刑事案件1312起,与2008年持平;刑事案件破案率45.35%,其中命案破案率100%,"两抢"案件破案率70%,盗窃案件破案率39.23%,五类案件破案率100%;受理治安案件2528起,查处2528起,查处率100%。古市派出所被公安部授予全国"一级派出所"荣誉称号。

【云和县公安局】 2009年,云和县行政区域土地面积978平方千米,户籍总人口11.26万人,登记流动人口2.35万人。年内,全县实现国民生产总值27.71亿元,财政总收入3.29亿元,地方财政收入1.90亿元,城镇居民人均可支配收入和农村居民人均纯收入分别为18180元和5560元。云和县公安局内设机构11个,下辖4个派出所,民警186人。是年,该县共发刑事案件1017起,同比下降1.45%;刑事案件破案率43.76%,其中命案破案率100%,"两抢"案件破案率29.63%,盗窃案件破案率35.98%,五类案件破案率100%;受理治安案件1937起,查处1634起,查处率84.36%。该局连续四年获全省和全国"平安建设先进县"荣誉称号;连续三年被评为全省公安机关执法质量优秀单位。

图为云和县公安局办公大楼

【景宁县公安局】 2009年,景宁县行政区域土地面积1950平方千米,户籍总人口17.02万人,登记流动人口1.98万人。年内,全县实现生产总值23.13亿元,财政总收入2.81亿元,地方财政收入1.70亿元,城镇居民人均可支配收入和农村居民人均纯收入分别为16157元和5409元。景宁县公安局内设机构12个,下辖6个派出所,民警183人。是年,该县共发刑事案件580起,同比上升0.17%;刑事案件破案率43.28%,其中命案破案率100%,"两抢"案件破案率50%,盗窃案件破案率38.59%,五类案件破案率100%;受理治安案件786起,查处780起,查处率99.24%。该局被评为全省政法系统"学枫桥、保平安、促发展"先进集体、全市县级公安机关综合考评优胜单位、景宁县综合考核先进集体、景宁县机关平安单位建设工作一等奖、景宁县机关信访工作一等奖、景宁县党风廉政建设三等奖;被景宁县政府记集体三等功1次。

【庆元县公安局】 2009年,庆元县行政区域土地面积1898平方千米,户籍总人口20.24万人,登记流动人口7.87万人。年内,全县实现生产总值25.95亿元,财政总收入2.15亿元,地方财政收入1.29亿元,城镇居民人均可支配收入和农村居民人均纯收入分别为16398元和5278元。庆元县公安局内设机构13个,下辖9个派出所,全局民警209人。是年,该县共发刑事案件696起,同比下降0.85%;刑事案件破案率54.31%,其中命案破案率100%,"两抢"案件破案率70%,盗窃案件破案率53.12%,五类案件破案率100%;受理治安案件763起,查处745起,查处率97.64%。该局共有4个集体、19名民警分别受到立功、嘉奖等表彰。

【丽水经济开发区公安分局】 2009年,经济开发区行政区域土地面积108.81平方千米,户籍总人口3.02万人,登记流动人口5.83万人。年内,全区实现生产总值151.5亿元,农民人均纯收入5443元。经济开发区公安分局内设机构5个,下辖2个派出所,民警73人。是年,该区共发刑事案件594起,同比下降0.34%;刑事案件破案率43.94%,其中命案破案率100%,"两抢"案件破案率71.43%,盗窃案件破案率44.10%,五类案件破案率100%;受理治安案件902起,查处869起,查处率96.34%。实现连续五年涉爆责任事故零发生。年内,该局在全市"基层基础攻坚月"活动竞赛中名列第一,被丽水经济开发区管委会评为"服务经济 促进发展"优秀单位;共获先进集体3个,先进个人18名;立集体三等功2个、个人三等功2名。

(**责任编辑** 周建英 蒋金生)

人 物

新任厅领导

【王冰】 男，汉族，1960年1月出生，浙江省湖州市人。1978年11月参加工作，1984年4月入党，本科学历，武警大校警衔。1978年11月至1984年3月，任浙江省省委招待处一所管理员；1984年3月，转现役，任浙江省公安厅警卫处第一招待所副所长（正营职）；1988年7月，任浙江省公安厅警卫处第二招待所代理所长（正营职）；1990年12月，任浙江省公安厅警卫处第二招待所所长（副团职）；1995年3月，任浙江省公安厅警卫处第二招待所所长（正团职）；1996年7月，任浙江省公安厅警卫处副处长（正团职）；1997年7月，任浙江省公安厅警卫处副处长（副师职）；2004年6月，任浙江省公安厅警卫局政治委员（正师职）；2007年12月，任浙江省公安厅警卫局局长（正师职）；2009年12月，任浙江省公安厅警卫局局长（副军职）。2010年4～5月，任浙江省公安厅党委委员、副厅长，警卫局党委书记、局长。

离任厅领导

【汤新平】 男，汉族，1954年1月出生，浙江省安吉县人。1970年11月参加工作，1978年10月入党，大专文化学历，武警大校警衔。1970年11月至1976年为安吉县动力机厂工人；1976年至1981年9月，任浙江省公安厅（局）警卫局干部；1981年9月，任浙江省公安厅警卫处第一招待所副所长；1984年3月，转现役，任浙江省公安厅警卫处副处长（正团职）；1994年12月，任浙江省公安厅警卫处副处长（副师职）；1996年8月，任浙江省公安厅警卫局政治委员（副师职）；1997年1月，任浙江省公安厅警卫局政治委员（正师职）；2004年6月，任浙江省公安厅警卫局局长（正师职）；2007年2～3月，任浙江省公安厅党委委员、副厅长兼警卫局党委书记、局长（正师职）。2007年12月免去局长职务。2010年4～5月，免去省公安厅党委委员、副厅长职务。

过世厅老领导

【王芳】 男，1920年9月30日出生，原名王春芳，山东省新泰市人。1937年10月参加革命工作，1938年初参加八路军山东人民抗日游击队第四支队，同年4月加入中国共产党。1938年6月随部队南下鲁南开辟新的革命根据地，同年8月任团政治特派员。1938年12月始，历任八路军山东纵队第四支队保卫科科长兼军事审判所所长、一旅保卫科科长兼敌工科科长。1942年8月始，任鲁中军区敌工科科长兼鲁中区党委三地委敌工部副部长。1945年6月，任山东军区独立旅政治部主任。1946年5月，调任鲁中军区保卫部部长。1946年6月始，随部队参加鲁南战役、莱芜战役、孟良崮战役，并担负锄奸肃特工

图为王芳参观省公安厅陈列室（2003年9月28日）

图为王芳在杭州西子宾馆阅读《浙江公安大事记》(1996年3月)

作任务。1947年3月始,先后任第三野战军第八纵队组织部部长兼保卫部部长,华东野战军西线兵团、第三野战军第七兵团保卫部部长。1949年5月杭州解放以后,先后任杭州市军事管制委员会公安部副部长,杭州市公安局副局长、局长,浙江省公安厅副厅长。1952年11月,任省公安厅厅长,1954年9月起兼任浙江省政法委员会副主任、省人民委员会第一办公室主任、省委委员。1964年9月,任浙江省副省长。1965年8月,代理中共温州地委书记。"文化大革命"期间,受到严重迫害,被关押、审查多年。1977年恢复工作,先后任中共宁波地委书记、宁波地区革委会主任兼中共宁波市委第一书记、宁波市革委会主任,中共浙江省委常委,省革委会副主任,省委副书记兼政法委书记,省人大常委会副主任兼省人大常委会秘书长等职。在审判林彪、江青反革命集团"两案"期间,担任最高人民检察院特别检察厅检察员出庭公诉。1983年3月,任中共浙江省委书记,同年5月兼任浙江省军区第一政委。1987年3月,调任公安部党组书记,4月任公安部部长,5月兼任武警部队第一政委、党委书记,中央政法委委员。1988年4月,任国务委员兼公安部党组书记、部长,1990年12月兼任国家禁毒委员会主任。1993年8月,退居二线。王芳是中共第十二届中央委员会委员,在中共十三大上当选为中央顾问委员会委员。2009年11月4日在杭州逝世,享年90岁。

【周宝兴】 男,1938年10月出生,上海市嘉定县人。1956年10月参加工作,1959年7月加入中国共产党。曾任上海国棉十四厂工人、厂业余中学教师、教导主任、厂团委书记兼业余中学校长。1964年3月,当选为共青团上海市委第五届委员会委员,6月在共青团第九次全国代表大会上当选为团中央候补委员,10月调任团中央青工部干事。1969年2月,在河南汉川团中央"五七"干校劳动。1973年1月,调浙江省筹建杭州团市委。1975年1月,调杭州市中级人民法院工作,历任办公室副主任、主任,院党组成员。1982年4月,任浙江省人大常委会法制办公室副主任。1983年8月,任浙江省公安厅党组成员、副厅长兼政治部主任;1989年5月,任省公安厅党委书记、副厅长兼浙江公安专科学校校长。1992年12月,被国务院授予一级警监警衔。1998年3月起,任省公安厅党委委员、副厅长。1999年7月退休。2009年5月30日在杭州逝世,享年71岁。

【杨辉】 男,1922年6月出生,江苏省灌南县人。1939年2月参加八路军,同年10月加入中国共产党。历任新四军四师九旅二十六团班长、排长、技师。1944年1月转地方工作,任江苏省灌南县二区治安股长、县政府警卫连指导员。1945年7月始,任江苏省清江市区工会主席、市总工会组织部部长、宣传部部长。1946年10月始,任江苏省滨海县双港区区长、县民教科科长。1949年3月始,任江苏省常熟县沙州区区委书记、县人事科科长。1950年10月始,任江苏省苏州市民政局局长、郊区工委书记。1953年1月始,任中央政法干校校长办公室秘书科科长、一部主任、分党委书记。1962年8月始,任浙江政法干校副校长、党总支书记。1966年"文化大革命"开始后受冲击。1971年6月始,任浙江省劳改局副局长、局长、党委书记。1978年6月,任浙江省公安局副局长。1979年3月,任杭州市委常委、市革委会副主任、市公安局局长。1981年9月,任浙江省公安厅副厅长。1983年8月,任浙江省公安厅顾问。1986年1月离职休养,任省公安厅咨询委员会副主任。1991年6月,被公安部授予人民警察一级金盾荣誉勋章。2009年10月18日在杭州逝世,享年88岁。

【曹志华】 男,1932年1月出生,浙江省镇海人。1951年10月参加工作,1953年11月加入中国共产党。历任舟山沈家门文化站、沈家门渔政队工作人员;沈家门公安分局文书、副局长;舟山行署公安处科员;定海县公安局副局长;省政法干校副科长;杭州市教育局保卫组负责人;省公安厅政治部副科长、科长、

副主任;省公安厅党委委员、纪委书记。1992年12月退休。1993年7月被公安部授予人民警察蓝盾荣誉勋章。2009年12月11日在杭州逝世,享年78岁。

先进人物

【占立明】 男,1977年11月出生,浙江省江山市人。中共党员,1998年8月参加公安工作,现为省公安厅高速公路交警总队嘉兴支队直属大队副教导员,三级警督。

1999年7月6日,占立明在沪杭高速公路处理交通事故时,被冲进事故处理区的车辆撞伤,造成右腿高位截肢,左腿膝关节骨头缺失,四级伤残。2000年8月装上假肢后,他主动申请重返工作岗位,常年工作在窗口一线,处罚交通违法行为近6万起,没有发生一起复议、投诉,曾多次被评为优秀共产党员、优秀公务员,立过个人一等功、二等功、三等功;2006年,当选为"感动嘉兴2006年度最具影响力十大人物",被省厅评为全省优秀人民警察;2007年,被省厅评为浙江省基层站所(办事窗口)行风建设先进个人,被共青团浙江省委、浙江省青年联合会授予"浙江青年五四奖章",被省委政法委评为全省政法系统"践行社会主义法治理念"先进个人,被嘉兴市授予"首届道德模范"称号,被省政府授予全省"模范人民警察"称号;2008年,被公安部评为"全国公安机关专项治理工作"先进个人;2009年1月,当选为全国第三届"我最喜爱的十大人民警察",并被人力资源和社会保障部、公安部授予"全国公安系统二级英雄模范"荣誉称号。2009年3月18日,浙江省公安厅印发《关于开展向占立明同志学习活动的决定》,决定在全省公安机关和民警中开展向占立明学习的活动。

【毛建剑】 男,1955年12月出生,浙江省江山市人。大专文化,中共党员,1981年2月部队复员参加公安工作,1983年7月入党,现为江山市公安局坛石派出所民警。2000年,毛建剑主动要求从局机关办公室调到边远的坛石派出所工作,驻守在江山市大桥镇省际公安防暴卡点,尽心尽责为当地百姓保平安做实事,村民们亲切地称他为"毛卡"。近年来,毛建剑曾先后立个人一等功、二等功各1次。2007年,被评为全省优秀公安派出所民警和全省优秀人民警察;2008年,被评为"全国十佳驻村民警"和"衢州市十大道德模范";2009年,被授予"全国特级优秀人民警察"、"浙江省人民满意的公务员"和"衢州市劳动模范"荣誉称号。

【金国民】 男,1957年3月出生,浙江省宁波市人。中共党员。1978年参加公安工作,现任宁波市公安局镇海分局刑侦大队教导员,一级警督。长期奋战在公安刑侦工作第一线,爱岗敬业,无私奉献。特别在负责刑侦大队追逃工作的四年多来,他夜以继日、不辞劳苦、辗转万里开展追逃,并且在长期的追逃实践中探索出一套现代科技手段和传统专门手段相结合的追逃八法,在实战中发挥了巨大效益,并在全国推广。2004年10月至2009年6月20日,镇海公安分局利用"金国民追逃法"抓获的逃犯就达730名,占同期追逃总数的65.2%。该追逃法先后被镇海区总工会命名为"金国民追逃法",被宁波市总工会、浙江省总工会命名为"宁波市职工岗位先进操作法"、"浙江省先进职业操作法"。2009年4月,金国民被浙江省总工会聘为"浙江省职业技能带头人"。

金国民从警30余年来,先后获得全国优秀人民警察,全省优秀人民警察、全省公安系统先进工作者、全省公安机关廉政勤政先进个人,宁波市"十佳港城卫士"、优秀共产党员、劳动模范,镇海区"十佳"干部、优秀共产党员、特等劳动模范等荣誉称号。金国民的先进事迹受到省委书记赵洪祝,省委常委、政法委书记、公安厅厅长王辉忠等领导的肯定和中央、省、市级各大媒体的关注。2009年6月29日,中共浙江省公安厅委员会印发《关于向金国民同志学习的决定》,决定在全省公安机关开展向金国民学习的活动。

【李益波】 男,1973年1月出生,浙江省奉化市人。大专文化,中共党员,三级警督警衔。1993年8月参加公安工作,奉化市公安局交警大队民警。2009年8月29晚,因积劳成疾,突发心脏病,不幸因公牺牲,年仅36岁。

从警16年来,李益波始终扎根基层,爱岗敬业,恪尽职守,任劳任怨,乐于奉献。2001年以来,共查处各类交通违法近10万起,暂扣各类违法车辆3500多辆次，仅2008年就查处各类交通违法11224起，暂扣各类违法车辆385辆次，工作中没有发生一起有责投诉。曾6次被评为奉化市级机关优秀工作者，4次受嘉奖，先后被评为浙江省、宁波市公安系统优秀共产党员，奉化市优秀共产党员，宁波市公安交警系统“纠违之星”，宁波市“十佳交警”等。

2009年9月14日，中共浙江省公安厅委员会印发《关于开展向李益波同志学习活动的决定》，决定在全省公安机关开展向李益波学习的活动。

英　　烈

【王熙智】 男，1990年3月出生，云南省文山壮族苗族自治州丘北县人，彝族。2008年12月入伍，生前系浙江省绍兴市公安消防支队诸暨消防大队城东中队战士，武警列兵警衔。2009年8月2日在扑救诸暨市袁家灯具厂大火中，为保护国家和人民的生命财产牺牲。

2009年8月2日3时51分，诸暨市暨阳街道袁家灯具厂发生火灾，诸暨消防大队接警后调集城东、城西2个中队，4辆消防车、28名官兵前往扑救。作为第一出动力量的王熙智，不顾当晚已参加两次出警及火灾扑救、连续奋战9小时的辛劳与疲惫，毅然跳上“头车”，奔赴火场。

4时06分，城东中队作为辖区主战中队首先到场。灯具厂车间已有100多平方米被黑烟包裹，车间内堆放着大量塑料制品，火势迅速蔓延，成片的民房就在离厂房不远的地方，现场情况十分危急。王熙智在现场指挥员代理排长陆建刚下达灭火指令后，迅速佩带空气呼吸器等个人防护装备，冲到离火场正面不到2米远的危险地带，奋力灭火。

4时13分许，王熙智和陆建刚一起进入第一间着火厂房进行内攻灭火。4时15分左右，第一间厂房的火被扑灭，陆建刚带领王熙智从第一间厂房转战到第二间厂房东侧门继续灭火时，王熙智被突然脱落的电线击伤，一下子向前扑倒在地。后经抢救无效于6时20分牺牲。

王熙智入伍一年来，共参加灭火救援战斗200余次，抢救遇险群众8人，多次受到嘉奖。

事发后，浙江省委书记赵洪祝，公安部副部长刘金国，浙江省委常委、政法委书记、公安厅厅长王辉忠和公安部消防局陈伟民局长、谢模乾政委等领导分别作出批示和指示，对王熙智的牺牲深表哀悼，并向其家属表示慰问。要求总结宣传英雄的先进事迹。8月3日，公安部政治部授予王熙智革命烈士称号。同日，省公安厅党委作出决定，追认王熙智为中共党员。王辉忠厅长签发命令，给王熙智追记一等功。

（**责任编辑**　胡　军　胡晓东）

典型案例

经济案件

【嘉兴市公安局侦破虚报注册资本、合同诈骗案】 2008年1～3月，犯罪嫌疑人屠某某、黄某某、郑某某在无任何资金投入的情况下，由王某某帮助骗取君茂公司的工商注册登记，屠某某等3人支付2.55万元给王某某。同年4～10月，屠某某、黄某某、郑某某在明知自己无履行合同能力的情况下，以君茂公司名义与新正方公司签订代理进口尼龙6切片和几内酰胺协议，骗取新正方公司开具8份信用证，合计金额3921.8万元，3人除支付信用证金额30%的保证金和部分货款外，余款全部用于归还之前民间高息借款和个人挥霍，致使新正方公司1634.1万元资金无法收回。2009年8月31日，嘉兴市公安局以涉嫌虚报注册资本、合同诈骗罪将3人逮捕。

【杭州市公安局侦破“8·13”特大骗取出口退税案】 2008年8月13日，杭州市国税局立案调查杭州通威电子有限公司、杭州昆威电子有限公司涉嫌骗取出口退税案。根据杭州市国税局移送线索，2009年10月20日，杭州市公安局以杭州昆威电子有限公司涉嫌偷税立案侦查。经查，2006年至2008年8月间，杭州通威电子有限公司、杭州昆威电子有限公司、杭州百渠贸易有限公司购进CPU共计88万余片，将芯片虚假出口至香港86万余片，价税合计达人民币5.39亿元，外贸公司向税务机关申请出口退税达人民币7826.6万余元，税务机关已退税人民币6608.73万元，外贸公司已将全部退税款以CPU货款形式支付给这三家公司。案发后，税务机关已冻结退税款人民币2345万元。10月27日，主要犯罪嫌疑人徐某、张某某被依法移送起诉。

【长兴县公安局侦破特大非法经营案】 2008年10月20日，该局立案侦查汤某某(女，41岁，长兴县人)等人涉嫌特大非法经营案。经查，2006年下半年至2008年10月，汤先后以促销“华夏神龙”、“日天金龙”、“大地”等公司保健酒或保健品为名，通过购买或促销公司产品，以发工资、返利、拉人头予以奖励等手段进行变相传销非法经营活动，涉案金额约1.09亿元，涉案人员600余人，造成当地群众直接经济损失2000万余元。2008年10月，汤某某迫于下线债务追讨投案自首。长兴县局经侦查，至2009年6月先后抓获犯罪嫌疑人17名。12月12日，汤某某、龚某某等13人分别被判处有期徒刑十二年至有期徒刑六个月不等刑期刑罚。

【温州市公安局侦破“1·21”贩卖假币案】 2009年2月5日，该局经前期经营，抓获河南籍犯罪嫌疑人王某某，缴获假人民币51090元。经侦查，王某某从2008年6月开始，在互联网上公开发布兜售假币信息，采取网络或电话联系方式让购买者向其指定银行卡汇款，然后通过快递公司邮寄假币样品，当对方再次汇款购买时，王某某告知购买者无货，从而诈骗钱款。至案发，查证王某某销售假币涉及全国27个省份近百个城市，交易数达448笔，交易金额22万余元。同时，通过追查假币来源，在湖南省永州市抓获另一犯罪嫌疑人王某，捣毁假币藏匿窝点一个，缴获假币33060元和作案手提电脑一台。该案是全省开展打击假币犯罪“09行动”以来侦破的首起利用网络贩卖假币案。

【温州市公安局侦破“2·13”贩卖假币案】 2009年以来，温州市区出租车驾驶员使用假币案件日渐增多，成为市民关注的热点。该局交通治安分局经过分析研判，发现市区有一伙以老乡为纽带，集贩卖、使用假币和抢夺、抢劫为一身的犯罪团伙。该案引起公安部、省厅高度关注，并被列为公安部挂牌督办案件。4月25日，公安机关按预案进行抓捕，共抓获以范某某为首的江西修水籍犯罪团伙成员21名，现场缴获假人民币104.244万元。此后，在公安部、浙江省公安厅、广东省公安厅支持下，又在广州等地抓获广东籍犯罪嫌疑人陈某某等一批违法犯罪嫌疑人。全案批准移诉15人，行政拘留27人，缴获假币132万元，查证涉案假币300万余元。

【龙游县公安局破获特大制贩假烟案】 2009年3月29日，该局经过三年的专案经营，成功破获国家烟草专卖局和省公安厅挂牌督办的特大制贩假烟网络案。成功捣毁以福建云霄人蔡某、张某夫妇为生产供货上家，以浙江衢州人郑某、聂某为一级经销商，涉及福建、浙江、江西三省四市（地）的特大生产、销售假烟网络犯罪团伙，查获涉案人员85名，查明假烟交易金额538万余元，涉案假烟1600余箱，捣毁该团伙位于衢州市柯城区的13个假烟仓库，查扣各类假烟19750.7条（折合395件）。

【富阳市公安局侦破华伦集团特大非法吸收公众存款案】 2009年3月20日，该局立案侦查华伦集团涉嫌抽逃出资案。经进一步侦查发现，华伦集团涉嫌非法吸收公众存款犯罪。经查，2006年5月至2009年1月间，犯罪嫌疑人陈某某授意娄某某等人，以浙江华伦集团有限公司缺少流动资金、用于生产经营等为由，以支付高额利息为诱饵，以陈某某个人或华伦集团等相关公司名义，向数十个社会不特定单位或个人借款达24.14亿元，至今尚有4亿余元借款本金未能归还，且已无偿还能力。

【金华、永康市公安局侦破假冒九阳牌豆浆机注册商标案】 2009年3月26日，根据举报，省公安厅将涉嫌制造、销售假冒九阳牌豆浆机的案件线索交由金华市公安局侦办。金华、永康市公安局在对案件线索进行深入经营后，于2009年6月3日开展集中收网行动，一举抓获应某等9名犯罪嫌疑人，捣毁制假窝点2个、储存窝点2个，现场缴获假冒九阳牌豆浆机成品248台、半成品1000余台、配件8000余套及一大批生产设备与包装物。并查明自2008年11月以来，犯罪嫌疑人应某指使他人从广东等地采购生产豆浆机的配件，组装生产假冒的九阳牌豆浆机，并销往山西、陕西、河南、黑龙江等地共计19402台，非法经营额达355.24万元。犯罪嫌疑人郑某某等人在明知犯罪嫌疑人应某组装假冒九阳牌豆浆机的情况下，为其提供组装九阳豆浆机所需的说明书、食谱、宣传单、彩盒、商标、合格证、包装塑料袋、纸圈（均有“九阳”的商标标识）等共计34.7万件。

【金华江南公安分局侦破制造出售假发票案】 2009年4月初，该分局发现辖区有一个专门出售假发票的团伙。6月25日凌晨，该分局组织突击行动，抓获许某某等9名涉嫌制售假发票团伙犯罪成员，缴获168枚假印章、手提电脑、U盘、打印机、打号器等作案工具及各类空白假发票等12000余份。经查，2008年起，犯罪嫌疑人许某某、蔡某某等人多次从广州购得空白发票，以江南一出租房为制造窝点，再由其他团伙成员通过散发名片招揽客户，共非法制造发票7000余份，面额高达2.7亿元。

【嘉兴市公安局侦破涉嫌非国家工作人员受贿案】 2009年5月7日，该局立案侦查胡某某等人涉嫌非国家工作人员受贿案。经查，2005年1月，犯罪嫌疑人胡某某、赵某某、陈某某获知平湖市国土资源局欲出让坐落于平湖市兴平路西侧、环北二路北侧的国有土地使用权用于商业开发的信息后，决定以工信公司名义参加上述地块土地使用权的竞价交易。时年1月31日，工信公司向平湖招投标中心支付履约保证金2600万元；同日，赵某某安排陈某某与上述地块另一竞买人浙江多凌置业股份有限公司总经理沈某（另案处理）会面，多凌置业公司以该地块属定向挂牌交易、土地出让款系政府用于折抵欠款为由，要求工信公司放弃竞价，陈某某即向对方索取款项并约定：工信公司放弃竞价，由多凌置业公司支付450万元作为放弃竞价的条件。次日，工信公司现场放弃竞价，使多凌置业公司以3370万元的低价顺利取得上述地块国有土地使用权。事后，沈某支付450万元给陈某某，该款被胡某某、陈某某、赵某某3人私分。7月25日，该案移送嘉兴市人民检察院审查起诉。

【省、市公安机关侦破“5·08”特大制售假发票团伙案】 2009年初，湖州安吉、绍兴、杭州等地经侦部门先后对涉及当地发票犯罪案件线索展开侦查，省厅对有关情报线索汇总研判后发现三起案件存在关联关系。5月8日，省厅召开会议决定由省厅牵头，涉案的杭州、湖州、嘉兴、绍兴、金华、衢州六市公安机关共同参与，开展专案侦查和统一收网，专案代号“5·08”。经侦查，5月23日零时，专案组对杭州、嘉兴、绍兴、金华、衢州及周边省市部分地区的特大制、售假发票犯罪团伙百余名犯罪嫌疑人实施统一抓捕行动。至行动结束，共抓获犯罪嫌疑人108名，捣毁非法印制发票窝点1个，开票、藏票窝点27个，查获各类假发票105.5万份以及印刷机、发票印制模板、假印章等一大批作案工具。缴获的假发票中，最高可开金额近500亿元，另有数万份为无限额发票。此案系公安部督办案件，被评为全国打击整治发票犯罪专项行动“十大精品案例”。

【杭州市公安局引渡“5·22”逃犯归案】 2009年5月22日，中国银行杭州高新技术开发区支行报案称其下辖的世纪新城支行工作人员沈某，骗取在该行开户的浙江省纺织品进出口公司资金2086.52万元后下落不明，此外还涉嫌骗取多家企业资金达1.34亿元，造成损失8000万余元。案发后沈某潜逃至阿尔巴尼亚。杭州市局成立专案组通过多种途径查找沈某及同行人员活动信息，并采取多种措施将其稳控在阿尔巴尼亚。6月19日，沈某在地拉那国际机场被阿警方截获，中国提出引渡请求，经多方工作，犯罪嫌疑人沈某被递解回杭。这是杭州市经侦部门首次将潜逃国外的犯罪嫌疑人引渡归案，也是中国警方从欧洲将外逃犯罪嫌疑人引渡回国的第二个成功案例。

【苍南县公安局侦破钱库贩卖假币案】 2009年5月23日晚，该局在甬台温高速苍南县沪山收费处“汕头至温州”长途汽车上抓获涉嫌贩卖假币的犯罪嫌疑人章显某，当场缴获假币100.185万元。24日晚，在苍南县灵溪镇抓获从广东省陆丰市购买假币回苍南的另一犯罪嫌疑人章乃某，当场缴获假币70.1万元。至5月25日，该起由公安部督办的假币案全案告破，共抓获犯罪嫌疑人9名，缴获假人民币170余万元。

【德清县公安局侦破刘某某集资诈骗案】 2006年7月～2009年5月，犯罪嫌疑人刘某某以经营杭州红鼎创业投资有限公司缺乏资金为名，通过虚构投资网络公司、基金和收购房产等信息，以高额利息（分红或转让股权）为诱饵，向不特定个人非法集资，累计诈骗1.41亿元人民币。刘将所骗款项除少部分用于投资外，其余资金以“拆东墙补西墙”方式归还他人借款，支付高额利息，并购买房产（包括奢华装修）、轿车及进行个人挥霍。2009年6月10日，刘某某被德清县人民检察院批准逮捕。

【省厅、宁波、温州公安机关侦破制造、销售假冒国际知名品牌注册商标标识案】 2009年6月1日，浙江省公安厅经侦总队获悉温州、宁波等地有不法分子涉嫌制造、销售假冒“HP”等国际知名品牌注册商标标识。6月5日，在省厅统一指挥下，温州、宁波警方同步行动，当场抓获廖某某等7名犯罪嫌疑人，捣毁位于苍南、慈溪两地的15个制假窝点，现场缴获“HP”菲林片41张、丝印模板17块以及假冒品牌注册商标标识1151万余件。6月7日，苍南县局乘胜追击，抓获王某某等其他3名犯罪嫌疑人。至此，该案10名犯罪嫌疑人全部落网。该案为浙江省有史以来缴获假冒国际著名注册商标标识数量最多、规模最大的案件。

【慈溪市公安局侦破卢某某等人制售假烟网络案】 2009年6月18日，该局会同慈溪市烟草专卖局在宁波、慈溪、余姚三地统一行动，捣毁一个假烟制售网络，现场抓获9名犯罪嫌疑人，捣毁6个制假窝点，查获各类假冒卷烟9722条，案值265万元，缴获一大批卷烟制假设备和辅料。此后，又相继抓获5名犯罪嫌疑人。经查，自2009年3月开始，该制假团伙从福建云霄等地购入制造假烟的设备、原料等，由犯罪嫌疑人郑某某、卢某某等运输、销售假烟并提供制假场地，犯罪嫌疑人谢某某等专门负责非法制造、包装假冒卷烟，累计销售假烟价值100万余元。10月9日，犯罪嫌疑人卢某某、郑某某、谢某某、方某某、郑某某、郑某某等分别被判处有期徒刑十一年、八年六个月不等刑期及拘役等刑罚。

【台州黄岩公安分局侦破特大集资诈骗案】 2009年6月18日，该分局立案侦查特大集资诈骗案。经查，2005年底至2009年6月间，犯罪嫌疑人郑某某虚构自己与他人合伙开办烟花爆竹有限公司的事实，以经营烟花爆竹生意需要大量资金为幌子，以支付高额利息为诱饵，向40余名社会不特定公众非法集资达2亿余元。至案发，有3700万余元无法归还。该案分别被省公安厅、公安部列为督办案件。经侦查，专案组于10月抓获犯罪嫌疑人郑某某。

【宁波江东公安分局破获董某某信用卡诈骗案、非法吸收公众存款案】 2009年6月19日，该分局对董某某信用卡诈骗案、非法吸收公众存款案侦查终结，并移送起诉。经查，2008年7月，犯罪嫌疑人董某某在宁波银行办理一张汇通人民币贷记卡和一张汇通国际卡，并使用该两张信用卡取现和刷卡消费，共透支本金475729元；2005年初至2008年底，其在张某某等3名犯罪嫌疑人的帮助下，以其个人名义和其名下宁波市齐福国际贸易有限公司、齐福实业投资有限公司进行担保的方法，以公司投资资金运作需要资金为名，用高于银行利息为诱向被害人王某某等32人吸收大量存款，借款总额达6478万元人民币。至2009年2月21日，尚亏空5351.95万元人民币无力归还。

【义乌市公安局侦破伪造信用卡诈骗案】 2009年7月6日下午，该局接义乌经营外贸公司的陈某报案称：一名自称支某的男子想订购一批化妆品。当日上午，支某在向他支付10万元定金刷卡时，“不小心”多输了一个“0”，结果转出100万元。陈某只好到银行取90万元现金退还给对方，当天下午，银行通知转入账户的100万元有问题时，支某等人已逃匿。同日，朱某到义乌市局报称银行卡里的100万元钱被他人消费。经初查判断，支某刷的100万元钱正为朱某所有，并通过陈某的公司实现套现。经侦查，8月6日，义乌市局在河南通许县抓获犯罪嫌疑人支某，其他4名同伙也先后落网。经审查，支某真名为冯某某，其通过朱某公司的黄某某获取朱某银行卡的信息，并伙同其他人伪造朱某的银行卡，与陈某一起密谋套现，冯某某在陈某公司的POS机上成功将伪卡内的100万元钱套现，陈某在分得30万元后随即向义乌市局报假警。

【丽水市公安局侦破"7·20"特大传销案】 2009年2月以来，该局在片区工作中发现市区城乡接合部和个别商住小区内存在大批传销窝点，并呈现活跃态势。经侦查，传销人员来自贵州、四川、湖北、江西、广西等16个省（区）市，多以赴丽水务工为名，分散在生活条件简陋的数十间出租房内。该传销组织以丽水作为培训基地，不断发展"下线"人员，并有组织地将人员输出，3个月内，传销人员已迅速发展到370余人。7月19日晚，丽水市公安、工商组织联合执法组实施"斩首"行动，抓获传销人员15人。20日，再度对其余31个传销窝点进行集中打击，查获传销人员287人。此案共取缔传销窝点57个，解救人员5名，教育遣返677名，刑拘24名，逮捕16名，劳教4名。

【宁海县公安局破获"6·28"非法吸收公众存款案】 2009年9月10日，该局在湖北抓获涉嫌非法吸收公众存款的逃犯陈某某。经查，自2007年开始，犯罪嫌疑人陈某某为获取非法利益，在跃龙街道等地组织日日会和月月会等组织，自做首会人，收取首会钿，先后组织数百人入会，至2009年6月28日，其倒掉了组织的所有会后携款逃匿，涉案金额1.5亿元，导致会员损失3000万元。

【杭州市公安局破获特大假药案】 2008年9月，外地公安机关抓获两名网上违法售药者，查获假药厄洛替尼、伊马替尼、索拉非尼等，犯罪嫌疑人称货源来自杭州。此后，杭州市食品药品监管局和杭州市公安局又多次接到举报有人在销售价格比正品便宜许多的此类药品，经鉴定均为假药。经侦查，2009年6月，专案组锁定犯罪嫌疑人丁某及该团伙骨干胡某、高某等人，基本查明该团伙从上海购进原料，在江苏宜兴生产、快递到深圳包装，通过网络外销的犯罪过程。11月24日，专案组抓获正在快递公司发送假药的犯罪嫌疑人丁某，当场查获假药索拉非尼片9770片、厄洛替尼片13850片、吉非替尼20瓶，货值金额1300万余元。11月25日、12月2日和12月5日，专案组分别在深圳、杭州等地抓获犯罪嫌疑人胡某、杜某、高某，并查获一批用于制造假药的工具。该案涉案金额3000万余元，是新中国成立以来杭州最大一起生产经营假药案，被公安部和国家食品药品监管局列为重点督办案件。

【平阳县公安局侦破非法制造发票案】 2009年10月上旬，该局根据江苏宿迁警方提供的线索，对一制造、出售假发票的犯罪案件开展专案经营。10月23日，该局与宿迁警方联合行动，在平阳敖江镇商务路一出租房内查获伪造的重庆、连云港、宿迁、唐山等地定额专用发票20万余份，面额达4000万余元，同时查获半成品发票13万余份，当场抓获陈书某、陈颜某、金某某3名犯罪嫌疑人。经讯问，又从苍南县金乡镇查获假冒唐山市饮食业定额发票（100元面额）2万份。

刑 事 案 件

【丽水莲都公安分局侦破徒步抢劫、抢夺系列案件】 2007年以来，莲都商业闹市区连续发生多起针对女性的徒步抢劫、抢夺案，社会影响较大。2009年，该系列案件被省、市两级公安机关列为挂牌督办案件。是年3月，莲都公安分局成立专案组经4个多月的长线经营，先后于6月27日、7月1日、9月1日分别在深圳、湖南、福建和温州等地抓获李某等11名犯罪嫌疑人，破获该团伙自2007年至2009年期间在莲都区范围内所实施的徒步抢劫、抢夺案件50余起，追回黄金项链2条、赃款6万余元。

【温州、乐清公安机关破获"2008·3·29"杀人案】 2008年3月29日，乐清市黄华镇歧头山上发现两具儿童尸体，经查，死者为3月23日失踪的南某（女，8岁）、朱某某（男，10岁，均为乐清市人），系他杀。经温州、乐清两级公安机关侦查，于2009年9月查明该案系犯罪嫌疑人王利强（男，29岁，河南省人，因涉嫌其他犯罪已被关押）所为。经审查，王利强交待了2008年3月23日将两名儿童诱骗至山上后，将两人杀死并对女性被害人实施性侵犯的犯罪事实。

【青田县公安局破获系列杀人案】 2008年5月25日晚，被害人杨某某（女，79岁）被人杀死在青田县鹤城镇油竹雅畲村74号自家房内。2009年1月3日上午，被害人夏某某（女，77岁）被人杀死在青田县山口镇驮寮背村11号自家房内。经勘验，该两起案件为系列抢劫杀人案件。经侦查，1月9日，专案组锁定并抓获犯罪嫌疑人徐某某（男，27岁，青田县人）。

【杭州萧山公安分局侦破特大系列性诈骗抢劫案】 2008年12月起，杭州市萧山区连续发生案犯驾驶轿车"丢钱捡钱"诈骗案件，案损10万余元。经萧山公安分局专案组侦查，于2009年5月在绍兴等地抓获付某某、龙某等6名犯罪嫌疑人，缴获作案车辆2辆，破获涉及萧山、绍兴、丽水、金华、台州、宁波等地的50余起案件，涉案价值100万余元。

【云和县公安局侦破特大撬防盗门系列入室盗窃案】 2008年12月中旬，云和县城关连续发生多起白闯撬防盗门入室盗窃案，被盗物品价值20万余元。案发后，该局成立专案组进行侦查，于2009年1月7日凌晨在温州平阳抓获梁某某等5名犯罪嫌疑人。通过审讯深挖，破获2008年12月至2009年1月发生在云和县的16起白闯撬防盗门入室盗窃案，同时带破龙泉、景宁、莲都、玉环、宜兴等地案件60余起，涉案价值100万余元。

【天台县公安局侦破公安部督办"两抢"案件】 2009年上半年，天台县城关地区连续发生多起抢夺案件。经天台县公安局专案组侦查，成功侦破这起被公安部督办的特大系列"两抢"案件，捣毁以贵州籍犯罪嫌疑人石某为首的、由20余人组成的跨省作案"两抢"犯罪团伙，破获历年"两抢"积案70余起。

【绍兴市、区两级公安机关破获"1·3"卖淫女被杀案】 2009年1月2日，绍兴市越城区西金村发生一起杀人案，站街女陈某某在卖淫过程中被人杀死后抛尸河中。经市、区两级公安机关全力侦查，1月7日，犯罪嫌疑人李某某被抓获。经审讯，深挖带破越城区"2008·9·25"三叶园林女尸案(隐案)、"2008·10·27"强奸抢劫案、"2008·11·17"寻衅滋事案等一系列恶性案件。

【开化县公安局侦破"1·5"故意杀人案】 2009年1月5日12时32分，陈志刚(男，41岁，开化县苏庄镇人)与同村村民程某某因琐事引发争执，陈志刚持刀将程某某捅伤后逃离现场，伤者因抢救无效于当日下午1时死亡。案发后，开化县局迅即组织专案组展开围捕，于2月16日将犯罪嫌疑人陈志刚缉获归案。

【宁波鄞州公安分局破获冒充警察拦路抢劫案】 2009年1月6日～2月9日，宁波市鄞州邱隘、江东福明等地连续发生7起冒充公安民警、保安，以检查车辆名义暴力拦截车辆进行持械抢劫案件。此案被省厅列为挂牌督办案件。经侦查，鄞州公安分局于2月19日抓获犯罪嫌疑人王某某、刘某、冯某某。

【绍兴市、区两级公安机关破获"1·12"特大杀人案】 2009年1月12日晚，绍兴市袍江新区斗门镇盐仓娄村一出租房内发生一起恶性杀人案件，同住一个小院的河南籍务工人员刘某某、刘某某被人砍死，刘某某的一双儿女被砍伤。该案被列为省公安厅挂牌督办案件。经市、区两级公安机关全力侦查，3月1日在安徽省马鞍山市向山镇一出租房内抓获犯罪嫌疑人邸某某(男，28岁)。

【临海市公安局破获部督特大系列盗窃银行ATM机团伙案】 2009年2月，该局接到报案，一市民发现自己银行卡上的33.4万元存款被他人在深圳"万宝泰珠宝行"消费。随后警方又陆续接到类似报案8起，总价值达40多万元。经初查，确定是犯罪分子安装读卡器盗取密码，复制银行卡后在ATM机上实施盗窃的系列案件。此案被公安部列为督办案件，经过一个多月的侦查，专案组在江西余都县抓获钟某、王某等4名犯罪嫌疑人，破获温州、台州、威海、青岛、烟台、大连、常熟、蒲田3省8地案件40多起，涉案价值100万余元，受到公安部通报表扬。

【永嘉县公安局破获系列性抢劫、强奸、拐卖妇女案】 2009年2月4日，温州永嘉县瓯北镇发生一起诱骗抢劫按摩女案件，该局刑侦大队在瓯北镇宝江宾馆抓获犯罪嫌疑人郭某某。随后，该局发现郭某某伙同他人涉嫌系列抢劫、强奸、拐卖按摩女的重大线索。此案被省厅列为挂牌督办案件。经侦查，专案组于11月先后抓获犯罪团伙成员10名，侦破温州、义乌、东阳、杭州、宁波5个主要犯罪地的系列性抢劫、强奸、拐卖妇女案件20起，成功解救7名被拐卖妇女，并追回部分被抢财物。

【嘉兴秀洲公安分局侦破计福根有组织涉恶团伙案】 2009年2月10日，嘉兴市秀洲区王江泾镇发生一起伤害案件，造成一死一伤。经秀洲区公安机关侦查，该案因开设赌场及赌场内分赃不均而引发，是一起有组织的涉恶犯罪案件。6月，秀洲警方捣毁以计福根为首的犯罪团伙，并以开设赌场罪、赌博罪、故意伤害罪、寻衅滋事罪、敲诈勒索罪、毁灭证据罪、窝藏包庇罪等罪名将26名犯罪嫌疑人全部移送起诉。

【绍兴市、区两级公安机关破获"2·16"特大盗窃案】 2009年2月16日，绍兴市越城区东池花园3幢602室发生一起特大盗窃案，总价值150万余元。该案为绍兴有史以来最大的居民失窃现金案。经侦查，市、区两级公安机关于2月28日、3月1日分别在宜春、深圳抓获易某等盗窃主犯4名(均为江西宜春人)、窝藏犯罪嫌疑人4名，追缴赃车4辆。

【仙居县公安局破获百万盗窃、抢劫系列案件】2009年2月17日凌晨，仙居县城关南门街105号乔丹专卖店被盗商品价值8万余元。接警后，仙居县局通过现场勘查提取到一枚烟蒂，经检验比对，该烟蒂与2008年“8·7”抢劫变压器案件遗留的烟蒂DNA认定同一，遂进行串并侦查。通过近半年的案件梳理侦查，成功破获安徽利辛籍盗抢犯罪团伙系列性盗窃、抢劫案件50余起，抓获以犯罪嫌疑人张某为首的团伙成员8名。

【杭州拱墅公安分局侦破境外人员电信诈骗案】2009年2月21日，杭州工商银行拱宸支行发生一起特大固定电话诈骗案，事主汪某（男，杭州人）被通过银行ATM机转账方式骗走现金709130.58元。该分局专案组对全市同类案件进行串并，发现2009年1月1日以来全市共发生固定电话诈骗案件51起，涉及拱墅、上城、下城、西湖、江干、萧山、余杭等地，涉案总值339万余元。经侦查，发现作案人员为香港、台湾籍境外人员。3月4日，专案组在云南抓获4名台湾籍涉案犯罪嫌疑人，缴获作案用工商银行、建设银行、农业银行等银行卡100多张。

【金华金东公安分局侦破系列性盗窃挖掘机电脑板团伙案】2009年2月下旬始，金华市金东区及周边义乌市、婺城区、江南等地区相继发生系列性盗窃挖掘机电脑板、显示器案件，至4月中旬共发此类案件44起，被盗电脑板、显示器近60余套，涉案价值200余万元。4月24日，省公安厅将此系列性案件予以挂牌督办。经侦查，该局于4月21日晚分别在义乌、河北石家庄、丽水、温州、湖南永顺等地抓获犯罪嫌疑人曹传发、彭书贵（均为湖南永顺县人）和田应科、孙贵阳（均为贵州松桃苗族自治县人）等13名盗窃挖掘机电脑板的犯罪嫌疑人，当场缴获作案交通工具夏利轿车和摩托车各一辆。

【湖州吴兴公安分局破获“3·4”绑架杀人案】2009年3月5日，104国道吴兴辖区青山段发现一无名男尸。调查表明死者为龙某某（男，47岁，重庆大足县人），系建筑小包工头，3月4日接到一洽谈生意电话从湖州赶往菱湖后失踪，随身携带的一部手机和1000余元现金去向不明。3月9日，吴兴警方在杭州市、慈溪市、南浔区善琏镇等地相继抓获李方建、吴中元（均系重庆大足县人）和毛兴虎、陈续明、刘万（均系重庆荣昌县人）5名犯罪嫌疑人。经查，吴中元等经事先密谋，准备汽车、砍刀、胶带纸、铁链、绳子、墨镜等作案工具，将被害人骗至菱湖，采用捆绑、封嘴、殴打等手段对被害人实施人身控制，在准备勒索时发现被害人已死亡，后劫走被害人随身物品并抛尸于104国道旁。

【舟山、岱山公安机关侦破杀人分尸案】2009年3月15日，岱山县秀山洋面发现一具男性海漂尸体，经勘验和鉴定，于6月11日确定尸源为崩某（46岁，安徽人），系一起杀人分尸案件。案发后，经市县两级公安机关侦查，于6月17日凌晨在江苏新沂抓获犯罪嫌疑人俞某（女，42，安徽人），成功侦破该案。

【永嘉县公安局侦破“3·18”特大彩票诈骗案】2009年3月18日，该局接受害人符某报案，称其3月14日拿一张体育彩票到黄田东街74号朱某的彩票店让朱某查对该彩票有无中奖时，朱某称没有中奖即将彩票扔入边上废彩票箱。后符某发现该彩票中500万元大奖，并被他人领走奖金，怀疑是朱某所为。接警后，该局刑侦大队即开展侦查，先后抓获3名犯罪嫌疑人，追回被冒领的400万元奖金。此案被喻为“中国体彩第一案”，中央电视台“经济与法”栏目和省市媒体相继予以重点报道。

【杭州市公安局破获电话诈骗案】2009年4月1日，该局在福建省福清市抓获余某某、沈某某等4名犯罪嫌疑人，缴获用于诈骗作案的银行卡50余张、电脑2台。余某某等人自2008年10月以来在广东、江苏和杭州等地电话诈骗涉案价值上百万元。

【温州鹿城公安分局侦破“4·5”持刀抢劫案】2009年4月5日晚22时06分，温州市区飞霞南路长城KTV娱乐场所数人持刀行凶抢劫敲诈，并劫持人质。接警后，鹿城警方迅速赶赴现场，将5名歹徒包围。在政策攻心、鸣枪警告无效，歹徒持刀攻击民警情势下，民警依法果断开枪，当场击毙歹徒张强（男，23岁）、击伤并抓获歹徒陈汉文、董星，安全解救被劫人质。据侦查，歹徒均系江苏人，4月4日流窜到温，携带马刀等作案工具，预谋暴力抢劫敲诈温州娱乐场所。4月6日凌晨，在温州火车站、新城一带抓获逃离现场的另外两名犯罪嫌疑人王光亮、闫路。中央、省、市20余家媒体参加了随后召开的新闻通报会。4月13日，中央电视台来温专题采访，节目在新闻频道“法治在线”栏目播出。

【嵊州市公安局破获“4·17”绑架杀人案】2009年4月17日，嵊州市城南小学学生梁某某在放学回家途中遭人绑架，犯罪嫌疑人向其家属索要赎金20万元。案发后，该局全力展开侦查，于19日凌晨在该市一出租房内将犯罪嫌疑人钱某某（男，29岁）抓获。

经审讯，钱某某交代4月17日下午，在城南小学门口将刚放学的梁某某骗至其出租房内，将其掐死后抛尸于剡湖街道橡皮活动坝上，然后通过电话向其父母勒索钱财的犯罪事实。

【台州路桥公安分局侦破4·21重大杀人案】 2009年4月21日晚，路桥区金清镇先锋村发生一起两死三伤的恶性命案。犯罪嫌疑人葛某具有较强的反侦查能力，被公安部列为B级逃犯。路桥公安机关经过8个月追查，辗转安徽、广东、陕西、河北等地，11次外出跨省追捕，最终于12月18日在广东汕头市潮阳区抓获犯罪嫌疑人葛某。

【青田县公安局侦破“4·28”特大绑架案】 2009年4月28日，青田县鹤城镇金鹤小区一比利时籍男孩叶某(1周岁)遭人绑架，照顾孩子的姑姑叶某某一同失踪，绑匪勒索赎金人民币500万元。案发后，该局专案组在丽水市局有关部门和温州警方的配合下，于5月1日凌晨分别在温州洞头和青田抓获主要犯罪嫌疑人叶某某和同伙金某某、陈某某、朱某某，并成功解救人质，侦破此案。

【安吉县公安局侦破“5·9”特大杀人分尸案】 2009年5月9日，该局接长兴县局和吴兴区分局转来线索：福建莆田珠宝商陈某某(男，39岁，暂住长兴雉城镇)于5月8日携带价值30万余元珠宝和现金在安吉失踪，遇害可能性较大。该局按疑似命案开展侦查，发现徐崇池(男，31岁，浙江瑞安人，住安吉递铺镇)有重大嫌疑。5月12日，警方在温州平阳将徐崇池抓获，并追回部分珠宝和赃款。经审讯，徐交待为图财于5月8日在安吉县递铺镇其住宅内将陈某某杀害分尸并抢走珠宝的犯罪事实。

【舟山、普陀公安机关侦破“5·28”特大诈骗案】 2009年5月28日，普陀人马某(女，37岁)被人以电信诈骗的形式骗走现金56万元。案发后，舟山市和普陀区两级公安机关成立专案组开展侦查。专案组辗转福建厦门、吉林长春、河北、天津等地，于6月12日在河北沧州抓获犯罪嫌疑人宋某、刘某等6名犯罪嫌疑人，缴获手机15部、银行卡261张、笔记本电脑1台、假身份证7张、现金30万余元。经审查深挖，查明犯罪嫌疑人宋某系台湾“三署”诈骗公司下属的一个取款组小组长，该团伙除诈骗被害人马某56万元现金外，于是年初以来流窜河北、江苏、广东、黑龙江、天津等地作案百余起，涉案总值500余万元。

【省、市、区公安机关破获“6·28”特大系列跨境电信诈骗案】 2009年5月29日，台州市黄岩区群众周某某被人以电话欠费为名诈骗26万余元。此案被公安部、省厅列为挂牌督办案件。省厅牵头成立“6·28”专案组，经侦查，先后抓获曾某某等6名团伙骨干成员；9月，在厦门捣毁2个网络电话平台和2个地下钱庄，在东莞打掉一个电话诈骗窝点。全案共到案犯罪嫌疑人29名(其中台湾籍10名)，扣押赃款400万余元，查破涉及国内22个省份和台湾地区的700余起案件，涉案金额达4000万余元。

【省、市、县三级公安机关破获嵊州“5·30”抢劫杀人案】 2009年5月30日晚，租住在嵊州三江街道忠铨村276号的庞某某一家三口被杀死在自家超市内。犯罪嫌疑人手段残忍，在当地产生了较大的社会影响，被列为省公安厅挂牌督办案件。经侦查，专案组于6月22日凌晨成功锁定3名犯罪嫌疑人，并在台州、宁波等地公安机关配合下，于22～24日先后在嵊州和台州路桥抓获犯罪嫌疑人单某某(男，18岁，河南民权县人)、蒋某某(男，18岁，安徽临泉县人)和杨某(男，19岁，安徽临泉县人)。

【余姚市公安局破获“6·6”凶杀案】 2009年6月6日，余姚市发生一起杀死5人案件。居住在该市阳明街道旗山村新宅75号的犯罪嫌疑人马某某(男，37岁)在家中将其父、其母、其子杀害，并见人就砍，将另2名路过其家门口的邻居砍伤，经抢救无效死亡。犯罪嫌疑人马某某于当日被公安机关抓获。经查，马某某患有精神病。

【湖州、安吉公安机关破获“6·6”特大绑架案】 2009年6月6日，安吉县公安局接张某某报警，称其61岁父亲于当日被绑架，绑匪勒索现金500万元，为湖州历史上最大绑架案。该局立即开展侦查，湖州市局也启动重大案件同步上案机制。6月7日，专案组在长兴县泗安镇一废弃工棚内将受害人成功解救。6月8日，安吉警方在江苏江阴市警方协助下，在江阴市一宾馆和出租房内，将长兴籍犯罪嫌疑人林清皇(男，41岁)、黄朝文(男，44岁)、胡国潮(男，31岁)抓获。

【嘉兴、南湖公安机关侦破“6·20”凶杀案】 2009年6月20日，南湖区天福路67号发生一起杀人案，曾某某(女，8岁)、曾某某(男，7岁)姐弟两人被杀。6月22日，专案组在T197次列车上将犯罪嫌疑人邓向伟抓获。经审查，邓向伟因与被害人母亲李某发生感情纠葛，于6月18日在天福路67号出租房将李某的儿女勒死后藏尸于床底。

【景宁县公安局侦破"6·24"特大手机短信诈骗案】 2009年6月24日，该局根据景宁移动公司提供的线索，对聚居在该县鹤溪镇环城西路一带的短信诈骗群发窝点进行集中打击，共抓获犯罪嫌疑人25名，查获短信诈骗窝点12个，收缴作案用电脑31台、手机1502只、手机卡1433张、U盘18只、读卡器86只，查扣银行卡39张，查证认定受害人82名、涉案被骗金额达80万余元。追缴赃款20.3万元，24名涉案犯罪嫌疑人被依法移送起诉和判决。该案被公安部、省厅列为督办案件。

【衢州柯城公安分局破获系列性入室盗窃、强奸、抢劫案件】 2008年8月～2009年6月，衢州市区发生10余起针对居住在单身公寓年轻女性的入室盗窃、强奸、抢劫案件。2009年11月，柯城分局专案组在安徽省马鞍山市成功抓获犯罪嫌疑人周少峰。周分别于2007年10月～2008年6月在江苏省南京、2008年8月～2009年6月在衢州市区，对单身女子采用掐脖、捆绑的手段进行控制，并对受害者拍摄裸体照片进行威胁，共计实施强奸犯罪行为8次、入室抢劫1次、入室盗窃4次。

【永康市公安局破获"7·9"轮奸案】 2009年7月9日凌晨2点多，受害人林某某(女)与朋友外出吃宵夜途经永康市繁华路段城北西路时，被一辆大众牌轿车追赶，其朋友逃脱，林某某则被车上3名犯罪嫌疑人强行拉上车，并在带往金华途中及金华某宾馆内遭轮奸。经多警种协同，7月14日、16日，永康市局相继抓获犯罪嫌疑人李津烽、朱阳光、林俊辉。经审查，3人对犯罪事实供认不讳，并交代自2009年5月始，采用类似方法轮奸作案多起。

【瑞安市公安局破获"7·20"故意伤害致死案】 2009年7月20日，瑞安市飞云镇上埠村发生一起故意伤害致死案件，致2人死亡、6人轻伤。经侦查，专案组先后于7月21日、8月9日和12日在瑞安市、江西省上饶市和景德镇市等地抓获汪某某(男，22岁，江西乐平市人)、汪某某(男、23岁，江西乐平市人)、王某某(男，22岁，江西鄱阳县人)等9名犯罪嫌疑人。经审讯，犯罪嫌疑人汪某某等人交代了因与他人发生口角纠纷，纠集汪某某、王某某等人持棍棒殴打对方，致2人死亡、6人轻伤的犯罪事实。

【绍兴市、区两级公安机关破获"7·29"雇凶杀人案】 2009年7月29日晚，山东潍坊来绍经商的宋某某(女，37岁)被撞死在镜湖新区绍齐公路杨川村路段，其丈夫宗某某当作交通事故报警。经侦查，发现该案有许多可疑之处，市、区两级公安机关启动疑似命案侦查程序开展工作，于8月23日在绍兴、潍坊两地抓获宗某某、刘某某等4名犯罪嫌疑人。经审查，4名犯罪嫌疑人交代因宗宋夫妻关系不和，宗某某雇凶制造交通事故实施故意杀人的犯罪事实。

【淳安县公安局侦破重大杀人案】 2009年8月19日下午，淳安县第一医院职工宿舍内发现4具尸体，经勘查系他杀。经侦查，查明犯罪嫌疑人陈某某(男)因感情纠纷于8月18日晚侵入吴某某(女)住处，将吴某某及其女儿、儿子等杀害后在现场自杀身亡的犯罪事实。

【省、市、区公安机关破获杭州余杭"9·4"抢劫杀人案】 2009年9月4日13时许，杭州市余杭区径山镇小古城村一油料仓库发生一起致3人死亡、2人重伤的特大抢劫杀人案。经侦查，专案组成功锁定犯罪嫌疑人王某某(男，22岁)、王某某(男，29岁，均为河北平乡县人)，并于9月8日在河北省平乡县将两人抓获。

【金华婺城公安分局侦破"9·10"特大电信资费盗窃案】 2009年6月初至9月上旬，金华市电信公司3G无线上网卡账号密码被人窃取，大量非法复制的3G无线上网卡在网上贩卖，造成金华电信公司589.7万余元的巨额经济损失。9月10日，婺城分局接到报案后即对电信公司海量数据进行分析比对，并于9月16日始，先后跨越江西、广东、浙江等省市，陆续抓获骆立福等7名犯罪嫌疑人，破获全国范围内首例大量复制3G无线上网卡、疯狂盗取电信资费的案件。此案被列为省公安厅督办案件。

【温州瓯海公安分局侦破"9·15"出租车司机被杀案】 2009年9月15日夜，温州市瓯海区仙岩镇发生一起抢劫杀害出租车司机重大案件。10月20日，公安机关通过DNA分析甄别，锁定犯罪嫌疑对象，从而成功突破该起侦破难度极高的抢劫杀人案。

【湖州南浔公安分局破获沈杰黑社会性质组织案】 2008年以来，沈杰纠集费巍伟、尹惠良等社会闲杂人员组成犯罪团伙。通过开设赌场、放高利贷、强揽工程等手段，疯狂攫取非法经济利益，大肆实施聚众斗殴、非法拘禁、敲诈勒索、寻衅滋事、贩毒等违法犯罪行为。该案被省厅列为2009年度挂牌督办案件。南浔区分局先后抓获团伙成员18名，破获案件14起，缴获枪支1支。2009年10月15日，该团伙中13名犯罪嫌疑人以《刑法》294条罪名被依法起诉。

【金华金东公安分局侦破“10·16”特大杀人案】 2009年10月16日6时50分，该局接金东区傅村镇山头下村云枫包纱厂业主陈根平报案称2名员工在工厂宿舍内被杀。经现场勘查，系他杀。当日14时40分，该局在义乌市苏溪镇某网吧抓获犯罪嫌疑人童显顺（男，19岁，湖南溆浦人）。经审查，童供认因多次被同宿舍的两名被害者欺凌，为泄愤将两人杀死的犯罪事实。

【余姚市公安局破获江文卫黑社会性质组织案】 2006年以来，以江文卫为首的犯罪团伙在余姚市朗霞街道、泗门镇等地开设赌场，并购买枪支、砍刀进行暴力护赌，疯狂攫取非法经济利益。该团伙组织结构严密，分工明确，多次为争夺赌场利益实施寻衅滋事、聚众斗殴、绑架等违法犯罪行为。该案被省厅列为2009年度挂牌督办案件。余姚市局开展专案侦查，先后将江文卫一伙抓获归案。2009年10月30日，该团伙中的20名犯罪嫌疑人以《刑法》294条罪名被依法起诉。

【温州市公安局破获“11·16”持枪绑架案】 2009年11月16日上午6时56分许，一持枪歹徒闯入鹿城区汤家桥某别墅小区，劫持房主陈某夫妻及其15岁的儿子、保姆，勒索现金300万元。案发后，温州市公安机关抽调精干力量组成6个处置组全力开展处置工作。11月17日7时许，民警抓住瞬间有利时机，迅速采取突击行动，当场击毙持枪歹徒，安全解救全部人质，并缴获仿制手枪1支、六四子弹3发和疑似爆炸物1包。

【缙云县公安局侦破“12·1”故意伤害致死案】 2009年12月1日，该县新建镇双港桥村通往丽水的公路上发生一起交通事故，造成1人死亡，肇事车辆逃逸。缙云县公安局从案件串并入手，判明案件性质系驾车盗狗而发生交通事故，后实施伤害致受害人死亡。该局通过侦查，锁定肇事车辆和犯罪嫌疑人邹某某，并于12月7日晚在永康将其抓获。经审讯，邹供认自己因怕事故受害人纠缠而暴露其“窃牌盗狗”行为，趁肇事现场无人之机刺伤受害人并驱车逃跑的犯罪事实。

【衢州柯山公安分局侦破“12·10”故意杀人案】 2009年12月10日晚，柯山区航埠镇万川村内发生一起故意杀人案，犯罪嫌疑人祝某因琐事报复将受害人陈某及其儿子杀死后潜逃。案发后，柯山分局在区委、区政府、市公安局领导和武警衢州支队及柯城、衢江、江山公安机关的大力支持下，集中近千人的搜捕力量，成功地将犯罪嫌疑人围困，于12月14日凌晨3时39分将其抓获归案，并缴获自制火药枪9支、匕首1把。

【嘉兴、海宁公安机关破获汪占峰黑社会性质组织案】 2006以来，汪占峰（江西乐平籍）纠集汤灯根、余新水、郑金平等同乡20余人，形成固定的犯罪团伙，在嘉兴市秀洲区、海宁市等地多次实施非法拘禁、寻衅滋事、聚众斗殴、赌博等违法犯罪行为，大肆敛聚非法财产。此案被公安部列为第七批挂牌督办案件、被省厅列为2009年度挂牌督办案件。专案组先后抓获团伙成员22名，破获案件26起。2009年12月17日，该团伙中14名犯罪嫌疑人以《刑法》294条罪名被依法起诉。

【衢州柯城公安分局破获“12·24”抢劫金店案】 2009年12月24日18时34分，一蒙面歹徒持砍刀窜入衢州市区仁德路来福珠宝店，抢走黄金项链14条（价值20万余元）后逃离现场。这是衢州市建市以来首起珠宝店抢劫案。经侦查，专案组于12月31日凌晨3时许，在杭州市某宾馆抓获犯罪嫌疑人袁某某，并当场查获涉案黄金项链6根，赃款2万余元。

【桐庐县公安局快速处置银行抢劫案】 2009年12月25日上午10时30分许，桐庐农村合作银行桐庐县富春江支行芝厦分理处发生一起抢劫案。犯罪嫌疑人挟持保安人员，并索要现金30万元。桐庐县局接警后立即启动重大案事件应急处置预案，在现场疏散周边群众的同时有效控制嫌疑人，看准时机将其制服，前后仅用12分钟。

禁毒案件

【丽水市公安局侦破“1·13”特大贩毒团伙案】 2008年底，该局在办理一起信访案中获取线索：有一帮龙泉籍人员在丽水、龙泉等地从事贩毒活动，且组织严密、分工明确。2009年1月13日凌晨，专案组对该贩毒团伙实施抓捕，共抓获犯罪嫌疑人16人，查处吸毒人员30余人，缴获毒品冰毒196.37克、K粉2537.65克、大麻5.21克、海洛因4.39克，作案用汽车3辆，毒资1万余元，管制刀具7把。该案是截至2009年底，丽水市最大的贩卖新型毒品案件，被省厅列为2009年度督办案件。

【义乌市公安局侦破首个市内制造毒品案】 2009年1月，该局禁毒大队接上级通报，一个自称朱木忠的男子曾向上海等地求购苯乙酸(易制毒化学品)。接到通报后,该局立即落实专人对该男子展开调查,并于5月18日正式立案。9月7日晚,该局在市内义化小区、义东路、苏溪镇西山下东陶村等地成功抓获犯罪嫌疑人骆华健(男,39岁,义乌市人)、赵林娟(女,37岁,义乌市人)和王忠义(男,36岁)、孙玉宝(男,40岁)、王运生(男,39岁,此3人均为黑龙江鹤岗市人)5名犯罪嫌疑人,并当场缴获成品冰毒490.316克、液体冰毒915毫升以及一批制毒设备、部分制毒原料。此案是义乌市局破获的首起在义乌市境内制造毒品的案件。

【温州鹿城公安分局破获"2·09"特大贩毒案】 2009年2月,该局禁毒大队经3个月奋战,破获温州市有史以来最大的一起贩卖、运输新型毒品案件,抓获犯罪嫌疑人7名,缴获K粉10千克以及汽车一辆、大批涉案手机等,摧毁一条从四川成都至温州的地下贩毒通道。

【武义县公安局破获贩卖新型毒品团伙案】 2009年2月10日,该局在金华市局等相关部门帮助下,抽调40余名干警展开统一行动,先后在武义、金华等地抓获董朝晖(男,39岁,武义县人)、何群英(女,38岁,武义县人)等6名贩毒嫌疑人,同时查获吸毒违法人员6名,缴获麻古4560粒共433.04克,海洛因189.41克。

【舟山、定海公安机关破获"2·25"特大团伙贩卖新型毒品案】 2009年2月25日,舟山市、区两级公安机关通过长期的侦查经营,在定海某快递公司和芙蓉商城抓获王某(女,37岁,黑龙江人)、赵某(男,36岁,定海人)等5名犯罪嫌疑人,缴获毒品"麻古"(冰毒片剂)5700余粒,冰毒150余克。

【绍兴市、县两级公安机关破获"3·19"特大吸贩毒团伙案】 2009年3月19日~4月9日,绍兴市公安局、上虞市公安局通过联合侦查,在上虞、重庆等地抓获聂成(男,26岁,重庆涪陵区人)、任林江(男,37岁,上虞梁湖镇人)、徐淑珍(女,38岁,上虞驿亭镇人)等吸贩毒嫌疑人24名,一举摧毁该特大吸贩毒团伙,共缴获冰毒211.7克、麻古687粒,毒资1.2万元,汽车3辆,电子秤、吸管等吸贩毒工具。

【义乌市公安局破获"3·31"特大走私毒品案】 2009年3月底,该局禁毒大队成功侦破一起特大走私毒品案件,先后在义乌、永康、福建厦门、广东珠海、东莞、深圳等地抓获陈某等7名犯罪嫌疑人(其中台湾籍犯罪嫌疑人4名),缴获摇头丸27364颗,共计7177.86克。8月下旬,在公安部协调下,省厅派侦查人员赴台湾,与台湾警方开展涉案证据交换及延伸合作,协助台湾警方缴获K粉60千克。

【常山县公安局破获"4·22"特大贩毒团伙案】 2009年4月22日,该局在工作中发现一个活跃于福建福清和衢州之间的特大贩毒团伙。专案组历时5个多月,挖出一个跨省市的特大贩毒团伙,共抓获涉毒人员39名(其中逮捕26名,强制戒毒2名,治安拘留11名),缴获毒品冰毒231.24克、K粉543.13克、麻古109粒,缴获毒资3.6万元,涉案电脑2台,运毒摩托车1辆,毒品交易用的银行卡11张,毒品称重用的电子秤3台。通过查证,该特大贩毒团伙毒品交易的数量达3000多克,认定毒资160万余元。

【温州龙湾公安分局破获"1·8"特大贩毒案】 2009年4月26日,该分局经4个月侦查,抓获犯罪嫌疑人17名,缴获海洛因1800余克、冰毒2700余克、轿车3辆、摩托车2辆以及现金100余万元,成功破获公安部督办的"1·8"特大贩毒团伙案。

【舟山、普陀公安机关侦破"5·13"特大跨国走私、运输、贩卖毒品案】 2009年5月13日,舟山市、区两级公安机关在公安部禁毒局的直接指挥和省厅禁毒总队的有力指导下,经过近两个月侦查,成功侦破公安部目标案件"09·3·10"特大跨国走私、运输、贩卖毒品案,抓获犯罪嫌疑人7名,缴获冰毒10千克。

【杭州市公安局破获"2008·11·19"特大贩毒团伙案】 2009年6月,该局禁毒支队破获"2008·11·19"特大贩毒团伙案,共抓获违法犯罪嫌疑人54名(其中刑事拘留18名,强制隔离戒毒2名,行政拘留20名,教育警告处理14名),缴获冰毒1200克、麻古2000粒、K粉600余克,摇头丸、神仙水、大麻若干,毒资40多万元,涉案汽车7辆,截断四川至杭州、福建至杭州、湖北武汉至杭州的3条贩毒通道。

【省、市、县三级公安机关破获嵊州"9·22"特大制贩毒案】 2009年9月22日晚,嵊州市公安局在省厅、绍兴市局、诸暨市局的协助下,成功破获省厅挂牌督办的特大制贩毒案件,抓获朱同泉(男,44岁,重庆江北区人)、钱鹏(男,36岁,嵊州长乐人)等贩毒犯罪嫌疑人14名和张甚微等吸毒违法嫌疑人11名,缴获冰毒178克、麻古100粒、K粉28克、毒资10万余元。

**【金华海关、义乌市公安局破获"11·3"邮包走私毒品案】 2009年11月3日，金华海关联合义乌市公安局禁毒大队，破获一起由乌干达邮寄至义乌的邮包走私毒品案，抓获尼日利亚籍犯罪嫌疑人1名，缴获毒品大麻约4000克。

深挖犯罪案例

【绍兴市看守所协破系列杀人、强奸、抢劫案】 2009年1月，该看守所促使杀人犯罪嫌疑人李某某交代其所作的绍兴市越城区皋埠镇“2008·9·25”杀人案和2008年12月在绍兴皋埠实施的强奸、抢劫等系列积案，经查证属实。

【杭州市西湖区看守所协破衢州市“2008·12·25”杀人案】 2009年3月，该看守所成功突破余某某口供，协助衢州柯城公安分局破获衢州市“2008·12·25”杀人案。

【舟山市普陀区看守所突破重大疑难命案】 2009年4月，该看守所顺利突破周某某抢劫杀人案。经查证，2009年3月25日凌晨，周某某用斧头将熟睡中的一游戏厅（位于普陀区小干东岙南路41号）老板夫妻二人杀死，劫得手机、硬币等物。

【杭州市萧山区看守所突破零口供系列团伙盗窃案】 2009年4月，该看守所成功突破犯罪嫌疑人陈某、黎某、黎某、刘某某口供，协破该团伙成员流窜萧山、绍兴等地盗窃绣花机电脑板案件21起，涉案价值200万余元，并深挖出其他10余名涉案人员。

【海宁市看守所协破永嘉县杀人案】 2009年7月，该看守所成功突破犯罪嫌疑人滕某某口供，协破2009年5月12日10时许发生在永嘉县瓯北镇珠岙村老人亭后山上的抢劫、强奸、杀人案。

【桐乡市看守所协破系列飞车抢夺、贩毒、抢劫杀人案】 2009年8月，该看守所成功突破犯罪嫌疑人“梁某某”在桐乡市梧桐街道所作的飞车抢夺案。经进一步深挖，促其交代了2008年以来贩卖毒品374克的犯罪事实，承认其真实姓名为黄某某，系2005年广东省东莞市大朗镇一起抢劫杀人案的逃犯，其还交代了2005年至2007年间，伙同他人在湖南、广州两地抢劫、抢夺作案30余起的犯罪事实。

治安案件

【长兴县公安局破获“2·18”特大网络生产销售假药案】 2009年2月18日，该局立案侦办兰志斌销售“神州草消渴降糖胶囊”等假药案。专案组辗转重庆、陕西等地，抓获7名犯罪嫌疑人，查获假药窝点4个，捣毁假药仓库2处，查获涉嫌假药消渴降糖胶囊888瓶、风湿骨痛丸342瓶、其他5种药品6000盒和一批假药业公司印章、法人章、企业资质材料、药品包装材料、假身份证。发现无合法资质的药品和保健品12卡车，其中标为国药准字药品11种301件，涉案价值2000余万元，从而摧毁了整个假药销售网络。

【温州市公安局破获“4·26”赌博案】 2009年4月26日，该局对位于瓯海区三垟湿地水域的一大型铁壳船进行突击检查，现场抓获袁建德、陈海琼等73名涉赌人员，缴获涉赌船只2艘、赌具扑克牌若干、赌资现金537184元、银行存单186万元等财物。经查，2009年4月以来，犯罪嫌疑人袁建德、陈海琼等召集赌徒在该铁壳船上多次赌博，涉案金额千万元以上。

【义乌市公安局破获杨明霞、周海林等强迫卖淫案】 2009年4月以来，该局经过近5个月侦查，辗转重庆、广东、江西、贵州等地，破获以重庆忠县籍犯罪嫌疑人杨明霞、周海林等为首，通过各种方式从广东省各地，利用各种欺骗手段将卖淫女骗至义乌、东阳、诸暨、萧山等地强迫、介绍妇女卖淫的犯罪团伙。截至年末，共抓获杨明霞、周海林等18名犯罪嫌疑人，抓获卖淫女15人、嫖客34人，另有6名犯罪嫌疑人刑拘上网追逃。

【杭州市公安局摧毁网络赌博犯罪团伙】 2009年5月4日1时许，该局抓获以包某某为首组织、参与网络“百家乐”赌博的13名团伙成员，捣毁一网络“百家乐”赌博犯罪团伙。包某某等人于2008年12月在杭州市延安路9号吴山通宝城6002室开设泰兴理财咨询有限公司，自2009年1月开始从事网络“百家乐”赌博犯罪活动，并从境外赌场获取总投注额0.8%的佣金，涉案金额达上千万元。

【衢州柯山公安分局侦破“5·25”衢州首起特大环境污染事故案】 2009年5月下旬，衢州市元立金属制品有限公司因供水系统被稀硫酸污染，造成供水管道及生产设备受到腐蚀、损坏，企业生产经营受到严重影响，直接经济损失高达228万余元。该案被衢州市公安局挂牌督办。经侦查，5月27日，柯山分局将涉嫌该案的卢某、吴某等4名犯罪嫌疑人抓获归案，查明其因经营困难，于2009年4～5月间在元立公司供水渠道和衢江内倾倒废硫酸达近千吨的犯罪事实，及时为企业追回损失25万余元。

【慈溪市公安局破获陈伟军等开设赌场案】 2009年6月1日，该局在该市古塘街道中益大酒店抓获赌博违法犯罪嫌疑人52名，缴获赌资人民币764280元、美元5000元、港币96100元、管制刀具3把。经查，2009年5～6月，犯罪嫌疑人陈伟军伙同张军科等在中益大酒店、天成宾馆等地，纠集陈利洲、邓银妹等人以扑克牌“小牌九”形式聚众赌博并抽头获利，期间共抽头非法获利100万余元。

【余姚市公安局破获“6·24”网络百家乐赌博案件】 2009年7月12日凌晨，该局调集200余名警力，对余姚百家乐网络赌博团伙实施统一抓捕行动，共抓获网络赌博违法犯罪嫌疑人61名、上网逃犯3名，收缴赃款550万元、银行卡29张、手机60余只、电脑31台、赌博服务器1台、汽车10辆，冻结银行资金200多万元。

【桐庐县公安局破获“12·8”组织跨境赌博恶势力团伙案】 2009年8月10日，该局破获此案，抓获犯罪嫌疑人17名。经查，2008年7月～2009年1月，犯罪嫌疑人何忠平等人先后组织桐庐及建德、临安、富阳等地20余批次80余人次偷越中缅边境，至缅甸果敢第一特区福利来大酒店赌场进行“百家乐”赌博，涉案赌资1000余万元，并导致一人手指被砍，数十人被非法拘禁殴打致伤，两人遭非法拘禁后死亡。

【杭州市公安局捣毁一重大组织卖淫团伙】 2009年8月中旬，该局发现上城、下城等区的“汉庭”、“如家”等快捷酒店附近出现一批专门发放色情招嫖卡的违法人员。经侦查系一团伙所为，其幕后组织者与城郊接合部美容美发店“鸡头”、卖淫女相互勾结，以快捷酒店为对象，发放注明招嫖电话的色情卡片。9月15日晚，该局在余杭、下城、江干等地采取统一行动，抓获卖淫团伙成员32人。

【丽水莲都公安分局破获组织强迫妇女卖淫案】 2009年8月18日，该分局捣毁以熊明朗为首的重庆巫山籍人员组织强迫妇女卖淫犯罪团伙。该团伙自2009年6月以来，以莲都区厦河商城为据点，多次组织强迫妇女从事卖淫活动。熊明朗、谭维等5名犯罪嫌疑人被追究刑事责任，7名被劳教、11名被行政拘留。

【永康市公安局破获“6·15”网络赌博涉恶犯罪团伙案】 2009年12月7日，该局破获“6·15”陆梅等组织网络赌博涉恶犯罪团伙案，抓获主要犯罪嫌疑人17名。经查，2006年以来，该犯罪团伙以菲律宾“东方夏威夷福兴厅”为庄家，多次组织永康本地企业主进行网络“百家乐”赌博，涉案金额达2亿元以上，参赌人员50多人。

【义乌市公安局破获方贤飞等组织他人偷越国(边)境案】 2008年10月20日，该局成立专案组开展打击跨境赌博违法犯罪活动。至2009年8月，相继突破方贤飞等人组织他人偷越国(边)境案、陈美凤等人被骗出境赌博案及方锡平偷越国(边)境案等一批有组织跨境赌博案件。截至2009年年末，共抓获涉案犯罪嫌疑人51名，处理偷越国(边)境违法行为人30名，解救(责令返回)被骗出境赌博人员69名。

【杭州余杭公安分局破获“12·9”系列拐卖妇女、强迫妇女卖淫案】 2009年11月29日，该分局良渚派出所在查处一起卖淫嫖娼案件中发现，涉案美容店老板有收买被拐卖妇女、儿童并强迫卖淫嫌疑。该局即成立专案组开展侦查，解救被拐卖妇女、儿童7人;查证涉案嫌疑人24名，逮捕19名，取保候审2名，刑拘在逃3名;破获拐卖妇女、儿童案19起，强迫卖淫案6起，容留卖淫案2起。

【温州市公安局侦破朱某某等开设赌场案】 2009年12月28日，该局对朱某某(男，32岁)网络赌博团伙开展统一抓捕行动，将10名涉嫌开设赌场的赌博网站总代理、一级代理全部抓获，缴获作案用银行卡57张、电脑20台、移动电话43部、汽车3台，查扣冻结资金200万余元。经审查，朱某某对其为境外赌博网站担任总代理并在境内发展下线代理、会员的犯罪事实供认不讳。2008年8月以来，朱雇用王某、陈某为其管理赌博网站账号及讨取赌债，并发展瞿某某、黄某等6人为其下线代理，涉及下级代理账号71个，投注赌博会员账号1047个，涉案人员达200余名。截至被抓获，朱某某所有下线会员累计投注金额达79.62亿元，非法获利1.2亿余元。

网络案件

【宁波、海曙公安机关侦破李某某利用黑客技术手段实施网络盗窃案】 2008年11月～2009年4月，犯罪嫌疑人先后5次采用技术手段非法侵入宁波三生日用品有限公司网站，通过修改相关配置文件、收款账号等，盗窃该公司货款130万余元，成为宁波有史以来最大的一起网络盗窃案。案发后，宁波市局网警支队和宁波海曙公安分局立即成立专案组，开展侦查工作。7月19日，专案组在广东深圳福田区将犯罪嫌疑人李某某抓获。

【绍兴、越城公安机关侦破王某某等利用虚假“炒股”信息诈骗案】 2008年12月15日，绍兴越城区居民张某在上网时，看到“国际大和证券投资咨询有限公司”网站宣传拥有内部消息，可以为网站会员推荐“黑马股票”等炒股服务，并保证有高额回报。张某遂多次与该网站工作人员联系，并在随后三天内先后汇给对方会员费、炒股押金和资金共112.88万元。后对方以证监会查账为由关闭手机，张某方知受骗上当，遂向公安机关报案。绍兴市局、越城分局立即成立以网警部门为主的专案组，进行立案侦查。2009年3月3日凌晨，专案组在海南三亚、福建龙岩警方协助下，将王某某等8名犯罪嫌疑人全部抓获，成功破获此案。

【金华市公安局侦破部督金某某等利用互联网传播淫秽物品牟利系列案】 2009年4月9日，该局网警支队在工作中发现，犯罪嫌疑人金某某等人租用北京某科技有限公司服务器开设多个手机淫秽WAP网站，并以在淫秽网站上投放广告的方式进行非法牟利，数额巨大。经进一步侦查发现，金华市金东、婺城等多个地方共有30余人开设70余个淫秽手机WAP网站，从事非法牟利活动，涉案金额高达130万余元。该案先后被省公安厅和公安部挂牌督办。经过一个多月奋战，至7月17日，专案组先后在金华、台州、厦门、广东、北京及上海抓获犯罪嫌疑人42名。此案的成功侦破，为全国打击手机网站传播淫秽物品专项行动提供范例，中央电视台“焦点访谈”、“新闻调查”、“新闻1+1”、“法制在线”等栏目以及《浙江日报》等多家媒体先后进行报道。

【嘉兴、海宁公安机关侦破“7·20”网上赌博案】 2009年7月，嘉兴市公安机关发现一个名为云鼎国际的赌博网站。经侦查，发现该网站主要从事足球、篮球等网络赌球活动，同时为网上参赌人员提供网上存款、取款业务。2009年5～7月，累计下注资金高达上千万元。嘉兴、海宁两级公安机关在广东警方协助下，于10月3日抓获赌博网站技术维护、网站资金管理人员、网站日常管理及网站代理和会员共9名，扣押服务器10余台、电脑9台、银行卡U盾17只，缴获涉赌赃款50余万元，查证网站涉赌资金5亿元、全国各地参赌会员1000余人。中央电视台“新闻联播”、“朝闻天下”、“中国新闻”等对此分别进行报道，各大新闻媒体及网站也对此予以披露。

【湖州公安机关侦破薛某等利用网络攻击手段敲诈勒索网吧系列案】 2009年9月9日起，湖州市陆续有22家网吧遭受黑客DDOS攻击，并接到黑客电话敲诈，致使网吧断网无法正常营业。9月15日，湖州市公安局网警支队抽调德清、长兴、吴兴等县（区）公安局网警大队警力，成立专案组立案开展侦查。9月28日，省公安厅对该案予以挂牌督办。9月29日，专案组在山东青岛抓获实施DDOS攻击的犯罪嫌疑人薛某，在湖州某网吧内抓获作为攻击内应的犯罪嫌疑人余某，一举破获湖州、杭州等地30余家网吧被黑客攻击敲诈勒索的案件。

出入境案件

【金华婺城公安分局破获麻旭芳等组织他人偷越国（边）境案】 2008年6月5日，该分局接报：多人在缅甸、老挝等国赌博被扣。专案组经过近一年时间侦查，破获这起以到缅甸、老挝赌博为名，组织上百人非法出境的特大妨害国（边）境案件。2009年3月26日，此案被公安部列为督办案件。8～10月，婺城区人民法院对麻旭芳、林广乾“夫妻档”及以“周氏三姐妹”等为首的5个组织他人偷越国（边）境犯罪团伙中的13名犯罪嫌疑人分别处以六个月至九年不等有期徒刑。

【杭州、江干公安机关处置境外记者非法采访事件】 2009年8月20日，根据群众“在江干区笕桥镇弄口村一带有外国人在拆迁区域拍摄照片、采访周围群众，形迹可疑”的报警，杭州市公安局出入境管理局即会同江干分局赶赴现场处置，并将涉嫌非法采访的3名外国人带回派出所进一步调查。经多方工作查明3名外国人的真实身份和采访意图，并经说服教育予以劝离。

【温州市公安局侦破“8·31”特大组织他人偷越国（边）境案】 2009年8月31日，在公安部、北京市公安局指挥协助下，该局查获一起特大组织他人偷越国（边）境案，抓获涉案犯罪嫌疑人1名，偷渡人员12名。是年4～8月，在犯罪嫌疑人陈加奎等策划下，犯罪团伙利用河南国信劳务公司出具的虚假材料，以到瑞典农场摘蓝莓的名义，从瑞典驻中国大使馆骗取签证，先后组织7批偷渡人员出境，其中前4批100多人到达偷渡目的地，组织者从中收取巨额偷渡费用。“8·31”组织他人偷越国（边）境案是一起利用劳务输出达到偷渡目的的典型案件。

【三门县公安局查处缅甸妇女非法入境案】 2009年8～9月，该局查获鲍小五、保益刀、高欧帅3名非法入境缅甸籍妇女，即予拘留审查。11月24日，该3名缅甸籍妇女被三门县公安局民警遣返至云南，由当地边检部门遣送回原籍。

【绍兴越城公安分局查获11名非法就业乌克兰人】 2009年11月，该分局在查处11名乌克兰人非法居留时，发现该11人有在绍兴市某餐饮公司非法就业嫌疑。经查证，该11人在没有就业证和任职签证情况下，于2009年9月18日～10月12日在该餐饮公司进行有偿演出，而该餐饮公司直到10月13日才拿到演出许可。依据《外国人在中国就业管理规定》有关条款，越城公安分局对该11名乌克兰人和该餐饮公司作出相应处罚。

【义乌市公安局查获一持用报失土耳其护照伊朗人】 2009年12月27日，该局查获一持用报失土耳其护照外国人。拘留审查期间，此人一直辩称其系土耳其人YILMAZ DOGAN。义乌市局通过省公安厅向土耳其使馆和伊朗使馆发函核查，查明该人真实身份为伊朗籍人VAHID FIRUZGAR，此土耳其护照系其在伊朗从他人手中购买。2010年3月8日，义乌市公安局将该伊朗籍人遣送出境。

边防案例

【台州公安边防支队侦破“3·24”特大走私、收购濒危野生动物制品案】 2009年3月24日，该支队在台州椒江抓获童文明（男，47岁，兰溪人）、张章满（男，48岁，黄岩人）等5名犯罪嫌疑人，缴获象牙、犀牛角等野生动物制品404件，案值600万余元。这是近年来侦破的国内最大的非法收购濒危野生动物制品案件。

【舟山公安边防支队侦破“8·7”特大组织偷渡案】 2009年7月，该支队侦破一起特大组织偷渡案，在上海抓获9名涉嫌组织偷渡的犯罪嫌疑人，摧毁以“蛇头”南凌（男，42岁，浙江温州人）、唐峰（男，40岁，上海人）、陈刚（男，47岁，天津人）为首，3个长期以上海为据点，先后组织浙江舟山、温州和福建、安徽、河南、河北、辽宁等地共46批71人偷渡的特大犯罪团伙。此案被公安部边防管理局评为2009年度十大优秀侦办案件。

【温州公安边防支队侦破“8·29”特大贩毒案】 2009年8月29日，该支队在温州双屿高速出口抓获贩毒嫌疑人涂晓虎（男，26岁）、陈明甜（男，22岁）、徐镇泽（男，24岁，均为浙江温州人），缴获毒品K粉6.2千克。

消防案例

【温岭太平街道沙塘头路1号火灾】 2009年1月9日21时33分，温岭市太平街道沙塘头路1号民房发生火灾，造成6人死亡、2人受伤，过火面积615平方米，直接财产损失5万元。起火原因为电气线路短路引燃可燃物起火成灾。

【温州瓯海区南白象街道霞坊村霞坊北路火灾】 2009年1月28日19时17分，温州市瓯海区南白象街道霞坊北路131号恒泰打火机加工场发生火灾，造成6人死亡、3人受伤，过火面积30平方米，直接财产损失20万元。起火原因为电气线路故障引燃可燃物所致。

【杭州花都市场火灾】 2009年2月3日9时16分，杭州花都市场发生火灾。接警后，杭州市公安消防支队速调派10个消防中队、33辆消防车、200余名消防官兵赶赴现场进行扑救。火灾过火面积2016平方米，受损商户57户，烧毁摊位72间；扑火抢救保护摊位700余个，面积21500多平方米，未造成人员伤亡。

【温州爱好笔业有限公司仓库火灾】 2009年7月19日10时50分许，温州市龙湾区农业开发区文汇路19号温州爱好笔业有限公司仓库发生火灾。接警后，温州公安消防支队调集13个公安消防中队和1个专职消防队共29辆车、200余名消防人员到场扑救。经奋战，有效保护了火场西面一墙之隔的宏得利树脂有限公司危化品储罐及周边厂房的安全，避免了一场恶性爆炸事故的发生。

【长兴雉城镇仓前街纵火案】 2009年8月4日1时54分，湖州长兴县雉城镇仓前街一窗帘店发生火灾，造成3人死亡、1人受伤，过火面积75平方米，直接财产损失58.6万元。经长兴县公安消防、刑侦部门协同调查，确定该起火灾为纵火案件。8月7日，抓获3名江西籍犯罪嫌疑人。经查，犯罪嫌疑人用塑料袋盛装汽油，通过房门空隙丢进房内，点燃麻绳引发火灾。

【临安清凉峰镇林竹村山体滑坡事故】 2009年8月13日23时48分，临安市清凉峰镇林竹村发生重大山体滑坡事故，造成一间三层民房被掩埋，多名人员被埋压。临安公安消防大队派出2辆消防车、13名官兵赶赴现场救援，杭州市公安消防支队调派特勤一中队、西湖中队、祥符中队共3辆消防车、27名官兵进行增援。经过15个小时奋战，营救出被压人员4名，挖掘出遇难者遗体9具，清理滑坡土石方1.5万立方米。

【嘉兴化工公司恶性爆炸事故】 2009年10月19日11时01分，嘉兴市嘉兴工业园区步焦路浙江卫星丙烯酸有限公司储罐区罐体发生爆炸并引发大火。接警后嘉兴公安消防支队出动29辆消防车、167名消防官兵前往扑救，历经4个多小时终将大火扑灭，阻止了火势向毗邻罐体蔓延的趋势，保护丙烯酸丁酯罐等14个、丙烯罐2个、正丁醇罐1个，价值约9000万元。

【奉化岳林街道惠政东路34号火灾】 2009年12月3日3时09分左右，宁波奉化市岳林街道惠政东路34号一沿街两层老式砖木结构房屋发生火灾，造成6人死亡，过火面积约120平方米，直接财产损失2.5万元。起火原因为空气压缩机故障起火引燃可燃物蔓延所致。

道路交通事故

【海盐县“4·1”交通事故】 2009年4月1日23时58分，郁奚平驾驶浙FD9087中型普通客车从海盐县于城镇前往海盐县百步集镇，途经百步集镇得胜桥时坠入河内，造成车内乘客7人死亡、3人受伤、车辆损坏的交通事故。

【金华市“4·11”重大交通事故】 2009年4月11日19时20分，王秀英驾驶浙G17595号轻型普通货车，从金华市婺城区琅琊镇岳村村回金华市区，行驶至雅城村至白门线支线妙康桥头地方时，单方冲入金兰水库，造成5人死亡、车辆损坏的交通事故。

【海宁市“5·4”重大交通事故】 2009年5月4日4时30分，赵伟达驾驶浙AMB695号长安牌小型普通客车(核载7人，实载11人)，沿海宁市盐仓开发区启辉路由北往南行驶至启潮路路口时，与沿启潮路由西往东行驶由刘刚驾驶的皖C54973号江淮牌中型厢式货车发生碰撞，造成6人死亡、5人受伤、两车损坏的交通事故。

【杭州市“5·7”交通事故】 2009年5月7日20时8分许，谭卓(男，25岁)在杭州市文二路南都德嘉西区门口走斑马线时，被胡斌(男，20岁)超速行驶的经非法改装的三菱跑车撞飞，经抢救无效死亡。事发后引起社会各界和公众的极大反响，并发展成轰动全国的涉警舆论事件。中央、公安部和省委、省政府领导及杭州市委、市政府领导先后作出批示、指示，要求公安机关认真分析原因，总结教训，采取有力措施，严管严查各类严重交通违法行为。8日，肇事人胡斌被刑事拘留。15日，杭州市公安局召开新闻发布会，公布肇事车辆行驶轨迹监控视频，就社会舆论普遍关注问题进行解答，并就“70码”不妥说法向公众道歉。17日，胡斌被批准逮捕。7月20日，胡斌被杭州市西湖区人民法院以交通肇事罪判处有期徒刑三年。6月19日，省公安厅召开全省公安机关电视电话会议，就杭州“5·7”交通肇事案所引发的涉警公共舆论事件进行评析。

【文成县“5·12”重大交通事故】 2009年5月12日零时40分，叶仕勇驾驶皖J02661号中型普通货车从文成县大峃镇驶往瑞安市方向，途经56省道47Km+740m文成县峃口乡鱼局村地段时，与对向由王建华驾驶的浙GJU235号轿车正面碰撞，造成5人死亡、两车损坏的道路交通事故。

【温州市“5·27”交通事故】 2009年5月27日12时55分许，温州公交集团一辆公交车在高教园区一路口将在人行横道上正常行走的女大学生顾某碰压致当场死亡。由于被害人系在校大学生，肇事车辆是事故频发、社会反映强烈的公交车，事故又发生在杭州“5·7”飙车案之后，引起省、市领导高度重视。6天内，温州市局交警部门及时将事故调查、定责和赔偿等处置完毕，当事人家属表示满意。新华社内参刊发了温州正确引导涉警网络舆情，妥善处置敏感交通事故的成功做法。

【甬台温高速瑞安段“6·26”交通事故】 2009年6月26日2时40分，黄才典驾驶沪B27983号大客车从上海开往福州，途经甬台温高速公路福建方向292Km+500m处(瑞安塘下地方)时，刮擦右侧水泥护栏后冲过中央防撞护栏，与对向车道（台州方向）的闽A75431/闽A7320挂号集装箱半挂车发生碰撞，造成7人死亡、28人受伤、两车损坏的交通事故。

【杭州市“8·4”交通事故】 2009年8月4日21时26分许，魏志刚（男，29岁，杭州市人）酒后驾驶保时捷小型越野客车，途经杭州莫干山路浙江广电集团门口时，碰撞横过道路行人马芳芳（女，16岁，临海市人），造成其死亡。肇事人魏志刚于6日被公安机关以交通肇事罪向检察机关提请批准逮捕。此次交通事故发生在杭州“5·7”交通事故后不久，再次引起社会舆论强烈关注。8月28日，杭州市拱墅区人民法院以交通肇事罪判处魏志刚有期徒刑两年三个月。该事故及“5·7”交通事故，催生了全省以严厉查处酒后驾驶为重点的交通安全管理“五条常态严管措施”，并成为全国范围交通严管的推手之一。

【海宁市“10·18”交通事故】 2009年10月18日11时20分，山东省郯城县谢士仁驾驶苏E1XT88号小型普通客车，沿海宁市尖山新区杭州湾大道由西往东行驶至尖山新区海市路路口时，与浙江省海宁市人顾叶飞驾驶沿海市路由北往南行驶的浙FP7748号轿车发生碰撞，造成5人死亡、3人受伤、两车损坏的交通事故。

【象山县“10·22”交通事故】 2009年10月22日3时07分许，象山县石浦镇何绍松（男，45岁）驾驶浙BFL383号轻型普通货车从宁波返回象山，行驶至象西线22Km＋80m路段处时，碰撞停放在机动车道慢车道上正在更换轮胎的赣DQ6716号正三轮摩托车，造成5人死亡、1人受伤、两车损坏的交通事故。

【江山市“10·28”交通事故】 2009年10月28日14时，徐松树驾驶浙HD0916号中型普通客车，行经江山市四部线8Km＋980m四都镇前岭村五达岭自然村壶南头路段时，车辆倒溜后坠入山底，造成11人死亡、7人受伤、车辆损坏的交通事故。

行业公安机关侦破案件案例

【杭州铁路公安处破获“3·4”运输假币案】 2009年3月4日12时50分，杭州铁路公安处嘉兴所民警在车站查获刚从K352次（达州—上海南）列车下车的犯罪嫌疑人王小明（男，35岁，四川省渠县水口乡人），当场从其上衣口袋内查获一包用黑色塑料袋包裹的假人民币，共计20000元（票面均为100元，红色HB90版，共计200张）。经专案组审查，犯罪嫌疑人王小明交代假币是3月2日用1600元人民币从其妻表哥王忠（男，39岁，四川省达州市通川区人）处购得。4月14日，专案组在四川省达州市将犯罪嫌疑人王忠抓获。

【杭州铁路公安处破获“4·18”1092次列车拐卖妇女案】 2009年4月18日，杭州铁路公安处乘警支队在1092次列车（贵阳—温州）上查获犯罪嫌疑人黄勇（男，44岁，贵州省遵义市汇川区人），涉嫌以外出打工为名将郑某某（女，17岁，贵州省遵义县人）、许某某（女，15岁，贵州省仁怀市人）拐卖至浙江省丽水市。经审查，该黄交代了从贵州省遵义县拐来这2名少女，并欲将其卖至丽水市从事卖淫活动的犯罪事实。根据线索，专案组分别在贵州省遵义市、浙江省龙泉市抓获犯罪嫌疑人杨灿（男，19岁，贵州省遵义县人）、熊发银（男，36岁，湖北省公安县人）。经审查，专案组发现在浙江省龙泉、临海存在着一个以黄正强为首，从贵州遵义等地拐骗、拐卖妇女到浙江省临海市、龙泉市，并强迫其卖淫的犯罪团伙。6月7日，专案组在浙江省临海市汽车站附近的平安旅馆抓获首犯黄正强（男，38岁，贵州省遵义县人），并解救贵州省熄烽县籍妇女陈某某（19岁）；6月18日凌晨，在广东省江门市一网吧内抓获犯罪嫌疑人郑立刚（男，17岁，贵州省遵义市人）、谢忠忠（男，19岁，贵州省遵义市人）。至此，由上海铁路公安局挂牌督办的“4·18”1092次列车拐卖妇女案顺利告破，以犯罪嫌疑人黄正强为首的拐卖妇女犯罪团伙被摧毁，抓获犯罪嫌疑人6名，解救被拐妇女3名。

【长兴县公安局森林警察大队破获“4·22”非法运输珍贵、濒危野生动物案】 2009年4月22日，该大队接湖州高速交警电话，称在浙苏父子岭省际卡点发现一辆闽E85399号汽车运输虎和黑熊各一只。遂立即组织民警赶赴现场，当场查扣国家一级保护野生动物黑熊和国家二级保护野生动物东北虎，并将犯罪嫌疑人林某某控制。随后该大队派员赶赴安徽省宿州市和福建省漳州、三明市等地调查取证。5月27日，该大队以涉嫌非法运输珍贵、濒危野生动物罪对林某某执行逮捕。

【温州机场公安分局破获温州机场“5·10”机上盗窃案】 2009年5月10日，该分局接旅客付某报警称：其当日乘坐广州至温州CA1958次航班时，随身行李内被盗人民币6000余元。5月11日上午，该分局民警将犯罪嫌疑人张某（男，26岁，河南罗山县人）抓获，并缴获全部赃款。经审讯，张某对其5月10日伙同郭某等人实施机上盗窃的事实供认不讳。5月25日，该分局将准备乘机前往上海的郭某（男，26岁，河南太康县人）抓获。后张、郭两人均被法院判处有期徒刑三年六个月，并处罚金人民币5000元。

【温州机场公安分局破获温州机场“6·2”机上盗窃案】 2009年6月2日，该分局接深圳至温州的SC4732次航班机组报警称有人机上盗窃。接报后，该分局即赶赴航班到达现场，在机坪摆渡车上抓获准备逃离的犯罪嫌疑人陈某（男，46岁人）、殷某（男，38岁，均为河南罗山县人）。经审讯，陈某、殷某交待了合伙在飞机上趁人不备盗窃他人4800美元的犯罪事实。后陈某被法院判处有期徒刑三年二个月，并处罚金人民币3000元；殷某被判处有期徒刑四年，并处罚金人民币4000元。

【杭州铁路公安处破获“6·16”杭州站拐卖越南籍妇女案】 2009年6月16日4时许，杭州铁路公安处杭州站派出所在杭州站出站口在对K582（南宁—宁波）下车旅客进行检查时，发现其中一男三女旅客形迹可疑。经盘问检查，发现3名女子持有的身份证为假身份证，且没有汉语表达能力，疑为涉外拐卖妇女案件。经审查判定，3名女性为越南人，分别为黄某某（女，21岁，假名“陈慧敏”）、黄某某（女，18岁，假名“何春梅”）、林七妹（女，23岁，假名“林芳”）。其中两名黄姓女子分别于2009年上半年，被越南籍人贩子拐骗至广西后卖给黄胜堂、林七妹，并被强迫从事卖淫。犯罪嫌疑人担心自己的犯罪行为已在广西暴露，遂转移到杭州企图强迫两人继续卖淫。通过犯罪嫌疑人黄、林的交待，又于当晚在杭州抓获参与拐卖、组织、强迫卖淫的犯罪嫌疑人张绍强（男，47岁，广西钦州市钦南区久隆镇人）。经广西警方查证，黄胜堂、林七妹、张绍强为公安部督办“2009·5·21”拐卖、组织、强迫妇女卖淫案件涉案犯罪嫌疑人。

【省厅机场公安局破获杭州机场“11·12”涉毒涉枪案】 2009年11月11日，该局获得有一批毒品将从云南空运至杭州的情报。该局专案组首先对收货人、货物轨迹等线索进行认真核查，并根据调查情况制定抓捕方案。经专案组研究，决定按正常货运程序发货，组织警力对货站提货处及机场进行全面监控，犯罪嫌疑人到提货处时再伺机抓捕。11月12日9时许，当两名嫌疑人提货后准备与在货站停车场车上的另外两名嫌疑人离开时，被抓捕组当场抓获，缴获麻古1600粒、仿六四手枪1支、六四子弹10发、弩1支、钢珠弹300余粒、轿车2辆及少量K粉。

【宁波机场公安分局破获宁波机场“12·2”贩毒案】
2009年12月2日，该分局接到报案称：有3包邮件将从云南昆明空运至宁波，内有冰毒、麻古、大麻等可疑物若干，数量巨大，接报后该分局立即研究案情并抽调侦察大队和治安大队全力侦破，相继抓获犯罪嫌疑人5名，查获运毒邮包3件，缴获冰毒2100多克，麻古、大麻等毒品若干，缴获手枪一支、子弹5发、涉案车辆两辆及毒资40多万元人民币。

【杭州海关缉私局侦破汤某走私甲鱼蛋案】 2009年3月4日，该局成功侦破汤某走私甲鱼蛋案。经查，2007～2008年10月，犯罪嫌疑人汤某通过台湾某货代公司，以低报价格的方式从福建口岸进口台湾产甲鱼蛋，共计35.4万千克。该案案值约1.03亿元，涉嫌偷逃税款3000万余元。

【金华海关缉私分局侦查终结走私气枪案】 2009年3月31日，该分局查获一起走私气枪案，抓获犯罪嫌疑人1名，查扣涉嫌走私进口的高压气枪7支；另查获国产高压气枪1只，高仿真枪17支，砍刀2把。经查，2008年以来，在阿联酋迪拜工作的犯罪嫌疑人杨某在当地购买枪支后，为逃避邮局检查，将其拆解为零件，通过邮递渠道寄往境内，出售给境内的应某、胡某、王某等人，涉嫌走私犯罪。

【杭州海关缉私局立案侦查人体藏毒走私入境案】
2009年4月12日，该局立案侦查一起人体藏毒走私入境案。经查，一名菲律宾籍女性犯罪嫌疑人受毒贩指使，于4月11日晚乘坐从吉隆坡到杭州的亚航D72604次航班，企图采用人体藏毒方式携带毒品海洛因入境，被杭州萧山机场海关关员当场查获。经人体排毒，犯罪嫌疑人于4月12日排出黄色胶带纸包裹的大小不一的圆柱体17颗，经检查鉴定，查获毒品海洛因共计254.8克。

【宁波海关缉私局破获走私船用雷达案】 2009年5月19日，该局立案侦查宁波某电气公司低报价格走私进口船用雷达案。经查，2005年以来，该公司采取低报价格方式走私进口船用雷达及配件，并在国内销售牟利。8月13日，此案成功破获，案值人民币6700万元，涉嫌偷逃税款1069万元。该案系海关总署缉私局挂牌督办案件。

【杭州海关缉私局侦破走私弹药案件】 2009年6月18日，该局侦破一起走私弹药案件。经查，犯罪嫌疑人翟某某为逃避法律制裁，利用虚假身份在某代购网站进行注册，并通过该代购网站从美国订购铅弹。

是年3月13日，犯罪嫌疑人订购的铅弹被杭州萧山机场海关查获，共查获涉嫌走私进口的铅弹4369发。

【宁波海关缉私局破获走私淫秽物品案】 2009年6月19日，该局立案侦查陈某某走私淫秽物品案，至11月3日，该案成功破获。共查获淫秽光碟13箱，12432张。该案系宁波关区数量最大的一起走私淫秽物品案。

【杭州海关缉私局立案侦查走私毒品案件】 2009年7月27日，该局立案侦查一起走私毒品海洛因案。经查，7月27日，一名印度尼西亚籍女性嫌疑人携带藏有1911克海洛因的行李箱，乘坐马来西亚吉隆坡飞往杭州的航班，试图从杭州口岸走私入境，被萧山机场海关关员现场查获。该案为杭州关区近年来查获的最大一起走私毒品案件。

【宁波海关缉私局破获走私化纤布案】 2009年7月30日，该局立案侦查上海某进出口有限公司低报价格走私化纤布案。侦办过程中深挖余罪，10月10日又立一案。经查，两起案件均为货主采取伪报化纤布等级、低报价格方式进口化纤混纺布偷逃税款。10月29日，两案成功破获，案值共计1.0049亿元，涉嫌偷逃税款2240万元，抓获犯罪嫌疑人3名，是宁波关区近10年来破获的涉嫌偷逃税款最大的一起一般贸易渠道低报价格走私案件。该案系海关总署缉私局挂牌督办案件。

【杭州海关缉私局侦破利用快件渠道走私毒品案】 2009年7月31日，杭州萧山机场海关在一个寄自尼泊尔、经印度中转、申报品名为“瓷砖样品”的快件中，查获其包装用木箱两侧夹层中藏有毒品海洛因638.79克。8月1日，杭州海关缉私局立案侦查该案，并于当日在杭州抓获该批毒品的收货人——两名尼日利亚籍犯罪嫌疑人。经查，两名犯罪嫌疑人受境外毒贩指使，采取借用境内中国籍人员身份信息和地址的方式，意图收取境外毒贩邮寄进境的毒品并贩运至广州。12月15日，杭州市中级人民法院对该案作出一审判决，两名尼日利亚籍犯罪嫌疑人分别被判处死刑缓期执行和无期徒刑，没收个人全部财产，并驱逐出境。

【舟山海关缉私分局查获“10·30”海上成品油走私案】 2009年10月30日晚，该分局“886”缉私艇根据情报，在大衢以北徐公岛附近海域抓获正在接过驳成品油的“能达洲30”号和“浙嵊渔油318”号两艘涉嫌走私成品油船只，当场查获从台湾海峡走私进境的0号柴油512吨，抓获涉嫌走私船员18名，案值350万元，涉税70万余元。11月1日，该分局对此案立案侦查。11月8日，查获“能达洲301”号走私油轮，并抓获涉案犯罪嫌疑人7名。初步查实该走私团伙从台湾海峡走私成品油数量在8500吨以上，总案值6000万余元，涉税750万元。至11月12日，共抓获涉案犯罪嫌疑人32名，对8名主要涉案嫌疑人执行了逮捕。

【宁波海关缉私局破获国际邮件渠道走私毒品案】 2009年11～12月间，该局连续立案侦查3起国际邮件渠道走私毒品案，三案分别涉嫌从尼日利亚、乌干达通过国际快递渠道走私大麻共9.972千克。该案系宁波关区首起国际邮件渠道走私毒品案。

（**责任编辑** 胡 军 俞 佳）

发文目录(部分)

浙江省公安厅2009年发文目录

发文时间	文件名称	文号	备注
1月9日	浙江省公安厅关于印发全省公安工作会议文件的通知	浙公发〔2009〕1号	机密
1月20日	浙江省公安厅关于进一步加强打黑除恶工作的意见	浙公发〔2009〕2号	秘密
1月21日	浙江省公安厅关于进一步推进公安信息化工作的若干意见	浙公发〔2009〕3号	内部文件
1月23日	浙江省公安厅关于进一步推进执法规范化建设若干问题的意见	浙公发〔2009〕4号	
1月23日	浙江省公安厅关于进一步加强和谐警民关系建设的意见	浙公发〔2009〕5号	
3月18日	浙江省公安厅关于开展向占立明同志学习活动的决定	浙公发〔2009〕6号	
7月10日	浙江省公安厅关于印发王辉忠、张景华同志在全省各市公安局长会议上的讲话的通知	浙公发〔2009〕7号	机密
9月27日	浙江省公安厅关于印发赵洪祝同志在省公安厅考察调研时的讲话的通知	浙公发〔2009〕8号	秘密
11月17日	转发公安部关于印发孟建柱杨焕宁同志在全国公安厅局长座谈会上的讲话的通知	浙公发〔2009〕9号	机密
12月4日	转发公安部关于印发周永康孟建柱同志在全国公安厅局长座谈会上的讲话的通知	浙公发〔2009〕10号	秘密
1月4日	关于2008年度全省公安机关执法质量考评结果的通报	浙公通字〔2009〕1号	
1月6日	关于2008年度全省公安队伍正规化建设先进单位的通报	浙公通字〔2009〕2号	
1月6日	关于全省市级公安机关2008年度工作综合考评结果的通报	浙公通字〔2009〕3号	
1月5日	关于全省第三届警犬技术比武结果的通报	浙公通字〔2009〕4号	
1月6日	2008年度公安信访责任倒查情况通报	浙公通字〔2009〕5号	

续表

发文时间	文件名称	文号	备注
1月7日	转发公安部关于印发《交通警察道路执勤执法工作规范》的通知	浙公通字〔2009〕6号	
1月8日	2008年度全省公安机关信访工作考核结果通报	浙公通字〔2009〕7号	
1月8日	关于印发《浙江省建立铁路“线路警务室”与周边“社区警务室”治安协作机制工作方案》的通知	浙公通字〔2009〕8号	
1月9日	关于做好扩大县(市)公安机关经济社会管理权限工作的通知	浙公通字〔2009〕9号	
1月9日	关于进一步加强交通运输线禁毒查堵工作的通知	浙公通字〔2009〕10号	
1月12日	浙江省公安厅关于加强安邦护卫公司建设的若干意见	浙公通字〔2009〕11号	
1月13日	关于印发《浙江省公安机关侦破命案工作机制》的通知	浙公通字〔2009〕12号	秘密
1月13日	关于建立侦破严重刑事犯罪案件相关警种同步上案工作机制的意见	浙公通字〔2009〕13号	秘密
1月16日	浙江省公安厅关于开展打击整治发票犯罪专项行动的通知	浙公通字〔2009〕14号	内部文件
1月22日	转发公安部关于进一步加强防范打击涉枪违法犯罪协作工作机制建设意见的通知	浙公通字〔2009〕15号	
1月18日	关于元旦期间全省公安机关执行“五条禁令”和警车使用管理情况的督察通报	浙公通字〔2009〕16号	
1月20日	关于印发《被限制人身自由吸毒成瘾人员戒毒治疗工作规定》的通知	浙公通字〔2009〕17号	
1月14日	关于全省“迎奥运、文明出行”道路交通安全主题宣传活动的表彰通报	浙公通字〔2009〕18号	
1月21日	关于公布2008年度全省公安机关档案工作目标管理省级认定单位的通知	浙公通字〔2009〕19号	
2月6日	关于表彰全省公安办公室、指挥中心系统先进集体和先进个人的通报	浙公通字〔2009〕20号	
2月5日	关于公布2008年度全省看守所、拘留所等级和多年安全无事故监所名单的通知	浙公通字〔2009〕21号	
2月6日	关于办理抢劫、抢夺犯罪案件适用法律的指导意见	浙公通字〔2009〕22号	
2月12日	关于公布“坚决遏制重特大道路交通事故百日安全竞赛活动”优胜单位的通报	浙公通字〔2009〕23号	

续表

发文时间	文件名称	文号	备注
2月13日	关于印发《全省公安机关打击整治“两抢”犯罪大会战方案》的通知	浙公通字〔2009〕24号	秘密
2月13日	浙江省公安厅关于开展打击假币犯罪“09行动”警种协作配合工作意见	浙公通字〔2009〕25号	秘密
2月13日	关于推进公安交警系统社区交通管理服务站建设工作的通知	浙公通字〔2009〕26号	
2月16日	转发公安部关于印发《公安消防部队警力调动使用批准权限规定》的通知	浙公通字〔2009〕27号	机密
2月18日	浙江省公安厅关于进一步严格执行“五条禁令”的通知	浙公通字〔2009〕28号	
2月19日	转发中央政法委关于开展向盖起章同志学习活动的通知	浙公通字〔2009〕29号	内部文件
2月20日	关于印发《浙江省公安厅警卫预备队管理规定(试行)》的通知	浙公通字〔2009〕30号	
2月20日	关于印发《浙江省非现役警卫部门民警选调任用规定(试行)》的通知	浙公通字〔2009〕31号	
2月23日	关于打击跨境赌博违法犯罪活动的工作意见	浙公通字〔2009〕32号	
2月24日	关于表彰全省公安监管系统先进集体和先进个人的通报	浙公通字〔2009〕33号	
2月25日	关于确定2009年第一批省厅督办经济犯罪案件的通知	浙公通字〔2009〕34号	秘密
2月27日	关于印发《全省公众聚集场所易燃可燃装修材料消防安全专项整治实施方案》的通知	浙公通字〔2009〕35号	
2月26日	关于印发《浙江省强制隔离戒毒人员严重疾病认定标准(试行)》的通知	浙公通字〔2009〕36号	
3月11日	转发公安部关于大陆居民赴台湾地区旅游有关事项的通知	浙公通字〔2009〕37号	内部文件
3月10日	关于开展2009年消防产品质量服务月活动的通知	浙公通字〔2009〕38号	
3月16日	关于印发《浙江“雷霆三号”专案工作方案》的通知	浙公通字〔2009〕39号	机密
3月17日	浙江省公安厅关于对违反“五条禁令”民警所在单位主要负责人进行诫勉谈话的实施意见	浙公通字〔2009〕40号	
3月16日	关于进一步做好非正常死亡事件处置工作的通知	浙公通字〔2009〕41号	内部文件

续表

发文时间	文件名称	文号	备注
3月16日	关于进一步强化警种协作配合全面提升打击整治“两抢”犯罪工作成效的通知	浙公通字〔2009〕42号	秘密
3月17日	关于印发《浙江省县级公安机关中层领导办案制度》的通知	浙公通字〔2009〕43号	
3月20日	关于公布2009年省重点督办的100处道路交通事故多发点（段）和100处临水临崖高落差危险路段的通知	浙公通字〔2009〕44号	
3月20日	关于做好2009年公安警察院校招生考试工作的通知	浙公通字〔2009〕45号	
3月23日	浙江省公安厅关于印发《2009—2011年全省公安民警训练工作规划》的通知	浙公通字〔2009〕46号	
3月20日	关于做好第十三届浙江省见义勇为先进人物评选工作的通知	浙公通字〔2009〕47号	
3月25日	关于印发《浙江省公安机关隐蔽斗争工作协作规范》的通知	浙公通字〔2009〕48号	机密
4月9日	关于授予和追授第十三届“浙江省见义勇为勇士”、“浙江省见义勇为先进分子”荣誉称号的决定	浙公通字〔2009〕49号	
4月7日	关于办理抢劫、抢夺违法犯罪案件适用劳动教养措施的指导意见	浙公通字〔2009〕50号	
4月7日	关于进一步加强命案质量审核工作的通知	浙公通字〔2009〕51号	内部文件
4月9日	关于印发《全省公安机关2009年度打防控工作考评办法》的通知	浙公通字〔2009〕52号	秘密
4月10日	浙江省公安厅关于印发《全省市级公安机关2009年度工作综合考评办法》的通知	浙公通字〔2009〕53号	
4月4日	关于印发《浙江省公安机关执法质量考核评议实施办法》的通知	浙公通字〔2009〕54号	
4月13日	浙江省公安厅关于印发《全省公安队伍正规化建设评估要点（2009年度）》的通知	浙公通字〔2009〕55号	
4月13日	关于全省严重交通违法行为集中整治情况的通报	浙公通字〔2009〕56号	
4月14日	浙江省公安厅关于印发《全省公安机关推进执法规范化建设工作方案》的通知	浙公通字〔2009〕57号	
4月10日	关于印发《关于公众聚集场所加强消防安全管理的通告》的通知	浙公通字〔2009〕58号	
4月20日	关于2009年度全省公安机关国保重点人教育转化工作的实施意见	浙公通字〔2009〕59号	机密

续表

发文时间	文件名称	文号	备注
4月21日	关于印发《全省看守所监管执法专项检查活动方案》的通知	浙公通字〔2009〕60号	秘密
4月22日	关于印发《浙江省公安机关“扩权强县”工作实施细则》的通知	浙公通字〔2009〕61号	
4月21日	关于确定2009年第二批省厅督办经济犯罪案件的通知	浙公通字〔2009〕62号	秘密
4月27日	关于印发《全省公安机关打击网络犯罪“09亮剑”专项行动工作方案》的通知	浙公通字〔2009〕63号	秘密
4月23日	关于印发《浙江省公安机关打击假币“09”行动绩效评估办法》的通知	浙公通字〔2009〕64号	内部文件
4月28日	浙江省公安厅关于公布2009年打黑除恶第一批挂牌督办案件的通知	浙公通字〔2009〕65号	机密
4月30日	关于印发《浙江省道路交通安全违法行为异地处罚暂行规定》的通知	浙公通字〔2009〕66号	
4月28日	关于进一步规范全省城市道路限制速度的通知	浙公通字〔2009〕67号	
5月5日	转发公安部关于贯彻落实《中共中央办公厅国务院办公厅关于进一步净化社会文化环境促进未成年人健康成长的若干意见》的通知	浙公通字〔2009〕68号	内部文件
5月7日	转发公安部《关于建立健全公安民警走访群众工作长效机制的指导意见》的通知	浙公通字〔2009〕69号	内部文件
5月8日	关于进一步深化玩忽职守、徇私舞弊、刑讯逼供三类案件专项治理工作的通知	浙公通字〔2009〕70号	内部文件
5月8日	关于授予杭州市西湖区等22个县(市、区)和119个科所队“科技强警示范县市区”、“科技强警示范科所队”称号的决定	浙公通字〔2009〕71号	
5月11日	关于开展2009年军警民联合护线宣传月活动的通知	浙公通字〔2009〕72号	
5月11日	关于印发《看守所收押犯罪嫌疑人、被告人和罪犯入所健康检查有关工作暂行规定》的通知	浙公通字〔2009〕73号	
5月12日	关于印发《全省公安机关社会治安整治行动工作方案》的通知	浙公通字〔2009〕74号	秘密
5月12日	关于进一步加强民用爆炸物品安全管理工作的通知	浙公通字〔2009〕75号	

续表

发文时间	文 件 名 称	文 号	备注
5月14日	关于印发《全省公安机关2009年度打防控工作考评办法》若干问题解释的通知	浙公通字〔2009〕76号	秘密
5月14日	关于全省公安监管场所安全管理专项检查情况的通报	浙公通字〔2009〕77号	内部文件
5月18日	关于印发《全省公安机关反恐怖基础调查实施方案》的通知	浙公通字〔2009〕78号	机密
5月19日	关于印发《浙江省公安机关信息共享暂行规定》的通知	浙公通字〔2009〕79号	内部文件
5月19日	关于开展预防非正常死亡案(事)件及贯彻执行“五条禁令”现场督察情况的通报	浙公通字〔2009〕80号	内部文件
5月19日	关于加强汛期安全生产工作的通知	浙公通字〔2009〕81号	
6月3日	转发《公安部关于进一步加强和改进道路交通管理工作的意见》的通知	浙公通字〔2009〕82号	
6月3日	关于印发《全省公安机关“清积案、解隐患”信访百日攻坚行动工作方案》的通知	浙公通字〔2009〕83号	
6月3日	关于加强全省安邦护卫公司反腐倡廉建设的通知	浙公通字〔2009〕84号	
6月4日	关于印发《浙江省县级公安机关巡特警大队建设规范(试行)》的通知	浙公通字〔2009〕85号	内部文件
6月5日	关于切实加强暑期监管场所安全工作的通知	浙公通字〔2009〕86号	
6月8日	关于贯彻实施《中华人民共和国消防法》若干问题的意见	浙公通字〔2009〕87号	
6月8日	转发《公安部关于今年以来部分地方接连发生民警违法违纪重大案件的情况通报》的通知	浙公通字〔2009〕88号	秘密
6月5日	关于表彰2008年度省级治安安全示范单位的决定	浙公通字〔2009〕89号	
6月5日	关于表彰2008年度创安先进集体和先进个人的决定	浙公通字〔2009〕90号	
6月5日	转发公安部关于对看守所女性在押人员实行集中关押管理的通知	浙公通字〔2009〕91号	内部文件
6月11日	关于印发《全省公众聚集场所易燃可燃装修材料消防安全专项整治检查验收方案》的通知	浙公通字〔2009〕92号	
6月10日	关于印发《浙江省强制隔离戒毒诊断评估工作暂行规定》的通知	浙公通字〔2009〕93号	
6月11日	关于印发《全省公安机关2009年度打防控工作考评办法》(国保维稳)考评细则的通知	浙公通字〔2009〕94号	机密

续表

发文时间	文件名称	文号	备注
6月12日	关于加强全省公安监管场所教育转化工作的意见	浙公通字〔2009〕95号	内部文件
6月15日	关于印发《浙江省县级公安交通管理部门车辆管理工作规定》的通知	浙公通字〔2009〕96号	
6月17日	浙江省公安厅、武警浙江总队关于印发《看守所监所门哨执勤规则》的通知	浙公通字〔2009〕97号	机密
6月17日	关于进一步抓好看守所监所门哨设置工作的通知	浙公通字〔2009〕98号	机密
6月16日	关于印发《浙江省公安机关卫星通信车调度使用规定》的通知	浙公通字〔2009〕99号	
6月26日	关于加强查禁打击外来人员聚居传销活动的通知	浙公通字〔2009〕100号	
	空号	浙公通字〔2009〕101号	
6月29日	关于印发《浙江省公安厅火灾事故调查专家评聘管理办法(试行)》的通知	浙公通字〔2009〕102号	
6月26日	关于印发《全省公安机关打击电信诈骗犯罪专项行动方案》的通知	浙公通字〔2009〕103号	秘密
7月1日	浙江省公安厅关于印发《常发性侵财案件基本证据材料收集制作规范(试行)》的通知	浙公通字〔2009〕104号	内部文件
7月1日	关于印发《浙江省道路交通安全轻微违法行为查处工作规范》的通知	浙公通字〔2009〕105号	
7月2日	关于全省公众聚集场所易燃可燃装修材料消防安全专项整治验收情况的通报	浙公通字〔2009〕106号	
7月3日	关于印发《浙江省公安机关社会治安乱点挂牌整治实施办法(试行)》的通知	浙公通字〔2009〕107号	
7月6日	关于印发《浙江省公安机关打击假币犯罪“09行动”奖励办法》的通知	浙公通字〔2009〕108号	
7月13日	转发公安部关于对涉案人员采取继续盘问等措施报警务督察部门备案的通知	浙公通字〔2009〕109号	
7月13日	浙江省公安厅关于预防处置涉案人员非正常死亡事件若干问题的意见	浙公通字〔2009〕110号	秘密
7月13日	关于在全省机关、团体、企业事业单位深入开展创建治安安全单位活动的通知	浙公通字〔2009〕111号	

续表

发文时间	文件名称	文号	备注
7月22日	关于公布2008年全省公安机关侦办命案工作评估结果的通报	浙公通字〔2009〕112号	内部文件
7月23日	转发最高人民法院、最高人民检察院、公安部《关于办理制毒物品犯罪案件适用法律若干问题的意见》的通知	浙公通字〔2009〕113号	
7月27日	关于印发《浙江省公安派出所消防监督检查实施办法》的通知	浙公通字〔2009〕114号	
7月27日	关于贯彻实施公安部《消防监督检查规定》若干问题的意见	浙公通字〔2009〕115号	
7月28日	关于确定2009年第三批省厅督办经济犯罪案件的通知	浙公通字〔2009〕116号	秘密
7月31日	关于印发《全省公安机关"小金库"专项治理重点检查方案》的通知	浙公通字〔2009〕117号	
8月7日	关于印发《浙江省公安机关经侦部门重大经济犯罪案件报告与督办工作办法》的通知	浙公通字〔2009〕118号	内部文件
8月7日	关于印发《全省公安机关国庆60周年安保工作实施意见》的通知	浙公通字〔2009〕119号	机密
8月18日	关于进一步规范罪犯解回再审工作的通知	浙公通字〔2009〕120号	
8月31日	关于印发《全省公安机关处突防暴协作网络工作方案》的通知	浙公通字〔2009〕121号	机密
8月26日	关于转发公安部等九部门《打击整治网络淫秽色情专项行动工作方案》的通知	浙公通字〔2009〕122号	内部文件
9月3日	关于全省公安监管场所2008年度专项审计调查情况的通报	浙公通字〔2009〕123号	内部文件
9月7日	浙江省公安厅关于命名2008年度二级公安(边防)派出所和撤销部分二级公安派出所的决定	浙公通字〔2009〕124号	
9月8日	关于对全省社会治安动态视频监控系统建设工作成绩突出的集体和个人予以表扬的通报	浙公通字〔2009〕125号	
9月11日	关于确定打击传销百日联合执法行动省厅督办案件的通知	浙公通字〔2009〕126号	秘密
9月22日	转发《公安部关于在城市公安机关试行文职人员制度的意见》的通知	浙公通字〔2009〕127号	
9月23日	浙江省公安厅关于常见违法犯罪行为适用劳动教养措施的意见	浙公通字〔2009〕128号	

续表

发文时间	文件名称	文号	备注
9月22日	关于依法处置涉法涉诉无理访人员违法上访的意见	浙公通字〔2009〕129号	秘密
9月22日	浙江省公安厅关于公布2009年打黑除恶第二批挂牌督办案件的通知	浙公通字〔2009〕130号	机密
9月24日	关于加强全省羁押场所甲型H1N1流感防控工作的通知	浙公通字〔2009〕131号	
9月25日	转发公安部中国人民银行关于进一步加强反假币工作的通知	浙公通字〔2009〕132号	
10月14日	转发最高人民法院最高人民检察院公安部关于严厉打击假币犯罪活动的通知	浙公通字〔2009〕133号	
10月19日	关于建立公安机关治安部门管辖重大刑事案件相关警种协同侦破工作机制的意见	浙公通字〔2009〕134号	秘密
10月21日	关于进一步加强和改进公安新闻舆论引导工作的意见	浙公通字〔2009〕135号	内部文件
10月26日	转发公安部住房和城乡建设部关于印发《民用建筑外保温系统及外墙装饰防火暂行规定》的通知	浙公通字〔2009〕136号	
10月27日	关于确定打击传销百日联合执法行动第二批省厅督办案件的通知	浙公通字〔2009〕137号	秘密
10月27日	关于表彰全省公安政治工作先进集体和先进个人的通报	浙公通字〔2009〕138号	
10月27日	浙江省公安厅关于深入开展创建执法示范单位活动的指导意见	浙公通字〔2009〕139号	
10月26日	关于印发王辉忠同志、凌秋来同志在全省上海世博会“环沪护城河”安保工作会议上讲话的通知	浙公通字〔2009〕140号	机密
11月5日	关于公布2008年度全省一级公安(边防)派出所名单的通知	浙公通字〔2009〕141号	
11月6日	关于全省看守所监管执法专项检查活动的情况通报	浙公通字〔2009〕142号	内部文件
11月13日	关于表彰全省公安法制工作先进集体和先进个人的通报	浙公通字〔2009〕143号	
11月23日	转发公安部关于印发《实施农村警务战略的生动实践——河南省杞县和谐警民关系建设调查报告》的通知	浙公通字〔2009〕144号	内部文件
11月24日	关于确定2009年第四批省厅挂牌督办经济犯罪案件的通知	浙公通字〔2009〕145号	内部文件
11月26日	浙江省公安厅关于印发《浙江省公安机关单警装备管理规定》的通知	浙公通字〔2009〕146号	

续表

发文时间	文件名称	文号	备注
11月26日	浙江省公安厅关于印发《浙江省公安机关应急物资管理规定》的通知	浙公通字〔2009〕147号	内部文件
11月20日	关于进一步加强易制毒化学品管理工作的意见	浙公通字〔2009〕148号	
12月2日	关于印发浙江省公安厅主要职责内设机构和人员编制规定的通知	浙公通字〔2009〕149号	机密
12月1日	转发公安部关于公安机关贯彻实施《中央政法委员会关于进一步加强和改进涉法涉诉信访工作的意见》的通知	浙公通字〔2009〕150号	内部文件
12月8日	关于加强经侦狱内专案特情建设工作的通知	浙公通字〔2009〕151号	机密
12月10日	关于印发《浙江省公安机关重点人员动态管控工作规范(试行)》和《浙江省公安机关重点人员动态管控考核办法(试行)》的通知	浙公通字〔2009〕152号	秘密
12月14日	关于印发《浙江省公安厅机关强制医疗场所管理工作暂行规定》的通知	浙公通字〔2009〕153号	
12月11日	浙江省公安厅关于违反治安管理行为情节认定的意见	浙公通字〔2009〕154号	
12月14日	关于评选全省看守所监管执法专项检查活动先进集体和先进个人的通知	浙公通字〔2009〕155号	
12月17日	关于印发《浙江省上海世博会"环沪护城河"安保工作推进计划书》的通知	浙公通字〔2009〕156号	
12月14日	转发公安部关于加强办案安全防范工作防止涉案人员非正常死亡的通知	浙公通字〔2009〕157号	内部文件
12月22日	关于进一步加强公共(娱乐)场所消防安全监督管理的通知	浙公通字〔2009〕158号	
12月28日	浙江省公安厅浙江省交通运输厅关于2009年杭州等四市省重点督办事故多发点(段)和临水临崖高落差危险路段治理工作抽查情况的通报	浙公通字〔2009〕159号	
12月26日	关于印发《浙江省公安机关上海世博会"环沪护城河"安保工作实施方案》的通知	浙公通字〔2009〕160号	机密
12月28日	关于下达2009年度全省公安机关公务用枪(弹药)购置计划的通知	浙公通字〔2009〕161号	机密

(责任编辑　周建英)

索　　引

说　　明

一、本索引采用主题分析方法编制。

二、本索引以汉语拼音为排序依据，按索引条目首字汉语拼音（同音字按声调）顺序排列；首字相同的，按第二字拼音排序，以下依次类推。

三、索引词后的阿拉伯数字表示内容所在的页码，数字后的拉丁字母 a、b 分别表示左栏和右栏。

四、本年鉴的专文、彩图、特载、大事记、组织机构、发文目录、人物、典型案例等内容不作索引。

A

B

C

D

E

F

G

H

K

L

M

N

O

P

T

W

X

Y

Z

数 字